紅色
生活史
革命歲月那些事　1921 ——————— 1949

裴毅然

著

目 次

引　言

　　任何軍政活動都需要龐大財力支撐，軍政角力的實質是經濟能量的調動，經濟決定軍事成敗。太平天國起事，依糧聚兵。李秀成：「天王欲立江山之事，其各不知，各實因食而隨，此是真言也。」[1]曾國藩剿滅太平天國，首在籌餉。清軍江南大營每丁餉銀三兩八錢／月，湘軍每丁餉銀四兩二錢，親兵四兩五錢，什長四兩八錢。[2]湘軍用命疆場，戰鬥力何以強狠，結結實實建築在經濟基礎之上。孫中山倡共和搞革命，也必須「糧草先行」。1907年5月～1908年5月，同盟會在兩廣、雲南六次舉事，基礎可是籌到20萬港幣。1911年4月黃花崗之役，同盟會支付十八萬七千六百三十六元。舉事前，每位貧家義士發放五千元「安家費」。同盟會前後八舉事，經費共約四十七萬九千元。捐款者以越泰華僑為主，時稱「海外同志捐錢，國內同志捐命」。[3]

　　再舉幾則有關辛亥革命經濟基礎的史料。

　　——富商子弟徐錫麟（1873～1907），1903年鄉試副榜，同年赴日結識陶成章，積極營救反清入獄的章太炎，1904年在上海參加光復會。其父恐受牽連，析產分子，以示脫離父子關係。這些錢成為徐錫麟奔走革命的經濟基礎。富商許仲卿贈銀五萬兩，為徐錫麟、陶成章等四人分別買下知府、同知，徐錫麟獲「道員」身分，這才有資格走門路當上安徽巡警學堂會辦。[4]

　　——1912年1月1日，孫中山在南京就任臨時大總統，第一件事就是犒賞民軍：湖北民軍五萬元、江南軍四萬元、海軍一萬元，其餘由各省都督酌情

1　羅爾綱：《李秀成自述原稿注》，中華書局（北京）1982年版，頁81。

2　袁首樂：〈湘軍經濟清單的發現及其意義〉，載《安徽史學》（合肥）1987年第3期，頁27。

3　范泓：〈同盟會的經費從哪裡來〉，載《同舟共進》（廣州）2011年第3期，頁45～47。

4　丁惠增：〈潘學固目擊徐錫麟刺殺恩銘記〉，載《檔案春秋》（上海）2007年第11期，頁51。

分發，以慰軍人。[5]

　　──武昌首義，清廷仍雄踞北方，一時尚難撼動。廣東同盟會骨幹鄒魯（1885～1954）與同志約定，清廷未倒之前，每月只領薪50元，完全依靠道義力量克制本能慾望。「當時最好的現象，就是個個人心地純潔，大公無私，毫無利祿觀念，只想共同努力建設一個良好的中國。因之讓賢讓能，卻是常有的事，爭權奪利，毫無所聞。全國籠罩在新精神之下，可說前途無限光明。」[6] 50元薪水，對於隨時都可能「捐軀」並肩負養家重任的革命黨人，實在不算高。辛亥研家認為：「革命陣營之不能團結，甚至於九次反滿軍事起事中的八次失敗，在諸多因素中，也可以歸咎到脆弱的財力基礎上。」[7]

　　──1923年深秋，滇桂聯軍東下、湘豫各軍南下，與陳炯明粵軍會戰穗郊，陳炯明敗走東江，孫中山由各軍聯名邀請回粵主政。孫中山電令廣州財政廳長、鹽運使鄒魯籌款二十萬，以備大元帥犒賞各軍。無法完成任務的鄒魯稱病逃往香港，避不見孫。孫中山自滬抵港，因無錢回不了廣州。孫科找到曾任中山縣長的吳鐵城捐款八萬，再找部下湊了兩萬，孫中山這才重整旗鼓回到廣州，組織大元帥府。孫科、吳鐵城籌款有功，孫科得任廣州市政廳長、吳鐵城出任廣州公安局長，形成太子黨。逃避籌款的鄒魯，孫中山只讓他當了廣東大學校長，沒再讓他過問政治。[8]

　　──1943年，川籍辛亥老人吳玉章（1878～1966）參加延安整風，自傳：「我分得祖業約十餘畝地，還有一部分住宅……我妻子一人在老家，她現在已經66歲了，身體還健康，家中那點土地，僅夠她生活用，因此我也安心作革命工作。三四十年來我都在外，彼此獨立生活，毫無室家之累。我一開始作革命事業，就把家庭安置好了，這也是幾十年來我能始終不倦從事革命的一個原因。」[9] 不安置好家人，革命黨人不可能「全心全意」，吳玉章

---

[5]　劉紹唐主編：《民國大事日誌》，傳記文學出版社（臺北）1989年5月再版，第一冊，頁1。

[6]　鄒魯：《回顧錄》，嶽麓書社（長沙）2000年版，頁38～39。

[7]　鄭憲：〈中國同盟會革命經費之研究〉，載《近代中國》（臺灣）1979年6月第11期。轉引自范泓〈同盟會的經費從哪裡來〉，載《同舟共進》（廣州）2011年第3期，頁43。

[8]　《包惠僧回憶錄》，人民出版社（北京）1983年版，頁139。

[9]　吳玉章：〈吳玉章傳略〉，載《中共黨史資料》第11輯，中共黨史資料出版社（北京）1984年版，頁11～12。

說的是大實話。毛澤東搞秋收起義，一部分經費得於章士釗所籌兩萬元。[10]
1935年底，「價廉物美」的「一・二九」學運（張申府語），成本僅北平學
聯散發傳單的一百大洋。[11]1934年，上海中共地下黨連遭破壞，經濟陷於絕
境，史沫特萊（Agnes Smedley，1892～1950）主動拿出四萬美金，幫助中
共度過難關。[12]

　　沒了「阿堵物」，失去經濟基礎，職業革命者生活無著，最初的隊伍
無法聚集，革命活動無從展開，大規模的局面自然也無從形成，這是基本常
識。中國共產黨的一切活動，當然不可能離開經濟基礎，早期經費主要源於
俄共接濟。對於這一史實，1960年代以前，蘇聯要避嫌「輸出革命」、中共
要避嫌「赤俄雇傭」，都不方便言說。1960年代，中蘇兩黨失和，中共仍得
避諱「盧布餵大」──缺乏獨立自主，有損「萬水千山」的光輝；指說人家
「蘇修」，終有「忘恩負義」之嫌。1990年代，蘇聯檔案解密，不斷飄出塵
封資料。但學人勒痕猶在，餘悸存心，仍不敢沾碰這一專題。近年，專家開
始整理這方面史料，研究論文見發於較冷僻的學術刊物。廣大黨員、群眾仍
不知道中共革命與赤俄經援之關係。

　　據說蔣介石之所以有底氣發動「四・一二」，與武漢國民政府掰斷，即
在於通過江浙財閥與英美等國得到一千五百萬元，他撥出一百五十萬收買桂
系與他一起清黨反共。[13]

　　「四・一二」後，中共南方十年「鬧紅」、十二年「延安時期」，以往
中共黨史皆關注軍政大局，不屑具體的實際生活。但二十二年紅區不可能喊著
紅色口號過日子，柴米油鹽醬醋茶，開門七件事，一樣都不能少。撩窺其間
之隱，撥見史褶之幽，不惟有趣，亦甚有益，有助真切瞭解這場革命始末。

　　拙著撩起紅色歲月一角，引您察看具體細節，取微映宏，從歷史細褶處
展示紅色革命的進行過程，以鮮活情節拼合歷史實貌，細節使歷史體現凹凸
實感。

　　細節簡潔鮮活，一斑含全豹。試舉很能說明本質的幾例細節：

---

[10]　章含之：《跨過厚厚的大紅門》，文匯出版社（上海）2002年版，頁6。
[11]　姚錦編著：《姚依林百夕談》，中國商業出版社（北京）1998年版，頁28。
[12]　朱正明：《延安雜憶》，原載《傳記文學》（北京）1993年第1期，頁107。
[13]　胡允恭：〈馬日事變真相〉，載《革命回憶錄》第2輯，人民出版社（北京）1980年版，
　　　頁41。

一、1930年代，法國作家紀德訪蘇，上電報局拍電報，電文中提到「史
　　達林」，電報員要紀德必須在史達林之前加上「偉大的」，紀德不
　　肯加，電報就拍不出去。[14]

二、滬上大亨杜月笙之靈通，「上海灘上掉只皮夾子都能找到」。

三、1927年「四・一二」前夕，蔣介石集團決定「分共」，汪精衛回
　　國，為拉住這位黨國要人「一起幹」，吳稚暉跪阻汪精衛前去武
　　漢。[15]

　　不到百年的當代史，各路人物回憶錄龐然成陣，撮掃梳扒，工程浩大，
所有「精彩細節」，點點滴滴，讀辨剔識，一路陳列赤史針腳，事實既裸，
史論自明矣。

---

[14]　樓適夷：〈記鄭超麟〉，原載《新文學史料》（北京）1989年第3期。轉引自《鄭超麟回
　　　憶錄》，東方出版社（北京）2004年版，下卷，頁408。

[15]　尹家民：《歷史漩渦中的蔣介石與周恩來》，百花洲文藝出版社（南昌）2010年版，頁55
　　　～56。

第一章

初期經費與紅色情戀

一、最初財況

　　1920年7月，李大釗（1889～1927）在北大成立「共產主義小組」，每月自捐80銀圓為小組活動經費[1]，當為中共第一筆黨費。李大釗時任北大圖書館主任兼政治系教授，月薪300銀圓，絕對金領。[2]金家鳳（1901～1979），中共最早五十七名黨員之一，北大畢業生，1919年托言留法，從舅父處得六千銀圓（可資留法十年），全部捐出，作為黨的經費。[3]

　　1920年12月中旬，陳獨秀（1879～1942）應陳炯明之邀，離滬赴穗就任教育委員長，日本帝大畢業生李漢俊（1890～1927）代理中共上海支部書記。[4]他向武漢來滬準備留蘇的包惠僧抱怨：「人都走了，經費沒有，沒辦法幹了。」李漢俊要包惠僧赴穗請回陳獨秀，或者將黨的機構遷往廣州。包惠僧（1894～1979）：「我同意去，但是沒有路費。」一位與包一起來滬的青年團員資助15元，包才得以赴穗。[5]《共產黨》雜誌也因缺乏經費，只出了六期。[6]

　　《新青年》創刊，乃上海群益書社陳子沛、陳子壽兄弟接受陳獨秀策劃，由陳獨秀承辦，每月支付編輯費、稿費兩百大洋。後與陳氏兄弟發生矛盾，陳獨秀也積累了一定經濟基礎，1920年9月1日《新青年》第八卷第一

---

[1]　陳明遠：《才・材・財》，河南人民出版社2004年版，頁90。

[2]　陳明遠：《何以為生：文化名人的經濟背景》，新華出版社（北京）2007年版，頁100。

[3]　葛蔚平：〈有關金家鳳的一些情況〉，載中國革命博物館黨史研究室編：《黨史研究資料》第四集，四川人民出版社1983年版，頁289～290。

[4]　朱文華：《陳獨秀傳》，紅旗出版社（北京）2009年版，頁117。

[5]　《包惠僧回憶錄》，人民出版社（北京）1983年版，頁366。

[6]　〈李達自傳〉（節錄），載《黨史研究資料》第二集，四川人民出版社1981年版，頁3。

號起，陳獨秀獨資經營。[7]《新青年》收入頗豐，中共最早財源。

一則物價對比史料。1915年考入北大英文門的許德珩（1890～1990），依靠在京津做五金生意的老家同學維持用度，冬天只能靠夾衣過冬。剛入北大時，與一四川同學合租馬神廟路南裁縫鋪小屋，房東是前清太監，月租三元，各出一元五角，不含燈油費。許德珩經常待在教室或圖書館，因為可以取暖。吃飯在人力車夫出入的小飯鋪，每頓一碗素麵、兩枚燒餅，七八個銅板，「如是者一年」。1916年底，那位做生意的同學虧本南返，許德珩經濟更為窘迫，找到新校長蔡元培。蔡介紹他上國史編纂處，課餘搞點翻譯，每月十個銀圓（一銀圓可換百餘銅板），「不但解決了生活上的困難問題，而且每月還可以把節省下來的錢寄回家裡，作為母親的零用。」[8]

羅章龍（1896～1995）：「一大」前各地黨小組經費全靠自籌，李大釗經常捐出大部分薪水，北大學生也自籌黨費，來源是向各報館投稿的稿酬，以及得自各省各縣會館與家庭的資助。陳獨秀主編《新青年》收入頗豐，出合訂本還可收入一大筆款項，每月除給李漢俊一百元編輯費，餘款存入亞東書局，由陳掌握支付黨的活動經費，「但總的來說，經費數目不多」。「一大」後，黨費來源多了一些，除了黨員必須繳納的最低黨費，收入固定的黨員則須繳納類似所得稅的累進制黨費。「三大」後，不再作派定，改為自覺繳納──

　　這時已有了第三國際的支援，各種管道彙集來的錢也多了。除第三國際外，赤色職工國際、互濟會（總部在莫斯科）以及其他同情中國共產黨的一些國外團體，都有錢匯來，這筆款錢加起來就可觀了。此外國內罷工勝利籌有工會基金，如安源和北方鐵路工會都有自己的金庫，可以互相調劑，支援罷工募集的款項為數也不少。「二大」後，黨報《嚮導》銷路亦大，也很賺錢，當時向黨報投稿一律不付稿酬，刊物收入也就多些。還有黨經營的「上海書店」、「廣州人民出

---

[7]　胡明：《正誤交織陳獨秀》，人民文學出版社（北京）2004年版，頁90、172。

[8]　許德珩：〈我的回憶──從北京大學到武漢政治軍事學校〉，載《紅旗飄飄》第30集，中國青年出版社（北京）1986年版，頁47、54～55。

版社」等都有一筆收入。[9]

　　除了經濟問題，中共發起人的最大煩惱是民眾對政治的漠然。根據張國燾在中共「一大」的發言，北京當時人口約93萬，其中20萬乃是不從事任何固定職業的旗人，他們原賴清廷「鐵杆莊稼」（養銀）生活，如今仍「繼續保持著雜亂無章的生活方式」，加上滿清各級文武官員與家屬及其簇擁四周的各種寄生蟲，張國燾認為北京——

　　　　有一半以上是遊手好閒的人。的確可以說，北京是世界上最奇怪的城市。……北京是公認的政治中心。因此，似乎這個地方的居民應該關心一切政治問題。可是，實際上遠遠不是這樣。……政治問題仍然不被重視。[10]

　　1922年7月11日，共產國際代表馬林（Hendricus J. F. M. Sneevliet，1883～1942）向共產國際執行委員會彙報1921年6月初～12月10日期間中國共運：

　　　　中國共產主義者已在陳獨秀——他主編《新青年》雜誌多年——的領導下形成一個團體。這個團體在七、八個城市有小組……，但自維經斯基（Gregori Voitinsky，即吳廷康）離華後，經費無著，不得不停止。[11]

　　張國燾在中共「一大」發言中提及：

　　　　我們的刊物改名為《仁聲》，但在第三期以後，由於缺乏經費，

9　〈羅章龍談「三大」會計〉，載《黨史研究資料》（北京）1984年第5期，頁9。
10　張國燾：〈北京共產主義組織的報告〉，載《「一大」前後——中國共產黨第一次代表大會前後資料選編》（三），人民出版社（北京）1984年版，頁1～2。
11　中國社會科學院現代史研究室編：《馬林在中國的有關資料》，人民出版社（北京）1980年版，頁12。

只得停刊。[12]

1921年11月，李漢俊接編《新青年》，維經斯基已回俄。李達記述：

> 這時候，經費頗感困難，每月雖只用二三百元，卻是無法籌措。
> 陳獨秀所辦的新青年書社，不能協助黨中經費，並且連李漢俊主編
> 《新青年》的編輯費（每月一百元），也不能按期支付。於是我們就
> 和沈雁冰（當時他任商務《小說月報》編輯，也加入了）商酌，大家
> 寫稿子賣給商務印書館，把稿費充任黨的經費。李漢俊寫信給陳獨
> 秀，要他囑咐新青年書社墊點經費出來，他覆信沒有答應。因此，李
> 漢俊就與陳獨秀鬧起意見來。……我只得周旋於陳、李二人之間，極
> 力彌縫他們之間的裂痕。可是，李漢俊餘怒未息，不肯代理書記，就
> 把黨的名冊和文件交給我，要我做代理書記，我只好接受下來。當時
> 黨的工作，因為缺乏經費，都暫時停頓，只有《新青年》月刊仍舊繼
> 續出版，我們就在《新青年》寫稿子。[13]

經費問題差點阻擋最初的「革命車輪」呢！中共「一大」陳公博發言
——〈廣州共產黨的報告〉：

> 最遺憾的是我們非常需要錢。《勞動界》停刊了，兩個工人工會
> 也得停辦。因為：第一，經費困難；……我們的宣傳機關報是《社會
> 主義者》日報，該報每月需要七百元，很難維持下去。[14]

經費問題一直是中共的日常性難題。再撮選大革命前後的幾則史料：
1923年2月京漢鐵路大罷工失敗後，一些中共幹部（甚至領袖）都紛紛

---

[12]　張國燾：〈北京共產主義組織的報告〉，載《「一大」前後——中國共產黨第一次代表大
會前後資料選編》（三），中國社會科學院現代史研究室、中國革命博物館黨史研究室選
編，人民出版社（北京）1984年版，頁7。

[13]　《李達自傳》（節錄），載《黨史研究資料》第二集，四川人民出版社1981年版，頁3～4。

[14]　陳公博：〈廣州共產黨的報告〉，載《「一大」前後——中國共產黨第一次代表大會前後
資料選編》（三），中國社會科學院現代史研究室、中國革命博物館黨史研究室選編，人
民出版社（北京）1984年版，頁11。

轉入國民黨去工作，因國民黨薪金比中共要多兩倍乃至三倍以上。毛澤東、鄧中夏、向警予、沈澤民等一同入國民黨上海執行部工作。1922年入黨的女黨員陳碧蘭：

> 因共產國際幫助蔣介石、馮玉祥、岳維俊這一類的軍人領袖是過分的慷慨，拿大量的金錢和軍火給他們，並派大批的俄國顧問幫助他們，對他們抱著極大的幻想，希望他們因此而成為中國國民革命的領導者；而對於中國共產黨的日常活動費則異常之少。因此，作黨內工作的同志每月從黨取得的生活費，每月約20元至30元，包括中央委員在內（約等於一個工作日的薪金）；但那些做國民黨工作者比之做黨內工作同志的收入多至三四倍，有的甚至十倍以上的。因此，某些注重物質生活的黨員，喜歡做國民黨的工作，在這種經濟條件之下，他們的生活便日趨腐化，但仍舊有少數氣質很好的共產黨人，雖然在國民黨作很大的官，他們仍舊保持克己樸素的生活，如譚平山、蘇兆征和董必武等。[15]

1924年1月，中共中央派往山東的特派員吳容滄（北大生），為籌措組織經費，持手槍找銀行經理「借款」千元，判刑四年十個月，影響極壞。「在濟南的同志幾乎逃亡殆盡，黨的工作停頓了好幾個月。」[16]

1925年秋，中共河南省委機關（開封）很窮，一間稍大的客廳，一間小臥房，一間廚房，省委書記唐際盛就住在小臥房。團省委機關也在這裡，團省委書記張寄帆等三人住客廳，客廳既是辦公廳也是臥房。晚上，幾張辦公和吃飯的長桌都成了床鋪。中央派來的女幹部陳碧蘭，最初幾天也睡在一張桌子上。唐際盛不到三十歲，肺病相當嚴重。機關伙食很差，常吃饅頭、鹹大頭菜，沒有肉食和新鮮蔬菜。[17]

1922年秋，福州「東路討賊軍總司令部」（討伐陳炯明）參謀處一等書記俞秀松，工作輕閒，每天辦四小時公事，月薪60元，但「現在此地經濟非

---

[15]　陳碧蘭：《我的回憶》，十月書屋（香港）1994年版，頁75～76、130。
[16]　《鄭超麟回憶錄》上卷，東方出版社（北京）2004年版，頁409。
[17]　陳碧蘭：《我的回憶》，十月書屋（香港）1994年版，頁129～130。

常困難，一時不會有的。」即一時半會兒發不出工資。這一時期，俞秀松家書透露不少「時代資訊」──

> 這裡面的同事大都抱著升官的目的，他們常常以此告人，再無別種抱負了！做官是現在人所最美慕最希望的，其實做官是現在最容易的事，然而中國的國事便斷送在這般人的手中！……做官？我永不曾有這個念頭！父親也不致有這樣希望（於）我吧。[18]

　　1925年底，毛澤民從廣州農民運動講習所結業後，趕到上海接手中共出版發行部，當時僅一種刊物《嚮導》，接手資金70.30元零8厘。中共每月撥廣告費60元，其餘一概自理。《嚮導》每月僅在《申報》、《新聞報》、《民國日報》刊登的廣告費就得72元，因此一切經費基本得靠自身創收。《嚮導》很快在全國銷售八萬份，發行部直銷就達四萬份。還有《共產主義ABC》一書，半年內銷量三萬餘冊。書報供不應求，尚未印行，就收到1800餘元預訂費。再創刊《中國青年》、《紅旗》、《紅旗報》、《實話》。北伐軍抵達上海前，訂購書報的讀者越來越多，大量印行須墊付大筆經費，毛澤民向總書記陳獨秀借錢，陳回答「自己想辦法」。毛澤民在上海業界已有一定名聲，且講信譽，從親友處借貸或預支，總算完成黨的任務。[19]

　　1926年，廣西紅色青年一入團就職業化，每月發放生活費16塊大洋，同時必須接受兩項條件──「必須準備為共產主義理想而犧牲」、「必須服從組織」。如嫌待遇太低，就不能填表入「中學」（共青團別稱），共產黨稱「大學」。[20]

　　1927年「八七會議」後，瞿秋白離漢赴滬，中央駐漢聯絡處任務之一轉送文件給各省。駐漢聯絡處須聯絡七省：湘鄂豫贛皖川陝。上海文件送來後，按遠近向跑送各省的交通發放路費，四川每次路費百元。[21]

18　俞秀松：〈給父母親〉兩封信，1922年11月24日、1923年1月10日。載《紅旗飄飄》第31集，中國青年出版社（北京）1990年版，頁241～243。

19　錢希均：〈從嶽麓山下到西北邊陲──憶毛澤民同志〉，載《革命回憶錄》第12輯，人民出版社（北京）1984年版，頁100～101。

20　莫文驊：〈回憶共產主義青年團在南寧的鬥爭〉，載《紅旗飄飄》第6集，中國青年出版社（北京）1958年版，頁25。

21　羊牧之：〈我所知道的瞿秋白〉，載《革命回憶錄》第1輯，人民出版社（北京）1980年

1929年9月19日，鄂西特委負責人在上海向中央要經費：

> 我們最低限度的預算每月300元（交通費辦公費150元，生活費房租在內150元），宜昌機關四個、沙市兩個、郝穴一個，共七個機關，如少了則萬萬辦不到，而省委只允許200元，假如是做生意，我要300元，他還200元，早已成功。無奈我們不是生意，200元實在辦不到，也是無法啊。[22]

女紅軍曾志（1911～1998），1932年1月生下與第二任丈夫蔡協民的第二胎男嬰。此前在井岡山的第一胎送了老鄉。曾母寄來40大洋，叮囑這次千萬送孩回家，她來育養。不久，廈門中心市委書記王海萍、新任福州中心市委書記陶鑄來看蔡曾夫婦。曾志提及將送孩子回老家，王海萍百般勸阻：一說孩子太小，經不起旅途折騰；二說路程遙遠，車船轉換麻煩；三說來回兩個多月，耽誤工作。總之，千攔萬攔他們送子回鄉。最後，王書記吐露實情：市委因急需經費，聽說她剛生孩子，便替他們將孩子提前「送」給一位醫生，收了人家100大洋，已用得差不多了。「這哪是送？這是賣！這種事在今天絕對不能設想的！但是對那時的共產黨人來說，革命利益高於一切，除了信仰之外，一切都是可以捨棄，包括自己的鮮血和生命。」蔡曾夫婦只好同意：「既然組織上已經決定了，我們還有什麼話可說呢?!」孩子送走後，因兩個多月斷了母奶，染上麻疹天花，很快死去。[23]

1935年秋，河北省委因與中央失去聯繫，經費無著，一邊緊縮開支，一邊下鄉鬥地主搞糧食，一邊再搞募捐，日子仍過不下去。省委書記高文華與負責經費的其妻賈璉，只得賣孩子。「我們共有四個孩子，只有最小的是男孩。那年頭，男孩比女孩多賣錢呀，於是就把僅僅四個月的兒子賣了50元大洋。這錢，分給王洋十元，李大章十元，解決吃飯問題。這50元大洋，整整維持了北方局三個月的生活。」[24]

版，頁91。
[22] 周逸群：〈鄂西特委給中央的報告〉，載《中共黨史參考資料》（三），人民出版社（北京）1979年版，頁57。
[23] 曾志：《一個革命的倖存者》，廣東人民出版社1999年版，上冊，頁125～126。
[24] 高文華：〈1935年前後北方局的情況〉，載《中共黨史資料》第一輯，中央黨校出版社

二、俄共之助

　　1919年3月2日，赤俄政權稍一穩定，列寧就成立「第三國際」（共產國際），既尋找周邊國家支持，又規劃世界革命。1920年4月中旬，俄共（布）中央委員會遠東局外事處代表維經斯基赴滬。俄共中央西伯利亞局東方民族部為其籌措經費，派遣特使攜價值10萬美元的鑽石到上海變賣，不止一次帶錢或匯款給維經斯基，某次帶去的款額為2000美元。[25]俄共最感興趣的當然是中國的革命運動，尤其工運。給維經斯基的任務是克服中國革命的分散狀況，將中國激進的知識分子集中起來，成立統一的社會主義（共產主義）政黨。1921年1月，共產國際遠東局書記處成立。[26]

　　1920年暮春，維經斯基（吳廷康）夫婦、馬邁耶夫，帶著符拉迪沃斯托克工運積極分子楊明齋，先到北京找李大釗。4月底，帶著李大釗的介紹信上工業最集中的上海找陳獨秀，又見了李達、李漢俊等人，並由楊明齋出面租下霞飛路漁陽里6號為據點。5月，成立馬克思主義研究會，會員有李漢俊、陳望道、楊明齋等。7月，召開積極分子會議。8月，成立共產黨發起組，明確使用「共產黨」這一名稱。成員：陳獨秀、李達、李漢俊、陳望道、沈玄廬、楊明齋、施存統，沈雁冰隨後加入，陳獨秀為書記。不久，陳獨秀去廣東，李漢俊代理書記，楊明齋協助工作。8月底，陳獨秀的《新青年》改為黨的機關刊物，新辟專欄「俄羅斯研究」。10月，發佈《中國共產黨宣言》，不久出版《共產黨》月刊。同時，漁陽里6號成立外國語學社（社長楊明齋），9月30日刊登招生廣告，各地青年蜂擁而來，首批赴俄生即從中產生。10月3日，上海機器業工會也在漁陽里6號成立。[27]

　　1920年秋，復旦大學教授陳望道上漁陽里六號，給外國語學社首期班上「馬克思主義」，學生蕭勁光六十七年後寫道：「我們都很尊敬他，可有一

　　（北京）1982年版，頁174～175。

[25]　楊奎松：〈共產國際為中共提供財政援助情況之考察〉，載《黨史研究資料》（北京）2004年第1期，頁6。

[26]　（俄）К‧В‧石克強整理：〈俄羅斯新發現的有關中共建黨的文件〉，載《百年潮》（北京）2001年第12期，頁55。

[27]　鐵鳳：〈楊明齋傳（1882～1938）〉，載《紅旗飄飄》第31集，中國青年出版社（北京）1990年版，頁207～209。

件事讓我們很好笑，就是陳望道每次來上課，身上總是噴著香水，熏得整個教室很香極了。我們第一次看到這『西洋鏡』，著實樂了一番。」[28]

1920年秋，《新青年》接受共產國際資助，逐步轉變為共產主義刊物，引發著名的「胡陳分流」。[29]1921年1～2月，廣州無政府主義激進青年領到赤俄給的生活津貼（每月20港元）[30]。1920年回國的留日生李漢俊，計畫在滬建立中國共產黨，並到武漢找董必武商量。建黨核心形成於1921年5月，陳獨秀為此專門與李大釗南下，在上海召開中共「一大」籌備會。[31]

由於維經斯基未能完成在中國組建共產黨的任務，1921年4月共產國際東方部派出正式赴華使節馬林，首要任務便是助建中共，最實質的「助建」當然是金錢。6月6日，馬林抵滬，[32]立即與李漢俊、張國燾等人籌備中共第一次全國代表大會，向六個外地支部（北京、廣州、武漢、長沙、濟南、東京）寄送通知，邀請每一支部派兩名代表赴滬與會，每位代表各匯路費一百元。[33]毛澤東此時在長沙師範附小主事，年薪不過百餘銀圓，他不斷給報社投稿以賺稿費，很辛苦。[34]青年毛澤東的經濟一直不佳。1917年湖南一師求學時期，他與學長肖子昇暑假遊歷各縣，未帶分文，專靠給人送對聯、「打秋風」度日。[35]1920年，毛澤東第二次為「驅逐張敬堯」上北京，住北長街喇嘛廟南面一小屋，生活清苦，幾個月後賣掉皮袍當旅費，「坐著不知道是三等客車還是煤車回南方去了。」[36]

[28]　蕭勁光：〈在上海外國語學社〉，載《紅旗飄飄》第31集，中國青年出版社（北京）1990年版，頁308。

[29]　K・B・舍維廖夫：〈中國共產黨成立史〉，載《「一大」前後──中國共產黨第一次代表大會前後資料選編》（三），人民出版社（北京）1984年版，頁159。

[30]　〈譚祖蔭的回憶〉，載《「一大」前後──中國共產黨第一次代表大會前後資料選編》（三），人民出版社（北京）1984年版，頁121。

[31]　董必武：〈與尼姆・威爾斯的談話〉。載《一大回憶錄》，知識出版社（北京）1980年版，頁3。

[32]　馬林抵滬時間有爭議，此處根據（荷）弗・梯歇爾曼：《馬林政治傳記》（1974）。參見《馬林在中國的有關資料》（增訂本），人民出版社（北京）1980年版，頁238。

[33]　《包惠僧回憶錄》，人民出版社（北京）1983年版，頁368、427～428。

[34]　毛澤東：〈致羅學瓚信〉（1920年11月26日），載《毛澤東早年文稿》，湖南出版社1990年版，頁562、565。

[35]　肖子昇：〈毛澤東和我當過乞丐〉。參見蕭三：〈「窯洞城」〉，載《紅旗飄飄》第19集，中國青年出版社（北京）1980年版，頁299。

[36]　馬非百口述、余綫整理：〈鄧中夏同志在北大〉，載《紅旗飄飄》第1集，中國青年出版社（北京）1957年版，頁102～103。

　　「一大」九位外地代表租住上海法租界博文女校，一次性支付三月租金，講明只住一個多月，實際只住不到半月。代表入住該校期間，「她（按，女校長）對我們這些房客很歡迎、很客氣。」[37]

　　有關赤俄資助中共成立及國共合作，中共「一大」代表包惠僧記述清晰：

　　　　1920年維經斯基來中國，與陳獨秀、李大釗及其它有關人員聯繫，在上海成立了中國共產黨。1921年初夏，第三國際又派了馬林，與赤色職工國際尼克斯基來中國，到上海與中國共產黨代理書記李漢俊等計畫召開中國共產黨第一次代表大會。定計劃，提供經費，完全是出於馬林一手籌畫的。當然馬林是執行第三國際的命令，也就是按照列寧命令辦事的。

　　　　如果不是他（馬林）來，我們黨的「一大」會議可能要推遲一兩年，或更多一點的醞釀時間。如果不是他四處奔走，國共聯合戰線可能推遲，或者搞不成。[38]

　　1921年8月，陳獨秀夫婦、楊明齋、包惠僧、柯慶施等五人被捕，馬林使盡力氣，聘請法國律師應訴，花了許多錢打通會審公堂各關節，兩周後以《新青年》言論過激罰款五千元結案，所有款項皆由馬林向共產國際領取支付。此前，陳獨秀與馬林分歧很大，這次被捕促成兩人和解。原先要求保持中共獨立性的陳獨秀，出獄後承認中共為共產國際下屬支部，接受領導，並通過赤色職工國際接受共產國際經濟援助。[39]

　　「一大」後，黨的活動主要為編刊物。《新青年》由李漢俊、陳望道主編，《共產黨》（月刊）由李達主編（主要由《新青年》供稿）。李達：

　　　　當時黨的工作經費，每月僅需大洋二百元，大家卻無力負擔；因為當時在上海的黨員大都沒有職業，不能掙錢，搞工人運動沒有錢不

---

[37]　包惠僧：〈黨的一大前後〉，載《一大回憶錄》，知識出版社（北京）1980年版，頁35。

[38]　包惠僧：〈回憶馬林〉（1979年6月），載《馬林在中國的有關資料》，人民出版社（北京）1980年版，頁95、106。

[39]　《包惠僧回憶錄》，人民出版社（北京）1983年版，頁372、431。

成。《新青年》社在法租界大馬路開了一家「新青年書社」，生意很好。李漢俊向陳獨秀寫信提議由「新青年書社」按月支付二百元做黨的經費，陳獨秀沒有答應。還有陳獨秀臨去廣州時，曾對李漢俊約定，《新青年》每編出一期，即付編輯費一百元。後來李漢俊未能按月編出，該社即不給編輯費，因此李漢俊認定陳獨秀私有欲太重，大不滿意。這是他兩人之間的衝突的起源。這時候黨的經費是由在上海的黨員賣文章維持的。往後因為經費困難，《共產黨》月刊出至第二期就中止了。

1921年7月～1922年6月，中共中央只有三人——陳獨秀、張國燾、李達。1922年1月張國燾回京後，中央只有兩人，並無工作人員，只雇一個工人包裝寄送書籍。中央工作除了出版《新青年》、《CP》月刊及人民出版社的書籍，只剩下看看各地組織的文件，給予適當指示。就連上海直轄黨員也沒幾個。[40]

1989年大陸出版的《馬林與第一次國共合作》、1991年荷蘭學者托尼·塞奇（Tony Saich）編譯的《中國第一次統一戰線的起源》，提供了一批有關赤俄援共的具體史料。如1922年12月9日，張國燾、蔡和森打收條從一俄人處預支12月工作用款400美元。[41]

1922年5月1日，中共湘區委員會領導的安源路礦工人俱樂部成立。李立三、劉少奇先後出任俱樂部主任，9月14～18日安源大罷工。「那時我們俱樂部的工作人員，不分主任、通訊員，每個月都是15塊錢。」[42]其他各地工會不少相繼遭破壞，安源工會卻搞得風生水起，成為中國工運中心，獲譽「小莫斯科」。直至1924年夏，劉少奇仍是安源工人俱樂部主任，蕭勁光在宣傳遊藝股。[43]

---

[40] 李達：〈中國共產黨的發起和第一次、第二次代表大會經過的回憶〉，載中國社科院現代史研究室、中國革命博物館黨史研究室編：《「一大」前後，中國共產黨第一次代表大會前後資料選編》（二），人民出版社（北京）1980年版，頁9、3。

[41] 〈中國共產黨中央委員會張、蔡的收條〉，載《馬林與第一次國共合作》，光明日報出版社（北京）1989年版，頁98。

[42] 張明生口述：〈在劉少奇同志身邊〉，載《紅旗飄飄》第12集，中國青年出版社（北京）1959年版，頁187。

[43] 肖勁光：〈憶早期赴蘇學習時少奇同志〉，載《紅旗飄飄》第20集，中國青年出版社（北

　　1923年6月中共「三大」，陳獨秀政治報告中：「黨的經費，幾乎完全是我們從共產國際得到的，黨員繳納的黨費很少。今年我們從共產國際得到的約有一萬五千，其中一千六百用在這次代表會議上。經費是分發給各個小組的，同時還用在中央委員會的工作上，用在聯絡上和用在出版週刊上。」[44]包括還要供養上海大學裡的黨員學生。[45]

　　「三大」一結束，馬林致信共產國際執委會：

　　　　黨現有黨員420名，其中工人160名，但應指出以下情況：1、繳納黨費的黨員不到十分之一；2、因此，整個工作幾乎都是依靠外國經費；3、黨內的財政管理狀況至今不明；4、多數黨員沒有職業，所以黨同在職的工人、職員、教師等幾乎沒有聯繫。

　　　　黨是個早產兒（……或者說得更確切一點，是有人過早地製造出來的）……黨早產並過多依靠外國的資金維持。[46]

　　1925～1926年，隨著國民革命走向高潮，中共黨員從不足千人增至上萬。1926年5月20日，俄共政治局決議：「想方設法加強對中國共產黨的人員和資金援助」。[47]赤俄不僅僅向中國輸出革命，還向日本、蒙古、朝鮮等東方各國共產黨提供經費。1922年5月20日，共產國際在華全權代表利金工作報告：「共產國際遠東書記處給國外工作的撥款……朝鮮中央得到的是：9月份6000，11月和12月份4000，1月份2000，3月份1000。」[48]

京）1980年版，頁9。

[44]　〈陳獨秀在中國共產黨第三次全國代表大會上的報告〉，載《中共中央文件選集（1921～1925）》第1冊，中央黨校出版社（北京）1989年版，頁168。

[45]　陳碧蘭：《我的回憶》，十月書屋（香港）1994年版，頁66。

[46]　馬林：〈致共產國際執行委員會的信〉，載《馬林與第一次國共合作》，光明日報出版社（北京）1989年版，頁243、245。

[47]　〈聯共（布）中央政治局會議第27號（特字第21號）記錄〉，載《聯共（布）、共產國際與中國國民革命運動（1926～1927）》（上），北京圖書館出版社1998年版，頁267。

[48]　〈利金就在華工作情況給共產國際執委會遠東部的報告〉，載《聯共（布）、共產國際與中國國民革命運動》（1920～1925），北京圖書館出版社1997年版，頁85。

三、俄援概況

中共成立初年，俄援16655元；[49]次年約15000元。[50] 1921年8月初，「一大」剛結束，張國燾（1897～1979）草擬勞動組合書記部工作計畫，以上海為總部，京漢穗及長沙設立分部，創辦機關刊物《勞動》（週刊），各地出版地方性工人刊物，共約三十人，每月領取津貼2035元，全部開支及出版費用每月一千零數十元。馬林表示均由共產國際補助。[51]

1923年4月30日，陳獨秀打收條認領共產國際寄交中共的四、五月經費一千墨西哥元。5月19日，再認領2940港幣（折合三千國幣）。7月10日，莫斯科匯款1840墨西哥元，專用於撫恤「二七」大罷工罹難者。[52]馬林詳盡記錄了這一時期共產國際對中共的財援。1925年秋，赴滬團員李伯釗分配到浦東從事工運，每月生活費15元。[53]毛澤民夫婦在上海中央出版發行部，每月生活費也是15元。有時在印刷廠來回不方便，中飯也就一碗陽春麵、兩個燒餅。[54]主要經費當然也來自俄援。

1924年，中共月均得俄款約3000元；1925年預算月領2250元，4月起增至3650元；1927年月均收到三萬元以上；1928～1932年，每月預算五萬元左右。1927年以後，每年僅用於「特別費」一項，中共就得幾十萬元上下。如1927年組織上海三次工人武裝暴動，得俄款約三萬元，開辦黨校得五萬元，7～8月為湖南農運得款近五萬元，9月準備秋收暴動得款一萬元，12月為廣州暴動得援款近10萬元。1928年底中共向莫斯科提出百萬特別費。[55]

1926～1927年春，僅李大釗經手的經費就達數萬，款子均由穗漢國民

49　〈陳獨秀同志代表中共中央向第三次代表會議的報告〉（1923年6月）。中央檔案館編：《中共中央文件選集（1921～1925）》第1冊，中央黨校出版社（北京）1989年版，頁47。
50　〈陳獨秀給共產國際的報告〉。趙效民主編：《中國革命根據地經濟史》（1927～1937），廣東人民出版社1983年版，頁112。
51　張國燾：《我的回憶》，東方出版社（北京）1998年版，第一冊，頁152～153。
52　馬林：《致共產國際執行委員會的信》，載《馬林與第一次國共合作》，光明日報出版社（北京）1989年版，頁150～151、168。
53　《李伯釗文集》，解放軍出版社（北京）1989年版，頁403。
54　錢希均：〈從嶽麓山下到西北邊陲──憶毛澤民同志〉，載《革命回憶錄》第12輯，人民出版社（北京）1984年版，頁102。
55　楊奎松：《毛澤東與莫斯科的恩恩怨怨》，江西人民出版社2005年版，頁209。

政府處匯來。[56]1926年以後，共產國際提供給中共的經費預算已達6000元／月；1927年再增經費預算1.2萬元／月。1927年7月5日，共產國際為復興湖南農運撥款3.95萬元。1927年8月9日，鑒於「白色恐怖」嚴重，決定政治局委員單獨租房，不可兩人同住，以免捕一帶二。共產國際為此撥款千元。1927年8月國共徹底破裂，共產國際撥給中共的經費增加到2萬／月。[57]1927年9月6日，莫斯科電令上海共產國際工作人員：「請在年底前給中共撥款17128美元」。[58] 1927年7月2日，江蘇省委書記趙世炎被捕（叛徒韓步先出賣），搜出活動經費38832元，小洋四角，上了《申報》。[59]

1925年6月19日爆發的省港大罷工，持續十六個月，鄧中夏主持的罷工委員會每天開支七千至九千元，用於安排罷工工人的食宿、醫療、教育，因為「得到海外僑胞和國際無產階級的資助」。[60]

據中共歷史檔案財務統計，1927年共產國際撥付中共各項款額接近100萬銀圓，這一數額相對蘇聯這一時期援助國民黨與西北馮玉祥累計五千萬銀圓雖不足道，但對尚處嬰幼期的中共來說，年助百萬已是天文數字了。[61]

1923年1月，蘇聯駐華全權代表越飛拜會孫中山，發表孫文越飛宣言。3月8日俄共（布）中央政治局決定給孫中山200萬盧布資助，派政治、軍事顧問小組援孫，並提供一定的軍事物資和教官，建立軍校。1925年5月，赤俄再向黃埔軍校派出200人教官團，補撥50萬盧布，2萬步槍，100挺機槍（備足子彈），足夠數量的擲彈炮、手榴彈。1924～1926年，蘇聯總共撥送軍校1000餘萬盧布的軍火，辦學經費200萬盧布。[62]

1926～1927年，為支持國民黨北伐，赤俄援助國民革命軍五架飛機、五

56　李大釗：〈獄中自述〉，載《黨史研究資料》第二集，四川人民出版社1981年版，頁110～111。

57　楊奎松：〈共產國際為中共提供財政援助情況之考察〉，載《黨史研究資料》（北京）2004年第1期，頁13～15。

58　〈阿布拉莫夫給諾羅夫的電報〉（1927年9月6日），載《聯共（布）、共產國際與中國蘇維埃運動》（1927～1831），中央文獻出版社（北京）2002年版，頁35。

59　常益整理：〈記上海第三次武裝起義前後的趙世炎烈士〉，載《紅旗飄飄》第15集，中國青年出版社（北京）1961年版，頁86～87。

60　帥孟奇、蹇先任：〈永不熄滅的明燈──紀念鄧中夏同志〉，載《革命回憶錄》第1輯，人民出版社（北京）1980年版，頁36。

61　徐焰：〈解放後蘇聯援華的歷史真相〉，載《炎黃春秋》（北京）2008年第2期，頁30。

62　黃埔軍校舊址紀念館編：《黃埔軍校》，廣東人民出版社2002年版，頁3、10。

萬餘支槍及其它軍火。[63] 蘇聯顧問對廣州政府之所以具有強大政治影響，背後可是站立著強大經援，包括資助赴俄生的各種費用。1926年莫斯科中山大學的中國學生，每月十個盧布津貼、精美伙食、郊外療養等，以及1927年秋入莫斯科步兵學校的中國學生，每月津貼30盧布，都出自赤俄財政。[64]

1928年6～7月莫斯科中共「六大」，蘇聯提供約10萬盧布經費。聯共（布）政治局根據史達林建議，1928年6月11日再撥九萬盧布給中共應急。共產國際1928年上半年撥款12.5萬盧布，聯共（布）政治局決定下半年增至34萬盧布。折合中國貨幣，1928年月均超過六萬元。1928年尾，共產國際決定從1929年起每月削減中共經費3.3萬中國貨幣單位（即每月從六萬降至約3.7萬）。[65] 1928年12月26日，中共總書記向忠發為此專函共產國際主席團：中共經費每月六萬絕不能減少，且應提供「策動士兵運動」費每月2.4萬元，特別費年預算也應達到100萬元。中共中央決定今後嚴格按照新預算開支，各省1.9萬元不變，宣傳部由2300元壓縮為2000元，特科由3600元壓縮為3000元，給共青團的補貼減少到1000元，交通費保持4000元，中央本身3700元，所有領導人生活費均減少二元，原有的娘姨費等一律取消，原住大房子的全部搬小房子。[66]

中央特科的經費還是得到保證。1928年5月上海霞飛路一家咖啡館，特科二科科長陳賡約見國民黨中央組織部黨務調查科幹事楊登瀛（1893～1969）。陳賡給了楊登瀛一根金條，此後每月給經費300光洋，特別花費除外。不久，為方便楊登瀛與上層人士來往，陳賡請示周恩來，為楊買了一部高級轎車。[67]

1931年6月22日，向忠發（1880～1931）被捕供詞：「國際幫助中國共

---

63 林伯渠：〈從同盟會員到共產黨員〉。王來棣採編：《中共創始人訪談錄》，明鏡出版社（香港）2008年版，頁23。

64 〈伍修權同志回憶錄〉（之一），載《中共黨史資料》第一輯，中共黨史資料出版社（北京）1982年版，頁128～129、155。

65 《聯共（布）、共產國際與中國蘇維埃運動》（1927～1931），中央文獻出版社（北京）2002年版，頁492～493、521、77。

66 楊奎松：〈共產國際為中共提供財政援助情況之考察（續）〉，載《黨史研究資料》（北京）2004年第2期，頁17～18。

67 周谷：〈六十年前潛伏在國民黨心臟中的共諜〉，載《傳記文學》（臺北）第56卷第1期。參見盧荻〈楊登瀛：「雙面間諜」？紅色特工？〉，載《同舟共進》（廣州）2013年第5期，頁41。

產黨每月一萬五千元美金，（相當）中國五六萬元。實際上國際的款是俄國共黨供給的。最近經濟的支配權操在周恩來手裡⋯⋯」[68]

1932年，中共中央機關從上海全部遷入江西蘇區，蘇聯固定經援中止。停發的相當一部分經費，共產國際建立「中共基金」，仍謀求以某種方式支援中共，因苦於人員往來中斷無法交遞。[69]

1933年10月下旬，在上海的團中央局書記、組織部長、宣傳部長均被捕，此前被捕並叛變的黨中央局書記盛忠亮（1907～2007）入獄勸降：「⋯⋯現在黨中央局、團中央局都幾乎全部破壞了，連最微薄的活動經費因同國際方面的聯繫斷了，也難以維持了⋯⋯」[70]

1935年10月，江西紅一方面軍（中央紅軍）長征抵陝，軍需供給十分困難。11月，毛澤東向紅十五軍團長徐海東借款兩千五百元，徐海東找來所部供給部長，問清還有七千元，立撥五千元給毛澤東。[71]

1936年6月16日陝北中共終於架起大功率電臺，向駐共產國際代表王明、康生拍發的首封電報，訴苦求援，「請你們訊問國際能否每月幫助我們三百萬元」，並要求給飛機、重炮、高射機槍、步槍、子彈。1936年11月20日，張聞天再向王明、康生告急：「因為沒有現金，糧食也買不到了。請即刻經過天津付款處送一筆款子來，以救燃眉之急。我們的交通正在那裡等候。」12月5日，張聞天再馳電：「你們答應十一月底在滬交款，究竟實行了沒有？第一次交了多少，是否交給了孫夫人？我們派人於本月十五日由西安乘飛機到滬取款，決不可使落空，八、九萬人靠此吃飯。」[72]

1937年4月，陳雲自莫斯科赴烏魯木齊，接應西路軍殘部。共產國際撥了不少武器，有機槍大炮。[73]

1937年11月，蔡暢、劉英、賀子珍、金維映、劉群先、方志純、馬明

68　王健民：《中國共產黨史稿》第二編，中文圖書供應社（香港）1974～75年出版，頁163。

69　楊奎松：〈共產國際為中共提供財政援助情況之考察（續）〉，載《黨史研究資料》（北京）2004年第2期，頁24。

70　黃藥眠：《動盪：我所經歷的半個世紀》，上海文藝出版社1987年版，頁260～261。

71　《憶徐海東》編輯組：《憶徐海東》，河南人民出版社1981年版，頁14。

72　楊奎松：〈共產國際為中共提供財政援助情況之考察（續）〉，載《黨史研究資料》（北京）2004年第2期，頁25～27。

73　黃火青：〈民主革命時期中國共產黨與盛世才的關係〉，載《中共黨史資料》（北京）第13輯，中共黨史資料出版社1985年版，頁105。

方、鐘赤兵、蔡樹藩、徐夢秋、張子意一行離開延安，經西安到蘭州再到迪化，轉機去蘇聯治病養傷，到蘭州遇上史達林派專機送回的王明，王明送他們100美金改善生活。這行人沒捨得用，上繳八路軍駐蘭州辦事處。[74]

1936年12月2日，共產國際主席季米特洛夫（Georgi Dimitrov）向蘇聯財政人民委員會發電報：「（向中共）在撥出200萬盧布之外，再提供50萬美元……」1938年2月，共產國際經援中共50萬美元。[75] 7月，赴俄療傷的王稼祥從莫斯科回國，帶了共產國際給中共的30萬美元。[76]這次王稼祥回國，還帶回一份極其重要的文件，即臨行前季米特洛夫對他與任弼時交待：「應該告訴全黨，應該支持毛澤東同志為中國共產黨的領導人，他是在實際鬥爭中鍛煉出來的領袖。」這份文件事關中共黨內重大政治生活，毛澤東的地位得到「合法」確立。[77]

1941年7月7日，季米特洛夫電告毛澤東：「援款（100萬美元）已獲批准，將分批寄出。」[78]

抗戰結束後，俄援仍在繼續。蘇聯將東北日軍遺留的大批軍械轉撥中共，林彪的東北野戰軍迅速膘壯，毛澤東底氣大增，敢於與國府最後鬧翻。1948年東北戰事結束，林彪「四野」準備進關，蘇聯又有新的軍援。少將李逸民（1904～1982）：「東北全境都解放了，接著準備120萬部隊進關。蘇聯的援助物資也來了，有輕武器，有汽油。」[79]

1990年代赤俄檔案解密。1994年、1996年俄文版《聯共（布）、共產國際與中國國民革命運動》（1920～1925）、《聯共（布）、共產國際與中國國民革命運動》（1926～1927），1997年、1998年出版中譯本，具體披露赤俄經援細節。[80]英文版《中國法律與政府》（Chinese Law and Government）雜誌1997年第一、二期，發表一組從1930年代中後期直至1940年代中後期共

---

[74]　《劉英自述》，人民出版社（北京）2005年版，頁118～119。

[75]　《季米特洛夫日記選編》，廣西師大出版社（桂林）2002年版，頁48、64。

[76]　徐則浩編著：《王稼祥年譜》，中央文獻出版社（北京）2001年版，頁190。

[77]　王稼祥：〈回憶毛主席革命路線與王明機會主義路線的鬥爭〉，載《紅旗飄飄》第18集，中國青年出版社（北京）1979年版，頁58。

[78]　《季米特洛夫日記選編》，廣西師大出版社（桂林）2002年版，頁147。

[79]　李逸民：《李逸民回憶錄》，湖南人民出版社1986年版，頁164。

[80]　《聯共（布）、共產國際與中國國民革命運動》（1920～1925），北京圖書館出版社1997年版；《聯共（布）、共產國際與中國國民革命運動》（1926～1927），北京圖書館出版社1998年版。

產國際與中共關係的檔案，直接涉及共產國際對中共的財援。[81]

2001年，俄國學者石克強（Konstantin Schevelyoff）整理了九份俄羅斯國家社會政治歷史檔案館的檔案，發表於《百年潮》，也從一個側面提供了1920～1921年俄共（布）和共產國際向中共提供援助的線索。[82]2004年，中國社科院近代史所楊奎松先生發表了〈共產國際為中共提供財政援助情況之考察〉，對這一專題做了較為詳盡的史料梳理。[83]這才明白「遠方」（共產國際）對中國革命之所以具有強大操控權（如兩度撮合沸反盈天的國共合作）、季米特洛夫之所以對確立毛澤東為最高領袖有重要一票、毛澤東在延安對「遠方」的尊敬……一切的一切都有了合乎情理的清晰注腳。

1935年11月下旬，中共中央機關剛到瓦窯堡十來天，六屆中委林育英（1897～1942）從「遠方」歸來。林育英（張浩）乃林彪堂兄，1922年入黨，工運出身。他從蒙古入境，「有車坐車，沒車走路」，扮成貨郎一路打聽紅軍行蹤，走了整整三個月，看到陝北紅軍的佈告才找來。他的到來，對尚在困難中的中共中央幫助甚大，不僅準確傳達共產國際「七大」精神（改變極左策略，不再視中間派為敵，建立反法西斯統一戰線），尤其以「國際代表」身分艱難說服在四川理番縣卓木碉成立「第二中央」的張國燾，要他取消「中央」名號，率紅四方面軍北上。張國燾不服張聞天、毛澤東，但得服共產國際。1936年6月6日，張國燾被迫宣佈取消第二「中央」。8月3日、9月3日，林育英、張聞天、毛澤東、周恩來、博古聯名致電張國燾、朱德，歡迎紅四方面軍北上，「注重目前團結，過去的爭論一概不談。」林育英前往迎接，張國燾《我的回憶》也對林育英「極為看重」。1937年2月27日，林育英任援西軍政委；1937年8月出任129師政委；1942年3月6日病逝延安，毛澤東抬棺。

林育英到達瓦窯堡後，與「總負責」張聞天竟日長談，一日三餐吃在張的窯洞。後來，他將貨郎擔裡剩餘物資（小孩衣帽之類）放到山下供銷合作

---

[81]　Chinese Law and Government, vol.30, no.1, January-February 1997。

[82]　（俄）K・B・石克強整理：〈俄羅斯新發現的有關中共建黨的文件〉，載《百年潮》（北京）2001年第12期，頁55～60。

[83]　楊奎松：〈共產國際為中共提供財政援助情況之考察〉，載《黨史研究資料》（北京）2004年第1期，頁1～18；〈共產國際為中共提供財政援助情況之考察〉（續），載《黨史研究資料》（北京）2004年第2期，頁14～31。

社賣了，給了張家兩塊大洋，付了伙食賬。[84]

四、陳獨秀報帳

向共產國際報帳是總書記陳獨秀的主要工作之一。「二大」決定，由委員長總理黨務及會計，凡匯交中央或由中央支配的經費，均由陳獨秀掌管。陳獨秀儉樸自奉，最恨貪汙，一切收支都由他親自經手，從不放手別人，不免為一些好事之徒所忌，加之黨外攻擊，不少流言蜚語，編排他十分闊綽、揮霍浪費等等，陳很惱火。[85] 1921年，王若飛從巴黎回到「勤工」的蒙達爾，說是很感動，「陳獨秀的兩個兒子（按：此時也留法）窮得只能用白開水吃麵包。但他同時說：共產黨人六親不認。」[86]

1922年6月30日，陳獨秀給共產國際的報告中：

> 黨費，自一九二一年十月起至一九二二年六月止，由中央機關支出一萬七千六百五十五元；收入計國際協款一萬六千六百五十五元，自行募捐一千元。用途：各地方勞動運動約一萬元，整頓印刷所一千六百元，印刷品三千元，勞動大會一千餘元，其他約二千餘元。[87]

十分明確，經費主要來源「國際協款」（俄共財援），自募黨費僅千元（月均不足百元），不足6%。

1925年3月20日，陳獨秀給共產國際執委會報告的結尾：

> 按此前批准的2250元預算，我們在1、2、3三個月應收到6750元，而你們給我們寄來3423美元，僅相當於5887中國元，因此還差863元。這個數字我們還要求補上，以後請給我們寄金盧布或有追加的

84　《劉英自述》，人民出版社（北京）2005年版，頁93～94。

85　〈羅章龍談「三大」會計〉，載《黨史研究資料》（北京）1984年第5期，頁9。

86　《鄭超麟回憶錄》，東方出版社（北京）2004年版，下卷，頁395。

87　〈陳獨秀給共產國際的報告〉，載《中共中央文件選集（1921～1925）》第1冊，中央黨校出版社（北京）1989年版，頁47。

美元。[88]

　　1925年4月9日，陳獨秀向共產國際遞交了十分詳盡的年度收支報告，撮要精述：

　　1924年1～6月預算：
　　一、收入：800美元和10174.93元。（均來自共產國際與紅色工會
　　　　國際）
　　二、支出：300美元和9341.366元。尚餘520美元和833.064餘元。
　　1924年7～10月預算：
　　一、收入：14510.0164元。
　　二、支出：12053.234元。尚餘2456.93多元。
　　1924年11～12月預算：
　　收入：740美元和8242.225元。A、共產國際和紅色工會國際共提供
　　　　2687.795元和740美元；B、共產國際給中共四大援款870元；
　　　　C、向鮑羅廷借款1000元；D、過去結餘2456.93元；E、各地
　　　　上交227.6元。
　　支出：A、中央委員會2554.17元，內含機關及各種開支432.82元、工
　　　　作人員生活費1903元；郵件電報128.65元、交通運輸202元、
　　　　專項開支162元、印刷598.7元。B、地方組織2548元，其中北
　　　　京550元、鐵路總工會200元、山東233元、湖南100元、唐山
　　　　90元、武漢275元、上海、1100元。C、各地民族運動1850元。
　　　　D、償還借款740美元和698元。E、學生聯合會借款20元。
　　收支相抵尚餘552.055多元。[89]

---

[88]　〈陳獨秀給共產國際執委會的第二號報告〉，載《聯共（布）、共產國際與中國國民革命
　　運動》（1920～1925），北京圖書館出版社1997年版，頁593。
　　　金盧布於1914年退出流通，1921年赤俄政府恢復金盧布為結算單位，可兌換4083盧
　　布；1921年上半年一金盧布兌換11300盧布。1923年，赤俄政府改革幣制，發行首批蘇聯
　　金幣，一新金盧布含金量相當舊俄十金盧布，兌換率為一新金盧布折1923年發行的175盧
　　布，或1922年發行的17500盧布。
[89]　〈陳獨秀給共產國際執行委員會的報告〉，參見楊奎松：〈共產國際為中共提供財政援助
　　情況之考察〉，載《黨史研究資料》（北京）2004年第1期，頁10～11。

1926年冬，大革命進入高潮，中共在武漢開辦長江書店（毛澤民供職書店），出售紅色書刊，數月賺了幾十萬元。彭述之寫了小冊子《中國革命的根本問題》，書店經理告知可領取稿費七、八百元。彭述之、陳碧蘭夫婦覺得不需要拿那樣多錢在手裡。是年6月，陳碧蘭分娩長女，領了稿費一百元，支付護士接生費60元，其餘留為生活費。當時形勢混亂，黨沒照顧到陳碧蘭，陳認為是瞿秋白的「故意疏忽」。[90]

五、經費矛盾

經費問題一直是中共與共產國際的摩擦點。中共「一大」前後圍繞是否接受赤俄經援，爭論激烈；此後則為款額多少與撥款拖滯不斷摩擦。

「一大」之前，李漢俊向馬林表示：中國共運當由中共自己負責，共產國際只能從旁協助；中共只接受共產國際的理論指導並採取一致行動，但不希望依靠共產國際的津貼展開工作，只能在感到需要時接受共產國際的補助；共產國際代表只能是中共的顧問，決不應居領導地位。馬林碰釘子後，急盼能與更有影響力的陳獨秀、李大釗見面。[91]

1921年8月，陳獨秀在上海首晤馬林，基調仍是「鬧獨立性」：中共尚在幼年，一切工作尚未展開，似無必要戴上共產國際的帽子；中國革命有自己的國情，目前不必要接受共產國際的經濟支持，暫時保持中俄兩黨的兄弟關係，俟我們的工作發展起來後，必要時再請共產國際援助，以免引起中國無政府主義黨及其它方面的流言蜚語，會產生無中生有的攻擊。陳獨秀與馬林的關係十分緊張。此時，張太雷到滬，奔走陳獨秀、馬林之間。一次，張太雷在陳宅說：「全世界的共產主義運動都是在第三國際的領導之下，由發生到發展，由成長到奪取政權，實行無產階級專政，中國不能例外。」陳獨秀一拍桌子：「各國革命有各國國情，我們中國是個生產事業落後的國家，我們要保留獨立自主的權力，要有獨立自主的作法，我們有多大的能力幹多大的事，決不能讓任何人牽著鼻子走，我可以不幹，決不能戴第三國際這

90 陳碧蘭：《我的回憶》，十月書屋（香港）1994年版，頁193、198。
91 張國燾：《我的回憶》，東方出版社（北京）1998年版，第1冊，頁132～133。

頂大帽子。」說完挾起皮包氣憤走人。[92] 李漢俊、陳獨秀這一最初的「鬧獨立」，成了中俄兩黨關係的一大基調。

　　一次，陳獨秀在黨內會議怒拒共產國際經援：「何必國際支持才能革命！」馬林大惶，遜謝不已。1923年6月中共「三大」，陳獨秀與馬林之間的爭執，致使會議無法繼續。[93] 陳獨秀對李達等人說：每月只拿他們二千多元，事事要受支配，受制於人，十分難堪，中國一國也可以革命，何必一定要與「國際」發生關係。陳獨秀連接幾周不出見馬林，不願每週向馬林彙報工作。[94] 陳獨秀認為：中共黨員應該一面工作一面搞革命，革命要靠本國自己的力量，不能接受第三國際的資助，接受人家的錢就得跟著人家走，而且一時也沒什麼工作可幹，要錢也沒用處。陳獨秀還認為中國實現共產主義遙遠得很，中國無產階級革命可能需要100年，要革命青年重視學習，不要想一步登天，要尊重客觀現實。[95]

　　中共「三大」後，國共合作局面形成。但國共兩黨內部均大起波瀾。中共「一大」政綱明確──奪取政權以推行共產制度，消滅資本家私有制。1924年冬，中共黨員沈澤民（1900～1933）對陳學昭說：「現在我們同國民黨一起革命，將來我們還要革國民黨的命！」[96]大革命時期，中共廣東省委書記陳延年（1898～1927，陳獨秀長子）向新黨員龔楚交代任務：「目前黨的政策是在國民黨的一切組織中取得實權與工作，亦即是利用國民黨各級黨部以掌握工農運動的領導權，使廣大的工農群眾團結在本黨周圍，以實現本黨的主張。」[97]無論奉持宗旨還是價值追求，國共均只能是「打倒軍閥」的同路人，兩家對「國民革命之後」，從一開始就存在重大分歧。

　　蘇聯與國民黨之間的合作也取得重大進展，鮑羅廷等抵穗，國民黨即將改組，俄共對華工作重心發生轉移。馬林認為「只要孫中山能接受反對帝國主義的口號，什麼東西都可以歸給國民黨，因此有一切工作歸國民黨的口

92　包惠僧：〈回憶馬林〉。載《馬林在中國的有關資料》，人民出版社（北京）1980年版，頁100～101。
93　羅章龍：〈國際代表馬林〉，載《馬林在中國的有關資料》，人民出版社（北京）1980年版，頁107～108。
94　〈李達自傳〉（節錄），載《黨史研究資料》第二集，四川人民出版社1981年版，頁7～8。
95　《包惠僧回憶錄》，人民出版社（北京）1983年版，頁367。
96　陳亞男：《我的母親陳學昭》，文匯出版社（上海）2006年版，頁164。
97　《龔楚將軍回憶錄》，明報出版社（香港）1978年初版，上卷，頁18。

號。」[98]為此，共產國際援助中共的經費發生問題。1923年11月，共產國際駐華工作人員特別提醒莫斯科：

> 首先應該強調一下它的財政困難情況……這對中國共產黨起著巨大的作用。……在10月、11月、12月都沒有從共產國際執委會那裡得到錢，而有整整六個月沒有從紅色工會國際那裡得到錢了。你應該考慮一下這個事，並儘快採取措施把這些錢立即匯出來。由於沒有錢，定期出版物的出版在某些情況下已經停止。[99]

1924年9月7日，陳獨秀致信維經斯基：

> 我們黨的經濟狀況很嚴重，由於經費不足許多方面工作處於荒廢狀態。我們希望您立即從共產國際和紅色工會國際給我們寄7、8、9、10月份的錢來。……我們黨的全國代表大會將提前舉行。我們期望經過不長時間能從您哪裡得到一千多元錢來支付會議開支。[100]

1927年7月寧漢合流，國共關係徹底破裂，中共轉入地下，形勢艱危，成為蘇聯在華唯一援助對象，中共對俄援的要求也明顯提高，與掌握撥款的共產國際代表多次發生衝突。共產國際主管向中共發放款項的代表嚴厲批評中共不斷要錢。1928年2月，他致信共產國際聯絡局長：

> 迄今為止，黨通過國際聯絡局每月收到大約2萬墨西哥元。但這項預算被認為是不完全的。（中共）中央以各種理由請求我們為這樣或那樣的事情撥給或多或少的款項。而且幾乎為每件小事都提出請求。什麼樣的要求沒有提出啊!只要建議散發個傳單或宣言，需要調

98　蔡和森：〈在黨的第六次代表大會上討論政治報告時的發言〉，載《馬林在中國的有關資料》，人民出版社（北京）1980年版，頁89～90。

99　〈斯列派克給維經斯基的信〉，載《聯共（布）、共產國際與中國國民革命運動》（1920～1925），北京圖書館出版社1997年版，頁316。

100　〈陳獨秀給維經斯基的信〉。載《聯共（布）、共產國際與中國國民革命運動》（1920～1925），北京圖書館出版社1997年版，頁529。

人到某地去，中央派個書記到省裡去，就連某某人生了病，中央都會立即向我們提出撥給追加經費的要求。

但他也為中共增撥預算呼籲：

促使我到莫斯科來的重要問題之一是給中國共產黨撥款的問題。……我認為，現在給中共的預算，即大約2萬墨西哥元是不夠的。……黨用這些錢是不能完成任務的。我建議撥給黨總的預算為3.5萬墨西哥元……責成它按時撥給五個大省──上海、湖北、湖南、廣東和北方省委各3000墨西哥元。責成它撥其他省各五百墨西哥元，最後責成各地將全部預算的2/3用於報刊。如果黨同意這些條件，那麼預算必須增加到3.5萬元。[101]

1938年初，蔣介石發覺八路軍不聽號令，首先想到的就是取消八路軍的四十萬元津貼。[102]

經費問題不僅阻擋中共，也為難國民黨。1926年1月16日，國民黨安徽代表朱蘊山等向國民黨「二大」提交該省黨務報告：

由於經費的困難，安徽各級黨部，除黨費外，經濟上毫無憑藉。就以黨費論，安徽黨員以學生為最多，工人次之，黨費減半徵收，數目實在有限。因此，一切用費，都由私人籌墊，需款較多的工作，自不能不停頓。[103]

中共黨內，銀子問題始終為一大矛盾焦點。「三大」時，國際代表建議設立會計，管理全黨財政（收支、預決算、監督使用），由中常委擔任，派定羅章龍擔任，從陳獨秀處接手，為陳獨秀「減負」。1924年羅章龍出席共

---

[101]　〈阿爾布列赫特給皮亞特尼茨基的信〉。載《聯共（布）、共產國際與中國蘇維埃運動》（1927～1931），中央文獻出版社（北京）2002年版，頁360～363。
[102]　《李逸民回憶錄》，湖南人民出版社1986年版，頁103。
[103]　朱蘊山等：〈安徽黨務報告書〉，載《黨史研究資料》第二集，四川人民出版社1981年版，頁442。

產國際「五大」,由新從蘇聯回國的任作民接手中共財務。[104]

1927年5月18日,中共湖南省委已知許克祥將回應夏鬥寅在長沙有所動作,事變即將發生,政治局常委兼中宣部長蔡和森安排:「省委乃自行解散,重要人物每人發二百元,次要一百元,各自逃亡『藏兩個月再說!』」剛剛卸任湖南省委書記的李維漢雖然對蔡和森的「自行解散」不滿,但承認發放費用「轉移」。[105]曾三:「我是學生界活動分子,也叫走,發兩月工資和路費二十元。」[106]

各地給中央的報告,主要內容之一便是要錢。1927年11月30日,尚不知毛澤東秋收暴動殘部上了井岡山的中共江西省委給中央的信中,要求「增加津貼,中央津貼原五百五十元,至十一月份實際用度看來已在千元以上,並且因經費缺乏而影響許多工作不能進行,預計12月份的用度必要浩大,因為工作加緊,各縣黨部均在恢復。」江西省委要求增津貼至少一千五百元。「此間屢次向長(江)局請求,但終無答覆,故特向中央請求,立即寄下特別費千元以濟燃眉。」[107]

六、到農村去

中共來自俄共,俄共來源之一是19世紀中葉的「民粹派」,提倡到農村去,將原始封閉的農村美化為道德純潔之地,將城市醜化為罪惡淵藪。19世紀後期的「托爾斯泰主義」,亦以指責知識分子缺陷為價值起點。「向貧窮與卑微看齊」(民粹派口號)一時形成世界性文藝審美潮流,主要特徵為放大工農優點與知識分子缺點,縮小工農缺點與知識分子優點。「民粹派」傳頌十二月黨人名言:「從來都是鞋匠們造反,要做老爺;當今卻是老爺們造反,為的要做鞋匠。」[108]一篇民粹派小說中,貴族女主人公:「做個洗鍋

---

[104] 《羅章龍談「三大」會計》,載《黨史研究資料》(北京)1984年第5期,頁10。
[105] 李維漢《回憶與研究》(上),中共黨史資料出版社(北京)1986年版,頁147~148。
[106] 曾三:〈馬日事變前夕湖南省委情況〉,載《黨史研究資料》(2),四川人民出版社1981年版,頁361。
[107] 江西省檔案館、江西省委黨校黨史教研室:《中央革命根據地史料選編》(中),江西人民出版社1982年版,頁5。
[108] 轉引自鄭謙:〈五七幹校述論〉(二),載《百年潮》(北京)2006年第10期,頁45。

子、拔雞毛的邊邊姑娘，也許就會拯救祖國了。」[109]

　　五四時期，「民粹派」思想滲入中國，深刻影響中共成員生活價值指向。1919年2月，李大釗撰文〈青年與農村〉：

> 在都市裡漂泊的青年朋友們呵！你們要曉得：都市裡有許多罪惡，鄉村裡有許多幸福；都市裡的生活黑暗一方面多，鄉村裡的生活光明一方面多；都市上的生活幾乎是鬼的生活，鄉村中的活動全是人的活動；都市的空氣汙濁，鄉村的空氣清潔。你們為何不趕緊收拾行裝，清結旅債，歸還你們的鄉土？……青年呵，速向農村去吧！日出而作，日入而息，耕田而食，鑿井而飲。那些終年在田野工作的父老婦孺，都是你們的同心伴侶，那炊煙鋤影、雞犬相聞的境界，才是你們安身立命的地方呵！[110]

1920年5月1日，陳獨秀在滬發表演講：

> 我們現在一方面盼望不做工的人，快快覺悟自己無用的下賤，一方面盼望做工的人快快覺悟自己的有用、貴重。……中國古人說「勞心者治人，勞力者治於人」。現在我們要將這句話倒轉過來說：「勞力者治人，勞心者治於人」。[111]

　　來自農村的紅色知青，雖說什麼階層都有，但以破落中產家庭為主。太富了，一般不會參與革命，畢竟風險很大；太窮了，讀不起書，也不可能接觸到紅色思想。河南鎮平縣農家子弟彭雪楓（1907～1944），1921年投奔天津教書的伯父，考入南開中學，因伯父家困難輟學。1922年，彭雪楓赴京投靠族叔（西北軍秘書），母親傾囊拿出15塊大洋。入京後，彭雪楓入讀「第十六混成旅官佐子弟學校」，族叔每月接濟伙食費3.5元，但族叔家人堅決

---

[109] 轉引自錢理群：《我的精神自傳》，廣西師大出版社（桂林）2007年版，頁104。

[110] 李大釗：〈青年與農村〉，原載《晨報》（北京）1919年2月20～23日。參見《李大釗文集》（上），人民出版社（北京）1984年版，頁651～652。

[111] 陳獨秀：〈勞動者底覺悟──在上海船務、棧房工界職合會演說〉，參見《獨秀文存》，安徽人民出版社1987年版，頁301。

反對，一年多後停止接濟，全靠校長余心清安排彭雪楓在附小兼教國文，七小時／周，月薪十元，他才未失學，1925年入團。[112]

革命年代還會分娩不少離奇故事。黃傑（1910-2007），湖北江陵郝穴鎮書香閨秀，1926年小學畢業後考入武昌女師。1926年11月，黃埔軍校武漢分校要招女生隊，名額一百。語文考題：「革命與社會進化之區別」。黃傑作了108字的答卷，講了她對革命的粗淺認識——革命是人為的、社會進化是自然的。數學題，她只作了兩道，因未上過中學，不會代數、幾何，後座一位考男生隊的老鄉抄了答案從下面遞過來，黃傑不敢作假，監考老師發現後取消這位「見義勇為」男生的考試資格。與黃傑同桌考試的是一位女大學生。結果，小學生的黃傑錄取了，女大學生卻落榜，她很不服氣，認為將她倆的試卷搞錯了。複試那天，黃傑見自己答卷上批了四字——「孺子可教」，認為她政治思想與道德品質不錯。黃傑成為黃埔軍校第一批女生。[113]1928年初，黃傑加入中共，後任松滋縣委書記，領導松滋九嶺崗農民暴動，再任中央軍委、臨時中央局交通員、滬東區委女工部長、鄂西中心縣委常委，1940年赴延安，第一保育院長、邊區婦聯組織部長，1946年5月嫁抗大代校長徐向前；1949年後，紡織部人事司長、政治部幹部部長。

七、留蘇生

蘇聯另一筆大資助是為中共培養幹部。1920年底～1921年4月，在蘇聯資助下，經上海共產主義小組（1920年5月陳獨秀在滬成立）介紹，通過符拉迪沃斯托克（海參崴）華工楊明齋與第三國際聯繫，先後三批選派上海外國語學社、浙江一師等學生赴莫斯科東方大學（史達林名譽校長），共三十餘名團員——

湘籍：彭述之、羅亦農、劉少奇、任弼時、肖勁光、陳為人、袁篤實、吳芳、卜士奇、任岳、任作民、胡士廉、張學琅、許之楨、劉漢芝；

浙籍：俞秀松、汪壽華、胡公冕、莊文恭、王一飛、梁柏台、謝文錦、

---

[112]　林穎：《彭雪楓家書》，文物出版社（北京）1985年版，頁42～43、125～126。
[113]　黃傑：〈中央軍事政治學校的女生隊〉，載《革命回憶錄》第10輯，人民出版社（北京）1983年版，頁136。

華林、周伯棣；

　　皖籍：蔣光慈、韋素園、柯慶施、吳葆萼、章人功；

　　彭湃（廣西）、廖劃平（四川）、曹靖華（河南）、秦抱樸（江蘇）、傅大慶（江西）。[114]

　　陳獨秀成名後，一些青年找上門來，或投靠或請指路。1919年9月，湖南湘潭子弟羅亦農中學畢業，不願守著父親的米店、油坊，「走！找陳獨秀去！」他來到上海，陳獨秀介紹他上一家小報館搞校對，先解決食宿，然後上了外國語學社俄語班，成為中共第一批派出的留俄生。[115]

　　此後，赤俄政府陸續開辦莫斯科中山大學、列寧學院，專門為東方各國培養青年革命幹部，所有費用由俄共提供。[116] 1927年入學「中大」的陳修良（1907～1998，向警予秘書，後任南京市委書記）：「『中大』學生在蘇聯留學期間的全部費用，由蘇聯方面支付。……每人每月發津貼費20盧布，衣服及日用品、洗衣、洗澡、理髮、醫藥費等，均由學校供給，回國時還支付一筆美金，當翻譯者或有行政職務者另有工薪，生活相當舒服。」[117]1927年初，從法國回國，一張三等艙船票四百銀圓，要走一個月。[118]

　　先後進入列寧學院的著名中國學員：蔡和森、吳玉章、董必武、王若飛、張國燾、劉仁靜、王稼祥、張聞天、沈澤民、彭澤湘、郭紹棠等。[119]

　　據不完全統計，1921～1930年，莫斯科東方大學、中山大學、列寧學院，為中國培養了1400餘名學生，除300餘國民黨員，大部分為中共黨員。第一批「朝聖取經」的留俄生，因蘇聯尚處於饑餓之中，每天只供應兩塊黑麵包、幾個土豆【編按：馬鈴薯】，有時麵包裡混雜繩子、木屑；睡覺時只

[114] 陳紹康：〈S‧Y‧之家──上海外國語學社始末〉，載《紅旗飄飄》第31集，中國青年出版社（北京）1990年版，頁15。

[115] 李文宜：〈亦農，懷念你閃光的26個春秋〉，載《紅旗飄飄》第31集，中國青年出版社（北京）1990年版，頁133。

[116] 盛岳：《莫斯科中山大學和中國革命》，東方出版社（北京）2004年版，頁55。
肖勁光：〈憶早期赴蘇學習時少奇同志〉，載《紅旗飄飄》第20集，中國青年出版社（北京）1980年版，頁1～3。

[117] 陳修良：〈莫斯科中山大學裡的鬥爭〉，載《革命回憶錄》增刊（一），人民出版社（北京）1983年版，頁53。

[118] 許德珩：〈我的回憶──從北京大學到武漢政治軍事學校〉，載《紅旗飄飄》第30集，中國青年出版社（北京）1986年版，頁104～106。

[119] 劉仁靜：〈談托洛茨基派在中國〉，載《紅色往事》第一冊，濟南出版社2012年版，頁133。

有一條毯子，大家擠在一起。[120]

　　第一批留俄生，白天上課，夜晚站崗，周日做工。凡站崗的，每週發半斤～一斤黑麵包，品質很差，有的長了綠黴，有的裡面有一段繩子（扯出繩子就成一大洞）。所有外國學生都享受紅軍待遇（最高待遇，列寧也一樣），每天一塊兩掌合攏大小的黑麵包、幾個土豆。早上切下一塊麵包，中午就不敢切了，否則晚上就沒吃的。中午吃飯有海草土豆湯，有時放點鹹魚，一人一勺，有什麼算什麼，基本上是清湯，碰到一點稠的，算是很幸運了。蕭勁光記述：

> 那時真是餓得難受。我們的課堂在四層樓上，我們都是十七八歲的小伙子，本來上個四層樓算不了什麼，可是那個時候上四層樓真困難啊，一步一步地慢慢往上挪，中間還得休息幾次，一次是走不到頂的。有時肚子餓得實在不是味道，就躺在鋪上等飯吃，越等越餓。我們穿的衣服、鞋子都是歐洲工人階級捐獻的。皮鞋是英國工人捐的，不管腳大腳小，一人一雙……一人一件軍大衣、一條皮帶、一頂尖尖的帽子，上面有一顆紅五星。晚上睡覺時，一個挨著一個，大家擠在一起取暖，只蓋一件軍大衣和毯子。……紅軍的待遇尚且如此，其他人的生活情況就可想而知了。大學教授的報酬主要是麵包，教授們背個兜兜，每星期六拿發給的麵包票去領一塊像牛屎一樣的黑麵包，放在兜兜裡背回家，這就是一個星期的報酬，也沒有什麼錢。在那樣艱苦的日子裡，在東方大學學習的中國學生中有那麼幾個人受不住那個苦，想退學。[121]

　　另一名中國學生記述：每天只分到三分黑麵包，一條生的小鹹魚，學生連上三樓教室的力氣都沒有。因為沒有煤取暖，上課、睡覺都得穿上棉衣。[122]為減少消耗於往來食堂的體力，有些學生乾脆不去吃午飯，麵包帶在

---

[120]　裴超：〈「朝聖取經」的首批留蘇中共黨員〉，載《黨史縱覽》（瀋陽）2012年第12期；《文摘報》（北京）2012年12月1日摘轉。

[121]　蕭勁光：〈憶早期赴蘇學習時的少奇同志〉，載《紅旗飄飄》第20集，中國青年出版社1980年版，頁7～8。

[122]　王一：〈憶戰友任岳〉，載《紅旗飄飄》第31集，中國青年出版社1990年版，頁346。

身上，餓了就啃兩口。韋素園為對付饑餓，發現「臥式讀書法」——躺在草地上看書，呼吸減慢，肚裡食物的消化就能慢一點。[123]

1925年後，蘇聯經濟回暖，中國留學生的日子才漸漸好轉。住宿條件一直不錯，白俄華麗的高樓大廈。東大生每月發一本飯票，每餐一張，衣服床單等每週換洗一次，每星期憑票洗澡一次，兩周理髮一次，免費觀看電影戲劇，每月另發六盧布零用，或買香煙或買蘋果。「蘇聯的蘋果雖然香甜而且很爽脆，但能夠享受的人卻不多，而且供應也很少。」[124]

1937年3月，列寧學院中國特別班兩位學生回國，一個帶了120美金，另一個一千美金，「可那大部分是黨組織的經費」。他倆經柏林、巴黎、熱那亞回國，在巴黎花九法郎吃高檔餐，一菜一湯一道點心一瓶葡萄酒，九法郎（一美金折合18法郎或3.2元中國銀元），「巴黎真是個高消費城市。」[125]

這批朝聖取經的學生，不僅帶回改造社會的紅色理想，也帶回托派思想。東大校長拉狄克為托派，東大因此成為中國托派發源地。留蘇生錯綜複雜的人際關係，深刻影響了二十世紀中國歷史進程。1956年中共「八大」，95名中委，至少27位留蘇生，主要畢業於莫斯科中大。據不完全統計，知名留蘇生（前面已列不重複）：

陳雲、陳伯達、陳延年、陳喬年、鄧中夏、鄧小平、李立三、俞秀松、王明、博古、陳昌浩、左權、何叔衡、楊殷、孫冶方、葉劍英、林伯渠、徐特立、林育英、劉伯堅、劉鼎、夏曦、陳賡、劉長勝、黃文傑、方維夏、董亦湘、孔原、李一凡、李哲時、王觀瀾、周達明、傅勝藍、傅鐘、傅烈、甘泗淇、烏蘭夫、瞿景白、曾湧泉、朱務善、張祺、徐以新、朱瑞、袁仲賢、劉疇西、李合林、李劍如、余篤三、佘立亞、劉清揚、郭隆真、伍修權……[126]

著名女性：楊之華（瞿秋白妻）、危拱之（葉劍英妻）、孟慶樹（王明妻）、劉英（張聞天妻）、蔡暢（李富春妻）、錢瑛、帥孟奇、陳碧蘭（彭述之妻）、夏之栩（趙世炎妻）、石景宜（陳喬年妻）、史靜儀（劉仁靜

123 張羽：〈難忘的漁陽裡〉，載《紅旗飄飄》第31集，中國青年出版社1990年版，頁316。
124 陳碧蘭：《我的回憶》，十月書屋（香港）1994年11月第一版，頁90。
125 張祺：《在蘇聯的三年》（下），載《上海黨史資料通訊》1989年第3期，頁24～25。
126 馬淑德、閻永雪、姜紅：〈劉伯堅1922-1926年旅莫（斯科）大事記〉，載《黨的文獻》（北京）1990年第3期，頁58～62。

妻）、譚國輔（劉英長沙女師同學）……

　　夫妻學員：沈澤民、張琴秋；李敬永、朱自純。[127]

　　紅色烈士：熊雄、葉挺、李求實、顏昌頤、張寶泉、龍大道、李味農、陳覺、趙雲霄夫婦。

　　托派：彭述之、陳碧蘭夫婦；彭道之（彭述之胞弟）、鄭超麟、尹寬、區芳、李季、劉伯莊、汪澤楷。

　　叛徒：何忠發、顧順章、馬玉夫、袁篤實、黃平、謝少安、余飛、王荷波、李竹聲、徐夢秋、王新衡、黃第洪、程祖怡；夫婦：霍家新、賀之華；盛忠亮、秦曼雲。

　　國民黨系也可開列出一長串中大生名單：蔣經國、鄭介民、戴笠、谷正綱、谷正鼎、屈武、鄧文儀、劉詠堯、張秀蘭、吳家鈺、何重漢、卜濤明、王崇武……

八、紅色情戀

　　五四以後，「婚姻自由」、「戀愛神聖」成為那一代青年的時髦，二十多歲如不鬧點戀愛，好像就是對「戀愛神聖」的褻瀆。激進一點的女性甚至公開承認同時擁有兩個情人。前清道尹之女吳曙天（1903～1942），1924年同時愛上南京美專生葉天底（1898～1928，中共烈士）與胡適秘書章衣萍（1900～1947）：「我現在只希望上帝把我這個孤苦柔弱的身體，分配得均勻些，分給我的兩個情人，你們兩人各各管領我的一半罷。」[128]

　　1920年代，第一撥紅色革命者多為青少年，一邊革命一邊戀愛，革命＋戀愛、理想＋浪漫，色彩繽紛，花絮多多。僅據《鄭超麟回憶錄》，就撮掃出滿畚滿箕、有趣又有味的紅色婚戀故事。1924年春，中共黨員共三百餘人，1/10在旅莫支部。[129]青年人集中的地方，當然戀情多，加上俄共為加強革命隊伍凝聚力，鼓勵紅色青年「在自己人中覓偶」，因此早期紅色婚戀也集中在莫斯科。又由於女性少，紅色女青年都有故事，戀史相當曲折，幾無

---

[127]　《劉英自述》，人民出版社（北京）2005年版，頁39。

[128]　陳福康、蔣山青編：《章克標文集》，上海社會科學院出版社2003年版，下冊，頁468。

[129]　《鄭超麟回憶錄》，東方出版社（北京）2004年版，上卷，頁218。

一戀成功、相守始終的「佳話」。

1.中國班缺女生

　　大革命前，已有一些S‧Y（社會主義青年團）紅青留俄，入莫斯科東方共產主義大學中國班。由於沒有女生，而其他東方民族班皆有女生。東方大學有高麗女生、波斯女生、印度女生、高加索女生，獨獨沒有中國女人。中國班三十幾位男生都覺得臉上無光。別的東方民族班有女生，也就不時鬧出戀愛糾紛，以致經常需要召開「同志法庭」，解決愛情惹引的問題。「失衡」之下，中國班男生十分渴望能有女同學。這一「傾向」體現為綽號的女性化：任弼時綽號「女學生」、王人達的綽號「婦女代表」，與李慰農的「農民代表」相映成趣。王一飛向外國同志介紹陳喬年（陳獨秀次子），說這是Kutauruka（中國女人）。

　　東方大學最早五位中國女生於1923年秋抵達，兩位來自法國的蔡暢、郭隆真，國內去的女黨員則是陳碧蘭（最漂亮），女團員史靜儀（劉仁靜妻）、秦怡君。從此，中國班男生也有了誇耀的「本錢」。[130] 陳碧蘭赴俄，雖是中央派遣，此時還不是蘇聯提供路費，得自己準備200元路費。瞿秋白、施存統、鄧中夏、羅章龍、毛澤東、沈澤民等各出20元資助。陳碧蘭走到北京，住在同學楊子烈處，因張國燾、楊子烈夫婦被捕，陳碧蘭裝有路費的箱子被搜走，她在北京盤恒三月，戀人黃日葵資助三百元才成行。兩位女生到達東大校園，百餘中國男生熱烈歡迎，當天舉行盛大歡迎晚會。[131]

　　卜士奇，湖南人，中國班學生領袖，他回國後一到北京，便向何孟雄夫人繆伯英進攻，並好上了，在黨內鬧了大風潮，「聲波」遠達莫斯科。卜士奇到上海後，又向沈玄廬兒媳楊之華進攻，幸未再鬧出什麼風潮。國內同志覺得從莫斯科回來的人如同餓鬼。卜士奇後在廣州脫離中共，入國府當官。[132] 所幸此後回國的東大生，即鄭超麟這批人，比較文明。「事實證明，我們並未比國內同志有更多的性饑渴。」[133]

[130] 《鄭超麟回憶錄》，東方出版社（北京）2004年版，下卷，頁60～61。

[131] 陳碧蘭：《我的回憶》，十月書屋（香港）1994年版，頁79、88～89。

[132] 《鄭超麟回憶錄》，東方出版社（北京）2004年版，上卷，頁186。

[133] 《史事與回憶——鄭超麟晚年文選》，天地圖書有限公司（香港）1998年版，第一卷，頁284。

2.陳碧蘭、羅亦農、彭述之的三角戀

　　陳碧蘭（1902～1987），湖北黃陂人，與向警予齊名。1918年夏，入讀武昌黃土坡（現首義路）省立女師，與棗陽楊子烈（張國燾妻）、應山莊有義（陸沉妻）、漢陽徐全直（陳潭秋妻）、武漢夏之栩（趙世炎妻）為同班同學。受教員陳潭秋影響，閱讀大量紅色書刊。1922年4月，由林育南、劉昌群等介紹入團，10月由陳潭秋介紹入黨。1922年秋，省立女師掀起震撼湖北的學潮。1923年春，陳碧蘭赴滬從事中共中央地下工作；同年秋赴莫斯科，回國後留上海中央。

　　陳碧蘭出國前在上海初戀黃日葵，感情已有裂痕。抵莫斯科後，三位男生追上來，旅莫支部最高領導人羅亦農（1902～1928）勝出，得與陳小姐同居。同學們鄙視陳碧蘭，說她愛的不是人而是地位。不過，陳碧蘭回國前已開始厭倦湘潭貧農子弟羅亦農，回國後千方百計躲避羅，不肯離開鄭州去北京見羅。羅亦農給陳碧蘭寫血書，陳才勉強答應與羅保持關係。1925年秋，陳碧蘭由鄭州調滬，河南省委書記王若飛委託她向中央彙報河南工作。陳碧蘭口才很好，得到中央諸同志稱讚，調入中宣部。陳碧蘭交給彭述之一封信，乃羅亦農托彭述之照顧陳。彭述之（1895～1983）與羅亦農乃湖南同鄉、留俄同學，寶慶書香子弟，曾立志成為經師，五四後丟掉線裝書，去讀杜威、羅素的書，留俄生中「文化最高的人物」，中共旅莫支部二把手。彭述之自視甚高，自命「中國的列寧」。

　　此時，彭述之也在鬧戀愛糾紛。一位已婚女同志追求彭，彭接受了。糾紛鬧到中央主席團（常委會），中央決定這位女同志離開彭，回歸原夫。彭述之甚感空虛，每天喝白蘭地，什麼工作都不想做。瞿秋白向他介紹失戀經驗：只有喝好的白蘭地，才不會頭痛。張國燾也約彭散步，告知自己的失戀經歷，教彭如何克服痛苦。五四期間，張國燾追求一位著名女性（劉清揚）遭拒。

　　陳碧蘭被派婦女工運，租居曹家渡，彭述之遵羅亦農囑託前往探視，陳也常來中宣部看彭。陳碧蘭赴俄前曾與蔡和森、向警予夫婦一同居住數月，向警予勸戒過陳碧蘭的「浪漫」。這一陣，向警予因其他理由不喜歡陳碧蘭。陳碧蘭每次來，向警予都催她早走。中宣部離曹家渡很遠，遲了沒

電車，回不去，又要在這裡借住。一來二去，彭開始追求陳，並「戀愛成功」。鄭超麟（1901～1998）：

> 在陳碧蘭方面說，是可以解釋的：她本已厭倦了羅亦農，何況在莫斯科羅亦農的地位最高，而在中國，彭述之是中央委員，羅亦農不過是一個普通幹部罷了。青年團中央幾個同志要彭述之、陳碧蘭請客。他們在什麼館子請了客。晚上回來後，彭述之立刻躺在床上棉被蒙著頭，陳碧蘭則在另一張床上號啕大哭，以後忍住哭去勸解彭述之。我走進他們的房間問什麼事，彭述之仍舊不響，陳碧蘭告訴我，剛才吃酒時，肖楚女當著眾人問陳碧蘭：你下次什麼時候再請我們吃這樣的喜酒呢？

北京的羅亦農尚蒙在鼓裡，後中央調他來滬主持工作，一進彭述之房間，見有兩張床，又有女人用品，便問彭是否有了愛人？陳碧蘭沒吱聲，羅過來要擁抱陳，陳推開了。王一飛進來，拉走羅。不久，瞿秋白在彭述之房間召集會議，參加者瞿、彭、羅、陳、鄭超麟五人。瞿秋白先發言，說了一番道理，中間夾雜著對三位當事者的批評，給陳碧蘭的批語是一法語詞彙「Ligomisshlennaya」（不慎重、水性楊花），勸羅彭兩位好友不要為這件事傷和氣。羅亦農接著說他不計較，以後工作中還要同彭好好合作。然後彭述之說羅的發言一派冠冕堂皇，等於沒說。陳碧蘭只是哭，鄭超麟沒發言。「這個會自然沒有解決問題」。

> 羅亦農積極做工作，並不表示苦悶，也不喝白蘭地，而且常來宣傳部同陳碧蘭一道打麻將、說笑話，同彭述之的關係表面也很好。我記得，一天早晨，彭述之夫婦尚未起床，羅亦農來向中央（當時陳獨秀生病，瞿秋白和張國燾不在上海），彙報某項工作，並請示。彭述之躺在床上聽他的彙報、給他指示。陳碧蘭睡在旁邊，羅亦農泰然自若，不以為意。我在旁邊看見倒氣憤起來。

戀愛風波不可能不影響同志感情，「羅亦農從此不能同彭述之合作，而

賀昌也成為羅亦農的仇人了。」「為了陳碧蘭的事情，羅亦農和彭述之成了
冤家，至死也未和解。」[134]

　　1929年，陳碧蘭隨彭述之支持陳獨秀，一起組織反對派──托派。1949
年，彭述之、陳碧蘭夫婦赴香港，1950年初流亡越南，不久移歐，1968年到
日本，1973年移居美國，兩人相伴終身。陳碧蘭晚年撰有回憶錄《我的回憶
──一個中國革命者的回顧》，1994年香港十月書屋出版。2010年2月，香
港天地圖書公司再版，改名《早期中共與托派》，書中營造了「彭述之永不
犯錯」的神話。

3.羅亦農後來的戀情

　　隨著羅亦農的黨內職務升遷──廣東區委宣傳部長、江浙區委書記，
威信一天天高起來。一次演講，前排一女同志呆呆望著他，很快傳出羅亦農
找到愛人了！此女即諸有倫（陳伯達妻諸有金之姊），四川人，五屆中委賀
昌（1906～1935）之妻。此時1926年初，賀昌赴莫斯科參加國際會議。青年
團的同志得知羅亦農與諸有倫的戀情，多數反對。上海大學教授施存統、李
季帶頭反對。李季說：「羅亦農講演常常要說我們對於破壞我們的黨的人應
當痛恨，如同痛恨那些挖我們祖墳的人。那麼我們也應當像痛恨挖我們祖墳
的人那些痛恨羅亦農。因為他這件事破壞了我們的黨的威信。」施存統說：
「如此一來我們的戀愛和家庭太沒有保障了。」施存統主張黨團女同志應當
先與現任愛人正式分離，然後再去愛別的男人。

　　中宣部長彭述之則不支持教授同志反對羅亦農，認為上海大學的教授們
構成一種有害傾向──知識分子傾向，應予制止。彭出面找上海大學的學生
談話，才將這股反羅聲浪壓下去。

　　不久，諸有倫赴俄。那會兒女同志抵俄後，盛行「倒戈」，另覓高枝，
與國內愛人保持關係者甚少。守住國內愛人，被視「落後」。出現「改組
派」後，另覓戀人便有了新式術語「改組」（一直沿用至延安）。戀人赴俄
的國內男同志，人人自危，大家都為羅亦農擔心。果然，諸有倫在莫斯科愛
上邵力子之子邵至剛。從莫斯科回來的人說起諸有倫的故事，都不敢告訴羅

---

[134]　《鄭超麟回憶錄》，東方出版社（北京）2004年版，下卷，頁61～65、476。

亦農。1927年，羅亦農在武漢得知諸有倫「改組」，很快「爭取」到一位新
愛人──負責武漢婦運的李哲時（1903～1997，後名李文宜），湖北省立女
師生。諸有倫未能回國──1928年溺斃莫斯科，划船經過橋下翻船遇難。

　　1927年5月中共「五大」，羅亦農當選中委；「八‧七」會議入政治
局，旋調任湖北省委書記，組織鄂南暴動。此時，羅亦農確知諸有倫別抱瑟
琶。武漢「七‧一五」後，中共已經「非法」。以前愛出風頭的漂亮女同
志，有的離開武漢，有的退黨（尤其當地女青年），湖北婦協負責人李哲時
仍積極進行地下工作。她原抱獨身主義，年紀相當大了，前幾個月武漢大鬧
戀愛風波，她都作壁上觀。此次經不起羅亦農追求，終於放棄獨守金身。不
久，羅亦農攜新妻赴滬。

　　1927年11月，臨時政治局在上海召開擴大會議，羅亦農入政治局常委，
與周恩來、李維漢組成中央組織局，羅任主任。

　　1928年，鄭超麟偕妻去上海一旅館看雲南同志，內有賀昌，正在向周恩
來控告羅亦農。周恩來走後，賀昌拉鄭超麟一起反對羅亦農，鄭拒絕了，賀
昌質問：「羅亦農給了您什麼好處？」原來，賀昌一直隱忍至現在，等羅亦
農做了中央組織局主任（兼中組部長），賀昌才聯合林育南、劉昌群等湖北
同志向中央控告羅亦農在鄂罪狀，推翻了羅亦農在中央的特殊地位，連帶著
組織局也撤銷了。這其間也得到其他中委的幫助，如李維漢。

　　鄭超麟：

　　　　大概沒有戀愛關係的黨內鬥爭，雙方比較冷靜些，客觀些，理論
　　性多些，有節制些；凡是狂熱的，過火的，你死我活的鬥爭，多半有
　　戀愛糾紛線索可尋的。我曾半開玩笑半正經地在若干朋友面前發揮這
　　個見解，可是他們都不以為然，說這見解是「非馬克思主義的」。我
　　並不專靠事實來辯護我的見解，因為事實可能是偶合的。我認為自己
　　的愛人為同志或老朋友奪去了，即使你能訴諸理智，把這件私事同政
　　治，同革命事業分開，但在下意識中，很難避免對於這個同志發生反
　　感（antipathie），遇有爭論發生，自己本可中立的，到此也站在他的
　　對方了；自己本站在他的對方的，到此也更進一層反對他了；自己
　　本可以同他一致的，到此也慎重遲疑了。賀昌不一定是存心報復才

如此激昂反對羅亦農的，但他既然對羅亦農有反感，恰逢有人反對羅亦農，他就乘機發洩了，恐怕為了湖北工作要少些，為了諸有倫要多些。

1928年元旦，羅亦農與李哲時在滬結婚，準備赴俄出席中共「六大」，起草《黨務問題》報告，並與瞿秋白草擬《黨綱草案》，準備工作基本就緒之際，4月15日，因叛徒賀芝華（朱德第四妻）與留俄結識的新情人霍家新出賣被捕。此時，鄧小平也在上海，向鄭超麟通報紅隊的這次懲叛行動。4月21日，羅亦農絕命龍華，行前賦詩：「慷慨登車去，相期一節全；殘軀何足惜，大敵正當前。」李哲時去龍華收葬羅亦農，後赴俄讀書。[135]不過，李哲是1940年代「淪落」為民盟，1949年後以民盟中常委、副主席為全國人大代表、政協常委，成了「民主人士」。

4.蔡暢戀情

蔡暢（1900～1990）第一位愛人乃讀哲學的歐陽澤，鄭超麟朋友。留法期間，歐陽澤生了肺結核，蔡暢特意從巴黎東南小城蒙達爾搬來服侍，燒飯、洗衣。里昂大學事件後，歐陽澤與蔡和森、向警予一起被逐回國。蔡母原來就不喜歡歐陽澤，看中李富春，迫女兒在法國嫁給李富春。

鄭超麟在莫斯科時，歐陽澤探聽到蔡暢也在莫斯科，寄了一大本日記給蔡暢。鄭超麟：「那真是一字一淚。歐陽澤在患肺病，在吐血，但一心忘不了留在法國的愛人，又聽到許許多多可憂慮的傳說。他在日記裡，從同居生活的回憶起，到生死觀的問題止，都說到了。我懷疑字裡行間沾染著血跡——從肺裡吐出來的血。1926年春，我在上海第一次看見蔡暢，她剛從莫斯科回來，我向她提起這本日記，她只淡淡一笑。」歐陽澤不久就死了。[136]

1928年，蔡暢與王獨清親密來往。王獨清將母親的一個侄女介紹給創造社當女職員，後為彭康妻。[137]

---

[135]　《鄭超麟回憶錄》，東方出版社（北京）2004年版，下卷，頁63～65；上卷，頁310；下卷，頁65。

[136]　《史事與回憶——鄭超麟晚年文選》，天地圖書有限公司1998年版，第一卷，頁283。

[137]　《鄭超麟回憶錄》，東方出版社（北京）2004年版，上卷，頁362～363；下卷，頁349。

5.張太雷、瞿秋白的戀情

北伐時期，中共另一戀愛大風潮主角為張太雷。1924年秋江浙戰爭後，張太雷將老母妻兒送回常州，一人住在上海慕爾鳴路中共機關，夜裡在《民國日報》當編輯。此時，中共宣傳部連同《嚮導》編輯部都搬走了，瞿秋白和楊之華戀愛成功，另租房子同居，慕爾鳴路空出許多房間。施存統一家便搬來居住。施乃大學教授兼《民國日報》編輯，太太，孩子，禮貌待客，過年雀戰，施存統會聚精會神打麻將，這幢房一改布爾塞維克巢穴氛圍。

施存統在《覺悟》上發表文章，常用其夫人之名「一知」或「半解」。漸漸地，張太雷和施夫人王一知談得投機起來，兩人常去逛大世界或天韻樓。某夜，施存統在《民國日報》編輯室伏案號啕，哭了很久。葉楚傖、邵力子摸不著頭腦，施存統又不肯說。熟人猜知施家「出情況」。不久，王一知與張太雷正式同居。張太雷新任CY（共青團）總書記，許多人便訐以「奪人之妻」，其中有上海大學的學生，張無法工作。中央便擬派張太雷赴外蒙任常駐代表。瞿秋白說：這是充軍了。瞿出面說情，改派張太雷赴廣州任鮑羅廷翻譯，攜王一知同去，帶走施存統的孩子。這一下，施存統跟發了瘋一般，住進醫院。上海大學女生鍾複光致信表示同情與憤慨，這位施復亮（施存統另名）先生才慢慢「復亮」起來。

1925年9月，陳碧蘭剛從莫斯科回滬，施存統忽然找到旅館，一見面什麼都沒說，只喊了一聲妹妹（陳赴俄前曾同施王夫婦住在一起，都叫她妹妹），拉著陳碧蘭的手便痛哭流涕，哭了一陣才告知他失戀了，王一知與張太雷熱戀而秘密同居。他到處尋找，從上海到湖南（王一知家鄉），再找回上海，現已找到王一知住所，王最終還是赴粵，追隨張太雷去了。

後來，張太雷在武漢工作，解決湖北省委組織部魏幹事戀愛糾紛。張太雷很有經驗地提出原則：「戀愛只要不妨害政治，就是私人的事情，團體不來干涉。」鄭超麟在坐，他抬頭看看張太雷，別人沒注意到鄭表情，不知道張太雷此話含意，他們不知道張太雷的戀愛史。

瞿秋白與楊之華的戀愛在張太雷鬧事以前，確實沒有「妨害政治」。漂亮溫柔聰明能幹的楊之華，已是沈玄廬之子沈劍龍之妻，留法女生，一場學潮後被驅逐回國，在上海主持團中央。一次，團中央召集會議，上海不方

便，沈玄廬提議上楊之華老家蕭山去開。有人被楊之華美色所迷，幾乎發瘋，寫了許多絕望情書，楊之華未予理睬。沈玄廬大發脾氣：「共產黨內有拆白黨」。無奈沈楊夫婦並不相愛，沈劍龍愛上一高麗姑娘，冷淡了楊之華，楊之華遂給女兒取名「獨伊」，以示悲哀，離家入上海大學讀書。

恰瞿秋白新喪偶，前妻王劍虹（丁玲好友）得肺病死去。某日，《民國日報》刊登三則奇特廣告：一、「某年某月某日起，沈劍龍和楊之華脫離戀愛關係」；二、「某年某月某日起，瞿秋白和楊之華結合戀愛關係」；三、「某年某月某日起，沈劍龍和瞿秋白結合朋友關係」。上海著名小報《晶報》主筆張丹斧，撰評擲嘲，但更換了當事人姓名。沈劍龍改為審刀虎，瞿秋白改為瞿春紅，楊之華改為柳是葉，沈玄廬改為審黑店，上海大學改為一江大學，商務印書館改為工業印書館。好一陣，黨內同志都叫瞿秋白為春紅。一天，鄭超麟去瞿楊新家，說話間來一人，瞿介紹道：「這位是劍龍」。瞿秋白與他親如老友，楊之華招待如親哥。一次，楊之華對鄭超麟說：「劍龍為人高貴，優雅，她自慚庸俗，配不上他。」沈玄廬沒有兒子的度量，背後罵瞿秋白：「這個人面孔狹窄，可知中心奸狡。」不久，沈玄廬再度退黨，鄭超麟認為與兒媳另嫁瞿秋白有關。[138]

陳碧蘭認為：

> 楊之華同瞿秋白結合，沈玄廬大起反感，他甚至罵瞿秋白為流氓，因此他憤而脫離了共產黨。[139]

6.「模範夫妻」——蔡和森與向警予

1920年代中期，黨內青年已不羨慕五四戀愛形態，認為那是小資產階級的，女主角並不是同志，戀愛沒有建立在革命事業之上。他們很羨慕蔡和森和向警予的結合，稱之「模範夫妻」。

土家女向警予（1895～1928），身材矮小，一身內地女生裝束，毫無洋場浮華之氣，與楊之華對照鮮明。1919年赴法勤工儉學前，她拒絕湘西鎮守

---

[138] 《史事與回憶——鄭超麟晚年文選》，天地圖書有限公司（香港）1998年版，第一卷，頁284～286。
[139] 陳碧蘭：《我的回憶》，十月書屋（香港）1994年版，頁124、141。

使兼第五區司令周則范的求婚，隻身進入周公館，斬釘截鐵表示：「以身許國，終身不婚！」1920年6月，向警予與蔡和森在法國蒙達尼結婚，並肩坐捧一本打開的《資本論》拍了結婚照。[140]

向警予很活躍，工運、學運、婦運、國民黨運動，她都有份。《嚮導》上也常有她的小文章，恨死黨內浪漫男女。開會或閒談時，陳獨秀常拿男女關係打趣，向警予必提抗議，弄得陳獨秀不好下臺。其他人就更不敢在她面前放肆。女同志都怕她，楊之華尤怕。由於向警予要規勸人教訓人，被呼「革命祖母」。瞿秋白：「我們黨內有馬克思主義的漢學家，就是李季，也有馬克思主義的宋學家，就是向警予。」

鄭超麟回國抵滬，一直與「模範夫妻」住在一起。起初慕爾鳴路，後民厚里，再後福生路。有一陣，蔡和森去北京養病，向警予留滬，參加五卅運動。中秋節前，二月間就生病的彭述之從醫院出來（未參加五卅運動）。中秋之夜，中共中央幹部們吃了一頓豐盛晚飯，餐後學俄國，每人出一節目。彭述之跳了高加索舞，張琴秋唱了〈可憐的秋香〉，別人也做了遊戲。向警予不肯唱歌，也不肯做遊戲，大家不依，她最後念了一首李後主詞「無言獨上西樓」。客人散後，鄭超麟回亭子間睡覺，向警予還在彭述之房裡。天熱，亭子間房門和前樓房門都開著，鄭超麟一覺醒來，向警予還在說話，說她愛上彭述之。不久，她回三樓去，彭述之進鄭超麟房間：「怪事！怪事！我做夢也未曾想到。」鄭超麟警告彭：「這件事做不得，做出會影響團體工作的。」彭述之回答：「當然，我自己毫無意思，她也明白這件事情做不得。她說，不過把心裡的話告訴我罷了。」

此後，向警予常常從三樓下來去彭述之房間，一談就是幾個鐘頭。起初幾日，彭述之還將談話內容告訴鄭超麟，商問「怎麼辦」？漸漸地，鄭見彭開始動搖，加緊「警戒」。以後，彭述之不再同鄭商量——他接受了向警予的愛。

一日，向警予接訊：蔡和森將於某日某時從北京抵上海北站。這天，鄭超麟問彭述之：「你們的事情，要不要告訴和森？」彭述之：「警予同志以為不必告訴他。」不久，下面有人敲門，鄭超麟從亭子間下去開門，一看是

---

[140]　《中共黨史人物傳》，陝西人民出版社1982年版，第六卷，頁68、71。

蔡和森，黃包車上還有行李和一籃天津雅梨。蔡急問：「警予哪裡去了？」鄭答：「在樓上。」蔡頗驚訝，在車站沒見向來接，以為出了什麼事。次日或第三日，事情揭穿，「宋學家」向警予做不來瞞騙之事。蔡和森問她有甚心事？起初她還回答：「正在構思一篇文章。」稍後就原原本本倒出實情。

次日，中共主席團在樓下客堂開會，陳獨秀、蔡和森、張國燾、瞿秋白、彭述之都到會，還有CY和上海區同志列席。鄭超麟旁聽，向警予也參加了。正事完畢，陳獨秀剛宣佈散會，蔡和森忽然起立，說他還有一個問題請大家討論：「警予同志和述之同志發生了戀愛……」陳獨秀、瞿秋白、張國燾等人神色好像《欽差大臣》最後一幕，好久說不出話來——如此出乎他們意料！最後，陳獨秀說：「這要看警予同志自己決定。」向警予伏案大哭，一句話不肯說。陳獨秀再問：「你究竟是愛述之呢，還是愛和森呢？」向還是不響。陳獨秀三問：「你不愛和森了麼？」向仍不應，主席團只好負起解決責任。中央——陳獨秀、瞿秋白、張國燾，決定派蔡向夫婦一道去莫斯科。蔡和森自京南下，正是為了接受赴俄使命——擔任中共駐俄代表。向警予未提異議，事情就這樣解決了。陳獨秀囑在場者嚴守秘密，尤囑瞿秋白切勿告訴楊之華，大家都允諾。但沒用，不久好多人都知道了。鄭超麟：「我相信，楊之華決不會是最後一個知道這件事的。」

鄭認為中央對此事處理失當，向警予雖不肯當眾「決定」，但她寧願舍蔡就彭，「是可以想得到的。即使當時雙方均等，但發展下去，舊愛一定會漸漸減少，新愛一定會漸漸增多，倘若中央決定警予同述之結合，或任其自然發展，不加干涉，則往後可以減少許多糾紛，因為這件事情的後果是很嚴重的。」

散會後，向警予斥責蔡和森「自私自利，分明曉得中央會站在你方面，你才提出問題來討論。」蔡和森無法自辯，晚飯後他不上三樓，在客堂踱方步，鄭也在客堂。蔡說：「超麟，我的心同刀割了一般。」我提議去看電影，蔡答應了，蔡從來不看電影或京戲的。他們到新開張的奧迪安電影院，一部歷史片，場面華麗熱鬧，但蔡視而不見。幕間休息，鄭請蔡上酒吧喝咖啡，電影再映，他不想去看，鄭只好犧牲這部片子，陪他回家。

以後幾天，蔡和森躺在三樓床上長籲短歎，彭述之躺在二樓床上長籲短歎，向警予在兩樓間奔走不停。鄭超麟見日子過不下去，去找陳獨秀，請

他設法解決。陳想了一下，提筆寫了一紙條，要蔡向兩人立即搬入旅館，等待去海參崴的輪船。鄭帶回紙條，蔡和森接受了，向警予和彭述之則恨鄭入骨，彭述之還同鄭超麟鬧了一場。

> 我說這個戀愛事件有重大後果，是指它牽連得多，而又影響於後來的黨內鬥爭，和森和述之從此結下了冤仇。在第五次大會上，和森拼命打擊述之。1927年秋天，和森主持北方局，位居順直省委書記述之之上，報告中央，說王荷波一案是彭述之告密的，或述之指使他的小同鄉段海去告密的，這話連當時主持中央而在政治上反對彭述之的瞿秋白也不相信。

1925年末，蔡和森、向警予這對「模範夫妻」赴俄後還是「散」了。李立三、李一純夫婦與「模範夫妻」同程赴俄，李立三為減輕蔡和森痛苦，一路上叫李一純安慰和森。一來二去的安慰過程中，蔡和森和李一純戀愛了。有人說：李立三有意把李一純「送」走，為了能與李一純的妹妹戀愛。李立三與蔡和森從此結下樑子。

1928年「六大」，新選出的中央回國。不久，主要領導人蔡和森被李立三轟下臺，李立三取代其位。向警予在莫斯科愛上一個蒙古人，1927年孤身回國，在武漢曾同蔡和森扭打，並罵李一純對不起她。向警予在武漢努力工作，「七・一五」後仍堅持工作，直到犧牲，沒再鬧出戀愛風波。[141]

1923年，初到上海中央的陳碧蘭，見到蔡、向夫婦，有幾段記述：

> （蔡和森）身材高而不大，頭小而尖，兩肩甚寬，看來同他的瘦長的身材頗不相稱；面容憔悴，舉止呆板，談吐枯燥，使人一見便感覺索然無味。他的妻子向警予是一個身材矮小，面貌尚清秀的婦人；態度嚴肅，有點超乎尋常；口齒清爽，但不喜和同志們交談，缺乏一般的和藹和熱情，清教徒的色彩很濃厚。

> 我同蔡和森、向警予住在一起，雖然經過了幾個月，但同他們之

---

[141]　《史事與回憶──鄭超麟晚年文選》，天地圖書有限公司（香港）1998年版，第一卷，頁287～290。

間的情感始終不能聯繫起來。除了每天兩次同桌吃飯外，差不多沒有機會見到他們，更沒有機會同他們談話。因為他們整天關在自己的房間裡；即在一起吃飯，大家也不開口說話，在每次吃完飯時，總是向警予連聲說：「好恰！好恰！」（湖南人讀吃作恰音）的寒喧稱讚來擊破沉悶的氣氛，但這並不能削除我內心裡的窒息。在性格方面，我覺得和他們相處宛如冰炭之不相投。我一向愛朋友，熱情，喜歡談笑，但同他們簡直無話可說。他們的生活是異常之單調而不合乎人情和衛生。蔡除了寫作和每星期一次出席上海大學教職員支部會議外，整天躺在床上看報，不出門一步，也沒有任何朋友和同志的私人來往。陳獨秀和瞿秋白雖然照例每星期來一次，但都是開中央黨務委員會，而不是私人的來往。我對他說不上有多少尊敬和好感，只覺得他是一個古怪的革命者，一個同志而已。

經過一個相當時期的細小觀察之後，我對她（按：向警予）的尊敬之心便逐漸減退。我覺得她的個性古怪，不合人情，心胸不開闊，擬男主義和清教徒的色彩很濃厚。她的年齡當時還不過二十七八歲，但已經像一個尼姑或老太婆型。她和任何同志的關係都很壞，尤其是陳獨秀、瞿秋白和施存統等，都很討厭她的那種清教徒式的態度。有時他們同她爭論甚至衝突（當然她對陳客氣些，陳批評她時她不抵抗；但以陳的性格和風度來說，對她更看不慣）。她和我之間雖然從未衝突過，但她對我是漠不關心，冷冰冰地絲毫沒有同志間的關懷和友誼。[142]

7.王若飛、尹寬的戀愛風波

王若飛（1896～1946）的戀愛也引起風潮，程度不減同期的尹寬，但沒鬧到以悲劇收場。李沛澤乃保定女生，古典風韻，來河南工作。佘立亞、王若飛二人追求她，王若飛成功，佘立亞大鬧，一些同志跟著佘立亞鬧。問題提交中央，老辦法，調開一方，王若飛由豫陝區委書記調上海任中央秘書長，派李沛澤赴俄讀書。1928年，中共「六大」，王若飛以江蘇省委代表團

---

[142]　陳碧蘭：《我的回憶》，十月書屋（香港）1994年版，頁65、68。

長資格赴莫斯科，會後留莫斯科任中共代表，同李沛澤相聚。

尹寬（1897～1967）是在山東鬧出戀愛風潮。尹寬出任山東省委書記，初到時，組織內只有幾個女同志，每次開會都低著頭。尹寬很費了些氣力提高她們的自尊心。同時，他的理論、工作方法、應付手段，在山東同志看來都是新的。大家信仰他崇拜他，口碑甚至傳到上海。尹寬愛上女師生王辯（1906～1987），山東諸城人，1921年參加濟南馬克思學說研究會（唯一女會員），1923年入團，1924年秋轉黨，其父也是山東老同志。尹寬與王辯秘密相愛。不久，尹寬調任江浙區委書記。五卅運動過後，江浙區委書記莊文恭能力不足，中央想到山東的工作成績，調尹寬去江浙。鄭超麟去看尹寬，房內有一矮矮胖胖、不到二十的大姑娘。尹寬介紹：「王辯同志。」女的低著頭笑，鄭已猜准兩人不僅僅是「同志關係」。

不久，山東同志寫信向中央控告尹寬，說他拐帶王辯赴滬，要求中央處罰。王父特別氣憤，要帶利刃來滬同尹寬拼老命。為戀愛問題向中央用這種語言控告，這是僅有一次，「除了孔夫子家鄉之外不會發生的」。面對難局，中央沒法處理。山東又來信，王父提出條件：可承認既成事實，但要黨中央的陳獨秀、團中央的惲代英做證婚人。中央也沒理會。恰在此時，尹寬肺病復發吐血，不能工作，中央批准休息，指派王一飛代理江浙區委書記。共產國際亦要中共再派一批學生赴俄讀書，就把王辯派去莫斯科。王辯和尹寬分開，固可平息山東方面的氣憤，但他們保持戀愛，不斷通信。但尹寬從此淪為「二等幹部」，身體恢復後，調任廣東省委宣傳部長。

莫斯科盛行「倒戈」，任弼時、王辯、李沛澤這樣守住國內愛人的，很「落後」。尹寬十分擔心，赴俄回來的同志，常常說起莫斯科的戀愛故事。一次，李立三從莫斯科回來，鄭超麟問王辯有什麼故事。立三氣憤說：「怎麼可以懷疑王辯呢？王辯一心忠實於尹寬。」尹寬甚慰。

廣州暴動前，王辯回國，中央派她和另一女同志赴穗，她知道尹寬時任廣東省委宣傳部長。她們趕到廣州時恰逢廣州暴動，路上找到暴動兵士，拿證件給他們看，說要找廣東省委，兵士沒理她們。此時，尹寬已去上海，代表廣東省委向中央接頭。他住在旅館，聽說王辯回滬，找不到中央，便在報上登載「尋人啟事」。以後，尹寬任安徽省委書記，王辯也由廣州回上海，去了蕪湖，供職安徽省委宣傳部，終於同尹寬相聚。

相聚不久，王辯被捕、判刑，尹寬逃滬，等候另派工作。就在這時，尹寬參加托派（左派反對派），開除出黨。1930年王辯刑滿，從安徽獄中放出，來上海找組織，中央告訴她尹寬墮入托派，已開除黨籍，她仍要求與尹寬見面，中央幫她找到尹寬。她在尹寬家住了兩三天。鄭超麟去見她，已是一胖婦，而非嬌羞少女。王辯在莫斯科期間明確反對托派，此前與尹寬蕪湖相聚，尹寬還未接觸到托派文件，兩人思想上尚未分歧。此次上海相聚，就沒共同語言了，為了政治觀點大吵。於是，王辯回到中央懷抱，派東北從事地下工作。抗戰時期回到山東，歷任《沂蒙導報》記者、沂南縣委宣傳部幹事。1949年後，調任北京圖書館蘇聯圖書室主任，1978年離休，撰寫二十餘萬字回憶錄。王父後消極脫黨，殺豬為生。[143]

8.其他三角戀

顏昌頤（1900～1929），湖南安鄉人，赴法勤工儉學，1921年底被押回國，1922年在滬入黨，1924年與聶榮臻等人赴蘇學習軍事，翌年回國，參與籌建中央軍事部（後稱中央軍委），上海工人第三次武裝暴動軍委特別委員、南昌暴動前敵軍委委員、賀龍部二十四師黨代表、東江特委軍委主任，1928年中央軍委委員兼江蘇省委軍委秘書，1929年8月被捕殺。在愛情上，顏昌頤十分大度，戀人被奪毫無怨心。他與夏之栩（1906～1987）相愛多年，為了工作，一京一滬。趙世炎路過上海，有人北四川路新雅飯店請客，顏昌頤在場。鄭超麟沒見過夏之栩，但知道她是顏昌頤愛人，鄭向顏打聽：「夏之栩最近有信來麼？」顏答：「夏之栩現在是世炎的愛人了。」顏說得很自然，趙世炎漲得滿面通紅，鄭超麟這才知自己失言。

陳喬年（1902～1928）沒趙世炎那樣幸運，他和史靜儀的戀愛，與趙世炎和夏之栩的戀愛同時，引起很大風潮。史靜儀乃劉仁靜髮妻，劉仁靜從家裡帶她出來，但不喜歡她，送她去莫斯科讀書。史靜儀的文化提高了，也不喜歡劉仁靜，劉仁靜倒漸漸喜歡她了。史回國後，留在北京工作，不肯到上海來同劉仁靜生活。劉仁靜此時編輯《中國青年》，鄭超麟常到CY（共青團）中央去玩，成了劉仁靜朋友。1926年秋天一週末，CY中央幾個青年人

---

[143]　《鄭超麟回憶錄》，東方出版社（北京）2004年版，上卷，頁410～415、422。

上吳淞玩，劉仁靜、鄭超麟也去了。劉仁靜鬱鬱不樂，回程在火車站候車，鄭發現劉仁靜一手指包紮著：「你怎麼傷了指頭？」劉仁靜不響，別人岔開話題。後有人悄悄告訴鄭：「劉仁靜把指頭割破，寫血書給史靜儀，今天我們郊遊就是帶他出來散散心的。原來如此！」[144]

最有傳奇的是留法生熊志南，黔籍畫家，南開生。1921年去法國北方做工，愛上一位法國姑娘，相約在一家咖啡館舉行「裸體婚禮」。屆時，姑娘沒來，鬧出大笑話，熊志南發了瘋，犯法入獄，不久瘐死。[145]

陳喬年留學莫斯科東大期間，一次討論「革命家的戀愛觀」，發表宏論：

> 革命家沒有結婚，也沒有戀愛，只有性交，因為革命家的生活是流動性的，因而不能結婚；同時革命家沒有時間和精力去搞那種小布爾喬亞戀愛的玩意，所以沒有戀愛。走到那裡，工作在那裡，有性的需要時，就在那裡解決，同喝一杯水和抽一枝香煙一樣。……堅持兩性關係一定要先有感情的存在，一定要經過一個時間的過程，這就是小布爾喬亞的戀愛觀，革命家是排斥這種戀愛觀的。

主持討論的是旅莫支部書記王一飛（1898～1928）。1925年秋，王一飛回國，出任江浙皖區委書記（三省聯合省委），與女工張亮同居。不久，陳碧蘭調入區委，入住區委機關，王與張亮住前間，陳住後間。晚餐時，王一飛帶說帶笑對參加那次討論會的陳碧蘭說：「因為我需要一個異性，所以就很快地和這位女工同志同居了，由於沒有時間搞戀愛，因而就採取速戰速決的戰略來解決性的需要。」陳碧蘭笑答：「你很爽氣，這才是無產階級化呀！」很快，女工知識水準太低，性格和生活態度不協調，旋離異。張良（亮）派俄學習，1927年回國，嫁項英。1935年3月23日，張亮與周月林（梁柏台妻）與瞿秋白、鄧子恢、何叔衡從江西蘇區化裝赴滬，遭追捕，鄧子恢脫逃，何叔衡被斃，張亮被捕後獲釋（一直被懷疑供出瞿秋白真名）。1938年2月，張亮抱子上南昌找項英，交談約一小時，項英給了點錢讓她

[144] 《史事與回憶──鄭超麟晚年文選》，天地圖書有限公司（香港）1998年版，第一卷，頁294。
[145] 《鄭超麟回憶錄》，東方出版社（北京）2004年版，下卷，頁99；上卷，頁372～374。

走。3月，張亮攜子入延安陝公，因盛傳她出賣了瞿秋白，又跟著閻錫山的軍長（托派山西分委書記、特務）一起來，很快一起被捕，未經任何審訊就被處決，徵求項英意見，項英來電「同意處決」。[146] 王一飛1928年1月任湖南省委書記，因叛徒任卓宣（葉青）告密被捕，處決於長沙。

陳潭秋（1896～1943），1923年春與武昌女師「五姐妹」中最年輕的夏之栩戀愛了。此時，「五姐妹」中的楊子烈、陳碧蘭、徐全直已赴京，在李漢俊、劉子通、胡鄂公等資助下入補習班，準備報考大學。她們很奇怪在武漢的陳潭秋會與夏之栩發生戀愛。陳碧蘭天真地認為：我們五人中誰都不會和陳潭秋戀愛，不管大家對他多麼尊敬且友情深厚。比陳碧蘭大兩歲的徐全直，此前對陳潭秋無任何特別，倒是陳碧蘭對陳潭秋很熱情。徐全直得知陳潭秋與夏之栩好上，如瘋如狂，飯也吃不下，整夜失眠，幾天後發燒，神經完全失常。她決定放棄北京補習班的學業，趕回武漢。陳碧蘭誠懇勸她：「我們好不容易得到幫助來到北京，你這樣幹，一定會使那些幫助我們的人對你失望，你回武漢有什麼前途呢？別人戀愛關你什麼事呢？……」徐全直：「我回去的目的是要把他們拆散。他們年齡不相當，陳潭秋的這種行為是欺侮一個弱女子，我要回去把她挽救出來。」

徐全直回武漢約摸兩周，夏之栩忽然手提包袱出現在陳碧蘭面前。「你怎麼會突如其來呢?!」夏之栩低聲回答：「徐全直一直要我來，她說為的是挽救我；她自己準備留在武漢不來了。」陳碧蘭便告訴她徐全直得知她與陳潭秋戀愛後的「如此這般」。不久，稍費周折，徐全直成為陳潭秋之妻。

徐全直性格甚強、甚有革命熱情，但不喜歡看書，連文藝作品也沒興趣，因此思想不能發展，文筆很差，寫一篇作文或一封較複雜的信都有困難。夏之栩則沈默寡言，不漂亮也不活潑，但有內秀，喜看文藝作品，但對社會科學和馬克思主義書籍不甚感興趣，因而思想也不大發展，個性軟弱，缺乏獨立主張，易為他人左右。順便交代一下，「五姐妹」最後所嫁均為赫赫有名紅色人物：陳碧蘭嫁彭述之、夏之栩嫁趙世炎、楊子烈嫁張國燾、莊有義嫁陸沉。

惟先後任廣東省委書記、上海區委書記的陳延年到死都沒有一點羅曼史，全部時間精力都貢獻給革命，沒有私人生活，年近三十既未結婚亦未戀

---

[146] 陳復生：《九死復生——一個百歲老紅軍的口述史》，中央文獻出版社（北京）2010年版，頁165～168。

愛，「對於兩性問題，有一種與眾不同，即與一般正常的馬克思主義者不同的變態觀念。」不僅絕不追求異性，同志們給他介紹女同志，一笑拒之。他除了對吃有些興趣，無任何嗜好，不吸煙不喝酒，穿著很隨便，鞋子往往破得連後跟都沒有。[147]

9.蔣光慈

蔣光慈（1901～1931），安徽霍邱人，16歲入讀蕪湖省立五中，蕪湖學聯副會長。1920年，經陳獨秀介紹，至上海參加社會主義青年團，入漁陽里6號外國語學社；1921年5月送莫斯科共產主義勞動大學，開始文學創作，1922年轉黨。留俄期間就被嘲「戀愛至上者」，愛談女人，愛寫情詩，哥哥妹妹的。蕭子暲（蕭三）喚蔣光慈「拜×教主」，尹寬擲號「馬桶蓋」。[148]蔣光慈讀了小說《夜未央》後，十分崇拜書中刺殺俄督的女英雄蘇菲婭，堅持反對包辦婚姻：「此生不遇蘇菲婭，死到黃泉也獨身。」[149]

1927年10月，中共中央自武漢遷回上海，鄭超麟供職中宣部。蔣光慈約鄭相見於北四川路創造社。蔣光慈遞上一張小報，一則消息：「共產黨內盛行爭奪愛人，蔣光赤（即蔣光慈）的愛人被鄭超麟搶去了，蔣光赤泣訴於陳獨秀，陳獨秀偏袒鄭超麟，判決這個愛人歸鄭超麟所有……」鄭超麟哈哈大笑，蔣光慈也大笑不止。蔣這位愛人，鄭超麟連面都未見過就因肺病死於廬山。蔣光慈一生浪漫，將文學活動的重要性與黨的工作相提並論，臨死前竟被開除黨籍──「為了文學活動不能與黨員的義務相容。」[150]

蔣光慈持五四「自由」觀念，遭黨內嘲笑。蔣光慈與一河南女生通信多年，他很得意向別人說起這件事，但沒人欣賞他。此時，黨內婚戀觀發生重大轉移，與五四初期相反，都以為「戀愛是小資產階級的」。從俄國回來的學生大多不反對家庭代辦婚姻。薛世綸請假回鄉完婚，留在湖南工作。何今亮從海參崴來參加中共「四大」，順便回家結婚。任作民回家，帶了

[147] 陳碧蘭：《我的回憶》，十月書屋（香港）1994年版，頁109～111、139、152、58～59、154。
[148] 《鄭超麟回憶錄》，東方出版社（北京）2004年版，上卷，頁407。
[149] 徐迺翔、廉如：〈蔣光慈傳（1901～1931）〉，載《紅旗飄飄》第31集，中國青年出版社（北京）1990年版，頁164～165。
[150] 《鄭超麟回憶錄》，東方出版社（北京）2004年版，下卷，頁342、345。

賢惠夫人出來（1926年病死滬上）。「女學生」任弼時回湖南結婚，也帶了「小老婆」來上海，一個既矮又小的女孩，為中央各機關傳遞文件，很能幹。

1927年初春，桃花盛開，一位摩登小姐抱一束桃花來創造社找蔣光慈。廣東梅縣學子黃藥眠（1903～1987）守值出版部，對光豔照人的摩登小姐說：「蔣光慈先生不在，要到吃午飯的時候才來，要嘛你在這裡坐坐等著他。」此時，蔣光慈搭伙創造社。摩登小姐躊躇了一會兒：「那麼我等一會兒再來吧！」抱著花悻悻而去。黃藥眠見有美女如此公然「倒追」，十分豔羨：「人生在世，固不當如是乎?!」蔣光慈回來後聽聞，笑著對黃藥眠說：「你喜歡她嗎？我可以轉介紹給你。」黃不好意思地說：「這樣美的姑娘還不好嗎？你接受她的愛吧！」蔣又笑了：「這一類的女子，我實在太多了。我有點應付不過來了。」黃藥眠有些矛盾，嘴上說：「我不要！」心裡嘀咕：他不要的女人，我接收過來豈不令人笑話？有本事自己去找，戀愛也也得有策略，應該使對方來追求，然後由自己決定是否接受。若卑屈地去向女人苦苦哀求，實在有失男人氣概。[151]

1930年，蔣光慈娶紹興女師生吳似鴻（1907～1990），但1931年5月蔣光慈就病倒，入上海同仁醫院治療腸結核，6月30日逝世。吳似鴻在《大風》雜誌發表悼文：

> 光慈的為人，和他的思想完全相反，是很守舊的。他的理想中的女性，是一個具有良妻賢母的資格、能料理家務、終日不出、日日夜夜可以在閨房裡伴他著書的女性。這，我卻辦不到，因此在他的晚年，每有和我意見相左的地方。

10.創造社的「花邊新聞」

郭沫若第二本詩集《瓶》中女主角，日籍李安娜女士，與創造社出版部管財務的成紹宗發生戀情。成紹宗乃成仿吾親戚，這位老兄裹卷出版部現款攜帶安娜女士私奔外逃。其時，郭沫若參加南昌暴動，隨部隊撤退廣

---

[151]　黃藥眠：《動盪——我所經歷的半個世紀》，上海文藝出版社1987年版，頁83。

東汕頭，轉道經香港去了日本，以避蔣介石通緝。李安娜在滬隻身帶孩子，住在創造社出版部，與成紹宗同樓相居，歲值春秋鼎盛，朝夕相處，日久生情。

創造社花邊新聞另一主角為皖籍梁預人，文化程度不高，長相也一般，創造社出版部工作人員。武漢政府失敗後，他的安徽老鄉帶著年輕妻子跑來上海。這位安徽老鄉詩寫得不錯，頗有一點才華，但在上海找不到合適工作，只好回安徽。不料，他的年輕妻子突然不想回去，同梁預人要好起來。兩位男性老鄉公開談判，詩人說尊重女性意見，既然她願意跟梁預人，留下她在上海以遂其願，詩人隻身回皖。可詩人半途生變，忽然想不開了，沒有搭船回去，次日一早來找梁預人「結帳」。梁預人剛從床上起身，詩人一菜刀劈下去，幸好有牆擋著，只劈了第三者的部分腦袋，不然就只剩半個頭了。後來，經諸多朋友相勸，「紅杏出牆」的妻子跟著詩人回了安徽。

黃藥眠最初借款15元隻身抵滬，下船後分文莫名。他投靠成仿吾主持的創造社出版部，看稿、校對、跑印刷所，月薪30元，食宿免費。數月後，除了工資，有了譯稿版稅，加上兼課暨南大學附屬高中部（每月約120元大洋），月入180大洋左右，很快達到上流社會收入水準。他開始大手大腳，喝兩角一杯的咖啡，給女侍一塊錢，不要找頭要派頭。咖啡店女侍當然「熱烈歡迎」，一去便「投懷就抱，調笑一番。」此外，他還經常收到不相識者的求助信：「投親不遇，告貸無門」，他也約時相見，少則給十元八元，多則一二十元。饒是如此，1929年底蔣光慈赴德參加國際會議，仍攢有800餘元（相當一張赴法二等艙船票）。[152]

黃藥眠1928年夏入黨，與夏衍等人籌辦「左聯」。1929年秋，被派蘇聯青年共產國際東方部。1933年冬回國，向上海中央局傳達共產國際關於建立抗日民族統一戰線的戰略決策，出任團中央宣傳部長。不久，因叛徒出賣被捕，判刑十年。「七七」後，由八路軍辦事處保釋出獄，赴延入新華社。後任民盟中央宣傳部長，北師大教授，1957年劃右。

---

[152] 黃藥眠：《動盪──我所經歷的半個世紀》，上海文藝出版社1987年版，頁75、77、81、110、118。

11.楊尚昆與李伯釗

李伯釗（1911～1985），出身重慶官吏家庭，1924年考入省立女二師，在國文教員肖楚女、英語教員張聞天（留美生）引導下，結識吳玉章、楊闇公等中共人物，1925年6月入團，因熱衷學潮被女二師開除，重慶市委書記張昔疇決定遣滬，組織上沒錢，找同學資助成行。抵滬後，任浦東團地委宣傳委員兼平民夜校教師，除了教年齡和個頭都比自己高的女工識字，還要向她們宣講「無產階級」、「團結鬥爭」。不久，李伯釗被捕，她裝作「找哥哥」的四川丫頭，審訊中拼命哭喊，挨了手板，始終未暴露身分，並在獄中發現早就認識的楊尚昆。楊尚昆也沒暴露身分，不久由組織保釋出去。她們雖然裝作互不認識，但她相信楊會馬上報告組織營救她。果然，被捕兩個多月後，她作為一個「走錯門的四川丫頭」，組織用二百塊錢贖出。難友楊尚昆為她特地舉行了一次慰問小宴。這次被捕影響李伯釗的一生，不僅與楊尚昆打下感情基礎，更重要的是她發現自己的表現天賦——成功扮演了一個「找哥哥的四川丫頭」。

1926年底，組織派遣李伯釗留俄，入莫斯科中山大學，1928年畢業，留校任翻譯。1929年夏，莫斯科中大著名「十天大會」，表決時她投了王明集團的反對票。清黨清團，她被抓住「出身不好」，指為「階級異己分子」，文藝活動中又與「托派」有聯繫，開除團籍。就在她思想十分苦悶之時，同學楊尚昆對她格外關心。為讓她高興，楊尚昆搞到一件十分講究的「太陽呢」女西裝，李伯釗深為感動，倍覺溫暖，1930年夏嫁大四歲的楊尚昆，同年底先後回國，從事工運。李伯釗當過車工、紡紗工、煙廠女工。1931年春，李伯釗才入黨並進入閩西蘇區，任閩西軍區政治部宣傳科長兼彭（湃）楊（殷）軍校政治教員，後任瑞金紅軍學校政治教員、《紅色中華》編輯、高爾基戲劇學校校長、蘇維埃臨時中央政府教育部藝術局長。[153]

12.高君宇與石評梅

晉人高君宇（1896～1925），北大英文系學生，五四時期北大學生會負

---

[153] 李伯釗：〈我的回憶〉，載《李伯釗文集》，解放軍出版社（北京）1989年版，頁231～241。

責人，1920年與鄧中夏組織馬克思學說研究會，1921年入黨，1922年團中央一屆執委，中共第二屆中委，《嚮導》編輯，參與領導京漢鐵路「二七」大罷工，後受中共的委託擔任孫中山秘書，籌建山西中共組織。

1925年1月，中共「四大」在滬召開，周恩來在會上認識北方區委的高君宇，托他回程路過天津找一下鄧穎超。此時，周鄧五年未見，正在通信戀愛，周恩來十幾封情書，鄧穎超一封未回。高君宇隨孫中山北上，路過天津，高君宇找到正在達仁學校執教的鄧穎超。鄧很詫異，說從未收到周信。原來周恩來的信均托達仁校長馬千里轉交。送走高君宇，鄧穎超找到馬校長，馬千里急忙拉一抽屜，一會兒翻出一捧：「這這兒，在這兒，我一時忙糊塗了，不礙事吧？」鄧接過一數，有十幾封，怦怦心跳跑回宿舍讀信。1925年8月，鄧穎超出任廣東區委婦女部長，南下成婚，婚宴上周恩來喝了三瓶白蘭地（新娘不會喝，全由新郎代飲），出席者鄧演達、何應欽、錢大鈞、高語罕、張治中、李富春、蔡暢，黃埔軍校一期生陳賡、蔣先雲打下手。蔣介石因出鼻血未出席。

高君宇幫周鄧接上關係，成全人家的好事，自己的愛情還未「著陸」。他本就有肺病，經常咯血，隨孫中山北上，病情加重，抵京後住進醫院。病情稍緩，一再要求出院，投入國民會議促成會的緊張籌備。1925年3月1日，國民會議促成會全國代表大會開幕，他是代表之一。3月5日，高君宇突患急性闌尾炎，搶救無效而逝。[154]

高君宇戀人乃晉女石評梅（1902～1928），躋身民國四大才女（另三位：呂碧城、張愛玲、蕭紅），五四著名女作家。兩人雖有那層意思，但高君宇身負包辦婚姻，石評梅因初戀失敗，抱旨獨身，固守「冰雪友誼」，拒絕了高君宇的紅葉題詩。高十分痛苦，但尊重石評梅的選擇：「你的所願，我願赴湯蹈火以求之；你的所不願，我願赴湯蹈火以阻之。不能這樣，我怎能說是愛你！」高君宇特意從廣州買了兩枚象牙戒指，一枚連同平定商團叛亂的子彈殼寄給石評梅，作為生日留念，另一枚戴在自己手上。

高君宇的突然去世對石評梅猶如晴天霹靂，她萬分後悔沒接受他的求愛。因高君宇生前對陶然亭公園情有獨鍾，與李大釗、毛澤東、周恩來、鄧

---

[154]　尹家民：《歷史漩渦中的蔣介石與周恩來》，百花洲文藝出版社（南昌）2010年版，頁17、28。

中夏等在此集會,經常攜石評梅來此漫步。因此,石評梅將高君宇葬於此園,墓碑題寫高詩:「我是寶劍,我是火花,我願生如閃電之耀亮,我願死如彗星之迅忽。」石評梅寫了〈墓畔哀歌〉:

> 假如我的眼淚真凝成一粒一粒珍珠,到如今我已替你綴織成繞你玉頸的圍巾。假如我的相思真化作一顆一顆紅豆,到如今我已替你堆集永久勿忘的愛心。我願意燃燒我的肉身化成灰燼,我願放浪我的熱情怒濤洶湧,讓我再見見你的英魂。

石評梅戴上高寄來的象牙戒指,「用象牙的潔白和堅實,來紀念我們自己靜寂像枯骨似的生命。」她決心把青春和愛情全部獻給死去的情人,每個星期天與清明節都要到高墓前,揮淚祭灑,悼亡追悔。

三年後,石評梅在泣血哀吟中辭世,兩人合葬陶然亭,成為五四愛情景點,兩枚象牙戒指引發無盡情話。1949年後,周恩來、鄧穎超幾度到陶然亭墓前憑弔。鄧穎超:「我和恩來對君宇和評梅女士的相愛非常仰慕,對他們沒有實現結婚的願望,卻以君宇不幸逝世的悲劇告終,深表同情。」

1965年6月,周恩來審批北京城市規劃總圖,保下高石之墓:「革命與戀愛沒有矛盾,留著它對青年人也有教育。」由是,陶然亭公園西湖之濱,中央島西北山麓叢林之中,保留了兩幢漢白玉石碑的「高石情墓」。

有資料表明:高長虹追求許廣平失敗後,改追冰心,寫了三年情書。1929年冰心結婚,將一捆情書交給丈夫吳文藻,吳乘輪旅行時隨看隨撒大海,數日而畢。[155]

紅色的1930年代,中共黨員在激進青年中很得景仰。上海國立音專生謝凡生(1913～1985),1932年4月8日因參與地下黨活動被捕,1933年獄中入黨,1934年家裡湊錢四百大洋保外就醫(膝關節、手指潰瘍化膿),住院十月,截去左腿、左中指,1934年9月逃回老家貴陽。1938年,貴陽女師生吳庸因慕而嫁。同年,謝凡生任中共貴陽縣委首任書記。1940年被人冒名登

---

[155] 賴晨:〈魯迅情敵高長虹之死〉。轉引自陳為人〈「情色事件」背後的思想蘊涵——重新解讀高長虹與魯迅的論戰〉,載《領導者》(香港)2013年特刊,頁108。

報自首「悔過」，夫婦倆被冤40年。[156]

13.惲代英「守義」

惲代英（1895～1931），江蘇武進人，武昌中華大學畢業生，武漢五四運動主要領導人，1921年入黨，1923年上海大學教授，同年8月團中央宣傳部長，創辦《中國青年》，後為黃埔軍校政治教官。1918年春，惲代英結婚不到三年的妻子沈葆秀難產而死，他悲痛萬分，給亡妻寫了四封信。一段時間，每逢周日帶著日記本去哭墳，「跪於岳父前申明不復娶」，為亡妻守義九年。1927年1月，才再娶亡妻四妹沈葆英（1925年入黨）。[157]

1926年5月，黃埔軍校上校教官惲代英，月薪三百塊，寄家一百元，交黨費一百元，自留一百元，實用五十餘元，生活儉樸，蔣介石在黃埔軍校稱揚惲代英，說這樣的共產黨員是國民黨學習的模範。蔣介石詳細說了上述「三個一百」。[158]

紅色青年夫婦結婚對聯也很有趣，極富時代感。1926年舊曆九月初四，衡陽三師生夏明翰與湘繡女工鄭家鈞結婚。夏明翰時任湖南省委組織部長、農民部長和長沙地委書記，新房在長沙清水塘四號。賀客有省委書記李維漢、何叔衡、易禮容、謝覺哉、郭亮、龔飲冰等，他們在帳簾掛聯：「世上唯有家鈞好，天下只有明翰強。」因為夏明翰老是說「家鈞好，家鈞好」。[159]1927年6月5日，江西省農協委員長方志敏與南昌女職校生繆敏（團員）在南昌結婚。此時，方志敏已接到組織命令：離開南昌轉移農村從事農運。[160]彭湃即席寫聯：「擁護中央政策，方繆雙方奮鬥到底；努力加緊下層工作，準備流血犧牲。」[161]

當時中共青年幹部的生活十分嚴肅。留蘇生近一個月的回國歸程，仍以思想生活為主，鄙視開玩笑、講笑話。1925年夏，陳碧蘭回國：

156　袁晞：《一蓑煙雨任平生──馮蘭瑞傳》，氣象出版社（北京）1999年版，頁8～9。
157　《中共黨史人物傳》（第五卷），陝西人民出版社1982年版，頁5、31。
158　李逸民：《李逸民回憶錄》，湖南人民出版社1986年版，頁27、35。
159　趙長安等編寫：《老革命家的戀愛、婚姻和家庭生活》，工人出版社（北京）1985年版，頁187。
160　上饒地委寫組：《方志敏傳》，江西人民出版社1982年版，頁95。
161　〈方志敏和彭湃〉，載《紅色風暴》（第一集），江西人民出版社1959年版。轉引自張聿溫：《革命家的軼事》，雲南人民出版社1985年版，頁341。

　　我們的旅途生活是很嚴肅的，在兩個星期的火車生活中，雖然因
環境關係，不能攜帶書籍，但我們仍舊進行討論各種問題，憑著平時
所學得的知識，各自發表意見；有時還進行相互批評。大家都希望把
自己鍛鍊成為堅強的優秀幹部，因而都有勇氣接受對自己的弱點的批
評，有時也輕鬆地講講笑話，開開玩笑，但我對這些不甚感到興趣，
因這些笑話和玩笑，都沒有任何的幽默和風趣。[162]

14.陳修良

　　寧波鄞縣紅女陳修良，出身書香世家，先後就讀寧波女師、省立杭州女
中、上海國民大學、廣州中山大學，1926年入團，次年4月任向警予秘書並
轉黨。其情戀軌跡亦跌宕起伏，甚具紅色時代特徵。

　　1927年春在長沙首婚武昌書香子弟李求實（1903～1931）。李1922年
入黨，共青團中央候委、留蘇生、兩廣團區委宣傳部長，經常在團中央機關
報《中國青年》發表犀利文章，紅色青年中影響甚大。19歲的陳修良因參加
《少年先鋒》編輯，與李求實相愛成戀。1927年8月，李求實調任廣東團省
委書記，夫婦一別永隔，10月陳修良赴俄入中山大學。

　　1928年秋，陳修良在莫斯科得知李求實在上海與許白昊烈士遺孀秦怡君
結婚，頗受打擊，這頭尚未離婚，當然有想法。很快，陳修良得知這是「組
織安排」，護士秦怡君時任黨內交通，結婚乃「工作需要」。當時「革命高
於一切」、「組織大於一切」，一句「革命需要」、「組織決定」，泰山壓
頂，陳修良只能接受。李求實即「左聯五烈士」之一李偉森。

　　1928年11月，「六大」中委、駐莫斯科中共代表團成員余飛（1902～
1956），對心情很壞的陳修良發起求婚，陳修良受「六大」工人路線影響，
認為「工人階級會比知識份子可靠」，允婚余飛。余飛工人出身，五卅運動
組織者之一，上海工人首次暴動武裝總指揮。余飛隱瞞老家安徽已有妻室，
與陳修良在蘇聯育有一女。1930年7月，余飛夫婦與陸定一、鄧中夏一起回
國。余飛託病回老家，即與原配恢復關係，繼續欺騙陳修良，再育一子。
這位工人中委，素質很低，不要讀書，與陳志趣迥異，夫妻關係不可能有

[162]　陳碧蘭：《我的回憶》，十月書屋（香港）1994年版，頁122。

什麼品質。1932年9月，余飛在安慶被捕，旋即變節，出賣陳修良，供出陳的滬甬地址，引警追捕。陳修良東躲西藏，並立即通過特科轉告中央：從此與余飛斷絕一切關係。余飛叛變後進入「中統」，專事反共。1939年，余任三青團渝支團組長；1947年安徽廣德縣長；1949年後被捕，1956年死於上海監獄。

余飛被捕，陳修良最早由正在安慶養病的黨員沙文漢打電報緊急通知──「阿才因病住院」（余飛小名阿才）。沙文漢也因余飛叛變在安慶受到追捕，隨即回滬。他與陳修良冒險赴南京，想通過國府教育部大哥沙孟海營救余飛，但不久看到《中央日報》刊登余飛自白。此時，兩人既失去組織聯繫又受追捕，得知東京有關係可接洽。1932年底，陳修良三婚沙文漢，次年春一起赴日找黨，才算愛舟入灣，塵埃落定。

沙文漢（1908～1964），陳修良鄞縣同鄉，沙孟海三弟，先後就讀寧波甲種商校、上海同文書院，1925年入黨，1929年入莫斯科少共國際馬列學院，1932年任江蘇團省委組織幹事。1949年後，因地下黨整體遭疑受壓，1957年浙江省長沙文漢、省宣傳部代部長陳修良雙雙劃「右」，陳還是「極右」。1964年初沙文漢憂鬱病逝，陳修良先下農村勞動兩年餘，後淪落杭大外語系資料室，「文革」進牛棚，承受萬萬沒想到的「紅色苦難」；文革後才尊為「大革命遺老」。

1949年後，陳修良當然「愛憎分明」，一直與李求實家屬合作，編寫有關李求實的史料，非常懷念與崇敬。對余飛，則從不願多提起。[163]

15.朱德的故事

朱德（1886～1976），他在井岡山對湖南省委代表杜修經詳細介紹身世，證明軍閥出身的他，赴德前確實很闊。

> 他非常健談，向我滔滔不絕地談起他是如何參加護法軍打袁世凱，如何防守金沙江和入川後積蓄錢吃鴉片煙、蓋公館，又是如何為

163　〈沙文漢年表〉、〈陳修良年表〉，載沙尚之主編：《沙文漢、陳修良自存文檔目錄》，寧波市鄞州區圖書館項目組2013年編印，頁390～421。

了中華民族的興旺拋棄這些陳腐的生活往返於上海──北京──上海去找黨。後將兩萬銀圓換成外匯，留學德國。[164]

再據《龔楚回憶錄》，朱德赴德前在上海有四位姨太太，周恩來告訴他要入黨只能一夫一妻，此時他有六萬銀洋，開了一次家庭圓桌會議，告訴四位姨太太：我從現在起不做軍閥，要做革命者了，只許有一位太太；我尚有存款五萬多，除兩萬元留做出國費用，三萬多元分作四份，每份八千元，你們每人一份，我只能留下一位太太，誰願意跟我走？四位姨太太自然搶著要跟。只能抽籤，四根火柴截成長短兩種，抽到長枝者為勝。結果最美麗的四姨太賀之華抽中，其餘三位領資遣散。

這位賀之華（1903？～1940？），四川開江縣女中教員，性格開朗，模樣不錯，19歲嫁36歲朱德，1923年隨朱德赴德國。因年輕貌美喜歡交際，經常與中國留學生來往，許多男生追上來。她毫不隱瞞地告訴朱德，將一大包情書交給朱德，請丈夫替他辨識情書中哪一位最可靠？朱德看完情書，很誠懇地：你喜歡哪一位都可以，我絕不反對，你自己的錢物都可帶走，只是你得小心，真當到你沒有辦法時，可回頭再找我。半年後，賀之華與她選中的那位留學生維持不下去了，還真回頭來找朱德。1925年7月，朱德在德國被捕三天，獲釋後驅逐出境，帶著賀轉赴蘇聯。[165]

1926年4月18日，賀之華在莫斯科郊外農舍生下朱敏。1926年5月，朱德奉命回國，賀攜女留俄，不久請妹妹將女兒帶回成都。1926年底，賀之華在莫斯科嫁霍家新。1928年初，霍賀奉命回國，霍任羅亦農秘書，國府對羅懸賞三千美金。霍賀經常出入酒樓舞廳，每月二十多元生活費根本不夠，經常違反地下工作規定，很晚才歸，多次受羅亦農嚴肅批評。他們找到租界當局，要求以350名地下黨員名單、地址換取出國護照與美元。租界當局允之。1928年4月15日上午，羅亦農被捕。周恩來的紅隊（紅色恐怖隊）通過內線查到霍何住址。4月25日清晨，一迎親隊伍來到其宅前，猛烈鞭炮聲中，紅隊衝進其宅，逼其交出名單，王若飛開槍打死霍家新，賀躲在床下，

[164] 杜修經：〈四上井岡山和湘南特委〉，載《革命回憶錄》第3輯，人民出版社（北京）1981年版，頁33。
[165] 龔楚：《龔楚將軍回憶錄》上卷，明報月刊社（香港）1978年5月初版，頁209。

連開數槍，以為已斃。但賀未死，瞎一眼。國民黨將她送到醫院，因奪回名單，紅隊未再追殺。據《中國高幹子女沉浮錄》，賀之華回到開江老家，再嫁人，又生兩女，1938年國民黨又追捕，當著兩個女兒的面就地槍斃。朱敏則說其母從未回成都，14歲聽外婆說母親離開人世。[166]

[166] 楊國選：〈周恩來為何下令處決朱德前妻〉，原載《週末》2013年7月25日，《文摘報》2013年8月3日摘轉，第五版。參見趙士傑：〈越過急流和險灘——記羅西北〉，賈芝主編《延河兒女——延安青年的成才之路》，人民出版社（北京）1999年版，頁335。

第二章

白區幹部生活

　　北伐前，中共一直處於地下秘密狀態，黨員絕大多數為知識分子。發展工農黨員，一般通過親串親、鄰串鄰介紹，支部大會通過就可以了。入黨宣誓時，不少地方要喝雞血酒，誓詞如下：

> 　　遵守紀律、嚴守秘密；努力革命，服從命令；打破宗族，不分姓氏；犧牲個人，不害同志；生死共存，永不叛黨；如有變心，刀斬彈穿。

　　北伐後，中共走向公開，入黨要填寫申請書，由黨員介紹、支部通過，並經區委審查，才能舉行宣誓儀式。[1]省委書記以下設四部：組織部、宣傳部、交通部、敵工部，簡稱「書、組、宣、交、敵」。[2]

　　「四‧一二」後，白區中共黨員生活在危險「地下」。第二次國共合作後，中共黨內流傳兩句話：「二萬五千里，三千六百日。」二萬五千里指長征，概括蘇區的武裝鬥爭；三千六百日，指白區地下黨兇險十年，行走在監獄刑場邊緣。[3]

　　1927年8月南昌暴動，中共「一大」代表包惠僧，因病無法隨部隊行動，周恩來囑其在南昌潛伏，趕不上隊伍即到武昌去找組織，並為包寫了介紹信。包惠僧在南昌表親家住了月餘，化裝逃出南昌，從九江搭船回湖北老

---

[1] 方志純：〈贛東北革命鬥爭的回憶〉，載《回憶閩浙皖贛的革命鬥爭》，江西人民出版社1981年版，頁89。

[2] 李英儒：〈地下交通線──吳德峰戚元德夫婦從事地下鬥爭的故事〉，載《紅旗飄飄》第30集，中國青年出版社（北京）1986年版，頁137。

[3] 楊超：〈在西南四省區黨史資料徵集工作會議閉幕式上的講話〉，載《四川黨史研究資料》（成都）1983年第1期，頁42。

家黃岡，因感覺在鄉下也住不下去，遂到武昌，沒找到組織，也待不下去，攜妻再逃至江蘇高郵岳家蟄伏。兩個多月後，風聲不好，走避上海，見了李達、施存統、馬哲民等。「上海的情況很混亂，我遂和這些人一起走了失敗主義的道路，消極脫黨。」[4]包惠僧這一段〈自述〉，寥寥數語，構勒出「四‧一二」後相當一部分中共人士的恐懼心態。不久，包入國府，1948年為國府內政部戶政司長。

一、經濟狀況

1927年6月1日，中共政治局以黨章規定黨費繳納：月收入不滿20元減免黨費，20元以上起征；30元以內月繳二角；60元以下一元；80元以下3%；80元以上特別徵收；失業工人或入獄者免繳。[5]

1927年秋，中共中央交通處張寶全和中宣部黃婉卿結婚，設筵老半齋，擺了好幾桌。除羅亦農外，中央各部人員都到了，「好像當初在武漢一般」，但出席者當月被扣去幾元生活費，原來集資為新婚夫婦賀喜。中央秘書處的鄧希賢（鄧小平）與俄國新回來的張西沅結婚，設筵聚豐園，出席者的生活費未曾扣減，據說小鄧家裡寄錢來。[6]

1927年10月27日，陝西省委通告，要求黨員按時繳納黨費，規定了不同繳納數額，以及月薪20元以上者的「特別捐」累進額；嚴令「黨費於每月十號前一律收齊」，無故拖延超過三日，視情節給予警告直至留黨察看；遲過五天仍抗拒不繳者，即呈上級予以開除。此時全陝甘黨員不過1681人（三分之一為農民），要求至1928年1月發展黨員的任務額，也才5430名。[7]黨員人數有限，所繳黨費甚微，不可能支撐全黨龐大活動。

富裕總支很少。1925年廣州中山大學總支十分寬裕，許多黨員每月留下生活費後全交黨費。總支全職幹部每月可領生活費40元。供職國民黨機關

4　《包惠僧回憶錄》，人民出版社（北京）1983年版，頁440。
5　〈中國共產黨第三次修正章程決案〉，載《中共中央文件選集》第三冊（1927），中共中央黨校出版社（北京）1989年版，頁154～155。
6　《鄭超麟回憶錄》，東方出版社（北京）2004年版，上卷，頁308、
7　趙赴：〈五大至六大期間陝西省黨的組織狀況（三）〉，載《黨的文獻》（北京）1990年第4期，頁94～95。

的共產黨員薪金甚高，遠遠超過40元。如兼職國民黨中委的惲代英每月240元，他留80元生活費，其餘全繳黨費。國民黨議員林伯渠、李錫九，每月繳黨費80元。教授黨員章伯鈞，月繳黨費80元。中大總支很闊，不但總支幹部養得好好的，出版刊物或開展活動，不用向區委（即省委）要錢。[8]

1927年4月19日林伯渠日記，規定個人最低生活費：

> 妻子生活費：每月150，每年1800；
> 兒女教育費（暫以四人計每人每月15元）：每月60，每年720；
> 個人零用：每月50，每年600；
> 計：3120 [9]

1927年「四‧一二」前後，周恩來在上海，每月生活費12元，鄧穎超8元，另有3～5元交通費。[10]1927年10月，中共中央在上海收容南昌暴動歸隊人員，一時沒分配工作的，每天生活費二角，首次發放最多二元。[11]

1927年10月，湖南省委不僅政治環境越來越嚴峻，生活也越來越艱苦，省委候補委員兼婦女部長的劉英（1905～2002，後為張聞天妻）：

> 由於黨的活動經費太少，我們幾乎領不到生活費，飽一頓、餓一頓成了常事，可是大家都毫無怨言。[12]

職業革命者眾多，大大超過非職業黨員，不可能用黨員繳納的黨費維持這麼一大坨職業革命者的生計。但青年黨員中的壓倒性觀念：只有領取黨的生活費，全力事黨，職業革命，斷絕一切社會關係乃至家庭關係，才是「以身許黨」。大多數黨員都等著從黨組織領取生活費，還怎麼有錢繳黨費？為此，1928年後，中組部長周恩來提出白區幹部的「三化」——秘密機關社會

8　徐彬如：〈大革命時期我在廣州的經歷〉，載《黨史研究資料》（北京）1983年第10期，頁5。
9　〈林伯渠日記〉（二），1927年1～6月，載《近代史研究》（北京）1981年第1期，頁75。
10　尹家民：《歷史漩渦中的蔣介石與周恩來》，百花洲文藝出版社（南昌）2010年版，頁60。
11　《李逸民回憶錄》，湖南人民出版社1986年版，頁58。
12　《劉英自述》，人民出版社（北京）2005年版，頁24。

化、黨員職業化、身分合法化。[13]

　　1928年，一對紅色青年學生夫婦，公寓月租13元，兩人只能買一份伙食，輪流去吃，一人到處「打遊擊」。後來連一份伙食的錢也沒有了，只好將枕頭、旗袍一樣樣當出去，控制最低消費：一天三個銅板。午餐，一人一個銅板；晚餐，兩人一個銅板（分食烤紅薯）。[14]

　　1928年夏成立於新加坡的中共南洋臨委，經費來源於黨員繳納的黨費──收入的20%，大部分用於宣傳、教育，一部分用於機關房租，一小部分作為領導幹部生活費，每人每月三元。女幹部謝飛（1913～2013）三年睡機關地板。新加坡當時三元相當1980年代初15元人民幣，工人月薪的五分之一，「這三元錢，僅能維持最低標準的伙食。每天兩餐最簡單的飯菜，沒有油，更無肉，一點零用錢也沒有。至於穿的，只有靠各自的親友接濟。」1929年9月，黨費一時送不上來，臨委印刷機關的五個同志四天沒飯吃，最後向附近一家小咖啡店賒了一些咖啡、幾兩花生米，每人喝了一小杯咖啡、一兩花生米，才堅持到第五天送來黨費。[15]

　　1931年4月，廣西紅七軍東調部隊負傷幹部王震（1908～1993），地位不高，攜妻帶子，生活費也僅每天兩元，旅館及伙食都在內，度日艱難。紅七軍第十九師長龔楚（1901～1995），因是高幹，左腿重傷，每天生活費三元，另加電療費二元。龔妻前來照料，還要幫助紅七軍其他在滬療傷幹部，「在極其節省的情形下，尚可維持。」但也僅僅維持，無力添衣購物。貼光個人存款，龔楚打報告要求增補費用，始終未得增額。這位後來「紅軍第一叛將」，晚年仍抱怨：

　　　　迫不得已將電療的次數減少，以維持日常必需開支。有時我想起我在廣西工作時，為黨籌措了五萬元港幣，毫無保留地貢獻給黨為活動經費，另外支持香港日報亦用過一萬多元。我拋棄家庭溫暖，為革命流血，現在必需的醫療費和生活費都無法維持，未免太刻薄。

13　璞玉霍：〈周恩來與黨的白區工作策略方針〉，載《黨的文獻》（北京）1991年第3期，頁58～60。
14　張育民：〈記盧濤〉，載《紅旗飄飄》第16集，中國青年出版社（北京）1961年版，頁125。
15　謝飛：〈回憶中國共產黨南洋臨時委員會的工作（1928年夏～1930年春）〉，載《革命回憶錄》增刊（一），人民出版社1983年版，頁166～167。

　　1931年8月，龔楚奉命轉道香港進入江西蘇區，其妻掩護陪送赴港。聶榮臻交給他一筆交通費：「你是黨的重要幹部，曾經為革命付出重大犧牲，所以應該買一張西餐房的船票，以免被發現；嫂子對革命沒有貢獻，只能住三等艙，以免浪費。給你的錢便是依照這個原則預算的。」龔楚再發牢騷：「我聽了很不高興，覺得他們太不近情理，太不體諒為革命犧牲者的心情。」負重傷的紅軍高幹，每月可領十元營養補貼。[16]

　　1928年，中央委員生活費27元／月。1929年秋～1930年初，後為托派骨幹的王凡西（1907～2002）任中組部幹事：

　　　　黨費收入太微，而革命職業家的維持費又太大，巨大的不敷之數，從來靠聯共黨的幫助。當我在黨內工作時，黨的主要支出，據說是靠列寧格勒黨員的全部黨費。……中央工作人員的生活費每月25元，區委會的同志為19元。這個數目約等於一個普通工人的工資。如有特殊需要，如疾病之類，或有家屬而「住機關」者，則有額外補貼。這點生活費當然不寬裕，但足夠維持。[17]

　　創造社成員李初梨（1900～1994），1928年入黨，1929年11月任上海閘北區委宣傳部長，半年後調任江蘇省委宣傳部秘書。「黨組織是不給津貼的，到了區委每月給五元錢，根本不夠用，只好住亭子間、灶披間，穿得也破破爛爛的。到省委工作後，每月發18元錢，辦公室一般偽裝成商號。當時，中央機關一般雖獨門房子。我們到省委開會大多穿長衫。」[18] 1930年調上海中央軍委工作的彭雪楓，每月生活費僅九塊。[19]

　　1929年6月，上海「赤總」幹部袁任遠（1898～1986）受遣入廣西李明瑞部，發路費50元，很不錯了，袁任遠55年後仍記憶清晰。[20]

　　王明集團就是利用生活費控制黨組織。中共六屆四中全會後，他們對何

[16]　《龔楚將軍回憶錄》，明報出版社（香港）1978年初版，下卷，頁335～338、506。

[17]　王凡西：《雙山回憶錄》，東方出版社（北京）2004年版，頁125～126。

[18]　李初梨：〈六屆四中全會前後紀事〉，載《紅色往事》第一冊，濟南出版社2012年版，頁116。

[19]　林穎：《彭雪楓家書》，文物出版社（北京）1985年版，頁127。

[20]　袁任遠：〈從百色到湘贛〉，載《中共黨史資料》第13輯，中共黨史資料出版社（北京）1985年版，頁51。

孟雄等「不同意見」的基層幹部就採取這一招。劉曉（1908～1988）時任江
蘇省委秘書長：

> 我曾奉命到滬西區委去談判，要區委的同志不要反對省委，否則
> 就不發給生活費。這些同志當時沒有公開職業，沒有任何收入，為生
> 活所迫，他們不得不服從省委，從而使王明控制了上海的黨組織。[21]

　　1930年初秋，何孟雄之妻繆伯英（留蘇生）染患霍亂，無錢送病而卒。
何孟雄抱怨自己是「異己幹部」，組織未理睬他的求援。[22]六屆女工中委張
金保（1897～1984），反對六屆四中全會，參與反王明的「非常委員會」，
很快就領不到生活費。不少「反對派」賣光家中值錢之物，晚上睡水泥地，
上難民救濟處喝粥。張金保丈夫（也是黨員）上街叫賣瓜子，史文彬送孩子
回長辛店老家。[23]
　　1928年5月7日，蘇兆征、向忠發致信共產國際執委會求援：

> 深信正是由於缺乏必要的經費，近半年來黨的工作受到了很大損
> 失。……最近有幾個同志被逮捕，法國人拒絕把他們移交中國當局。
> 我們認為，如果有必要的資金的話，黨組織就可以把他們解救出來。
> 中國共產黨在目前時期比任何時候都更需要物質援助。黨希望共產國
> 際能像它過去在物質方面援助國民黨那樣來援助它。期待你們儘快就
> 此問題作出答覆。[24]

　　1930年4月，漢口黨組織派曾三（1906～1990）赴滬學習無線電收發
報，但武漢黨組織太窮，只給了15元路費。曾三在一家小旅館待命很久，積
欠十幾元房租、飯錢，十五元全交出都不夠。無奈，曾三只好當了蚊帳，得

---

[21]　劉曉：〈黨的六屆三、四中全會前後白區黨內鬥爭的一些情況〉，載《紅色往事》第一
　　　冊，濟南出版社2012年版，頁128。
[22]　陳碧蘭：《我的回憶》，十月書屋（香港）1994年版，頁253～254。
[23]　張金保：〈六屆四中全會前後〉，載《革命回憶錄》增刊（一），人民出版社（北京）
　　　1983年版，頁79～80。
[24]　〈蘇兆征和向忠發向給共產國際執行委員會的信〉，載《聯共（布）、共產國際與中國蘇
　　　維埃運動》（1927～1931），中央文獻出版社（北京）2002年版，頁445～446。

2.8元，再向兩位窮同鄉擠借十元，結了旅館的賬，所剩不夠買船票，通過水手幫助，用「看黃魚」的辦法蹭船。抵達上海，身上只有一角多。進飯店一看，每天房租2.97元──

> 我怎能住得起！只好拿出一件夾袍子去當了四元錢，第二天就搬到一個小旅館去了。又過了一天，李強（化名張振聲）找到我，給了我五元錢……學習期間，組織上給我們每人每月七八元錢的生活費（房租不算在內），除了吃飯所剩不多，還要訂一份報紙，買些生活必需品，因此生活過得比較艱苦。……長期都是每天買一把小白菜、一塊豆腐，或者一塊「日本」鹹魚充當副食。如果買二角錢肉，就一定要放在菜籃子上面，好讓二房東看到我們也能吃到肉。有時生活費晚送一兩天，就得當衣度日，從當衣鋪出來，捏著剛剛當得的錢去吃陽春麵和燒餅。[25]

1930年前後，上海中央交通局長吳德峰、戚元德夫婦，最困難時兩人生活費不到十塊大洋。交通員更為清苦。一次，吳德峰派一名交通員去天津，發路費時，吳德峰算得很摳，每天伙食費按六個麵包計，還說：「北方的大餅比麵包還便宜不少。」交通員搶白：「難道我們每天吃乾餅，就不喝點稀的？」「稀的怎麼沒有？北京天津都有自來水，擰開龍頭喝足就是了。」交通員生氣了：「自來水也沒有安在大街上，進鋪店要自來水喝，出了問題，誰負責任？」吳德峰：「好！咱們大方點兒，一天兩碗老豆腐，每天再加發一角錢。」後來，吳德峰上蘇區取回一大筆金子：

> 有了這筆錢，我要建議領導同志，每人生活費用外，該有點零用費。今後，交通員出門，除加一碗老豆腐外，可以加一壺香茶了。住在大上海，出門就要花錢，沒錢寸步難行啊！……有膘是好馬，有錢是好漢喲！[26]

25　曾三：〈我黨無線電通訊事業的創建〉，載《紅色往事》第六冊，濟南出版社2012年版，頁12～13。

26　李英儒：〈地下交通線〉，載《紅旗飄飄》第30集，中國青年出版社（北京）1986年版，

1931年，上海臨時中央局交通主任陳剛，身材魁梧，灰色嗶嘰大衣，手提一隻黑色大皮夾，一副闊紳派頭，內衣卻十分破爛，同志們笑譏：「金玉其外，敗絮其中。」[27]

1933年7月入團的綢廠青工邢子陶（1912～　），旋任上海法南區團區委組織部長，10月江蘇團省委巡視員，很快調任滬西團區委書記，領導一二十個團支部、百餘名團員。他說其時生活：

> 當時我們的生活是很艱苦的，每個月發九元錢，三元錢交房租、六元是生活費，每天只能吃點大餅和陽春麵。要「改善生活」就得到黃包車夫們吃的飯店去，那裡有魚有肉，但都是搜羅大飯店裡人們吃剩的殘羹剩菜，買一碗很便宜。住的是亭子間，行李很簡單，一張行軍床、一隻帆布箱、一張圓藤桌、一個洗臉盆。為了安全，還常搬家。[28]

1934年，團中央局宣傳部長黃藥眠（1903～1987），每月領伙食費12元，零用交通費三元，添置衣服鞋襪得另行申請。一次黃藥眠購物多用五毛錢，受到組織批評，說他經濟觀念不正確，檢討半天。[29]

這一時期也在上海搞「地下」的謝覺哉（1884～1971）：「每月生活多的給30元，少的給10元，即是說除房租外，每天至多花一元。那時黃金每兩值洋112元。」[30]

蘇區形勢稍發展，財政上有時可倒過來支持上海中央及各地黨組織。曾志：「當時福建省委的活動經費主要是由閩西特委和紅軍提供的，取之於地主豪紳的浮財。」[31]1931年深秋，中央交通局長吳德峰親上九江，輾轉找到江西省委，取回江西省委支援中央的十餘斤黃金，收款人周恩來。路途往返開銷，只有兩張往返船票，幾無別項開支。周恩來問及原因，吳德峰答曰：

頁144～145。

[27]　何盛明整理：〈陳剛戰鬥在上海〉，載《上海黨史資料通訊》1989年第9期，頁38～39。

[28]　邢子陶：〈內戰時期我在上海做地下革命工作〉，載《上海黨史資料通訊》1989年第12期，頁18～20。

[29]　黃藥眠：《動盪：我所經歷的半個世紀》，上海文藝出版社1987年版，頁246。

[30]　《謝覺哉日記》，人民出版社（北京）1984年版，下冊，頁934。

[31]　曾志：《一個革命的倖存者》，廣東人民出版社1999年版，頁105。

「一斤菜包，我吃了整三天，嗓子眼裡冒火，恨不得一夜趕回來。」周恩來：「腰纏萬貫，不取分文；廉潔奉公，兩袖清風。德峰同志，兩次接收黃金，都表現了你的好品質。將來我們黨管理了全國，就是要培養出千千萬萬像你這樣對黨忠誠不謀私利的人。」[32]1949年後，吳德峰（1896～1976）為中共武漢首任市長、最高法院副院長；戚元德（1905～1974）為總工會女工部長，夫婦倆文革中同遭迫害。

1931年6月22日向忠發（1880～1931）被捕，供詞中詳列：

> 俄共每月資助1.5萬美金（折合中國五六萬元），最近經濟支配權掌握在周恩來手裡，我不知其詳。此前中央總行動委員會時，向忠發支配經濟，分配如下：
> 1. 江南局　五千五百元，後又加上一千元；
> 2. 南方局　四千二百元；
> 3. 長江局　六千元；
> 4. 北方局　四千八百元；
> 5. 滿洲　一千二百元；
> 6. 軍部　九千元；
> 7. 宣傳　九百元（印刷費另外）；
> 8. 組織及招待　一千三百元；
> 9. 紅旗報　二千元（現由羅綺園負責）[33]

二、街碰・假夫妻

1927年4月13日（或14日），陳延年、李立三、聶榮臻自漢口抵滬，找到中宣部鄭超麟，要見羅亦農與趙世炎。原來中央免了羅亦農江浙區委書記

---

[32] 李英儒：〈地下交通線〉，載《紅旗飄飄》第30集，中國青年出版社（北京）1986年版，頁143、148。

[33] 王健民：《中國共產黨史稿》第二編，中文圖書供應社（香港）1974～75年出版，頁163。
遼寧省黨史學會、遼寧省高等院校黨史教學研究會編印：《黨史研究參考資料》1981年第15期轉載，頁21～24。

之職，派陳延年來接替。三人漢口出發時，還不知道「四・一二」。從羅亦農家出來，鄭超麟陪李立三上街買棉被，更重要的是買一副墨鏡。[34]

　　一旦失去組織聯繫，缺乏經濟基礎的黨員會很慘。尋找黨的辦法之一竟是十分原始的滿大街去「碰」。大街小巷不懈轉悠，遇到同志就接上頭，但若碰到叛徒或特務，那就被捕，接著有可能被殺。明知危險性很大，仍然只能去「街碰」。因為，別無它徑。

　　1928年2月，湘潭工委書記羅學瓚（1893～1930），與兩位同志奉調上海，抵滬後發現接頭機關被破壞，三人只好站在街頭尋候熟人，巧遇李維漢，給了三人幾十塊錢，才入住小旅館。[35]同月，湖南省委委員夏明翰（1900～1928），赴武漢尋找組織，每到一處機關與同志家，不是門貼封條就是「已遷別地」。2月7日，總算在街上碰見謝覺哉，夏明翰激動萬分：「省委機關多被破獲，許多同志不知下落，我每天在街上走，指望碰著自己人，真是眼睛都望穿了呵！」次日，夏明翰因叛徒出賣被捕，旋斃鸚鵡洲。[36]

　　找租房也是「街碰」方式之一。1931年，六屆四中全會後成立「反對派」的羅章龍，從東北搞「兵暴」失敗回滬，住在唐山路底，不肯露面。「非常委員會」女主任張金保帶了幾個人去找，以尋找租房的名義，挨家尋找。當看到一家後門掛著一串紅辣椒，馬上明白是湖南人的信號，羅章龍乃湖南瀏陽人，說不定就住在這兒。張金保用生硬的滬語揚聲：「儂屋裡有房子嗎？」一人伸出頭：「沒有！」她一看正是羅章龍：「沒有房子，有你就行了！」羅章龍一抬頭，見是「同志」，嚇了一跳，攔著不讓進屋：「這裡不是說話的地方！」領著一行人上弄堂老虎灶喝茶、接談。[37]

　　南昌暴動隊伍南下潮汕，廣東省委為策應而舉行潮汕暴動，建立了駐存七天的赤色政權──「潮汕七日紅」，後立的紀念碑上刻著1250名犧牲者姓名。[38]部隊最後在湯坑失敗，賀龍與劉伯承逃到香港，狼狽得很。下船前，

[34]　《鄭超麟回憶錄》，東方出版社（北京）2004年版，上卷，頁238；下卷，頁98～99。

[35]　李榮勝：〈將肩挑日月・赤膽為將來──記羅學瓚烈士〉，載《紅旗飄飄》第26集，中國青年出版社（北京）1983年版，頁84。

[36]　嘉陵：〈夏明翰的故事〉，載《紅旗飄飄》第16集，中國青年出版社（北京）1961年版，頁114。

[37]　張金保：〈六屆四中全會前後〉，載《革命回憶錄》增刊（一），人民出版社（北京）1983年版，頁82。

[38]　郭本敏、袁玉峰主編：《回望硝煙》，中央文獻出版社（北京）2007年版，頁7。

賀龍胖，扮主人；劉伯承稍瘦，扮僕人。上岸後找旅館，茶房引劉看房間，
一間又暗又小的房間，劉伯承很生氣，說這也不好那也不行。當他站在鏡子
前一看，臉又黑又瘦，一身破軍裝，鬍子頭髮那麼長，這才連忙說替主人來
看房間，「差點就露出馬腳……哈哈……」[39]

　　24師黨代表顏昌頤率南昌暴動殘部千餘人參加海陸豐蘇維埃。1928年8
月顏昌頤受傷，省委指示赴香港療傷，到港後發現省委機關搬走，生活陷於
絕境，只好進香港難民收容所。11月，顏搭船赴滬，傷勢更重，身無分文，
為尋找組織，拖著病體蹣跚街頭，月餘才邂逅相識同志，接上關係，任中央
軍委委員兼江蘇軍委秘書，協助彭湃工作。[40]1929年4月，因叛徒白鑫出賣，
與彭湃、楊殷、邢士貞一起被捕，8月30日被殺於上海龍華。

　　還有一個辦法是登報尋人，用內部化名尋找「哥哥」「妹妹」，外人不
明白，同志則一看就知道。1927年秋，陳碧蘭就是用這種方法在漢口刊登尋
人啟事，長江局宣傳部書記鄭超麟代表組織找到她，送上赴天津去會合彭述
之的旅費及到上海後的接頭方法。[41]

　　女性找黨又多一重困難。五四女性剪辮以示「咸與革命」，天津南開
「覺悟社」回族女青年郭隆真（1894～1931，中共烈士），剃光頭表示「不
滿現實」。[42]1921年底中共開辦上海「平民女校」，入學第　項程序就是剪
去長辮，改成齊耳短髮。[43]大革命時期，紅色女性更是剪辮，短髮短辮。湖
南白軍流諺：「巴巴頭，萬萬歲！瓢雞婆，遭槍斃。男女學生一頭睡，養出
個兒子當糾察隊。」[44]巴巴頭指舊婦腦後的髮髻，「萬萬歲」是說留有舊式
髮髻沒事；「瓢雞婆」指禿尾巴雞，短髮女性抓住要殺頭。1933年春，紅四
方面軍撤離鄂豫皖不久，王樹聲「搖窩親」的髮妻胡靜賢，雖已另嫁，但因
剪髮、放足，白軍認定是「黨婆」而殺了她。[45]

[39]　荒煤：〈在晉東南前線──劉伯承將軍會見記〉，原載《新華日報》（重慶）1940年9月
　　　30日。參見《劉伯承回憶錄》，上海文藝出版社1981年版，頁217。
[40]　〈顏昌頤小傳〉，載《上海黨史資料通訊》1989年第11期，頁26。
[41]　陳碧蘭：《我的回憶》，十月書屋（香港）1994年版，頁202～203。
[42]　尹家民：《歷史漩渦中的蔣介石與周恩來》，百花洲文藝出版社（南昌）2010年版，頁8。
[43]　錢希均：〈我所知道的平民女校〉，載《紅旗飄飄》第23集，中國青年出版社（北京）
　　　1981年版，頁225～226。
[44]　袁任遠：〈「馬日事變」見聞〉，載《紅旗飄飄》第25集，中國青年出版社（北京）1982
　　　年版，頁158。
[45]　創民：《紅色婚緣──開國將帥與夫人的婚戀紀實》，中國華僑出版社（北京）2010年

　　1930年1月，留蘇歸來的朱瑞（1905～1948）在上海街頭遇到兩位莫斯科中大同學，均已「消極」（不再參與革命），「現漂流上海，以寫文稿費度日。我們會見時已二、三日不食，餓得面蠟黃，仍在等他寫作之〈墨子問題研究〉的稿費以解決食住問題。」朱瑞回國時在莫斯科領得六七百元路費，「為爭取他（怕他們可能賣我），給了他們一些錢，結以感情。」[46]

　　1929年6月，1926年國共合作期間的留俄生開始回國，國民政府刊佈廣告，以月薪200銀洋召募他們向國府報到。谷正倫、谷正綱兄弟就是此時進入國民黨中樞；張如心等為追求馬克思主義，回滬後住棚戶、當碼頭搬運工，甚至吃不上飯，過了一年艱苦生活，1930年才與黨接上關係，1931年6月入黨，8月參加紅軍。[47]

　　為了隱蔽與不暴露，黨組織要求地下黨員在集體參加國民黨、三青團時，不要頂抗，順大溜加入，調訓也應參加，然後再向組織彙報。1940年5月5日，中共中央發出〈關於秘密黨員加入國民黨問題的指示〉，「凡服務於國民黨軍政教育機關之秘密共產黨員遇強迫加入國民黨時，『就即加入國民黨，但事後必須呈報黨組織追認。』」[48]黨組織明確「這是實行革命的兩面政策」。兩面是兩面了，但對思想純潔的紅色青年來說，參加「反動活動」的心理矛盾相當難受。[49]

　　真正按暗號接頭，程式複雜。1936年初，劉少奇從瓦窯堡赴天津找北方局，化裝成茶葉鉅賈，身穿緞袍頭戴禮帽，入住日租界北洋飯店。河北省委秘書長王林去接頭，暗號手持《益世報》，須將《益世報》三字露出；對話：「你是×××先生嗎？」對方：「是×××。」王林再說：「我是李先生介紹來的。」對方讓入房間，將《益世報》放在桌上。這才完成接頭全套「規定動作」。[50]

版，頁32。

[46]　朱瑞：〈我的歷史與思想自傳〉，載《中共黨史資料》第9輯，中共黨史資料出版社（北京）1984年版，頁238。

[47]　沈濟：〈懷念張如心同志〉，溫濟澤等編《延安中央研究院回憶錄》，中國社會科學出版社、湖南人民出版社1984年版，頁188～189。

[48]　《南方局黨史資料大事記》，重慶出版社1986年版，頁93。

[49]　廖志高：〈抗日戰爭時期在南方局直接領導下重建、發展、鞏固川東地下黨的主要情況（1939年12月～1943年9月）〉，載《四川黨史研究資料》（成都）1984年第3期，頁12。

[50]　王林：〈黨在白區工作中的楷模〉，載《紅旗飄飄》第20集，中國青年出版社（北京）1980年版，頁71～72。

北滿抗聯一位交通員，從黑河到哈爾濱送情報，到了規定時間，接頭的人沒來。交通員的錢花光了，又不能擅自離開。他便裝病臥床，硬餓了四天，接頭的人第五天才來。此時，等接頭的交通員差不多都快餓死。[51]

反應靈敏是白區幹部的基本素質。1935年春，上海地下黨遭大破壞，夏衍去找田漢，一腳正踏上樓梯，房東家保姆拉了一下他衣角，夏衍立即會意，馬上跑出脫險。周揚、蘇靈揚夫婦得訊只得當即離家避險，身上只有四角錢，只能借宿小旅館樓梯間過夜，「徹夜的胡琴聲和下流笑謔聲，至今猶在耳際。」這一時期，女青年蘇靈揚的主要任務是「聯絡員」，包括將魯迅從北四川路「內山書店」帶至一家小咖啡店，與周揚會面，以及為剛出獄的鄧潔送衣服等。[52]

茅盾妻弟孔另境（1904～1972），1925年畢業上海大學中文系（與戴望舒、施蟄存同學），同年入黨。「四・一二」後中共杭州縣委宣傳部秘書。1927年12月14日，縣委於西湖飯店開會，佈置暴動。孔另境留守機關。次晨，不見宣傳部長池菊莊與沈資田回來，便約另一同志上西湖飯店去找，剛入走廊，茶房遠處搖手。茶房並不認識他倆，但看出他們要上哪個房間。兩人大驚，情知不妙，分頭逃命。「全靠那位茶房搖手示意，否則兩人一定會落入敵人的蹲守伏擊之中。」一個多月後，這次被捕的六七人全部被斃。此時避居戴望舒家的孔另境從街頭得知凶訊。

> 一日，他（按：孔另境）外出至近西湖的一條馬路上，突見有短工十餘人，抬了七八口白色薄皮棺材，沿湖濱而來。駐足而觀，見每棺材頭均有黑字標明共匪×××之姓名。其中除池菊莊、沈資田、馬東林（按：杭縣組織部長，農民），還有一口是張秋人（按：中共首任浙江省委書記）。[53]

51 沈鴻鑫：〈樣板戲《紅燈記》的台前幕後〉，載《檔案春秋》（上海）2014年第1期，頁34～35。
52 蘇靈揚：〈一個不是作家的「左聯」盟員的回憶〉，原載《上海黨史資料通訊》1987年第9期。參見王蒙、袁鷹主編《憶周揚》，內蒙古人民出版社1998年版，頁53～54、57。
53 孔海珠：〈「碧血渲染處，紅花照眼心」——憶池菊莊〉，載《檔案春秋》（上海）2014年第1期，頁25。

　　孔另境後與組織失去聯繫，從事文教，抗戰後期被日本憲兵逮捕，1949年後為上海文化出版社編輯，1968年被捕，1972年冤死獄中，1979年平反。

　　這一時期，周揚要用相當時間「找錢」，他向章漢夫、夏衍、羊棗（楊潮）、譚林通、梅雨（梅益）等借錢，借的最多的是周立波、沙汀。有時僅有的一塊錢得上煙紙店兌開，幾人瓜分。史沫特萊支持過他們50元。由於有革命與愛情，「同志們來到我家，談笑風生，從無倦意，我們的工作和生活總是熱氣蒸騰。」兩個口號論爭停止後，周揚不再擔任上海中央局文委書記兼文化總同盟書記，冷清下來。周揚、蘇靈揚夫婦「卻一點也不覺得輕鬆愉快」，他們嚮往的是「沸騰的生活」。[54]

　　地下黨員有時需要扮演假親戚、假夫妻。因為當時租房，「有房出租」招貼上多附四字──「非眷勿問」。尤其上海房東認為單身漢多是共黨，有了妻累，較為可靠。柔石與馮鏗也扮過假夫妻去租房。[55]影片《永不消逝的電波》李俠原型李白（1910～1949），湖南瀏陽農民，1925年入團並轉黨，參加秋收暴動，上過井岡山，參加長征，紅五軍團無線電隊政委。1937年10月，李白由延安來滬設立電臺。組織為他物色「太太」以便租房。先後找了女中學生、女教師，見面後，李白覺得都不合適，這才找到23歲綢廠女工裘慧英。最初，裘慧英十分不習慣與陌生男人同居一屋，太尷尬了，要求回廠，李白用「大道理」壓住她。兩人由假成真，1940年成婚。[56]另一對上海地下電臺夫妻秦鴻鈞（1911～1949）、韓慧如，也是組織「撮合」，先假後真。1949年5月7日，秦鴻鈞「犧牲於黎明前」。[57]

　　1928年春，無錫農運領袖嚴樸（1898～1949，「六大」代表），組織滬郊奉賢千餘農民暴動，後從事法南區黃包車夫工運，組織決定小腳女姜兆麟（1893～1971）以妻子名義入住「機關」。嚴樸扮黃包車夫早出晚歸，不出門時穿西裝充少爺。姜兆麟在機關內做會計兼秘書。一段時間後，假夫妻成了真夫妻。1929年秋，叛徒告密，嚴樸被捕四十多天，胞兄花500大洋贖

[54]　蘇靈揚：〈一個不是作家的「左聯」盟員的回憶〉，原載《上海黨史資料通訊》1987年第9期。參見王蒙、袁鷹主編《憶周揚》，內蒙古人民出版社1998年版，頁59。

[55]　馬寧：〈堅強的革命戰士・有才華的女作家──記「左聯」烈士馮鏗〉，載《紅旗飄飄》第23集，中國青年出版社（北京）1981年版，頁124～126。

[56]　周兆良編著：《永不消逝的電波──李白烈士的故事》，華東理工大學出版社（上海）1996年版，頁79～80、170。

[57]　《老革命家的戀愛、婚姻和家庭生活》，工人出版社（北京）1985年版，頁338～347。

出，10月調任松江中心縣委書記兼青浦縣委書記。1930年，嚴樸出任浙南軍委書記兼紅十五軍政委，參加進攻溫州之役。1931年冬，嚴樸調中央機關擔任掩護工作，後攜妻進入中央蘇區。嚴樸參加長征，姜兆麟因小腳無法隨行。六天後，姜兆麟被捕，嚴刑審訊，始終偽裝筍販，八個月後獲釋，行乞返滬，與中共失去聯繫。1949年後，重新入黨，先後在松江人民醫院、松江地委供給科、專區婦委工作。[58]

1931年3月，李伯釗由滬轉道香港入閩贛蘇區，連絡人送來兩張去汕頭的船票，與「交通」扮南洋回鄉的假夫妻，路上儘量少說話，一切由會說客家話的「交通」打理。[59]

電視連續劇《夜幕下的哈爾濱》主角王一民原型李維民（1900～1976），吉林特支書記。1933年9月，李維民與吉林女師生秦淑雲在哈爾濱組成「家庭」，租居道里商鋪街21號，兄妹相稱，以補課升學為掩護，秘密印刷發行傳單。後搬到道里端街，夫妻相稱，一屋兩床（各靠牆角），李維民職業家庭教師，秦淑雲打字學校學生。秦淑雲1936年初病逝。1949年後、李維民歷任鞍山公安局長、市長。[60]

1936年2月，北京市委書記林楓（1906～1977）調任天津市委書記，老同學幫忙找了兩家鋪保，幾經周折才租下一間房。房東久久不見林太人，不信任林楓，老懷疑他是共產黨。30歲的林楓只能一次次推說家眷快來了。組織很快派19歲的郭明秋（1917～2010）出任「林太太」。從事秘密工作，既得與親屬、同學、朋友斷絕來往，也不能去看電影、外出散步。林楓經常不在家，在家不是看書就是看報，郭明秋煩悶極了，要求調工作。林對她既講「職業革命家」的大道理，又講「請你做我保護者」的小道理。是年夏天，他倆正式結婚，但不能拍婚照。[61]

最著名的假夫妻是「刑場上婚禮」的周文雍（1905～1928）、陳鐵軍（1904～1928）。周文雍乃廣州市委組織部長兼工委書記、廣州暴動總指揮部行動委員會委員兼工人赤衛隊總指揮。陳鐵軍是廣州市委幹部。他倆遵

58　尹軍：〈松江姜家姐妹革命花〉，載《上海黨史資料通訊》1989年第11期，頁38～39。
59　《李伯釗文集》，解放軍出版社（北京）1989年版，頁407。
60　李維民：《地下烽火》，春風文藝出版社（瀋陽）1980年版，頁187～201、353。
61　郭明秋：〈職業革命者——憶林楓同志〉，載《紅旗飄飄》第21集，中國青年出版社（北京）1981年版，頁131～134。

照組織指示，假扮夫妻租房為秘密機關。1928年1月27日（除夕），兩人被捕，旋判死刑。法官問有何要求？周文雍要求與陳鐵軍合影。2月6日，兩人一起被斃廣州黃花崗。[62]

彭詠梧、江竹筠（江姐）也是由假夫妻轉真。1943年4月，組織找江竹筠談話：「江竹，給你一個艱巨的任務。」「越艱巨，越有幹頭！」領導笑笑：「這個任務呀，不大好辦羅！」市里一位領導急需助手跑交通。江姐：「這有啥不好辦？行！」「還有照顧他的生活。」「怎麼照顧？煮飯、洗衣，我會，我樣樣都會！」「他是個單身漢，你去扮他的太太，好掩人耳目。」「這……」江姐低下頭，臉上飛起紅雲。「怎麼樣？任務艱巨吧？」她和彭詠梧的故事就是這樣開始的。[63]

1940年，鄂西恩施，鄂西特委（省級）書記何功偉要見副書記馬識途，聯絡方式為馬識途上大埡口公廁某坑位板壁上做記號，何功偉見後按時來馬識途家，走近前還得看一下後窗掛出的信號。特委書記只與副書記、組織部長接觸，他知道兩位下級的住址，副書記、組織部長卻不知道他的住址。[64]

1941年夏，南方局安排女青年李冠華攜電臺隱蔽起來，日後必要時起用。南方局組織部秘書榮高棠將李冠華送到李莫止同志家。李家有老母、弟弟，沒有妻子，李冠華便成了「老婆」。四十年後，榮高棠（1912～2006）：「後來他們真的成了夫妻。……這也是組織上怎麼安排就怎麼辦，沒有二話的例子。」黨員絕對服從組織，廣東縣委書記梁隆泰，南方局分配他當傳達室門房，擔任第一道門保衛，他欣然接受。[65]

地下黨員另一麻煩是不斷搬家，挑選地點就很費神。首先不能獨門獨居，得有後門，便於撤退，附近最好有便於躲避之處；前面得有窗戶，便於觀察；四周還不能有敵特或「政府人員」居住，也不能與同志住得太近……[66] 1927年7～8月間，夏明翰、鄭家鈞夫婦搬家十餘處。[67]

[62] 《不屈的共產黨人》（二），人民出版社（北京）1980年版，頁123。參見張映武：〈《刑場上的婚禮》背後還有故事〉，載《廣州日報》2013年2月23日。
[63] 《老革命家的戀愛、婚姻和家庭生活》，工人出版社（北京）1985年版，頁326～327。
[64] 馬識途：《風雨人生》，《馬識途文集》第九集（上），四川文藝出版社2005年版，頁280。
[65] 《榮高棠同志的講話》（1982年10月25日），載《四川黨史研究資料》1983年第1期，頁31。
[66] 尹家民：《歷史漩渦中的蔣介石與周恩來》，百花洲文藝出版社（南昌）2010年版，頁60。
[67] 《中共黨史人物傳》（第二卷），陝西人民出版社1981年版，頁280。

　　1929～1931年，陳賡、王根英夫婦搬家五次。地下工作另一規矩是不能告訴孩子自家門牌號碼及父母真實姓名，更不能在孩子面前談工作。1931年，中央特科領導人陳賡三歲孩子悄悄上街玩，見「紅頭阿三」（英租界印度巡捕）挎著槍，一邊走近一邊說：「紅頭阿三的槍，沒有阿爸的槍好。」巡捕便跟著孩子回家，問王根英：「你們家有槍嗎？」1925年入黨的王根英接答：「有，有支槍，是他阿爸在永安公司給他買的玩具槍。」幾句話支走紅頭阿三。原來，前幾天陳賡將槍藏在枕頭下，讓孩子看到了。[68]

　　夫妻有可能是假的，組織紀律則是真的。即便假夫妻成了真愛人，不該知道的事堅決不問不談。蘇靈揚1938年才在延安入黨，1934～37年還在黨外，與周揚同床，但還不是「同志」，許多黨內活動周揚不能告訴她。[69]

> 　　恩來同志和鄧大姐也是如此。總理聯繫的人，鄧大姐不知道；鄧大姐聯繫的人，總理也不具體知道。我們也是這樣。那時，我們住在紅岩辦事處樓裡，房間很小，大家住在一起，每天進出走一個門，吃飯、生活都在一起，熟極了。但是，他幹的什麼我們不問，不知道。現在，沒有哪個人可以知道當時的全部情況。[70]

　　再舉幾則「組織大於天」的實例。1925年，上海團中央負責人任弼時準備回湘陰看望闊別五年的父母，並將未婚妻陳琮英帶出來。買好上水船票，行李也搬上船，正在為即將見到父母、未婚妻激動，突接組織通知，要他赴北京開會。任弼時二話不說，馬上將行李搬到另一條船，改道赴北京。[71]

　　1931年1月7日六屆四中全會，罷了瞿秋白的政治局委員。散會後，有同志問瞿今後怎麼辦，瞿答：「聽中央的分配。」是年6月，河北省委遭破壞，7月間中央決定瞿出任河北省委宣傳部長，瞿表示：「堅決服從。」後因考慮他在平津熟人較多，不利於他和組織的安全，另派他人，才未成行。

68　傅涯：〈報國何計女兒身——王根英烈士傳〉，載《紅旗飄飄》第23集，中國青年出版社（北京）1981年版，頁156。
69　蘇靈揚：〈一個不是作家的「左」盟員的回憶〉，原載《上海黨史資料通訊》1987年第9期，頁3～16。參見王蒙、袁鷹主編《憶周揚》，內蒙古人民出版社1998年版，頁54、58、61～62。
70　〈榮高棠同志的講話〉，載《四川黨史研究資料》1983年第1期，頁32。
71　陳琮英：〈痛悼弼時〉，載《烈士親屬的回憶》，中國青年出版社（北京）1958年版，頁4。

1934年10月，紅軍主力西撤，通知瞿秋白留下。陳毅見他長期患病，身邊又無人照料，看不過去，將自己的一匹好馬送給他，勸他趕緊去追大部隊，瞿謝絕了：「組織上沒決定，我不能擅自前去，要服從組織決定。」[72]

長征出發時，沒人願當婆婆媽媽的家屬隊長，後點到董必武（時任中央黨校校長、最高法院院長），上了50歲的董必武一口應承，一路出色完成任務。董必武後憶及「家屬隊長」一職：「叫我去做，我就去做，工作總要有人去做的嘛！我常說我是一塊布，黨要我做抹布，我就做抹布。」[73]

1935年春，中華全國總工會白區執行局在上海法租界建國路一帶，執行局主任夏爵一與李維漢妻女住在一起，李妻扮夏爵一「岳母」，李女則為「小姨子」，組成一個家庭。三人均靠組織經費生活，生活費、書報費、交通費加起來，「每人不過十多塊錢，日子仍算過得去」。[74]

抗戰後期，白區工作有了較成熟的經驗，提煉出一些口訣。如對學運，要求學生黨員「三勤」——勤學、勤業、勤交友；對地下黨員提出「三化」——職業化、社會化、合法化；鬥爭策略「三有」——有理、有利、有節。

1939年夏，清華生榮高棠在川東特委，沒有職業。羅清在重慶沙坪壩省女職校教英文，勻出初中課程，九十多元薪水分一半給榮高棠。1940年8月，榮調入重慶城裡工作，需要在城裡找職業，電力公司的張瑞芳幫他在業務科找了一份抄表員差事。榮高棠（後為部級高幹）抄了一年電錶，毫無貴相。[75]

國民黨機關裡的黨員，活動方式之一為畫「雞爪」湊份子（各爪上寫有款額），買零食或聚餐，邊吃邊擺龍門陣，不經意間說一些紅色思想。重慶稅務局文書、川東特委書記廖志高：「我就利用這樣的機會給他們講一些不太暴露的革命道理。給他們介紹一些比較進步的書籍。這樣做不僅不會暴露，並且同他們的關係搞得很好。」[76]

---

[72] 《憶秋白》編輯組編：《憶秋白》，人民文學出版社（北京）1981年版，頁338。

[73] 董良翬：《憶我的爸爸董必武》，花城出版社（廣州）1982年版，頁153～154。

[74] 夏爵一：〈三十年代我在上海進行的地下鬥爭〉，載《上海黨史資料通訊》1989年第6期，頁14。

[75] 〈榮高棠同志的講話〉，載《四川黨史研究資料》1983年第1期，頁288。

[76] 廖志高：〈抗日戰爭時期在南方局直接領導下重建、發展、鞏固川東地下黨的主要情況（1939年12月～1943年9月）〉，載《四川黨史研究資料》1984年第3期，頁12。

三、被捕・犧牲

「四・一二」上海，兩位前北大生夫婦何洛（？～1927）、劉尊一（1904～1979）被捕。何洛乃中共江蘇省委委員，上海學聯主席，參加上海工人三次武裝暴動，民選上海市府委員兼局長；劉尊一為中共江浙區委婦委書記。劉乃川妹子，萬縣人，1923～1926年就讀北大政治系，羅亦農介紹入黨，與趙世炎二姊妹及另七位女生結拜「十姐妹」，相約終身不嫁。不過，此時「十姐妹」已過半數背約。「十姊妹」中，劉尊一最漂亮。桂系接管上海特別市黨部後，白崇禧淞滬警備司令部政治部主任潘宜之（1893～1945）受同事托請（陳碧蘭說潘亦北大生，與何洛同時追過劉尊一），從輕發落有孕在身的劉尊一，假釋送醫院療治刑傷。有人向蔣介石告狀：潘宜之包庇共黨要犯，蔣下令將劉尊一轉南京監禁。與何洛一同被殺的有從杭州逃來的中共黨員宣中華（國民黨浙江省黨部委員）、安體誠（杭州法政專校教授）。[77]

1927年6月中旬，上海施高塔路（今山陰路）恒豐里104號，上午召開江蘇省委成立會議，王若飛傳達中央指示，陳延年任省委書記，郭伯和任組織部長。會議開始不久，有人報告一個知道會議地址的交通被捕。本應儘快轉移，王若飛認為偵警不可能來得那麼快，會議進行到午飯前結束。飯後，陳延年、郭伯和看看沒動靜，一起回到恒豐里，剛坐下討論問題，國民黨軍警便包圍了恒豐里。被捕後，陳延年稱自己是廚子，國民黨也無確鑿證據，黨組織通過關係，已講好800塊錢贖出，但叛徒出面指認，一併供出江蘇省委接任書記趙世炎。

恒豐里出事後，趙世炎已決定搬家，因連日大雨，推遲搬家。7月2日黃昏，大雨如注，淞滬警備司令部根據叛徒指引，包圍北四川路志安坊190號。趙世炎外出，警探坐待，趙妻與娘姨萬分著急。娘姨走向窗口，想換上警號，被警探阻擋。最後，娘姨不顧阻攔要收進花盆，見趙世炎匆匆歸來，急中生智順手將花盆推下去，無奈大雨傾盆，花盆碎聲沒能提醒趙世炎，他仍進了屋，旋被捕走。此時，王若飛還在附近旅館。晚上九點，趙妻夏之栩

[77]　《鄭超麟回憶錄》，東方出版社（北京）2004年版，上卷，頁302～303。

才上旅館通知王若飛「出大事了」。[78]

　　1927年「八七」會議後，毛澤東經長沙、株州，趕往安源佈置秋收暴動。安源去銅鼓的路上，毛澤東與一同伴遇上挨戶團，攔住檢查，一聽口音不對，押往張家坊團防局，行至一雜草叢生的斜坡，毛澤東掏出幾十塊銀圓拋在地上，幾個團丁搶著去撿，毛澤東與同伴得以脫身。[79]

　　1927年夏，孫傳芳敗退蘇北，取得山東軍閥張宗昌支持，從揚州渡江，攻佔鎮江，向南京推進。何應欽、白崇禧率北伐軍第一、第七軍迎敵，雙方對峙南京與鎮江之間的龍潭，戰況慘烈。潘宜之在上海率領東路軍剛接收的兩艘軍艦楚同號、永安號，溯江而上，直抵龍潭江面，炮擊孫部，使其腹背受敵，一敗塗地。是役，潘宜之立了大功。潘沒邀功討賞，而是上南京再次將劉尊一保釋出獄，8月送進醫院，讓劉生下前夫何洛遺孤。劉尊一大受感動，10月嫁潘宜之。1931年，劉尊一留英攻讀教育學，1934年回國，終身從教。潘宜之乃同盟會員、孫中山侍從秘書、保定軍校三期生（白崇禧同班同學），「四·一二」次晚，周恩來在上海七寶鎮被捕，潘念舊情，當即放周。1940年，周恩來在重慶特函國府經濟部次長潘宜之，以示謝意。1949年後，周恩來多次在中南海宴請劉尊一，安排其孩子上學。文革中，劉尊一遭極大摧殘，患癌症急送北京，鄧穎超四次組織名醫會診，拉回劉一命。[80]

　　1927年底，潘宜之出任《中央日報》社長；1929年2月，出任武漢市長。[81]1945年9月9日，潘宜之憤於國府降格使用，服用烈性安眠藥自殺於昆明，終年52歲，留下二十四字遺囑：「穿上大衣，放進棺材，抬往後山，埋在地下，樹立碑子，就此了事」。[82]1950年後，劉尊一為西南師院教育系教授。

　　被捕是白區地下黨員必須的「時刻準備著」，天天懸繫的最大心理陰影。某日，瞿秋白、楊之華夫婦在上海坐電車，一人盯著瞿秋白，瞿嚇得面

[78]　常益整理：〈記上海第三次武裝起義前後的趙世炎烈士〉，載《紅旗飄飄》第15集，中國青年出版社（北京）1961年版，頁85～86。

[79]　張啟龍：〈秋收起義前後三團活動回憶片斷〉，載《紅旗飄飄》第17集，中國青年出版社（北京）1979年版，頁256～258。

[80]　尹家民：《歷史漩渦中的蔣介石與周恩來》，百花洲文藝出版社（南昌）2010年版，頁56～57。

[81]　劉亦實：〈桂系將領潘宜之娶待決共產黨員為妻〉，載《文史春秋》（南寧）2002年第6期，頁47～48。

[82]　《白崇禧口述自傳》（下），中國大百科全書出版社（北京）2009年版，頁588。

如土色。[83]白區同志間流傳順口溜：「嚴刑拷打，家常便飯；砍頭槍斃，告老還鄉。」[84]

甚至「二進宮」、「三進宮」也是家常便飯。就是不搞「飛行集會」自殺式「大幹」，按周恩來給順直省委的「小幹」指示：「要能在群眾中注意日常生活的痛苦所在，鼓動起日常鬥爭的要求和情緒，以發展到行動。」[85]再隱蔽再掩護，「反偵察」能力再強，還是會留下痕跡，仍然相當危險。更何況指導思想就是「打倒一切，老子天下第一，一切不合作，一切鬥爭到底」。1936年3月31日，北平學生舉行「抬棺遊行」，參加者都是「民先」與少數激進青年，由於不顧客觀條件，遭到鎮壓，「在『左』傾錯誤路線的指導下，我們黨很不容易積聚起來的力量，不應有地消耗掉了。」[86]

被捕的著名中共女性：帥孟奇、錢瑛、何寶珍（劉少奇妻）、夏之栩（趙世炎妻）、王根英（陳賡妻），張琴秋（沈澤民、陳昌浩妻）、熊天荊（伍雲甫之妻）。[87]

大革命後地下黨人數銳減，「全國各地黨組織幾乎沒有一省未經敵人破獲。1928年3月初，湖北省委和武昌市委機關被完全破壞。」[88] 不少省市組織屢建屢毀。1929年5月，廈門黨員總共45人，其中工人16名、士兵2名、知識分子23名，其他4名；男40人，女5人。[89] 一些農民黨員赴滬參加會議，因不瞭解城市生活，鬧出許多笑話，引起密探注意，招致逮捕。[90]

1929年6月，中央職工部長劉少奇巡視東北，瀋陽的滿洲省委遭破壞後沒恢復，劉少奇代理省委書記，與省委宣傳部長孟用潛一起組織奉天紗廠罷

83　《鄭超麟回憶錄》，東方出版社（北京）2004年版，下卷，頁23。

84　蔣連穆：〈有關陳雲同志的二三事〉，載《紅旗飄飄》第30集，中國青年出版社（北京）1986年版，頁38。

85　周恩來：〈在白色恐怖下如何健全黨的組織工作〉，載《周恩來選集》人民出版社（北京）1980年版，上卷，頁21。

86　薄一波：〈劉少奇同志的一個歷史功績〉，載《人民日報》1980年5月5日。參見山西省社科所編：《山西革命回憶錄》第一輯，山西人民出版社1983年版，頁27。

87　傅涯：〈報國何計女兒身──王根英烈士傳〉，載《紅旗飄飄》第23集，中國青年出版社（北京）1981年版，頁159～161。

88　璞玉霍：〈周恩來與黨的白區工作策略方針〉，載《黨的文獻》（北京）1991年第3期，頁58。

89　〈中共福建省委給中央的報告──軍事、黨務與地方工作情況〉，載《紅四軍入閩和古田會議文獻資料》（續編），福建人民出版社1980年版，頁23。

90　鄭育之：〈無私無畏的馮雪峰同志〉，原載《雪峰研究通訊》第四集；參見《回憶雪峰》，中國文史出版社（北京）1986年版，頁81。

工，8月上旬失慎被捕。組織上籌了20塊光洋，買點水果點心探監，由於未暴露身分，省委接著花兩塊錢找到鋪保，再塞給獄警兩塊錢，下旬獲釋。[91]

1929年秋，張愛萍（1910～2003）在上海「二進宮」。第一次進提籃橋二十天，同時被捕的還有佘一夢及後為著名演員的王瑩；第二次先入龍華警備司令部，再轉蘇州省法院審判，一月後因「證據不足」釋放。此時，蘇北南通、如皋、靖江、泰興等農民暴動，成立紅十四軍，江蘇省委從上海增調幹部，支部大會上張愛萍報名，學生娃轉為軍人。1930年初秋，進軍泰州的戰鬥中張愛萍左手被打斷，秘送上海日本醫院療傷。文革中，張愛萍被誣「紅十四軍的王連舉」（京劇《紅燈記》叛徒，自傷左臂）。[92]

被捕後，不承認中共黨員，不到「鐵證如山」決不暴露身分，乃重要逃生手段。1928年4月15日，河南省委書記周以栗、宣傳部長任作民被捕，上刑逼供，堅持「無罪」，不暴露身分。外面有打入國民黨省府的南漢宸暗中使勁，僅判刑一年。出獄後，第一批留蘇生的任作民即任江蘇省委組織部副部長、滬東區委書記、山東省委書記。[93]

江西蘇區發展之前，中共中央機關只能設置大城市。上海因其租界、地理、交通等條件，便於隱蔽，「四‧一二」後一直為中共中央所在地。各蘇區重要幹部均由上海派出，各地也一直向上海中央要幹部。1927年2月，國民革命軍總政治部創辦《革命軍日報》，南昌、武漢居然找不到合適人才，郭沫若建議向上海要「創造社小伙計」潘漢年（1906～1977）。[94]

1.叛徒

中共叛徒龐然成陣，各時期都有著名叛徒。上海被捕的地下黨員最多，成仁成烈者多，叛徒也出得最多，一幕幕驚心動魄的生死大戰。1931年4月24日，顧順章在漢口演出魔術被叛徒尤崇新認出。被捕後，顧順章迅速叛

---

[91] 楊一辰：〈營救少奇同志出獄經過〉，載《紅旗飄飄》第20集，中國青年出版社（北京）1980年版，頁66～69。

[92] 張愛萍：〈抗日戰爭初期在上海組織蘇浙敵後遊擊戰爭主要情況〉，載《上海黨史資料通訊》1989年第8期，頁14～15。

[93] 穆靜：〈悼任作民〉，載《紅旗飄飄》第31集，中國青年出版社（北京）1990年版，頁256～258。

[94] 何炎牛：〈從「小伙計」到擔任「文委」書記的潘漢年〉，載《上海黨史資料通訊》1989年第8期，頁24。

變，要不是錢壯飛臥底中統，竊獲驚天情報，加上恰逢週末，延誤中統行動，後果實難估測。此時，鄧穎超母女都住在顧家。聶榮臻趕去通知，周恩來一家迅速轉移至海甯路山西路拐角一家煙紙店樓上，鄧母也擠在十平米亭子間，白天不敢出門，晚上才偷偷摸摸出來買報紙，靈消息。李富春夫婦躲在蒲石路餘慶里一所花園洋房，聶榮臻夫婦搬到提籃橋附近。不久，三家接到中央指示，伺機離滬，儘快進入江西蘇區。[95]1933年中央軍委被破壞，陳賡被捕，就是顧順章派特務巡迴小菜場，發現陳賡之妻後盯梢而至。政治局委員、全國總工會上海執行局書記羅登賢被捕，緣於秘書叛變告密。[96]

最有代表性的叛徒，除了顧順章（政治局候委），還有中央軍委秘書白鑫。1929年8月24日，上海新聞路經遠里12號白鑫家，政治局委員、江蘇軍委書記彭湃主持省軍委會議。出席者：政治局候委、中央軍事部長楊殷、江蘇軍委委員顏昌頤、江蘇軍委委員邢士貞（負責兵運）、上海總工會糾察隊副總指揮張際春等。開會時間已到，軍委秘書白鑫（1904～1929）未到，不一會兒，白鑫來了，身後跟著工部局巡捕與國民黨暗探。8月30日，彭湃、楊殷、顏昌頤、邢士貞「同案」四人，被上海警備司令熊式輝「正法」於龍華。惟張際春獨存，因張際春為黃埔一期生，蔣介石有「不殺黃埔生」的規矩，特派國民黨中組部秘書曾擴情赴滬，保下張際春，1932年初釋放。[97]

此張際春（1904～1933）非彼張際春，都是黃埔一期生。這位張際春乃湖南醴陵人，1933年死於戰鬥，一說出獄後任國民黨中央軍校政訓處中校政治教官，1933年4月病逝重慶。另一張際春（1900～1968），湘南宜章人，1924年入黃埔一期，先入共青團，1925年轉共產黨，參加兩次東征，升任中校營長，中山艦事件被免職；後隨朱德上井岡山，歷任紅四軍秘書長、抗大政治部主任、中宣部副部長，1968年死於文革迫害。

白鑫，湖南常德人，黃埔四期生，旋入中共，參加南昌暴動，廣州暴動時團長，1929年赴滬，江蘇軍委秘書。此前，白鑫表弟在海陸豐叛逃，彭湃

---

[95] 尹家民：《歷史漩渦中的蔣介石與周恩來》，百花洲文藝出版社（南昌）2010年版，頁78～79。

[96] 杜甯（楊之華）：〈叛徒顧順章叛變的經過和教訓〉，載《黨的文獻》（北京）1991年第3期，頁22。

[97] 賀培真：〈關於彭湃等同志遇害經過的片斷回憶〉，載《黨史研究資料》第二集，四川人民出版社1981年版，頁485～486。

下令處決，此為白鑫叛變心理原因之一。抵滬後，在國民黨捕殺壓力下，白鑫通過南京的哥哥（被服廠長），聯繫上國民黨上海黨部情報處長范爭波，表示一念之差誤入歧途。范爭波要白鑫戴罪立功，希望白鑫助捕彭湃。彭湃、楊殷等四人被殺後，白鑫躲進范公館，深居簡出，以防「紅隊」報復。1929年11月11日晚11時，霞飛路范公館門前停著一輛黑色別克轎車，范爭波等人簇擁白鑫走出，送白鑫上南京領賞並遠赴法國。白鑫與范爭波拱手作別，正要舉步上車，拐角處突然飛來一輛黑色轎車，車門一開，跳下三人，三聲清脆槍聲，范爭波還未明白過來，白鑫已一命嗚呼。范趕緊叫人動手，為時已晚，三名紅隊隊員迅速躍上車，消失在夜幕中。

白鑫的叛徒級別躋身中共「十大叛徒」，其餘九位：陳公博、周佛海、向忠發、顧順章、張國燾、丁默村、李士群、文強（毛澤東表弟）、胡均鶴（趙尚志妹夫、江蘇省委書記）。所謂「十大叛徒」，乃民間根據「綜合內容」排列。著名中共叛徒還有：

徐錫根（1903～？）——政治局委員、全國總工會書記；1932年被捕叛變，入「中統」、國府江西五區專員兼保安司令，1949年赴臺。

王雲程（1905～1969）——政治局委員、江蘇省委書記、團中央書記，1933年被捕叛變，供出羅登賢、廖承志等，入「中統」；1949年後被中共逮捕，1969年處決。

余飛（1902～1956）——六屆中委、全總代委員長；1932年被捕、叛變，入「中統」，後為安徽廣德縣長，1955年被中共逮捕，次年瘐死獄中。

任卓宣（1896～1990）——即葉青，湖南省委書記，1927年冬第一次被捕，刑場逃生（瞎一眼）；1928年再次被捕，叛變；後為國民黨中宣部副部長，1949年赴臺，國民黨中央評議委員、臺北政治大學教授。

郭潛（1908～？）——江西省委書記、南方局工委組織部長，1942年5月26日被捕、叛變，中共損失嚴重，廖承志等大批中共黨員被捕；入中統，1949年後任臺灣調查處長、調查局副局長，破獲臺灣中共地下組織。

李竹聲（1903～1973）——莫斯科中大副校長、中共政治局委員、上海中央局書記，1934年6月被捕、叛變；入中統，1939年加入國民黨，蟄伏上海中華書局，1951年3月在滬被捕，1973年死於北京秦城監獄。

盛岳（1907～2007）——李竹聲被捕後，接任上海中央局書記，被李竹

聲供出而被捕，初不妥協，顧順章建議由女友秦曼雲勸說，遂變節，加入中統；1945年任國府駐烏拉圭大使、伊拉克大使；1949年遷臺，後移美。

　　秦曼雲（1908～2001）故事不少，1925年入共青團，1927年入莫斯科中大，1928年嫁關向應，出席中共「六大」，1929年初回國，1934年6月26日被捕，旋變節，後嫁盛岳，進入國民黨，1949年逃台，1964年夫婦遷美經商，買賣興隆，生活富裕。1981年秦曼雲回國，多次向中共請求，想見留俄老同學。中紀委副書記王鶴壽（1927年入莫斯科中大）出見，王鶴壽不想獨對這位老同學，拉上乾女兒陶斯亮。七旬秦曼雲化著濃妝，上著鮮豔綢衫，下穿綠喇叭褲，尖尖高跟鞋、項鍊耳環。她先打聽中大同學下落，王鶴壽一一簡答、平靜敘述──離開人世，個個鬼雄；尚存人間，皆為人傑。老太太面帶愧色，神情很不自然。她吞吞吐吐陳述被捕經過，極力為變節開脫，又真誠詢問關向應死難經過，表示願為祖國「統一大業」盡力效勞。最後，她以同情口吻問：「這幾年來，你受苦了吧？」王鶴壽六次下國民黨大獄，蹲十年中共牛棚，此時搖著摺扇，坦然一笑：「這是我們黨內自己的事情，算不了什麼！」老太太頓時無言以對。1986年，秦曼雲專程去延安看了關向應故居、陵墓。[98]秦曼雲還是修煉不到家，「叛徒」何必去見「勝利者」？既然分道揚鑣，何必尷尬求見？莫非她想以成功「從商」嘲笑中共同學的艱難「從政」？莫非她對當年未能「堅守氣節」萌生悔意？

2.其他知名叛徒、變節者：

　　陳公博、周佛海、包惠僧、張國燾、黃平、龔楚、李士群、丁默村、孔荷寵、余灑度、陳洪時（湘贛省委書記兼軍區司令）、李德勝（閩北軍分區司令）、朱森（紅24師參謀長）、袁篤實（湖南組織部長）、夏采曦（江蘇省委宣傳部長）、蘇先俊（湘鄂贛邊區特委軍委書記）、馮品泰（閩東獨立師長）、李普海（北京市委宣傳部長）、許蘭芝（順直省委書記）、劉國定（重慶市委書記）、傅良駒（鄂北特委組織部長）……

　　叛徒只有利用價值，不可能再有政治信譽。蔣介石訓示戴笠：「凡是能

---

[98]　陶斯亮：〈我與乾爸爸王鶴壽〉，載《人民日報・海外版》（北京）2008年6月25日。
　　散木：〈「二十八個半布爾什維克」與一對叛徒〉，載《同舟共進》（廣州）2010年第4期，頁56～61。

叛變共產黨的人，也會隨時叛變我們」。[99]

　　1930年代中共叛徒中，女黨員甚少。1931年6月23日，向忠發被捕次日，在向家工作的陳琮英（1902～2003，任弼時妻）抱百日之嬰亦被捕，向忠發叛變後勸降：「你什麼都可講，不要瞞了。」陳琮英機智應對，半年後營救出獄。[100]

　　叛徒當然不僅產於白區，紅區也有。彭德懷記述井岡山紅軍隊伍：「即平日是好黨員，到危急時，也許多不堅決的。領導人能力亦大有關係，有些同志是忠實的，但到了緊急時想不出辦法，以致消極，這是非常危險的。」[101]蘇區叛徒也滿蘿滿筐，逃兵更是日常化。

　　國民黨當然也會派來奸細。1935年10月，被打散的皖西北遊擊師在合肥南鄉重新組建，七八十人編成一個連，第三次拉入大別山，配合紅28師行動。整訓期間混入詹姓奸細，利用排長任繼周挨批評對上級不滿，蠱惑他叛敵。任繼周打死遊擊師副師長，帶了十幾個人叛逃，投降了國民黨縣保安大隊，白軍配給他幾十人武裝，封為「清剿隊長」，進山搜剿遊擊師。[102]

　　條件越困難，形勢越危險，自然逃兵越多。1934年8月，安徽壽縣叛徒李大鵬、王濟川、王墨林、張化石等，都當上國民黨的「肅反專員」，帶著保安隊四處清剿紅軍遊擊隊。1934年《壽光報》，一次就刊載中共叛變自首人員109名。[103]

　　1940年，東北抗聯進入最艱苦時期，日寇加強封鎖，抗聯人員銳減，幹部相繼犧牲，將士在冰天雪地中無衣斷糧，「部分抗聯領導人對東北抗日遊擊戰爭的前途發生了動搖，甚至有人提出取消東北黨組織和抗聯部隊的主張。」1931年「九‧一八」後，東北抗聯未曾統一過。1936年撤銷中共滿洲省委後，黨組織也一直處於分散狀態。直至1942年8月1日，因與中共中央一直失聯，根據共產國際決定，抗聯主力改編為東北抗聯教導旅（後稱國際

99　沈醉：〈我所知道的戴笠〉，載《文史資料選輯》第22輯，中華書局（北京）1962年版，頁156。

100　高華：《革命年代》，廣東人民出版社2012年6月第二版，頁229。

101　彭德懷：〈給中央的信〉，載江西省檔案館、江西省委黨校黨史教研室：《中央革命根據地史料選編》（中），江西人民出版社1982年版，頁417。

102　張如屏：〈皖西北白區的遊擊戰爭〉；陳鬱發：〈我在皖西北獨立遊擊師的片斷回憶〉；載《皖西革命回憶錄》，黃山書社（合肥）1984年版，頁296～297、頁307。

103　張如屏：《曹門二將》；載《皖西革命回憶錄》，黃山書社1984年版，頁335。

旅），建立中共東北委員會，才結束此前各自為戰的分散局面。[104]

3.被捕與犧牲

　　就是遭遇被捕，也有講究。1939年中共南方局設三道門，要求遇國民黨突襲，每道門可抵擋5～10分鐘，以便二樓三樓燒文件。[105]

　　1928年秋，福建省委書記陳少微被捕，他刨挖牆洞逃出，省委常委李連生則在漳州被槍斃。1931年11月，鄭超麟等托派骨幹被捕半年多，提他出去照相，胸前掛上姓名牌牌。照規矩，拍照三天後槍斃。同牢難友將家裡送來的最好菜肴給他吃，他摘下眼鏡托難友轉交其妻作紀念。苦熬三天，平安無事。事後知道：原判死刑，恰好龍華警備司令換人，蔣介石嫡系熊式輝換了十九路軍的戴戟，刀下留人，改判十五年徒刑。[106]中共黨員韓子健被捕後押禁貴州息烽集中營，利用哨兵夜間換崗越獄逃出，不敢走大路，行進於崇山峻嶺，夜行晝宿，歷盡艱辛，三十六天才到達大別山根據地。[107]

　　1931年2月7日夜，上海龍華警備司令部槍決23名政治犯（含「左聯五烈士」），次日幾位囚犯去卸回屍體上的腳鐐，三名女性還留著一條短褲，其餘被扒得光光，帽子、皮鞋、內褲、襪子、髮卡均被拿去「物盡其用」。能幹這種活的，只能是執行憲兵與獄警，看來他們的日子至少不寬裕。[108]扒死犯衣服好像成了執行軍警的一項「專利」。

　　1935年初，湘西遊擊隊員劉俊秀（1904～1985），一次被抓出岩洞，即將就地槍斃，搜走三塊銀圓，衣服也一件件剝下。他以「鬼就不要穿衣服」堅決抱著襯衣與兩條褲子。此時，押解白軍發生分歧，岩洞靠近大路，他們怕陰鬼出入方便，對來往者不利。正因了白軍士兵的這一迷信，押解下山的途中，給了劉俊秀逃跑機會。逃脫後，他摸到一山農家，請人家搞頓飯，後請人當嚮導，在一木匠家住宿，臨行前均欲脫褲為謝。「拿我的好衣服換他的破衣服，讓他得一點好處。」1949年後，劉俊秀為江西省委首任組織部

---

[104] 王效明、王一知：〈我們所知道的周保中同志〉，載《革命回憶錄》第7輯，人民出版社（北京）1982年版，頁150～151。

[105] 〈榮高棠同志的講話〉（1982年10月25日），載《四川黨史研究資料》1983年第1期，頁30。

[106] 《鄭超麟回憶錄》，東方出版社（北京）2004年版，上卷，頁310；下卷，頁214。

[107] 李澄：〈紀念余碩卿（張露萍）烈士〉，載《四川黨史研究資料》1983年第9期，頁20。

[108] 柴穎堂口述、萬正整理：〈黑夜裡撒下的種子——柔石、楊國華等同志起義前後〉，載《紅旗飄飄》第2集，中國青年出版社（北京）1957年版，頁216。

長、書記處書記。[109]

　　龍華淞滬警備司令部看守所，因集中關押政治犯，紅色志士賦詩：「牆外桃花牆內血，一般鮮豔一般紅。」真正的獄囚生活，除了刑訊、槍斃，最日常的折磨是臭蟲、跳蚤，攪得你日夜難安。[110]不過，最戳心傷肝的還是「攻心」，國民黨利用中共黨內矛盾進行勸降，離間被捕黨員對組織的忠誠。1931年1月7日中共六屆四中全會，何孟雄、林育南、李求實等反對會議精神，1月17日在上海三馬路東方旅社開會，《紅旗日報》唐記者叛變洩密，30多名同志被捕。審訊何孟雄時，國民黨方面問：「你死後，共產黨會你給什麼處分？」[111]1933年5月15日在上海被捕的鄧中夏，一位國民黨中委前來：「你是共黨的老前輩，現在受莫斯科回來的那些小輩的欺壓，我們都為你不平。……你這樣了不起的政治家，何必為他們犧牲呢！」[112]這批反對派犧牲後，王明等人在散發傳單中，雖然承認他們是「英勇犧牲的烈士」，但仍說他們「可惜是『右派』」。[113]

　　如何向烈士家屬報信也是一項「十分艱巨」的任務。1928年春節期間，鄧穎超在上海探望湖南省委書記王一飛遺孀陸綴雯，周恩來派她通報噩耗，並勸其莫要過於傷感。鄧穎超默默坐了一會兒，見陸綴雯十分鬱悶，不忍啟齒，藉故走開，上隔壁羅亦農家。陸綴雯見鄧大姐欲言又止，跟著上羅家要當天報紙，一張張細閱，未看出什麼，刊登王一飛遇害那份報紙被羅亦農收起來了。陸綴雯又到瞿秋白家打聽消息，瞿秋白、楊之華接待她坐下，六目相對，默默無言，秋白從壁上取下久未吹的洞簫，吹出蒼涼悠遠的哀音，陸綴雯感受到哀痛情緒，明白誰也不肯吐出那個叫她心碎的字眼。[114]

---

[109] 劉俊秀：〈死亡線上的鬥爭〉，載《紅旗飄飄》第12集，中國青年出版社（北京）1959年版，頁80～84。

[110] 許滌新：〈屹立的青松──憶王凌波同志〉，載《紅旗飄飄》第23集，中國青年出版社（北京）1981年版，頁58。

[111] 陶承：〈「暴風雨中的海燕」──回憶何孟雄同志〉，載《革命回憶錄》第9輯，人民出版社（北京）1983年版，頁124～125。

[112] 帥孟奇、寒先任：〈永不熄滅的明燈──紀念鄧中夏同志〉，載《革命回憶錄》第1輯，人民出版社（北京）1980年版，頁57。

[113] 張金保：〈六屆四中全會前後〉，載《革命回憶錄》增刊（一），人民出版社1983年版，頁78。

[114] 張羽、鐵鳳：〈王一飛和陸綴雯〉，載《紅旗飄飄》第31集，中國青年出版社（北京）1990年版，頁78～79。

　　那會兒資訊不暢。1931年6月11日，蔡和森在香港被捕，8月4日被殺廣州，其母1943年去世，一直不知道心愛幼子已死於12年前。[115]

　　1935年2月19日晚，上海中央局書記黃文傑因叛徒出賣被捕，搜走三千現金、二十多隻金戒指、四十多對玉鐲、九箱文件及印鑒等。是日，被捕男女及家屬共三四十人。被捕者中有宣傳部長朱鏡我、組織部長何成湘、秘書處負責人張唯一，以及王淩波、杜國庠、羅曉紅、田漢、陽翰笙、許滌新等，上海地下黨被捕人數最多的一次，中共黨史稱「二·一九」事件。[116]

　　鄭林（1908～1987），山西永濟縣任陽村人，1934年入黨，1935年5月被叛徒出賣被捕。是日，時任「中國民族武裝自衛會」書記的鄭林，受山西工委宣傳部長李雪峰委託，將一封信撚成比火柴棍大一點的紙卷，夾在食指與中指之間，上太原某宅接頭。一進門，見一位中年婦女，剛上前打聽，屋裡出來一男人：「快進來坐，那位朋友剛出去，馬上就回來。你把信帶來了吧？快給我。」鄭林十分警覺，明明單線聯繫，他怎麼會知道有信？鄭林裝著找錯門牌往外走，密探上來一把擰住：「先生，我領你去找那位朋友。」此時已有圍觀者，鄭林不能硬來，但必須銷毀信，隨機應變地：「先生，那就太麻煩你了。」密探不便當眾搜身，一轉身，鄭林將紙條撕得粉碎，扔在人群雜亂的腳下。此後，鄭林被囚山西陸軍第一監獄，1937年5月釋放。1949年後，鄭林任太原副市長、山西省常務副省長、省政協主席。[117]

　　就是犧牲了，事兒還沒完。第一批團員、留俄生、1922年8月入黨的梁柏台（1899～1935），1935年3月3日于都突圍中被捕，粵軍余漢謀部處決於大庾。梁柏台1921年離家後就沒回過家，其大姐因弟未歸，奉養雙親，發誓要等弟弟回來才嫁人，髮妻陳蓮芝也誓不改嫁，兩人相依為命，直至1972年、1978年相繼去世。梁柏台在蘇聯娶了中共女幹部周月林，留在蘇聯的兩個兒子，一直杳無音訊。而周月林與瞿秋白一起被捕，出獄後歷盡坎坷，1949年後又懷疑她出賣瞿秋白，蒙冤坐牢25年，中共十一屆三中全會後才平

[115]　劉昂：〈浩氣貫天地·風雨送征船──緬懷蔡和森同志〉，載《紅旗飄飄》第19集，中國青年出版社（北京）1980年版，頁21～82。
[116]　阿犁：〈憶張唯一同志〉，載《上海黨史資料通訊》1986年第2期，頁17。
[117]　周宗奇：〈無畏的雄鷹──鄭林在獄中的鬥爭〉，載《黨史文匯》（太原）1990年第3期，頁16～17。

反，定居浙江新昌縣。[118]

4.獄中生活

　　1936年初，山西第一模範監獄──山西陸軍監獄，灰色囚衣的政治犯，戴著腳鐐，兩人一間、四五人一間，也有二三十人一間，上下午各有一次可出來大便，白天可在院內曬太陽，但規定親屬不准探監，不准接觸普通刑事犯，什麼書報都不准看。吃飯上廚房排隊，發臭的小米，幾片發酸的蘿蔔乾，有一次竟從飯鍋裡撈出兩隻燜爛的老鼠。犯人們提出要吃一碗乾淨的飯，獄方回答：「犯人就是要吃陳倉米，陳倉米就是這樣，誰不愛吃就不要吃。誰叫你們犯罪呀！」政治犯抗議絕食，要求獄方答應三項條件──改善伙食、去掉腳鐐、閱讀書報。堅持絕食五天，終獲勝利。政治犯還在獄中辦起拉丁化新文字壁報《都來看》。監方看不懂，看守長文化程度很低，看不懂拉丁化文字，政治犯見他「狗看告示」，故意問他上面寫了什麼。看守長煞有介事：「這是英文，咱不認識。」還回頭訓斥刑事犯：「這是外國文，你們能看懂？都快走！」看看犯人都不走，只好在一片哄笑中尷尬退身。[119]

　　蹲監也有好處：「房租不必付、電燈免費、飯是警備司令送吃的，小菜有濟難會接濟，肚子餓時，早晨和下午還可買大餅油條吃，雖然比外面買的要貴一些。」[120]蹲監另一大好處是靜心讀書，都說坐牢是最好的大學。

　　經濟力量在監獄也「無堅不摧」。1932年北京草嵐子監獄（軍人反省院），關押著一批日後省部級高幹的政治犯：薄一波、劉瀾濤、楊獻珍、殷鑒、安子文、張友清、陳原道、周仲英、劉亞雄、李楚離、徐冰、劉格平、廖魯言、馮基平、魏文伯、王其梅、徐子榮、王鶴峰……因禁止讀帶「馬」、「觀」書名的書籍，最初用舊小說封面「換裝」弄進來，後被發現，獄方禁止一切書籍帶入。薄一波每月私塞20元好處費給看守，請他們代為購書，解決了獄中的閱讀。因了這20元，薄一波違反監規，看守會為他

[118]　陳剛、袁相標：〈梁柏台傳〉，載《紅旗飄飄》第31集，中國青年出版社（北京）1990年版，頁199～200。

[119]　周宗奇：〈無畏的雄鷹──鄭林在獄中的鬥爭〉，載《黨史文匯》（太原）1990年第3期，頁12～13、16～17。

[120]　《鄭超麟回憶錄》，東方出版社（北京）2004年版，上卷，頁316。

「運作」，不移送軍法處隔離反省。監獄跳蚤臭蟲特多，伙食又差，他們改編《打倒列強》歌詞：「穀子窩頭、穀子窩頭，白菜湯、白菜湯，一人一片鹹菜、一人一片鹹菜，真不夠，真不夠！」[121]

　　身繫囹圄，心憂天下，最難受的還有資訊不通。「與世隔絕了。外邊的情況不瞭解了，敵人的動向不知道了，同志們的思想不摸底了。監獄外的同志看不到，監獄內的同志聯繫不上。」[122]北平草嵐子監獄裡的青年政治犯極其關心形勢發展，發生許多今人很難理解的認真爭論：上海「一・二八」抗戰、福建人民政府、張家口抗日同盟軍，屬於什麼性質？最大的爭論焦點：民族資產階級有沒有可能參加抗日？我們應採取什麼策略？一種意見：國民黨用「抗日」方式維持統治，更加狡猾，欺騙性更強，也更反動，必須揭露。另一種觀點：民族危亡的緊急關頭，應當歡迎民族資產階級的「一・二八」抗戰，應予歡迎。[123]

　　獄中鬥爭常常得絕食，絕食感受值得錄述：

　　　　第一天：很難受；第二天：腹中徹底空空，臉色蒼白；第三天：腸胃已習慣饑餓，不太難受，但頭昏眼花，四肢發軟；第四天：周身無力，躺著不能動了；第五天：昏迷狀態，神情麻木；第六天：呼吸越來越弱，漸漸僵化，體質差的已昏死。[124]

　　北京草嵐子監獄政治犯的一次絕食也是堅持到第七天，獄方被迫答應六條要求：1、政治犯一律下鐐；2、改善伙食，每天一米一麵，每餐一菜一湯；3、打開監房門，各監房可走動；4、每天放風三次，每次一小時；5、訂四份報紙，可從外面購買書刊；6、牢房生火取暖。獄囚殷鑒（河北省委書記）、薄一波（順直省委軍委常委）、安子文（河北省委秘書長）、劉瀾濤（河北互濟會秘書）、楊獻珍（情報幹部）、張友清（天津市委書記）等

---

[121] 蘆焰：〈閃爍在敵人獄中的理想之光——記劉聚奎在「草嵐子」〉，載《黨史文匯》（太原）1990年第5期，頁44～45。

[122] 方志純：《回憶新疆監獄的鬥爭》，人民出版社（北京）1982年版，頁45。

[123] 薄一波：〈崇敬和懷念——獻給黨誕生六十周年〉，載《人民日報》1981年7月3日。參見山西省社科所編：《山西革命回憶錄》第一輯，山西人民出版社1983年版，頁3。

[124] 方志純：《回憶新疆監獄的鬥爭》，人民出版社（北京）1982年版，頁67～68。

十二名中共高幹，已判死刑，加了重鐐，不許放風，等待執行，只因「何梅協定」，華北局勢發生急速變化，國民黨憲兵第三團撤走，死刑未執行。[125]

就是押上刑場，都會「幸福來得太突然」。1947年秋，汪戈在西安被捕，刑具擺滿一堂，但未真正動刑，中統陝室專員李自靖便宣佈死刑，帶去郊外活埋。黑夜到了城外，李自靖命取下手銬腳鐐，屁股後面踢一腳：「還不跑？等什麼！」就這樣放跑共黨要犯。原來，這李自靖乃中共潛特，接到營救汪戈的指令，他那些貼身助手也明白上司是什麼人，心裡明白，嘴上不敢聲張，就這樣上演一齣現代版「捉放曹」。汪戈一直滿頭霧水，1949年後仍不明白這一戲劇性遭遇，到處問：「這究竟是怎麼一回事？」李自靖利用自己的身分，還幹了許多「第五縱隊」的活兒。[126]

一則細節得交待一下。國府對政治犯有一項「優惠」（中共史書絕少提及），蹲監七個月折合一年刑期，十年徒刑實關70個月，不到六年。[127]

5.被捕後遺症

白區黨員被捕雖然十分「正常」，但到審幹「搶救運動」、「肅反」及文革，要說清楚「怎麼出來的」，就相當麻煩了，須有「證明人」。可這種事兒，實在不好找證明人。1942～1944年延安「搶救運動」，凡曾被捕的白區幹部，都有「敵特」、「變節」嫌疑，甚至一個省的地下黨都被劃「紅旗黨」（打著紅旗反紅旗）。如川豫兩地省委就吃了大冤枉。川省工委書記鄒風平（1905～1943）被逼自殺。河南省委秘書長危拱之（1905～1973，葉劍英妻），關押致精神失常。

楊述（1913～1980），出身江蘇淮安工商地主、韋君宜之夫；1934年入清華哲學系，1936年入黨（母親兄嫂皆黨員，哥哥烈士），1937年肄業清華，1938年重慶市委組織部長兼青委書記，1939年赴延，先入馬列學院，任職中央黨校、新華社、解放日報；1948年團中央宣傳部長，後任團中央書記

[125] 劉瀾濤、楊獻珍、周仲英、王鶴峰：〈「甘灑熱血在疆場」──回憶張友清同志〉，載《人民日報》1980年2月3日。參見山西省社科所編：《山西革命回憶錄》第一輯，山西人民出版社1983年版，頁78～79。

[126] 龐智：〈古城門「胡騎」──西安地下鬥爭片斷回憶〉，載《紅旗飄飄》第16集，中國青年出版社（北京）1961年版，頁232～236。

[127] 袁晞：《一蓑煙雨任平生──馮蘭瑞傳》，氣象出版社（北京）1999年版，頁14。

處候補書記兼《中國青年》社長；文革後任中國科學院哲學社會學部副主任兼政治部主任。1939年「五・一」，楊述在重慶被捕，短短一天，成為一生甩脫不掉的夢魘。

1939年「五・一」，川東特委青委在重慶夫子池召集數千人大會，國民黨憲兵把場，須按組織集體入場。青委書記楊述因去沙坪壩聯繫一位黨員，回來後想入會場，憲兵不讓進，楊述堅持要進，與憲兵撕打起來，所帶《新華日報》等紅色材料掉落，憲兵立即將他抓起來。一說楊述正要走進隊伍，一陣擁擠將腋下紙包擠落，他連忙拾起，一張紙條塞進嘴裡，特務確認他為共黨。押往憲兵司令部途中，路經五月書店（川東特委書記廖志高居所），楊述高呼「共產黨萬歲！」廖即報告南方局。南方局領導人周恩來（一說董必武）向國民黨交涉，說明楊述為「八路軍渝辦」人員。次日，楊述放回，因「紅」了，不久送延安。1984年1月，廖志高：「這件事是清楚的，楊述同志沒有自首、叛變問題。但以後，楊述同志為此不知被整了多少次，特別是延安搶救運動，康生有意誣陷好人，對楊述同志揪住不放，並多次殘酷毒打。直到1943年我回到延安後，才給楊述同志澄清了這個問題。」[128]

1998年，韋君宜《思痛錄》詳述楊述文革之冤——六年隔離審查、六年奔走申訴，1978年11月等到結論：「維持原有結論」。

> 楊述為了這一句話，把自己的生命賠了進去。……他只為了要向黨證明自己的純潔、自己的忠心。為了希望黨承認他這一點，得不到這一點，他就不能活。[129]

白區黨員被捕，出獄前還有一點後人難以想到的顧慮：如何向黨組織「說清楚」？1937年5月，王若飛即將從太原獄中獲釋。此時距離他包頭被捕已五年半，他對前來營救的薄一波說：「我也著急出去，為黨工作。可是，一波同志，我在獄裡住了五六年，很希望黨對我的一切進行全面的審

---

[128] 廖志高：〈抗日戰爭時期在南方局直接領導下重建、發展、鞏固川東地下黨的主要情況（1939年12月～1943年9月）〉，載《四川黨史研究資料》1984年第3期，頁7。參見袁晞：《一蓑煙雨任平生——馮蘭瑞傳》，氣象出版社（北京）1999年版，頁52。
[129] 韋君宜：《思痛錄》，北京十月文藝出版社1998年版，頁133。

查，得出結論。你能不能找個我認識的人，到這裡來證實一下，以免將來有旁的什麼問題發生。」 北方局旋派柯慶施趕到太原，入獄與王若飛見面，王若飛這才放心走出監獄。[130]

王若飛當然鑒於黨內對被捕者的不信任，才會有這種「將來有什麼問題」的顧慮。王若飛1922年在法國由胡志明介紹入法共，次年在莫斯科東方大學轉中共、陳獨秀秘書、中共中央秘書長，1927年江蘇省委農民部長、宣傳部長，「六大」代表，如此老資格的高幹都擔心「說不清楚」，希望證明自己的出獄乃「組織行為」，而非「自首」或什麼「交易」。

中共早期文件（1921～1933）奇跡般保存至1949年，抗戰前得力於中央文庫負責人陳為人（1899～1937）。這位1921年第一批入黨的留俄生，1932年與妻子韓慧英一起接過中央文庫，撐著富商門面，一有風吹草動就搬家。其間數年找不到組織，無任何收入，三個1～5歲的孩子，靠妻妹及一位小學教員女同志的接濟，勉強支撐「富商」身分。「他把一家數口的開支壓縮到最低水準：煤球是一隻一隻數著用的，燒出的飯常是夾生的；孩子吃的粥開始還可以放點豬油，後來只能放點鹽；一天吃兩頓山芋，甚至連山芋都吃不飽。傢俱、雜物可以變賣的都變賣了，但樓下客廳還要像個『富商』居家的樣子。孩子的衣服是抽掉了棉花的破背心，有的還是用包文件多餘的包袱布拼縫的。」1936年底終於與組織聯繫上，安全交出100多包文件。1937年3月12日，陳為人因肺病去世。[131]他們保存下來的中共文件，成為海內外史家研究中共早期活動最可靠的第一手資料。

四、賣稿為生

文教界、報刊界向為左士聚集之地，「辛亥革命時期的《太平洋報》，幾乎全部是南社中人。」[132]維新黨、同盟會、國共兩黨高幹亦多出文教界、報刊界。康有為、梁啟超、譚嗣同、章太炎、鄒容、陳獨秀、陳佈雷、戴季

[130] 薄一波：〈若飛同志出獄前後〉，載《紅旗飄飄》第17集，中國青年出版社（北京）1979年版，頁178～179。

[131] 沈憶琴：〈生也默默，死也默默──記陳為人烈士〉，載《紅旗飄飄》第31集，中國青年出版社（北京）1990年版，頁203～206。

[132] 包天笑：《釧影樓回憶錄》，山西古籍出版社、山西教育出版社1999年版，頁453。

陶、陳公博、于右任、吳稚暉、葉楚傖、邵力子、喬冠華、楊剛、宦鄉……
文士易浪漫，容易不滿現實，文學也總是革命的起點。

邵力子棄文從政前，編了十年《民國日報》「覺悟」副刊（1919年3月
4日～1929年1月20日）。[133]創造社幾乎集體加入中共，陳毅、張聞天、胡也
頻、蔣光慈、瞿秋白、陳學昭、馮雪峰、丁玲、周揚、艾思奇、林默涵、徐
懋庸、周立波、丘東平、陸蠡、沈澤民、柔石、葉紫、殷夫、陽翰笙、陳
荒煤、夏衍、艾青、沙汀、舒群、巴人、聶紺弩、范長江、周而複、何其
芳……均從文學轉向政治，成為著名赤士。

文士易窮酸。瞿秋白母親因窮發急，吞紅頭火柴自盡。1925～1927年前
後，瞿秋白不僅每月匯三十元贍養濟南老父，還要維持兩個弟弟的生活、學
業，每月領取黨內生活費50元，當然不夠，主要靠替塔斯社寫稿，「得到相
當高的報酬」。彭述之在廣州時生活艱苦。張國燾在上海也過得緊緊巴巴，
借貸度日，搭伙中宣部，每月七八元伙食費，欠了三個月，鄭超麟墊付。[134]

1928年，托派留蘇生陸續回國，他們中不少在上海賣稿為生，托派活動
經費亦靠此維持，尤其靠翻譯稿酬。托派青年大多留過學，懂外文。他們依
託上海的文化環境，趁時托勢，形成一點小氣候，宣揚托洛茨基主義。「以
賣稿得來的稿費維持個人的生活和托派組織的經費，這是當時上海托派分子
之所以能聚集較多，搞成一點小氣候的政治背景和經濟原因。沒有這個條
件，那些離開了文字手段難以謀生的人，很難較長時間聚集在一起，中國托
派運動也就很難搞成那樣的聲勢。」賣稿為生的托派文人有的也很窮，北大
畢業生陳其昌為報刊寫國際政評，一家三口，妻子家庭婦女，有時幫傭，全
家窮到「三月不知肉味」。但「他從不發一句怨言，不向人訴苦，也不輕易
向人告貸，不影響對托派工作的熱忱，以此贏得托派同志的尊敬。」[135]

下獄後的托派鄭超麟等，獄中繼續譯稿，並能很快出版或發表，「收
入不少稿費，有的人還可以拿去養家。超麟譯得多，譯得快，他的稿費也
多。」[136]1930年，托派王凡西被開除出黨，沒了生活費，臥病在床，妻子臨

133 趙景深：《我與文壇》，上海古籍出版社1999年版，頁125。
134 《鄭超麟回憶錄》，東方出版社（北京）2004年版，下卷，頁148、17～18。
135 唐寶林：《中國托派史》，東大圖書公司（臺灣）1994年版，頁133、178。
136 樓適夷：〈玉尹殘集‧序〉，參見《鄭超麟回憶錄》（下卷），東方出版社（北京）2004
    年版，頁699。

近分娩，「惟一可以找點生活費的是賣稿子……於是口譯了普列漢諾夫的
《從唯心論到唯物論》，由妻子筆錄，居然賣到120元（約等於五個月的黨
內生活費），如此才算度過了被黨（中共）逐出後的第一個難關。」王凡西
後來編譯《俄國革命史》（插圖本），稿酬三元／千字，共約三四十萬字，
稿費達千元。

> 我（按：王凡西）在1931年5月被捕以前，生活來源完全靠了此
> 項稿費。不僅我一人如此，所有的反對派（按：托派）幹部分子，只
> 要是能夠提得起筆的，均以譯著社會科學文稿解決生活問題。不但各人
> 自己的生活，甚至當時各小派（按：托派內部小派別）的經費，以及每
> 派中從事組織工作的同志們的生活，也取給於那些賣文者的收入。[137]

　　無論橫向比較還是縱向比較，其時稿費都不低，也是那些「亭子間作
家」賴以生存的物質基礎。
　　1928年春，中共前宣傳部長彭述之受排擠，拒絕遣往香港，不再領取黨
內生活費，以譯稿為生，泰東書局給的稿費為五元／千字（最高稿費），一
般2～3元／千字。翻譯布哈林《唯物史觀》的合同簽訂後，「我們的生活便
有了著落（此書譯成中文有三本，我們維持了二年以上的生活）。」

> 從1929年秋季開始，在上海左傾的書店差不多都圍繞於托派的周
> 圍，而所有從黨開除出來的托派知識分子，都依靠譯著過活；就是某些
> 並非托派而不滿於黨的政策的分子，也在這個文化圈子裡找生活出路。[138]

　　也有少數富裕者。1928～1934年，夏衍搞日文翻譯，「譯稿費大概是
每千字二元，我每天譯2000字，我就可以有每月120元的收入。這樣，在文
藝界的窮朋友中，我不自覺地成了『富戶』。」[139]夏衍還有編劇顧問的「車
馬費」、電影劇本編劇費，月入至少200元，很闊呵。夏衍1924年入國民黨

---

[137]　王凡西：《雙山回憶錄》，東方出版社（北京）2004年版，頁132～133、165。
[138]　陳碧蘭：《我的回憶》，十月書屋（香港）1994年版，頁226、252。
[139]　夏衍：《懶尋舊夢錄》（增補本），三聯書店（北京）2000年版，頁87～88。

（孫中山介紹）、1927年5月入共產黨，但「我的生活靠稿費、版稅，除了皖南事變後中央要我從桂林撤退到香港，組織上給我買了飛機票，以及1946年恩來同志要我去新加坡，組織上給了我一筆旅費之外，我一直是自力更生、賣文為生。」在紅色職業革命者中，夏衍屬於絕少數的「自力更生」。

1950年代初評職級，人事幹部問夏衍供給制時每月領幾斤小米，夏衍答從來不吃小米，更沒領過，人事幹部一臉惶惑。華東局、上海市委根據夏衍黨齡、職務，評了個「兵團級」；書生從政的他「還是不懂得兵團級是怎樣一個職位。」[140]

1928年，彭雪楓在《國聞週報》發表〈塞上瑣記〉等散文，過了一段賣文生活。九月初，考入北平民國大學文學系，終因經濟無援而輟學。為擺脫寄人籬下，投考《大公報》校對，因報考人眾，沒考上。[141]

1928～1935年，陽翰笙稿費加編劇費，月入200元。1935年春被捕，10月由柳亞子、蔡元培保釋出獄，仍靠稿費與編輯《新民報》「新園地」副刊為生，月得百餘元。1929年，魯迅推薦柔石編輯《語絲》週刊。柔石小說《二月》、《舊時代之死》由魯迅作序、校訂出版，20%版稅，月入80～100元。[142]當年文化界整體收入不錯，擺弄文學不僅可以成名成家，而且回報頗豐。

1932年陳白塵回江蘇淮陰老家鬧紅，秋天被捕，次年解鎮江，判刑五年。1933～1934年，他在獄中寫下50多萬字作品，取材多為控訴黑牢生活，兩塊大洋買通看守，稿件寄往獄外，陸續發表於左翼刊物。獨幕劇《虞姬》發表於《文學》（1933年一卷三期），稿費50元，獄犯十分紅眼，陳白塵惴惴不安，不得已用此款去買「外役」（牢內較自由的義務勞動），將錢花在獄中，別人也就不怎麼眼紅了。[143]

1934年9月，首任滿洲省委書記鄧潔（1902～1979），大連蹲獄七年兩個月，因單獨關押，出獄時連話都不會說了。他通過杭州藝專校長林風眠尋找黨組織，林風眠派人陪同赴滬找到周揚。鄧潔靠稿費維持生活，經常在飯攤上買碗菜飯或幾隻粽子解決問題。1936年春，兩位初到上海參加革命的青

---

[140]　夏衍：《懶尋舊夢錄》，三聯書店（北京）1985年版，頁610。

[141]　林穎：《彭雪楓家書》，文物出版社（北京）1985年版，頁42～43。

[142]　陳明遠：《才‧材‧財》，河南人民出版社2004年版，頁160～161、158。

[143]　陳白塵：《對人世的告別》，三聯書店（北京）1997年版，頁470。

年，對鄧潔說沒有生活費，鄧潔讓兩青年在路邊等一等，二十分鐘後回來，遞給他們三塊錢。兩青年接過錢，發現他身上的舊夾大衣不見了。[144]

1934～1935年，上海地下黨與中央失去聯繫，為籌措經費，做公債買賣，因消息不靈、缺乏經驗，虧蝕不少本錢，為償清借貸，這些「離群孤雁」只得典當冬衣。1936年9月，上海臨委書記鄧潔在中山公園與馮雪峰接頭，再次被捕。當時上海公園已有年票，票上填有姓名、住址，但無照片。鄧潔拿著別人的公園年票進去，被捕時吞吃月票，一直熬到次日，估計外面同志已做好應變準備，才吐說住址，只承認參加救亡，不承認參與其他活動，不久保釋。[145]

1934年11月初，蕭軍、蕭紅靠朋友資助的40元從青島赴滬，租居亭子間（月租九元），兜裡已不足十元，再買一袋麵粉、一隻炭爐、一些木炭、幾副碗筷、鹽醋，已買不起食油。每天白水煮麵片，外加幾個銅板的菠菜青菜。一天，張梅林來看他們，蕭紅留他吃飯，梅林甚感不忍，因為那袋麵粉在漸漸瘦下去。為複寫謄抄《八月的鄉村》，蕭軍當了蕭紅的一件舊毛衣，押得七角，坐車回來就不能買紙，買紙就不能坐車。蕭軍走到北四川路內山書店，購回日產美濃複寫紙，皮鞋不跟腳，腳跟又紅又腫。1935年3月1日，《文學》雜誌刊出蕭軍第一篇小說《職業》，稿費38元，算是將二蕭從窘迫中撈救上來。[146]

周揚（1908～1989）抗戰前在上海：「那時候我的生活沒有著落。我雖然是個職業革命家，但是在上海的生活我完全靠自己的稿費，黨並沒有給我錢。」[147] 周揚據稱周瑜後裔，家道衰落，其妻吳淑媛（1908～1942）乃大戶之女。周揚最初在滬搞革命，全靠岳家經援。1934年暑假，周揚愛上光華大學女生蘇靈揚，將髮妻送回湖南益陽，斷了岳家接濟，經常上胡風處告貸，求借三五元菜金，「周揚經常來借錢，很少歸還。」[148] 1936年蘇靈揚臨盆，陣痛難忍，周揚身無分文，沒法送醫院，急得團團轉。其女周密：

[144] 陳光宇：〈鄧潔同志在上海的二三事〉，載《上海黨史資料通訊》1986年第1期，頁28。
[145] 何慧君：〈鄧潔同志在上海做地下工作的片段〉，載《上海黨史資料通訊》1986年第1期，頁30～32。
[146] 秋石：《兩個倔強的靈魂》，作家出版社（北京）2000年版，頁81～83、118。
[147] 趙浩生：〈周揚笑談歷史功過〉，載《七十年代》（香港）1978年9月號。朱鴻召編選《眾說紛紜話延安》，廣東人民出版社2001年版，頁236。
[148] 陳明遠：《文化人與錢》，百花文藝出版社（天津）2001年版，頁117。

最後從鄭振鐸伯伯處借回20大洋，才使我免於落生在那間不滿十平方米、整日不見亮光的亭子間裡。有了我，您和媽媽的生活更加拮据了。不得不設法掙點稿費來糊口度日，列夫・托爾斯泰名著《安娜・卡列尼娜》的中譯本，就是在那種境況下問世的。[149]

翻譯《安娜・卡列尼娜》得酬800元，周揚經濟狀態才有所好轉。[150]

與賣稿為生類似的是依靠文化展開工作。1933年，哈爾濱黨員李世超（1904～1936），長春省立二師生，1921年畢業回伊通執教縣立一小，1926年縣立第十二小學校長，1929年入朝陽大學法律系。1931年春，李世超回長春執教省立二中，1932年入黨，1933年吉林特支書記，後調哈爾濱。為接觸群眾開展工作，李世超搬入道外頭道街碼頭工人小店，幫工人寫家信、講《三國演義》、《聊齋》，聽眾圍得裡外三層，摸清工人情況後，「看準時機、看準對象，向他們講些抗日和革命的道理。」[151]1936年5月，滿洲省委秘書長李世超被捕，8月被殺。

東京的「左聯」青年作家，不少也依靠國內稿費生存。1934年一元法幣可換兩個日元，日本生活指數較低，窮學生每月20元法幣就可維持。加上赴日冊須任何手續，東渡中國人過萬（一半東北人），絕人多數為文化人。東京「左聯」青年作家有的全靠《申報》稿費，每月能發四篇文章就很好了。「每篇以一千字計，則每月也只能拿到十二元，這已是很難得的了。」東京每月最低伙食費12元，房租最低三元／間。

蟄伏日本的郭沫若，與安娜已有四個孩子，安娜護士每天的出護費僅兩元，長子已入帝國大學，每月家用需200元，「基本上都是靠他寫文章得來。當時國內的一些出版商，已不寄或很少寄出版費給他了。」

1935年夏，依靠美洲叔叔寄錢接濟的林煥平（東京「左聯」支盟書記，1911～2000）忽然病倒，與他同住的王闌西等「左聯」作家將他送到鐵道學校附近的肺病療養院，醫藥費全部由東京「左聯」同志湊集，最後仍欠醫院

---

[149] 周密：〈懷念爸爸〉。載《憶周揚》，內蒙古人民出版社（呼和浩特）1998年版，頁578。
[150] 陳明遠：《文化人與錢》，百花文藝出版社（天津）2001年版，頁123。
[151] 李維民：《地下烽火》，春風文藝出版社（瀋陽）1980年版，頁156。

200多元。林煥平後被日本政府驅逐回國，「這事就只好不了了之」。[152]

1.亭子間作家

亭子間乃20世紀江南民居二樓朝北小間俗稱，逼仄局促，冬冷夏熱，房東常以此屋招租。

首批「左聯」青年作家馬寧（1909～2001），閩西龍岩人，先後入學上海大學、新華藝術大學、南國藝術學院；1930年初從閩西蘇區折回上海，貧病交加之中找不到能借生活費的朋友，最後借到一塊光洋，兌成銅元，先買好可用一周的煤油，其餘18個銅元一包，即每天生活費只有18個銅元──16個銅元買一斤機制麵條（上下午各吃半斤）、一個銅元早上買一壺開水、一個銅元買蔥蒜配料，然後悶頭寫小說。「我暗地裡思忖……成千上萬的革命志士鮮血澆過的上海土地上，肯定有我自己的同志，只要我敢於面對現實，以戰士的姿態出現，一定會有人伸手拉我一把的。」他1月18日動筆，24日完成小說《鐵戀》，此時只剩下兩包銅元的生活費了，如果26日早晨仍取不到稿費，就要斷炊。他向南強書局發出求救信，介紹《鐵戀》故事梗概，保證25日下午送呈稿件，請求26日上午支付稿費。25日早上，他接到南強書局回信：「我們願意接納你的新作，同意你提出的條件。」馬寧一口氣寫完最後一頁，只留下明早買開水的最後一個銅元，下午步行送出稿件。

是夜，21歲的馬寧肚子咕咕叫，無法入睡，捱到天亮喝了幾杯「白茶」便奔向北四川路公益坊38號，匆匆走入書局後門，書局經理王心民正在水龍頭邊洗臉，見來人這副狼狽相，已知來者，拉他進客廳入坐。第一句話：「大作我還沒有拜讀。」馬寧差點暈倒。王心民接著說：「可是編輯部同人決定要你這部稿子。」然後打開保險櫃，點出十元面鈔：「你簽個出賣版權的收據。這裡一共是九十塊錢。你知道，現在名作家的作品，最多也是一千字三塊錢。」看看馬寧實在太瘦，又聽他說「我這個作品是餓出來的」。王心民又從保險櫃取出三十塊：「這算是很優待了。」馬寧很想見決定採用其稿的編輯，王心民攔著：「不忙不忙，他們昨晚研究你的稿子，睡遲了。我勸你還是先去飽餐一頓吧。你前天的信不是說過，今天只剩下一個銅元喝

---

[152]　陳子谷：〈中國「左聯」在東京的部分活動〉，載《革命回憶錄》第13輯，人民出版社（北京）1984年版，頁130、133、137。

『白茶』的嗎？」馬寧捏著120元稿費，那個激動，尤其對那位編輯「有朝一日相見，我一定要狠狠地擁抱你！我的救命恩人，沒有你，我今天可活不成了！」他的救命恩人即馮鏗（左聯五烈士之一）。馬寧同年加入中共。[153]

1935年3月中旬，陳白塵繫獄兩年半後出走蘇州反省院，上海《文學》雜誌主編傅東華答應每期用他兩篇稿，支持其生活。「這可大出我的意料：原本一篇稿子的稿費就可以維持我兩個月的生活了。於是我便有了信心，做一名所謂的『亭子間作家』。」[154]

住亭子間的「左聯」文學青年，早餐三分錢，一碗豆漿、一個飯團包油條（加點白糖）；中餐七分，小飯館的米飯豆腐、豬肝菠菜湯；晚餐四～五分，喝粥，一碟小菜，每天不到二角，每月伙食費五～六元（合2003年150～180元人民幣），最低生活水準的城市貧民。[155]

賈植芳（1916～2008）：

> 沒有住過上海亭子間，怎麼可能成為藝術家？三十年代的時候，我和黃永玉都住在亭子間裡，開葷的日子就是吃碗陽春麵，上面漂著幾滴豬油花。那會兒，唉，黃永玉穿的西裝褲子上哪裡去燙啊，還不就是折了一條線，壓在枕頭底下，睡覺的時候把它壓一壓。到關鍵的時刻，才捨得拿出來穿啊。……上海的亭子間，可了不起吶！出了多少人啊！[156]

1933年，廣東女師生草明（1913～2002）因「紅」暴露身分，上了通緝黑名單，逃亡到上海，加入「左聯」——

> 我們這些年輕的進步的文藝工作者都找不到職業，生活是很艱苦的，稿費也很低，僅夠維持最低的生活。有時實在吃不上飯，魯迅先生和左聯的一些同志熱情地從他們有限的生活費用中勻出一小部分來

[153] 馬寧：〈堅強的革命戰士・有才華的女作家——記「左聯」烈士馮鏗〉，載《紅旗飄飄》第23集，中國青年出版社（北京）1981年版，頁118～120。
[154] 陳白塵：《對人世的告別》，三聯書店（北京）1997年版，頁480。
[155] 陳明遠：《才・材・財》，河南人民出版社2004年版，頁157。
[156] 彭小蓮：《他們的歲月》，香港天地圖書有限公司2001年版，頁100。

接濟。我住在租界裡房金最便宜的亭子間裡埋頭寫作。[157]

彭家煌（1898～1933），1919年畢業長沙省立一師，1925年入商務印書館，助編《婦女雜誌》、《教育雜誌》、《民鐸》等，月薪40元。1930年3月，加入「左聯」，同時參加地下工作，《紅旗日報》助編及通訊員。1931年被捕。出獄後，到寧波教中學，一面教書一面搞宣傳。[158]

1933年5月，紅色夫婦于伶（1907～1997）、王季愚（1908～1981）租居上海亭子間。于伶任左翼戲聯組織部長，整天在外奔波。夫婦倆沒有職業，無固定收入，經常吃上頓愁下頓。王季愚在家翻譯蘇俄短篇文藝作品，寫一些小小說，向《大美報》等副刊投稿，于伶也寫一些影評掙稿費。王季愚為商務印書館標點《二十四史》，每萬字僅酬四角。夏衍有時上門找于伶談工作，發現夫婦倆還沒吃飯，臨走便留下幾毛錢，好讓王季愚去買一碗陽春麵。天冷了，夏衍從家裡拿來妻子衣服給王季愚禦寒。陽翰笙也不時給予一點補貼。[159]

1934年，「左聯」責任人任白戈與徐懋庸的交通關露（女詩人），蝸居亭子間，穿著雖然摩登，但生活甚窘，沒有職業，寫詩換不了多少稿費，有時連吃飯的錢也沒有，靠妹妹接濟才維持下來。[160]

1935年5月，山東巨野青年張春橋（1917～2005），通過朋友介紹投奔滬上左翼作家陳白塵，與陳一起擠住西愛咸斯路一閣樓兩個月。[161]1935年10月，張春橋加入「左聯」，1937年春入黨。

不少革命青年因經濟原因，無法堅持職業革命，只得離開組織。1938年秋，重慶黨員周健家庭拮据，任教歌樂山一家兒童保育院，離開職業革命。[162]「一二·九」後參加中共的李銳、范元甄，沒有經濟來源，衣食住行、婚嫁病殘等都要家庭或親友資助，儘管這些青年革命者看不起供養自己

[157] 草明：〈回顧與前瞻〉，載《當我年輕的時候》，天津人民出版社1982年版，頁79。
[158] 趙景深：《我與文壇》，上海古籍出版社1999年版，頁268。
[159] 趙劭堅等：《平凡人生──王季愚傳略》，上海書店出版社2006年版，頁24、44。
[160] 徐懋庸：《徐懋庸回憶錄》，人民文學出版社（北京）1982年版，頁194。
[161] 陳白塵：《我這樣走來》，鳳凰出版傳媒集團、江蘇美術出版社2008年版，頁74。
[162] 馮蘭瑞：《別有人間行路難：1980年代前後中國思想理論風雲及其他》，時代國際出版社有限公司（香港）2005年版，頁362。

的「不革命者」。[163]

2.四個等級的上海作家

　　1930年代上海《宇宙風》雜誌稱，上海文化人分四個收入層次——

　　一等：資歷深名氣大，稿費之外還有版稅等其他收入，主編刊物的編輯費通常為100元，叢書編輯費通常200元，月入400元以上，如魯迅、徐志摩（不僅教書、寫作，還開新月書店）、邵洵美（盛宣懷孫女婿）、郁達夫、胡適、田漢、巴金、茅盾、蔣光慈等。一等作家屬於高收入階層，飲食豐盛，居住寬敞，出入有車。

　　二等：已成名，稿酬三～五元／千字，住二～三間房，房租20元以上，生活費約160元，月入200元，進入中產；如成名後的夏衍、胡風等。

　　三等：小有名氣，稿酬千字二～三元，獨立出書，有版稅收入，住一層前樓加亭子間，房租15元左右，生活費120元左右，月入150元左右；如剛剛從四等升上來的陽翰笙、胡也頻、丁玲、蕭軍、蕭紅等。

　　四等：稿酬一～二元／千字，住亭子間，房租10元，每月伙食費40元，月收入80元以下；多為初出茅廬的青年作家，如柔石、沙汀、艾蕪，屬普通市民階層。這一階層的作家一旦成家，每月生活費需60元左右才能對付下來。[164]

　　大革命後，普羅文學風行一時，滬上書店旺銷蔣光慈的左翼小說，稿酬、版稅可觀。加上他先後主編幾個刊物，普羅文學四星級大將。[165]

　　上海文化圈或市民說起作家，除了某人每年可抽多少版稅、某人年收入幾何，還有更形象的「切口」（俚語）：某某一張稿紙值幾個孫中山（法幣）？某某每千字換幾個袁世凱（大洋）？你這身衣服值幾個墨西哥（鷹洋）？1930～1940年代，一批胸無大志的滬上文化人，戲稱「三小志願」——1、一個小老婆（年輕嬌妻）；2、一所小洋樓；3、一輛小汽車。[166]

---

[163] 李南央編：《父母昨日書：李銳、范元甄1938～1960年通信、日記集》，時代國際出版有限公司（香港）2005年版，上冊，頁169。

[164] 陳明遠：《文化人與錢》，百花文藝出版社（天津）2001年版，頁101～103。陳明遠：《才・材・財》，河南人民出版社2004年版，頁155。

[165] 陳福康、蔣山青編：《章克標文集》，上海社會科學院出版社2003年版，下冊，頁463～464。

[166] 章克標：〈文學與發財〉。載陳福康、蔣山青編：《章克標文集》，上海社會科學院出版社2003年版，上冊，頁360；下冊，頁219。

五、紅士故事

　　南昌暴動隊伍敗散潮汕，周恩來高燒40度，擔架抬著撤退，途中再遭白軍襲擊，隊伍完全打散，抬擔架的人都跑了，守在周恩來身邊的只有葉挺、聶榮臻幾個人。周恩來連稀粥都喝不下，常常昏迷。幾個人只有一支小手槍，不熟悉路，也不懂當地話，幸好不久遇到地方黨負責人楊石魂，帶他們隱蔽於小村，晚上找來一葉扁船。周、葉、聶、楊加上船工，周恩來躺在船艙，再擠不下第二個人，其他人只好蹲在艙面上。風浪大，坐不穩，聶榮臻將自己拴系在桅杆上，茫茫大海中顛簸了兩天一夜，才到達香港。

　　楊石魂安置好周恩來治病，匆匆走了。葉挺、聶榮臻沒問清與廣東省委的聯絡暗號。兩人去接頭，廣東省委機關的人一看兩人穿著不整，且不知接頭暗號，躲開了。葉挺、聶榮臻不敢在街上活動，回旅館洗澡、理髮，重新上街。葉挺有經驗，袋裡裝了不少錢。買東西時，葉挺一掏就是一張百元港幣。商人一看，說這張票子是假的。葉挺生氣地奪回票子，三下兩下就撕了。聶榮臻急了，拉他到一邊低聲說：「老總呵，你怎麼這樣幹呢？人家看你這樣不在乎，一百元的大票子隨隨便便扯了，不懷疑我們嗎？」葉挺捂著嘴：「我扯得有道理，不然，他懷疑我用假票子，找來警察不就更麻煩，我扯了，就沒事了。」兩人急急離開是非之地。[167]

　　1927年11月任湖北省委書記的郭亮（1901～1928），也參加南昌暴動。潮汕失敗後，他與柳直荀等七人赴香港避難，船上遇海盜，施藥毒昏，搶走全部東西，只給每人留下短褲。海上漂了三天三夜，幸遇外輪獲救。[168]

　　1932年夏，北大肄業生王實味（1906～1947）與妻子劉瑩居滬，住在法國公園附近福履理路建業里東街71號，女兒尚未足歲，一家人生活全靠王實味一支筆，他拼命翻譯掙稿費。

---

[167]　尹家民：《歷史漩渦中的蔣介石與周恩來》，百花洲文藝出版社（南昌）2010年版，頁64～65。
[168]　趙清學：〈為革命獻出自己年青的生命——記共產黨人郭亮〉，載《人民日報》（北京）1981年9月3日，第5版。

一次，王實味領到30元稿費，興沖沖回家。劉瑩接過錢，趕忙去買急需的米油鹽菜，王實味則去房東處交清積欠房租。交完房租回屋，只見一男人背著箱子往外走。呵，大白天來賊了！脾氣暴烈的王實味先愣後驚，繼之氣極，怒目相視，攔住這位放下箱子想溜的竊賊。那賊「撲通」跪地，哭訴自己原是鞋匠，收入太薄不能養家，實在無奈才行此下策；這次因兒子重病在床，無錢求醫，懇乞見諒，云云。

聽賊一席言，王實味氣消大半，但不相信這番哭訴的真實性，拉起竊賊一起上他家核實。來到賊家，果然破爛不堪，病孩高燒在床，老婆在床邊哭泣，十分淒慘。俠骨烈腸的王實味不僅盡釋憤怒，掏出剩下的十餘塊錢給了那人，囑其趕快送孩子去醫院。

王實味回家後，劉瑩哭笑不得：「你把錢都給他們了，我們怎麼辦？」王實味答曰：「如果這人將箱子拿走了呢？我們不也要過日子嗎？」王實味的邏輯是比起損失更貴重的箱子，給人十餘塊錢，損失還算小的。劉瑩只能夫倡婦隨，算是做了好事。

後來，鞋匠帶著病癒孩子提著禮品來道謝。王實味堅不受禮：「你們的生活比我們苦，留給孩子補補身體吧！」兩家竟因偷相識，做起朋友來。[169]

王實味遇賊，這位潢川漢子的一則人生花絮。但任何人的行世為人都自成邏輯，這則花絮多少能夠看出其人其性。十年後，王實味在延安之所以能說真話，若無一點性格與「自己的邏輯」，怕是不可能的。

1935年，張春橋乃山東一中學生，尋出路於滬上，被上海雜誌公司的張靜廬（1898～1969）錄聘助編，試用期月薪30塊，讓他校點清初擬話本小說《豆棚閒話》，標點了十幾頁，張靜廬接過一看，都是破句，此人根本不懂古文，便對張春橋說：「張先生，我們本想擴大營業，你看得起我們，來幫我們忙，可現在市面不景氣，生意很蕭條，所以我們只好讓張先生另謀高就。以後等市面好了，再請張先生回來幫忙。我們實在是沒有辦法，實在對不起。張先生來了一個禮拜，我們按一個月的工資付給你三十塊錢。現在市面不景氣，外面的工作也不太好找，我們再付給張先生三十塊錢，以備找工作期間開銷。」當時上海各路商家都不願得罪人，工作一周付了兩月工資，

[169]　黃越：《延安四怪》，中國青年出版社（北京）1998年版，頁26～27。

很人性化了。這也從一個側面說明當時上海出版業的質量要求。[170]對張春橋來說，一周抵當兩月，也划算得很。文革一起，張靜廬仍遭迫害。

蘇靈揚（1914～1989，周揚妻），1932年夏入上海光華大學教育系，1933年春自辦壁報，出至二、三期，校內「左聯」小組負責人歐陽弼找到她，先借給她看蘇聯小說《毀滅》、《鐵流》，5月介紹她入「左聯」，此時她尚未發表任何文學作品。加入「左聯」後，並無什麼文學活動，只冒點風險看了蘇聯影片《生路》、《夏伯陽》，散場後得多換幾次電車，以防帶回「尾巴」。光華大學「左聯」小組除了要蘇靈揚（校內惟一女盟員）在校內召開一次讀書會，就是要她散發傳單、保管馬列書籍（用鴛蝴派書皮包裝），如《國家與革命》、《共產主義運動中的「左派」幼稚病》。

城市地下黨除了參加「飛行集會」、「高樓撒單」，還有「埋地雷」──白天將墨汁瓶預先放在一隱蔽處，晚上再帶一支筆往牆上寫標語：「打倒國民黨賣國政府」、「中國共產黨萬歲」。[171]

南方十年鬧紅，提著腦袋當燈籠，犧牲之事經常發生，性事方面不可能約束過緊。高崗在西安看到省委領導逛妓院，起初很驚訝，後來理解了──環境險惡，說不定哪天就掉腦袋，過一天算一天，及時行樂呵！1934年1月，高崗因姦污婦女受嚴厲處分，但他仍每到一處就找女人。中央紅軍抵陝，他見黨內一些高幹與自己「同好」，自然不但不收勒自覊，還有所發展。隨著權位日高，部屬投好，女人送懷，高崗從西北一直「玩」到東北再到北京，其妻李立群多次向周恩來哭訴丈夫「搞腐化」。[172]但「生活小節」並未影響高崗政治上一路走強，若非毛澤東權衡利弊棄高保劉，高崗差點取代劉少奇成為「接班人」。

女紅軍曾志（1911～1998），21歲已三嫁，都是赫赫有名的紅色人物──夏明震（夏明翰之弟）、蔡協民（井岡山有塑像），第三任才是陶鑄。1928年3月中旬，17歲的曾志第一位丈夫夏明震死於湘南暴動。國軍進剿，暴動部隊決定焦土政策，動員農民燒毀從宜章至耒陽公路（二百多公里）兩

170　賈植芳：〈上海是個海──我在上海的生活史〉，載《我的人生檔案──賈植芳回憶錄》，江蘇文藝出版社2009年版，頁34～35。
171　胡繡楓：〈我的姐姐關露〉，載《上海黨史資料通訊》1987年第10期，頁15。
172　趙家梁、張曉霽：《半截墓碑下的往事──高崗在北京》，大風出版社（香港）2008年版，頁66。

側各五里房舍，動員大會上夏明震被拖下臺，梭標戳死。一月後，因工作關係，曾志與黨代表蔡協民朝夕相處，日久生情。蔡協民乃廣州農協所一期生、葉挺鐵軍連指導員、參加南昌暴動，曾志對他由敬佩到愛戴。只是夏明震新逝，她稍覺不安：

> 雖說夏明震犧牲不久，我也因此感到不安。但當時認為，革命者隨時都有犧牲的可能，夫妻關係也就不是什麼重要的事了。對於一個共產黨員，頭腦中不該有什麼舊的觀念作怪，夫妻生活是次要的，重要的是政治生命。

1932年10月蔡曾夫婦在閩南黨內挨批，蔡要去上海，曾要去廈門，夫妻關係結束。[173]這樣才有與陶鑄的第三段婚姻。1933年5月18日，陶鑄在上海被捕，下了南京大獄。此時，曾志在閩東「鬧紅」，臨時特委組織部長，同時交往宣傳部長葉飛（後為上將、福建省委書記）、遊擊隊長任鐵峰，並因此撤銷職務、留黨察看四個月。曾志：

> 當時我思想不通，為什麼要我負主要責任?!只因為我是女人嗎？我並沒有去招惹他們，但我承認在這個問題上確實有小資產階級浪漫情調，我認為戀愛是我的權利……我對葉飛是有好感的……當時，我與他們兩人關係較好，工作之餘較常來往……陶鑄來信說，他被判處無期徒刑，恢復自由遙遙無期。而那時我才23歲，我是共產黨員、職業革命者，為革命隨時都要做出犧牲；同時也早將「三從四德」、貞節牌坊那種封建的東西，拋到九霄雲外去了。因此，重新找對象是我的自由，我有權利作出選擇。[174]

楊之華分析顧順章叛變，認為教訓之一是沒有預警其「生活腐化」：

173　劉暢：〈陶斯亮回憶母親曾志──一個有「大浪漫」的女人〉，載《環球人物》（北京）2009年第4期，頁77。
174　曾志：《一個革命的倖存者》，廣東人民出版社1999年版，上冊，頁207～208。

> 黨對於同志們日常生活上的檢查很缺乏。例如對於顧順章生活的腐化（吸鴉片甚至玩妓女）、打老婆等等的行為沒有加以研究和注意，以致他藉口特務工作的關係一日加一日的墮落，沒有惹人的注意。然而從他的生活上可以知道，他的叛變不是偶然的。而我們對於他不好的傾向——叛變的預兆，沒有加以及時的警惕。[175]

工人出身的總書記向忠發生活腐化，經常嫖妓，李立三、關向應怕他常去妓院出問題，便同意他花錢買下相好為妾。1931年6月下旬，向忠發被捕遭殺，就是捨不得這位妓妾，冒險回去看她。[176]

抗戰爆發後，國共合作，地下黨的日子仍然緊巴巴。1940年鄂西特委（省級）副書記馬識途：「我們特委組織很窮，連現在幾個脫產領導同志最低限度的生活費都難以維持，有時還得靠有較好收入的黨員和統戰關係的資助。」馬識途妻子懷孕，這位「省級幹部」很發愁：「現在平添一筆開支，從哪裡來？」夫婦倆動過不要孩子的念頭。最後，馬識途只能向十年未回的「簪纓之家」求援，既伸手要錢，也要求將孩子送回「寄養」。[177]

1.麻煩的孩子

孩子一直是女幹部的麻煩事。1925年10月，21歲的鄧穎超新婚懷孕，未跟周恩來商量就自行仰藥墮胎，痛得滿床打滾，胎是掉了，身體卻折騰得不輕。[178]1928年春節，長沙紅女劉英新婚不久，接令赴滬工作，她帶著身孕告別丈夫。兩個月後，丈夫犧牲；八個月後，女兒出生，寄養老鄉處，因無母乳饑餓夭折。[179]

1929年秋，遂川縣委書記陳正人之妻彭儒（1913～2010），在永新縣大灣村一農家生下首胎，一個男孩，這戶農民太窮，連被褥也沒有，只能在

---

[175] 杜寧（楊之華）：〈叛徒顧順章叛變的經過和教訓〉，載《黨的文獻》（北京）1991年第3期，頁22。

[176] 郭德宏：〈關於顧順章和向忠發——王明的回憶〉，載《同舟共進》（廣州）2012年第8期，頁58。

[177] 《馬識途文集》第九集（上），四川文藝出版社2005年版，頁254～257。

[178] 尹家民：《歷史漩渦中的蔣介石與周恩來》，百花洲文藝出版社（南昌）2010年版，頁33。

[179] 黃宏主編：《親歷長征》，人民出版社（北京）2006年，頁196～197。

床上墊些稻草。生下孩子後，只吃了一隻雞蛋。三天後，孩子送給附近村子老鄉。臨走時，地方黨組織每人湊點錢，一共換了兩塊「袁大頭」給這戶老鄉。此後，陳正人夫婦再未見過孩子。1949年後，才得知孩子六歲時生病，無錢醫治而死。[180]

1934年，哈爾濱女黨員毛誠（1915～1995）接到滿洲省委指示：調離哈爾濱下農村，發動武裝鬥爭。此時，毛誠剛從道外產科醫院出來，生一女嬰。接到省委指示後，她將不足一月的女嬰送入道外十九道街「育嬰堂」。是年，毛誠留蘇，1937年回國，任中央社會部保安處秘書長、哈爾濱市委情報部長；1949年後，中調部副秘書長、吉林市委書記、吉林省人大副主任。不過，那個孩子再也沒找到，她也沒生第二胎。[181]

1934年春，因叛徒出賣，聶榮臻妻張瑞華帶著四歲女兒聶力入獄月餘。稍後，張瑞華委託中央特科幹部毛齊華為聶力「找人家」，毛齊華（1903～1997）將聶力寄養在自己的嘉定親戚家。但此家貧窮，孩子又多，小聶力吃了不少苦，挖野菜、幹家務、做農活，還要照顧更小的孩子，稍大進紗廠當童工。1938年，周恩來夫婦通過上海地下黨找到聶力，要將她帶到延安。但跟媽媽坐過牢的聶力，警惕性甚高，生怕被拐賣，堅持要爸爸媽媽來接才走，失去這次機會。直到抗戰結束，周恩來又通過上海地下黨找到聶力，這回聶力大了一些，看看來人不像壞人，跟著乘船到蘇北赤區，再轉張家口。等她撲到爸媽懷裡痛哭，已是分別十二年之後了。1948年，聶力才讀完小學。後來，她讀完高中，再留蘇，1993年授銜中將，全軍惟一女中將。[182]

2.紅青生活

1932年，一群四川達縣學子合居北平一個大院，「儘管性格不同，都有一個共同的特點，就是：紅得發紫，『左』得出奇。」一年前，這些川籍學子在成都還像「迷途羔羊」，現在則已勢不可當——

[180] 趙長安等編：《老革命家的戀愛、婚姻和家庭生活》，工人出版社（北京）1985年版，頁305～306。
[181] 李維民：《地下烽火》，春風文藝出版社（瀋陽）1980年版，頁309～312。
[182] 創民：《紅色婚緣——開國將帥與夫人的婚戀紀實》，中國華僑出版社（北京）2010年版，頁180～187。

他們言談、舉止、穿衣、吃飯，以及玩樂，無往而不「革命」。
比如，衣服不穿在身上，而要掛在肩上，據說這叫「大眾化」；吃梨
如果削皮，就會笑你太「布爾喬亞」，意即「資產階級」。他們也學
到這樣的洋腔，進步多快啊！他們在談論中，特別強調打破「貞操
觀」，提出這樣的「革命」口號──「打倒賢妻良母主義！」

一對紅青夫婦不僅這樣「宣傳」，而且大庭廣眾之下進行「表演」。每天
晚飯後，這群青年聚在一起打麻將，「互相調戲，打破虛偽的舊禮教，一個比
一個勇敢。」那對左青夫婦，女的為表現「革命」，一下坐到男的懷裡──

兩人擁抱著、親吻著，在大家的歡呼中浪聲浪氣地呼喊著：「么
兒！」、「乖乖！」我實在難以忍受，只好退避三舍。

某夜，一位男士酒後熊抱已睡女生，16歲女生驚醒，但聞陣陣酒臭，大
驚呼救，那男的才跑開。從此，這位已有戀人的女生不敢獨睡，總要拉女友
作伴。那位當眾「表演」的革命女性就批評她「太封建」。

1932年「一‧二八」淞滬抗戰後，這批新加入北平「左聯」的文學青
年湊錢創辦《北方文藝》，從生活費中擠出印刷費，稿子則由大家分別撰
寫，題目大家討論。如要寫一篇「一‧二八」抗戰的小說，規定幾條要點：
1、時代背景──帝國主義圍攻蘇聯，以及帝國主義之間爭奪殖民地；2、這
場抗戰由士兵與下級軍官的愛國熱情而發動，因得到人民群眾熱烈支持而
勝利；3、國民黨賣國政府的出賣、十九路軍上層人物的軟弱，挫敗上海抗
戰，導致簽訂喪權辱國的城下之盟《淞滬停戰協定》。受命者：「我照這樣
的要點，用盡了我的思考和寫作能力，費了大量篇幅，寫成了一篇公式化、
概念化的時事述評，毫無小說氣息。由此可見，沒有親身經歷，單憑一點理
性認識來寫小說，沒有不失敗的。」洪湖事件後，有人要魯迅寫相關小說，
送給魯迅大量材料，魯迅也很樂意接受任務，結果仍寫不下去。[183]

[183]　王志之：《南征北戰集》，貴州人民出版社1985年版，頁24、27、197。

第三章

蘇區鬧紅

一、經濟是軍事的基礎

1926年，大別山爆發大規模農運，湖北麻城乘馬崗青年農民許世友（1905～1985）：

> 在中國共產黨的領導下，四鄉農民捉豪紳、殺土劣、抗租稅、砸煙館、搗當鋪、分錢糧，把那些穿馬褂的老爺們統統打翻在地。種田佬掌起了印把子，挑糞的當上了大委員。窮弟兄們一個個爭先恐後，要打出個自己的天下。革命是這樣的解恨，這樣的紅火，不幹革命幹什麼！
>
> 在這些火紅的日子裡，農會成了農村唯一的政權組織。地主階級的威風掃地。農民第一次真正挺直了腰杆，做了自己命運的主人。過去不敢進的衙門，現在可以大搖大擺地進了；平時不能進的祠堂，現在可以在那裡擺酒吃飯了；那些象山一樣壓在人們頭上的地契、借據，現在都化成了灰燼。[1]

贛南籍紅軍戰士胡金魁告訴斯諾：1930年紅軍打下吉安，自己在工廠做工，工資增加四倍，每個工人都分得資金（胡分得30元）。一連幾天，紅軍用富家豬牛羊肉為工人大辦宴席，每天夜裡演戲，唱到嗓子嘶啞才甘休，「那段經歷真叫『痛快』。不過對地主來說可就不那麼痛快了。共產黨抓了好幾百個地主，關進了縣城。」後來，請這些地主與白軍被俘軍官喝了一頓

---

[1]　許世友：《我在紅軍的十年》，戰士出版社（北京）1983年版，頁2、45。

酒，據說一夜喝掉八九十元的高粱酒，「然後將他們全部殺掉」。[2]1935年3月，陝北紅42師打下長武縣城，「籌款數萬元，棉布數百匹，並鎮壓了一批反動地主豪紳。」[3] 鎮壓地主、燒毀田契帳本、分地富的糧食，陝北農民王牛高興地蹦躂：「革命越鬧越大了，真過癮。」[4]

1927年「八‧七」緊急會議後，中共開始武裝割據「鬧紅」，主要內容及生活實況大致如上。「土地革命」初期，中共在全國300多個縣發動暴動，大多失敗。[5]1931年11月7日中華蘇維埃共和國成立，全國一共十二塊蘇區，總面積約40餘萬平方公里，總人口約3000萬。

鼎盛時期的「中央蘇區」，轄江西、福建、閩贛、粵贛四省60縣，江西省22縣、福建省15縣、閩贛省16縣、粵贛省7縣。長期佔有24座縣城：江西的瑞金、興國、寧都、于都、石城、會昌、尋烏、信豐、安遠、廣昌、黎川、上猶、崇義；福建的長汀、上杭、龍岩、永定、連城、建寧、泰寧、寧化、清流、歸化、武平。中央蘇區總面積8.4萬平方公里，總人口453萬。

1930年春夏，中共中央準備召開全國蘇維埃代表大會。此時，全國八九塊蘇區，人口不及全國十五分之一，總面積不及全國三十分之一。紅軍總數五六萬人。1932年秋，「中央蘇區」總人口約在340萬以上（不含鼎盛期）。[6]1933年，「中央蘇區」大約三百萬人口（包括閩省80萬），紅軍、地方武裝、機關人員，約十萬之眾。[7]

早期紅軍回憶錄大都只述軍政不說經濟，似乎紅軍在山區活動，根本不存在經濟問題。對紅軍來說，軍政問題雖然重要，但最最重要的還是每天的經濟問題。軍政問題屬於尚可掙扎一戰的「外傷」，經濟問題則是致命「內傷」──敵人還在千里之外，自己這邊就因缺吃少穿散伙了，來了兵都無法接收。1927年底，賀龍回湘西老家桑植打遊擊，「一路上有不少部隊想跟我

2　愛德格‧斯諾：《紅色中華散記》，江蘇人民出版社1991年版，頁134～135。
3　張秀山：《我的八十五年》，中共黨史出版社（北京）2007年版，頁79。
4　劉占江：〈陝北紅花開〉，載《紅旗飄飄》第15集，中國青年出版社1961年版，頁107。
5　趙效民主編：《中國革命根據地經濟史》（1927～1937），廣東人民出版社1983年版，頁109。
6　余伯流、凌步機：《中央蘇區史》，江西人民出版社2001年版，頁370，「總論」頁1、377、369。
7　王觀瀾：〈中央蘇區的土地鬥爭和經濟情況〉，載陳毅、蕭華等：《回憶中央蘇區》，江西人民出版社1981年版，頁352。

走，但這時卻不能帶他們，因為沒有錢沒有糧，養不了兵。」

1927年10月初，毛澤東經過三灣改編的秋收暴動殘部進至遂川大汾，遭遂川民團肖家璧部襲擊，部隊被沖散，炊事擔子也跑散了，「沒有飯吃，就在老百姓家裡找點剩飯和泡菜、辣椒吃，沒有碗筷，毛委員和大家一道用手抓著吃。」飯後隊伍集合，向井岡山進發。

紅軍高幹蘇先駿（黃埔四期）耐不住井岡山艱苦生活，10月中旬領十元路費回了長沙。蘇先駿給省委的報告中：「該地多崇山峻嶺……唯經濟困難達於極點，將近嚴寒，士兵尚著單衣，給養亦日虞不足，加之四面受敵，雖欲籌款，苦無暇日，故此時如無辦法救濟，該部隊恐難久存也。」1928年初，蘇先駿任湘鄂贛特委軍事部長，3月在長沙被捕，隨即叛變，出賣湖南省委書記郭亮，旋任國民黨湖南清鄉司令部參議兼鏟共法院處長。1930年7月紅三軍團攻佔長沙，8月2日處決蘇先駿。[8]

動員群眾參與「鬧紅」，最佳途徑當然還是利用民間的不滿。當時閩西鄉鎮各階層最痛恨的就是捐稅過多，如「冠婚喪祭屠宰捐」，殺牛宰羊都要收稅，常常形成「矛盾焦點」，利用這種社會矛盾「合法」鬧事，縱使不成功，也不至於犯法。閩西「鬧紅」首先就是從抗「屠宰捐」這一細處開始，然後過渡到「分糧吃大戶」，從經濟鬥爭延伸至政治。

搞兵運暴動，最佳契機即為「鬧餉」。1928年7月22日滕代遠、彭德懷、黃公略策動的平江暴動，就是以獨立五師14個月未發餉為點火索，凡參加暴動的官兵，每人發洋三元，要回家發路費。[9]平江暴動割據僅七天，分兵瀏邑之部反水，平垣失守，進攻長壽又敗退；攻泗水建立蘇維埃，散財物給貧民，也僅割據九天。[10]在周圍都是白軍的環境下，紅軍很難長久立足，更因「納降」太多而忌分兵，陳毅給中央的報告中：「紅軍士兵來源多半出於招募及改編敵兵，因此軍隊只能集團行動，豎極大目標引起敵人圍攻而不能做到化整為零。」[11]

8　劉型：〈回憶井岡山的鬥爭〉，載《革命回憶錄》第9輯，人民出版社（北京）1983年版，頁17、7～8。

9　滕代遠：〈回憶平江起義〉，載《黨史研究資料》（2），四川人民出版社1981年版，頁553、555、558。

10　彭德懷：〈給中央的信〉（1929年4月4日），載江西檔案館、江西省委黨校黨史教研室：《中央革命根據地史料選編》（中），江西人民出版社1982年版，頁415。

11　陳毅：〈關於朱毛紅軍的歷史及其狀況的報告〉（1929年6月）。載江西省檔案館、江西

　　1927年9月秋收暴動，部隊所用經費來自武漢國民政府警衛團支領的薪
餉，後駐紮修水時從一曹姓大土豪地窖裡抄挖出一批銀圓。但這點錢杯水車
薪，修水出發時每人只發一塊銀圓津貼，加上每人每天一角伙食費，很快經
費告急。[12]10月初，毛澤東率秋收暴動殘部來甯岡茅坪「安家」，近千人的
隊伍，吃飯問題已比較嚴峻。負責後勤供應的范樹德回憶：

> 　　開始我們這支隊伍只有千把人，沒收地主的存糧就能解決吃糧問
> 題。例如：到了遂川以後，只要打幾家土豪，就能解決我們一段時間
> 的吃糧問題。……1928年4月，朱德、陳毅同志率領湘南部隊和我們
> 的部隊在井岡山會師，人數猛增至一萬多，湘南來的部隊中很多人是
> 一家都來了。……為解決這近萬人的吃飯問題，我們不得不每到一個
> 地方就立即派出一支小隊伍專門打土豪。……當時我們每個人一天吃
> 老秤二十四兩，合一斤半。這樣每個人一個月就需要四十五斤。[13]

　　朱毛會師，軍需給養馬上嚴竣起來。井岡山上約兩千餘居民，南北朝
躲避戰亂遷來的客家人，耕種收穫萬擔稻穀的水田。[14]原只有王佐的六七十
人，依靠山農或打劫一下周邊富戶，輕鬆解決糧秣。毛澤東率近千人上山，
「上山以後首先碰到的就是經費十分困難，吃飯、穿衣都成了問題。」「十
月初，山上已是露重霜凝，秋風蕭瑟，戰士們身上仍穿著在修水發的單軍
裝。白天肚子裡饑腸轆轆，晚上凍得只能鑽稻草堆禦寒，生活艱苦異常。」
毛澤東與袁文才、王佐商量，從當地農民借來一些紅米，總算解決每日口
糧。再從袁王部弄來一些銀圓，才解決每人每天五分錢的伙食費，剩下的
錢再解決冬裝。已有三件單衣者，只發一件面布和棉花，一件單衣縫上為

　　省委黨校黨史教研室：《中央革命根據地史料選編》（中），江西人民出版社1982年版，
　　頁463。

[12]　賴毅：〈創業倍艱辛·歷程多坎坷──秋收起義部隊初上井岡山的片斷回憶〉，載《紅旗
　　飄飄》第24集，中國青年出版社（北京）1981年版，頁90～91。

[13]　范樹德：〈井岡山的後勤工作〉，載《井岡山革命根據地全史》，江西人民出版社2007年
　　版，頁322～323。

[14]　劉型：〈黃洋界保衛戰前後〉，載《紅旗飄飄》第13集，中國青年出版社（北京）1959年
　　版，頁30。

襯。[15]整體上，井岡山尚承受得住不足一千五百人的「星星之火」。

　　1928年4月，朱德率湘南暴動殘部上山，僅戰鬥部隊就兩千餘人，隨軍上山的湘南農軍八千餘，擴充後的「紅四軍」總人數七千餘，加上袁文才、王佐各三百人，全軍約萬餘人（槍僅兩千餘支），井岡山這口小池塘無論如何養不起這條大魚了。1928年5月4日，礱市舉行會師慶祝大會，朱毛都講了話，兩部合編為紅四軍，以三個師番號組成，實僅五個團。二十八團為南昌暴動殘部；二十九、三十團湘南暴動部隊；三十一團為秋收暴動殘部；三十二團為井岡山土著部隊。此為紅四軍最初骨架。1928年5月底，因給養困難，二十八團、二十九團只能轉回湘南，「結果分散到農村中，有一部分受了損失。」[16]

　　1928年5月2日，毛澤東以紅四軍軍委書記名義致信江西省委並中央，驚呼「吃飯大難」。[17]此時，井岡山上1.4萬人，每天耗糧近兩萬斤。住宿只能搭窩棚，裡外糊上泥，編草簾當門窗，沒有燈油，天黑就睡覺，春雨潮濕，蚊蟲肆虐，病者日多，缺醫少藥，全靠硬挺。糧食供應日漸減少，湘南農軍士兵委員會出面找軍部後勤處，主任余賁民回答：軍糧主要供應前方將士，吃飽了好打仗，你們後方部隊沒有戰鬥任務，一天能吃上兩頓稀粥就不錯了。湘南農軍很傷心，有人發牢騷：來此比別人低一頭，活該餓肚子，還不如回家鄉鬧革命。5月中旬，寧岡礱市龍江書院召開聯席會議，毛澤東提議湘南農軍回鄉就糧。5月21日，湘南農軍分別出發，下山回家，向湘南潛行。囿於軍需給養，湘南農軍從上山到下山、從歡迎到歡送、從整編到遣返，在山上只駐紮二十一天。[18]

　　湖南省委特派員杜修經（1907～2007）記述：

[15]　賴毅：〈創業倍艱辛‧歷程多坎坷——秋收起義部隊初上井岡山的片斷回憶〉，載《紅旗飄飄》第24集，中國青年出版社（北京）1981年版，頁90～91。

[16]　楊至成：〈艱苦轉戰——毛主席在井岡山的片斷〉，載《紅旗飄飄》第13集，中國青年出版社（北京）1959年版，頁19～20。
　　　陳毅：〈關於朱毛紅軍的歷史及其狀況的報告〉（1929年6月），載江西省檔案館、江西省委黨校黨史教研室：《中央革命根據地史料選編》（中），江西人民出版社1982年版，頁444～445。
　　　劉統：〈「朱德的扁擔」之考證〉，載《同舟共進》（廣州）2012年第5期，頁44。

[17]　余伯流、陳鋼：《井岡山革命根據地全史》，江西人民出版社2007年版，頁322。

[18]　秦福銓：〈井岡山時期的湘南農民起義軍〉，載《領導者》（香港）2013年特刊，頁95～97。

紅四軍建立後，部隊有一萬來人，生活供應等各方面都存在很大困難。為了減輕邊界的百姓負擔，加強部隊的革命紀律，提高部隊的軍事、政治素質，將原來的建軍時的三十團和三十二團的農軍動員歸鄉，取消了師的名義，將部隊進行改編。所以，後來軍下面沒有師，直接領導團。[19]

1928年，井岡山紅四軍除糧食外，每人每天鹽油柴菜五分，僅此一項，每月就得萬餘元。[20]1928年7月下旬，毛澤東批條200大洋購買藥品，31團經理處長兩天後才籌得160元，營長王佐拿了百元托關係上吉安去買藥。[21]

陳毅記述1928～1929年的紅四軍：

給養方面，每人每日伙食費大洋一角五分，在物價低賤或有土豪打，或有農會贈的時候常常有剩餘，可以分得伙食尾子，若沒有幫助的時候，則常感覺太清淡了。……每月可以發四元至五元的零用錢，作洗頭剃頭買草鞋之用，若錢少則少發竟至不發，士兵很明白這個道理所以無鬧餉的事，沒有錢發他只怪這幾日籌款不到，不會向軍長要錢。

（濃冬山雪不化）紅軍衣履飲食非常困難，又因敵人封鎖，紅軍未能到遠地遊擊以致經濟沒出路，在此時期中紅軍官兵單衣禦寒，日食紅米南瓜，二月沒有一文零用錢。[22]

1930年11月20日陂頭，江西省蘇維埃政府主席曾山一天簽署三份文件——《緊急通告——動員廣大工農群眾堅決實行階級決戰消滅敵人》、《通告——籌集現金準備給養節省經費，爭取階級決戰最後勝利》、《緊急通

[19] 杜修經：〈四上井岡山和湘南特委〉，載《革命回憶錄》第3輯，人民出版社（北京）1981年版，頁34。

[20] 毛澤東：〈井岡山的鬥爭〉，載《毛澤東選集》第一卷，人民出版社（北京）1952年重排本，1966年橫排本，第1～2卷合印本，頁64。

[21] 楊至成：〈艱苦轉戰——毛主席在井岡山的片斷〉，載《紅旗飄飄》第13集，中國青年出版社（北京）1959年版，頁28。

[22] 陳毅：〈關於朱毛紅軍的歷史及其狀況的報告〉（1929年6月），載江西省檔案館、江西省黨校黨史教研室：《中央革命根據地史料選編》（中），江西人民出版社1982年版，頁454、447～448。

令》（秘字第一號），要求「決定地方蘇維埃和各革命機關的工作人員，每天伙食三分。」同日，曾山與江西省蘇維埃政府財政委員會主席周勉再發《通告》，指責批評：

> 過去各級政府對於財政總無整個計畫與節省，以致時常發生經濟恐慌，濫行開支的現象，尤其吉暴勝利以後，贛西各級政府，因經濟活動，工作人員發給零用錢，一切用費非常不經濟，有些區政府每月有用上數千元，這是如何嚴重的危機啊！
>
> 決定原來在城市一角五分錢伙食者，現在每人每天只發菜柴錢五分，而在鄉村一角伙食者現在每人每天發柴菜錢三分。[23]

1928年1～4月，朱德、陳毅發動湘南暴動，率領南昌暴動殘部千餘人（此時為國軍第16軍104團）脫離范石生部，成立「中國工農紅軍第四軍」。之所以擇名「四軍」，乃北伐諸軍中，葉挺獨立團所在的第四軍聲名赫赫，享譽「鐵軍」。湘南富庶，易籌糧餉，除范石生給的五千大洋，仁化縣駐紮一天，就籌得兩千多現款。坪石打許克祥擄獲更豐，「足敷支持五個月的經費」。官兵一律月餉十二元，遠高於國軍，最初幾無逃兵。隨著人馬壯大，存款很快告罄，「決定全部糧食由沒收富戶存糧補給，每日每人發給五分菜錢（每月一元五角），另每月每人發給零用錢二元。又為長遠之計，規定紅軍勢力所控制的地區，分了田地的農民按每年生產收穫糧食總額的15%繳納為軍糧。」這已五倍於唐宋明清列朝之初三十稅一了。

上了井岡山，地瘠民貧，財源銳減，部隊增多，官兵餉額削減四分之三，包括毛澤東的「工農革命軍第一師」，每月只發大洋三塊，但不准隨便沒收民間牛羊，必須統一分配，引起尚有「舊習氣」的部分官兵不滿。

「當時三個大洋可買一百斤糙米，因此農民都喜歡參軍。」1928年初，毛澤東能抽美麗牌香煙。就是月餉二元，由於物價低廉，一角錢可買豬肉半斤或十二個雞蛋，「與一般農民比較，生活還好得多，待遇雖薄，他們

---

[23]　江西省檔案館、江西省委黨校黨史教研室：《中央革命根據地史料選編》（中），江西人民出版社1982年版，頁540～541、545。

亦感滿意。官兵開小差（逃兵）的現象幾乎沒有。」[24]1929年紅軍歌謠：
「月月八塊錢」。[25]月餉唱進歌謠，至少數額值得宣揚。井岡山最初的「紅
色火種」並非什麼「階級覺悟」，綠林好漢「依餉聚兵」的老路子矣。

　　撫恤傷病員亦很重要。「傷病員不加顧惜，軍心就要動搖。要顧惜得
好，設備和給養實在困難萬狀。」1928年5～6月，毛澤東決定將井岡山醫務
所擴大為紅軍醫院，原有的茅坪、大井醫務所已不敷用。醫院經費由王佐負
責，決定在小井街上建一幢能容納千人的醫院，並在紅四軍進行募集經費，
從兩三角到一元，共得捐款千元，自採木材「免費」搭建，冬天大致建成。
由於設施簡陋，西藥缺乏，一切土法上馬，開刀用木鋸與殺豬刀。傷病員的
伙食主要是紅米、南瓜和蔬菜，伙食標準部隊五分，傷病員一角。就這一角
錢，也不能全吃完，醫院得設法節約下來，發給傷病員作零用。[26]

　　1928年7月15日，湖南省委代表杜修經、朱汝湘到達酃縣的紅四軍軍
部，召集營以上幹部會議，傳達中央及省委指示：紅軍主力不應困處井岡，
必須向外發展再入湘南，一則分散白軍目標，二則隨地策動群眾鬥爭，三則
解決紅軍給養。兩位省委代表先到永新找毛澤東詳談，毛不同意再入湘南，
兩位代表只能到酃縣找朱德、龔楚等人再談。朱德在會上發言：

　　　　現在圍繞井岡山的附近地區已民窮財盡，就是白軍不來，我們也
　　無法維持下去，遑論軍費無法籌措，就是軍服問題也難以解決，現在
　　必須佔領較大的城市，方能解決我們目前的困難。省委指示進取湘南
　　的計畫，在目前是可以行的。[27]

　　給養乃是時刻威脅紅軍生存的頭等大事。舊諺：無糧莫聚兵。
　　1928年7月4日，中共湘西南特委軍委給湖南省委的報告：

24　《龔楚將軍回憶錄》，明報出版社（香港）1978年版，上卷，頁117、165、147～148、
　　165～166。
25　蕭三編：《革命民歌集》，中國青年出版社（北京）1959年版，頁76。
26　劉榮輝：〈上井岡山前後〉，參見余伯流、陳鋼《井岡山革命根據地全史》，江西人民出
　　版社2007年版，頁294～296。
27　《龔楚將軍回憶錄》，明報月刊社（香港）1978年版，上卷，頁190。

從經濟上說，四軍人數如此之多，每日至節儉需要現洋七百元，湘南各縣焚殺之餘，經濟破產，土豪打盡，朱部自二月抵耒陽時起即未能籌到一文，僅靠賣煙土吃飯。[28]

朱德回師湘南，主要就是為了移部就糧，然1928年7月下旬攻彬州失敗，9月下旬才遲遲回師井岡，中共黨史稱此次行動為「八月失敗」。1928年8月，井岡山紅軍「八月失敗以後，紅軍損失過半，根據地各縣相繼失陷……林彪怕死動搖，對革命喪失信心，不願過艱苦的鬥爭生活……他說：『天天吃南瓜，能打得下天下嗎？』」這一時期，林彪附議「紅旗到底能打多久」？[29] 軍事上經濟上的雙重窘困更動搖了紅軍將士對革命前途的信心。

此時的井岡山根據地已被國民黨軍隊鐵桶似的四麵包圍。井岡山上的五六千紅軍部隊，除遭受國民黨的重兵包圍外，還面臨著嚴重的經濟困難。糧食儲存不多，給養發生困難，彈藥缺乏，數九寒冬大雪封山，紅軍指戰員不少人還只穿兩件破爛單衣，經費也即將告罄。[30]
井岡山糧食十分缺乏，紅軍官兵常以南瓜作菜，蕃薯和米煮食，生活過於艱苦，以致官兵多不願在井岡山附近駐留，影響朱德的決策很大；為了改善官兵生活，則非急向外發展不可，故對毛澤東要以井岡山為中心，作波浪式的緩緩向外發展的計畫，不感興趣。[31]

1928年11月25日，毛澤東給湖南省委的報告中：

湖南省委要我們注意士兵的物質生活，至少要比普通工農的生活好些。現在則相反，恐怕什麼人的生活都很少有紅軍這樣壞的。因為現洋缺乏，每天每人的五分大洋的伙食錢（米歸地方供給），時常難

[28] 《中共湘西南特委軍委關於紅四軍仍應留湘贛邊給湖南省委的報告》，載《中共黨史參考資料》（三），人民出版社（北京）1979年版，頁27。
[29] 李德江：〈對林彪與「紅旗到底打得多久」問題的探討〉，載《黨史研究資料》第二集，四川人民出版社1981年版，頁502～503。
[30] 余伯流、凌步機：《中央蘇區史》，江西人民出版社2001年版，頁60。
[31] 《龔楚將軍回憶錄》，明報出版社（香港）1978年版，上卷，頁206。

乎為繼。「打倒資本家，天天吃南瓜」。士兵的諺語表示了他們的苦
處。耐得苦，比四軍更耐得苦的恐怕也少了。僅僅發伙食錢，此外一
切費用都省掉，每月都需現洋萬元以上，出發全靠打土豪。但一則打
過的地方，沒得打了；二則敵圍得緊緊的……打土豪也不許你打遠；
三則敵情之嚴重，單獨一兩營兵簡直不能出去籌款。要籌款須得多
兵，問題就不是簡單的了。現在全軍五千人的冬衣，雖得了棉花，還
缺少布。這樣冷了，許多士兵還是穿兩層單衣。好在苦慣了，而且什
麼人都是一樣苦，從軍長到伙夫，一律吃五分錢的伙食。發零用錢，
兩角即一律兩角，四角則一律四角。大家又都懂得是為了無產階級受
苦，因此又不怨恨什麼人。雖然如此，經濟問題始終是很嚴重的。

　　這篇報告即後來很有名的〈井岡山的鬥爭〉，上述引文不少在《毛
選》中刪隱。1928年12月，彭德懷率領平江暴動紅五軍800餘人上井岡山，
吃飯壓力更大了，冬季來臨，日子真過不下去了。紅四軍第28團連長粟裕
（1907～1984）：

　　　　井岡山經濟基礎薄弱，地區比較狹小……這個地區作為一個後方
　　是可以的，從戰略發展觀點來看，作為大發展的基礎不夠理想。

　　幸好1928年秋的井岡山好年景，山下各縣空前大豐收，為武裝割據奠定
物質基礎。各地情形有異，寧岡土地稅為20%。
　　憑藉井岡天險，毛澤東在〈井岡山前委給中央的報告〉中充滿自信：「山
上要隘都築了堅固工事，紅軍醫院、被服廠、軍械處、各團留守處，均在其上。
現正從寧岡搬運糧食上山。若有充足的給養（糧食與現款，最重要的是現款）敵
人是打不進來的。」1928年12月間，井岡山紅軍掀起一場轟轟烈烈的挑糧運動，
「朱德的扁擔」便產生於這一時期。[32]
　　1929年1月，朱毛等在山下柏露村開會，決定紅四軍主力下山，跳出包
圍圈，開闢新區，進軍瑞金。[33]反圍剿前，紅四軍為進軍方向多次開會，林

[32]　余伯流、陳鋼：《井岡山革命根據地全史》，江西人民出版社2007年版，頁303、298～299。
[33]　劉統：〈「朱德的扁擔」之考證〉，載《同舟共進》（廣州）2012年第5期，頁45～46。

彪說：「現在敵人進攻邊界，邊界很困難，紅米南瓜不能解決問題。如不打出去，紅軍就不能維持。」[34]1929年底，朱德率部深入廣東梅縣，「目的是掠奪物資，以解決紅軍的服裝及軍費問題。」[35]

1929年2月25日，湘贛邊界特委書記楊克敏（1905～1930）向中央報告江西蘇區情況：

> 因為紅軍經濟唯一的來源全靠打土豪，又因對土地革命政策的錯誤，連小資產階級、富農、小商也在被打倒之列，又以大破壞之後，沒有注意到建設問題，沒有注意到經濟恐慌的危機，以致造成鄉村全部的破產，日益激烈的崩潰。

> 因為供不應求之故，價值的昂貴，等於上海的物價，因為經濟如此的崩潰，經濟恐慌到了如此程度，一般民眾感覺得非常痛苦，而找不到出路，所以富中農多反水，中農動搖，貧農不安，農村中革命戰線問題發生了嚴重的危機。……這個經濟恐慌的危機，是邊界割據的致命傷。

> 紅軍中的生活與經濟是非常之艱難的，擁有數千之眾，每個月至少要一萬五千元作伙食費，米還是由當地籌辦的，經濟的來源全靠去打土豪，附近各縣如寧岡、永新、茶陵、鄘縣、遂川土豪都打盡了，再要打就須遠一點去，要遠一點去就必須與敵人硬拼一次才通得過，所以打一次土豪就必須大的部隊出發。紅軍中的薪餉，早就廢除了，只有飯吃，有錢的時候發一二塊錢的零用錢，最近幾個月來，不講零用錢不發，草鞋費也沒有發，伙食費也減少了。最近兩月來，每天每人只發伙食費三分四分油、四分鹽、米一斤四兩、三分錢一天的小菜錢，只買的一斤南瓜，洗衣剃頭穿草鞋吃煙的零用錢沒有發了，所以最近以來，士兵生活特別的苦（不論士兵官長以及地方工作的也是一樣）。去年冬天，棉衣問題幾乎無法解決，後來在遂川買得幾千斤棉花，搶得一點布，才勉強解決了。所以近來士兵生活感覺得不安，當

34　肖克：〈向贛南、閩西進軍和第一次反「圍剿」〉，載陳毅、肖華等：《回憶中央蘇區》，江西人民出版社1981年版，頁129。
35　《龔楚將軍回憶錄》，明報出版社（香港）1978年版，上卷，頁237。

時有一句口號「打倒資本家，天天吃南瓜」，可以概見士兵的情形，因此士兵動搖起來了，有開小差的、拖槍跑的，下級幹部也深感不安，所以最近向贛南的原因大部也是為的經濟問題——應付敵人的會剿，當然是這次的重要原因，因為四軍如果不出發解決經濟問題，大多數的群眾，有不能領導了的危險。這個經濟問題，要算紅軍中最困難的問題，也就是邊界割據的致命傷。[36]

1931年10月3日，〈蘇區中央局關於第三次反「圍剿」作戰經過給中央的報告〉中，向中央彙報每月經費使用：

紅軍給養連醫院用費每月約需十八萬元，第一次戰爭前，士兵伙食每天一角五分，一次戰爭後減至一角，有一時期減至八分，現仍一角，零用錢平均每月不夠一元，惟連續幾個月沒有發。目前冬衣成嚴重問題，須費十五萬元，又買棉花不到。[37]

一些外地新加入的紅軍隊伍，「這些官兵不肯上山，總要占城市，以致免不了硬仗。」[38]

其他紅區，給養也仍是重要問題。1927年11月13日鄂東黃（安）麻（城）暴動，二萬餘農民彙聚黃安縣城，吃住很困難，只能命令農軍次日返鄉。[39]海陸豐根據地紅二、四師千餘人，每人每月生活費、零用費七元，月需現洋七千元，加上伙食費、醫療費、服裝費，數額還要大得多。[40]

1932年3月20日，湘鄂西中央分局致信湘鄂贛省委，談到紅軍給養：

對於紅軍的給養，你們感覺非常困難……十六軍沒有一次籌款到

---

[36] 〈楊克敏關於湘贛邊蘇區情況的綜合報告〉，載江西省檔案館、江西省委黨校黨史教研室：《中央革命根據地史料選編》（上），江西人民出版社1982年版，頁19～20、36～37。

[37] 中共中央黨史文獻研究室、中央檔案館：《黨的文獻》（北京）1991年第3期，頁26。

[38] 彭德懷：〈給中央的信〉。載江西省檔案館、江西省委黨校黨史教研室：《中央革命根據地史料選編》（中），江西人民出版社1982年版，頁417。

[39] 許世友：《我在紅軍的十年》，戰士出版社（北京）1983年版，頁59。

[40] 趙效民主編：《中國革命根據地經濟史》（1927～1937），廣東人民出版社1985年版，頁119。

二千餘元以上。你們為什麼不計畫奪取一兩個市鎮來解決布匹糧食呢？你們為什麼不去沒收附近白區地主的糧食與財物呢？征罰蘇區富農糧食呢？你們沒有用一切力量去作這些工作，你們所想的都是上海中央和湘鄂西中央分局給你們之錢……你們現在必須動員一切力量去沒收糧食，你們要儲藏××萬石穀準備擴大紅軍吃到下屆秋收之月。[41]

不少本地同志自帶糧食幹革命，沒有零用錢，一天五分錢菜金，連鞋襪都在內。鹽更困難，一塊銀洋只能買三、五兩，甚至更少。鹽搞不到，有人就熬硝鹽，把廁所底下的土挖出來熬鹽，甚至用死人墓下的土熬鹽，以致中了毒。[42]

1933～1934年，除川陝蘇區外，其他蘇區普遍甚缺食鹽，中央蘇區發起「熬鹽運動」，鹽價從一兩多／元降至三～五兩／元。赤白二區食鹽差價巨大，1933年廣東梅縣一元購鹽七斤，運至蘇區，十二兩（老秤十六兩制）／元。[43]農民、商人想盡一切辦法往蘇區「走私」——竹筒藏鹽、便桶夾層裝鹽、棺木運鹽。1932年8月17日《長沙市民日報》：「佃農無知，惟利所在，巧避關防，偷為供給。」[44]

據張震（1914～，後任中共中央軍委副主席）記述：1934年第四次反圍剿，「食鹽成了珍寶。當時，如果你出錢買一口豬，我能想法弄來鹽，那就等於是我請客了。」[45]由於戰亂與交通不便，直到1945年8月21日八路軍120師359旅南下支隊在湘贛邊界，搜到國民黨九戰區大倉庫，儲備的主要「戰略物資」仍是大米、食鹽。南下支隊每人帶足三天糧三斤鹽，剩下部分散給附近農民，老鄉們帶著籮筐布袋，一個個眉開眼笑。次日，南下支隊行軍途

[41] 〈湘鄂西中央分局給湘鄂贛省委的信〉，載《湘鄂贛革命根據地文獻資料》第二輯（內部發行），人民出版社（北京）1986年版，頁81。
[42] 王觀瀾：〈中央蘇區的土地鬥爭和經濟情況〉，載陳毅、肖華等：《12月第一》，江西人民出版社1981年版，頁352。
[43] 毛澤東：〈粉碎五次「圍剿」與蘇維埃經濟建設任務〉，載《中央紅軍五次反「圍剿」資料選編》，復旦學報（社科版）1979年12月內部發行，頁276。
[44] 趙效民主編：《中國革命根據地經濟史》（1927～1937），廣東人民出版社1983年版，頁372～377、408。
[45] 張震：〈蠟燭形高地上的防禦戰〉，載《星火燎原》選編之二，戰士出版社（北京）1979年版，頁239。

中熱渴難耐，少數戰士累得走不動，將背負的食鹽倒在山坡上，旅長王震立即讓警衛員用手捧起，包在毛巾裡，親自進村送給窮苦老鄉。這一帶，食鹽很金貴，不少老鄉幾個月吃不上鹽，見南下支隊背著這麼多鹽，很羨慕，願意用雞換鹽。[46]

《粟裕戰爭回憶錄》：

> 本來井岡山的經濟基礎就差，加上敵人的封鎖，就更困難了。部隊的生活是很艱苦的。布很難買到。軍衣都是自己動手作。領到白布，用鍋灰煮成灰顏色，裁好後自己一針一針地縫。我第一次做褲子時，不會裁，就把自己身上穿的一條褲子拆開來照樣子裁，然後再縫起來，做一條褲子縫兩次。穿著自己做的褲子格外高興。衣服很少更新，全身破破爛爛的。到了冬天，棉衣很少，號召共產黨員、共青團員不穿棉衣，讓給傷病員穿。所有幹部、戰士都會打草鞋，用稻草打。吃得也很苦，每天的伙食除糧食外，油鹽菜金五個銅板。基本上餐餐吃紅米、南瓜。南瓜吃了漲肚子，不好受。戰士們風趣地編了一首歌謠：「紅米飯，南瓜湯，秋茄子、味好香，餐餐吃得精打光。」由於敵人的封鎖，最困難的是部隊吃不到鹽。不吃鹽，行軍、作戰沒得勁。後來自己熬硝鹽吃。硝鹽就是把房屋牆角下長的一種白毛刮下來，用水熬。那東西又苦又澀，但畢竟比沒有鹽好一些。[47]

1931年9月25日，中秋前夜，紅軍將領龔楚重入長汀──

> 街上雖然有月餅出售，但比起1927年中秋節的熱鬧情形，已冷落得多了。當年我參加南昌暴動後，曾經長汀入粵時，也正值中秋佳節。那裡長汀市面繁盛，想不到四年之後，竟然如此！這正反映出蘇區的農村經濟已開始衰退了，而人民的生活也日趨艱苦了。[48]

---

[46] 王首道：《憶南征》，人民出版社（北京）1981年版，頁139。

[47] 《粟裕戰爭回憶錄》，解放軍出版社（北京）1988年版，頁67～68。

[48] 《龔楚將軍回憶錄》下卷，明報出版社（香港）1978年5月初版，頁345。

經濟對軍事的影響相當直接。1935年春，青黃不接季節，鄂豫皖蘇區紅軍斷糧，只好抽調部隊到處籌糧。七里坪攻堅戰從5月2日堅持至6月中旬，由於經常斷糧、疾病蔓延、病餓致死者日增，紅25軍從八千人減員至四千，情況嚴重，鄂豫皖省委書記沈澤民只得於6月13日下令撤退。[49]

就是搞情報，事關重大，也離不開阿堵物。第五次反「圍剿」，戰事熱酣，彭德懷在廣昌前線向中央彙報，為使軍事消息在任何情況下保持靈通，每月所需現金至少兩萬。[50]

反過來，國軍對蘇區的任何軍事行動，也開支巨大，也得經濟支持軍事。1929年1月下旬國軍會剿井岡山，重賞繳槍，一枝卅元，兵丁攻擊前僕後繼。[51]至於朱毛及龔楚（紅四軍前敵三委員之一）等賞格，活捉一人賞金兩萬、擊斃一萬、通風報信五千。[52]

贛軍生活也十分艱苦，欠餉十月，伙食減至一角二分，隆冬有的僅靠一件單衣禦寒，春秋無夾衣，鞋襪從未發過。[53]1934年，劉湘「空全川之兵」對川陝蘇區六路圍攻，歷時11個月，耗資1900萬元。官損五千、兵折八萬，難複為繼，只得向蔣介石請免「四川剿匪總司令」本兼各職。[54]1933年，國軍為緝拿劉志丹：「告密者賞洋千塊，綁送者賞洋一萬。」[55]抗聯將領周保中的首級，1938年日寇懸賞十萬，後喊出「一兩肉賞一兩黃金」。[56]1935年4月2日，紅31軍攻打劍門關，守關國軍團長命營長抬出銀圓，發給每個士兵「拼命獎」，營長沒發幾人，中彈陣亡，很快丟了關。[57]

紅軍對國軍也懸賞邀降。1931年12月2日，紅四方面軍總政治部〈宣傳

49　馬勇：〈沈澤民之死〉，載《黨史文匯》（太原）1990年第5期，頁20。
50　〈彭德懷關於作戰等問題給軍委的信〉（1934年4月1日），載《黨的文獻》（北京）1991年第6期，頁61。
51　彭德懷：〈給中央的信〉，載江西省檔案館、江西省委黨校黨史教研室：《中央革命根據地史料選編》（中），江西人民出版社1982年版，頁417。
52　《龔楚將軍回憶錄》上卷，明報出版社（香港）1978年5月初版，頁191。
53　中共江西省委：〈江西軍事工作報告〉（1929年5月4日），載江西省檔案館、江西省委黨史教研室：《中央革命根據地史料選編》（中），江西人民出版社1982年版，頁418。
54　許世友：《我在紅軍的十年》，戰士出版社（北京）1983年版，頁292。
55　劉占江：〈陝北紅花開〉，載《紅旗飄飄》第15集，中國青年出版社（北京）1961年版，頁94。
56　王效明、王一知：〈我們所知道的周保中同志〉，載《革命回憶錄》第7輯，人民出版社（北京）1982年版，頁148～149。
57　陳康：〈攻克天險劍門關〉，載《星火燎原》之二，解放軍出版社（北京）1986年版，頁318。

工作要點〉，針對國軍士兵：1、召開歡迎新同志大會、魚肉宴會。2、空手過來，給大洋數十元；整營整團嘩變過來，優待辦法面商；殺死白軍重要官長來投紅軍者，重賞；凡拖隊伍來投紅軍，不論多少均特別優待。3、投誠軍官按原職或長級任用。各紅區均有小股三兩白軍「投誠」。[58]

　　經濟因素是紅軍必須考慮的。1928年12月上旬，平江暴動的彭德懷紅五軍來井岡山會師，國軍三省會剿，毛澤東決定紅五軍及王佐部留守，其餘各部轉向贛南。有人主張去湘鄂贛邊界或湘南，毛澤東認為湘鄂贛邊界地區狹小，北有長江、東有贛江、西有湘江、南有株萍鐵路，白軍運動便利，紅軍迴旋地區太小。湘南則交通便利，此前暴動受挫，群眾餘悸，不宜再去。贛南除了白軍兵力薄弱、方志敏部在活動、贛閩浙粵迴旋餘地較大，還有江西自然經濟成分較大，農民經歷大革命，容易籌糧籌款，而交通不便則可避敵。擺出如此詳盡的利弊分析，全軍一致認同，四千餘紅四軍於1929年1月1日出發，經上猶、崇義至大庾，進軍贛南，後開闢「中央蘇區」。[59]

　　第四次反圍剿黃陂戰役，一位紅軍炊事員往前線送飯，半路遭遇一大群三天沒吃飯的國軍散兵，一哄而上吃光他挑的飯，還要求帶他們下山找飯吃。於是，這位炊事員挑著空擔領著近一營白軍「受降」。是役，不僅俘敵三萬餘人，繳獲各種槍支三萬多支，子彈八十多萬發，炮數十門，炮彈數千發，炮工營還繳獲國軍兩個師三個月薪餉，鈔票現洋成捆成堆，一個工兵排運不了，增派一個連才將款子運回。[60]

　　經濟還直接反映到戰爭進程中。1934年4月10～27日廣昌戰役，紅軍九個師對國軍十一個師，人家有高武器飛機、遠武器炮兵，毛澤東說「這是叫花子和龍王比寶」，本兒大的國民黨當然希望這樣拼消耗。由於紅軍沒有重武器，國軍遠距離衝鋒也採用營方隊密集陣形。紅軍的各種槍炮、手榴彈只能在一定距離內開火。「敵人的炮兵陣地只離我們有千把米，完全暴露，每天進行試射，我們對之毫無辦法。」[61]這一仗，紅軍傷亡僅10月27日就損失

58　彭希林：〈紅四方面軍的首次大捷──黃安戰役〉，載《革命回憶錄》第13輯，人民出版社（北京）1984年版，頁104～105。

59　劉型：〈黃洋界保衛戰前後〉，載《紅旗飄飄》第13集，中國青年出版社（北京）1959年版，頁41～42。

60　趙章成：〈炮擊龍坪〉，載《星火燎原》選編之二，戰士出版社（北京）1979年版，頁221～222。

61　陳伯鈞：〈從第五次反「圍剿」到遵義會議〉，載《中共黨史資料》第13輯，中共黨史資

八千餘人。[62]決定只能西撤突圍，開始長征。

二、打土豪經濟

　　紅軍給養主要依靠「打土豪經濟」。1927年12月21日，中共中央指示南昌暴動朱德殘部：「你們隊伍一切的給養，均應從豪紳官吏財主地主身上著想，千萬不要空想黨會來幫助。這不但事實不可能，而且原則所不許。」[63]

　　1927年7月中旬，開赴南昌準備參加暴動的賀龍部二十軍獨立團，到達平江長壽街，扣留幾位最富的大地主大商人，要他們拿錢贖身。兩三個拒不出錢，出發時帶走，最後家屬還是交錢來贖，「我們用這辦法搞了一萬餘元現洋，叫做『吊肥豬』。」這支部隊就是參加秋收暴動的第三團。[64]10月，毛澤東率秋收暴動殘部抵達井岡山，與袁文才、王佐的「綠林」合編，但毛的第一團並未立即上山，而是先開至蓮花、攸縣、茶陵等縣去打土豪。

　　毛澤東：「向著一切國民黨區域去擴大我們的財政收入，向著一切剝削分子的肩上安放著蘇維埃財政的擔子……這就是克服困難的方法。」[65]1931年2月，閩西蘇維埃政府明確規定：「開闢財源問題。各縣有工農武裝或遊擊隊的，須向白色區域遊擊，打土豪籌款。」

　　1928年1月，紅軍攻佔遂川縣，進而佔領草林鎮，打了兩個大土豪，沒收全部財產，獲兩萬多塊銀洋、七百多擔布匹。5月，攻下永新縣城，沒收土豪劣紳財產，挑回井岡山三百多擔布、兩百多擔鹽和西藥等物資。9月，再占遂川城，獲一萬銀洋與大量金銀首飾、棉花，[66]井岡山「全軍五千人的冬衣，有了棉花，不缺少布。」雖然打土豪甚有斬獲，井岡山上的日子仍十

　　料出版社（北京）1985年版，頁84～86。

[62]　陳復生：《九死復生──一個百歲老紅軍的口述史》，中央文獻出版社（北京）2010年版，頁309。

[63]　中共中央：〈德兄並轉軍中全體同志〉，原載《中央政治通訊》第16期，1927年底或1928年初編印。參見《黨史研究資料》第二集，四川人民出版社1981年版，頁513。

[64]　張啟龍：〈秋收起義前後三團活動回憶片斷〉，載《紅旗飄飄》第17集，中國青年出版社（北京）1979年版，頁248。

[65]　中華蘇維埃共和國中央執行委員會：《蘇維埃中國》，1933年印行；中國現代史資料編輯委員會翻印，1957年7月第1次印刷，頁277～278。

[66]　〈草林公社太平大隊革命老人集體回憶〉，參見趙效民主編：《中國革命根據地經濟史》（1927～1937），廣東人民出版社1983年版，頁116～117。

分艱難。毛澤東撰於1928年11月25日的〈井岡山的鬥爭〉：

> 　　每天每人只有五分大洋的油鹽柴菜錢，還是難乎為繼。僅僅發油
> 鹽柴菜錢，每月也需現洋萬元以上，全靠打土豪供給。[67]

1928年7月，莫斯科中共「六大」〈決議案〉明確土地革命、推翻國民黨政府，喊出「殺盡土劣貪官！」[68]規定「沒收地主階級的一切土地」、「沒收外國資本家的企業和銀行」[69]──

> 　　沒收標準不限於豪紳地主，只要真實的群眾要求，自耕農的土地
> 亦得沒收。……以勞動力為標準分配與男女老幼平分，應該採取後
> 者，這是為了爭取廣大貧農群眾所不可忽略的緊要策略。「發展生
> 產」不是目前策略的第一標準，「爭取群眾」才是目前策略的第一標
> 準。[70]

1928年10月5日《湘贛邊界各縣黨第二次代表大會決議案》，形成土地革命路線：

> 　　農村鬥爭整個策略是：團結貧農，抓住中農，深入土地革命，厲
> 行赤色恐怖，毫不顧惜地殺戮地主豪紳及其走狗，用赤色恐怖手段威
> 脅富農，使其不敢幫助地主階級。[71]

史達林接見中共「六大」代表，有人問：「史達林同志，中國究竟得殺

---

[67]　《毛澤東選集》第一卷，人民出版社（北京）1962年版（1966年改橫排版），頁64。
[68]　紅安縣革命史編寫辦公室：〈黃麻起義〉，載《中共黨史資料》第17輯，中共黨史資料出版社（北京）1986年版，頁232。
[69]　何干之主編：《中國現代革命史》，上海人民出版社1985年版，頁126～127。
[70]　〈前委通告第1號〉（1930年2月16日），載《中共黨史參考資料》（三），人民出版社（北京）1979年版，頁59。
[71]　《井岡山革命根據地》上冊，轉引自余伯流、陳鋼：《井岡山革命根據地全史》，江西人民出版社2007年版，頁308。

多少土豪劣紳，革命才能成功呀？」[72]

　　退入貧瘠山區後，經濟是除了國軍進剿以外的最大壓力。階級覺悟、革命意志之類，都是後來的文藝宣傳，紅軍不可能因「特殊材料製成」而不需要糧餉。窮人固然有參加革命的天然階級性，但前提仍是必須提供基本生存條件。事實上，只有當革命鬧騰起來，有了一定規模與財力，窮人才會大批跟進。艱難的草創期，最堅定的革命者當然還是「理想堅定」的知識分子。

　　井岡山一帶稍有存糧者都逃走了，剩下的都是靠紅薯雜糧過活的苦人。紅軍糧食發生了問題，生活更加艱苦。一首著名的井岡山順口溜：「打倒資本家，天天吃南瓜；打倒大土豪，夜夜睡稻草。」不僅意志薄弱的官兵心生怨忿，中級幹部也發生動搖。紅二十八團第二營長袁崇全率隊叛逃，團長王爾琢與袁崇全為黃埔同學，趕去制止，被袁開槍打死。隨後林彪率大隊人馬趕到，這次集體叛變才被制止，袁崇全帶少數親信逃脫。[73]

　　南昌暴動、秋收暴動、平江暴動之初，均發生軍官叛變。南昌暴動：僅高級軍官就有第十師長蔡廷鍇（率部叛離）、軍參謀長陳裕新、副師長歐學海、教導團黨代表魏瑾鈞。秋收暴動，師長余灑度叛變。中下級軍官叛變的就更多了。平江暴動時，第一大隊長李玉華、第四大隊長雷振輝叛變。[74]

　　1928年8月26日，贛南紅軍第15縱隊在橋頭抓到幾個土豪與收屍捐的胥吏，搞到五六百塊銀元、八條槍。1929年1月8日，興國寨塘成立的第十六縱隊，在興國東村、于都一帶打土豪，搞到一千二百餘元銀洋。1929年2月25日，紅二、四團在于都打遊擊，繳獲步槍二百餘支，機槍兩挺，駁殼槍四支，子彈十一擔，銀洋三千多元。[75]

　　1929年1月23日，彭德懷的紅五軍開往于都，因缺少彈藥，買了幾百元的子彈（五粒子彈／元），這才3月7日打下于都，潰敵一營，繳槍百餘支、水旱機關槍一挺、子彈七擔，銀洋三千多。當天在南郊里仁召開群眾大會，到會群眾每人兩塊銀洋。[76]4月中旬，失守井岡山三個月後，彭德懷、滕代遠

[72]　金城：《延安交際處回憶錄》，中國青年出版社（北京）1986年版，頁94。

[73]　《龔楚將軍回憶錄》，明報出版社（香港）1978年5月初版，上卷，頁199～200。

[74]　滕代遠：〈平江起義前後〉，載《紅旗飄飄》第19集，中國青年出版社（北京）1980年版，頁244。

[75]　李祖軒：〈江西紅軍獨立第二、第四團〉，載陳毅、肖華等：《回憶中央蘇區》，江西人民出版社1981年版，頁43～45。

[76]　李曉峰：〈于都城首次得解放〉，載陳毅、肖華等：《回憶中央蘇區》，江西人民出版社

率領紅五軍，近二十天一路拼殺，重回井岡。彭德懷「撥了兩千銀元救濟老百姓」，[77]茨坪、大小五井鄉親，每人分得兩塊銀元。[78]

　　1929年1月，國府調集湘贛兩省18個團約三萬兵力會剿井岡，山上五六千紅軍給養困難，彈藥缺乏。大雪封山，紅軍只有兩件破爛單衣，經費即將告罄。2月10日大年初一，朱毛紅四軍（3660餘人）攜槍1100餘支下山，[79]在瑞金大柏地打了一仗，消滅追敵劉士毅旅兩個團，繳槍八百餘支。獲勝後攻下寧都縣城，「紅軍的衣服、糧食、械彈都得到補充，並在商場籌得現金五千元，加上打土豪沒收現金及罰款近萬元，官兵精神因之大振。」[80]

　　中共黨史記述：

> 　　寧都縣城的商家、富戶出於自保，也於紅軍入城當天臨時成立商會招待處，接待紅軍。在寧都黨組織密切配合下，紅軍在寧都城籌得現洋5500元，草鞋、襪子七千餘雙，棉布300多疋。軍部經理處給全軍上下每人發了四角小洋和新草鞋新襪子。紅軍還派人到城外打土豪，籌集了一批糧食，全軍每個戰士的糧袋都裝得滿滿的。[81]

　　紅軍發給白軍俘虜回家路費，「由他們自報，報多少，發多少，一共發了3500塊錢。」回家俘虜一般發路費三元，一部分俘虜當了紅軍。「由於大柏地戰鬥時我們的給養還很困難，當時向當地老俵借了很多吃的、用的。」同年5月，紅四軍再回大柏地，向借糧借物的老鄉還款3500塊。[82]然後趁勝進寧都城停留一晚，得到寧都商人的籌款，官兵每人發了十幾個銀毫子。[83]2月18日，紅四軍與江西獨立紅二團、四團會師東固，毛澤東仍向紅二、四團

　　1981年版，頁63～64。

[77]　《彭德懷自述》，人民出版社（北京）1981年版，頁129。

[78]　余伯流、陳鋼：《井岡山革命根據地全史》，江西人民出版社2007年版，頁385。

[79]　劉型：《開闢中央革命根據地》，陳毅、蕭華等：《回憶中央蘇區》，江西人民出版社1981年版，頁117。

[80]　《龔楚將軍回憶錄》，明報出版社（香港）1978年版，上卷，頁229。

[81]　余伯流、凌步機：《中央蘇區史》，江西人民出版社2001年版，頁73。

[82]　宋裕如：〈大柏地戰鬥前後的情況〉，載陳毅、蕭華等：《回憶中央蘇區》，江西人民出版社1981年版，頁61～62。

[83]　賴毅：〈從井岡山到贛南〉，載陳毅、蕭華等：《回憶中央蘇區》，江西人民出版社1981年版，頁55。

請求經濟援助。次日，「紅二、四團送了二千銀元給紅四軍，並送了一些子彈和衣服。」[84]

1928～1929年，陳毅記述：

> 籌款工作，紅軍每月至少要需要五萬元左右，這筆款項大部出在土豪身上，小部出在城市商人，有時可以叼光敵人輸送一部分來。[85]

為解決經濟困難，鄂豫皖蘇區軍需處關押著上千土豪，按身分區別優待，「希望他們能設法繳出一些罰款、醫藥用品以至軍用品等。但日子久了，在他們身上愈來愈榨不出甚麼油水來了。」被俘虜的國軍將領也當土豪打，紅四方面軍以二十萬元物資為條件釋放國軍師長岳維峻。岳未食言，送來物資、藥品。[86]

地方遊擊隊也只能靠打土豪籌款，甚至各級黨委機關也需要遊擊隊籌款。1927年12月，湖北省委得到遊擊隊三次送來的千兩黃金，因遊擊隊抄了一家銀號。[87]1929年5月4日，江西省委給中央的報告中：「遊擊隊經濟來源是擄人勒贖……每個月規定有六元的津貼，但是沒有按期發給，好在也不一定要津貼來生活。」[88]後來，紅軍門檻越來越精，地主、富戶雖然跑了，但可殺地主、富戶的幾頭豬、吃他幾擔米，如折合50元，留條勒令再「捐」150元，指定送到某地。地主、富戶回來，見紅軍未徹底毀其家產，會將150元送到指定地點。這樣，矛盾不激化，一樣達到目的。也有不送的，便先加倍「罰款」，再派人「警告」，地主、富戶一般只能乖乖「認捐」。[89]

1929年3月14日，紅軍消滅閩西當地部隊郭鳳鳴旅，抬著郭鳳鳴屍體進

[84] 李祖軒：〈江西紅軍獨立第二、第四團〉，載陳毅、蕭華等：《回憶中央蘇區》，江西人民出版社1981年版，頁45。
[85] 陳毅：〈關於朱毛紅軍的歷史及其狀況的報告〉（1929年6月），載江西省檔案館、江西省委黨校黨史教研室：《中央革命根據地史料選編》（中），江西人民出版社1982年版，頁457。
[86] 張國燾：《我的回憶》第三冊，東方出版社（北京）1998年版，頁36～37。
[87] 賀龍：〈回憶紅二方面軍〉，載《近代史研究》（北京）1981年第1期，頁2。
[88] 江西省委：〈江西軍事工作報告〉，載江西省檔案館、江西省委黨校黨史教研室：《中央革命根據地史料選編》（中），江西人民出版社1982年版，頁430。
[89] 粟裕：〈回憶浙南三年遊擊戰爭〉，載中國革命博物館黨史研究室編：《黨史研究資料》1983年第8期（總第73期），頁14～15。

入汀州，懸郭首級於城頭，住了一周，向商會籌繳大量錢款。沒收郭鳳鳴一小型軍服廠，趕制四千套列寧裝式樣、佩有紅領章的灰軍裝與紅五星八角軍帽、灰布綁腿，每人發一套，紅四軍創建以來第一次統一著裝。「又籌集到軍餉現洋五萬元……給四軍每人發了四元零用錢，官長、士兵、俘虜兵一律平等待遇。」[90]不僅做了軍旗與縱隊旗幟，還給上海中央匯款。[91]1929年6月1日，〈朱毛紅軍前敵委員會報告〉（發自永定）：「在汀州十七天，僅向大商人籌款二萬，向豪紳地主籌款三萬。」[92]汀州距離瑞金約百里，商貿繁鬧，後稱「紅色上海」。[93]

1930年夏，「打開吉安，贛江東西兩岸的根據地連成一片，我們籌了十萬元錢，同時擴大了紅軍，將遊擊隊、赤衛隊整排整連地補充到了部隊，為粉碎敵人的第一次『圍剿』作了準備。」[94]

1930年3月，紅七軍在黔桂邊界東渡紅河；4月初佔領懷遠，籌款數萬銀圓；4月底，攻克榕江，繳獲步槍600支、子彈十餘萬發、幾門大炮、一座電臺，籌款十萬元。11月7日，紅七軍到達武崗城下，本不打算攻城，但為解決經濟與服裝，決定攻城，連攻四晝夜，傷亡數百，何鍵調援的五個團逼近，只得撤圍，急行軍突襲全州，籌到幾萬塊錢。入道縣空城，「商人都跑光了，無法籌款。」從道縣到江華百里行軍，正值隆冬，戰士還是單衣，「有的戰士因為沒有禦寒的衣服而犧牲了。」[95]12月28日，紅七軍攻佔湘西南江華縣城，「部隊住下來一天，這一天實行沒收資本家的商店一切的一切。特別是布匹衣服是寶貝，有的衣服沒有裁就穿。第二天一早部隊又走了，真好看，部隊穿的衣服是那樣花花綠綠，帽子也是各種各樣，各有多種，顏色不同。真有點不像軍隊……」[96]在廣東連州，本擬攻城，「連州商

90 余伯流、凌步機：《中央蘇區史》，江西人民出版社2001年版，頁79。
91 劉型：〈開闢中央革命根據地〉，載陳毅、蕭華等：《回憶中央蘇區》，江西人民出版社1981年版，頁118。
92 〈朱毛紅軍前敵委員會報告〉，載江西省檔案館、江西省委黨校黨史教研室：《中央革命根據地史料選編》（中），江西人民出版社1982年版，頁433。
93 方方：〈三年遊擊戰爭〉，載《紅旗飄飄》第18集，中國青年出版社1979年版，頁78。
94 肖克：〈向贛南、閩西進軍和第一次反「圍剿」〉，陳毅、肖華等：《回憶中央蘇區》，江西人民出版社1981年版，頁135。
95 袁任遠：〈從百色到湘贛〉，載《中共黨史資料》第13輯，中共黨史資料出版社（北京）1985年版，頁64～65、72。
96 紀秋暉編輯：〈從廣西到江西──紅七軍宣傳隊員謝扶民的日記摘抄〉，載《黨史研究資

會答應籌款三萬元，我們也就解圍了。」[97]

　　1929年加入紅軍的邱會作說：紅軍沒有固定財源，發的物品多為打土豪沒收來的，搞到什麼發什麼，也不管合用不合用，能解決困難就行。打下吉安後，商家訴紅軍有搶掠行為，一些士兵進鐘錶店搶鬧鐘，勤務兵繫在胸前讓長官看時間。貴重的手錶卻一隻沒動，因為不「認識」手錶。進百貨商店，紅軍士兵搶的也是馬燈、手電筒，其他值錢的東西也沒拿。來自山區農民的紅軍士兵並不認識城裡貨。後為中國人民解放軍總後勤部部長的邱會作承認：不會花錢、商品意識淡漠，乃紅軍一代幹部之通病。[98]

　　1931年9月3日〈中央蘇維埃區域報告〉：「我們的經濟來源完全是紅軍本身到白區去籌款，經濟總要籌足三個月的款項。」[99]

　　1931年初，第一次反「圍剿」打了勝仗，紅軍生活仍很艱苦，只能吃酸菜蘿蔔，豆腐就算上等菜了。從總司令到戰士，同樣發一元零用錢、五角草鞋費，每週分三四十銅板的伙食尾子。[100] 紅軍第一後方醫院的工作人員，每天半斤米，五分油鹽柴菜錢；月底分點伙食尾子，還得交黨費團費、買線補衣、買信封信紙寫家信。傷員每天最少一斤米，一角或一角二油鹽菜錢，每餐一二兩肉，另發衣服被褥，「在那樣的情況，能做到這樣是不容易的。……吃的鹽大部分是自己挖廁所地下的土熬出的硝鹽。」因醫院工作人員待遇比前方戰士要低，傷病員如有兩條短褲會送給醫護人員，或將節省下的糧食讓給工作人員吃，醫護人員堅決謝絕，有時會搞得爭執不下。[101] 還有用墓下土熬硝鹽，以致中毒。[102] 因為傷患洗淨傷口的鹽都缺乏。[103] 只有在戰

料》第二集，四川人民出版社1981年版，頁567。

[97] 袁任遠：〈從百色到湘贛〉，載《中共黨史資料》第13輯，中共黨史資料出版社（北京）1985年版，頁74。

[98] 程光：《心靈的對話》，北星出版社（香港）2011年版，下冊，頁724。

[99] 歐陽欽：〈中央蘇維埃區域報告〉，載江西省檔案館、江西省委黨校黨史教研室：《中央革命根據地史料選編》（上），江西人民出版社1982年版，頁374。

[100] 劉戇：〈紅一方面軍總司令部在寧都黃陂、小布、青塘等地活動情況〉，載陳毅、蕭華等：《回憶中央蘇區》，江西人民出版社1981年版，頁187。

[101] 劉達：〈紅軍第一後方醫院在寧都縣安福的情況〉，載陳毅、蕭華等：《回憶中央蘇區》，江西人民出版社1981年版，頁195～196。

[102] 王觀瀾：〈中央蘇區的土地鬥爭和經濟情況〉，載陳毅、蕭華等：《回憶中央蘇區》，江西人民出版社1981年版，頁352。

[103] 余伯流、陳鋼：《井岡山革命根據地全史》，江西人民出版社2007年版，頁327。

鬥間隙進行休整，洗澡、煮衣除虱。[104]

1931年春，第二次「反圍剿」，紅軍為等待國軍離開堅固工事，在東固一共等了25天。紅三軍團政治部保衛大隊政委李志民（1906～1987，上將）：

> 我們在東固等待敵人離開鞏固的工事，等了好長一段時間。當時，我們軍隊那麼多人，集中那麼一個小地方，糧食、蔬菜、油等都碰到很大困難。沒有菜吃，我們就上山拔筍子、下水捉魚子、撿田螺。筍子又無油，吃得肚子更難受。[105]

朱德率一軍團百餘團以上幹部到三軍團二十七團參觀工事，二十七團沒有糧食招待，將僅有一升米摻和上筍螺煮食，沒油又沒鹽。[106]

經濟的槓桿作用還表現於百色暴動。百色暴動親歷者：

> 官兵薪餉一律發銀洋20元。
>
> 不僅是工農分子熱烈參軍，甚至桂系軍隊中的士兵，亦有自南寧方面出走來百色參加紅軍者。他們當時並不解革命，主要的原因是為官兵平等、薪餉待遇好所吸引。
>
> 當時白軍士兵每月只有七元而已，所以紅軍的待遇是全國所未有的。官佐的待遇雖然是低些，但亦足以維持其個人生活……從來沒有過逃兵。[107]

國民黨軍隊圍剿蘇區，也用經濟刺激。張輝瓚鼓舞士氣的口號：「打進東固山，金子銀子用籮擔」。[108]

1930年7月26日，彭德懷的紅三軍團攻佔長沙，俘敵四千餘人、繳槍

---

[104] 余伯流、凌步機：《中央蘇區史》，江西人民出版社2001年版，頁75。

[105] 李志民：〈中央蘇區反一、二、三次大「圍剿」的片斷回憶〉，載陳毅、蕭華等：《回憶中央蘇區》，江西人民出版社1981年版，頁163。

[106] 李聚奎：〈回憶二次、三次反「圍剿」戰役〉，載陳毅、蕭華等：《回憶中央蘇區》，江西人民出版社1981年12月第一版，頁154～155。

[107] 龔楚：《龔楚將軍回憶錄》，明報出版社1978年版，上卷，頁255～256、262～263。

[108] 孫鶴一：〈打長沙和第一次反「圍剿」〉，載陳毅、蕭華等：《回憶中央蘇區》，江西人民出版社1981年版，頁148。

三千餘支、「正法」一大批各縣逃進城的「土豪劣紳」、釋放數千「政治犯」、擴紅七千餘人，還得款40萬元。

1930年11月7日，江西省蘇維埃政府發出《緊急通令》，要求各級蘇維埃政府「迅速集中經濟節省費用應付階級決戰」，務必於三個月內籌集現金60萬元。11月20日，又發出「財字第二號」《通告》，要求十天內籌款30萬元，其中贛東贛南須籌集十萬元，贛西各縣區共籌集20萬元。1930年12月，紅二十軍發動「富田事變」，撥出兩百斤黃金援助上海中央，再撥兩萬元給紅軍學校三分校。[109]

1931年秋，國軍第二十六路軍醞釀「寧都兵暴」，一些軍官說：「叫我幹共產黨？先騙幾個錢再說！」有的質問：「領導人是誰？經費從哪裡來？」[110]

武器裝備上，紅軍主要靠繳獲。1930年12月30日，第一次反圍剿龍岡一役，全殲張輝瓚第十八師，繳獲兩個旅一個師部九千餘人全部軍械。紅六十四師全部「換裝」，梭標及八百多支土造「單打一」，全部改為五響快槍「漢陽造」。[111]1931年1月10日，寧都小布召開反圍剿祝捷大會，張輝瓚一押上來，會場上響起一片口號：「殺張輝瓚的頭，吃張輝瓚的肉」！[112]一直軟禁優待的張輝瓚受盡皮肉之苦，點了「天燈」，最後頭顱裝盒，順贛江漂流出蘇區，「示威」國軍。不久，朱毛接中央來信：國民黨派員接洽，願以二十萬元現金及釋放所有政治犯，以交換張輝瓚。但張已死，「大家都感到可惜！」[113]

1931年1月18日，紅16軍攻佔通城，繳獲步槍千餘支，手槍二十多支，重機槍數挺，子彈數萬發，籌款三萬餘元。[114] 1932年4月20日，紅軍攻佔漳州，籌款百餘萬元，獲得大量布匹、糧食、食鹽、膠鞋、藥品等，還有兩架飛機，組織三千餘民工耗時一月才全部搬回蘇區。[115]

1932年湘鄂贛全省財政收支：

[109] 余伯流、凌步機：《中央蘇區史》，江西人民出版社2001年版，頁422、213、285、974。
[110] 袁血卒〈紅五軍團的誕生〉，載《星火燎原》選編之二，戰士出版社（北京）1979年版，頁163。
[111] 曹丹輝：〈在1931年間——一個紅軍電臺幹部的日記〉，載《紅旗飄飄》第3集，中國青年出版社（北京）1957年版，頁8。
[112] 蔡馥蘭：〈新編第一師〉，載陳毅、蕭華等：《回憶中央蘇區》，江西人民出版社1981年版，頁94。
[113] 《龔楚將軍回憶錄》，明報出版社（香港）1978年版，下卷，頁368。
[114] 《湘鄂贛革命根據地文獻資料》第三輯，人民出版社（北京）1985年版，頁324。
[115] 余伯流、凌步機：《中央蘇區史》，江西人民出版社2001年版，頁422。

收入：1.向土豪籌款1640元。2.沒收逆產4100元。3.轉運局、金礦局盈餘7000多元。4.銀行146000元。共計收入158740元。

支出：1.軍隊在省庫支出90000元（軍隊在鄂東和各縣支用未計入）。2.省級機關和醫院給養支出77800。共計支出167800元。[116]

> 二次反「圍剿」時，我們在經濟上發生困難。當時，部隊動員有錢的官兵捐錢。有個炊事員捐了上百塊銀洋。我也把打仗時搞到的一個金戒子捐了出來。對二次反「圍剿」的問題，出現了爭論：有人主張分散打遊擊，理由是沒錢，部隊集中不易籌款；毛澤東主張要打，說沒有錢就在機關不發辦公費，沒有糧就向老百姓借，沒有飯吃就吃兩餐，鍋巴用來煮稀飯。……二次反「圍剿」勝利後，立即分兵發動群眾和籌款，還規定每個戰士要自編草鞋三雙。[117]

1932年3月中旬，毛澤東率紅軍主力進入贛江流域，夾江而下，下旬打下漳州，得到許多金銀珠寶與大批軍用物資，如蘇區奇缺的布匹、藥品、汽油、食鹽等，還籌得100多萬元軍費。蘇維埃共和國國家銀行行長毛澤民雇了不少挑夫將物資挑回瑞金，稍緩蘇區的資金匱乏與供給緊張。[118]1931年8月，鄂豫皖紅四方面軍在英山、浠水、廣濟、羅田一帶殲滅國軍七個團，繳獲步槍四千以上、迫擊炮28門、機關槍26挺、彈藥無數，俘敵五千；經濟上繳獲與籌款七萬銀圓、黃金20餘斤、白銀1600餘斤，以及南下部隊的所有軍裝，「解決了部隊的經濟困難，大大減輕了老根據地人民的負擔。」[119]

據中央蘇區經濟大事記，數筆較大進賬：一、1929年2月13日，紅四軍進佔寧都縣城，該城商界籌軍餉5500元；二、1929年3月，紅四軍在長汀境內分兵17天，攻下閩西重鎮長汀（國府專員公署駐地），打土豪籌款五萬

---

[116] 〈湘鄂贛革命根據地大事記〉（1927～1937），載《湘鄂贛革命根據地文獻資料》第三輯，人民出版社（北京）1985年版，頁348。

[117] 賴毅：〈從井岡山到贛南〉，載陳毅、肖華等：《回憶中央蘇區》，江西人民出版社1981年版，頁56～57。

[118] 曹宏、周燕：〈毛澤東的紅色理財之路〉，原載《黨史博覽》（鄭州）2007年第6期。《文摘報》（北京）2007年10月25日，第8版。

[119] 成仿吾：〈張國燾在鄂豫皖根據地的罪行〉，載《中共黨史資料》第四輯，中共黨史資料出版社（北京）1982年版，頁155。

元，縫製四千套軍裝，統一換上灰布軍裝；三、1930年10月中旬，紅一軍團在吉安通過商會籌款13萬元，縫製上萬套軍衣軍被；四、1932年4月20日，毛澤東率領東路軍攻佔閩南重鎮漳州，籌款數百萬元並大批物資。[120]

1931年，閩西蘇區沒有自己的經費，要靠中央接濟。地方軍閥張貞來進攻，閩西蘇區的經費——金銀財寶，全靠四人攜帶保管，即老黨員方維夏與三位鐵杆紅女——留蘇生李伯釗、危拱之、唐義貞。

> 所謂「經費」就是金銀首飾，多是金子，需要時每人背它一包，四四方方一包，可真沉呀。行軍時肩膀都背爛了。每人還要背一枝步槍。[121]

1931年4月，方志敏率領紅十軍挺進閩北，結束長澗源戰鬥三天後決定攻打崇安赤石街，那兒是福建岩茶產地，春茶上市，商賈雲集，「存款」甚多。打下赤石街後，果然從街上錢莊、茶商銀櫃中「籌」得20多萬元，黃金兩千多兩，還有許多槍支。離開時，除了找麻袋塞裝，政委方志敏、軍長周建屏及全軍官長騰出坐騎馱運銀洋，剩下的再由戰士身背肩挑。[122]10月，方志敏再率紅十軍入閩北，二次攻打赤石街及浦城，再籌款十萬元、黃金千兩，搞到贛東北蘇區緊缺的大批物資，如食鹽、布匹等。[123]

1935年紅二、六軍團會師黔東，也要靠出擊外線解決給養。不僅解決糧食、款項、冬衣，還解決兵員補充。賀龍：「我們出去如魚得水，要怎麼走就怎麼走。不走出去，硬把蘇區吃得光光的，這家一升，那家一斗。把人家埋的壇壇都吃了好，還是出去開大倉好？」[124]

1935年5月29日，陝北紅二十六軍打開延長縣城，除繳獲430餘支槍、15

[120] 余伯流：《中央蘇區經濟史》，江西人民出版社1995年版，頁461、465、469。

[121] 李伯釗：〈我的回憶〉，載《中共黨史資料》第17輯，中共黨史資料出版社（北京）1986年版，頁180。參見《李伯釗文集》，解放軍出版社（北京）1989年版，頁241。

[122] 繆敏：〈紅十軍第一次進軍閩北散記〉，載《紅旗飄飄》第9集，中國青年出版社（北京）1958年版，頁52～54。

[123] 繆敏：〈紅十軍第二次進軍閩北紀實〉，載《紅旗飄飄》第9集，中國青年出版社（北京）1958年版，頁71～72。

[124] 賀龍：〈回憶紅二方面軍〉，載《近代史研究》（北京）1981年第1期，頁33。

挺輕機槍、一部電臺、170餘匹馬，還有15萬元銀幣。[125]

　　向同情者籌款也是一途。1929年10月，廣西國民政府主席俞作柏失敗逃港，中共向他籌錢，三千、一百至幾十元都要。[126]

　　《中國革命根據地經濟史》（大陸版）：

> 　　「一蘇大」（按：1931年11月）以前，蘇區財政收入的來源主要是靠打土豪籌款，取之於敵。「一蘇大」之後，情況發生了變化。紅軍發展了，根據地擴大了，紅軍和政府的開支大量增加。隨著土地革命的深入，蘇區內的土豪基本打盡，取之於敵的財政來源減少，因此必須廣開財源，擴大財政收入，才能保障日益發展的革命戰爭的供給。
>
> 　　廣開財源的途徑主要是：1、整理稅收，奠定財政基礎；2、發展國營工商業；3、繼續打土豪籌款和向富農捐款；4、採取非常措施，彌補財政收入之不足。
>
> 　　……「一蘇大」以後，隨著土地革命的深入，蘇區內的土豪雖然基本上打完，取之於敵的財政來源較前減少，但打土豪籌款仍是政府財政收入的重要來源。這時打土豪籌款，主要是到白區和新發展區域去進行。據說在老蘇區內也還有一些打土豪籌款的任務，具體表現在兩個方面：一是調查隱藏漏網的地主分子，沒收其一切財產；二是設法挖掘已打倒的地主土豪所埋藏之銀錢物品。[127]

　　1933年3月1日，中央蘇區開展「借穀運動」，規定群眾自願借穀給紅軍，戰事緊迫，要求各縣三月之內完差。[128]所謂「借穀」，帶有強迫性。

　　「打土豪經濟」必須依靠高歌凱進不斷擴張才能維持，一旦擴張停止，僅僅依靠赤區經濟體系，無法長久挺持。執行階級鬥爭政策，嫌富愛貧，蘇區農民都怕冒尖成富——成為打擊對象，普遍缺乏生產積極性，沒人願

---

[125] 李赤然：〈陝北革命根據地的三次反「圍剿」〉，載《革命回憶錄》第5輯，人民出版社（北京）1982年版，頁109。

[126] 《龔楚將軍回憶錄》，明報出版社（香港）1978年版，上卷，頁315。

[127] 趙效民主編：《中國革命根據地經濟史》（1927～1937），廣東人民出版社1983年版，頁480、443。

[128] 陳雲：《陳雲文選》第一卷，人民出版社（北京）1995年版，頁405。

意多種地，只要全家夠吃就行。各蘇區出現大量拋荒，越是老蘇區，拋荒地越多。鄂豫皖蘇區放棄前，1931年下半年已出現糧荒，「外面不能輸入，內面儲蓄已罄。」[129]1931年8月，鄂豫皖紅軍總指揮徐向前（1901～1990）抱怨：「全軍不僅沒有發過一個零用錢，而且衣服草鞋都弄到非常困難的地步。」[130]

1934年1月23日，毛澤東在瑞金第二次全國工農代表大會上的報告：「紅色區域在建立的頭一二年，農業生產往往是下降的。」[131] 1930年，湖南平江鬧紅，原有七十萬人口銳減至四十萬。[132]

蘇區經濟發生困難並非個別現象，具有相當普遍性。1929年10月閩西蘇區，一位巡視員給福建省委的報告：

> 在赤色區域中目前有嚴重的問題，即農村生產品價格低落，而且銷售不出去，同時市場冷落、工人失業，造成社會經濟的恐慌。這一現象目前黨必須有很好的政策來應付，才能使蘇維埃政權日益鞏固。[133]
>
> 紅四軍、紅十二軍在1930年6月22日，從長汀出發……我們從汀州向長沙進軍的途中，一邊行軍一邊籌糧籌款。每個戰士都背糧食。到了沅水流域就籌得更多了。在黃陂、小布以後才改為紅軍的糧、款統由地方黨組織供給。[134]

為填補蘇區財政赤字，1932年6月「中央蘇區」發行第一期「革命戰爭公債」60萬元，10月再發行第二期120萬元。1933年7月22日，再發行「經濟

---

[129] 中國共產主義青年團編：《青年實話》（瑞金）第18期（1933年）；《紅旗週報》（上海）第26期，1931年12月9日。轉引自張鳴：《紅軍長征之謎》，載《二十一世紀》（香港）2007年二月號，頁64，注27、注46。

[130] 載《中共黨史資料》第四輯，中共黨史資料出版社（北京）1982年版，頁153。

[131] 毛澤東：〈我們的經濟政策〉，載《毛澤東選集》第一卷，人民出版社（北京）1966年版，頁117。

[132] 王西彥：《湘東老蘇區雜記》，新文藝出版社（上海）1953年版，頁2。

[133] 江西省檔案館、江西省委黨校黨史教研室：《中央革命根據地史料選編》（上），江西人民出版社1982年版，頁149。

[134] 郭化若：〈回憶第一次反「圍剿」期間的有關史實〉，載陳毅、肖華等：《回憶中央蘇區》，江西人民出版社1981年版，頁151。

建設公債」300萬元，[135]1934年1月底，軍情日緊，「中央蘇區」國家銀行工作人員記述：「公債已發行了近半年，交庫尚不及半數，土地稅自十二月開始，至一月下旬，所收不及十分之一，後方機關限量吃飯，直到開始長征。」財政困難迫使「國家銀行」超量發行紙幣，長征前發行總數約八百萬元。紅軍走後，這批紙幣大部分被蘇區百姓焚毀。1955年中共發行新幣，以1：1收回一小部分。[136]

1934年第五次「反圍剿」期間，中共各機關晚上辦公，每室一燈改為集中辦公，多人共用一盞燈，在月光下開會。甚至節省火柴，此前每人每月發一盒火柴，改為每室一盒，最後乾脆不發了，「利用香代替洋火」，點一根香作火種。工作人員的伙食標準一降再降，家在蘇區的自帶伙食。[137]

軍事局面稍穩定，1932年3月毛澤民兼第一任鎢礦總經理，招聘技工，建立三個鎢礦，開採鎢出口香港換物資。1933年鎢產量達1800噸，1934年秋產值200多萬元，很大程度上改善了蘇區金融。毛澤民還協助毛澤東抓了林木、樟腦、紙張、夏布、薄荷油等經營，搞到不少錢。[138]

長征途中，前衛部隊重任之一就是必須確定籌征對象：

> 長征中，紅軍遠離根據地，無後方供應，一切軍需都要依靠向敵人奪取或向土豪籌征。這是全體前站人員都十分明確的重要任務。[139]

1937年底，陝北紅軍還在吃大戶。薄一波在山西沁縣城裡招待彭德懷：「今天我們就放開肚子吃一頓，所有的東西都是從土豪劣紳那裡弄來的，一個錢不花，算是『借花獻佛』了。」[140]

「打土豪經濟」還有十分重要的政治動員作用。1931年3月，紅十二軍

[135] 余伯流：《中央蘇區經濟史》，江西人民出版社1995年版，頁395、399。
[136] 曹菊如：〈中華蘇維埃共和國國家銀行工作的部分情況〉，載陳毅、蕭華等：《回憶中央蘇區》，江西人民出版社1981年版，頁375。
[137] 趙效民主編：《中國革命根據地經濟史》（1927～1937），廣東人民出版社1983年版，頁454。
[138] 錢希均：〈從嶽麓山下到西北邊陲——憶毛澤民同志〉，載《革命回憶錄》第12輯，人民出版社（北京）1984年版，頁112～113。
[139] 張雲龍：〈長征散記〉，載《革命回憶錄》第13輯，人民出版社1984年版，頁56。
[140] 薄一波：〈不能忘卻的懷念——回憶彭德懷同志〉，載《人民日報》（北京）1988年10月23日，第4版。

政治部發佈的《籌款政策》第四條：

> 發動貧農雇農反地主、富農的鬥爭，並從快取得他們對紅軍籌款
> 的熱烈擁護和幫助，所以每到一處，就要發米、發豬肉、分衣服。[141]

從相當意義上，「統戰」乃是更大規模的「打土豪」，成果遠在「打土豪」之上。1933年，南漢宸通過統戰，從孫殿英處為陝北紅軍弄來兩千支步槍、一百挺輕機槍。陝北紅軍一下子「肥」起來。[142]

三、經濟政策

革命之初，號召「以暴抗暴」。「遠方」（共產國際）本身就是世界赤色策源地，駐紮在莫斯科的中共代表團也不可能不跟著「暴力」。江西紅軍總政治部設有「破壞部」，[143]以為只要破壞掉舊世界，就會自動升起一個新世界。西方思想家：「暴怒和瘋狂的半小時之內可以毀掉的東西，要比審慎、深思熟慮和遠見在一百年之中才能建立起來的東西還多得多。」[144]鬧紅之初，中共當然不可能想得那麼深遠。

1.暴烈燒殺

1998年7月，李慎之讀了《血泊羅霄》，才知道早期紅軍在湘南也有燒殺行為。[145]「抗戰牌」中共黨員甚至不知道王佐、袁文才實死於《中共六大決議案》（1928年7月9日）：

---

[141] 紅十二軍政治部：〈籌款問題訓練大綱〉，載《中央紅軍五次反「圍剿」資料選編》，復旦學報（社科版）1979年12月內部發行，頁72。

[142] 南新宙：〈南漢宸的故事〉，載《紅旗飄飄》第25集，中國青年出版社（北京）1982年版，頁96。

[143] 李維漢：〈初到陝北〉，載《中共黨史資料》第14輯，中共黨史資料出版社（北京）1985年版，頁3。

[144] （英）柏克（Edmund Burke）：《法國革命論》（1790），商務印書館（北京）2009年版，頁218。

[145] 李慎之：〈發現另一個中國──《遊民文化與中國社會》序〉，載王學泰《遊民文化與中國社會》，學苑出版社（北京）1999年版，頁4。

與土匪或類似的團體聯盟僅在武裝起義前可以適用，武裝起義之後宜解除其武裝並嚴厲的鎮壓他們，這是保持地方秩序和避免反革命的頭領死灰復燃。他們的首領應當作反革命的首領看待，即令他們幫助武裝起義亦應如此。這類首領均應完全殲除。[146]

1927年11月，中共最高領導人瞿秋白撰文：「中國資產階級與地主豪紳已經成了絕對的反革命勢力」，對他們應實行「徹底撲滅」政策，而「中國的小資產階級──店東、小廠主等等以及所謂中小商人，那麼，這種階級在現時亦已經不是革命的力量，而是革命的障礙。」[147]中共中央下達指示：「毫不顧惜的……殺土豪劣紳，殺政府官吏，殺一切反革命派……儘量施行紅色恐怖。」[148]湘南特委代表周魯到井岡山後，要求推行「使小資產變成無產，然後強迫他們革命。」瓊崖根據地，文昌農民將「所有各市鎮的鋪宇」「焚燒殆盡了」。湖南耒陽農民攻進縣城，「貨物用品拿個精光」。[149]

毛澤東後在延安承認：1927～28年在井岡山執行燒殺政策，想起這些往事，很難過。[150]1929年4月4日，彭德懷在瑞金致信中央，彙報平江暴動：「犯了大燒大殺的盲動主義，以致鄉村經濟完全破產（如農民數日不得食）。」[151]1929年9月1日，江西省委通告中：「糾正盲動的殘餘──焚殺政策。」[152]

1928年5～11月，「有些群眾對於戰爭已感到倦疲，對於繼續鬥爭並堅持到最後勝利開始動搖，出現要求停戰，與反革命妥協的呼聲。當時，黨認為與反革命妥協是危險的，提出『殺死調和妥協分子』的口號。」你死我活，殘酷鬥爭，赤區生活時刻處於緊張之中。

---

[146]　《中共黨史教學參考資料》（一），人民出版社（北京）1957年版，頁179。

[147]　瞿秋白：〈中國革命中無產階級的新策略〉，載《布爾塞維克》（上海）第1卷第7期（1927年12月），頁189～190。

[148]　〈中央致福建省（委）信〉（1927年10月15日），載《中央通訊》第7、8期。轉引自趙效民主編：《中國革命根據地經濟史》（1927～1937），廣東人民出版社1983年版，頁87。

[149]　〈瓊崖特委一月份總報告（第六次）〉（1928年1月25日）；覺哉：《湘南湘東贛西革命勢力的擴展》（1928年7月28日）。趙效民主編：《中國革命根據地經濟史》（1927～1937），廣東人民出版社1983年版，頁88。

[150]　張國燾：《我的回憶》，東方出版社（北京）1998年版，第三冊，頁362。

[151]　彭德懷：〈給中央的信〉，載江西省檔案館、江西省委黨校黨史教研室：《中央革命根據地史料選編》（中），江西人民出版社1982年版，頁416。

[152]　〈江西省委通告〉（赤字第27號），載江西省檔案館、江西省委黨校黨史教研室：《中央革命根據地史料選編》（中），江西人民出版社1982年版，頁469。

　　1936年7月19日，張聞天在保安對斯諾說：江西時期至少處決了千名「反革命」、千名高利貸者、四五百名地主，還有許多地主「被准予外逃」。長征途中也處決了約百名地主、官吏；到陝北後，則殺了不到十個地主、兩名奸細。被俘國軍士兵每人發回家費五塊，軍官則發30～50塊。[153]

　　《邱會作回憶錄》：「對地主不分田，殺了不算還殺親屬。」[154]

　　1928年3月，湘南特委代表周魯對毛澤東說：

　　　　我們的政策是燒，燒，燒！燒盡一切土豪劣紳的屋！殺，殺，殺！殺盡一切土豪劣紳的人！

　　　　我們燒房子的目標就是要讓小資產者變成無產者，然後強迫他們革命。[155]

　　1928年3月國軍進剿湘南，中共湘南特委欲行燒屋毀舍的焦土政策，遭鄉農暴力頂抗，追殺千餘赤色分子，郴州城幾十具共幹屍體倒街，婦聯主任赤身裸體，兩乳被割，開膛剖肚，外陰被挖……[156]

　　1930年10月7日贛西南特委書記劉士奇（1902～1933）報告，贛西南蘇區及周邊城市：

　　　　地主商業資產階級的經濟日前破產，城市的商店，沒有農民上街，閉門的閉門，搬走的搬走，吉安、贛州突然增加了幾十萬土劣（金漢鼎報告，吉安有十九萬，贛州亦相差不遠），土劣的妻女，以前威風凜凜的現在大半在吉安贛州當娼妓，土劣則挑水做工，現在又跑回來向蘇維埃自首，願意將所有家產拿出來，請蘇維埃不殺就是。

　　　　江西全省的反動政府，在經濟上亦大減少，過去每月收入八十萬，現在只收得七八萬元。景德鎮的磁業過去每月有百六十萬，現在

153　愛德格‧斯諾：《紅色中華散記》，江蘇人民出版社1991年版，頁101～102。
154　《邱會作回憶錄》，新世紀出版及傳媒有限公司（香港）2011年版，上冊，頁64。
155　饒道良、李春祥：《血泊羅霄——井岡山重大歷史事件揭秘》，江蘇人民出版社1998年版，頁33。
156　曾志：《百戰歸來認此身——曾志回憶錄》，人民文學出版社（北京）2011年版，頁40～47。

只有十六萬，統治階級的財政經濟到了困難的極點。[157]

中共上將李聚奎（1904～1995）：

　　湘鄂贛這個地方，亂燒亂殺的盲動主義很嚴重。其中尤以平江的地方遊擊隊為最。產生盲動主義的原因很複雜，其中有的人是出於狹隘的復仇心理，把參加革命當作為了報仇；有的把燒殺當成是堅決革命，而把反對這種錯誤行為的同志說成是對革命的不堅決。有的是把燒掉群眾的房子當作促使群眾起來的革命的手段，說只有這樣，才能把資產階級（農民）變為無產者，迫使他們走上革命。……而且一燒起來，往往殃及老百姓的房子。有時，一條好好的街，頃刻變成一片瓦礫。[158]

　　暴動成為毋須還債的截止點，所當之物無價收回，已暴動的鄉村不得向白區貧民討債。

　　「沒收一切土地」！「廢除一切債務」！是南方各省土地鬥爭中不可移易的兩個中心口號。[159]

　　1928年，閩西上杭鄉村一位十來歲孩子如此回答「共產黨好不好」：

　　好！打土豪，分田地，婚姻解放，欠租不還。[160]

---

[157] 〈贛西南（特委）劉士奇（給中央的綜合一）報告〉（1930年10月7日），江西省檔案館、江西省委黨校黨史教研室：《中央革命根據地史料選編》（上），江西人民出版社1982年版，頁361。

[158] 〈李聚奎回憶錄（摘登）〉，載《中共黨史資料》第16輯，中共黨史資料出版社（北京）1985年版，頁121～122。

[159] 〈富農問題——紅四軍前委、閩西特委聯席會議決議〉（1930年6月）。載《紅四軍入閩和古田會議文獻資料》（續編），福建人民出版社1980年版，頁200、289。

[160] 張友濟：〈一個紅軍的經歷〉，載《紅旗飄飄》第1集，中國青年出版社（北京）1957年版，頁58。

1930年前後，贛閩農民對中共的認識：「種田不交租、欠債不要還、討老婆不要錢」。1931年福州中心市委農村巡視員鄧子恢（1896～1972），回答農民「共產黨殺人放火」的疑惑：

> 共產黨只殺壞人、殺惡霸地主和貪官，保護好人和窮人……替窮苦人辦好事。[161]

「只殺壞人」，階級分析法就這樣幫助中共避開得依法而誅的法律問題，完成殺人的合法性。

1944年10月中外記者團訪延，美國親共記者白修德：「共產黨從地主和富人那裡敲榨錢財的作法是殘忍的，可能比野獸還無情。」[162]三八式幹部何家棟（1923～2006）：

> 「鬧紅軍」時，我不到十歲，我家院子就是關押「土豪」的地方，幾十個，哪有那麼多土豪？有三兩戶地主早逃到城裡去了，還能等他們來打？誰富裕一點，誰就成了土豪。小工商業全毀了。灌辣椒水、上老虎凳，嚇得我夜裡盡做惡夢。現在的年輕人聽著，恐怕不那麼好理解：原來你們都是雞鳴狗盜之徒呀！現在宣傳的都是紅軍紀律如何嚴明，不拿群眾一針一線，那只是一方面；如果沒有另一面，一切取之於民，紅軍早就餓死光了，哪還有今天？[163]

極端暴烈行為一定有其時代孕母，與社會大環境相配套。其時，國民黨也充斥暴力思維。1926年10月，為解決紛爭，國民黨執監委聯席會議議決：「提出黨權高於一切及黨內民主的口號。」[164]1932年洛陽國難會議，羅隆基、熊希齡、李璜等質問汪精衛：國難會議為什麼不談政治？汪霸然回

[161] 鄧子恢：〈福安農民運動的開端〉，載《紅旗飄飄》第11集，中國青年出版社（北京）1959年版，頁95～96。
[162] （美）白修德：《中國抗戰秘聞》，河南人民出版社1988年版，頁201。
[163] 邢小群：《往事回聲——中國著名知識分子訪談錄》，時代國際出版有限公司（香港）2005年版，頁102。
[164] 吳玉章：〈吳玉章略傳〉，載《中共黨史資料》第11輯，中共黨史資料出版社（北京）1984年版，頁23。

答：「國民黨的天下是打出來的，你們不滿意儘管革命好了。」羅等憤然退場。[165]進剿蘇區的白軍也殺人如麻。張輝瓚兩次血洗平江，報功稱殺共黨2.8萬餘；李鳴鐘進攻七里坡，電稱農民都成了「赤奴」，非殺不可，殺了七萬餘人；何鍵1929年在武漢演說：「共匪真多，我在湖南殺了七千多青年，共黨還是到處有。」何鍵令打進長壽的部下，當天要割送三千對耳朵。[166]1935年國民黨推行保甲制，搞連坐，發現共產黨不報告要殺頭。龍岩白土因此一次就殺十多個保甲長。[167]

1931年7～9月，國軍第三次圍剿中央蘇區，佔領興國，燒了吳法憲家的房子、搶光家裡東西，全家被逼上山。沒吃沒穿，祖母、母親、弟弟和三個妹妹相繼凍餓而死。[168]

2.「進攻路線」

城市經濟政策也執行「進攻路線」，工人工資提高三四倍以上，長汀等地造紙工人，月薪十塊大洋已經很高，硬提高到二十、三十塊大洋，店員一律提高到十六塊大洋以上。至於工人的生產態度與勞動紀律，從不過問。由於工人經常開會、又要進行擴紅、周日放假，作工生產時間很少。

> 拿了工錢又吃老闆的飯，許多資本吃光了，商店關門，店員失業，反而造成了自己的困難。可是省蘇維埃政府還在說，要更多地維護工人的利益，這樣才叫做執行「進攻路線」。[169]

1929年2月5日、9月5日，赤區因商品流通呆滯造成種種困難，中共意識到不能對私營商業一網打盡，先後兩次下達「保護小商人」的指示：

> 要想沒收小商人的貨物來分給群眾，減少經濟恐慌是恰得其反。

[165] 李璜：〈談王造時與羅隆基（下）〉，載《傳記文學》（臺灣）1981年9月號，第39卷第3期，頁36。
[166] 《謝覺哉日記》，人民出版社（北京）1984年版，上冊，頁510。
[167] 張鼎丞：《中國共產黨創建閩西革命根據地》，人民出版社（北京）1983年版，頁75。
[168] 吳法憲：《吳法憲回憶錄》，香港北星出版社2007年7月第2版，上卷，頁6。
[169] 張鼎丞：《中國共產黨創建閩西革命根據地》，人民出版社1983年版，頁69～70。

我們要想減少經濟恐慌，更應不阻礙小商人，使他們設法運輸貨物進來。

在敵人四圍嚴重封鎖的面前，一切生活的必需品都不能公開的運入蘇維埃區域，在這裡不得不利用小商人以作為商品流通的仲介。……將一切外來的小商人都認為敵人的偵探，這自然會根本不信任一切外來的小商人的營業性。[170]

為貫徹階級路線與體現蘇維埃制度的優越性，蘇區制訂出許多違反經濟常識的規章。贛閩中央蘇區規定：

每工人每週經常須有連續不斷的42小時的連續休息；

在任何企業內的工人繼續工作到六個月以上者至少須有兩個星期的例假，工資照發；在危害工人身體健康之工業中工作的工人，每年至少須有四個星期的例假，工資照發。

1931年11月《中華蘇維埃共和國勞動法》第21條規定：「須一律停止工作」的紀念日——列寧逝世、二七慘案、巴黎公社、國際勞動節、五卅、十月革命日、廣州暴動，「紀念日節日前一日工作時間，至多不得超過六點鐘」。夜工必須高於常薪、非特許額外工作須發雙薪、女工帶薪產假八周、女職員帶薪產假六周、小產帶薪產假二周、被征入伍者須發三月平均工資、暫失勞動能力者亦須保留原職與原有中等工資。雇主還須為工人支付薪額10～15%的「社會保險基金」。

一些工人甚至要求企業主免費提供雨衣、梭標、制服、套鞋，過年費與雙薪等等。由於雇工成本太高，收穫時請不起幫工收禾，「有時農民出售一擔稻穀，所得款價還不夠支付割禾工資。有些地方的農民甚至稻子黃了無力雇人收割，也不願意雇人收割，寧肯讓金黃的稻子掉在田裡。」蘇區私企只有一一倒閉。最可笑的是：石城縣某小店主開除工人，縣勞動部罰款210

---

[170]　〈中央關於閩西鬥爭經驗教訓問題給福建省委的指示信〉、〈中央給湖南省委的指示信〉。趙效民主編：《中國革命根據地經濟史》，廣東人民出版社1985年版，頁205。

元，而這家商店全部資本只有200元。[171]

1929年10月2日，閩西上杭縣委規定雇主只有義務沒有權利，如必須增加雇工薪金、不得辭退工人（否則要發全年薪金與路費）、不得打罵、學徒不得為師傅做私事、男女同薪、東家必須支付雇工醫藥費、工人有集會結社、言論出版及罷工的絕對權，「如有破壞工人組織或禁止罷工者殺」。

1930年2月24日，除了八小時工制等，閩西特委甚至規定具體細節：十二月發雙薪、閏月按月發薪；店東不得藉故倒閉，如虧本倒閉，要發給店員兩個月工資與伙食費；店員的剃頭、洗衣費由老闆負擔；店東每年要給學徒兩套衣服；店員被蓋由店東發給；店員飯菜與東家一樣；取消暴動前所欠東家之債；晚間加班另給工錢與點心。[172]

汀州恒豐榮煙店刨煙工人李振光，1932年11月8日～1933年4月20日，抽調蘇維埃做事開會，五個半月未在店內服務，但按蘇區《勞動法》，老闆須支付他大洋145.8元，而該店總資本僅400元。張聞天都為這家老闆叫屈。[173]

1930年3月24日〈閩西第一次工農兵代表大會決議案〉中的「勞動法」，所有限制性規定全都針對廠主店主，工人有權利而無義務，撮要簡述：

> 東家不得無故停工停業，如虧本無力經營須經工會審查，確實無力經營，發給雇員兩月工資及伙食費，資本盤給雇員，資本分年攤還；如無故停工半年，工具由工人沒收。
>
> 東家不准無故開除雇員，開除或加請雇員須得工會同意；無故辭退工人，發足半年工資；因事辭退，給予路費；女工產期前後兩月領薪停工；學徒期不得超過兩年，東家每年須向學徒、牧童至少發兩套衣服。
>
> 東家不得無故克扣雇員工資、12月發雙薪、不得打罵侮辱雇員、紀念日例假照發工資；暴動前雇員欠款一律取消。
>
> 東家必須注意工作場所衛生，提供充分茶水；雇員疾病死傷，東家供給醫藥撫恤費用；每天工作不超過八小時，16歲以下青工不得超

[171] 余伯流：《中央蘇區經濟史》，江西人民出版社1995年版，頁327～330、357。
[172] 〈紅四軍入閩和古田會議文獻資料〉（續編），福建人民出版社1980年版，頁106、182～187。
[173] 張聞天：〈五一節與《勞動法》執行的檢閱〉，載《鬥爭》（瑞金）第10期（1934年4月19日）。轉引自余伯流：《中央蘇區經濟史》，江西人民出版社1995年版，頁335。

過六小時,工人不能為私人服務。

　　東家必須向雇員提供被蓋、提供洗衣理髮費、夜校學費;工人先行預支工資,不准東家打折扣;東家定期改善雇員伙食;碼頭搬運貨物繁忙時,東家得向工人發點心。[174]

1931年11月《中華蘇維埃共和國勞動法》,規定成立勞動職介所,許多地方硬向雇主強迫介紹,致使大量私企倒閉。1933年5月1日,店員手藝工人「一大」決議,停止向雇主強迫介紹失業工人。[175]

　　再據1934年1月24～25日毛澤東第二次「全蘇」代表大會報告,汀州工人月薪從暴動前2～10元,暴動後普遍增至20～35元;瑞金泥水工暴動前日薪二角五,暴動後增至四角五。[176]

　　鄂豫皖根據地的成仿吾:「工人每星期休息36小時,每年休息四星期,工資照發等等過『左』的勞動政策。這些政策實行的結果,造成工商業店鋪的倒閉,使根據地的財政經濟發生極大的困難。」[177]

　　1931年11月,「一蘇」大會通過《中華蘇維埃共和國勞動大法》,規定了過高的工資待遇,提出過高的福利要求。《中央蘇區史》記述:

　　　　執行《勞動法》的過「左」條規,加重了合作社負擔,限制了合作社的發展。不少私人企業因不堪重負,紛紛關門倒閉,工人反倒大批失業。在廣大農村,由於將農村雇工、手藝工匠與企業工人同等看待,享受勞動法規定的產業工人待遇,結果使許多農戶不敢請泥匠蓋房子,不敢請木匠做傢俱,不敢請裁縫做衣服,不敢請鐵匠修理傢俱,影響了農民的生產和生活。這些現象,到1933年春時已在蘇區普遍出現。

---

[174] 中共福建省委黨校黨史研究室編:《紅四軍入閩和古田會議文獻資料》(續編),福建人民出版社1980年版,頁254～259。

[175] 陳雲:《陳雲文選》第一卷,人民出版社(北京)1995年版,頁401～402。

[176] 江西省檔案館、江西省委黨校黨史教研室:《中央革命根據地史料選編》(下),江西人民出版社1982年版,頁73～77、315～316。

[177] 載《中共黨史資料》第四輯,中共黨史資料出版社(北京)1982年版,頁152。

　　1933年1月中旬，「臨時中央」政治局常委、中華全國總工會黨團書記陳雲從上海抵達瑞金，與劉少奇一起領導蘇區工會工作。他很快發現左傾政策對蘇區經濟的破壞，提出要幫助資本家繼續營業，不使企業倒閉；不能動輒命令群眾採取總同盟罷工這種妨礙蘇區經濟建設的方式；應根據各個企業、各個商店資本家的不同情況提出相應合理的不同要求。[178]

　　北伐時期，1926年冬潮州，有人就認為工人增薪太高，過左：

　　　　從每月十幾元工資增加到十倍以上，變成每月一百四、五十元。在當時增加這樣多的工資是過左的。因此，資本家對工人說：「你來當老闆，我來當工人。」這種過左的政策卻造成了嚴重後果。[179]

　　1937年2月26日，劉少奇撰文回顧大革命時期暴烈工運：提出的要求足以致企業倒閉——工資加到駭人程度、工時縮至四小時以下；工會可隨便捕人、組織法庭監獄、檢查輪船火車、隨意斷絕交通。「這些事在當時是較平常而且是極普通的。工會是第一政府，而且是最有力量、命令最能通行的政府，它的權力有時超過政府。」中共遭到各方指責，劉少奇向共產國際代表羅佐夫斯基請教：「許多小企業大企業不能維持，而工人還要提出要求，怎麼辦呢？」羅佐夫斯基指示不能使企業倒閉，工會不能代替政府。劉少奇於武漢、上海兩次與美共總書記白勞德竟日交談，要白勞德就外國經驗對中國工運現狀給予答覆。白勞德遞上二十元錢：「你談的這些材料我可寫兩篇文章寄給美國雜誌，這是給你的一半稿費。你所求答覆的問題，在美國工人運動中還未遇到過。」劉少奇重提這段暴烈工運，意在引以為戒。[180]

3.地主不分田、富農分壞田

　　「土地革命」基本內涵：沒收地富土地，地主不分田、富農分壞田。上杭縣收租50石以上者，穀子沒收分配給貧民。收租50石以下小地主，租穀不

---

[178]　余伯流、凌步機：《中央蘇區史》，江西人民出版社2001年版，頁759、761。

[179]　陳奇涵：〈贛南黨的歷史〉，陳毅、蕭華等：《回憶中央蘇區》，江西人民出版社1981年版，頁4。

[180]　黃崢：《王光美訪談錄》，中央文獻出版社（北京）2006年版，頁459～460。

分，但限價每斗小洋三角。分配後的土地不准買賣典押或私相授受，違者槍決。永遠取消田租，強收者殺，送租者罰。商人公賣公買，自由交易，強買強賣者殺。[181]

毛澤東概括蘇區革命主要內容：抓武裝、分田地。1930年春，毛澤東在會昌對土共說：

> 革命就是要抓武裝，發展武裝力量；就是要分田，這樣農民才能支持革命、參加革命，蘇維埃才能鞏固。

此外，就是籌款、擴軍、建立政權。而政權的主要任務就是組織分田。[182]「地主不分田，富農分壞田」，斷絕地富生活來源，不給出路。肖華記載1928年冬以後蘇區鄉紳哀鳴：「越窮越好，早死早贏。」[183]黨內幹部持異：

> 不給地主以生活出路，就會使他們流離失所或上山為匪，破壞社會秩序，影響根據地的安定，而在經濟上消滅富農的政策，就會影響中農的生產積極性，對農業生產的發展是十分不利的。在重新分配土地中還嚴重地侵犯了中農的利益，這首先表現在實行打亂平分，侵犯了一部分中農的土地。[184]

于都一縣劃了1500家地主、富農（經複查僅900家「夠格」）。富裕中農穿一件好衣服都要剝下來，換給他一件爛衣。參軍、當幹部的家裡劃了地富，馬上清洗出去，甚至受到打擊。[185]

許多貧農雖然分得土地、免去前債，也因土地一分再分，所有權一變再變，幾乎每年重分，生產積極性嚴重受挫。有的農民說：「分來分去，到底分到哪年哪月止？我不要了！」許多農民「怕上升為富農小地主，拼命

---

[181]　〈中共上杭縣執委會對上杭縣第一次工農兵代表會議的提案〉（1929年10月2日），載《紅四軍入閩和古田會議文獻資料》（續編），福建人民出版社1980年版，頁103～104。

[182]　陳毅、蕭華等：《回憶中央蘇區》，江西人民出版社1981年版，頁89、123。

[183]　載《中共黨史資料》第七輯，中共黨史資料出版社（北京）1983年版，頁241。

[184]　載《中共黨史資料》第四輯，中共黨史資料出版社（北京）1982年版，頁151。

[185]　王觀瀾：〈關於查田運動的一些回憶〉，載陳毅、蕭華等：《回憶中央蘇區》，江西人民出版社1981年版，頁355～356。

吃穿，不想擴大生產」，以至根據地「荒廢了許多土地，生產降低了。」
《紅色中華》記載，1934年5月底，「總計各地尚未蒔好的荒田，不下12萬
擔。」[186]「農民只要致富，就會變成被打擊的對象，因此土地革命並沒有調
動農民生產的積極性。……在東西蘇區的最後歲月，居然發生過多起蘇區農
民集體逃亡到白區的事件。」[187]

　　1929年6月，《紅軍第四軍司令部、政治部佈告》（朱德、毛澤東、陳
毅簽署）：

　　　　一、收租200擔以上的大地主，家中穀子一概沒收，分與貧民，
　　不取價錢。收租200擔以下的小地主，家裡穀子減價出糶，規定原價
　　減半。二、工農虧欠田東債務，一律廢止，不要歸還。三、從今年
　　起，田地歸耕種農民所有，不再交租給田東。……六、凡平日壓迫工
　　農或阻礙革命或經手公款帳目不清的土豪劣紳，農民協會可以把他一
　　概捉起來，按照犯罪輕重，處以死刑監禁、肉刑罰款、遊行示眾或寫
　　悔過書等刑罰。[188]

　　1928～1931年湘鄂西，賀龍記述：「土改侵犯中農利益，地主殺全家，
富農送出蘇區。」[189]

　　「唯成分論」當時就氾濫了──

　　　　在所謂「進攻路線」下的查田查階級運動，自反立三路線時查
　　起，一直查到1934年，完全採取在肉體上消滅地主的政策。如一個地
　　主一連被查七次，後來連他用自己勞動得來的糧食也被查光了，逼得
　　他不得不跑到無人居住的地方去開荒生產，收穫了二擔糧食，餵了
　　一隻小豬和幾隻小雞，結果又被查出沒收了。溫晴波同志是上杭縣
　　政府的秘書長，因他是地主出身，他的家裡被查了三、四次，什麼都

---

[186]　余伯流：《中央蘇區經濟史》，江西人民出版社1995年版，頁151。
[187]　張鳴：〈多面相的民國農村〉，載《同舟共進》（廣州）2011年第6期，頁17。
[188]　江西省檔案館、江西省委黨校黨史教研室：《中央革命根據地史料選編》（中），江西人
　　民出版社1982年版，頁434～435。
[189]　賀龍：〈回憶紅二方面軍〉，載《近代史研究》（北京）1981年第1期，頁20。

查光，還把他的母親抓去。在查階級的運動中，如果查到你是地主出身，不問表現如何，參加革命多久，就罵你是「階級異己分子」，甚至開除你。由於這些錯誤政策，造成從肉體上消滅地主，並且侵犯了中農利益，破壞了生產，又由於這些錯誤的政策，在黨內和紅軍造成了錯誤的「唯成分論」。[190]

4.稅收與財政

1927年8月，中共中央對土地稅提出最高可達30%。1928年3月，調整至10～15%。各赤區對農民的徵稅不盡相同：海陸豐10%（農產品）、瓊崖10～15%、井岡山寧岡縣20%。[191]

1930年2月14日，〈前委贛西特委五六軍軍委聯席會議通告〉第一號——關於佔領吉安建立江西蘇維埃政府，第七條：「禁止沒有政治意義及群眾基礎的燒殺」，並規定紅軍軍餉及政權機關的費用主要應從豪紳地主取得，不應增加中小商人的負擔。向豪紳地主籌款用罰款名義，向商人籌款則用捐款名義。商店資本兩千元以下不籌款，資本兩千五百元要求捐助三十元；資本三千元要求捐助四十元；資本四千元，除捐助四十元，再加捐四千元的百分之一，即八十元。資本五千元，除捐八十元，外加五十元，總捐一百三十元；資本6000元，共捐190元。資本增加者以此類推。[192]實際執行中，偏差與過火難以避免。1932年1月20日，蘇區中央局致信湘鄂贛省委：

> 某些地方表現為幼稚的「左」的脫離群眾的辦法，這就如亂打富農，連有四元錢的農民都當做富農打，必然是侵犯中農以至貧農的利益，兒童團不許穿長衣穿襪子，過份的要增加工資反而失業（如有一煤行由資本家開辦，因提出過高的要求，資本家跑了），以及隨便沒收小商人商品等。[193]

---

[190] 張鼎丞：《中國共產黨創建閩西革命根據地》，人民出版社（北京）1983年版，頁69。

[191] 趙效民主編：《中國革命根據地經濟史》，廣東人民出版社1985年版，頁118。

[192] 江西省檔案館、江西省委黨校黨史教研室：《中央革命根據地史料選編》（中），江西人民出版社1982年版，頁169。

[193] 〈蘇區中央局致湘鄂贛省委的信〉（1932年1月20日），載《湘鄂贛革命根據地文獻資料》第二輯（內部發行），人民出版社（北京）1986年版，頁3。

再根據1930年3月25日閩西第一次工農兵代表大會決議案，商店按利潤額分等累進徵收：一、200元以下免收；二、500元以內徵收3%；三、1000元以內徵收6%；四、2000元以內12%；五、3000元以內20%；六、5000元以內30%；七、5000元以上，另訂。此外，農民按領耕田地面積繳納5～20%的田地稅；竹山、茶山徵收山林稅；店房按租金徵收10%地基稅。[194]

離開蘇區須國家政治保衛局系統發放的護照，工農毋須鋪保，區鄉政府或工會介紹信即可；商人輸出商品要有五家鋪保，1933年9月後降至1～2家，或對外貿易局的證明。[195]

蘇區「國家銀行」老幹部回憶：

　　中央蘇區的財政稅收，除農業稅是收入穀子，不入財政賬外，商業稅初期尚有相當收入。後來為鼓勵私商，打破敵人經濟封鎖，多數進出口商品減收或免收關稅。因經濟封鎖加上對私商政策執行不恰當……財政日益困難，收入仍然以沒收款目為主，並日漸增多地依靠發行紙幣。……左傾機會主義者採取與毛澤東同志相反的完全錯誤的內線作戰的軍事路線，分兵把守，以堡壘對堡壘，與優勢的敵人拼消耗，把紅軍的任務縮小為單純打仗。這樣一來，紅軍就不能向白區進攻，進行籌款。「向著一切國民黨區域去擴大我們的財政收入」，而主要靠蘇區內部人民的力量來供給戰爭的需要。五次「圍剿」時間越久，戰爭打得越厲害，財政也就越困難。

　　財政的困難也是嚴重的，不能執行二蘇大會「按市場需要的原則，發行適當數目的紙幣」的指示，不得不較大量的發行紙幣，到長征之前，發行總數約達八百萬元。這批紙幣在十餘年白色恐怖下，大部分由群眾自行焚毀。1955年發行新幣時，以一比一的比價收回。至今群眾手中如果還有的話，也成為珍貴的文物了。[196]

[194] 江西省檔案館、江西省委黨校黨史教研室：《中央革命根據地史料選編》（下），江西人民出版社1982年版，頁51。
[195] 趙效民主編：《中國革命根據地經濟史》，廣東人民出版社1983年版，頁405～406。
[196] 曹菊如：〈中華蘇維埃共和國國家銀行工作的部分情況〉，載陳毅、肖華等：《回憶中央蘇區》，江西人民出版社1981年版，頁373～375。

蘇幣後期無法兌現，喪失信用。一次，蘇維埃人員上市場買豬，蘇幣支付老鄉，老鄉不敢拒絕，客氣地：「同志，不要錢了，送給你吧！」[197]

5.城鎮工商業衰落

對待城鎮工商業，認定雇工即剝削，剝奪商人選舉權，不僅完全剷除商業生存土壤，也摧毀了個體手工業擴大再生產的可能性。[198]1932年5月12日頒佈的〈湘鄂贛省蘇維埃政府農村勞動暫行法令〉，三十二條規定全部針對並限制經營業主，如「強迫資本家恢復失業工人工作」。[199]

江西蘇區財政人員：「城市商業日漸衰落，最後陷於停頓。營業稅的收入也很少了。此外，其他收入則為數更少。因此。自始至終，在財政收入中占重要地位的是向地主富農籌款，特別是向白區地主富農籌款，即所謂打土豪的沒收款。」[200]入閩紅四軍明確記述必須依賴擴張才能解決經濟問題：「至於經濟問題，則較易解決。只有積極地擴大赤色區域，向附近四周遊擊，或向群眾募捐，就可以打破這一困難。」[201]

有一時期，蘇區內線各部紅軍存食糧至多支持一周，紅軍戰士須用大袋背米才有飯吃。白區運進的米需洋一元八角，到蘇區只准售一元五角（修武崇通縣），結果有錢沒米買。[202]蘇維埃政府規定參加紅軍的店伙，老闆得按原工資發給其家屬，政府不給任何補貼，老闆若想歇業，決不批准。一位老闆向紅軍官員求助，遭報復殺害。[203]

1934年3月，蘇區廣昌、泰寧地區物價上漲，一元國幣只能買25斤青菜、12兩油、兩斤豬肉。土籍新兵有些帶了二三十元或十餘元，但「十元以

[197] 趙效民主編：《中國革命根據地經濟史》，廣東人民出版社1983年版，頁473。
[198] 〈中共福建省委給閩西特委及紅四軍前委信〉（1930年1月8日），載《紅四軍入閩和古田會議文獻資料》（續編），福建人民出版社1980年版，頁157～158。
[199] 〈湘鄂贛革命根據地文獻資料〉第二輯（內部發行），人民出版社1986年版，頁210。
[200] 曹菊如：〈中華蘇維埃共和國國家銀行工作的部分情況〉，載陳毅、蕭華等：《回憶中央蘇區》，江西人民出版社1981年版，頁373～374。
[201] 〈中共福建省委給閩西特委及紅四軍前委信——政治形勢，閩西黨的過去及今後工作〉（1930年1月8日），載《紅四軍入閩和古田會議文獻資料》（續編），福建人民出版社1980年版，第163頁。
[202] 〈中共湘鄂贛省委給任弼時轉中共中央的信〉（1935年6月30日），《湘鄂贛革命根據地文獻資料》第三輯（內部發行），人民出版社（北京）1985年版，頁221～222。
[203] 龔楚：《龔楚將軍回憶錄》，明報出版社（香港）1978年版，下卷，頁562～563。

下的差不多是普遍的，外籍紅軍就缺乏這個來源。鞋子、草鞋更不能得到家庭的幫助，零用費已經是兩年多沒有發，在白區打土豪分了一點伙食尾子，大部都捐給公家了。」經費問題「影響紅軍物質生活頗大」。[204]

亂打土豪、任意定價、攔截商貨、干涉出口，加劇了蘇區經濟困難。1934年7月，張聞天發表文章：

> 黨為了要打破敵人的經濟封鎖，所以用一切方法發展對外貿易，利用每一個商人的線索輸出我們的生產品與輸入我們的必需品，而「左傾」革命家卻到處給我們以阻礙，經常拿赤色戒嚴、反對國民黨藍衣社法西斯蒂混入蘇區、反對投機買賣為口實，來封鎖我們自己的口岸（如江口），經常不必要的沒收商人輸出或輸入的商品，禁止商人的來往與自由貿易。實際上，這等於幫助了帝國主義國民黨的經濟封鎖。[205]

1935年5月，葉飛領導的閩東遊擊區根據實踐，終止極左「階級進攻政策」，停止分田，保護富農中農的利益，對地主、土豪採取徵稅、罰款，保證其生活；同時保護工商業，鼓勵白區商販到紅區經商，保護他們的合法利益，以利赤白兩區貨物交流，改善紅區人民生活。[206]

四、擴紅

1927年秋收暴動失敗後，原本五千人的隊伍一路向湘贛邊界退去。據共軍總政主任譚政大將（1906～1988）〈三灣改編〉（載《人民日報》1951年7月14日），該部經湖南平江、瀏陽、銅陵、萍鄉、江西蓮花，到達永新縣三灣進行改編，部隊從一個師縮編為一個團，實僅四百餘人，只能勉強編兩個營，此即為不久上了井岡山的「星星之火」。此後，毛澤東送給王佐、袁文才100支槍、兩挺旱機關槍。因為此時「星星之火」槍比人多，反正沒人

---

[204] 〈彭德懷關於作戰等問題給軍委的信〉，載《黨的文獻》（北京）1991年第6期，頁60～61。
[205] 張聞天：〈反對小資產階級的極左主義〉（1934年6月24日），載《鬥爭》（瑞金）第67期。
[206] 陳丹淮：《葉飛與閩東六變》（下），載《檔案春秋》（上海）2014年第6期，頁14。

背槍，減輕負擔還做了人情。[207]

1928年4月，朱德、陳毅率湘南暴動部隊兩千餘人上山，另有農軍八千餘人，此時毛部千餘人，袁文才、王佐部各300人。至1930年4月，紅四軍總數六千餘人，其中黨員1600餘人（軍官400餘）；黨員成分：工人300餘人，知識分子、小商人各200餘，農民900餘。[208]

為鞏固赤區、抵禦圍剿，擴大紅軍規模成為赤區常態化工作。1932年1月11日，閩粵贛蘇區省委接受中央指示，決議三月內在轄區發展紅軍1.5萬人。[209]擴紅當然離不開「經濟因素」。1930年，毛澤東率部三下安源，擴紅用語：「當紅軍有飯吃有衣穿，還有十塊錢安家費。」「紅軍是窮人的軍隊，為窮人報仇！」一位失業礦工報了名、編入專挑炸藥的伕子兵，吃了出生後第一次的飽飯，「但害怕老婆不會答應，一天都沒敢回家。」[210]

1930年12月，江西興國縣南坑鄉十五歲少年吳法憲（1915～2004）參加紅軍，師長龍普霖（1902～1932，後定叛徒槍斃）問他為什麼參軍，吳法憲老實回答：「紅軍來了以後，我家分了地還分到茶山，每年可收幾百斤油茶子。再就是有同鄉只比我先參軍幾個月就當了副班長，我看紅軍當官很容易，我想當官。」師長大笑：「你這個人挺老實的，是想當官才參的軍呀！」[211]

當地農民並不可能有「無產階級覺悟」：

> 他們有許多是不滿意或懷疑革命的，所以有些農民有「國民革命軍也好，工農革命軍也好，橫直老百姓吃苦」的話，有些說「從前要抽捐稅，現在還不是要抽土地稅」？……諸如此類，不一而足。……中農的不滿意我們甚至於反對革命，的確是當今革命的嚴重問題。[212]

---

[207] 劉型：〈回憶井岡山的鬥爭〉，載《革命回憶錄》第9輯，人民出版社1983年版，頁7。

[208] 〈紅軍第四軍狀況〉（1929年7月～1930年4月）。載江西省檔案館、江西省委黨校黨史教研室：《中央革命根據地史料選編》（中），江西人民出版社1982年版，頁504。

[209] 〈中共閩粵贛蘇區省委關於擴大紅軍問題決議——接受中央指示閩粵贛在三月內發展紅軍一萬五千人〉，載江西省檔案館、江西省委黨校黨史教研室：《中央革命根據地史料選編》（中），江西人民出版社1982年版，頁601～605。

[210] 丘立德：〈工兵始祖〉，載《紅旗飄飄》第12集，中國青年出版社（北京）1959年版，頁196～197。

[211] 《吳法憲回憶錄》，香港北星出版社2007年版，上卷，頁22～23。

[212] 楊克敏：〈關於湘贛邊蘇區情況的綜合報告〉（1929年2月25日），載江西省檔案館、

　　1933年2月8日，中共中央號召：「在全中國各蘇區創造一百萬鐵的紅軍。」1932年贛南蘇區十三縣（含遊擊區）240餘萬人口，參加紅軍人數33.1萬餘，十三縣總人口246.8260萬，占13.4%；參加赤衛隊、擔架隊、慰勞隊、洗衣隊達60餘萬。《中央蘇區史》：「不少家庭甚至沒有留下一名男子在家耕田。……閩西上杭縣才溪鄉88%的青壯男子外出參軍支前，全鄉只剩69個男勞力，勞力缺乏成為當務之急。」[213]才溪鄉兩千餘人口，一次次「擴紅」，最後只剩下七名壯丁，但還要求該鄉「突擊擴紅」。[214]

　　肖華（1916～1985）：

　　　　（興國）全縣青壯年80%以上都扛起槍走上前線。其中許多模範
　　　　區，90%以上的青壯年都參加了紅軍。只有20多萬人口的興國縣，參
　　　　加人數竟達八萬之多。這是何等的壯舉！何等的英勇犧牲！[215]

　　興國縣長岡鄉每百名青壯年中80人當了紅軍或參加赤色活動。[216]興國15歲以上、45歲以下男子，除殘疾以外都參軍了，成為名噪一時的「模範縣」。[217]據新華網南昌2007年8月21日電，興國乃紅軍烈士第一縣──23179名烈士，僅犧牲在長征路上的興國籍烈士就有12038名，相當每一公里長征路上就有一名興國兒女化作路標。長岡鄉300多人參加長征，活著回來的沒幾個。1955年授銜，興國籍54人少將以上。規劃京九鐵路，周恩來說花再多的錢，也要通過興國，特意繞行近百公里，多耗幾十個億人民幣。[218]

　　毛澤東《長岡鄉調查》（1933年11月）：

　　　　這裡一個重要問題，就是動員女子參加生產。長岡鄉16歲至45歲

　　江西省委黨校黨史教研室：《中央革命根據地史料選編》（上），江西人民出版社1982年版，頁14。

[213]　余伯流、凌步機：《中央蘇區史》，江西人民出版社2001年版，頁612～613、258、681。

[214]　張鼎丞：《中國共產黨創建閩西革命根據地》，人民出版社1983年版，頁69。

[215]　肖華：〈模範的興國‧英雄的人民〉（之一），載《中共黨史資料》第七輯，中共黨史資料出版社（北京）1983年版，頁256。

[216]　余伯流、凌步機：《中央蘇區史》，江西人民出版社2001年版，頁258。

[217]　郭本敏、袁玉峰主編：《回望硝煙》，中央文獻出版社（北京）2007年版，頁14。

[218]　程光：《心靈的對話》，北星出版社（香港）2011年版，下冊，頁889。

的全部青年壯年733人，出外當紅軍做工作去了320人，在鄉413人，其中男子只87人，女子竟占326人（一與四之比），因此長岡鄉的生產絕大部分依靠女子。[219]

江西風俗婦女從不下田，鄉諺：「婦娘學犁，母雞學啼，觸犯天理，要遭雷劈。」婦委書記蔡暢在興國挽褲腳下田，拜老農學犁學耙，再集中輪訓各鄉婦女代表，請老農傳授犁耙，動員婦女下田，這才相對緩和了蘇區勞力問題。[220]但「解放婦女」終究只能支撐一時，繁重的耕種農活不可能全由「半邊天」頂下來，維持簡單再生產都困難。再往遠說，都成了「寡婦村」、「寡婦鄉」，人口繁育怎麼辦？

鄂豫皖金家寨地區，「能當兵的年齡的人都走光了。剩下的都是女的、老頭了。」

1930年4月，江西信豐農村青年曾思玉（1911～2012），向母親講「打土豪分田地」的紅說，試圖說服母親同意他參加紅軍，最後向母親承諾革命勝利給他蓋一座洋房。1950年，64軍軍長曾思玉回鄉，母親很鄭重地問兒子：「現在革命成功了，你說的話可要算數呀！」曾思玉只好向母親講大道理：「現在雖然解放了，但仍然是供給制的生活，哪有錢蓋房子？如果用公款為自己蓋房子，那就要犯錯誤。」曾母直到去世沒再提這一茬。[221]

1. 日益嚴重的逃兵

最初，紅軍竭誠優待新兵，不停地替新戰士解決一切不便，吃飯、睡覺都優先照顧。老兵熱情教瞄準、甩手榴彈等，天天找新兵談個不停，「新戰士個個快樂，某師做到沒有一個新戰士開小差。」除了優待新兵，各鄉還召開盛大紅屬聯歡會，水酒水果、兒童團致敬、劇團送戲。[222]

1930年7月，「立三路線」抵達閩西紅區，調紅十二軍攻打長沙，再調

[219] 中共中央文獻研究室編：《毛澤東文集》，人民出版社（北京）1993年版，頁301。
[220] 余伯流：《中央蘇區經濟史》，江西人民出版社1995年版，頁134。
[221] 郭本敏、袁玉峰主編：《回望硝煙》，中央文獻出版社（北京）2007年版，頁25、16～17。
[222] 戈麗（李伯釗）：〈我自火線上來・談點火線上的事〉，載《青年實話》（瑞金）第96期，1934年7月10日。戈麗：〈瑞京合龍區各鄉的紅軍家屬聯歡會〉，載《青年實話》第101期，1934年7月25日。參見《李伯釗文集》，解放軍出版社（北京）1989年版，頁8～12。

新組建的紅二十一軍進擊廣東。然兩次入粵，兩敗廣東，退回閩西後再攻上杭、平和、連城，接連失利，「部隊越打越小，戰士大批逃跑，幹部則昏頭昏腦。」軍事失利連帶著供給無法自籌，「又不得不增加蘇區群眾的負擔，更加引起了群眾的不滿。」逃兵越來越多，甚至還有黨團員。《邱會作回憶錄》記錄了1930年10月百餘紅軍新兵集體逃跑。[223] 1932年5月，江西蘇區中共省委的工作報告：

> 黨團員不願去當紅軍的現象，除少數縣外，差不多成為一般的現象，沒有向這種右傾機會主義的表現作堅決的鬥爭，還無形中承襲過去，群眾因為避免加入紅軍而入共產黨的怪現象，甚至萬泰雩都有兩區的黨員，聽到黨員應領導去當紅軍，他寧肯出黨。

1933年10月18日福建省委工作報告：

> 擴大紅軍的數量還很微弱……如永定從五月到現在僅擴大二百餘人，武平則僅一百六十餘人，代英縣成績也很微弱。……逃跑現象的嚴重，報名後不能集中，或集中後逃跑。如六月授旗典禮，上杭三區的模範營僅能集中一部分，寧化模範團成千人送博生沿途開小差只剩下二百餘，四都模範營二百多人開小差，寧化在「九‧一八」送去前方新戰士一千多人也逃跑三四百人，汀東兆征有許多報告的不能集中，甚至有黨團員帶領逃跑，以及比較負責的幹部也有逃跑（如汀市少共書記）。現在上杭全縣老兵共一千一百餘人，長汀每區平均四十餘人，34師及各獨立團均發生過逃跑的嚴重現象。……（擴紅）用強迫命令、欺騙、收買的方法。如新橋區紅坊鄉支部會議中說不去當紅軍就是反黨，有些地方不報名則會議不散，有些還鎖起門開會，歸隊運動還採用強迫的方法，致使老兵家屬扯哭不放或跳水尋死（官莊），或老兵上山、去白區以至自殺（舊縣及其它），派人假領導去前方（汀東濯田、汀市），或用拈鬮（長汀）以及用錢收買（汀東新

---

[223] 《邱會作回憶錄》，新世紀出版社（香港）2011年版，頁19～20。

橋用五十毛收買一人）；在工人師與少共國際師的動員中，工會與少
共曾發生過「搶兵」的現象，而且進行了一些非政治的鼓動。[224]

　　1933年11～12月間，逃兵達2.8萬人，瑞金一縣就有四千三百餘。[225]黨
史記載：開小差紅軍一旦被捉，「被當作破壞擴紅的『反革命分子』遭到捕
殺。」[226] 為制止逃兵，槍斃逃兵雖然不時被上級制止，但基層仍相當普遍。
從人力資源上，擴紅與擴大經濟直接矛盾，「參軍的人越多，壯勞力就越
少，生產就越困難。」[227]

　　1933年7月11日，中華蘇維埃共和國湘贛軍區政治部主任楊尚昆，簽署
頒佈〈反逃跑十人團的組織與工作綱要〉，根據方面軍首長第七號訓令，決
定在連一級設立反逃跑的「十人團」，必要時可增至十五人。十人團產生由
自願報名、全連大會通過、連指導員審查、團政委批准。主要任務為：

　　　十人團員應利用一切可能和機會，隨時隨地地進行反逃跑的集體
　　或個別的宣傳鼓動工作，並採用指責、批評、勸告、苦工等，來與一
　　切怕吃苦、怕戰爭、動搖、慌亂、橫暴的現象作鬥爭。……察覺人員
　　中的可疑行動，應立即報告首長和政治部，並注意督視，必須毫無情
　　面地舉發逃跑者的企圖。在駐軍時輔助軍政首長查街巡夜和防止任何
　　人自由外出和外宿。

　　除了成立「十人團」，還有監督其工作的「反逃跑鬥爭委員會」，定期
舉行會議（每月至少一次），請連長參加，「檢閱部隊中的現象，並研究其
原因，檢查各十人團的工作，總結反逃跑鬥爭的經驗教訓，改善並創造新的
工作方式。」[228]對逃兵的處理，戰場上、帶槍逃跑、拐帶軍用品或款項，一

---

[224] 江西省檔案館、江西省委黨校黨史教研室：《中央革命根據地史料選編》（上），江西人民出版社1982年版，頁435、505～506。
[225] 蔡孝乾：《江西蘇區・紅軍西竄回憶》，中共研究雜誌社（臺北）1970年版，頁155。轉引自張鳴：《紅軍長征之謎》，載《二十一世紀》（香港）2007年2月號，頁64，注55。
[226] 余伯流、凌步機：《中央蘇區史》，江西人民出版社2001年版，頁1013。
[227] 陳毅、肖華等：《回憶中央蘇區》，江西人民出版社1981年版，頁375、353。
[228] 江西省檔案館、江西省委黨校黨史教研室：《中央革命根據地史料選編》（中），江西人民出版社1982年版，頁690～692。

律槍斃；平時逃跑拘回禁閉，處罰期沒收本人土地、剝奪公民權。[229]

　　封建文化土壤本身攜帶暴力因素。1926年11月，泰和縣農村貧家子弟陳復生（1911～2013）在贛州參加「店員工會」糾察隊，拿著皮包藤鞭專門打老闆，為學徒們出氣。[230]蘇區對紅軍逃兵，「開小差的，抓回來就殺；聽到講怪話的，就鬥爭。」[231] 1935年，主力長征後，紅十八團一位機槍排長帶機槍降敵，得五十塊光洋，捉住後「送回老家」。[232]

2.優待紅屬

　　迅速擴紅，紅軍家屬自然隨之劇增，致使「優待紅屬」難於實際執行，因為差不多都是「紅屬」了。〈中國工農紅軍優待條例〉規定：凡未在紅軍服務者每月無償幫助「紅屬」兩天，「時間與工作種類，依紅軍家屬之要求而定」。但大家都是只有老弱婦幼的「紅屬」，誰家還有能力幫扶別人？還有什麼勞力可充「優屬隊」、「什務隊」？如興國一縣近兩萬戶「紅屬」（1934年4月統計），差不多都是「紅屬」了。

　　「優待紅屬」也使紅軍家屬對蘇區政府產生依賴。1932年江西省委抱怨：

> 在優待紅軍家屬上，在一、二、三幾個月中在這些縣份發生紅軍家屬生活一切都依賴政府解決的不好現象，紅軍家屬一餐無油無米也到政府去要，甚至紅軍家屬自己有牛不耕田，而要政府派人派牛到他家耕田等等現象。因此，有些鄉政府成了紅軍家屬的當家人。[233]

　　當然，「優待紅屬」對擴紅是必不可少的「後勤保障」。〈優待條件〉規定「紅屬」免納捐稅、居屋免繳租金、公家商店購物減價百分之五、必需

[229] 江西省檔案館、江西省委黨校黨史教研室：《中央革命根據地史料選編》（下），江西人民出版社1982年版，頁79～80。

[230] 陳復生：《九死復生──一個百歲老紅軍的口述史》，中央文獻出版社（北京）2010年版，頁16。

[231] 陳丕顯：〈贛南三年遊擊戰爭〉，載《中共黨史資料》第二輯，中央黨校出版社（北京）1982年版，頁51。

[232] 方方：〈三年遊擊戰爭〉，載《紅旗飄飄》第18集，中國青年出版社1979年版，頁105。

[233] 江西省檔案館、江西省委黨校黨史教研室：《中央革命根據地史料選編》（上），江西人民出版社1982年版，頁436。

品缺乏時優先購買、子弟讀書免費；紅軍戰士的優待項目：一、乘坐車船概由公家承擔費用；二、服務五年以上年滿四十五歲，終身享受生活補助，不願退伍者，應特別優待；三、殘廢軍人，供養一切費用，每年至少五十元；四、所有戲院每月必須向紅軍免費一次，平時標價減半；五、軍郵免費；六、保護軍婚，妻子離婚必須本人同意，如不同意，政府將予禁止；七、陣亡者，子女弟妹由公家撫養教育至十八周歲，並介紹職業。[234]

但農民一旦分到地，革命積極性立即減退，骨幹分子也浪漫起來——

> 土地革命（後）農民生活比較安定，自然比前更不需要革命……同志浪漫，不肯到白色區域和紅軍中去工作，洩漏秘密，討厭開會，不交黨費。各處負責的及政府工作的同志多數不參加支部會，其他同志不敢批評。同志間有互相包庇、朋比為奸的現象。……支部書記也忘記了收黨費的責任。……不能運用紀律，只曉得用懲辦法，致紀律失卻效用，有些地方還造成黨內恐慌，負責同志開口便說要槍斃、開除。[235]

1933年5月猛烈「擴紅」，紅軍增加四、五萬人。[236]9月，第五次反圍剿前，「中央紅軍」總兵員達十四萬。[237]1934年1月10日，糧食問題日益嚴重，中央蘇區成立糧食部，陳潭秋部長。1934年5至7月，為對付第五次圍剿，五十天內再「擴紅」五萬，軍糧無著，緊急動員蘇區征穀二十四萬擔。「如果沒有二十四萬擔糧食，我們的紅軍不能作戰，不能吃飽肚子，就不能維持生活！」1934年7月下旬，圍剿形勢日緊，中共最高領導層已決定戰略轉移，發起一次更大規模的「借穀運動」——68.8萬擔。據陳潭秋報告，完成58.2萬擔，「中央蘇區人民作出了巨大而無私的奉獻。」[238]

[234]　江西省檔案館、江西省委黨校黨史教研室：《中央革命根據地史料選編》（中），江西人民出版社1982年版，頁594～600。
[235]　〈中共閩西特委第二次擴大會議關於組織問題決議案〉（1930年2月28日），載《紅四軍入閩和古田會議文獻資料》（續編），福建人民出版社1980年版，頁202～205。
[236]　陳伯鈞：〈從第五次反「圍剿」到遵義會議〉，載《中共黨史資料》第13輯，中共黨史資料出版社（北京）1985年版，頁80。
[237]　《龔楚將軍回憶錄》，明報出版社（香港）1978年版，下卷，頁528。
[238]　余伯流：《中央蘇區經濟史》，江西人民出版社1995年版，頁247、245～246。

　　1934年9月，中共中央組織局、中革軍委總動員武裝部等五單位聯合發文，要求中央蘇區一月內動員三萬名新戰士參軍。至9月27日，實際完成18024名。1934年5～9月底，中央蘇區總共擴紅八萬餘人。[239]長征前，中央蘇區轄地日蹙，總共250萬人口，擴紅至十萬，[240]

　　1934年5～7月，中央蘇區共動員六萬人參加紅軍，完成軍糧八十萬擔。[241]

　　伍修權記述長征前突擊擴紅：

　　　　為了這次轉移積極擴軍，除了把地方遊擊隊整編擴充到主力紅軍外，還把根據地的壯丁幾乎都動員參軍了，有的農村只剩下婦女老弱。[242]

　　戰鬥頻繁，迅速擴紅，提升較快。許世友從士兵到班長、排長，再到團長，只用了三年，但打了上千次仗。「為什麼快呢？人被打得沒有了，你是共產黨員，不幹不行。」[243]第五次反圍剿連續作戰一年，基本都是在陣地上過日子，入房睡覺的時間很少，毫無休整。「連以下的幹部差不多三個月要全部換一次，以後完全靠幹部打，補充上來的新兵連訓練都來不及。」[244]

　　徒手兵多也是紅軍的一個特點，因為作戰繳槍，若無徒手兵（亦稱候補兵），所繳之槍沒人扛了。此外，頻繁行軍病兵多，一人病了亦需要徒手兵去扛槍。加上需要大量挑夫搬運給養器械，「因此每每紅軍一團人數有二千，槍還不及千枝，就是這個緣故，但這是一般舊官軍所不懂的玄妙。」[245]紅軍甚缺子彈，江西紅軍獨立團新戰士能發一粒子彈就算不錯了。

　　紅軍當然鼓勵「繳槍」，江西獨立團提出：「繳槍一支，賞洋五十。」

239　余伯流、凌步機：《中央蘇區史》，江西人民出版社2001年版，頁1103。

240　余伯流：《中央蘇區經濟史》，江西人民出版社1995年版，頁455。

241　張鼎丞：《中國共產黨創建閩西革命根據地》，人民出版社1983年版，頁70。

242　〈伍修權同志回憶錄〉（之一），載《中共黨史資料》第一輯，中共黨史資料出版社（北京）1982年版，頁163。

243　許世友：《我在紅軍的十年》，戰士出版社（北京）1983年版，頁7。

244　陳伯鈞：〈從第五次反「圍剿」到遵義會議〉，載《中共黨史資料》第13輯，中共黨史資料出版社（北京）1985年版，頁85。

245　陳毅：〈關於朱毛紅軍的歷史及其狀況的報告〉（1929年6月）。載江西省檔案館、江西省委黨校黨史教研室：《中央革命根據地史料選編》（中），江西人民出版社1982年版，頁450～451。

於是，一些地方武裝及拿著梭標的農民，想出各種辦法奪槍，然後送到獨立團邀賞。甚至還有人通過關係從國軍那裡買來槍支領賞。「五十塊銀洋，原是筆相當可觀的錢。」幾個月後，繳了槍支，獨立團已無力支付賞洋，只好記帳欠著，捱到年底，部隊要做棉衣，無力清償欠賞，團領導這才明白「賞槍」辦法失妥，先宣佈「廢賞」，再宣佈「廢債」。手槍比步槍難搞，戰士扛上槍，不少幹部則空著手。於是從上饒花一千銀洋買回一支白朗寧（附五粒子彈）、一支左輪（無子彈）。不久，因擊發過多，左輪壞了，擊發後無法復位。請來一位修槍的撫州佬，生了半個月病，病好後每天供一斤肉，整整修了一個月，拿回來一試，不但沒修好，反而更壞了，擊發機張開後，怎麼扣也回不來了。這把用繩子紮住輪子的左輪不久歸方志敏，只能裝裝樣子。1929年秋，獨立團繳獲一挺捷克重機槍，附帶四箱機槍子彈，群眾見槍筒那麼粗，呼為「雞公炮」。每逢戰鬥，大家就問「機關槍在哪裡？」「快通知機關槍走遠些！」獨立團官長臨戰第一要事就是派人保護這件寶貝，從不輕易讓它參戰，四箱子彈除了試槍時打過幾發，很少運用。「雖然繳到了一挺重機關槍，卻等於背上了一個大包袱。」[246]

五、紅區生活

龔楚回憶錄：

> 中央蘇區是個貧瘠地區，經濟最落後的農業社會。在這個包括十多個縣份的蘇區內，要供應十萬以上的紅軍及十萬以上的地方民眾武裝（赤衛軍、獨立師、獨立團）和政府工作人員的生活消費及戰爭的消耗。而且從1929年起至1934年冬止，支援到六年的時間。這奇跡是外人所不能瞭解的。……
>
> 中央蘇區的紅軍待遇：紅軍指戰員的待遇是平等的，他們採取了實物供給制度，每人每日發給的糙米一斤四兩，青菜半斤，植物油四錢，鹽三錢；另外，每人每月發給零用錢二元（後改為一元，到最後

---

[246] 邵式平：〈槍的故事〉，載《紅旗飄飄》第12集，中國青年出版社1959年版，頁74～77。

兩年是很少發給了）。服裝每年夏季發粗布軍服一套，冬季發棉衣一件，夾褲一條，這些衣褲的布料是很粗劣的。內衣內褲原定是每年兩套，其實是只有一套。棉被呢，在新兵入伍時，發一張夾布被。天天在行軍作戰中過活的士兵，那一年一套的粗布衣當然是破爛不堪的了。襪是從來沒有的，鞋是依靠蘇區的婦女們製造送來的慰勞品，或可一年分到一對，主要的是靠自己拿著稻草和爛布條來打草鞋，否則就只有赤著兩腳爬山越嶺行軍作戰了。可是紅軍官兵，誰也是肉體做的而不是鋼筋鐵骨，吃的不足維持身體和精神所能負擔的工作，他們的身體也就只有一天一天的衰弱，走上疾病和死亡的道路。就算身體強壯，在艱苦戰鬥、營養不良之下，腳部都會生瘡爛疼，患者為數甚多。在1933年的統計中，士兵爛腳的占20%以上。因此紅軍的死亡率極大！這完全是由於待遇惡劣，才使官兵受到這種痛苦與死亡的威脅。

怎樣去籌集供應這樣龐大的紅軍糧食？說穿了──紅軍糧食的主要來源無非是取諸蘇區內的人民。中共除了在蘇區徵收土地稅外……在蘇區內的人民，每人只限每月存穀20斤，平均每人每日約有米八兩，其餘的就是餘糧，統由政府定價收購。還要運用勞軍、獻金、獻糧各種手段，來搜刮人民全部所有，這是紅軍在蘇區內解決軍糧的主要方法。

他們還不斷地深入到國府統治區籌糧、籌款、就食，所以紅軍沒有作戰時，便開到「白區」去打遊擊。這是紅軍官兵們最喜歡的工作。因為到「白區」去打遊擊，就有土豪打。不僅是可以有充足的糧食，而且可以吃一頓豬牛肉下酒。……要是土豪家中還有人留在家裡，無論男女老少，一律拘回勒榨罰款，甚至槍斃處死。而他們打土豪的收穫，是食物交由經理機關及政治部統一分配，金錢財物就全數歸公家所有，以充軍餉，這也是紅軍的糧餉來源之一。中共就是這樣維持了它龐大的軍費政費的開支，及長期戰爭的消耗。

……紅軍作戰時非常珍惜子彈，就是子彈殼，他們都能盡力保管，以便帶回交給經理機關轉交制彈廠翻制子彈……這些少量的彈藥生產，當然不能供應長期戰爭的消耗；因此，彈藥補充是紅軍最感困難的事。

蘇區內沒有適合運輸的河流，又沒有汽車。糧食、彈藥、傷兵的前運後送，均要依靠人力。他們動員蘇區內的人民，男的、女的，編

成運輸傷兵的擔架隊，及運輸糧食軍用品的運輸隊。[247]

再因紅軍幹部、槍械補充不易，陳毅給中央的報告中：「尤其紅軍幹部補充困難，子彈不易，打了勝仗不能得槍械在紅軍戰術上均是失敗。」[248]

紅軍常常大跨度機動作戰，頻繁穿插迂迴，又無交通工具，全靠兩隻腳，走的還是崎嶇山路，各地紅軍普遍流行爛腳病。許世友記述：

> 由於長時期的行軍打仗，同志們的腳都磨爛了。無論誰脫下草鞋，都可以看到斑斑血跡；有些人的腳已經發炎，不停地流淌著腥臭的膿血；有的連鞋子也沒有了。就在腳上纏上幾層破布趕路。從戰爭中走過來的人幾乎都有這樣的體會：爛腳不算病，行軍要老命。[249]

1.農民生活

湘贛邊界各縣地處偏僻，經濟落後，民皆務農，然「頗覺安居樂業，有天下太平的氣象。」此外，農人大多聚族而居——

> 邊界採取拉伕式的徵收黨員時，黨的組織，每每一個鄉村、一個支部，開起支部會來簡直就是等於家庭會議，蘇維埃的組織也是一樣，邊界工作的作不起，這是一個主要原因。
>
> 社會經濟政治文化一切落後，封建宗法思想充滿鄉村，農民做夢也想不到機器工業是一個什麼樣兒，是一回什麼事，帝國主義到底是一回什麼事。因此，實在很難使農民有進步的思想發生。[250]

1931年，16歲的肖華調任紅四軍黨委青年委員，負責群眾工作：

---

[247]　《龔楚將軍回憶錄》，明報出版社（香港）1978年版，下卷，頁406～409。

[248]　陳毅：〈關於朱毛紅軍的歷史及其狀況的報告〉（1929年6月）。載江西省檔案館、江西省委黨校黨史教研室：《中央革命根據地史料選編》（中），江西人民出版社1982年版，頁460～461。

[249]　許世友：《我在紅軍的十年》，戰士出版社（北京）1983年版，頁188。

[250]　〈楊克敏關於湘贛邊蘇區情況的綜合報告〉（1929年2月25日），載江西省檔案館、江西省委黨校黨史教研室：《中央革命根據地史料選編》（上），江西人民出版社1982年版，頁19、14、45。

　　那時候的工作很艱苦，群眾一時發動不起來，主要原因是對我紅軍宗旨不瞭解……老百姓不敢接近我們。[251]

　　1929年吉安工人以碼頭、米業、染業為主，月薪一般約七元。農民以小農為多，雇農次之，富農最少，約80%農民負債，「日食三餐尚有許多朝不保夕，因此被迫而為盜匪者，一天多似一天。」[252]

　　1929年，閩西蘇區農民分到土地，收穫比以前多，但因經濟不流通，米價一路走低。上杭縣此前每元買米17斤，1929年可買27斤，龍岩更低；為保護農民利益，蘇維埃政府出佈告禁止米價降低，但農民仍暗中減價出售。中共福建省委巡視員報告：

　　證明蘇維埃在消極方面來限制是沒有作用的，因為農民一切油柴什用總要靠糶米的錢來維持。[253]

　　閩西紅區的土改與江西蘇區一樣，「抽多補少」均分原則，同時獎勵開荒增產。但由於與白區交通阻隔，蘇區土產紙張、煙絲、木柴、茶葉出不去，需要輸入的布匹、油鹽、藥材又進不來，形成工農產品「剪刀差」，影響生活。1930年6月，毛澤東在長汀南陽主持閩西特委會議，認為財經問題與戰爭密切相關，需要積極保護貿易自由、獎勵輸出輸入，成立閩西工農銀行，發行紙幣，準備長期鬥爭。

　　1929年9月3日，閩西特委給省委的通報中再次以「剪刀差」為題：

1、剪刀現象已在閩西開始

　　近來赤色區域中，尤其是龍岩社會，發生了很嚴重的經濟問題。一方面農產品飛快的降低（米價大池每元四斗多、古田二斗多、虎崗

---

[251]　肖華：〈在廣昌頭陂發動群眾〉，載陳毅、蕭華等：《回憶中央蘇區》，江西人民出版社1981年版，頁177。

[252]　江西省檔案館、江西省委黨校黨史教研室：《中央革命根據地史料選編》（中），江西人民出版社1982年版，頁86～87。

[253]　江西省檔案館、江西省委黨校黨史教研室：《中央革命根據地史料選編》（上），江西人民出版社1982年版，頁149～150。

三斗多……雞蛋等等都是跌價）。另一方面城市工業品反而漲價（尤其鹽、糖、洋油等漲得快）……

2、剪刀現象仍是剝削農民使農民困苦

……大池農民糶出一石米，才買得一件衫褲布料，這是何等滑稽的一回事！

……

5、剪刀現象使反動派更易欺騙宣傳

農民受了剪刀現象的剝削，實際上得不到利益，這樣便給反動派以極好的宣傳的機會。他們必然會說：「共產黨欺騙農民」「共了產農民無好處」等等欺騙群眾的反動口號，農民此時極易為所蒙蔽，甚至於脫離我們。雖然農民決不會跟著反動派喊減租，但革命的熱情總會減低一些。

上述種種毛病是新社會的重要缺點，蘇維埃政府如不能挽救這些毛病，便不能根本解決工農群眾的生活問題，而使社會經濟問題向前發展。這樣，新政府的基礎便更無穩固可能……[254]

蘇區百姓最擔心的還是「紅旗能打多久」？1931年3月，鄂豫皖赤區潢川農村，紅軍團長許世友問房東大爺：「老鄉，你說紅軍好不好？」

房東大爺：「紅軍好，紅軍是咱們窮人的隊伍。」

許世友：「你想不想自己有田有地，過好日子？」

「想啊，連做夢都想哩！」

「我們說把地主的地分了，你怎麼不吭氣呢？」

「唉，還是等你們把武漢、南京打下來再分吧！」

紅軍戰士對「革命勝利後」的想像，也很「初級階段」。1932年12月上旬，一紅小鬼問許世友：「團長，革命勝利了以後，我們還要天天爬山嗎？」許世友回答：「還要爬！到那時送你上學堂，去爬文化山。」紅小

---

[254] 〈中共閩西特委通告（第七號）——關於剪刀差問題〉（1929年9月3日），載《紅四軍入閩和古田會議文獻資料》（續編），福建人民出版社1980年版，頁97～99。

鬼：「上學前，先打雙新草鞋，再找條平平坦坦的大路，來回走上幾趟。嗨，那該有多痛快！」炊事班長搭腔：「要是我呀，拿伙食尾子買包好煙，一天全抽光，那才叫美哪！」實在是存在決定意識，也就這點想像力。[255]就是上過大學的「抗戰牌」，心目中的共產主義也不過「樓上樓下，電燈電話。」[256]以農業社會的感知能力，已是最大「超前想像」了。

1930～34年閩浙贛蘇區，物價平穩，四塊錢一擔米，一塊錢八斤拆骨肉。從白區進赤區，每個村莊十字路口都掛一小牌，不是牙膏肥皂之類的廣告，僅一個字。當你走近，會有一個孩子出來問你：「同志哥，你認識這個字嗎？」如果認識，放你過去；如果不認識，他就一遍遍教你，一直到你會認會寫，然後才放行。這就是消滅文盲的識字牌，每天換一字。[257]

賭博這一最高形式的懶惰，到處盛行，從富人的「賭勢」到窮人的「尋財賭」再到兵痞地痞的「玩命賭」，越落後越賭。還有種鴉片抽鴉片、買賣婚姻、夫權至上、宗法迷信等。鬧紅中，袁文才在寧岡領導農民自衛軍打掉茅坪象山庵、白雲寺的菩薩、燒掉神像。賀子珍、賀怡帶領秀水小學的學生，砸了城隍廟裡的菩薩。酆縣、茶陵、遂川、蓮花各縣，農協也向宗法禮教、寺廟尼庵等場所開刀。[258]

井岡山地區，民風古樸，男女關係比較隨便。雙方一對歌，中意就同居，就成夫妻，無所謂程式與手續。「山大王」袁文才很嚴肅，從不亂搞女人。另一位王佐，文化程度較低，很有點綠林味道，三個老婆。[259]也有紅區幹部將蘇維埃當成「找愛人」的場所。1930年6月12日《贛西南特委通告》（列字第13號），有正式批評：「甚至有些地方（如北路）把蘇維埃拿做找愛人的場所，這都是不好的現象。」[260]

[255] 許世友：《我在紅軍的十年》，戰士出版社（北京）1983年版，頁161、190。

[256] 謝韜：〈關於民主社會主義模式與中國前途〉，載《開放》（香港）2007年6月號，頁23。

[257] 龍躍等：〈漫談閩浙贛老根據地〉，載《回憶閩浙皖贛的革命鬥爭》，江西人民出版社1981年版，頁133～134。

[258] 余伯流、陳鋼：《井岡山革命根據地全史》，江西人民出版社2007年版，頁317～318。

[259] 一凡編著：《延安麗人》，中國社會出版社（北京）1999年版，頁74。

[260] 江西省檔案館、江西省委黨校黨史教研室：《中央革命根據地史料選編》（中），江西人民出版社1982年版，頁205。

2.紅軍生活

　　紅軍伙食少油水，「吃」的誘惑力甚大。1931年7月23日，紅軍總部電臺報務員曹丹輝截獲並破譯何應欽給各路國軍的密電──「限十天撲滅共匪」，暴露了「分進合擊」的戰役意圖，毛澤東根據這份情報作出部署，8月1日於蓮塘一帶消滅「第三路進擊軍」，俘虜萬餘，三天後再趕到黃陂消滅國軍毛炳文師。8月11日，毛澤東嘉獎16歲報務員曹丹輝：「你收到的那份何應欽的電報，對這次戰役很有價值。」毛轉身對一參謀說：「你到副官處領三塊錢，獎給他買雞蛋吃。」晚飯時，電臺及總部參謀們「大伙猛衝一頓，三塊錢報銷了」。[261]

　　紅軍伙食費十天或一月下發，銀圓用米袋裝著，連長背著。每月士兵委員會下屬的經濟委員算賬，然後向全連公佈，節餘的「伙食尾子」平分給全連每一人，這就是紅軍的經濟民主。三軍團連長張有發，彭德懷第一次打長沙時帶著七八十人參加紅軍，當上連長。這個連隊月底不見賬目、更不發「伙食尾子」，飯食也不好，連長與幾個親信卻天天上飯館吃喝，引起19歲連政委注意，鬧了一下，查賬後發現虧空三十多塊。[262]

　　1932年，紅軍軍政學校各連待遇稍高於部隊：每人每天菜金一角二分，頓頓一菜一湯，每週二、四、六有一頓葷菜；每年兩套灰軍裝、一套白襯衣，每月一條肥皂，兩月一塊毛巾。工兵連因辛苦，每天菜金增加三分，每月肥皂多發一條，毛巾也每月一條，再增發藍衣一套；晚上作業，有夜餐。[263]

　　紅軍大學上幹隊（師團級學員），設在瑞金城北廟內，木板通鋪，每週打靶一次、夜間緊急集合一次，李伯釗來唱過〈漁光曲〉。伙食比部隊好一些，能經常吃到豆腐、青菜，每週有少量豬肉，列隊進食堂，八人一桌，沒有凳子站著吃，規定十分鐘吃完。[264]

[261]　曹丹輝：〈在1931年間──一個紅軍電臺幹部的日記〉，載《紅旗飄飄》第3集，中國青年出版社（北京）1957年版，頁16～17。

[262]　方強：〈「支部建在連上」──在三軍團做連隊政治工作〉，載《革命回憶錄》第7輯，人民出版社（北京）1982年版，頁93～95。

[263]　謝忠良：〈在紅校學工兵〉，載《星火燎原》選編之二，戰士出版社（北京）1979年版，頁202。

[264]　方強：〈反「圍剿」散記〉，載《革命回憶錄》第15輯，人民出版社（北京）1985年版，頁59～60。

　　1932年12月，紅八軍長蕭克從中央軍委帶回一部50瓦電臺，要選拔一批青年培訓收發報員，政委動員語：「你到這兒來，我們每天吃四頓。」一位青年馬上動心：「蘇區那個時候很困難，吃飯是沒油水的呀，這個一天可以吃四頓，還可以聽戲。」青年對每天能聽戲很好奇，政委打開無線電，耳機一套，馬上聽到南京電臺的京戲。[265]

　　對貧區農民來說，當兵吃飽一直是一條出路。紅軍代總參謀長龔楚早年在孫中山麾下任粵軍連長，「那時士兵對於革命，並無認識，他們以當兵為職業，且充滿了升官發財的思想。」[266]1915年，滇東北彝良貧農子弟羅炳輝（1897～1946），百折不撓當上兵，從軍懸系著他種種人生理想——為爹娘出氣、出人頭地。羅炳輝初為候補兵，月餉三塊，包括伙食零用；三月後升二等兵，月餉5.9元，半年攢下12塊。滇軍三月考核一次，羅炳輝從二等兵升一等兵、上等兵、二等下士、一等下士、三等中士……1929年7月，贛南吉安靖衛大隊長的羅炳輝秘密入黨，私蓄可購三十多條步槍、四支駁殼槍及每位士兵一件毛衣。[267]

　　1927年，剛從湖南農運講習所結業的曾志，年僅16歲，得聘衡陽警察大隊政治助理員，正式軍官，每週給400餘警察上一兩節政治課，「每月有50塊大洋的薪水」，[268]真正「升官發財」。

　　1931年，一位福建富家闊少羨慕掛皮帶佩手槍，三千大洋買了一個白軍營長，下鄉徵收賭捐遭紅軍襲擊，聽到槍聲鑽入柴窩，被俘後磕頭求命。[269]

3.俘虜政策

　　第一次反「圍剿」前，江西紅軍在黃陂專門召開團以上宣傳工作會議，「動員令」對白軍有12個口號，要紅軍官兵相信一個口號抵得上一個軍：「歡迎白軍士兵下級官兵來當紅軍！」「歡迎白軍弟兄打土豪分田地！」

---

[265]　郭本敏、袁玉峰主編：《回望硝煙》，中央文獻出版社（北京）2007年版，頁11。

[266]　《龔楚將軍回憶錄》，明報出版社（香港）1978年版，上卷，頁12。

[267]　史芬：〈羅炳輝將軍生平〉，載《紅旗飄飄》第5集，中國青年出版社（北京）1957年版，頁211～220、236。

[268]　曾志：〈一個革命的倖存者〉，廣東人民出版社1999年版，頁27。

[269]　繆敏：〈紅十軍第一次進軍閩北散記〉，載《紅旗飄飄》第9集，中國青年出版社（北京）1958年版，頁66。

「優待白軍俘虜！」「醫治白軍傷兵！」[270]

1931年5月第二次反「圍剿」，19日紅軍攻擊白沙郭華宗部，不願留下當紅軍的國軍俘虜，發三塊銀洋路費，願意把毯子賣給紅軍的，再給一塊銀洋。不少紅軍戰士連條被子都沒有，紅軍總部下令收買俘虜毯子。俘虜太多，銀洋有限，後領路費的俘虜只有兩塊銀洋。[271]

優待俘虜，影響巨大，不少國軍士兵一被包圍，高舉槍支喊叫：「不打了，繳槍，繳槍！」一個俘虜還說：「我這是第三次繳槍了，前兩趟還領了六塊大洋的路費哩！」有的俘虜當即撕掉「青天白日」帽徽，堅決要求當紅軍。[272]被放回去的俘虜，國軍士兵問：「是不是逃回來？」那俘虜說：「跑個鬼！一過去就給吃好的，不打不罵，不搜腰包，那邊真是官兵平等呢！」一些國軍士兵就是這樣被「動員」，遇有機會，便偷偷跑到紅軍這邊來。[273]

俘虜一直是紅軍兵源之一。1931年底，洪湖蘇區在反圍剿中消滅白軍張聯華旅，大部分俘虜加入紅軍，成立一個團。[274]1930年，彭德懷第一次打長沙後帶來的部隊，不少被迫投降的國軍士兵與散兵遊勇，營連一級幹部來不及審查就委任了，升官發財的舊習氣很重，得靠派入政工人員防止叛逃。

1930年，19歲方強時任平江長壽街蘇維埃裁判委員兼財政委員及黨團書記，彭德懷部需要政工人員，湘鄂贛特委書記李宗白調他入三軍團任連政委。彭德懷囑咐：「青年同志，你工作的部隊是新組成的連隊，政治工作的任務就是要鞏固這個部隊，不要讓反革命把部隊拉走了！」方強來到連部，煙霧騰騰、杯盤狼藉，正中坐著三十來歲的連長，兩旁幾個敞胸露懷。他向正中的連長行了鞠躬禮，很恭敬地遞上介紹信。連長看完信，上下打量他一番：歪著腦袋問：「你當過兵沒有？」「沒當過白軍，當過紅軍。」「你多少歲了？出過門沒有？嗯?!」連長故意把聲音放得很飄，好像在逗一個孩子。方強知道欺負他年輕，忍住氣老實回答：「沒出過門，今年十九歲。」

[270] 劉型：〈開闢中央革命根據地〉，載陳毅、肖華等：《回憶中央蘇區》（革命歷史資料叢書之七），江西人民出版社1981年版，頁122。
[271] 徐松林：〈橫掃七百里〉，載《紅旗飄飄》第13集，中國青年出版社1959年版，頁55。
[272] 李志民：〈奇兵制勝〉，載《星火燎原》選編之二，戰士出版社（北京）1979年版，頁115。
[273] 潘振武：〈憶紅一軍團宣傳隊〉，載《星火燎原》選編之二，戰士出版社（北京）1979年版，頁187。
[274] 關炎成口述、吳德才整理：〈憶段德昌同志在湘鄂西的戰鬥生活〉，載《紅旗飄飄》第30集，中國青年出版社（北京）1986年版，頁134。

後來果然，連長張有發串通親信帶領部分士兵投敵，因連政委早有提防，半途截回，槍決首犯張有發。師政治部徵詢長沙來的士兵誰不願當紅軍發路費回家，除張有發表弟領路費回家，沒第二個人要走。[275]

1928年10月，毛澤東在蘇區大會上說：「共產黨是要左手拿傳單、右手拿槍彈才可以打倒敵人的。」[276] 紅軍特別優待俘虜中的醫生，伙食費比傷病員還多，每餐為他們單炒小鍋菜。原來高薪的照原數發薪，原薪低的酌情增薪，如沒有結婚，幫助物色對象。[277]1930年5月組建的第一紅色醫院，位於興國縣五里亭，沒有一個醫生，只能請一位看護長充醫生。這位看護長會看病、認得藥，但不識字。

為優待來自白區的知識分子，每月加發兩元蘇維埃幣。其時瑞金物價，一元「蘇幣」可買20個雞蛋。列寧師範學校師生，每人每天發菜金（包括油鹽）一角二分，大米一斤四兩。1933年號召節約，糧食減為每天一斤，有時僅發十四兩。蘇維埃工作人員實行兩餐制，列寧師範學校也因不夠吃，經常發生搶飯風波。校長徐特立下令吃稀飯，鬧出「稀飯學校」（師範學校諧音）的笑話。[278]

中共從實際鬥爭中認識到：僅有來自山上的「槍桿子」，缺少來自亭子間的「筆桿子」，只有「力」沒有「理」，是無法「從一個勝利走向另一個勝利」。1928年7月8日，江西省委〈江西工作近況〉：

> 幹部分子的缺乏。……得力幹部分子仍然感著極度的恐慌……感著知識幹部分子缺乏之恐慌了，各地秘書之缺乏，蘇維埃政府寫佈告都沒有人，這也是江西工作的困難和缺點。[279]

275　方強：〈「支部建在連上」——在三軍團做連隊政治工作〉，載《革命回憶錄》第7輯，人民出版社（北京）1982年版，頁92～98。

276　胡喬木：《胡喬木回憶毛澤東》，人民出版社（北京）1994年版，頁445。

277　謝煥輝：〈紅色醫院〉，陳毅、蕭華等：《回憶中央蘇區》，江西人民出版社1981年版，頁195、199。

278　蔡孝乾：〈江西蘇區〉，載遼寧省黨史學會、遼寧省高等院校黨史教學研究會編印：《黨史研究參考資料》1981年第17期選摘，頁16。

279　〈江西工作近況——綜合性報告〉（1928年7月8日），載江西省檔案館、江西省委黨校黨史教研室：《中央革命根據地史料選編》（上），江西人民出版社1982年版，頁8。

4.赤區「外貿」

1931年9月20日送達上海中央的贛西南特委報告：

> 在蘇區工作上有弱點，主要的是由於過去開始鬥爭的時候，盲動
> 主義燒毀城市，紅軍赤衛隊不守紀律，所以蘇區所有市鎮大都是經過
> 破壞的。其次過去經濟政策上犯了錯誤，如把商人當土豪打，不任放
> （放任）商業的自由。[280]

1933年9月30日，中央蘇區經濟部副部長吳亮平（1908～1986，留蘇
生）的〈經濟建設的初步總結〉：兩個月整個蘇區對外貿易進出口總額尚不
足十萬元，蘇區發行公債主要靠強迫命令與攤派，勝利縣某貧農自願買28元
公債、一中農自願買40元公債，已屬「光榮例子」——

> 但是這樣光榮的成績還不是普遍的，推銷公債中的強迫命令攤派
> 的方式是非常嚴重的。……攤派的方式，就是我們模範縣的興國，也
> 不能完全避免。[281]

無有外貿，赤白二區商品流通堵塞，工農產品剪刀差豁口日寬，根據地
普遍出現鹽荒。大米僅三四角錢一斗、豬肉一元八斤、雞蛋一角12個，鹽卻
一元八兩。蘇區人民形容：「米用籮挑，鹽用紙包。」[282]流諺：「有人拿走
一粒鹽，店主趕過三家店。」1933年下半年，蘇區的鹽、布、西藥奇缺，僅
食鹽就需要進口15萬公斤。1933年，蘇區出口稻米二元多／百斤、茶油30餘
元／百斤、大豆七元上下／百斤、花生十餘元／百斤、生豬40元／百斤、雞
60元／百斤。進口食鹽11元／百斤、土布七元／匹。[283]

---

[280] 贛西南特委：〈贛西南的（綜合）工作報告〉，載江西省檔案館、江西省委黨校黨史教研
室：《中央革命根據地史料選編》（上），江西人民出版社1982年版，頁410。

[281] 江西省檔案館、江西省委黨校黨史教研室：《中央革命根據地史料選編》（下），江西人
民出版社1982年版，頁609～611。

[282] 余伯流：《中央蘇區經濟史》，江西人民出版社1995年版，頁173。

[283] 陳毅、蕭華等：《回憶中央蘇區》，江西人民出版社1981年版，頁380、390、399。

5.特殊李德

　　1933年9月25日，共產國際顧問李德（1900～1974）進入江西蘇區，一直享受特權。一套專為他修建的三居室「獨立房子」（一間臥室、一間會議室、一間譯員、警衛宿舍），宅周一片稻田，田裡專為他放養十幾隻鴨子，環境清幽；每天都能吃到雞鴨魚肉、蛋類等緊缺食品，還能享用香煙、咖啡等戰利品。遵義會議解除他「最高三人團」職務後，仍有兩匹高頭大馬，牛奶、咖啡、香煙等奢侈品從未間斷。李德一直保持原有的生活習慣，只吃麵包不吃米飯。[284]1934年10月16日，中央縱隊長征出發當天，李德吃完「獨立房子」餵養的最後一隻鴨子。[285]

　　最特殊的待遇是為這位李德同志物色配偶。他看上一位漂亮的紅軍女戰士，可惜人家羅敷有夫。博古等不得不為李德另覓佳偶。中央婦委李堅貞找到團中央收發員蕭月華（1910～1983），廣東大埔農村姑娘，1924年彭湃妻蔡素屏介紹入團，1927年轉黨，大埔縣婦女部長；海陸豐「七日紅」後隨部隊入閩西，新婚丈夫被當成「反革命」錯殺。蕭月華時任少共中央局秘書長胡耀邦收發員，不漂亮但賢惠壯實。在組織磨泡下，抱著「為革命犧牲」嫁李德，像完成政治任務一樣與這位粗壯肥大的老外同居，後在延安生下黝黑一子。丁玲嗤鼻：「她充其量只不過是個鄉巴佬！」夫婦倆毫無共同語言，經常吵架。長征到延安後，李德追求上海影星李麗蓮，蕭月華哭訴至毛澤東處，堅決離婚，李德旋娶李麗蓮。1938年，蕭月華任陝甘寧地委婦女部長；後任承德區委書記、張家口市府勞動科長；1949年後，湖南省公路局養路處副處長、湖南交通廳辦公室主任，後返部隊，大校軍銜。[286]

6.文體生活

　　鬥爭環境雖然緊張，畢竟仍有相當閑隙。紅軍戰鬥力、凝聚力很大程度依賴於成功的文娛。物質匱乏，精神生活尤顯重要。紅軍一開始就十分注意

[284]　黃宏主編：《親歷長征》，人民出版社（北京）2006年版，頁193，392。
[285]　鐘文、鄭艷霞編著：《見證長征的外國人》，軍事科學出版社（北京）2004年版，頁69。
[286]　余伯流、凌步機：《中央蘇區史》，江西人民出版社2001年版，頁1069～1070。
　　　黃宏主編：《親歷長征》，人民出版社（北京）2006年版，頁396。

文娛生活，士兵委員會設有「娛樂科」，十分活躍。陳毅記述：

> 士委內有娛樂科，僅於紀念日或每月舉行工農兵聯歡會，或紅軍
> 紀念會，有演說、有新劇、有京廣團、有雙簧、有女同志跳舞、有魔
> 術，這些多能引起士兵的快樂。[287]

　　蘇區文藝最初直接用於宣傳鼓動，如唱歌、說書、講故事、對口詞等，
後逐漸發展到化裝宣傳、編演話劇、歌舞、雙簧、雜耍等。城市知識分子來
後，開始出現「文明戲」式短劇。

　　留蘇學藝術的李伯釗、危拱之，以及洪水、趙品三等人，在紅軍學校俱
樂部基礎上成立劇團。1931年11月「一蘇」大會後，李伯釗、錢壯飛等在紅
軍中央軍政學校成立江西蘇區第一個戲劇團體——八一劇團。李伯釗、錢壯
飛等人的演出，使只聽過山歌小調、活報劇、舊戲曲的蘇區軍民，第一次接
觸「國際藝術」。從此，八一劇團的演出成為江西蘇區文化生活的盛事。李
伯釗以「第一赤色舞星」馳名蘇區。蘇區文藝領導人為潘漢年與瞿秋白。

　　1931年12月14日寧都暴動，國民黨西北軍第二十六路軍1.7萬餘人暴動
投共，是為紅五軍團。北方人吃不慣紅米飯，盡拉稀，人熬得很苦，仗也不
能打。而且並不信任紅軍，發給他們的止瀉藥也不敢吃，悄悄扔掉，怕是毒
藥。毛澤東（八一劇團最熱心觀眾）找到李伯釗，要她帶領劇團上二十六路
軍慰問演出，利用文藝形式啟發該部政治覺悟：「你們這次去的任務，是通
過宣傳鼓動讓士兵都懂得為誰打仗、為誰犧牲？」

　　李伯釗與錢壯飛、胡底領命後，趕寫出話劇《為誰犧牲》，反映國軍
士兵遭遇。錢壯飛飾蔣介石，他本就長得像蔣，給陳果夫當機要科長時，出
入南京政府，衛兵都向他敬禮，還以為是蔣介石。胡底演當兵的，李伯釗主
演，描繪國軍士兵遭受的凌辱與「無謂犧牲」。平時一拉開幕布，就有掌
聲，這次五千餘觀眾，直到閉幕都沒有一點掌聲。劇組人員正在納悶，以為
哪兒沒演好，突然響起掌聲，高呼口號：「打倒蔣介石！」「要當紅軍！」

---

[287] 陳毅：〈關於朱毛紅軍的歷史及其狀況的報告〉（1929年6月）。載江西省檔案館、江西
省委黨校黨史教研室：《中央革命根據地史料選編》（中），江西人民出版社1982年版，
頁454。

文藝演出成了最出色的政治動員，被認為是蘇區文藝「最成功的一個戲」。
接著，八一劇團給暴動部隊軍官演一種戲，給戰士演一種戲，「這樣做很成
功。」給二十六路軍團以上高幹專門演出高水準的《農奴》（改編自蘇聯話
劇《黑人籲天錄》）。錢壯飛、胡底、李伯釗主演，何叔衡演奴隸主。這齣
戲表面上不關中國的事，也與蔣介石無關，但許多軍官都哭了。戲劇的政治
效應如此強大，中共高層意識到：文藝可以非常出色地為政治服務，決定成
立戲劇學校，將李伯釗從《紅色中華》編輯部調出，籌建戲校，蘇區文藝開
始大發展。這也是中共之所以非常重視文藝的「原始出處」。[288]

　　1932年7月，在八一劇團的基礎上，籌建江西蘇區第一個專業話劇團
──「蘇維埃劇團」（亦稱工農劇社），1932年9月2日正式成立，主要演出
話劇。明星陣容：錢壯飛、李克農、胡底、沙可夫、趙品三、李伯釗、危拱
之、石聯星、韓進、施家四姐妹及小童星丘蘭、郭滴海。演出劇目：《我
──紅軍》、《戰鬥的夏天》、《揭破鬼臉》、《紅色間諜》、《無論如何
要勝利》、《誰的罪惡？》、《武裝保護秋收》、《我們自己的事》、《義
勇軍》、《熱河血》、《暴動之前夜》、《東方戰線上》、《來學習吧》、
《改選前夜》，劇團巡迴演出「文明大戲」，1934年春到達高潮。[289]

　　1934年1月22日，全蘇「二大」在瑞金沙洲壩開幕，工農劇社舉行盛大
慶祝晚會，藍衫團學生表演〈國際歌舞〉、〈馬刀舞〉，「三大赤色跳舞明
星李伯釗、劉月華、石聯星的村女舞，極為精彩，一拍一跳，諧和著悠揚的
琴聲，再加上美麗的背景更為生色。」全場觀眾三千。[290]只要有文藝晚會，
尤其有「赤色舞星」，瑞金就全城轟動，男女老幼，火把燈籠，遠在葉坪的
毛澤東等人也會趕來。[291]葉坪距離瑞金三公里，「中華蘇維埃共和國臨時中
央政府」所在地。

　　劇團還演出蘇聯學回來的外國舞蹈《海軍舞》、《空軍舞》、《烏克
蘭舞》、《俄羅斯舞》、《國際歌舞》、《巴黎牆下》（鄧肯編），自編舞

[288]　李伯釗：〈我的回憶〉，載《中共黨史資料》第17輯，中共黨史資料出版社（北京）1986
　　　年版，頁181～187。參見《李伯釗文集》，解放軍出版社（北京）1989年版，頁242～
　　　245、262～265。
[289]　余伯流、凌步機：《中央蘇區史》，江西人民出版社2001年版，頁828～837。
[290]　原載《紅色中華》1934年1月24日。余伯流、凌步機：《中央蘇區史》，江西人民出版社
　　　2001年版，頁842。
[291]　鐘文、鄭豔霞編著：《見證長征的外國人》，軍事科學出版社2004年版，頁135～136。

蹈亦有《紅軍舞》、《工人舞》、《團結舞》、《豐收舞》、《馬刀舞》、《村女舞》，曲調多為地方民間小調。[292]「第一赤色舞星」李伯釗的蘇聯《水兵舞》、《馬刀舞》，潑辣中帶嫵媚，晚會壓軸節目。[293]

工農劇社最後發展出六十多個業餘分社，六七百「社員」。最著名的有：紅一軍團戰士劇社、紅三軍團火線劇社、紅五軍團猛進劇社。李伯釗的高爾基戲劇學校先後學員千餘，形成龐大的戲劇陣容。各分社除演出自己的原創劇目，大都採用中央或總政創編、下發的劇目，多為李伯釗的作品，如《擴大紅軍》、《無論如何要勝利》、《工農團結》、《一起抗日去》等。蘇區文藝不僅注意搜集民歌、民間故事，更注重題材的當下性，及時將蘇區生活與戰鬥編織入戲。

蘇區演出都在露天搭臺或廣場演出，松枝照明，被單拼接當幕布；化妝沒有油彩，紅紙蘸水代替胭脂，或用炭代替；伴奏樂器僅為一支口琴，演出服裝得自己改裁縫制。最要命的是經常吃不上飯，每人每頓三兩糧食，裝在小蒲草袋內煮熟，小伙子幾口就下肚了，又沒有油水，連鹽都難見。缺糧時，戲校兼劇團首長李伯釗就得領著學員演員挖野菜。住宿不是破廟就是祠堂，鋪點稻草就是「金絲被褥」，睡門板就算「特殊待遇」。李伯釗除了組織演出，每週還得上二三十小時的課，沒有教材自己編，教員不夠上各部隊去請，包括俘虜中有藝術專長的，也請來上業務課。李伯釗病倒了，蘇區名醫傅連暲開的藥方是：「吃稀飯」。

蘇區戲劇甚至還演給前來圍剿的白軍看。前沿陣地上，直接向對面的白軍唱歌、說書、數快板。在摸清對方情況和採取掩護措施後，大膽向白軍演出短劇，看得白軍士兵大喊「呱呱叫」、「再來一個！」甚至還扔香煙過來慰問演員。這些白軍士兵自然會產生「政治上的傾向性」。[294]

第五次反「圍剿」中，紅軍編了歌劇《血汗為誰流》，內容為國軍士兵修碉堡饑寒勞累、挨打受罵，經紅軍夜間喊話，最後調轉槍口，「找到出路」。一次，表演該劇給國軍主力部隊四五百名俘虜看。一開始他們仰在草

---

[292] 《紅色中華》1934年1月24日。余伯流、凌步機：《中央蘇區史》，江西人民出版社2001年版，頁841～842。

[293] 黃宏主編：《親歷長征》，人民出版社（北京）2006年版，頁340。

[294] 一凡編著：《延安麗人》，中國社會出版社（北京）1999年版，頁185～186。

坪上，一副傲慢不遜的樣子，過了一會兒慢慢坐起來，接著掩臉哭鼻子，最後喊開口號：「打倒國民黨！我們要參加紅軍！」[295]

1933年5月底～6月初，江西蘇區隆重舉行「五卅赤色體育運動大會」，並成立中華蘇維埃共和國赤色體育運動委員會，項英、鄧發、張愛萍等五人為委員。1933年5月4日，紅軍東路軍在漳州舉行紅五月運動會。江西軍區、福建軍區分別在「八一」前後舉辦運動會。蘇區各單位亦自建籃球隊，經常舉行賽事。[296]因為體育可以──

> 鍛煉工農的體魄養成犧牲勇敢威武的革命精神，與蘇區人民精神萎靡身體屠弱的不健全的現象作鬥爭，這是擴大紅軍創造鐵的紅軍在體魄上應有的準備，因此蘇區內關於瞄準打靶、跳高跳遠、足球、天橋、平臺捍架等必須逐漸提倡成為廣大群眾的遊藝。[297]

1935年11月5～6日，紅一軍團開了兩天運動會，軍團直屬隊成績居首位，但評比時一、二、三名都沒評上，直屬隊上下想不通，認為丟了面子，上級故意卡他們，總支書記肖烽找軍團政委聶榮臻訴苦，聶以「機關為部隊服務」說服了他，「聶政委批評很有道理，我想通後擦乾眼淚回直屬隊去了。」[298]

紅色高幹當年都還是青年，飯後茶餘除了打山歌，都愛體育活動。張聞天、陳雲、潘漢年愛打乒乓。中組部、中宣部樓上樓下，方桌子拼成球臺，球拍用木板做成，上面打了幾排圓眼子。張聞天右手橫拍，打得甚好。其他人愛打籃球。[299]另一項比較普遍的娛樂活動是棋類，跳棋、象棋、五子棋。

紅軍日常文娛生活有「拐子逼瞎子」、「丟手帕」、「背人賽跑」，

[295] 潘振武：〈憶紅一軍團宣傳隊〉，載《星火燎原》選編之二，戰士出版社（北京）1979年版，頁187～188。

[296] 余伯流、凌步機：《中央蘇區史》，江西人民出版社2001年版，頁865～870。

[297] 〈江西省第一次工農兵蘇維埃代表大會對地方武裝問題的決議案〉（1932年5月）。載江西省檔案館、江西省委黨校黨史教研室：《中央革命根據地史料選編》（中），江西人民出版社1982年版，頁618。

[298] 肖鋒：《長征日記》，上海人民出版社1979年版，頁130。

[299] 《劉英自述》，人民出版社（北京）2005年版，頁45～46。

偶而踢足球。[300]還有一種飯後遊戲叫「抓豬」，大家圍坐一圈，一人蒙上眼睛，一人吹口哨逗引，兩人不能出圈，蒙眼者抓住吹口哨的，就算「抓到豬」。[301]

1934年8月31日～9月3日，紅一方面軍在福建連城縣溫坊（今文坊）襲擊國軍，圍殲一旅另加一團一部，俘虜兩千四百餘人。戰鬥結束後，在長汀南山壩舉行軍民聯歡。高潮是紅一軍團戰士劇社的活報劇《廬山之雪》，軍團政治部副主任李卓然與宣傳部長張際春合作編劇，嘲笑蔣介石在廬山舉辦軍官訓練團，指揮這些軍官「圍剿」蘇區，結果屢戰屢敗，就像廬山冬末殘雪，被紅軍這輪太陽烤化。軍團保衛局長羅瑞卿因個高演蔣介石，年輕俊秀的保衛局秘書童小鵬演宋美齡，編劇李卓然演德國顧問賽克特，軍團長林彪，政委聶榮臻、政治部主任羅榮桓演自己。劇本只有一個大綱，具體情節、對話靠演員自己編。[302]

> 蔣介石、宋美齡押上臺，林彪審訊：「你是蔣介石嗎？」
> 蔣介石（低頭）：「是」。
> 　林彪：「怎麼叫我們抓住了？」
> 蔣介石（沮喪地）：「我的飛機壞了。」
> 　林彪：「你怎麼長得那麼瘦？」
> 蔣介石：「我整天算計怎樣坑害人民、怎樣賣國求榮，消耗太大。」
> 　林彪：「你怎麼不吃補藥？」
> 蔣介石：「吃了也沒用，心肝壞了，肚腸不好。我吃紅肉拉白菜，一
> 　　　　肚子膿水。」

臺下掌聲潮水般響起。[303]

各種活報劇中，「蔣介石」一直是主要角色，每次演出效果也最佳。時

---

300 嚴德勝：〈朱德同志關心戰士〉，陳毅、蕭華等：《回憶中央蘇區》，江西人民出版社1981年版，頁203～205。

301 薄複禮：《一個外國傳教士眼中的長征》，昆侖出版社（北京）2006年版，頁111。

302 潘振武：〈憶紅一軍團宣傳隊〉，載《星火燎原》選編之二，戰士出版社（北京）1979年版，頁188。

303 黃宏主編：《親歷長征》，人民出版社（北京）2006年版，頁173。

有新戰士過分「入戲」，以為臺上真是蔣介石，拿槍瞄準「老蔣」，要不是旁邊的人動作快，說不定臺上的「老蔣」就真嗚呼了。[304]

紅四方面軍川陝根據地，也有一首嘲笑川康軍閥及蔣介石的山歌：

> 紅軍過了河，羊子（楊森）奔索索；冬瓜（田頌堯）遍地滾，猴子（鄧錫侯）摸腦殼；矮子（李家鈺）挨鞭打，劉湘怕活捉；請問委員長，你看又如何？

古典小說《三國演義》、《水滸》、《封神榜》，都是紅軍戰術的「理論來源」與戰例範本。[305]

六、花絮軼聞

醫務、電訊等技術人才奇缺。紅軍電臺人員均來自張輝瓚部原電臺班子。1930年底以前，紅軍沒有電臺。12月底第一次反「圍剿」龍岡戰役，消滅張輝瓚第18師，繳獲一部15瓦電臺，可農民出身的紅軍戰士不認得這玩藝兒，出於「階級義憤」將發報機、電動馬達、充電機、蓄電瓶搗砸得粉碎，只剩下一架漂亮的收報機沒損壞。紅軍總部得知，下令今後繳獲一切不認識物品，不得破壞，妥為上送。俘虜的電臺、醫務等專業人員，一律優待，量才錄用。三天後，於東韶再打譚道源第五十師，又繳獲一部15瓦電臺，這回一顆螺絲釘都沒少。一部半電臺設備，六名電臺俘虜人員，成為紅軍無線電通訊「種子」，旋成立無線電大隊，隊長王諍、報務員劉寅均為張部俘虜兵。不久，該大隊下轄一個電信訓練班、監護通信排、運輸排，共約百餘人。毛澤東、朱德親自給電信訓練班上政治課。[306]電臺高端技術人員，黨員每月多發三塊銀圓，非黨員每月則發30～50塊銀圓，技術人員「深受感動」。[307]

[304] 薄復禮：《一個外國傳教士眼中的長征》，崑崙出版社（北京）2006年版，頁112。

[305] 許世友：《我在紅軍的十年》，戰士出版社（北京）1983年版，頁13、4。

[306] 曹丹輝：〈偉大的歷程──隨毛主席從江西到陝北〉，載《紅旗飄飄》第13集，中國青年出版社（北京）1959年版，頁86～87。

[307] 伍雲甫：〈戰士的偉大榜樣──記朱德同志〉，載《紅旗飄飄》第17集，中國青年出版社（北京）1979年版，頁96。

1931年5月，第二次反圍剿從國軍公秉藩部再繳獲100瓦大功率電臺與技術人員，與上海中央有了直接聯絡的條件。[308]9月15日深夜，蘇區中央局向上海拍發的第一份電報：弼時安全到達。任弼時親擬親譯，上海中央則由周恩來、鄧穎超譯出。[309]

1933年6月，劉英留蘇四年後回國，分配進入蘇區工作。她抵達瑞金後，張聞天、博古、潘漢年、凱豐等十餘人循慣例，打她的「土豪」，要她用回國路費的餘錢請客。天雨，鄧穎超無雨鞋沒去，劉英留下一元錢為鄧穎超買鞋，「和同志們走了十來里路到縣城館子裡，美美地吃了一頓熬豆腐、紅燒肉之類，把剩下的十來元錢花光了。」

毛澤東生活隨便，愛說笑，頭髮老長，說是打了勝仗才理髮，而且洗臉洗腳一塊毛巾。劉英勸道：「打下了城市再發一條給你，這樣多不衛生啊！」毛澤東回答：「你以為上面比下面乾淨嗎？你看，鼻子和嘴這才髒呢！」毛澤東不愛喝煉乳、可可，聞到那股味兒就躲。「他的生活習慣是地道的中國方式。」[310]

紅軍官兵文化程度普遍很低，1934年10月長征前，已是連指導員的吳法憲，隨部在于都休整，「學習上級發下來的博古的一篇叫作〈一切為了保衛蘇維埃〉的文章，但誰也弄不清究竟怎樣保衛蘇維埃。」就是這樣一位自己都「弄不清」的指導員，10月16日還上紅一師三團去宣講博古的這篇文章。[311]

1931年12月西北軍第二十六路軍寧都暴動，文盲炮手趙章成（1905～1969）隨大溜加入紅軍。入黨後，趙章成仍保留佛教信仰，不願殺生、相信轉世輪迴。作戰開炮前，他都要禱告「阿彌陀佛」，說自己奉命開炮，冤魂不要來找他。直至長征結束，他才放棄禱告，成為全軍著名笑料。趙成章並未因「迷信」受衝擊，長征時任紅一軍團炮兵營長。他的「成名作」是大渡河安順場放的三炮，危急時刻左手托炮（無炮架），目測瞄準，僅有的三發炮彈全部命中目標，摧毀對岸川軍三個機槍點，有力支援已渡河的第一船十七勇士與被火力壓制在河中的第二船。極少讚揚部下的林彪：「要像趙章成

308 劉寅：〈第一部紅軍電臺與反「圍剿」鬥爭〉，陳毅、蕭華等：《回憶中央蘇區》，江西人民出版社1981年版，頁191～192。
309 李質忠：〈周恩來對黨的機要工作的貢獻〉，載《黨的文獻》（北京）1991年第1期，頁40。
310 《劉英自述》，人民出版社（北京）2005年版，頁44～45、70。
311 《吳法憲回憶錄》，香港北星出版社2007年版，上卷，頁41～42。

同志那樣，使技術達到藝術的標準。」因文化程度低，趙成章未能跟上炮兵發展，但憑藉關鍵時刻的三炮，1955年授銜少將，炮兵副司令。[312]

　　蘇區第一任務竟是：「實行武裝擁護蘇聯」。[313]蘇區人民不知如何用「武裝」去「擁護蘇聯」。留蘇生從蘇聯搬回來的「洋口號」，脫離群眾又脫離現實。至於文化層次更低的共軍下級官兵，更談不上對馬列理論的理解。1930年9月，紅七軍一位宣傳隊員談及革命目的：「擴大紅軍，搞大革命，搞大蘇維埃，全國都搞起蘇維埃，為實行耕者有其田等等。」仍是舊時農民造反的原始境界。對群眾的宣傳動員也很尷尬。紅七軍宣傳隊在桂西北南丹縣三房圩召集群眾大會，來了百餘人，隊長上去講話，群眾不懂，只能由一名隊員上去說些簡單的，「紅軍是工農的軍隊，大家起來打土豪劣紳，人人有飯吃，有衣穿等等」，一個多鐘頭散會，大家點點頭就走了。[314]

　　1936年10月，博古在陝北保安告訴斯諾：

> 民眾的文化水準低，政治上落後影響了新思想的傳播。農民對紅軍的態度，尤其是婦女對紅軍的態度，最初是懷疑，後來僅覺得有些好奇。起初想找人來開會非常困難。漸漸的，有幾個男人來開會了，他們又去勸說婦女來開會。……把疑慮重重的農民轉變成積極可靠的工作人員，需要半年的時間。……在四川省則與此截然不同，幾百人一下子就湧了出來，一些婦女窮得衣不蔽體，幾乎光著身子就來了。[315]

　　「集中以應付敵人，分散以爭取群眾」，乃紅軍戰術原則。礙於最初不少蘇區群眾將紅軍當土匪打，剛上井岡山的紅四軍就建立「宣傳兵」制度。每個連隊有5～7名固定的宣傳隊員，每月有10～15元銀洋的宣傳費。[316]

---

[312]　黃宏主編：《親歷長征》，人民出版社（北京）2006年版，頁615～617。

[313]　〈中共福建省委給閩西特委及紅四軍前委信──政治形勢，閩西黨的過去及今後工作〉（1930年1月8日），載《紅四軍入閩和古田會議文獻資料》（續編），福建人民出版社1980年版，頁150。

[314]　紀秋暉編輯：〈從廣西到江西──紅七軍宣傳隊員謝扶民的日記摘抄〉，載《黨史研究資料》第二集，四川人民出版社1981年版，頁563、565。

[315]　（美）愛德加·斯諾：《紅色中國雜記》，黨英凡譯，群眾出版社（北京）1983年版，頁31。

[316]　劉型：〈黃洋界保衛戰前後〉，載《紅旗飄飄》第13集，中國青年出版社（北京）1959年版，頁33。

凡到一地，每一機關（如營部、連部、政治部、衛生隊等），均須派五人擔
任宣傳工作，不背槍、不服勤務；五人分兩組，一組為演講隊，口頭宣傳，
經過的酒店茶館，須手持紅旗及標語傳單進行宣傳。凡到集鎮或城市，須全
體出動，大街小巷或深入商店民居，挨家挨戶進行宣傳，半天時間必須召集
群眾大會。「群眾為了懂得紅軍這個怪物，及朱毛的儀容，常常是普遍的跑
來參加這個大會。」另一組為文字宣傳組，提一石灰桶刷標語，正楷大字，
越大越好，越高越好（反動派不能隨便塗抹）。由政治部或黨代表分配宣傳
區域，巡視檢查，以觀勤惰。各連寫的標語因有落款，不怕冒功或混淆，寫
錯了亦易於查出處罰。文字宣傳組還負責消除反動宣傳品（如「總理遺囑」
等）。「因此，紅軍達到一個縣城只要三小時，宣傳工作可以普遍。……許
多群眾說：『紅軍一到滿街鮮紅，等於過年』。」[317]

　　蘇區自然也十分強調口號標語的力量，認為形而上的精神能直接戰勝形
而下的物質。1930年11月10日，紅一方面軍前委的《宣傳動員令》──

　　　　敵人為了最後的掙扎，又在大舉對工農紅軍壓迫了，我們這回決
　　定要戰勝他們，一定要消滅他們的主力，要繳他們幾萬支槍械。我們
　　拿什麼武器呢？我們拿下面十二個口號作武器，我們要堅決相信那
　　十二個口號才真正是繳敵人幾萬支槍的武器……個個都拿起筆來寫那
　　十二個口號，不但屋外寫還要在屋內寫，工友農友在自己的屋子內、
　　紅軍宿營地屋子內、前壁後壁左壁右壁、堂屋內、睡房內、廚房內、
　　毛廁內一概給他寫得滿滿的……
　　　　歡迎白軍士兵下級官長來當紅軍
　　　　白軍士兵是工農出身的，不要替軍閥殺工農。
　　　　歡迎白軍弟兄打土豪分田地。
　　　　白軍弟兄自己舉出官長成立「領導」。
　　　　白軍弟兄要發清欠餉只有暴動起來。
　　　　白軍弟兄們，你們在山東、河南苦戰是為什麼？為什麼又來打

---

[317]　陳毅：〈關於朱毛紅軍的歷史及其狀況的報告〉（1929年6月）。載江西省檔案館、江西
　　省委黨校黨史教研室：《中央革命根據地史料選編》（中），江西人民出版社1982年版，
　　頁450、456～457。

工農？

優待白軍俘虜。

醫治白軍傷兵。

紅軍中薪餉穿吃一樣，白軍裡「將校尉」起居飲食不同。

士兵不打士兵，窮人不打窮人。

白軍是軍閥的軍隊，紅軍是工農的軍隊。

白軍弟兄暴動起來，殺盡你們的官長。[318]

白軍潰敗時，有些軍官會邊跑邊拋撒銀圓、紙幣及鴉片，以遲滯身後紅軍追擊。大多數情況下，紅軍士兵不為所動，不會減低追速。[319]1930年春，李明瑞、張雲逸率百色暴動後組建的紅軍進攻王家烈後方倉庫──貴州榕江縣城。黔軍副師長率一個團駐守，紅軍猛攻三四小時，城上黔軍眼看支撐不住，急忙拋出煙土、白銀，「企圖瓦解我軍心」，紅軍鬥志毫不鬆懈，再攻不到一小時，打開榕江城，殲敵五百餘，繳獲幾門大炮、六百支槍、十多萬發子彈、一座無線電臺、無數軍用品、幾萬元軍餉。[320]

最初，軍紀「未成方圓」，紅軍各部不僅不願勻子彈給兄弟部隊、搜俘虜腰包、打土豪時拿小件等，還有不願離開城市的流寇思想。此時，只有三大紀律六項注意，後來才加了兩項。[321]1931年9月，紅軍三大紀律八項注意──打土豪要歸公；不拿貧苦工農一點東西；一切要聽指揮；上門板、捆禾草、借東西要還、損壞東西要賠、買賣要公平、說話要和氣、窩屎找毛坑、不抄白軍士兵的腰包。[322]與後來的〈三大紀律八項注意〉相比，第七項屬於衛生方面，說明紅軍尚有隨地大便。對於更有傷軍紀的「調戲婦女」，似未上升到「注意」之列。

318 〈宣傳動員令〉（附對白軍的宣傳口號），載《中央紅軍五次反「圍剿」資料選編》，復旦學報（社科版）1979年12月內部發行，頁19～20。

319 許世友：《我在紅軍的十年》，戰士出版社（北京）1983年版，頁129。

320 吳西、林青：〈紅七、八軍總指揮李明瑞烈士事蹟〉，載《革命回憶錄》第7輯，人民出版社（北京）1982年版，頁105。

321 楊至成：〈艱苦轉戰──毛主席在井岡山的片斷〉，載《紅旗飄飄》第13集，中國青年出版社（北京）1959年版，頁20。

322 歐陽欽：〈中央蘇維埃區域報告〉（1931年9月3日），載江西省檔案館、江西省委黨校黨史教研室：《中央革命根據地史料選編》（上），江西人民出版社1982年版，頁374。

　　紅區有一群絕對熱情的擁護者——青年婦女，因取消買賣婚姻、禁止蓄養虐待童媳、不准販賣婢妾（違者槍決），可以自己「由」老公了，對她們來說，可是最大的「解放」。「由」從自由結婚轉來，人們將此字改為動詞，成為蘇區新名詞。[323]除了婦女解放運動——「援助被壓迫婦女離婚」，蘇區還有「廢神運動」、「廢除舊禮節運動」、「反對家庭壓迫」，少先隊、童子團十分活躍。[324]13歲以下為兒童團，13～23歲少先隊，23～45歲赤衛隊，均歸轄農民協會。[325]

　　1929年秋，閩西金豐一帶「剿共」團總胡道南，五百多團丁，在中川村構築堡壘，成為國軍「三省會剿」的急先鋒。為拔掉山頂三個崗哨，五名紅軍男扮女裝，前面那位用女聲打山歌：「山歌唔唱心唔開，大路唔行上青苔；腳踏青苔滑滑跌，因為心肝妹才來。」山頂放哨團丁放下機槍接歌：「白糖好食潮州來，泉水好飲石縫來；哥是白糖妹是水，若是有情唱前來。」就這麼一唱一接，其餘四位「婦女」悄悄爬上山頂，撲擒三團丁，然後豎起紅旗，朱德再吹衝鋒號，一場激戰後拿下中川。[326]

　　1933年4月27日，第四次「反圍剿」，王稼祥（1906～1974）右腹空襲進彈片，因缺少必要設備，只能保守療法，每天四五寸橡皮管插進傷口排膿；拖捱至10月，病情惡化，體溫升至40度，持續不退，正在批閱文件的王稼祥突然昏厥。醫生只能無麻藥開刀，腹膜、腸子翻來覆去八小時，王稼祥一聲未叫，醫生佩服至極。術後，王稼祥一度生命垂危，毛澤東、周恩來、朱德、張聞天一個個趕來，含淚靜立床前。三天後，王稼祥在清晨鳥鳴中奇跡般醒來。此後，每次提起那場「遺體告別儀式」，王稼祥都會笑出聲。一年後長征，他仍未徹底恢復，配一副擔架，八個抬夫。[327]

　　差點見閻王的花絮就更多了。1933年10月，川陝赤區，後來的傅崇碧

---

[323]　龍躍等：〈漫談閩浙贛老根據地〉，載《加快閩浙皖贛的革命鬥爭》，江西人民出版社1981年版，頁133。

[324]　江西省檔案館、江西省委黨校黨史教研室：《中央革命根據地史料選編》（中），江西人民出版社1982年版，頁219。

[325]　陳復生：《九死復生——一個百歲老紅軍的口述史》，中央文獻出版社（北京）2010年版，頁26。

[326]　曹典、二胡：〈朱德軍長打中川〉，載《紅旗飄飄》第11集，中國青年出版社（北京）1958年版，頁119～125。

[327]　郭本敏、袁玉峰主編：《回望硝煙》，中央文獻出版社（北京）2007年版，頁34～35。

少將（1916～2003），戰鬥中正拿著望遠鏡，忽聽子彈響聲不對，趕快一低頭，一顆子彈擦著後腦勺飛過去，脖後流出鮮血，浸透衣衫。如果頭低得稍慢，那麼……又一次，傅崇碧帶著十多人遭遇百餘民團，打到最後沒子彈了，紅軍這邊一個個跳崖，傅崇碧跳下後被掛樹枝，離地面還有數丈，他用勁蹬掉纏藤，頭朝下掉到溝底，臉劃出一條大口子。山上又扔下一顆手榴彈，也被樹枝夾住，無法落地爆炸。[328]

七、最初貪腐

　　革命黨最初必須儘量體現道德純潔性與集團優越性。否則，「義事」就不可能有號召力，更不可能成功。蘇區歌謠：

　　　　蘇區幹部好作風，自帶飯包去辦公；日著草鞋幹革命，夜走山路訪貧農。[329]

　　但革命終究不是天然絕緣體，革命者也不可能蹦自石頭縫，「特殊材料製成」的隊伍中當然會有「非特殊材料」。中共「三大」時，就已發生一些小額貪汙與揮霍。大革命武漢時期，黨費數額驟增，由省政府撥款，粵鄂湘贛各省經費均自籌自用。中共中央會計羅章龍：

　　　　陳獨秀長期不在武漢，經費不能集中、統一使用，下面也不嚴格執行制度，隨意挪用，不免也有些失職現象。[330]

　　北伐開始後，革命漸趨高潮，黨員隊伍迅速擴張。1926年8月，中共中央舉行擴大會議，14日向全黨發佈堅決清洗腐化分子的《通告》，是為中共第一份反貪汙腐化的文件。[331]惲代英之弟惲代賢在廣東結婚，用了一千元，

[328]　創民：《紅色婚緣——開國將帥與夫人的婚戀紀實》，中國華僑出版社（北京）2010年版，頁54。
[329]　趙效民主編：《中國革命根據地經濟史》，廣東人民出版社1983年版，頁456。
[330]　〈羅章龍談「三大」會計〉，雨平整理，載《黨史研究資料》（北京）1984年第5期，頁10。
[331]　〈中國共產黨第一個反對貪汙腐化的文件〉，載《黨史文匯》（太原）1990年第5期，頁54。

黨內很有些反響。「八七會議」後，瞿秋白請妻子楊之華的准妹夫（中央機要交通），上漢口蘇聯領事館取五千元經費。這位跑出來革命的二十歲富家子還是見財起意，稱回來路上遭搶，包在報紙裡的錢被劫走，無顏再見瞿，乘船回滬。但各種跡象表明他卷款潛逃。他與楊之華十五歲妹妹的婚事自然告吹，羅亦農對瞿很不滿意：「秋白愛用那些親親戚戚！」次日，蘇聯領館再補送五千元過來。[332]

1927年7月，武昌中山大學生羅榮恒投筆從戎，參加鄂南農民暴動，遭遇襲擊，轉移途中，他提著三十來斤經費（二、三百塊光洋），山路崎嶇，天氣又熱，累得渾身大汗。下午，翻越一座大山，兩個農軍指著他手上提箱：「先生，我們來幫你扛吧。」羅榮恒搖搖頭：「不用，我自己可以提。」一個農軍搶上兩步，一面奪箱一面說：「你先生是識文斷字的，哪裡提得動？還是我們幫你扛吧。」羅榮恒見兩人面熟，知道是隊伍裡的戰士，便讓他們拿去錢箱。傍晚，隊伍宿營，羅榮恒怎麼也找不到這兩位農軍，十分懊喪，後經常提及此事，1937年5月對妻子林月琴說：

> 那個時候，思想單純得很。以為大家都是來革命的，都是一樣的同志嘛！其實，並不都是來革命，混飯吃的、找出路的，大有人在。那個時候，我們都是「秀才」造反，脫不了書呆子氣。[333]

1928年7月下旬平江暴動，佔領平江縣城前後九天，捕捉全縣千餘豪紳地主，籌到大筆款子。部隊退出平江次日，軍需處長拐卷幾萬光洋潛逃。[334]

蘇區局面形成後，當然不可能刀槍不入，外面有的簇簇陰影，蘇區也會有，各種俗風俗事悄然運行，哪會一律清廉奉公？尤其對一些「非特殊材料」，人性本能總是遠遠大於「階級覺悟」。蘇區農民反映：「蘇維埃是蠻好咯，紅軍也好，只是鄉蘇維埃裡有幾個人頂壞！」洛口、莊埠、珠蘭埠一帶發生群眾「反水」（逃向白區），還有鄉蘇主席反水。[335]

[332] 《鄭超麟回憶錄》，東方出版社（北京）2004年版，上卷，頁248、266。

[333] 黃瑤：《戰鬥中成長的羅榮恒》，解放軍出版社（北京）1983年版，頁63。

[334] 滕代遠：〈平江起義前後〉，載《紅旗飄飄》第19集，中國青年出版社（北京）1980年版，頁241。

[335] 戈麗（李伯釗）：〈蘇維埃劇團春耕巡迴表演紀事〉（1934年5月），原載《紅色中華》

　　1929年8月8日，福建省委在給閩西特委及紅四軍前委的信中就已在提醒腐化問題：

　　　　關於經濟的分配，你們雖然易於得來，但總不要浪用，切要注意不能因為經費浪用而使黨腐化起來，這是非常重要的。[336]

　　1930年閩西暴動後，剛剛由農民成為政府委員的幹部，便發生脫離群眾脫離生產的「最初腐敗」，向群眾做宣傳工作時也「八股腔」起來，支部會議流於形式，同志間批評不是個性太強就是脾氣不好，到會者非常苦悶，視開會為畏途，甚至出現「歡迎出黨」現象。〈中共閩西特委第二次擴大會議關於組織問題決議案〉：

　　　　支部會比以前能按時開，但只是形式主義，同耶穌教做禮拜、國民黨做紀念週沒有兩樣。……批評時也只說些那個個性太強、那個脾氣不好，有的更沒有批評。因此支部會非常乾燥無味。一般到會的同志便感覺非常苦悶，但又要照例到會，結果便視開會為畏途，而逐漸不到會了。

　　　　自暴動後，一般同志做起政府委員來，便日漸脫離生產而與群眾隔離起來。……同志們出來宣傳或口頭談話，還是說些「團結起來」、「打倒土豪劣紳」的老腔調；去介紹（按：發展）同志時，也還只是很簡單地向人說「土地革命好不好」、「汝敢不敢當紅軍」這些老話，因此同志們的工作便完全做不通，到處受了拒絕，有些更討人厭，這樣同志們的工作情緒當然會日漸消沉下去。到了支部開會時，彼此都無工作報告，同志們的困難問題，支部會中又不能解決，結果必然要使一般同志灰心消極，而黨內命令主義又發展到了頂點，對這些同志只是死板的懲辦主義，沒有半點教育同志、說服同志的精神，因此便引起一般同志歡迎出黨的現象。固然這也是介紹同志太濫

　　185期。參見《李伯釗文集》，解放軍出版社（北京）1989年版，頁272～273。

[336]　江西省檔案館、江西省委黨校黨史教研室：《中央革命根據地史料選編》（中），江西人民出版社1982年版，頁443。

之故，但同志工作做不通、開會無味、黨內命令主義發展，始終是支部生活的致命傷。[337]

1930年6月，紅四軍前委、閩西特委聯席會議決案，要求糾正紅軍中的「流氓問題」：

> 基於紅軍中的流氓成分，產生出許多錯誤的政治觀念和組織觀念，如流寇主義、單純軍事觀點、逃跑主義、燒殺政策、肉刑政策、懲辦制度、個人享樂主義、個人英雄主義、小團體主義、極端民主化等等，非常不利於革命。[338]

1930年11月7日吉安，江西省蘇維埃政府主席曾山簽署〈緊急通令——迅速集中經濟節省費用應付階級決戰〉（秘字第一號），內有：

> 各級政府及各機關必須儘量節省（寫標語可以不用紙，劃壁），辦公地睡覺息燈，信紙信套不要漂亮……只發伙食費，不發零用錢——伙食費城市物價較貴，規定每天大洋一毛五分。鄉村每天大洋一毛，客飯城市每天一毛，鄉村客飯每天八分。

1931年11月，「中央蘇區」第一次黨代會通過的〈紅軍問題決議案〉中：「紅軍中生活腐化的現象有些還是存在的，到處都有表現。」[339]

1932年，江西省蘇維埃政府披露：

> 各級政府浪費的情形實可驚人，一鄉每月可用至數百元，一區一

---

[337] 《中共閩西特委第二次擴大會議關於組織問題決議案》（1930年2月28日），載江西省檔案館、江西省委黨校黨史教研室：《中央革命根據地史料選編》（上），江西人民出版社1982年版，頁579～580。

[338] 〈流氓問題——紅四軍前委、閩西特委聯席會議決案〉（1930年6月）。載江西省檔案館、江西省委黨校黨史教研室：《中央革命根據地史料選編》（中），江西人民出版社1982年版，頁511。

[339] 江西省檔案館、江西省委黨校黨史教研室：《中央革命根據地史料選編》（中），江西人民出版社1982年版，頁534～535、583～584。

用數千，一縣甚至用萬元以上，貪汙腐化更是普遍，各級政府的工作人員隨便可以亂用隱報存款、吞沒公款，對所沒收來的東西（如金器物品等）隨便據為己有，實等於分贓形式。

閩西永定縣蘇維埃成了客棧飯店，什麼人都可在政府吃飯。甯化縣主席居然不知手下人數，「只見人吃飯，不見人工作」。中央檢察部〈關於中央一級反貪汙浪費總結〉：「查出包括總務廳長、局長、所長在內的43個貪汙分子，貪汙款計有大洋2053.66元、棉花270斤、金戒子4個。」中央總務廳長趙寶成數月浪費三四千元；瑞金縣財政部長唐仁達貪汙2000餘大洋；區委軍事部長范大柱貪汙174元；區委組織部長鐘志龍貪汙52元；區副主席吞沒犯人伙食費2700多毫、燈油費100多元；筠門嶺洞頭區軍事部長「金手錶金戒子樣樣都有」，有病不吃藥要吃洋參燉雞，一次就花去十幾元。[340]

1932年上半年的《紅色中華》，揭露不少蘇區貪腐現象。

——（會昌縣西崗區政府）打土豪捉來一個土豪婆（靖衛團總兒媳），罰了大洋四十元，結果未交款，由一個委員拿去做了老婆，款也不罰了。每個月區政府開支三百元以上，小密政府將打土豪沒收來的東西，留給委員們享受。[341]

——（興國、萬泰、贛縣等縣府）每月開支浪費得很，一個區政府每月要用到四五百元的經費，有一個區政府每月的信封用了二千九百個，吃仁丹一個人一天吃了八包。……興國縣主席與財政部長、鼎龍區財政科長、興國所辦的國家商店的經理等，吞沒公款、假造帳目、扯舊賬造新賬等等貪汙舞弊情形，更為嚴重。還有一種普遍的現象，就是將存款打埋藏，隱藏不報，差不多在興國各區都是這樣做。[342]

——江西省政治保衛分局，做一面旗子花了九塊多大洋；兩根手槍絲帶，用去了一塊二毛四，買日曆一買十本，用去了三塊多大洋；

---

[340] 余伯流：《中央蘇區經濟史》，江西人民出版社1995年版，頁406～407。

[341] 《紅色中華》（瑞金）第11期第7版，1932年2月24日。

[342] 項英：〈反對浪費，嚴懲貪汙〉，載《紅色中華》（瑞金）第12期第6版，1932年3月2日。

一個月點洋蠟就點了三十多包。[343]

——寧都戴坊區政府，發起伙食來就有十多人的伙食費，做起工作來，只有主席文書伙夫，其餘的通統走回家去了，甚至寫幾封信催促都不回政府工作，有時有幾個人在政府，就擺起架子來了。蘇區養了四匹馬，上街（幾步路）吃酒也騎匹馬，回屋家種禾的也騎匹馬……[344]

——中央財政部徵發局劉忠四，「貪汙公家的鹿茸一包，高麗參二支，當歸二支，以及多種物品」；中央互濟總會財政部長謝開松，「手指上戴著公家金戒指二個」、「二千多元開支下落不明」。[345]

1933年9月22日，江西省委向省黨代會遞交材料，廣昌縣1933年5～8月，被洗刷出黨的幹部16人，其中七人反水或企圖反水（含縣府主席）、貪汙腐化六人；1932年11月～1933年8月，樂安縣清洗出黨者17人；石城縣清洗41人，其中貪汙腐化者五人。[346]

1934年3月13日《紅色中華》發出「為四個月節省八十萬元而鬥爭」的號召。9月11日，《紅色中華》報導4～7月實際節省經費一百三十萬元以上，遠遠超過八十萬元。[347]可見，原訂經費預算本身也存在相當水分。中央總務廳每月原支經費五、六千元，減少到一千七、八百元。1933年10月，瑞金縣用了7466元，1934年2月減至4616元。同時，「追繳貪汙款子達六千多元。」[348]

紅軍禁絕鴉片，新兵中抽鴉片的，集中戒掉。住一大屋子，吃得較好，不參加軍訓，衛生員每天給一些戒煙的藥，一般兩周能戒掉煙癮。[349]

紅四軍初期軍紀簡單卻森嚴：

[343]　《紅色中華》（瑞金）第14期第6版，1932年3月16日。

[344]　《紅色中華》（瑞金）第20期第8版，1932年5月25日。

[345]　余伯流、凌步機：《中央蘇區史》，江西人民出版社2001年版，頁905。

[346]　中共江西省委：《黨的組織狀況——全省代表大會參考材料之四》（1933年9月22日），載江西省檔案館、江西省委黨校黨史教研室：《中央革命根據地史料選編》（上），江西人民出版社1982年版，頁695～696。

[347]　趙效民主編：《中國革命根據地經濟史》，廣東人民出版社1983年版，頁455。

[348]　〈中央審計委員會稽核瑞金經濟開支的總結〉，載《紅色中華》（瑞金）第171期，1934年4月5日。趙效民主編：《中國革命根據地經濟史》，廣東人民出版社1983年版，頁457。

[349]　薄複禮：《一個外國傳教士眼中的長征》，昆侖出版社（北京）2006年版，頁112。

一、臨陣退卻、畏縮不前，軍官可就地槍決。

二、通敵叛反、拐槍潛逃、強姦燒殺、毀壞民物，均處死刑。

三、賭博則沒收所有金錢並一月不發零用錢；嫖妓則處夜不歸營罪，
　　如滋事量其輕重或處死刑、或罰勤務、或打屁股與手心。其餘較
　　小錯誤亦按輕重處罰。

　　文化程度甚低的士兵記不住，漸漸歸總為三大紀律，即後來「三大紀律」原始版本：

一、不准亂拿工農小商人一點東西；（後為：不拿群眾一針一線）

二、打土豪要歸公；（後為：一切繳獲要歸公）

三、一切行動聽指揮。[350]

1.四起肅貪大案

1、勝利縣委書記鐘聖諒、縣蘇政府主席鐘鐵青，均1927年加入農協、工會，1928年入黨並參軍，1932年春倒賣繳獲鴉片、侵吞贓款。1932年4月，江西省委書記李富春、省蘇政府曾山率調查組深入勝利縣，1933年3月判決鐘鐵青死刑、鐘聖諒監禁兩年。

2、中央總務廳長趙寶成、總務廳管理處長徐毅，蘇區六大工程[351]中浪費嚴重；基建工程所主任左祥雲貪汙大洋246.7元。1934年2月13日，蘇維埃最高法院舉行公審，左祥雲槍決、徐毅六年監禁、趙寶成罰役一年。

3、瑞金縣蘇財政部會計科長唐仁達，貪汙、浪費二千餘元，死刑，沒收財產。[352]

4、1933年3月，「中央政府」副主席兼中央工農檢察委員會主席項英帶隊，前往于都縣調查，查實該縣各機關幾乎都有集體貪汙。判處縣

---

[350] 陳毅：〈關於朱毛紅軍的歷史及其狀況的報告〉（1929年6月）。載江西省檔案館、江西省委黨校黨史教研室：《中央革命根據地史料選編》（中），江西人民出版社1982年版，頁454～455。

[351] 1933年10月，為迎接第二次全國蘇維埃代表大會召開，在瑞金興建中央政府大禮堂、紅軍烈士紀念塔、紅軍檢閱台、紅軍烈士紀念亭、博生堡、公略亭，時稱「六大建築」。

[352] 《紅色中華》（瑞金）第151期第3版，1934年2月18日。《紅色中華》（瑞金）第140期第2版，1934年1月4日。

軍事部長劉仕祥、少共縣委書記滕瓊等五人死刑，立即槍決；撤銷
縣委書記劉洪清、縣府主席熊仙璧等人職務。由於涉案人數眾多，
時稱「于都事件」。

僅據《紅色中華》揭露並查處的各類貪汙浪費案件就達數百起。上海
中央也出現腐敗分子。1930年9月下旬六屆三中補入政治局候委的溫裕成，
團中央書記、中央軍事部委員，1931年3月發現貪汙，撤銷職務，嚴重警
告。[353]

2.正面事例

第一代知識分子中共高幹，自律能力相對較強。1933年第四次「反圍
剿」結束後，閩贛省委、省軍區、省蘇維埃領導顧作霖、蕭勁光、邵式平等
到黎川檢查工作，縣委書記方志純（1905～1993，方志敏堂弟）因剛剛打了
勝仗，興致較好，加上顧作霖長期患病，有意改善一下生活，破格請每人吃
了一碗米粉肉，多花了五六角錢。報帳時，閩贛省蘇財長毛澤民堅決不允，
認為領導幹部更要帶頭艱苦奮鬥，要從方志純伙食費裡扣回這筆請客的錢。
那會兒，閩贛省委經常開會到深夜，邵式平不時跟毛澤民開玩笑：「澤民同
志，開開恩，搞點東西吃吧！」毛澤民總是笑答：「不行呵，邵大哥，財務
上沒有這筆開支，你就讓肚子唱唱『空城計』吧！」1934年夏，毛澤民奉調
中央根據地，幾個老戰友想為他餞行，他堅決制止。好在同志們對他比較瞭
解，否則還以為他不近人情，搞得人家下不了臺。毛澤民不喝酒不抽煙，吃
得簡單穿得樸素，一頂舊皮帽從內地戴到新疆，直至入獄、被殺；一隻舊
皮箱從做地下工作的上海帶到閩贛、瑞金、延安，一直帶到新疆。[354]1949年
後，方志純長期擔任江西省委書記、省長、省軍區第一政委。

1931年紅軍總部無線電訓練班沒有電鍵，只能請鐵匠打幾把土造電鍵，
還是不夠。抄電報用紙兩面寫滿後橡皮擦乾淨再用，直至紙張破爛為止。鉛
筆則要用到手指捏不住才算用完。電池用光，收集其他人電筒裡的電池。[355]

[353] 陳榮華等編：《中國革命史手冊》，華中師範大學出版社（武漢）1986年版，頁496。
[354] 方志純：《回憶新疆監獄的鬥爭》，人民出版社（北京）1982年版，頁73～75。
[355] 曹丹輝：〈在1931年間——一個紅軍電臺幹部的日記〉，載《紅旗飄飄》第3集，中國青
年出版社（北京）1957年版，頁11。

　　1938年春，彭雪楓任河南省委軍事部長，9月任新四軍遊擊支隊司令。父親從南陽老家到豫南來看兒子，回去後鄉里便傳開了：「雪楓在外面當官了」。幾個叔伯弟弟找來，要求給個小官當當，最低當個背盒子槍的警衛員。這種絲絲絆絆的人事裙帶，乃紅色隊伍中最難邁的坎兒、最難辦的事兒。彭雪楓回答：要當兵就下連隊背大槍，有文化的進學兵隊，不然就回家去生產。最後，只有一位族弟進了學兵隊，其餘都無精打采回了家。[356]

八、暴烈肅反

　　1928年9月，井岡山形勢稍稍穩定，湘贛邊界特委（書記毛澤東）便決定「洗黨」，對象為：1.不服從領導、不起作用的消極分子；2.叛變投敵或被捕後問題沒有搞清的嫌疑分子；3.出身不好、革命意志不堅定的動搖分子；重點是清除叛變投敵分子。「洗黨」採取秘密召開支部大會進行，上述三種人不通知出席，宣佈他們的問題後，支部大會上除名；但既不通知本人，也不對外公佈，只是除名者不再參加組織活動。保留下來的黨員重新填表造冊，登記上報。井岡山「洗黨」開創了黨員重新登記的先例，也是中共黨史上首次整黨。[357]

　　鬧紅初期，接手政權，最初的紅色革命者不知如何建立蘇區秩序，他們高嚷「改天換地」，實際只能改換名稱，沿襲舊例。1928年7月平江暴動後，中共平江縣委頒佈十二條「殺的紀律」——違犯紀律者殺、洩露秘密者殺、攜械投敵者殺……鐘期光上將（1909～1991）：「這種做法持續了好久，直到傳達黨的第六次全國代表大會精神以後，提倡『自覺的紀律』，才開始得到糾正。」某紳賣了二十條槍，被認定「攜械投敵」，連帶其邊區團特委書記的兒子一起捕殺。[358]

　　紅區法律亦為「初級階段」。1930年3月閩西蘇區工農兵代表大會通過的《裁判條例》規定：為取得犯人實供（如敵探等），有時可用肉刑；有特

---

[356]　張震：〈我的良師益友彭雪楓同志〉，載《紅旗飄飄》第5集，中國青年出版社（北京）1957年版，頁192。

[357]　〈「洗黨」與黨員登記〉，載《黨史文匯》（太原）1990年第3期，頁41。

[358]　鐘期光：〈堅持湘鄂贛革命根據地的鬥爭〉，載《中共黨史資料》第8輯，中共黨史資料出版社（北京）1983年版，頁188。

別情形，經縣政府批准，可以燒屋。[359]

1930年10月瑞金葉坪仿習蘇聯成立「國家政治保衛局」（局長鄧發），往紅軍各部派任不受同級首長管轄的「特派員」，級別、配備警衛人數均與同級相等。由於特派員是紅軍中「最受信任的人」，握權極大，不僅負責防止官兵動搖逃跑、叛變投敵，可以隨時捕人，甚至還負有監督同級首長的職責。紅軍基層傳諺：「天不怕、地不怕，就怕特派員來談話。」

紅軍內部已出現政治高壓，不能隨便說話。1931年「小布肅反」，親歷者記述：

> 那個時候就還有這樣的規定：兩個人不准進茅房，兩個人不能到飯館吃飯，必須有三個人，有人監督，有人證明。而如果只有你們兩個人，那就沒有人證明你們說的是真的了。[360]

1933年初，王明路線在江西蘇區整肅「江西羅明路線」，批判「鄧（小平）毛（澤覃）謝（唯俊）古（柏）」，說山溝溝裡出不了馬列主義。紅五師政治部主任江華對羅榮桓、謝唯俊說：「為什麼山溝裡沒有馬列主義？就只有莫斯科大城市才有？」羅榮桓：「你這樣說不怕坐牢嗎？」

江西山區十分閉塞。江西紅四團的前身是「紅家兄弟」，口號竟是「打富濟貧，反清複明」。最初結拜的十兄弟都有武功拳術，有官吏、警察、轎夫。「紅家兄弟」很快發展到七八十人，1928年在興國坎子上正式改編為「江西獨立紅軍第四團」。紅軍當時建制，師下無旅，團下有的無營。如紅一軍團紅36師1200多人，三個團，每團三個連、一個特務營，只有一個整編團的實力。

留蘇學炮兵的郭化若（1904～1995），紅一方面軍代總參謀長，1931年秋，第三次「反圍剿」快結束時，遭撤職、開除黨籍。

1930年底，紅十二軍長羅炳輝的勤務員也被肅反殺掉。毛澤東秘書之一

[359] 江西省檔案館、江西省委黨校黨史教研室：《中央革命根據地史料選編》（下），江西人民出版社1982年版，頁85。
[360] 陳復生：《九死復生──一個百歲老紅軍的口述史》，中央文獻出版社（北京）2010年版，頁49、36。

的梁鼎元，調贛東特委，當AB團給殺了。創建紅二、四團有功的李文林，也當AB團殺了。一位積極為蘇區合作社辦貨的白區商人，起了很大作用，也被誤殺。1934年肅反，一些白區百姓上畲嶺圩賣食鹽，被登賢縣幹部說成白區探子統統殺了，從此白區無人再敢上紅區賣鹽。[361]

1931年秋，鄂豫皖蘇區大肅反，初中以上定為肅殺重點，親歷者徐向前：

> 將近三個月的「肅反」，肅掉了兩千五百名以上的紅軍指戰員，十之六七的團以上幹部被逮捕、殺害。
>
> 知識分子和青年學生，凡是讀過幾年書的，也要審查。重則殺頭，輕則清洗。

徐向前時任紅四方面軍總指揮兼紅四軍長，其妻程訓宣（1910～1932）仍被誣「改組派」，與王樹聲（後為大將）妹妹等一起被殺。徐向前直到1937年在延安才知其妻被「肅」，問鄂豫皖保衛局長周純全：「為什麼把我老婆抓去殺了？她究竟有什麼罪？」周純全實告：「她沒有什麼罪，當時抓她就是為了搞你的材料。」

本來就缺少知識分子的鄂豫皖蘇區，師團一級幹部都找不到識字者。

> 除總部保留了屈指可數的知識分子幹部外，軍以下幾乎是清一色的工農幹部。有些師團幹部，斗大的字識不了幾個，連作戰命令、書信也不會寫。受領任務，傳達指示，全憑記憶力。……把知識分子視為異己力量，機械執行共產國際的指示，把中間勢力當作「最危險的敵人」。選拔幹部，不強調重在表現，而首先看是不是工人成份，搞「唯成份論」。……所謂知識分子犯錯誤「罪加三分」，工農分子犯錯誤「罪減三分」。……當時又存在普遍輕視文化知識的傾向，給部隊發展建設造成的障礙，是相當嚴重的。[362]

---

[361] 陳毅、蕭華等：《回憶中央蘇區》，江西人民出版社1981年12月第一版，頁72～73、95～96、173、165、154～155、217、397、495。

[362] 徐向前：《歷史的回顧》，解放軍出版社1988年版，頁236、117、122、125、236。
創民：《紅色婚緣──開國將帥與夫人的婚戀紀實》，中國華僑出版社（北京）2010年版，頁138。

鄂豫皖邊區、川陝邊區的肅反邏輯：「知識分子必然是地主富農，地主富農必然是國民黨，國民黨必然是反革命，反革命必然要殺。」[363]1932年9月，歷任中央長江局秘書長、中央軍委特派員兼湖北省委書記、紅六軍政委、紅三軍政治部主任的柳直荀，被「肅」於湘鄂西。[364]文工團十幾歲的孩子都以「反黨」、「改組派」、「反革命」等罪名殺掉。[365]

1934年，紅25軍政委戴季英逮捕屬下某團政委、參謀長以下49名幹部，拷打其中一個連指導員，但問不出口供。戴下令將這位指導員拉出去槍斃。紅25軍副軍長徐海東急了：「政委，一點兒口供都沒有，為什麼殺人家？」戴回答：「你不懂肅反的事，沒有口供，證明他是反革命堅決分子，不願說出他們的組織來。」這個團49名幹部全部被殺。戴季英因「肅反」有功，升任陝甘晉省委常委、西北革命軍事委員會政治保衛局長。[366]

1929年11月6日，閩西特委報告：「一般過去鬥爭失敗的同志腦子裡多充滿了殺人觀念，我們殺人太隨便了，以為反動派可以殺得盡的。」[367]贛西南，據1930年6月中共《紅旗》──

> 農村的豪紳地主，簡直沒有生存地步，捉的捉，殺的殺，逃跑的逃跑的，贛西南有廿餘縣的鄉村，農民協會即變成了臨時政權機關。[368]

中共畬嶺區委書記林××嫖宿婦女，捉到後被殺。坐監獄的人挖牆逃走，看守者被殺。戰士鍾志成因幫真君廟賣香燭，與兩位廟主一起被殺。貧農張德福上小店買飯，說了一句「飯量太少」，店主向「縣蘇」報告說他是

[363] 〈關於川陝革命根據地肅反的情況〉，載《川陝革命根據地史料選輯》，人民出版社（北京）1986年版，頁246。

[364] 陳文蔚：〈柳直荀經歷的兩點質疑〉，載《革命回憶錄》第17輯，人民出版社（北京）1985年版，頁163。

[365] 袁光：〈歷盡曲折到陝北〉，載《革命回憶錄》第5輯，人民出版社1982年版，頁60。

[366] 夏明星等：〈戴季英的是非功過〉，載《揚子晚報》（南京）2010年5月30日，《文摘報》（北京）2010年6月8日摘轉。

[367] 〈中共閩西特委報告──閩西暴動及政權、武裝、群眾組織的情況〉（1929年11月6日），載江西省檔案館、江西省委黨校黨史教研室：《中央革命根據地史料選編》（上），江西人民出版社1982年版，頁165。

[368] 江虞：〈贛西南工農群眾的鬥爭〉，原載《紅旗》（上海）1930年6月28日、7月2日。載江西省檔案館、江西省委黨校黨史教研室：《中央革命根據地史料選編》（上），江西人民出版社1982年版，頁217。

「AB團」，立即捉去殺了。還有鄉幹部因未招待好縣幹部，被報復誣罪殺掉。1933年，有人從外地採購的食鹽摻了石膏粉，被江口對外貿易局查獲，決定次日當圩槍決。王賢選正好巡視江口，請求改判，食鹽中摻石膏粉而非毒藥，誰摻的還沒查明。「全國貿易總局」局長錢之光認為意見合理。第二天大會上，該人當眾檢討，承認疏忽，願意賠償損失，會後釋放。從槍決到釋放，全靠執法者的主觀認識水準。[369]

共青團、少先隊「破除迷信」——打菩薩、砸牌位，「嚴重地脫離了群眾」，精神生活也有不小震動。1930年12月，閩南軍閥張貞趁蔣介石第一次圍剿中央蘇區，佔領閩西蘇區首府龍岩縣城。蘇區的「肅反」、「查田查階級」，甚至在黨員幹部中毫無根據地亂抓「社會民主黨」，在閩西蘇區造成紅色恐怖下的一片混亂。1931年11月7日，瑞金召開全國工農兵代表大會，閩西代表郭滴人、張鼎丞向毛與蘇區中央局彙報閩西肅反，毛立即決定停止肅反，平反冤錯案件，劃款五千為善後救濟費。

1933年初，劉志丹的紅二十六軍二團開進陝西照金筆架山香山寺，該寺建於唐代，僧尼千餘，紅軍不僅開寺倉分糧、奪廟產分地，陝西省委書記兼紅二十六軍政委杜衡下令燒寺。[370]

1935年底，紅六軍團在貴州某地公審地主，臺下數千觀眾。第一位地主的罪名是窩藏逃亡地主，法官問臺下：「如何判決？」人群嚷成一片：「殺了他！」如此這般，八個地主被拉出去槍斃。[371]

紅軍主力長征後，留在中央分局的十幾位原寧都暴動參與者，項英認為他們「靠不住」，1935年2月下旬在沒有任何證據的情況下殺了他們。此前，于都梓山、潭頭與會昌白鵝一帶140多名地主、土豪、鏟共團分子、其他危險分子，項英要求「處理」掉這些「後顧之憂」。對於動搖分子、變節嫌疑者，「不管是否他已經逃跑叛變，只要幾個領導人議論一下，也是可以處決的。」1934年12月20日，中央政府辦事處又發出緊急命令——《動員工農群眾，積極擊殺革命叛徒》，規定對只有一般自首行為或在逼迫下做過一些錯事的普通百姓，皆作為叛徒和反動分子予以擊殺。

---

[369] 陳毅、蕭華等：《回憶中央蘇區》，江西人民出版社1981年版，頁495～496、394。

[370] 張秀山：《我的八十五年》，中共黨史出版社（北京）2007年版，頁45。

[371] 薄復禮：《一個外國傳教士眼中的長征》，昆侖出版社（北京）2006年版，頁98。

1.林野被殺

　　各地蘇區出現「打倒知識分子」的口號。[372] 1934年春，瑞金肅反中殺掉紅軍公略學校校長、紅軍第二步兵學校校長林野（1902～1934）。林野，福建龍岩人，出身地主家庭，黃埔四期生，1928年初參加湘南暴動並入黨，紅四軍軍部少校參謀。1929年朱德率部攻佔龍岩，林野父母被農會殺死，擔心林野報復，當地農會要求朱德將林野交送地方處置，朱德不允，痛斥來要人的農會土共。紅十二軍在福建成立後，林野出任軍參謀長，工作中得罪軍政委，調任紅軍學校教育長。1934年秋，江西紅軍主力突圍，林野任野戰軍（突圍部隊）總司令部參謀，隨軍行動，走了兩天，因腳受過重傷，行走不便，朱德調他回中央軍區（留守部隊）。林野回到瑞金，恰逢其妻（上海大夏大學畢業生）從福建找來，見面後，說不出的喜悅。

　　林野向西江（會昌縣屬）中央軍區司令部報到次日，政治保衛分局局長譚震林到龔楚辦公室，細聲對龔楚說：「報告參謀長！我們準備請林野回家去！」龔楚以為要林野回龍岩老家工作：「司令部正需要林野這種參謀人才，我看還是另外調人到龍岩去吧。」譚震林咳笑一聲：「不是要他到龍岩去，是要他回老家！」龔楚一個寒噤，忙問：「林野同志是老黨員，他並沒有錯誤啊！」譚震林堅定嚴厲：

> 　　我應該報告你的是，林野的思想向來不正確，立場也不堅定，而且又是一個反革命的地主階級，中央早已對他懷疑。現在他回來了，在此艱苦鬥爭中，我們再也不能讓他混在革命隊伍中。我已報告了項英同志，並已得到他的同意。

　　龔楚認為林野年輕有為，並無錯誤，僅僅懷疑就要殺掉，難以接受。這位譚震林雖然地位比龔低，但國家政治保衛分局長直屬中央領導，操握全體留守紅軍的生殺大權。除了對高幹動手須報告政治局，處決中下級幹部與士兵，毋須任何機關核准。龔楚看看無法阻止，寄望說服「最高領導」項英，

---

[372]　王元化：《清園近思錄》，中國社會科學出版社（北京）1998年版，頁211。

他找到項英：「林野究竟怎樣處置？你有考慮嗎？」項英莊重回答：「譚震林的意見很對，在這嚴重鬥爭的環境，為了革命的利益，我們顧不到私人的感情了！」龔見項處無望，去找住在附近的瞿秋白、阮嘯仙，兩人雖已失勢，卻是著名高幹，與龔私交頗深，阮嘯仙還是廣東農會時期的老同志（後任贛南軍區政委），也許能救下林野。兩人聽後，互望一眼，瞿秋白說：「這件事，我同意龔同志的說法，不過我們現在不便說話了！」阮嘯仙也說：「龔同志，我看這件事你也不要管了！我和瞿同志就快離開這裡，你和譚同志共同工作的時間長著呢，何必因此而引起以後的不愉快？」

當天下午三點，項英通知林野，說是派他重赴紅軍學校任職並請他們夫婦吃飯。林野夫婦興沖沖赴約。四點開飯，特地為林野夫婦加了一碟炒蛋。陪餐的龔楚知道這是「最後的晚餐」，眼看這對恩愛夫妻笑意寫在臉上，渾然不知大禍將臨，自己既無法援救更不能洩露天機，十分難過。他忽然想到至少應該救下無辜的林妻，便說：「林野同志，今晚去紅軍學校有十五里路，天快黑了，此間有空房，讓你太太暫住一晚，明天再派人送她去，好嗎？」一旁項英、陳毅頓時領悟，附和道：「龔同志的意見很好，林嫂子明天去好！」這對恩愛夫婦婉謝好意，「他倆哪裡會知道我的真正用意呢？」

事後，兩位奉命動手的特務員向龔楚報告經過：走了十里路，已入夜了，林野先行在前，林妻在後，一位黃同志拔出大刀去殺林，其妻大叫，雙手拖住黃不放，林野發足狂奔，另一特務員趕上，舉刀便砍，林一閃避，已中左肩。林野立即回身拼命，但因左肩負傷，又被劈中右肩，再想逃時被追上照頭一刀，腦破兩半。林妻也被黃同志結果。那位特務員說完嘿嘿一笑：「這次若不是我們兩人，恐怕給他跑掉了呢。」龔楚事後對譚震林說：「以後遇到這樣的事，最好是痛痛快快的幹掉，不必要再演這樣的活劇了。」這位政治保衛分局局長：「參謀長還有一點溫情主義的意識呢！哈哈！」[373]1945年中共「七大」，林野追為烈士。

2.差點被殺的紅角

差點被殺的著名紅角至少有：劉志丹、蕭勁光、邱會作、張鼎丞、羅

---

[373] 《龔楚將軍回憶錄》，明報出版社（香港）1978年5月初版，下卷，頁574～577。

明、廖承志、王震、張平化、粟裕、葉飛。

　　1932年5月～1934年7月，湘鄂西蘇區及紅三軍先後四次大肅反，夏曦連續殺了幾個月，有的連隊連殺十幾個連長，一次肅反就殺了萬餘人，洪湖縣區級幹部都殺光了。活下來的女幹部僅僅因為先殺男的，再殺女的，男的剛殺完，白軍來了，來不及殺女的，這些女幹部才存活下來。肅反當然立竿見影，使中共不僅失去洪湖、巴東、襄陽、宜陽、當陽、鄖陽等蘇區，紅三軍從兩萬人削弱至三千餘人，蘇區各獨立團、赤衛隊亦損失殆盡。逮捕幹部，都是夏曦下條子給關向應，賀龍都沒有資格看。白天捉人，夜裡殺人。甚至兩度企圖對賀龍下手，全軍最後只剩下夏曦、關向應、賀龍、盧冬生四名黨員。洪湖直到1950年代仍挖出一坑坑白骨。紅六軍團的肅反也很邪乎，王震、張平化都上黑名單。王震因九渡沖一仗打得好，才下了黑名單。[374]

　　1933年11月，江西紅軍開展反對以蕭勁光為代表的「羅明路線」。蕭勁光乃首批留俄生，入學莫斯科東方大學、列寧格勒軍政學院，為列寧守過靈。1930年回國後進入蘇區，任中央軍政學校校長、紅五軍團政委，1933年閩贛軍區司令、紅七軍團政委。1933年9月29日黎川失守，10月滸灣失利，紅一方面軍總部與中革軍委將責任推給蕭勁光，撤職審查。1934年1月6日瑞金公審蕭勁光，最高臨時軍事法庭判刑五年，且無上訴權。毛澤東、王稼祥竭力干預，毛派賀子珍探監，蕭最終未判刑，博古等人仍開除蕭的黨籍、軍籍，貶紅軍學校任教。遵義會議後，博古、李德下臺，毛澤東複出，周恩來向蕭勁光宣佈：「你的問題過去搞錯了，處分都不算數，恢復黨籍、軍籍，中央準備安排你的工作。」不久，蕭出任紅三軍團參謀長。[375]

　　1934年10月，紅四方面軍從鄂豫皖一路肅反至川陝根據地，連總政治部秘書長廖承志也遭「肅反」，開除黨籍、關押審查。這位父母均為國民黨元老的後代，之所以沒被殺，全憑其美術技藝，他既能編壁報又能畫宣傳畫，美術救了他一命——張國燾讓他戴著手銬參加長征。開大會需要掛馬恩列的像、需要大標語，放他出來「工作」，完事後再被關起來。[376]

[374]　賀龍：〈回憶紅二方面軍〉，載《近代史研究》（北京）1981年第1期，頁23～25、30。
[375]　蕭勁光：〈黎川事件與王明「左」傾冒險主義〉，載《革命回憶錄》第11輯，人民出版社1984年版，頁45。參見《蕭勁光回憶錄》，解放軍出版社1987年版，頁141。
[376]　黃宏主編：《親歷長征》，人民出版社（北京）2006年版，頁884～887，

黃埔一期生陳賡（1903～1961），1925年東征救過蔣介石的命，1933年被捕後，蔣介石兩次找他談話，高官、重金、美女都沒讓他「不幹共產黨」，最後關入水牢，因憲兵隊長乃陳賡親自發展的中共黨員，放了陳賡並接入家中。陳賡輾轉進入江西蘇區，向中央事務局報到，好一陣審查，這段傳奇經歷說都說不清楚，還沒法查證──怎麼會那麼巧，憲兵隊長會是他發展的黨員?!長征中兩河口會議，張國燾死死盯住陳賡，說他是叛徒，非要殺他不可。[377]如果不是周恩來特別瞭解陳賡，陳賡怕是很難「重回革命隊伍的懷抱」。

3.遭「肅」人數

肅反中被錯殺者數目龐大，無法確切統計。據資料不完全統計，一些縣如下：

僅一個「肅AB團」，各縣就各殺千人左右。永新縣不完全統計錯殺AB團1890人。于都殺掉2200人。萬泰縣殺了八百多人。吉安殺了九百多。尋烏殺AB團三千五百多人，縣級幹部幾乎全部被殺，僅一名炊事員未殺。省保衛處一夜處決六十名保衛隊員，興國縣一夜處決三、四十人。紅一方面軍打AB團，第一次在黃陂，四萬餘官兵打出四千四百多名「AB團」，「殺了約兩千」；第二次僅十二師又打出百餘人；第三次紅二十軍副排長以上幹部被殺近二百人。閩西蘇區錯殺「社會民主黨」6787人。[378]

1932年3月，贛東北根據區接到進行肅反的文件，直至1935年尚未完全停止。弋陽一縣設監獄十七所，關押「AB團」一千一百餘人，殺害三百餘人，九個區委書記殺得只剩一名。縣團級幹部中的知識分子，大部被搞掉，甚至將白區幹部與交通員調回殺掉。一些國軍反水官兵，攜妻帶子前來投奔，視為「反革命派來的」，一一殺掉。許多軍事骨幹的被殺，嚴重影響了紅軍作戰情緒與戰鬥力。

---

[377] 陳復生：《九死復生──一個百歲老紅軍的口述史》，中央文獻出版社（北京）2010年版，頁138-139。

[378] 余伯流、凌步機：《中央蘇區史》，江西人民出版社2001年版，頁1011、1014、1015～1017。參見文宏整理：〈關於富田事變及江西蘇區的肅反問題〉，載《江西文史資料》第二輯，1982年內部版，頁110。

鄂豫皖蘇區大肅反肅掉兩個師長（許繼慎、周維炯）、一個師政委（龐永俊）、八個團長、五個團政委、兩個師政治部主任、十二個團政治部主任；共計肅叛千餘人，富農及壞分子計一千五百人，「兩千五百多排以上幹部先後被逮捕和被殺害了。」「部隊中的文化程度也一落千丈，使部隊中造成極端反知識分子，反對戴眼鏡的惡劣傾向，幾使紅軍成為一支愚蠢的軍隊了。」1931年11月24日，鄂豫皖中央分局指示鄂豫邊特委：「從不正確的思想意識中」、「從日常生活的表現中」去發現反革命。[379]

1931年春，閩西蘇區「肅社黨運動」（肅清社會民主黨），閩西蘇維埃政府35名執委，半數以上被殺；紅十二軍連以上幹部半數被肅。整個閩西蘇區被錯殺的「社會民主黨」達6352人。連閩西蘇維埃政府主席張鼎丞、閩粵贛特委組織部長羅明等領袖人物都險遭殺害。[380]1932年5月，江西省委肅反報告中：「肅反的結果，……百分之九十以上的都被處決或被監禁或停止工作了。」[381]

1930～1935年間，各蘇區所殺幹部、黨員、紅軍官兵，總數近十萬人。「短短幾年間，處決了七萬多『AB團』、二萬多『改組派』、6200多『社會民主黨』，這還只是有名有姓的受害者。」[382]李銳（1917～）：「從1985年開始，十多年中我主編《中國共產黨組織史資料》時，曾統計過十年內戰期間各蘇區的肅反，從打AB團起，共殺了十萬人。這是一個多麼可怕的數字。（按：紅軍最多時才30萬人）」[383]中共一直攻擊國民黨清共口號「寧肯錯殺三千，不可放過一個」，江西蘇區「肅反」同樣喊出「寧肯殺錯一百，不肯放過一個」。[384]請注意，這可是針對「自己人」。

1945年春中共「七大」，一位代表發言：

[379] 成仿吾：〈張國燾在鄂豫皖根據地的罪行〉，載《中共黨史資料》第四輯，中共黨史資料出版社（北京）1982年版，頁161、163～164。

[380] 〈閩西「肅清社會民主黨」歷史冤案已平反昭雪〉，載《黨史通訊》1986年第5期。參見余伯流、凌步機：《中央蘇區史》，江西人民出版社2001年版，頁999。

[381] 〈中共江西省委工作總結報告〉，參見余伯流、凌步機：《中央蘇區史》，江西人民出版社2001年版，頁1016。

[382] 景玉川：〈富田事變及其平反〉，原載《百年潮》（北京）2000年第1期。參見楊天石主編：《史事探幽》上冊，上海辭書出版社2005年版，頁169。

[383] 李銳：〈關於唐縱日記的回憶〉，載《炎黃春秋》（北京）2007年第9期，頁26。

[384] 江西省檔案館、江西省委黨校黨史教研室：《中央革命根據地史料選編》（上），江西人民出版社1982年版，頁480。

內戰時期，老根據地的人口減少了近20%。人哪裡去了，戰爭犧牲是主要的，但我們自己也殺了不少好同志。共產黨殺的甚至比國民黨殺的還要多。許多好幹部都是自己殺的呀。我們對鄧發的肅反政策很憤怒！[385]

九、人際關係

只要有人的地方，人際關係自然無時不在，各種內耗難以避免。可各種紅色史、紅色回憶錄對這一重要側面刪隱不語──「政治第一」，不傳遞「負面資訊」。但從深入剖析紅色隊伍角度，恰恰從最複雜的人際關係中，可觸摸這場紅色革命的許多內涵，不僅深刻體現各種紅色活動的深度，而且有力說明許多後人很難理解的紅色細節，可凸現各種紅色荒謬的最初源頭。

儘管中共以無私相標榜，但政治本身就是名利場，沒有一點本位私心是不可能的，加上國際共運的「階級論」，中共「六大」後文化層次甚低的工農也一個個晃進領導層，各色人物雜入，爭名奪利、傾軋暗算……

建黨之初，除了陳獨秀的「家長制」，萬里之外莫斯科留俄生間的黨內鬥爭就早早開鑼了。1927年11月進入莫斯科中大的陳修良（1907～1998）：

我們滿想在「社會主義的祖國」，好好地學習馬列主義，更好地為中國革命努力工作，有誰想到這個平靜的學府裡的風浪，比太平洋上的颱風還要強烈。從上面刮起來的階級鬥爭之風，對中國革命起了不能估量的波動。[386]

1927年12月，毛澤東帶著八九人追趕茶陵方向的大部隊，夜宿小村，毛澤東還得值哨警戒，且安排在最難熬的下半夜至拂曉。[387]井岡山上，毛澤東毫無貴相，與所有幹部都是「哥們」。袁文才屁股生瘡，坐不得，他上毛澤

[385] 《邱會作回憶錄》，新世紀出版及傳媒有限公司（香港）2011年版，上冊，頁139。
[386] 陳修良：〈莫斯科中山大學裡的鬥爭〉，載《革命回憶錄》增刊（一），人民出版社（北京）1983年版，頁61。
[387] 陳伯鈞：〈毛主席率領我們上井岡山〉，載《紅旗飄飄》第13集，中國青年出版社（北京）1959年版，頁15～16。

東處開會，一來就直接躺在毛的床上。[388]

十年鬧紅，紅軍官兵不可能生活在意識形態真空中，頭腦中不可能只有革命概念沒有私心雜念，工作中又難以避免各種分歧。如1934年方方（1904～1971）所在獨立九團領導層的一些人際矛盾，錯綜複雜，繩股糾纏。這些矛盾甚至很大程度上決定了一支隊伍的生死存亡。[389]

組織制度上，從上到下均不知如何面對七嘴八舌的民主，不知如何具體操作民主。嚴峻的現實鬥爭也使各級共幹自然而然滑向「集中」。1930年初湘鄂贛蘇區偵察部長鐘期光：

> 陳佑生是全國總工會執行局的代表，他在湘鄂贛一手遮天，根本不講什麼民主，只有他說了算，其他人都不行。……誰不同意他們的作法，馬上就整到你頭上來。……大批省級幹部都成了「肅反」的主要對象，被捕捉刑訊，有的慘遭殺害。[390]

1.何叔衡為什麼被留下？

1933年5月26日，內務部代部長何叔衡審批瑞金縣蘇裁判部第20號判決書，批註：「關於朱××判死刑一案不能批准，朱××一名由槍斃改監禁二年。根據口供和判決書所列的事實，是普通刑事案件，並非反革命罪。」同年10月10日，何叔衡致函會昌縣蘇裁判部：

> 第二號判決書主要是些偷牛偷魚的事，至於與反動土豪通信，到底通些什麼信，發生了什麼影響，未曾證明，不能處死。

改判幅度之大、輕罪重判之左，法律之粗疏，一斑可見。何叔衡抵制了極左肅反，左傾領導人斥為「右傾機會主義者」、「政治上動搖」。任你

---

[388]　杜修經：〈四上井岡山和湘南特委〉，載《革命回憶錄》第3輯，人民出版社1981年版，頁36。

[389]　方方：〈三年遊擊戰爭〉，載《紅旗飄飄》第18集，中國青年出版社（北京）1979年版，頁88～95。

[390]　鐘期光：〈堅持湘鄂贛革命根據地的鬥爭〉（回憶湘鄂贛邊區史實之二），載《中共黨史資料》第八輯，中共黨史資料出版社（北京）1983年版，頁198。

「一大代表」、「建黨元老」都不頂事，1933年冬被撤全部職務，長征時被留下。1935年2月上旬，從于都向長河轉移途中被民團所圍，跳崖而死。[391] 何叔衡之所以與另一位「犯錯誤幹部」瞿秋白被「留下」，出處應該在此。

2.「南陽事件」

南方三年遊擊戰爭期間，後為總參謀長的粟裕大將，福建省委書記葉飛上將（1914～1999），差點死於1934年閩浙遊擊區內部裂爭。

1934年7～8月，尋淮洲、粟裕的紅七軍奉命改編「北上抗日先遣隊」，前往浙贛邊界，與方志敏的紅十軍會合。不久，「北上抗日先遣隊」在開化、婺源、德興失敗，方志敏、劉疇西等頭頭被捕。1935年1月底，先遣隊殘部到達閩浙贛根據地，組成「中國工農紅軍挺進師」，粟裕師長，劉英（男，1903～1942）政委，全師538人，長槍445條，重機槍4挺，輕機槍8挺。「挺進師」隨即進入浙江，創建遊擊區。10月，浙閩兩支遊擊隊在閩東北壽寧會師，閩東遊擊隊領導人為葉飛。會師後成立「閩浙邊臨時省委」，劉英書記，粟裕組織部長、葉飛宣傳部長，並相應成立閩浙邊臨時省軍區，粟裕司令，劉英政委。因電臺破壞，失去與中央與上級的聯繫，甚至都不知道遵義會議，「臨時省委」只能日後再報中央與上級核准。

此前，浙閩兩地遊擊隊基本沿用蘇區的打土豪、分田地，公開建黨建政。這套赤化雖然有利於發動群眾，迅速「打開局面」，但從長效角度，「打土豪、分田地，打擊面大，不利於團結和爭取其他社會階層。」而且浙西南赤區距離鐵路不過數十里，白軍以幾十倍的力量壓下來，一塊小小赤區，難以經受國軍反復持久的打擊。為此，粟裕想在民族矛盾日益加劇的形勢下，從實際出發，適當調整政策，團結中間階層，對上層也要根據不同情況予以區別對待，公開工作與秘密工作相結合，以增加鬥爭力量。當粟裕提出上述意見，劉英認為是對浙西南工作的否定，十分反感，從此與粟裕產生思想認識上的分歧，如何作戰上也各有觀點，裂痕漸深。

在失去與中央及上級聯繫的情況下，浙南、閩東兩塊遊擊區都有本位主義、山頭主義。浙南方面以「主力」自居，因不知遵義會議精神，仍在肅

---

[391]　余伯流、凌步機：《中央蘇區史》，江西人民出版社2001年版，頁910～913、900～901。

反，時有抓錯人、殺錯人等「誤會」。因此，雙方都有氣。臨時省委本應妥善處理矛盾，劉英卻想「統」掉閩東，幾次提出葉飛留在臨時省委工作，藉以調虎離山，使葉飛脫離閩東原部。粟裕不贊成，認為這樣不利於堅持閩東根據地，不利於協調兩個地區的關係，也不符合成立臨時省委初衷。同時，劉英派員出任閩東獨立師政委，粟裕認為人選失當，不利於團結，事實上也引起閩東的疑慮與反感，但劉英拒絕粟裕意見。

1936年2月，粟裕正轉戰浙閩邊區，遇到閩北軍分區政治部主任，便寫信託他帶給很有威望的黃道，希望黃道出面召集會議，商討三地遊擊區的協調配合。黃道（1900～1939），北京高師生，1923年在滬入黨，參與南昌暴動，1928年春弋橫暴動領導人，創立紅十軍，歷任贛東北蘇維埃主席團秘書長，贛東北特委組織部長、閩贛省委主要領導。[392]劉英也給黃道寫信，對粟裕此信十分不滿，從而引起恐慌。3月，劉英致信葉飛，宣佈臨時省委決定調葉飛兼組織部長，閩東特委設副書記一人，再次要葉飛來省委。此時，粟裕是組織部長：

> 這個決定無論在事前或事後，我都不知道，說明劉英同志既想把葉飛同志調離閩東，又想撤掉我這個組織部長。

1936年秋，活動於浙南慶元縣境內的粟裕，接到劉英以臨時省委名義發來的信，要粟裕趁與葉飛見面之機，將葉飛押送省委，並派來一支武裝監督執行。粟裕十分震驚，不知發生什麼事，但認為矛盾應在會議桌上解決，不應採取對敵手段。可軍令如山，粟裕還是執行命令扣押了葉飛，發生了紅軍火拼的「南陽事件」（慶興縣南陽村）。粟裕擲杯為號，捉拿省委宣傳部長兼團省委書記葉飛。粟裕深知此時如將葉飛押至劉英處，已負傷的葉飛將很危險。「幸喜在途中遇到敵人伏擊，葉飛同志乘機脫險。閩東同志隨即宣佈退出閩浙臨時省委。」南陽事件導致閩浙臨時省委解體，被認為是浙閩紅軍重大損失。

粟裕未能解押葉飛到達省委所在地，劉英在會上提出「分裂省委」問題，指斥葉飛、黃道反對劉英，粟裕參與其事，故意放掉葉飛。粟裕此前對

---

[392] 陳毅：〈紀念黃道同志〉（1943年9月），載《新四軍殉國先烈紀念冊》。中國革命博物館黨史研究室編：《黨史研究資料》1980年第16期轉載，頁3。

浙西南工作的不同意見，也是「全盤否定浙西南的工作」、「對恢復浙西南喪失信心」。劉英對閩東主要負責人葉飛進行聲討，對粟裕進行鬥爭。因閩東已退出臨時省委，粟裕成為主要鬥爭對象，派一個班將他看押起來。

面對劉英的突然襲擊，粟裕經過一周思考，認為既已失去中央及上級的領導，閩東、閩北的兄弟地區關係破裂，浙西南遊擊根據地又新遭破壞，大敵當前，從「無論如何不能分裂」的大局出發，違心做了「聲明」，鬥爭才算結束。此後，他與劉英分開活動。劉英主要在浙南，粟裕則活動於浙贛線南側與浙西南。雖然在總的方面仍然配合，但只在各自區域內活動，「互相之間心存戒備，每當必須會合時也各自帶著武裝，並且不住在一個房子裡。」1937年2～10月間，雙方完全失去聯繫。劉、粟、葉，各幹各的，各打各的遊擊。

1940年夏，劉英對這一段內訌耿耿於懷，在皖南涇縣新四軍部撰文〈北上抗日與堅持浙閩邊三年鬥爭的回憶〉，對這場「路線鬥爭」做了有利於自己一方的陳述。該文1954年8月載《閩浙皖贛邊區史料》，引起浙南遊擊區一些老共幹的不滿。《回憶閩浙皖贛的革命鬥爭》一書收入劉文（節錄），內有一段：

> 閩浙邊臨時省委第十次擴大會議……討論了對××（按：應為粟裕）問題的處理……討論了××同志三次聲明書，並通過了省委給×同志的一封信。……解決了許多無原則的糾紛，開展了反××為首的取消總的領導機關，破壞黨內團結，取消浙江工作的錯誤鬥爭，使挺進師及閩浙邊全黨的同志更加團結和鞏固。

粟裕直到1980年才讀到此文，是年12月28日，他致信總政、中宣部、中央黨史研究室和黨史資料徵集委員會，陳述意見：

> 我認為其中一些重要情節與當時實際情況不符，有一些重要觀點也不能同意，而且裡面違反實事求是地點了好多人的名。這篇文章的題目雖似個人回憶錄，其內容卻是對那一地區黨的工作和鬥爭做總結性的闡述。劉英同志寫這篇文章時沒有同當時的主要負責同志交談

過，事後也沒有送給我們看過，因而只能代表他的個人意見。為免研究黨史的同志把這篇文章作為組織文件來對待，我要求將我的這封信列入有關檔案。[393]

那會兒若真「解決」了粟裕，那麼此後還會有「七戰七捷」、「孟良崮戰役」、「淮海戰役」？

這場省部級以下的「路線鬥爭」，一直端不上臺面，亦屬「負面新聞」，不易「擴大化」，直至1980年代才一點點被「回憶」出來。

事實上，「階級鬥爭」為中共黨內的人際關係披上公報私仇的合法外衣，官大一級仍可壓死人。強敵環伺如此嚴峻的浙南遊擊區，已在上演「梁山火拼」的舊戲。1949年後毛澤東打倒高崗、彭黃張周、彭羅陸楊、劉鄧陶、楊余傅、陳伯達、林彪，當然是集權制下「梁山火拼」的繼續。而且每次都有冠冕堂皇的理由：階級鬥爭在黨內的反映。

3.「人民內部矛盾」

張聞天遺孀劉英回憶錄中也記述一段細節：1934年4～5月，中央局宣傳部副部長潘漢年調任楊殷縣擴紅隊長。楊殷縣乃紅區邊境縣，赤白往來，擴紅困難很大。潘漢年向組織部長李維漢反映：不少壯丁跑到白區去了。李維漢一聽，就說潘漢年「右傾」，撤了他的「擴紅突擊隊長」。1935年2月10日，紅軍在貴州紮西傳達遵義會議精神，誰都可以上臺去控訴左傾，「右傾」的潘漢年仍不敢上臺，只在臺下捅捅劉英的膀子，攛掇她上去「放炮」。[394]講真話難，那會兒就開始了。從總結歷史經驗角度，政治生態環境的重要性、解決內部異見的程式設置，實在都是必須完成的人文進步。

1937年秋冬，中共山西省委副書記林楓（1906～1977），在臨汾經常騎自行車到各地調研，「檢查工作中的問題，調整和加強各地領導班子，解決一些地方黨委的團結問題。」[395]班子失和，真正老大難呢。

---

[393] 粟裕：〈回憶浙南三年遊擊戰爭〉，載中國革命博物館黨史研究室編印《黨史研究資料》1983年第8期（總第73期），頁3～27。

[394] 《劉英自述》，人民出版社（北京）2005年版，頁63～64。

[395] 張稼夫等：〈抗日戰爭時期的林楓同志〉，載《人民日報》1980年7月15日。參見山西省社科所編：《山西革命回憶錄》第一輯，山西人民出版社1983年版，頁56。

　　至於文藝界的人際關係就更複雜了。周揚的「魯藝」派與丁玲的「文抗」派，矛盾一直延伸至1970年代。文革中，江青整死孫維世、整傷任白戈，梁子也是在延安結下的。任白戈：

> 　　江青為什麼恨我，我心裡是有數的。原因很簡單，就是我和她熟識，知道她在上海時的一些情況。但我沒想到，連在延安為了紀念「一‧二八」由中央宣傳部組織演出的《血祭上海》一劇也得罪了她。劇中的角色，是她樂於擔任，不是我派的。而在當時她又是多麼得意忘形！不過她演的是姨太太，不如演大小姐的孫維世同志出名，所以她也恨孫維世，竟把孫維世也迫害死了。[396]

　　至於小小不然的「本位主義」，那就到處流淌了。在各級中共生活會上，「本位主義」乃常客。1936年5月14〜15日，紅一方面軍召開團以上幹部會議，楊尚昆主持，毛澤東、彭德懷、聶榮臻、張聞天、徐海東、程子華等領導人出席，除了批判張國燾這一主題，還有──

> 　　打倒了本位主義，反對了自由主義……光顧自己不顧全局，是本位主義的表現。如調人給十五軍團，不給好的，都調些不聽話的；調衣服給他們，不願給新的。在山西攻佔侯馬時，調子彈給五團，公開抗拒命令，說三團不是運輸隊。軍團聶政委這次帶頭作自我批評，作出了榜樣，我更應檢討，並向有關的兄弟團隊道歉。[397]

　　中共集團人際關係普遍不佳，一語不合輒懷恨終生，猜忌報復更是常事。1936年10月，駐紮在保安的西北保安局開展討論「民族統一戰線」，一位老兄在會上說：「現在二方面軍來了，四方面軍來了，這就是統一戰線。」陳復生與此人爭起來，官司打到陝甘支隊政治部主任楊尚昆處，楊說了那人一句「你是個糊塗蛋！」此人扭頭就走，「也與我結下了一生的疙瘩。」至於政治原因結下的梁子，那就更麻煩了。陳復生因在審訊外來托派

[396]　任白戈：〈憶羅瑞卿同志〉，載《紅旗飄飄》第21集，中國青年出版社1981年版，頁118。
[397]　肖鋒：《長征日記》，上海人民出版社1979年版，頁157〜159。

時，那人揭發康生也是托派，康生竟將陳復生在延安關押了近七年，若非有人保他，差點被處決。陳復生出獄後，一直得躲著康生。[398]

4.考察「培養對象」

家庭出身、經濟條件還是組織重要考察項目。1929年7月13日，紅四軍三縱政治部編印的《黨員訓練大綱》有「怎樣介紹同志」：

> 從他的家庭經濟背景，考察是否有革命之需要？從他平時做事待人，看他是否忠實可靠？從鬥爭中看他是否勇敢不怕得罪人？從他的交友中或反對者，各方面看他是否好人？在他談話中，看他是否能守秘密？從他的脾氣上，看他是否會服從？從他平常看書上，看他的思想是否革命？[399]

既全面又具體，既有原則性又有操作性，真正來自實踐的「結晶」。惟一矛盾悖反的是既要「勇敢不怕得罪人」，又要「從脾氣上會服從」，怎麼統一？兩者的「對立統一」只能是服從下的勇於鬥爭、上級駕馭下的不怕得罪人。綜而述之，對黨員的要求可概括為：思想認同、忠誠可靠、服從上級、敢於鬥爭。最核心的一條還是：服從。必須是堅定的「真理執行者」。

5.其他

在清教徒式氛圍下，革命隊伍很容易形成壯烈情懷，並陶醉於這種「道德美感」，這固然有利於強化革命意志，但問題的另一面是：壯烈者輒認為有權要求別人也壯烈，犧牲者往往要求別人也應去犧牲。延安一代在自我犧牲的同時，理所當然地認為有權要求別人也犧牲，否則就蔑以落後。西方史學家指出：

[398] 陳復生：《九死復生——一個百歲老紅軍的口述史》，中央文獻出版社（北京）2010年版，頁305、165-172。
[399] 余伯流、凌步機：《中央蘇區史》，江西人民出版社2001年版，頁60。

革命者像清教徒或雅各賓派一樣偏愛美德。這種偏愛構成了樂觀
主義的革命者用自己的純潔性去要求他人的革命者的特性。[400]

敏感的詩人很快感覺到「真理執行者」的可怕。1948年，進城在即，兩
位詩人──柯仲平與張光年，在石家莊小酒館對酌，柯勸張進城後千萬不要
和周揚共事，不然就寫不出東西；柯還告誡張少參加會、少參與行政、多寫
詩。柯說：「周揚在哪裡工作，就要派人到處把關，把你派去把守，你就得
跟他走，就什麼也寫不成了。」[401]

[400]　（法）雷蒙・阿隆：《知識分子的鴉片》，譯林出版社（南京）2005年版，頁46。
[401]　李輝：《往事蒼老》，花城出版社（廣州）1998年版，頁271。

第四章
長征

一、出發

　　1934年3月底，形勢越來越嚴竣，李德感覺無法打破國軍的「第五次圍剿」，向博古提出要準備戰略大轉移。4月，廣昌失守，瑞金北大門被撕開。5月9日，正式形成「戰略轉移」意圖，悄悄開始準備工作，5～9月「擴紅」近十萬。6月25日，「戰略轉移」得到共產國際批准，9月底作出最後決定。但僅局限於「最高三人團」，轉移後的軍事計畫始終未經政治局討論。初名「西撤」，準備與紅二、六軍團會合，在湘鄂西創建根據地。[1]

　　9月下旬，仍只有高層核心人物知道「即將西撤」，江西省委書記李富春隱約感覺「要撤」，連彭德懷、陳毅也不清楚這一重大意圖。西撤成為「敵軍不清楚，紅軍也不清楚」的秘密。10月初，李伯釗等接到通知，立即到蘇區中央局開會，組織部長李維漢宣佈：中央紅軍馬上撤離蘇區！許多人都哭了。[2]基層官兵開拔時，並不知道這回是「撤離蘇區」，而是抱著為了「勝利反攻」走的。[3]

　　由於沒有政治動員，完全秘密，行動計畫只傳達到師級，全軍毫無準備。陳伯鈞上將（1910～1974）：

[1]　鐘文、鄭豔霞編著：《見證長征的外國人》，軍事科學出版社2004年版，頁58～60。
[2]　黃宏主編：《親歷長征》，人民出版社（北京）2006年版，頁358、341。
　　余孝忠、陳春園：《于都：30萬人保守一個天大的秘密》，載《新華每日電訊》（北京）2006年8月7日。
[3]　艾平（張愛萍）：〈第六個夜晚〉，載劉統整理：《親歷長征——來自紅軍長征者的原始記錄》，中央文獻出版社（北京）2006年版，頁133。

　　　　那樣大的行動，沒有政治動員就是最大的錯誤，就沒有了精神準備，官兵的積極性就沒有辦法發揮到最高度，一遇到困難就不但不能克服，反而會產生各種各樣的傾向。如果早就作了政治動員，各種傾向就會防止和容易糾正。

　　　　那時很多幹部問：我們到底怎麼行動，方向如何？他們不知道當時戰略指導上的困難。

　　「西撤」最初沿粵桂湘邊境向西轉移，全軍八萬多人馬，軍委縱隊就有三萬人，帶著笨重的「罎罎罐罐」，連石印機都帶上，野戰醫院還以為就在附近地區打仗，連屎盆尿盆都帶上了。有的軍團八百餘副擔子、有的軍團上千副，戰鬥部隊加上直屬隊還不到一半。無法機動作戰，只能消極避戰。一天如能走五十里，就能走在國軍前面，甩開追敵。但走的是五嶺山脈的羊腸小道，在大庾嶺、騎田嶺、越城嶺上轉來轉去。為防敵機偵察轟炸，只能夜行軍，一下雨就相當滑，加上擁擠不堪，走走停停，常常一夜只能翻一個山坳，從小山這邊翻到那邊，總共不到十里。尤其夜行軍久了，消耗太大，特別天快亮時，最容易打瞌睡、掉隊。於是形成規律：晚上行軍、天亮宿營，中午白軍追上來，就打幾個鐘頭，等到黃昏就走，第二天又是這樣。新兵、民伕極不適應，減員甚多。「所以有很多人不是打死的，而是拖死的、累死的。」[4]

　　陸定一記述翻越第一座大山——老山界：

　　　　下午才開始走，沿著山溝向上。前面不知為什麼走不動，等了好久才走了幾步，又要停下來等。隊伍擠得緊緊的，站得倦了，就在路旁坐下來，等前面發起喊來了「走走走！」於是再站起來走。滿望著可以多走一段，但不到幾步，又要停下來。天色晚了，許多人煩得罵起來、叫起來。[5]

4　陳伯鈞：〈從第五次反「圍剿」到遵義會議〉，載《中共黨史資料》第13輯，中共黨史資料出版社（北京）1985年版，頁90、98、91～92、95。
5　定一：〈老山界〉，載人民出版社編：《中國工農紅軍第一方面軍長征記》，人民出版社（北京）1955年版，頁108。

　　江西跟出來三個縱隊嫡系國軍：薛岳縱隊（五個師）、周渾元縱隊（四個師）、吳奇偉縱隊（三個師）。[6]國軍走大道，速度很快，紅軍怎麼也擺脫不了追兵。[7]尤其紅軍上下不知道要到哪裡去，不知道何處是盡頭。

二、一路減員

　　劉英記述：

> 　　離開根據地越來越遠，有的挑夫開小差溜了，老實的也流著淚請求讓他們回去。臨時雇來的伕子，不能走遠。他們說，再走遠，回去就會被認為參加了紅軍，抓起來就沒命了。我努力鼓動，燃起他們的熱情，對紅軍新兵運輸員還可以，對伕子卻沒有多少效果。這樣，三梯隊政治部又有了一個擴伕子的任務，走一批換一批。但行軍緩慢，疲憊不堪，嚴重減員的局面沒有改變。[8]

　　挑夫可是重金雇請，兩天一元，先預付十天工資，湘南有的村子兩天就出來88名挑夫。[9]但走得遠了，挑夫怕認不得路回不去，漸漸溜號。

　　博古、鄧發、王稼祥等都說，「中央紅軍」從出發的八萬餘人到遵義會議的三萬餘，逃兵是大量減員的主因。「部隊減員不是由於戰鬥，而首先是因為逃跑了近三萬人，這些人是在近幾個月中入伍的。」[10]兩位炮兵連的逃兵賣槍賣刀，得八十銀毫，不敢歸隊，異鄉口音，破衣爛衫，滿身蝨子，到處被攘，只能討飯回家。[11]

---

[6]　曹丹輝：〈偉大的歷程──隨毛主席從江西到陝北〉，載《紅旗飄飄》第13集，中國青年出版社（北京）1959年版，頁94。

[7]　《劉伯承回憶錄》，上海文藝出版社1981年版，頁4。

[8]　《劉英自述》，人民出版社（北京）2005年版，頁59。

[9]　廉臣（陳雲）：〈隨軍西行見聞錄〉，載人民出版社編：《中國工農紅軍第一方面軍長征記》，人民出版社（北京）1955年版，頁8。

[10]　王明：《中共50年》，徐小英等譯，東方出版社（北京）2003年版，頁23。

[11]　李月波：〈我失聯絡〉，載《長征親歷──來自紅軍長征者的原始記錄》，中央文獻出版社（北京）2006年版，頁225～226。

1934年11月7日，紅一方面軍進入湘南丘陵，紅一軍團一師三團的彭營長不見了——

> 他是湘南宜章人，鄉土觀念重，據分析是回家了。他和我關係還好，昨晚把三千元蘇區票給我，我還以為他是交黨費的，沒想到他要回家。[12]

在貴州倒流水，紅一軍團教導營呂連長開了小差。[13]一位團參謀長叛變，被警衛員發現，向政治保衛部門彙報，才避免更從損失。[14]松潘附近菠蘿茨，一個班對前途失望，集體拖槍逃跑。

1935年11月26日，都到了陝北，形勢好轉，紅一軍團四師十二團團長仍跑了——

> 這些人不知怎麼想的，雪山、草地都過來了，現在到了陝北抗日前線，形勢在好轉，反而逃跑，真怪！[15]

部隊不斷減員，中央縱隊不斷報告：人散了，機器丟了。

> 長征中，部隊減員是驚人的。十五、十三兩團合編時，1500餘人的十五團只剩下三百人左右。[16]

紅一軍團一師三團，興國出發時2724人，1934年11月11～12日擴紅三百餘人（多為沒吃沒穿的苦孩子），仍僅兩千掛零。甚至一邊擴一邊減，11月16日該團機槍連擴紅八名，「掉隊」四名。12月7日紅三團參加湘江戰役，再次減員至八、九百人。1935年6月23日，1400餘人的紅一軍團直屬隊從戀

---

[12]　肖鋒：《長征日記》，上海人民出版社1979年版，頁9。
[13]　劉少卿：〈抗大十分校政委黃春庭〉，載《革命回憶錄》第10輯，人民出版社（北京）1983年版，頁165。
[14]　陳復生：《九死復生——一個百歲老紅軍的口述史》，中央文獻出版社（北京）2010年版，頁60。
[15]　肖鋒：《長征日記》，上海人民出版社1979年版，頁140。
[16]　余光茂：〈「紅小鬼」〉，載《星火燎原》（之二），解放軍出版社1986年版，頁147。

功出發，7月10日到毛兒蓋，一路行軍，並無戰鬥，減員120人。[17]

1934年11月27日～12月1日，「中央紅軍」苦戰五晝夜，從廣西全州、興安之間強渡湘江，8.7萬人馬只剩下三萬多。毛澤東因肺病也坐擔架，與王稼祥在擔架上商定開會「把李德『轟』下來」。[18]紅軍血染湘江，當地百姓「三年不飲湘江水，十年不食湘江魚。」[19]

三、在遵義

周子昆率領的紅三十四師多為新入伍的赤衛隊和農民，未經訓練與實戰，連續行軍苦戰，全師幾乎垮散。李德驚慌失措、一籌莫展、唉聲歎氣。他遷怒於人，抵達遵義前，訓斥師長周子昆（1901～1941）：部隊帶垮了，老婆卻帶著。事實是周妻不願留下，自己拼命跟上來，周子昆顧不上她，吃了許多苦。李德卻為此大罵周子昆，令警衛班將周捆起來，送軍事法庭審判。警衛不肯動手，李德更惱火。博古、毛澤東在場，博古不吱聲，毛澤東說將周交給他處理，給了李德下臺階。翻譯伍修權對中組部長李維漢抱怨：「李德簡直是個帝國主義分子，我完全是憑著黨性才給他做翻譯工作的。」不久，李德、博古在遵義被轟下臺。[20]1935年1月中旬的遵義會議，2月20日才傳達到營一級。[21]

1935年初，進遵義前，張聞天要求紅軍必須穿上鞋。紅軍幹部團（紅軍大學）在遵義十天，與男學生比賽籃球、與摩登女生（比上海「至少相差十年」）跳舞聯歡，享受生活。紅軍幹部何滌宙等經常上「川黔飯店」去吃辣子雞丁，最初堆得滿滿的，味道很好。連續去吃五天，店主見生意太好，辣子雞丁的質量越來越差，從白菜打底到一半白菜，且以豬肉頂替雞肉，最後「肉丁」少得連盤底都鋪不滿。只能發狠：「決定以後不來吃了。」兩位幹部團紅軍各得一件貂皮袍，送裁縫店改大衣，又小又短，被裁縫「至少賺了

---

[17] 　肖鋒：《長征日記》，上海人民出版社1979年版，頁14～15、25、97。
[18] 　黃宏主編：《親歷長征》，人民出版社（北京）2006年版，頁48～50。
[19] 　郭本敏、袁玉峰主編：《回望硝煙》，中央文獻出版社（北京）2007年版，頁34～35。
[20] 　黃宏主編：《親歷長征》，人民出版社（北京）2006年版，頁149。
[21] 　肖鋒：《長征日記》，上海人民出版社1979年版，頁48。

一件背心的皮子去」，生了一肚皮氣。[22]

　　紅軍入遵義，駐紮十二天。全城三類鋪店門庭若市，貨物一掃而空。一為洋貨鋪（套鞋、面巾），紅軍很需要這些生活用品；二為書店（共三家），上海、南京的雜誌書籍，包括鉛筆簿子；三為酒肆飯鋪，天天客滿，「莫不利市三倍」。遵義菜肴頗近川味，回鍋肉、辣子雞丁、各種泡菜，「均饒川味，且價極廉。」紅軍之所以在遵義購買力旺盛，因紅軍官兵手中的蘇幣用得出去，毛澤民的銀行當日兌付光洋。因為紅軍沒收了王家烈家族經營的價值幾十萬的鹽行，還有王家烈向上海定購的五萬元「白金龍」牌香煙。這批王家烈原本準備春節犒勞薛岳縱隊的「白金龍」，卻犒勞了紅軍。毛澤民還規定一元蘇幣可買鹽七斤、「白金龍」四罐，價格遠賤於前昔。這樣，不僅使蘇幣有了「使用價值」，也可用鹽煙兩項進賬兌付蘇幣。[23]

　　李德未能經得住考驗。每到一地輒入民宅翻找東西，要雞要肉，影響極壞。遵義會議解權後，常常酗酒、發脾氣。1935年4月接任中央縱隊秘書長的劉英，任務之一檢查宿營紀律。一天，劉英進了李德酒氣沖天的屋子。牆角放著幾壇酒，李德正自斟自飲，手裡拿著雞肉，已經半醉，地上一片狼藉。劉英忍住噁心：「李德同志，你不應該這樣做，這是紀律所不容許的」李德打著酒嗝：「我偏要喝酒，你能怎麼樣？」劉英克制著：「你應該老實遵守紅軍紀律！」李德大發脾氣，情緒失控地大罵起來，劉英毫不示弱與他理論。最後，李德竟掏出手槍朝天放了兩槍，驚動了門外警衛。此後，李德有所收斂，不敢再騷擾百姓。[24]

四、大渡河、金沙江

　　1935年5月25日，紅一方面軍到達大渡河，南岸原無船，僅安順場團總自留一船，以為等紅軍來了再跑還來得及。不料紅軍神速，團總行動笨拙，渡船被紅軍所奪。可河水太大，無人敢划船，紅軍重價征船夫，每劃至對岸

[22]　何滌宙：〈遵義日記〉，載《長征親歷──來自紅軍長征者的原始記錄》，中央文獻出版社（北京）2006年版，頁217～221。
[23]　廉臣（陳雲）：〈隨軍西行見聞錄〉，載人民出版社編：《中國工農紅軍第一方面軍長征記》，人民出版社（北京）1955年版，頁22～23。
[24]　黃宏主編：《親歷長征》，人民出版社（北京）2006年版，頁193～195。

一趟，賞大洋一百！於是有人應命。風大水急，巨浪滔天，船幾累覆，這樣渡過十數人，出其不意襲攻楊森守兵，再順勢與南岸紅軍夾河奔襲上游川康孔道瀘定大橋，為全軍打開通道。[25]

1949年後，中共文藝神化飛奪瀘定，似乎紅四團二十二勇士就這麼爬著鐵索「飛奪」。事實是紅三團從安順場渡河後從東岸飛奔瀘定、紅四團從西岸夾河而上，一晝夜走了兩百四十里。正當瀘定守軍手忙腳亂準備放火燒橋，西岸紅四團偵察排已撲到，拿下了橋頭。至於東岸，隨紅三團行動的團級幹部肖鋒記述：「東岸鐵索橋上已有幾十米木板被燒壞，紅四團二連幾十名戰士不怕身上火燒，冒火前進，將守敵擊潰，在東橋頭同紅三團勝利會師。」[26]根據這則實錄，所謂「飛奪瀘定」，紅四團只是奪的本岸橋頭，而非驚魂的爬索過橋——就是對岸無守軍，也不可能爬過去。據紅軍憶文：「（紅四團）本日的戰鬥，我們只傷亡三人。」[27]真爬索過橋，這點傷亡怎麼可能？不過，也有資料證明攀兩根鐵索過去的。另一親歷者、紅三軍團第13團特派員陳復生記述：瀘定橋上鐵索只剩下兩根，紅軍勇士得雙手抓一根索、雙腳再踩一根過去，全靠機關火力掩護才過去。「沒有我們的火力的掩護，是根本過不去的。」「我們過大渡河的時候，沒有見到別的部隊，真的沒怎麼打仗。」紅軍也不是從鐵索橋上過河的，而是走下面鋪設的浮橋。[28]

1935年5月上旬，紅一方面軍四渡赤水甩開追兵，「巧渡金沙江」，依靠六艘船隻晝夜渡江。大船每渡三十人，小船十一人，每小時三四渡，船夫從18人增至27人，每人每天工資現洋五元、進食六次。兩萬多人馬於九晝夜搶渡完畢，燒毀船隻，再補助船夫每人現洋三十元。兩天後，國軍周渾元縱隊才追至江邊。紅五軍團排演話劇《一隻破草鞋》，嘲笑白軍匆匆趕到金沙江邊，只撿到紅軍一隻破草鞋。[29]

25　范長江：《塞上行》，新華出版社（北京）1980年版，頁190～191。

26　肖鋒：《長征日記》，上海人民出版社1979年版，頁83。

27　加倫：〈飛奪瀘定橋〉，載人民出版社編：《中國工農紅軍第一方面軍長征記》，人民出版社（北京）1955年版，頁286。

28　陳復生：《九死復生——一個百歲老紅軍的口述史》，中央文獻出版社（北京）2010年版，頁96、99。

29　一、肖鋒：《長征日記》，上海人民出版社1979年版，頁75。
　　二、人民出版社編：《中國工農紅軍第一方面軍長征記》，人民出版社（北京）1955年版，頁34～35。
　　三、黎雲採訪戴鏡元：〈毛主席說我們是燈籠〉，載《新華每日電訊》（北京）2006年8

　　1935年5月1日，紅色幹部團夜渡金沙江，摸黑繳獲對岸厘金局五千白洋稅款。[30]一筆意外之財。

五、軍需補給

　　紅一方面軍長征最初用的是蘇聯援助的100萬元。此款原是蘇聯支持1933年11月25日成立的福建人民政府。款到之時，福建人民政府已失敗，這筆鉅款便成為突圍西征的軍費。[31]1934年10月15日，林彪紅一軍團紅一師，補充幾百名新兵、一批子彈、五百塊大洋，作為長征開拔經費。[32]

　　「蘇維埃國家銀行」組成的第十五大隊，毛澤民任政委，一百多副擔子（幾十擔白洋、幾十擔票子、一批印鈔器材），過瀟水時，扔了印鈔器材；遵義會議後，大部分白洋分散至供給部攜帶，紙幣燒了一些，挑擔減了不少。[33]另有資料，過湘江後挑擔就減至60多擔，到達貴州土城前再燒掉一批票子，減輕了體力消耗極大的運輸員負重。毛澤民的任務是沿途籌款、保障全軍經費。為保持蘇幣威信，還得沿途兌換鈔票，任務很繁重。行軍中最辛苦的除了運輸員，還有炊事員、飼養員，除了「輜重」，宿營時人家休息他忙活。出發時，炊事員得收拾廚具，行軍不是背鍋就是挑著炊事擔子。毛澤民規定十五大隊炊事員，十天休息一天，幹部輪流頂崗做飯。這一制度堅持到過草地。十五大隊炊事員都到達延安。[34]

　　三萬餘紅軍乃江南客軍，進入西南滇黔川康地區，沒有後勤保障，一切吃穿用度必須就地解決，走到哪兒吃用到哪兒，軍需補給十分艱難。

　　1935年4月7日，紅一方面軍夜襲貴州畢節瓢兒井，沒收富戶鹽莊，一小時內千餘百姓爭著分鹽，「附近許多苗人也來要鹽，往來背鹽的人好像

　　　　月7日。
[30]　莫文驊：〈「五一」的前後〉，載人民出版社編：《中國工農紅軍第一方面軍長征記》，人民出版社（北京）1955年版，頁227。
[31]　《龔楚將軍回憶錄》，明報出版社（香港）1978年版，下卷，頁514～515。
[32]　李聚奎：〈長征中的紅一師〉，載《中共黨史資料》第14輯，中共黨史資料出版社（北京）1985年版，頁22。
[33]　趙效民主編：《中國革命根據地經濟史》，廣東人民出版社1983年版，頁488。
[34]　王群：〈長征途中的毛澤民同志〉，載《紅旗飄飄》第5集，中國青年出版社（北京）1957年版，頁179～181。

螞蟻一樣忙個不了。」4月26日佔領雲南宣威，沒收一家大土豪的棧房，著名的宣威火腿堆滿幾房子，宣威罐頭也拿不完，許多貧民一人分得兩三條火腿。[35]

陸定一：湘滇境內完全靠打土豪，物質比較豐富，不但能吃到醪糟煮蛋、臘肉，還可吃到鮮豬肉。先頭部隊一到宿營地就殺豬辦伙食，後面的隊伍一聽前面有豬的嘶叫，就知道宿營地到了。「那時的生活，比起被敵人重兵封鎖、斷絕了物質來源的蘇區反而要好得多。」進入人無三分銀的黔境，真正窮地，伙食大不如前。[36]

籌款、擴紅仍是長征途中的頭等大事。紅一軍團一師三團黨總支書肖鋒（1916～1991），所撰《長征日記》，凡籌款、擴紅必錄。1935年10月19日，毛澤東在吳起鎮說：紅一方面軍一路籌款數百萬、擴紅數千人（按：毛可能並不知道確數）。據紅一軍團政治部主任朱瑞在《戰士報》1936年元旦「新年獻詞」，紅一軍團擴紅四千多名。[37]這一數據應該是到達陝北後的「擴紅」。

途中，每到一地都搞擴紅比賽，「地方工作組」總是飛在最前面，遇到老鄉便「擴紅」。紅一方面軍陸續補入至少1.5萬新兵，湘南境內補得較多。進入西南後，僅在遵義、會理兩地就補入萬餘人，涼山擴入千名彝民。紅二方面軍在黔西亦擴紅五千餘人。紅一方面軍抵陝後還從東北軍俘虜中得到補充。[38]

> 但新擴的部隊也不容易鞏固。真正打起來，還是靠紅軍的老骨頭。把老骨頭消耗了就划不來。[39]

周恩來對斯諾說：長征中在川黔康損失較大，「同國民黨交戰所造成的損失，比由於疲勞、疾病和饑餓以及同少數民族部落的摩擦所造成的損失要

[35] 王首道：〈長征中九軍團支隊的斷片〉，載人民出版社編：《中國工農紅軍第一方面軍長征記》，人民出版社（北京）1955年版，頁216、218。
[36] 黃宏主編：《親歷長征》，人民出版社（北京）2006年版，頁429。
[37] 肖鋒：《長征日記》，上海人民出版社1979年8月第一版，頁130、144。
[38] 人民出版社編：《中國工農紅軍第一方面軍長征記》，人民出版社1955年版，頁36～37、80、82、176～180、219、276、468、393。
[39] 陳伯鈞：〈從第五次反「圍剿」到遵義會議〉，載《中共黨史資料》第13輯，中共黨史資料出版社（北京）1985年版，頁98。

少。」[40]1936年7月初，紅二、四方面軍會師川西甘孜，決定過草地北上，紅四方面軍騎兵師為全軍先鋒，沿途打了72仗，三千多騎兵打到隴南渭縣，只剩下200多人。[41]

武器彈藥仍靠繳獲。兵工廠、軍械所只能簡單維修。江西出發時百餘名修械廠工人，抵達陝北時只剩下七名。[42]

烏江戰役繳獲侯之擔兩師大部分槍彈、婁山關繳獲王家烈兩師大部分槍支、遵義南面十里鋪戰繳獲吳奇偉兩師全部輜重、甘肅青石咀戰役繳獲東北軍四五百匹軍馬與十多馬車子彈、軍衣。長征出發時所攜彈藥較為充足，許多士兵犧牲時不肯丟棄武器。總之，長征中並不缺乏武器彈藥，匱乏的還是糧食衣被。這一部分補給，籌集方式主要是沒收、購買、借貸。[43]

1935年6月17日，紅一、四方面軍會師懋功。紅一方面軍疲憊之極，軍需乏竭。四方面軍給了一方面軍大量物資：一袋袋江油中壩大米、一包包川南白鹽、一壺壺資陽、郫縣的豆瓣，還有川北茶葉、川西海椒面、阿壩草原酥油糌粑等。四方面軍總指揮徐向前在卓克基設立大糧站，向路過的一方面軍提供小麥炒麵、青稞糌粑、玉米粉，以及洋芋、南瓜、蘿蔔、白菜等。中央機關與總部經過時，按每人三十斤糧食給予重點補充。紅四方面軍一共搞了兩百萬斤糧食、兩萬斤鹽巴，還有一些牛羊騾馬及蔬菜。

長征中仍有浪費。吳永康（1900～1937），桂籍留日生，紅四方面軍給養負責人，在毛兒蓋抱怨：「一方面軍太不惜物力了，你們丟的東西，我們沿途拾取。」他的部屬七七八八撿了一大堆可用的一方面軍棄物。[44]

1935年8月4日、20日，政治局兩度舉行毛兒蓋會議，發生「北上」、「南下」之爭。紅一方面軍堅持北上，張國燾的四方面軍要求南下。儘管四方面軍力量雄壯，終究不便動硬強攔，便用「文攻」。四方面軍站上高地，向一方面軍喊話：「北上死路一條！南下吃大米！」[45]張國燾另一口

40　愛德格・斯諾：《中共雜記》，哈佛大學東亞研究中心1974年版。轉引自趙效民主編：《中國革命根據地經濟史》（1927～1937），廣東人民出版社1983年版，頁498。

41　許世友：《我在紅軍的十年》，戰士出版社1983年版，頁17。

42　《紅旗飄飄》編輯部編：〈背起工廠打遊擊──西安農業機械廠工廠片斷〉，載《紅旗飄飄》第15集，中國青年出版社（北京）1961年版，頁181。

43　趙效民主編：《中國革命根據地經濟史》，廣東人民出版社1983年版，頁490。

44　《謝覺哉日記》，人民出版社（北京）1984年版，下冊，頁732。

45　于東：《徐向前在風雪長征路》，載《黨史文匯》（太原）1990年第1期，頁41～43。

號：「打到成都吃大米！」這個口號甚得擁護，1955年中將胡定千（1910～2011）：「這個口號大家擁護，我們肚子餓了，打到成都去吃大米。」[46]

六、爬雪山、過草地

雪山地區行程一千三百五十餘公里，需走三十一天。草地約三百餘公里，從毛兒蓋出發，行程約七天可達班佑。[47]翻雪山時六月份，紅軍大多只穿一件單軍裝，只好燒些辣椒水，每人喝一碗後上山。因不習慣高原氣候與寒冷，凍死不少人。[48]夾金山一上一下，七十多里，隊伍像長蛇般歪歪曲曲向上蠕動，越往上走呼吸越促，腳步也越來越慢。過夾金山時，老鄉對紅軍說：「在山上不能說話、不准笑、不准坐，若故意講話、笑、坐，山神就會把你打死。」[49]一個扛機槍的棒小伙，走得很熱，喝了山上一口冷水，炸爆了肺，再也沒起來。有的部隊下山時不少人掉到雪坑裡——

> ……好多人都掉到雪坑裡面去了。下山死了不少人。我們團裡的伙夫就掉進去好幾個。……陷到雪裡面，誰也不敢救，也不能救，外面的雪就把他給埋住了。[50]

翻越另兩座雪山——康貓寺山、炮銅崗山，「成百上千的戰士倒下去就沒有再起來。」[51]「沿途有個別犧牲了的或被野獸噬死了的人。」[52]

1936年6月，紅四方面軍某部四連翻越夾金山，「有的同志身體虛弱，加上高山缺氧，倒下去再也爬不起來……連長『不准停留、不准停留』的口

---

[46]　郭本敏、袁玉峰主編：《回望硝煙》，中央文獻出版社2007年版，頁49。

[47]　楊定華：《雪山草地行軍記》，載人民出版社編：《中國工農紅軍第一方面軍長征記》，人民出版社（北京）1955年版，頁287。

[48]　趙效民主編：《中國革命根據地經濟史》，廣東人民出版社1983年版，頁498。

[49]　周士第：〈吃冰琪淋〉，載人民出版社編：《中國工農紅軍第一方面軍長征記》，人民出版社（北京）1955年版，頁337。

[50]　陳復生：《九死復生——一位百歲老紅軍的口述史》，中央文獻出版社2010年（北京）版，頁102。

[51]　愛德格·斯諾：《西行漫記》，三聯書店（北京）1979年版，頁175。

[52]　楊定華：《雪山草地行軍記》，載人民出版社編：《中國工農紅軍第一方面軍長征記》，人民出版社（北京）1955年版，頁296。

令在耳邊鳴響。」翻過雪山後清點人數，該連44人沒過來。[53]

　　諾爾蓋草地海拔三四千米，位於青藏高原與四川盆地之間，1.5萬餘平方公里，沼澤遍地，飛鳥不至的無人區，氣候惡劣，天天下雨，霜雪紛飛，烏煙瘴氣，滿目淒涼。選擇的路線決定穿越草地的長度。李伯釗：

> 　　我曾三次過草地。那是長征中最困難的地段。第一次用了五天，第二次四天，第三次過大草原的中部。
>
> 　　那時，政治部的工作很艱苦，必須克服部隊中的悲觀情緒。戰士們非常討厭草地。於是宣傳部便設法用舞蹈、歌詠和口號來提高大家的意志，使他們保持高昂的士氣。
>
> 　　由於累、病、餓，我們失去了許多戰友。[54]

　　1935年6月，紅一方面軍翻過雪山進入藏區。過了懋功抵達卓克基、兩河口，已見不到一個漢人。吳法憲：「問題逐漸嚴重起來，主要是缺糧、饑餓和少數民族的敵對情緒。」藏民跑光了，家裡東西卻沒法帶走，糧食牛羊豬雞，樣樣都有。一開始紅軍還遵守紀律，不動廟裡與藏民家的東西，但走了幾天，從蘆山、天全帶出來的糧食吃完了，眼看就要斷炊，「一方面要講紀律，另一方面部隊又確實沒有吃的。紅軍也是人，也必須吃飯，不吃飯就不能生存，更不用說去行軍打仗了。」於是，先從藏民地裡挖些豌豆苗填肚子，但不能解決饑餓，下一步便吃藏民家裡糧食。

> 　　有人說那時候吃了藏民百姓的東西，有的留了錢，有的留了借條。不過據我所知，絕大多數情況都不是這樣的，因為即使想留錢，我們那時也沒有多少錢。有的人倒是留了條子，說是以後還，可誰都明白，這是「老虎借豬，一借不還」。以後，那是到什麼時候啊！後來有的乾脆連條子也不留了。哪裡還還，不可能還了。所有的部隊都一樣，見到了就吃，找到了就拿，把藏民家裡的東西吃光，既不給

[53]　王銀山：〈風雪夾金山〉，載《星火燎原》（之二），解放軍出版社（北京）1986年版，頁349～351。
[54]　黃宏主編：《親歷長征》，人民出版社（北京）2006年版，頁344～345。

錢，也不留條子。

再往前走，藏民將食物埋到山上，鍋碗瓢盆都帶上山，藏寨一個個空空蕩蕩，連個問路的都找不到。

　　　沒有吃的怎麼辦？為了生存，只能公開違犯紀律了。有就拿，沒有就搜，搜不到就挖。有時候，一挖，好傢伙，能在地下挖出一窖一窖的青稞麥！凡是挖到這樣的「大傢伙」，一個部隊拿不了，就趕緊通知另外一個部隊來馱。有時油鹽等物品也可以從地下挖到。挖了以後，沒有留錢，也沒有留什麼條子，只要能弄到就行，大家分了吃了。

「藏民覺得紅軍拿走了他們的財產，也就更加仇視紅軍。」紅一軍團二師六團在阿壩附近，遭藏族騎兵襲擊，向前過不去，後退又找不到吃的，餓了七八天後，紅六團官兵從上到下都不成人樣，路都走不動了。全團原有一千三百人，只剩下五六百，不是病死，就是餓死；掉隊紅軍全被藏民殺死。

　　　因為天熱，有的遺體已經開始腐爛，長了蛆。我們看了心裡真難受。當然也不能怪那些藏民，為求生存，我們把他們的東西吃了，把他們的房子占了，他們沒地方去，只好跑到山上，躲在樹林裡，受盡日曬雨淋之苦，所以恨死我們了。在我們大部隊進行時，一個挨著一個，他們不敢下來。但如果一看到中間有空隙，或有掉隊落伍的，他們就跑下山來，一下抓幾個，用刀砍死了就走。一路上就我親眼所見，被藏民殺死的紅軍戰士就有百把人。為了搞點糧食，就犧牲這麼多人，真慘哪！

進入藏區後，逃兵漸少，離家萬里，也不認路，不可能逃了。這一時期，紅軍沒打什麼仗，卻嚴重減員，原因是「找糧食」。紅二師五團政委帶領團直屬隊去搞糧食，被藏民打死七八十人，團政委也被打死，還被抓走十餘人。師長陳光派人向藏民道歉，要求賠錢贖人，藏民說不要錢，只要不再去搞糧食就放人。

這確是真人真事。不僅我們這樣搞糧食，中央縱隊也一樣，也是每到一地就派出工作組到處搞糧食。劉少奇同志就曾經帶著隊伍去為中央縱隊搞過糧食。

紅一團一名通訊員打死一頭豬，劉亞樓召開全團大會，指控通訊員犯紀律，槍斃了他。六十多年後，吳法憲還為通訊員叫冤：「這個通訊員死得真是冤枉！實事求是地說，那個時候確實沒有辦法講紀律，大家都是這樣幹的，不然就不可能生存下去。」紅三團首長黃永勝、林龍發上師部出席軍紀整頓會，回來都沒傳達，「因為誰都知道，那時根本不可能做到。」[55]

紅一方面軍在毛兒蓋停留一個多月，一方面為了過草地籌糧，另一方面也為了等張國燾的四方面軍一起北上。[56]紅一軍團直屬隊籌糧較足，每個牲口帶糧六十斤，大人帶糧25斤，小孩15斤。[57]

1935年8月中旬，紅一方面軍陸續過草地。紅三團在毛兒蓋停留三天，專門搞糧食，要求每人必須搞到15斤左右。

在此之前，我們已經把藏民們山上藏的、地下埋的、廟裡供的，幾乎都吃光了，甚至連地裡快要成熟的青稞都叫我們吃得差不多了。地裡惟一剩下的，是一些剛灌完漿、成熟得比較晚的青稞。

紅軍將這些軟軟的青稞穗一個個摘下來，搓去外殼。吳法憲弄到大約八斤。由於青壯藏民都跑完了，紅二師過草地只找到一位六十多歲的藏族大娘當嚮導，一路上需要戰士擔架抬著。

過草地時紅軍多有餓斃，實在沒吃的，一些掉隊戰士撥翻前面隊伍的糞便、揀吃裡面尚未完全消化的青稞麥粒。沒有磨過的青稞麥粒很難消化，常常怎麼吃進去就怎麼拉出來，雨一淋，麥粒便在糞便中露出來，河裡洗洗，能吃第二次。許多戰士餓得實在無力行走，只能在草地「革命到頭」。

吳法憲：

> 這一階段確實是我們兩萬五千里長征途中最艱苦的一個階段……
> 在藏族地區，雖然藏民們逃避我們，也打死打傷了我們不少人，但是
> 我並不恨他們，只覺得對不起他們，覺得我們欠下了他們的一筆債。
> 　對高級幹部總還是有點照顧，最苦最困難的是下面的普通戰士。[58]

很奇怪，那麼艱難的缺糧，怎麼不見毛劉周朱、博古、張聞天的「饑餓
記載」，原來中央縱隊各部「籌到糧食後，我們揀最好的送給毛主席、周副
主席。」[59]劉英記述：毛澤東牙口好，長征時袋裡放一把炒麥粒充饑，雞燉
爛了，不愛吃。[60]

少將袁光（1909～1998）：

> 藏民逃避一空，還不時襲擊我們，許多物資也都搬運到那些修得
> 十分堅固的寺廟和石堡裡。……也曾集中部隊攻打過一兩個與我為敵
> 最頑固的寺廟，繳獲了不少物資。可是，由於部隊單位很多，這些物
> 資仍不過是杯水車薪。[61]

過草地三難：行難（會陷沒，必須找到有草根處才能下腳），食難（無
人區搞不到糧食），宿難（泥濘漬水，找不到乾燥之地）。而且滿地的水不
能喝，不僅喝了會送命，傷口進水會紅腫、潰爛。「衛生部的人雖盡力設法
醫治，但醫癒者很少，結果有些竟成殘廢。」[62]過草地犧牲者最多。

偵察連六班長崔華義，江西黎川25歲小伙，陷入泥潭後，十多個同志都
無法援救，只能眼睜睜看著他「光榮犧牲」，在茫茫草原上為他開追悼會。
偵察連三排戰士張伍才，25歲福建青年，餓得掉隊，半夜追趕，陷入泥潭

58　《吳法憲回憶錄》，北星出版社（香港）2007年版，上卷，頁88、94、96。
59　肖鋒：《長征日記》，上海人民出版社1979年版，頁114。
60　《劉英自述》，人民出版社2005年版，頁102。
61　袁光：〈歷盡曲折到陝北〉，載《革命回憶錄》第5輯，人民出版社1982年版，頁64。
62　楊定華：〈雪山草地行軍記〉，載人民出版社編：《中國工農紅軍第一方面軍長征記》，
　　人民出版社1955年版，頁299。

「光榮」了。工兵連二排長丁華齊，剛喊「救命」，轉眼就被泥潭吞沒。紅一軍團直屬隊一千三百餘人，8月21日進草地，截止8月24日，掉隊兩百五十人，犧牲一百二十人；25日掉隊增至三百餘人。[63]

邱會作：

> 軟草地上死去的人都是立著死的，有的三五人在一起，七八人在一起死的也不少。死去的人少數被淹沒了，多數沒有淹沒，屍體僵著，姿態各異，有的舉手在掙扎，有的和別人拉著手……這種慘狀是用生命塑造出來的。長征中期紅軍減員最多就是在軟草地上。[64]

好好走著，歪下去就死了。晚上宿營睡成一排一排，次晨都起不來了。後續部隊毋須嚮導，只要沿著一具具屍體，就能找到前邊的部隊。[65]

> （晚上）為了取暖，一個班都互相之間抱到一塊兒。……即便我們知道這些戰士凍得不行，而且身上都是單衣，也確實沒有辦法幫助他們。等我們早晨起來的時候，發現這一個班一個班的都犧牲了——都是活活凍死的！有的整個班就這麼抱著一塊兒陷了下去。[66]

「天當被，地當床，暴雨來了當蚊帳。」只能革命浪漫主義了。風雨交加之夜，樹枝架起的油布遮不住風雨，也擋不住寒冷，只能在風雨澆淋下熬夜。草地露宿還擔心睡著後滾入深水泥沼，那就沒命了。但晚上太冷，第二天一早，往往會看到草地上一些戰士長眠了，有的甚至是跟自己背靠背的戰友。紅一軍團一個班，就是這樣整齊地兩人一組，背靠背、懷裡抱著槍，像睡熟一樣，再也沒醒來。過草地時，每天都有掉隊的。饑餓、寒冷、缺醫少藥，傷病員有增無減，全靠自己硬扛，跟不上的，只能「馬克思保佑他了」。每天清晨，收容隊都會發現身體完全冰冷的長眠者。特別快走出草地

63　肖烽：《長征日記》，上海人民出版社1979年版，頁108、110～111。
64　《邱會作回憶錄》，新世紀出版及傳媒有限公司（香港）2011年版，上冊，頁74。
65　郭本敏、袁玉峰主編：《回望硝煙》，中央文獻出版社（北京）2007年版，頁47。
66　陳復生：《九死復生——一個百歲老紅軍的口述史》，中央文獻出版社（北京）2010年版，頁110。

的最後兩天，這樣長眠草地的紅軍戰士成片成堆，多達幾十人。「沒過草地路，難知長征苦。」草地是長征中最大的艱難。

1935年7月3日，紅一軍團政治部在藏區刷經寺挖到五百多斤糧食及一些臘肉，全交給群工部統一分配。8月5日，紅一軍團直屬隊總支書日記：

> 今天在藏族區採取非常政策，吃了藏族兄弟的東西，想到他們在挨餓，心裡難過。為了革命，不得已借用他們的糧食和豬牛羊，等革命勝利了，一定加倍歸還。

8月5日俄窩，肖烽午睡起來上屋後解手，三個藏民從樹林裡跑出要殺他，他提著褲子就跑，「我的老天，差一點被他們殺了。」僅紅一軍團直屬隊被藏民捕殺的零星與掉隊人員就有二十幾人。紅三團七連一個放哨連，除一名通訊員逃出外，六十五名官兵全部被殺。

9月22日哈達鋪，毛澤東在團級以上幹部會上說：在松潘地區找不到人，只好自己找糧食吃。在那種條件下，不這樣做也不行哪！現在到白區行動，仍以打土豪為主，吃地主的，不能侵佔工農利益。[67]

李伯釗記述：藏民只盼望紅軍趕快走，根本理解不了「我們與你們是自己人」。他們夜晚燒紅軍入宿的茅屋，「天朦朦亮，他們放冷槍，專打上廁所的人的屁股。每天輕易找不到一個人，但冷槍不斷。」在藏族聚居區黑水蘆花，準備糧食過草地時，李伯釗、黃鎮、藏族姑娘九香，除了每人每天向糧食部門上交五個饅頭，還用河裡漂來的麥粒（上游紅軍在漂洗麥子）多做九隻饅頭，沒有交公。被人檢舉，三人只好交出。「可心裡頭老大的不高興。我想，應該交的我們都交了，剩下的應該歸我們自己，可這話怎麼能說出口，我坐在地上生悶氣。」正好鄧小平過來，遞給李伯釗一隻饅頭：「你餓了吧，給你！」李伯釗：「我不要。你留著自己吃吧！」鄧急忙說：「這是我送給你的，不要你還。」李伯釗接過饅頭，眼淚簌簌就下來了。鄧小平莫名其妙，他不知道李伯釗剛剛受到的委屈。從此，李伯釗對鄧印象深刻：「小平同志對人真好，在困難的時刻這麼關心人，多麼難能可貴啊！」[68]行

67　肖鋒：《長征日記》，上海人民出版社1979年版，頁94、102、95、101、120。
68　《李伯釗文集》，解放軍出版社（北京）1989年版，頁289～290。

軍途中，有人送董必武半隻野羊腿。[69]

　　1935年8月上旬，紅四方面軍30軍一支找糧隊，在毛兒蓋基家寨一大土司宅院裡，挖出一個大糧窖，除了「麥海」，其中一間地窖整整齊齊碼著整只整只的臘豬、臘羊、整塊整塊的醃豬肉、牛油，還有不少布匹。肉垜後面還有許多鐵鍋，最大的一隻可煮一頭整牛。附近部隊從毛兒蓋出發時，「每個戰士都得到了五十斤炒麵。在歷來供給微薄的紅軍裡，特別是在艱苦的康藏征途中，大家對此都感到特別心滿意足。」[70]

　　1936年7月，羅炳輝的紅32軍（隸屬紅四方面軍）為三過草地在阿壩地區籌糧，從一戶土司家挖出三萬多斤糧食。[71]

　　1935年9月17日，紅一方面軍衝過臘子口，20日進入隴南宕昌小鎮哈達鋪，才大大鬆一口氣，1.4萬人休整兩天，官兵、民工一律發大洋一元。

　　　　一百斤的大豬才賣五元大洋，二元大洋可買肥羊一隻，一元大洋可買五隻雞，一毛大洋買十幾個雞蛋，五毛錢可買一擔菜蔬。魯大昌部遺留下來之大米、白麵，約數百擔，食鹽也有數千斤。在草地雪山幾月未食到鹽及大米、白麵的紅軍戰士，當然喜形於色，尤其江西、福建出來的紅軍戰士，看到大米特別開胃。[72]

　　李一氓等人買了一隻羊。按當地規矩，羊頭羊皮歸賣主，羊肉歸買主。幾個人一頓就「消滅」一隻整羊。哈達鋪交通閉塞，物價很低。楊成武：「哈達鋪的商人可走運了，生意興隆，有什麼都賣光了，而且利市三倍。」譚政等在哈達鋪一見糌粑團子，口水都流出來了，譚政一口氣吃了七八個還不覺得飽，不敢再吃，怕餓癟的腸胃會脹破。[73]

　　到哈達鋪吃上麵粉，還有一則花絮：南方炊事員不會做麵粉，既不懂

[69]　黃宏主編：《親歷長征》，人民出版社（北京）2006年版，頁385。

[70]　肖永正：〈一次意外發現〉，載《星火燎原》（之二），解放軍出版社（北京）1986年版，頁342。

[71]　劉良棟：〈羅軍長籌糧〉，載《星火燎原》（之二），解放軍出版社1986年版，頁377。

[72]　楊定華：〈從甘肅到陝西〉，載人民出版社編：《中國工農紅軍第一方面軍長征記》，人民出版社（北京）1955年版，頁369。

[73]　黃宏主編：《親歷長征》，人民出版社（北京）2006年版，頁384～385、132、385～386、405、864。

發麵，也不會擀麵條，用水一和，做成一個個湯圓，放入鍋一煮，成了麵糊糊。各部隊都說：「這個麵怎麼這樣難吃呀?!」一問老百姓，才知道要發麵後做成饅頭或擀成麵條。部隊政治部立即召集供給部與各連炊事員，請老百姓當教員，在一兩天後解決了「麵粉問題」。入陝後，南方炊事員不會做羊肉，部隊也不習慣吃羊肉，也要老鄉來當「羊肉教師」。

在哈達鋪，最重要的是從郵局找到一些舊報紙，得知陝北有一片蘇區，領頭的是劉志丹、徐海東。毛澤東這才下決心入陝北。[74]

10月中旬，紅一方面軍到達吳起鎮。市面較繁華，物價也不貴，三塊錢可買一口百十斤的豬。周恩來的警衛員用伙食尾子買了一些雞蛋。[75]

再入陝北小鎮瓦窯堡，女紅軍劉英記述：

> 雖說只是一個小鎮子，但覺得比進了大城市還高興。小米、羊肉，吃了一個飽。餓了什麼都好吃。第一次吃小米，也沒有問這是什麼。第二次吃才知道叫小米。[76]

七、女性與孩子

紅一方面軍西撤，出發時有三十二名女性，幾天後兩位因病回蘇區，走完長征全程為三十名女紅軍，多為高幹之妻。

賀子珍（毛澤東妻）、鄧穎超（周恩來妻）、蔡暢（李富春妻）、劉群先（博古妻）、康克清（朱德妻）、金維映（李維漢妻）、錢希均（毛澤民妻）、李伯釗（楊尚昆妻）、陳慧清（鄧發妻）、廖似光（凱豐妻）、蕭月華（李德妻）、曾玉（周子昆妻）、謝小梅（羅明妻）、丘一涵（袁國平妻）、楊厚珍（羅炳輝妻）、周越華（賀誠妻）、吳仲廉（曾日三妻）、李建華（岳夏妻）；　後嫁高幹：劉英（張聞天妻）、謝飛（劉少奇妻）、危拱之（葉劍英妻）、鐘月林（宋任窮妻）、鄧六金（曾山妻）、危秀英（鐘

[74]　《吳法憲回憶錄》，北星出版社（香港）2007年版，上冊，頁108、127、113。
[75]　魏國祿：〈隨周恩來副主席長征〉，載《紅旗飄飄》第11集，中國青年出版社（北京）1959年版，頁51。
[76]　《劉英自述》，人民出版社2005年版，頁90。

赤兵妻）、李堅真（鄧振詢妻）、王泉媛（遵義嫁王首道）、劉彩香（長征
中嫁畢占雲）。

其他：李桂英、吳富蓮、甘棠。

參加長征的女性經過嚴格挑選：一、共產黨員，政治思想好；二、有獨
立工作能力，會做群眾工作；三、身體好，能扛東西會走路，體重差一點都
不行。一百多位女紅軍參加體檢（許多人第一次），只有二十多人合格，連
董必武老婆陳碧英也被刷下來——體重差一斤。「免檢」的只有在中央機關
和軍隊中工作的少數幾位大姐。[77]

走出江西後，婦女分散各部諸多不便，單獨成立婦女隊，劉群先隊長，
李伯釗政治部主任。一個月後，黎平整編，婦女隊解散。除康克清、蔡暢等
少數幾位軍委直屬單位工作者，多數集中到總衛生部幹部休養連婦女隊，何
長工兼任連長，婦女隊董必武、副隊長徐特立。董必武曾任中央黨校副校
長，德高望重，女同志中很有威信。婦女隊可不僅僅行軍，一路得「承運」
六十副擔架。「鬍子隊長」董必武前後往返照應隊伍，既要鼓勵也要換肩，
經常摔在泥坑裡，惹出「泥人董」的笑話。六十副擔架並不是空的，而是躺
著傷病員，每一副都有4～6名抬伕。每一位女兵得找到足夠的民伕，一路得
做民伕與傷員的思想工作，宿營時得先安排民伕的吃住。

董必武憶述：

　　　　初出發時差不多有六十副擔架，途中一個人要管理三四副。這是
異常艱苦的工作。那完全是夜行軍，又不准點火把，若遇天雨路滑，
擔架更走不動。民工的步伐是不會整齊的，體力也不一樣，沒有抬
慣，前後兩人換肩走路都不合拍，對革命的認識程度又不一致，有的
是路上臨時請來的。照料擔架的女同志跟著擔架走，跟得著前面的一
副，又怕後面的掉隊，跟著後面一副，前面又沒有人照管，休息時候
要防著民工開小差。民工可以打盹兒，她們都不敢眨眼。特別是每晚
快到天亮的時候，民工的身體疲乏了總想打個瞌睡，宿營地還隔若干
里，前後隊全都催趕快走。這時，她們就在幾副擔架的前後跑，督促

[77]　徐壯志、梅世雄：〈危秀英：主席帶我走長征〉，載《文學報》（上海）2004年12月24日。
　　摘自黃國柱：《我的長征——尋訪健在老紅軍》，解放軍文藝出版社（北京）2005年版。

和安慰、勸說和鼓勵，用一切法子來推動民工往前走。有幾次民工把擔架從肩上放下來，躺在地上不動，無論如何都不肯走，她們中體力強健的，就只好代民工擔肩……[78]

　　一次，身高僅一米四十餘的「矮子」危秀英負責的兩副擔架掉隊了。她趕緊返回尋找，找到後再追隊伍。此時，國軍飛機空襲，民伕沒見過飛機，撂下擔架就跑，一下跑掉三個，剩下那個也不肯走了。擔架上是鄧發妻陳慧清，剛生孩子，根本無法行走。危秀英將陳慧清背到隱蔽處，再安置好另一傷員，取下自己的半袋乾糧給那個民伕，讓他一邊吃一邊聽自己的「政治思想工作」，從自己童養媳身世說到紅軍宗旨、眼下困難，民伕聽後不但自己不跑，還叫回兩位民伕，加上危秀英，兩副擔架終於啟程，翻過兩座山追上隊伍。危秀英在長征中還援助過後任四川省委書記的廖志高。[79]

　　另有資料記載：紅一方面軍出發時還有一些女紅軍（可能中央縱隊之外）。1935年6月15日，紅一、四方面軍懋功會師，紅一方面軍部隊半年多沒見女兵──

　　　　今天見到，十分高興！我想起從中央蘇區出征到湘江以前，我們一方面軍男女小紅軍很多，一路上許多人掉隊或犧牲了，尤其是女戰士，沒剩下幾個了，心裡實在難過。[80]

　　紅四方面軍有婦女獨立團，團長張琴秋（1904～1968）。全盛期擴為婦女獨立師，兩千餘二十歲左右女兵，體格健壯，不蓄頭髮，全身戎裝，草鞋綁帶，儼如男兵。[81]長征中，紅四方面軍婦女工兵營搞運輸、扛糧食、負彈藥、背大洋黃金。工兵營基本為川籍女兵，身體結實，有力氣，能吃苦，負重百十斤爬山越嶺，日行百里，還要打仗。1936年春，紅四方面軍快到甘孜，張國燾貼身交通隊幾個人，伙同幾個傷兵夜闖婦女工兵營駐地耍流氓。

---

[78]　黃宏主編：《親歷長征》，人民出版社（北京）2006年版，頁341～342、829～831。
[79]　徐壯志、梅世雄：〈危秀英：主席帶我走長征〉，載《文學報》（上海）2004年12月24日。
　　　摘自黃國柱：《我的長征──尋訪健在老紅軍》，解放軍文藝出版社（北京）2005年版。
[80]　肖鋒：《長征日記》，上海人民出版社1979年版，頁89～90。
[81]　黃宏主編：《親歷長征》，人民出版社（北京）2006年版，頁185～188。

營長林月琴（1914～2003，後嫁羅榮桓）下令還擊，傷兵的拐杖、工兵營運送的物資都成了武器，耍流氓的幾個人被女兵打跑，他們的幾枝槍也被女兵繳獲。張國燾知悉後大發雷霆，反而撤了林月琴的營長。[82]

　　1936年春，劉伯承三過草地時，寫情書給紅四方面軍女戰士汪榮華，打開這位少女的心扉，1936年中秋節在甘南曲子鎮舉行簡樸婚禮。張聞天也是在長征途中向劉英展開愛情攻勢。劉英時年三十，丈夫林蔚犧牲於1928年春，劉英一直宣稱「五年之內不結婚！」[83]

　　女紅軍的嬰孩只有兩條出路——送老家或送老鄉。送老家不方便，一般情況下只能由組織安排送老鄉。1929年5月，紅軍二打龍岩，賀子珍第一次分娩，產下一女，二十天送了老鄉，1932年4月第三次打開龍岩，得知孩子已夭。1932年，賀子珍再生一子小毛，長征前托給妹妹賀怡、毛澤覃夫婦。毛澤覃後將小毛轉移別處，毛澤覃犧牲後，小毛從此下落不明。[84]

　　1934年紅二方面軍長征途中，政治保衛局的戚元德在農民家生一男孩。她取出身上所有錢及一件乾淨內衣，囑咐女房東：「同志嫂！我把這個娃子連同這些東西送給你。娃子當做你的親生兒子算了，留下這件內衣作標記，將來我們的部隊回來，我一定來看望你們。」女房東熬了半砂鍋米粥，勸戚元德休息幾天。戚喝了半碗稀粥，摸黑與兩位陪來的戰士跟上部隊。次晨，領導得知她棄子，派專人慰問，送來慰問品——半小碗鹽、一碗黑豆。[85]

　　長征途中，賀子珍棄女；西路軍時期，張琴秋因追兵在後棄子。[86]張琴秋是川陝紅區「女匪首」，全川聞名。1936年「九‧一八」成都街頭剿共宣傳畫，她與徐向前被畫成紅髮綠睛，手裡拿著小孩往嘴裡塞，甚至被說成每天要吃一個小孩，不吃就沒法活。[87]張琴秋命運多舛，1924年4月入團、11月轉黨；1925年11月在上海嫁沈澤民（茅盾胞弟，1933年病死鄂豫皖），

[82]　一凡編著：《延安麗人》，中國社會出版社（北京）1999年版，頁237～238。
[83]　黃宏主編：《親歷長征》，人民出版社（北京）2006年版，頁195～197。
[84]　行娟：〈一個女紅軍走過的路——賀子珍的幾個故事〉，載《紅旗飄飄》第24集，中國青年出版社（北京）1981年版，頁186～188。
[85]　李英儒：〈地下交通線〉，載《紅旗飄飄》第30集，中國青年出版社（北京）1986年版，頁178～179。
[86]　陳學昭：《延安訪問記》，廣東人民出版社2001年版，頁199。
[87]　韓天石：〈關於抗戰前後成都青年運動和黨的重建的一些情況〉，載《四川黨史研究資料》1983年第3期，頁2。

夫婦隨即留蘇中山大學，1930年將新生女瑪婭安頓國際兒童院回國，1931年
夫婦同入鄂豫皖；1936年7月三過草地前嫁陳昌浩，1939年8月27日陳昌浩隨
周恩來飛俄養病，因蘇德戰爭無法回國；1943年春，在陝北再嫁老戰友蘇井
觀（1964年病逝）。1949年後，張琴秋任紡織工業部副部長。這位赤國締造
者，文革遭迫害，跳樓自殺。

　　紅四方面軍一位女軍醫，隨紅二方面軍渡過噶曲河，三天後分娩，一副
擔架抬母子倆。第二天夜裡，女軍醫還是擔心孩子成為部隊累贅，偷偷將嬰
兒投入水塘。知道此事的人，幾十年都不願提起。廖承志在延安想以此為素
材作畫，畫了幾十年都畫不成，一觸及「擲孩子」，手就顫抖起來。[88]1941
年東北抗聯第六軍政委李兆麟，為了部隊安全，也扔過自己的新生兒。其妻
不敢撿回，一位老友偷偷抱回。[89]

　　隨紅一方面軍走完長征全程的三十位女性，四位在途中分娩，產後一晚
或半日就要行動。一位分娩於藏區下打鼓，連青稞麥都吃不上，偶而能分到
一點羊肉，產後幾天便過草地。[90]紅二方面軍李貞（1907～1990），過草地
時分娩一早產兒（七個月），孩子餓哭不止，沒出草地就夭折了。李貞亦因
產後沒休息，加上傷寒，永遠失去生育能力。[91]

　　劉英記述長征中懷孕女性的災難：

> 　　婚後懷孕，對於女同志來說，簡直是一種災難。孩子生下來，又
> 沒法帶，對於做母親的感情上無異是一種酷刑。我看多了。賀子珍懷
> 了孩子，誰也沒告訴，跟著隊伍走，在長征路上生了，孩子只能撇
> 在老鄉家裡。廖姒光（凱豐愛人）在路上生了孩子，也只能撇下。
> 這些孩子後來沒有一個找到的。劉群先（博古愛人）說得很俏皮：
> 「行軍中騾馬比老公好！」這句笑話，說得很實在。我認准了：在征
> 途中，要做工作就不能結婚、生孩子；要生孩子，就別想工作。我不
> 能選擇後者。

88　陳靖：〈長征文藝生活瑣憶〉，載《黨史參考資料》（北京）1984年第8期，頁21。
89　趙長安等著：《老革命家的戀愛、婚姻和家庭生活》，工人出版社1985年版，頁311。
90　黃宏主編：《親歷長征》，人民出版社（北京）2006年版，頁831。
91　〈李貞：開國第一位女將軍〉，載《文匯報》（上海）2007年10月8日，第11版。摘自涂
　　學能《走近女將軍》，中央黨史出版社（北京）2007年6月版。

　　1935年11月10日，「中共中央」進入瓦窯堡，一直追求劉英的張聞天再次求婚：「這下有了家，可以了吧？」劉英此時允婚，張聞天時為中共一把手「總負責」。分給他們一孔石窯，無儀式，沒請客，「情投意合，環境許可，兩個行李捲合在一起就是了。」毛澤東來瓦窯堡後鬧過一次洞房。剛剛打勝直羅鎮一仗，毛興致很高，進門就嚷：「你們要請客，結婚不請客，不承認！不算數！」張聞天不會開玩笑，一到這種時刻木訥無語，劉英擋上前：「拿什麼請客呀？又沒有錢，又沒有東西！」毛澤東笑曰：「那就不承認！我倒是真心給你們賀喜來了，還寫了一首打油詩呢！」劉英記不得打油詩句，大意是誇讚張聞天講民主。

　　長征結束後，紅軍女性還有一則鮮為人知的細節：剃光頭以滅虱。所有長征女性都出現這種「革命蟲」。到達陝北後，身上的蝨子消滅了，頭髮裡的蝨子卻怎麼也搞不乾淨，又沒藥，賀子珍、劉英、劉群先等只好剃光頭。1937年1月，劉英赴西安任青年工作巡視員，無法摘下帽子，因為頭髮還沒長出來，接觸青年只能由賈拓夫派一女同志，將西安學生領袖一個個領來接頭、交談。雖然入住西安六國飯店，也就幾間平房。李克農主管的內部招待所，吃到豬油熬白菜，就算美味了。[92]怪不得，這一時期紅軍女性照片上都戴著帽子，「出處」原來在此！

八、長征文藝

　　注重精神鼓動一直是紅軍傳統。紅軍各部都有文工團。李伯釗等明星經常在路邊鼓動士氣，為紅軍戰士唱歌跳舞、講故事。李伯釗：「我那時在江西學會了很多興國山歌，有銅錢歌、竹片歌、砍柴歌，都很好聽。配上新編的詞，唱給紅軍戰士聽，他們都很喜歡。」長征途中，最辛苦的「三員」──炊事員、通信員、宣傳員。

　　1934年9月，紅二軍團到達貴州甕安，16歲苗娃陳靖加入。他能歌善舞，很快成為宣傳隊骨幹，主演的四場小話劇《當紅軍去》，成為長征路上百看不厭的保留節目。[93]這支宣傳隊即紅二方面軍戰鬥劇社前身。翻雪山時，空氣

[92]　《劉英自述》，人民出版社（北京）2005年版，頁90、102、111～112。
[93]　黃宏主編：《親歷長征》，人民出版社（北京）2006年版，頁342、482。

稀薄、溫度低冷，每走一步都要用出全身力氣，有人一步一停，有人暈倒。各級幹部以短促口號進行鼓動，宣傳隊員打起呱嗒板活躍氣氛，激勵士氣。[94]

長征途中，紅二方面軍宣傳隊每天設立「鼓動篷」，音樂、朗誦、歌唱，飛行演出，「『吹彈唱拉，嘻嘻哈哈』……它將充滿飢渴艱難以至血汗交流的長征路上，弄得喜笑顏開、熱火朝天。」最受歡迎的樂曲有：《梅花三弄》、《蘇武牧羊》、《孟姜女》、《小放牛》、《繡荷包》、《太湖景》、《探親家》等，還有舊曲新詞《工農做主人》、《射擊軍紀》、《三大紀律》、《十問十答》等。

《十問十答》用《小放牛》曲調，從一問「共產黨宣言誰起草？」、二問「十月革命誰創造？」、三問「中國共產黨生於何時？」、四問「南昌暴動誰領導？」，直至歷次反圍剿、「西征（長征）決心不動搖」。長征途中各種娛樂會，一二間隙，三五好友，便利用山歌、民謠搞創作，歌詞現編現演，尤以贛南、湘西、黔東籍的人最得心應手，幾十分鐘即可創作一連串新編歌詞。

　　　　江西老表同志哥，請你過來應山歌；今天行軍沒得事，恭恭敬敬來學歌……

　　　　不打鼓來不敲鑼，都坐下來湊山歌；一班開頭領個先，二班三班緊接著……

　　　　走了一山又一山，湖北一拐到四川；才到貴州歇個腳，眼睛一眨到雲南！……

　　　　誰家伢子在誇口，平路當作高山走；前面這座大雪山，爬到頂頭再吹牛……

紅二軍團在貴陽以西搶渡烏江，宣傳隊幾分鐘內就編出八句標語詩：

　　　　遠看一根索，近看鴨池河（烏江俗稱）；敵人拼命堵，老子硬要過；要過要過這就過，李覺（國軍將領）送行蠻不錯；你在對岸站崗哨，我在這裡洗個腳。

---

[94]　許世友：《我在紅軍的十年》，戰士出版社（北京）1983年版，頁332～333。

詩側下方，配有漫畫，白軍在江邊垂頭喪氣，紅軍在對岸洗腳歡笑。

音樂分隊原有十五、六人，抵達陝北，僅三人「堅持」下來。在阿壩，昨晚還為二方面軍六師演出的文藝小分隊，次日起床，四人沒了氣，紅六師此夜餓死114人。[95]

1934年11月2日，紅軍翻越苗山，某師宿營小苗山下大苗川。苗民都跑光了，好不容易喊下山。明天一早得走，晚上12點各單位政工人員還與群眾開座談會、聯歡會。經動員，以六塊大洋100斤糯米的價格，各單位備足軍需。[96]

1935年元旦前後，紅一方面軍在黔中餘慶、甕安一帶打了幾場勝仗。元旦前，中革軍委在甕安猴場召開會議，指示各部隊「就地宿營，安排好生活，歡慶元旦」。駐餘慶的一師三團從師裡分得25頭豬，300多隻雞和鴨。一軍團總部吃了過年的「六碗菜」，舉行了熱熱鬧鬧的同樂會。隨軍委行動的幹部休養連舉辦了元旦晚會。休養連近300人，內有四老（董必武、徐特立、林伯渠、謝覺哉）及一大批文化人，包括三十名女紅軍。元旦，在連長侯政、指導員李堅真組織下，花幾十塊錢買了一頭豬、一些花生、瓜子，舉行篝火晚會。女紅軍李堅真、王泉媛、李伯釗、危拱之都是唱山歌的好手，李伯釗更是「赤色舞蹈明星」。「四老」不會唱歌跳舞，但很會「說」，他們的故事同樣很吸引人。蔡暢特邀參加這場元旦「同樂會」，提議何不在更大範圍內舉辦一場像模像樣的春節聯歡會？

1月15～17日遵義會議，決定北渡長江。1月24日，先頭部隊進佔貴州習水土城。土城乃黔北重鎮，相對富饒，街市繁鬧，還有酒坊。後勤部門從店主、廠家處搞到一批好酒。26日，軍委縱隊行程70餘里，順利到達土城。此時，這個黔北小鎮已洋溢濃濃「年味」。逢年過節，紅軍向有遊藝會餐「傳統節目」。軍委縱隊抵達土城較早，晚飯後點起篝火，李堅真一激動，唱了一首「滔滔烏江急又深，手拉手來心連心……」危拱之接著唱自編唱詞的鳳陽花鼓：「咚咚鏘……紅軍強，紅軍強，千難萬險無阻擋，行軍路上揍老蔣，北上抗日打東洋……」官兵越圍越多，大家便要求李伯釗（高爾基戲

---

[95]　陳靖：〈長征文藝生活瑣憶〉，載中國革命博物館黨史研究室：《黨史參考資料》1984年第8期，頁18～21。

[96]　謝扶民：〈苗山一夜——1934年11月2日的一頁日記〉，載《紅旗飄飄》第3集，中國青年出版社（北京）1957年版，頁187～188。

校校長、臨時中央政府藝術局長）「來一個」，李伯釗大方上前，唱了一首蘇聯歌曲，贏得毛澤東等軍委首長在內的一片叫好。這天，毛澤東情緒特別好，進軍土城途中，青杠坡一帶地形使他構思出合圍川軍的設想。掌聲鼓勵之下，李伯釗又跳了一支水兵舞。李伯釗剛跳完，只見徐特立反穿羊皮襖，頭戴破毯帽，悶著頭，慢慢悠悠上場，並不說話，而是表情認真地雙手伸進羊皮襖，上一抓、下一撈、左一扭、右一拽，皺緊眉頭，捉出個東西，放進嘴裡，只聽見「劈啪」一聲，然後壓著鼻子：「嗯，這個肥。」大家還沒反應過來，他又反復著類似動作，最後說：「李伯釗跳《水兵舞》，徐特立跳《捉虱舞》！」觀眾一愣，這才發現他將難耐虱癢表現得淋漓盡致，爆笑如雷。最後，應大家要求，蔡暢唱起《馬賽曲》，周恩來、張聞天、伍修權輕聲哼和。

不料，1月28日青杠坡之役失利，29日一渡赤水。1935年2月3日，大年三十，渡過赤水河的紅軍再次籠罩在失敗情緒中。除夕晚，休養連扶老攜幼跋涉七十多里崎嶇山路到達石廂子。軍委縱隊連夜研究敵情，作出轉進雲南的決定。紅一方面軍在行軍途中度過除夕，精心策劃的「春晚」流產。[97]

長征途中，李伯釗與陸定一經常合寫歌詞，最著名是《打騎兵歌》，既鼓舞士氣又傳授對付騎兵的辦法：

> 敵人的騎兵不可怕，沉著應戰來打他，目標又大又好打；
> 排子槍快放齊射殺，我們瞄準他，我們打垮他，我們消滅他！
> 無敵紅軍是我們，打壓了敵人百萬兵，努力再學打騎兵，我們百戰要百勝！[98]

1936年11月上旬，紅一、二、四方面軍會師陝北，保安舉行聯歡會，地點在中央機關列寧室，中央領導全數出席。周恩來主持，毛澤東致歡迎詞。然後由中央領導先出節目。周恩來講了一個關於「龍」的故事，從天上講到地下，從南方講到北方，一直講到這間列寧室，好像人人都成了龍。最後，周恩來從一女同志手中抱起賀龍剛滿周歲的女兒：「我們的大龍（指賀

---

[97] 王翀田、紀瑩：〈長征途中的「春晚」〉，載《解放軍報》（北京）2011年1月31日。
[98] 《李伯釗文集》，解放軍出版社（北京）1989年版，頁773。

龍）正在山城堡指揮打仗，不能參加這個聯歡大會，派了這個小龍伢子當代表！」全場一片掌聲。接著，林伯渠用長沙話唱湖南民歌、徐特立用法語唱《馬賽曲》、任弼時用俄語唱《霹靂拍》、洛甫一首英文歌、葉劍英唱粵語歌帶朗誦一首詩，最後是朱德，反穿羊皮大衣，跳了一支「雅西雅」的藏舞，最後才是劇社的節目。[99]

長征還有一件值得提及的文化事：堅持了紅軍「背包識字」的掃盲傳統。行軍時，每人手上寫一字，背包再貼一字（方便後面的人記識），隔天一換。皮定均（中將）就是這樣掃的盲。[100]

九、紅二、四方面軍

1935年11月，賀龍、蕭克的紅二方面軍（即紅二、六軍團），離開湘鄂黔根據地，開始長征。1936年元旦，走到湖南芷江縣竹平鋪。此地很富，土豪很多，肥豬亦多。全軍官兵很高興，想好好過個年，多吃幾個菜。紅軍和農民一起殺了土豪不少肥豬，大伙都來幫廚，又是豬肉又是鴨子，烹得香香的。第二天中午，正要開吃，槍聲響起，國軍先頭部隊趕到。只得撈出肉，挑擔上肩，向西開拔。次日抵達晃縣龍溪口，停駐三天，補過年。[101]

紅二方面軍吸取此前紅六軍團、紅一方面軍的經驗，凡帶不動的物資（如石印機、機床），一律埋藏；多餘或不必要的物資（如桐油、食鹽、洋紗、糖），減價拍賣；不值錢的東西（如衣服），分給當地貧民；帶走的都是金銀、藥品等貴重輕便物品，增加了部隊的機動性與戰鬥力。

1935年10月1日，紅六軍團在貴州安順舊州鎮抓獲英籍傳教士薄複禮一行七人，要求教會「總數七十萬的贖金一個也不能少」。稍後雖先釋放婦孩並一再降低金額，貴州教會一年後為兩位牧師湊交數千贖金（包括藥品）。蕭克：「我們認為他們來中國是搞文化侵略的，所以把他們當地主一樣看待，財產要沒收，拘留要贖金。」1936年4月12日，薄複禮在雲南羊街鎮獲

---

[99] 陳靖：〈長征文藝生活瑣憶〉，載《黨史參考資料》1984年第8期，頁18～21。

[100] 郭本敏、袁玉峰主編：《回望硝煙》，中央文獻出版社（北京）2007年版，頁222。創民：《紅色婚緣──開國將帥與夫人的婚戀紀實》，中國華僑出版社2010年版，頁221。

[101] 黃宏主編：《親歷長征》，人民出版社（北京）2006年版，頁114。

釋，理由也是政治性的。蕭克對薄複禮宣佈：

> 我們決定區別對待外國人。你是瑞士公民，瑞士不是帝國主義國家，同中國沒有訂立不平等條約，也沒有在中國設立租界，所以我們決定明天就釋放你。

1936年5月，紅二方面軍俘虜國軍41師中將師長張振漢，也向家屬索要贖金及藥品。[102]

6月，紅二方面軍到達甘孜，休整數日，每人帶半月糧食走向藏區草地。所謂攜糧半月，每天僅三四兩。部隊周圍不時出現藏族騎兵，嗥嗥喊叫。對付小股藏兵很容易，麻煩的是沒有糧食。繳獲的一大袋青稞成了全團的依靠。團長李文清：「雖然全團每人只分到一小碗青稞，但我們要用它征服草地，度完這征途的最後一個多月。」此後幾天，每天要走八九十里路，但只能和著野草吃一小撮青稞麵。五天後，青稞全光了，只能殺馱帳篷、物資的犛牛與首長的騾子，殺一頭全團吃三四天，先煮湯和著野菜吃，再將煮肉分給每人二三兩，作為明後兩天的糧食。「全團靠著八九頭犛牛和騾子，勉強支撐了二十多天。」

九月下旬，葛曲河邊，紅十五團饑寒勞累的戰士，宿營後有一些未能醒來，還有一些不斷倒於路旁。因步伐緩慢，每天只能走八里十里，原本半天就可到達的巴西，變得可望不可及，走了一星期。此時，千萬不能倒下，一坐下去就再也起不來了。前面不遠處一同志倒下去，一個小鬼趕上去，吃力地拖了幾下，跟著自己也倒下去，等到後面的人趕上來，兩人已經靠在一起沒氣了。

通訊班小鬼餓得實在不行，將皮帶放在火上燒，然後刮去燒焦部分，切一塊嚼一塊，雖然苦但可以吃。「這個意外的發現馬上就在全團推廣了。於是，槍皮帶、腰皮帶、皮掛包，只要是皮，全吃光了。」甘孜出發時全團千人，過臘子口只剩下400餘。[103]

[102] 薄複禮：《一個外國傳教士眼中的長征》，昆侖出版社（北京）2006年版，頁71、2、160、134。
[103] 李文清：〈最後的腳印——記紅二方面軍過草地〉，載《紅旗飄飄》第13集，中國青年出版社（北京）1959年版，頁181～188。

紅四方面軍總部警衛連士兵張顯揚記述，過草地時發生「一粒麥子吃幾個人」的故事。餓急了的部隊，實在沒辦法了，將前面先頭部隊的糞便收攏起來，淘洗出其中尚未消化的青稞麥粒，然後煮食。[104]

1935年秋，紅四方面軍三十軍九十一師過了草地再過一座不高的雪山，夜起篝火宿營山頂。次晨，包括司號員在內的十幾個人凍斃，再也起不來了。加上此前的減員，「原來一百多人的連隊，這時只剩下不足二十個人了。」天寒地凍，無法掩埋，只能就這麼留下遺體「自然葬」了。[105]

減員多，主要是沒吃的。李一氓所在單位後勤部門想盡辦法，替每人籌辦了七天青稞麥粉（糌粑），進草地後，第四天就吃完了。很多戰士才走一半，就沒吃的了，完全靠野草、樹皮、草根充饑，有的野草還有毒，輕則嘔吐，重則毒亡。

紅四方面軍三過草地時，後衛六軍團紅五師，前面隊伍準備糧食已感不足，到紅五師時更是顆粒艱難，走到第三天就斷糧了，只能靠野菜果腹。[106]

除了饑餓、陷沒，過草地還有一難──露宿。寒風冷雨，無處躲藏，更無法入睡。兩三天後，有的部隊發明以班為單位的「挖洞法」，像散兵壕一樣，幾尺深的地下，泥土已幹，再墊上油布，洞上再遮以油布或毯子，禦風禦雨又禦寒，較之露宿草地，上雨下濕，「真有說不盡的好處。」萬一敵人騎兵來襲，還是現成工事。[107]紅軍從未遭遇過騎兵，「由於我軍缺乏同騎兵作戰的經驗，不知道先打馬還是先打人，結果傷亡不小。」[108]為此，趕快譜出《打騎兵歌》。

1936年8月，張國燾的左路軍再過草地，臘子口路旁藏民在賣鍋盔（大餅狀幹膜，厚一寸重五斤），一塊銀圓一個。無線電分隊咬牙買了一個，「一個人分了一口。大家仔細地咀嚼著，好像在品嘗什麼山珍海味似的。」

[104] 張顯揚：〈長征路上的朱德同志〉，載《紅旗飄飄》第11集，中國青年出版社（北京）1959年版，頁59～60。

[105] 譚清林：〈萬「苦」流芳──草地生活片斷〉，載《紅旗飄飄》第3集，中國青年出版社（北京）1957年版，頁172～173。

[106] 李伯釗：〈回憶關向應同志〉，載《解放日報》（延安）1946年7月29日。參見《李伯釗文集》，解放軍出版社（北京）1989年版，頁317。

[107] 楊定華：〈雪山草地行軍記〉，載人民出版社編：《中國工農紅軍第一方面軍長征記》，人民出版社（北京）1955年版，頁309。

[108] 肖鋒：《長征日記》，上海人民出版社1979年版，頁93。

到達哈達鋪，一個銀圓可買好幾個鍋盔，雞豬肉也便宜得令人難以置信。聽說前面部隊有人在此撐死，規定每人只能吃個大半飽。[109]

紅一方面軍的長征一共走了三百六十八天，十五天打大仗，兩百三十五天白天行軍，十八天夜行軍，休整百天（其中五十六天有遭遇戰），實際休息四十四天，平均每天行軍七十一華里。穿越十八條山脈（五座雪山）、二十四條河流，佔領六十二座大小城市。[110]

紅一、二、四方面軍長征出發時共約二十萬人，到達陝北不到三萬人。[111] 1935年9月20日，紅一方面軍到達哈達鋪，三軍團只剩下兩千多人。紅一、三軍團合編陝甘支隊1.4萬人，10月中旬到達吳起鎮，僅剩七千兩百人。陝甘支隊並沒打什麼大仗，主要逃兵較多。在川西北藏區的三個月，生存條件惡劣，沒土豪可打，一路擴紅的新兵實在吃不了這份苦，到達漢區不少不辭而別，有的轉回老家，有的留下給當地老鄉當倒插門女婿。江西老兵則幾乎沒有逃兵。長征從此在黨內成為「合法性」來源之一，毛澤東發話：凡參加長征者，一律入黨。此後，長征老幹部一直備受重用，黨內高幹主要來源。[112]

一位老紅軍記述：

> ……就搞得只剩下六千多人，26800多人啊！沒有逃跑的，因為沒有地方可跑，瀘定橋之後過雪山過草地就沒有打什麼仗，可見這草地有多厲害！[113]

文革政諺：

> 爬雪山，過草地，不如唱唱樣板戲；紅軍長征兩萬五，不如跳跳芭蕾舞；南征北戰仗多少，不如一個珍寶島；俯首甘為孺子牛，不如

109 袁光：〈歷盡曲折到陝北〉，載《革命回憶錄》第5輯，人民出版社1982年版，頁78。
110 愛德格·斯諾：《西行漫記》，三聯書店（北京）1979年版，頁179～180。
111 趙效民主編：《中國革命根據地經濟史》，廣東人民出版社1983年版，頁497。
112 高華：《革命年代》，廣東人民出版社2012年6月第2版，頁147～148。
113 陳復生：《九死復生——一個百歲老紅軍的口述史》，中央文獻出版社（北京）2010年版，頁111。

打打乒乓球。

反映了老共幹對「直升機」上位者的強烈不滿，也是長征「合法性」的一種折射。

十、各種花絮

──1934年11月，紅軍進入廣西苗區壯區，每晚駐地都著火，有時一村數處，有時數村同時起火，一燒一大片，一個村幾個村都燒成灰燼，似乎呼應著國民黨對紅軍「殺人放火」的描繪──

> 政治上也給我們紅軍造成了重大損失。為了對付這些奇怪的火，部隊和機關組織了許多人員做防火、救火工作，把人們搞得精神上很緊張。

一次深夜十二點，周恩來住處屋後著火，迅速蔓延，煙火從周房間門窗往外冒，警衛員抄起一條毯子衝進去，周正往外摸，無法睜眼，警衛員將毯子向周身上一蒙，拉著他跑出來。不一會，房子就被大火吞沒。當夜，龍坪鎮查出三名放火敵特。次日，國家政治保衛局在鎮上召開群眾大會，宣佈真相、槍斃特務，同時賠償群眾損失。[114]

──為保密與安全，毛澤東等高層人物長征途中一般不與大部隊住在一起，一路都住在不起眼的地方。[115]

──長征途中，臥底國府機要的「龍潭三傑」之一錢壯飛（另兩傑：李克農、胡底），時任紅軍總政治部副秘書長，攜帶大量銀元、法幣，1935年3月31日於息烽流長一帶，因避空襲，躲走山上，遭土匪謀財害命。[116]

──紅軍入滇，雲南某縣長誤為國軍，大開城門迎納。紅軍進城後，問

---

[114] 魏國祿：〈隨周恩來副主席長征〉，載《紅旗飄飄》第11集，中國青年出版社1959年版，頁34～36。

[115] 陳復生：《九死復生──一個百歲老紅軍的口述史》，中央文獻出版社（北京）2010年版，頁304～305。

[116] 俞佳：〈「305」密室裡的較量〉，載《上海黨史資料通訊》1989年第1期，頁16～17。

迎接官紳：「你們給本軍辦好了糧食軍餉沒有？」回答辦妥。紅軍要十個嚮導，也一一派定。等縣府官員前來拜訪，毛澤東處決了這百餘名官紳：「如果一切敵人都像雲南這個縣長這樣蠢，中國革命早已成功了。」這一事件由陳雲在莫斯科撰文，載《共產國際》中文版。發表前，陳雲給王明看，王明從「政治影響」出發，建議陳雲修改兩處：一、將該縣歡迎官紳百餘人改為「幾個人」；二、將原文「毛澤東同志自然知道怎樣對付他們，下令將他們都殺掉了」，改為「我們自然知道怎樣對付他們。」[117]《陳雲文選》第一卷再改：「赤軍並未與地方領袖為難，即好言安慰而去。」[118]

——無敵情的情況下，行軍時甚至整夜高歌或大扯亂談。總政隊列中，潘漢年、賈拓夫、鄧小平、陸定一、李一氓、李富春等，竟扯出一個股份制「牛皮公司」，專營古今中外笑談妙趣、奇聞軼事。紅一軍團政治部副主任羅榮桓乃湘人，宣傳部長鄧小平為川人，都愛吃辣椒，一說辣椒就來勁。一個說湖南的回鍋肉好吃，一個說四川的回鍋肉好吃；反正都吃不上。鄧小平與陸定一還大侃上海的大餅油條，「精神大會餐」。

1935年8月22日，紅一師長劉亞樓率部過草地，晚上宿營，點起篝火，這個講故事，那個說笑話，一會兒唱歌。劉亞樓最擅長「吹牛」，認為「吹牛」最大眾化，誰都可以加入，無成本，大家又都聽得懂，調節氣氛的最佳方式。只要他往篝火旁一坐，古今中外、海闊天高，聲音又大，又風趣，很快就會吸引來聽眾。他還會唱客家山歌：

　　一雙草鞋千萬針，紅軍阿哥記在心；穿上草鞋過草地，跟著毛澤東打勝仗。

不過，不少炊事員不知如何烹製宣威火腿，切成大塊，類似紅燒肉的烹法，結果一大鍋油，火腿也沒了味。蕭勁光聰明，不要公家燒熟的火腿，分了一份生火腿，蒸熟後放在菜格子裡，每天行軍午餐，他一點點享用，味道當然比紅燒火腿有意思得多。1935年3月16日，紅軍從茅臺鎮附近三渡赤

[117] 陳雲：〈英勇的西征〉，原載《共產國際》（中文版）1936年第1、2期合刊，頁50。王明：《中共50年》，徐小英等譯，東方出版社（北京）2003年版，頁20～21。
[118] 《陳雲文選》第一卷，人民出版社（北京）1995年5月第2版，頁69。

水，鎮上富人早已逃跑。高度數的茅臺酒成了包治百病的萬能良藥，療傷、鎮痛、解毒、傷風感冒，軍醫們大瓶大瓶帶走，一路上當酒精用。[119]

──1935年11月，與陝北紅軍會師後，召開團以上幹部會議。會後，每人發一塊大洋加餐，好久沒聞葷腥了，老戰友聚在一起狠喝一頓。飛奪瀘定、突破臘子口的紅四團長黃開湘、政委楊成武回程出汗又淋了大雨，雙雙得了傷寒，黃開湘沒挺過來，一頓油水喝死一位長征名將，久餓之腸實在不宜「狠喝」。黃開湘遺下的手錶給了聶榮臻，手槍給了左權。1950年，黃開湘原籍官長僅憑傳聞批示：「此人在長征途中吃不了苦，逃離革命隊伍，現下落不明。」其實搞錯了，逃跑的是紅十二團團長。1959年，江西弋陽縣民政局恢復黃開湘烈士，其女得烈屬待遇。[120]

──近千彝民參加紅軍後，生吃豬肉，特愛喝酒。天氣再冷，有酒喝就不冷。「沒得酒喝，哦（我）不當烘（紅）軍！」[121]

──1935年5月，紅四方面軍在四川江油白石鋪駐紮一兩個月，召集當地居民開會，組織蘇維埃。一壯男任「土地」，7月到訪的范長江問他官職大小、所司何事，均答不知。再三推敲，方知「土地」乃土地委員之略，農民不懂複雜名詞，只記得「土地」。范長江再問此地歸何人管轄，答「蘇先生」；複問「蘇先生」名號籍貫，茫然無對；又問見過面否？答「未」，繼曰：「凡是紅軍區域，皆歸蘇先生管轄。」范長江恍悟：所謂「蘇先生」乃蘇維埃之誤。[122]

──潘漢年綽號「小開」，創造社出版部謔稱，他自稱「小伙計」，人家給他升格，說他是未來的老闆，故謂「小開」。長征途中，潘漢年任中宣部副部長，遵義會議後需要派人出去向莫斯科「國際」彙報，兼中宣部長的張聞天便派潘漢年化裝港商，編入被紅軍拘捕的「雲土」商販隊，有意策劃讓他們逃脫，博得「雲土」商販的感佩，一路護行至貴陽，再經廣州、香港到達上海，轉赴莫斯科，參加中共駐共產國際代表團工作。1936年8月，中

---

[119]　黃宏主編：《親歷長征》，人民出版社（北京）2006年版，頁63、419、176～177、384、513。

[120]　周重禮：〈長征名將黃開湘之謎〉，載《軍事歷史》（北京）2006年第10期。參見肖鋒：《長征日記》，上海人民出版社1979年版，頁140。

[121]　艾平：〈「倮倮」投軍〉，載人民出版社編：《中國工農紅軍第一方面軍長征記》，人民出版社（北京）1955年版，頁277。

[122]　范長江：《中國的西北角》，新華出版社（北京）1980年版，頁8。

共中央從瓦窯堡遷保安，潘漢年從莫斯科銜命回來，住入張聞天窯洞長談，介紹「遠方」對中國赤色革命形勢的判斷與決策。潘將一件嫌小的細線針織套衫送給劉英，藍白條子相間，「在那時，可算是一件時髦衣服了。」[123]

——每到一地，無論停留時間長短，「列寧室」是一定要建的，即紅軍讀書學習的場所，幾根竹杆或樹樁及樹枝稍微圍一下，便是集體活動的地方。行軍途中，黨團員經常開會，有時邊走邊談，有時讓到一邊停下來談話。[124]抓思想，或曰控制思想，中共很早就明白「思想決定行動」這一硬道理，力求將一切「不穩定因素」消滅於萌芽狀態。

——打散或走失的紅軍，也有個別自己一路走到陝北。越南籍黃埔生洪水（1906～1956），跟隨左路軍南下，三過雪山、草地，1935年11月下旬百丈戰役後被打散，他一路放羊、討飯，1936年初走到延安，1955年授銜少將。[125]

——1936年9月上旬，紅一軍團、紅十五軍團在豫旺堡（紅一軍團駐地）召開團以上幹部大會，吳法憲與梁興初騎馬趕了七八十里路找到會場。下午，三四百名團以上幹部聚集豫旺堡城外草地，左權、聶榮臻、徐海東、程子華先後簡短講話，動員紅一軍團、紅十五軍團進至西蘭公路，策應紅二、四方面軍北上。會議結束看演出，看完演出，一軍團招待會餐。一軍團供給部花了大力買了十頭羊、一條牛、兩頭豬，還有大米飯。午夜時分，會餐開始。這時，大家已十多小時沒吃東西，個個饑腸轆轆。月光下，見一擔擔豬肉、羊肉、牛肉和米飯挑向會場，一軍團幹部拿著盆子，一擁而上，打了飯菜就吃。作為客人的紅十五軍團幹部，比較客氣，一旁等著。結果，一軍團幹部一下子將飯菜差不多搶光了，十五軍團的幹部沒多少可吃的。一軍團政委聶榮臻發了脾氣：「一軍團的幹部太不像話了！你們就不能照顧一下十五軍團的幹部嗎？這樣搶吃像話嗎？」紅一軍團幹部不好意思再吃下去，不少人飯沒吃完就迅速離開會場。吳法憲、梁興初也剛吃半碗飯，揣著一肚皮的氣騎馬回駐地，天快亮時才回來。「一天一晚沒有睡覺，飯也沒有吃好，肚子餓著，又挨了個大批評。」[126]

---

[123]　《劉英自述》，人民出版社（北京）2005年版，頁68、90～91、104～105。
[124]　薄復禮：《一個外國傳教士眼中的長征》，崑崙出版社（北京）2006年版，頁110、112。
[125]　鐘文、鄭豔霞編著：《見證長征的外國人》，軍事科學出版社2004年版，頁153～154。
[126]　《吳法憲回憶錄》，北星出版社（香港）2007年版，上冊，頁155。

　　──1934年11月，紅二十五軍退出鄂豫皖根據地，開始長征。12月10日陝南伏牛山庾家河激戰，一顆子彈穿透軍長徐海東（1900～1970）左眼底再從頸後飛出。擔架上的徐海東呼吸困難，醫生雖然止住血，但他的喉嚨還是被血和痰堵住了，醫生急得沒辦法。17歲女護士周少蘭（1917～1997）用嘴吸出徐海東喉部的血痰。四天四夜，徐海東醒來。兩個多月的朝夕相處，軍長與小護士產生情愫。某晨，政委吳煥先拍拍徐海東肩膀：「老徐呀，有人罵你長了四條腿！」徐海東一楞：「他媽的！是誰罵我?!我怎麼是四條腿的牲口？」「昨晚你從小河邊回駐地時，披了件大衣進門，門衛崗哨發現你大衣下邊是四條腿嘛！」原來昨晚月上柳梢，徐海東與周少蘭回駐地，怕哨卡看見軍長領個少女會說長道短，進大門時，隨手張開披著的呢大衣將小周裹進腋下。站崗的是個新兵，見軍長進來，急忙兩腳併攏，膽怯地低頭，正好發現下面是四條腿。偏偏這位新兵相信徐海東是「老虎」（徐有「徐老虎」之稱），到處對人說：「我們徐軍長是真老虎，因為老虎四條腿。真格的，我昨晚站崗時在月光下看得清清楚楚，誰哄你誰不是人。」1935年9月，35歲的徐海東陝北永坪鎮（今屬延長縣）一孔窯洞裡正式迎娶18歲的周少蘭。婚後，周少蘭改名周東屏，要成為徐海東的護衛屏障。[127]

　　──入陝北後，風土人情與南方迥異。店主的尊稱不是老闆，而是掌櫃。在陝地，「老闆」乃專用詞，只能用於妓院業主。南方宿營可以卸人家門板當床鋪，陝北不行，一說借門板，青年婦女都跑了，以為你要對她「有行動」。陝北窯洞門口都吊著一串鈴，進去要先拉鈴。雖然家家都敞著門，如不拉鈴、不經允許進去，老鄉會不高興哩！[128]

　　──最搞笑的是南方人不認識驢，到陝北後認驢為狼，拔槍要打。「一個老鄉急忙說，紅軍老總，打不得，打不得，這是驢子。」羅榮桓、鄧小平、譚政等人一起在老鄉家吃辣子炒雞，邊吃邊感到屁股發熱，「南方佬第一次坐火炕，覺得很新奇。」[129]

　　──余秋里（1914～1999），紅六軍團十八團政委。1936年3月12日，得章壩伏擊戰，余秋里左臂兩次受傷，骨頭白荏穿出皮肉，兩根筋顫顫外

127　黃宏主編：《親歷長征》，人民出版社（北京）2006年版，頁846、659～661。
128　《吳法憲回憶錄》，北星出版社（香港）2007年版，上冊，頁115。
129　肖鋒：《長征日記》，上海人民出版社1979年版，頁118。

露，因戰鬥激烈，他堅持到天黑，部隊轉移後才簡單包紮，左手五指僅一指會動。以後月餘「千里迴旋烏蒙山」，為擺脫追兵，根本沒時間療傷，傷口很快發炎、腐爛，不能張口說話，吃東西也只能慢慢嚼咽。沒有止疼藥，只能將左臂浸入冷水止疼，傷口一曬太陽就疼，行軍時只能撿陰涼處走。4月25日，紅二、六軍團渡過金沙江，擺脫追敵，稍作休整，賀龍指令衛生部好好將余臂治一治，但醫療器械全掉在金沙江裡，余秋里再次失掉療傷機會。此後，翻三座雪山、過草地，余秋里傷臂腐爛生咀，醫生用鑷子一一夾出，再用鹽水清洗。9月20日，到達甘肅徽縣，傷臂五指已腫脹壞死，再不療治將危及生命。紅二方面軍衛生部長侯政主刀手術，刮掉腐肉，用一把自製小鋸鋸斷壞骨。余秋里帶著傷臂度過192天，走了兩萬里。術後醒來，余秋里第一句話：「這一覺睡得可真香啊！」[130]

醫療一直是紅軍的軟肋。軍醫只能來自俘虜，護士倒可由「小鬼」充任。1932年鄂豫皖蘇區有十多個野戰醫院，皖地七座、鄂地四座，後方有總醫院，傷號曾達兩萬餘，爛腳者最多。紅四方面軍長征時，帶著五百餘傷病員，入川時因山陡無法過擔架，只好將一部分傷病員留在老鄉家。過巴山時，嚴冬臘月，傷病號連馬都無法騎，除了在山上凍死的，也留了不少在老鄉家。實在沒有繃帶，幹部拿出自己的衫褂撕成布條。手術只有理髮匠的剃刀，截肢只有木匠的鋸子，「只有四個止血的工具，由於等候得太久，不少人就這樣死去了。」[131]

長征中，基層幹部、戰士普遍「兩怕」：一是寧可犧牲不願負傷，怕掛彩跟不上部隊；二是寧可跑死不願落單，怕脫離主力陷入敵手。傷病員最怕「就地安置」——留托老鄉家。到達貴州鐵廠，紅三軍團動員傷病員留在川黔滇邊區打遊擊，營長張震重傷不能行走，急了：「如果要我留下，我就自殺！」[132]團首長無奈，為他「出擔架」，抬著他走了四十多天，成為他一生中最痛苦的日子。1955年，張震授銜中將，1988年上將，1992年中央軍委副主席。但一路上，長征沿途還留下不少傷病員。四渡赤水期間，紅軍再次

[130] 黃宏主編：《親歷長征》，人民出版社（北京）2006年版，頁258～260。
[131] 蕭三：〈「窯洞城」〉，載《紅旗飄飄》第19集，中國青年出版社1980年版，頁312。
[132] 黃宏主編：《親歷長征》，人民出版社（北京）2006年版，頁211、852、312。

經過之地，一些傷癒者歸隊。[133]

　　對高幹最大的照顧就是負傷不「留老鄉」，井岡山時期中央就有命令：團級幹部負傷不寄存當地老鄉，必須抬著走。[134]

十一、悲絕西路軍

　　1936年10月，西路軍2.18萬人（當時紅軍總數五分之二），西渡黃河，深入河西走廊，孤軍奮戰，伏屍盈野，慘戰高臺、倪家營，最後糧絕彈盡，全軍覆亡。西路軍戰死七千餘人，被俘1.2萬餘，被俘殺害六千餘，回到家鄉三千餘，營救回到延安四千五百多人，流落西北各地千餘人，僅四百餘官兵「成建制」潰至新疆。

　　無後方作戰，傷病員最苦。1936年3月，西路軍殘部敗入祁連山，傷員無藥無繃帶，傷口潰爛，流膿流汁。首長前去慰問，傷員們說：「首長啊，您什麼都不必說，道理我們也全懂，還是弄點布條給裹裹傷吧！」八十八師師長熊厚發傷口化膿，無法隨隊活動，三十軍政委李先念、政治部主任李天煥去看他，只能抱頭痛哭。留下一個排掩護熊師長「就地堅持」。不久，熊厚發被俘，解至西寧，用炮轟死。[135]無後方依託作戰的西路軍，原本就困難重重，兵敗河西走廊後，殘部退入祁連山，穿越戈壁，數度瀕臨絕境，斷糧斷水，轉了43天才出來——抵達入疆門戶星星峽。[136]

　　紅一方面軍王泉媛（1913～2009），1930年3月參加吉安敖城暴動並入團，歷任吉安縣少共區委婦女部長、湘贛省婦女主席團副主席，1934年轉黨，1935年初長征途中經特批在遵義與王首道結婚。翻夾金山時，正來月經，裹著單衣、捂著肚子、拄著棍子爬上去，一陣撕心疼痛使她喪失生育功能。1936年8月，王泉媛任西路軍婦女團長。1937年4月，遭馬鴻逵部圍擊瓦

[133]　加倫：〈病員的話〉，載人民出版社編：《中國工農紅軍第一方面軍長征記》，人民出版社（北京）1955年版，頁143～144。
[134]　陳復生：《九死復生——一個百歲老紅軍的口述史》，中央文獻出版社（北京）2010年版，頁85～86。
[135]　李天煥：〈陷入絕境以後〉，載《紅旗飄飄》第3集，中國青年出版社（北京）1957年版，頁230。
[136]　李天煥：〈氣壯山河——紅西路軍遠征記〉，載《紅旗飄飄》第10集，中國青年出版社（北京）1959年版，頁75～119。

解，她帶領秘書李開芬等五名女戰士，在祁連山周旋月餘被俘，被馬家軍團長馬進昌強娶為妾。1939年3月，與女戰士王秀英在馬進昌老婆幫助下逃脫，千辛萬苦找到蘭州八路軍辦事處，但組織規定對西路軍散失人員：一年接收、兩年調查、三年不收，給了她五塊大洋遣散費。

> 接到這些錢，是我最痛苦的時候。敵人打我，我沒有哭，歷經艱難逃回來得不到信任，我痛苦極了。

無奈，王泉媛流亡隴川滇黔，1942年4月回到老家吉安敖城，開飯店為生，暗中尋訪組織未果。1948年8月（三十五歲）再嫁，1951年丈夫遭誣入獄，她受株連，1962年平反。歷任大隊婦女主任、生產隊長。1962年春節後，朱德、康克清重上井岡山，千方百計找到王泉媛。康克清對吉安地委說：「這麼好的同志該讓她出來工作。」是年冬，王泉媛任禾市敬老院長。文革時受迫害。1989年確認老紅軍待遇（副廳）。[137]

1937年3月，失散在祁連山的兩名西路軍找到一戶山農，問他買一頓飯，最多一二角錢，四十來歲的山農要價五塊。給了一隻金戒指，那漢子丟到火裡燒、舌頭舔，極盡財迷狀，好久才端來一大盆青稞麥麵疙瘩，「我們也不管燙不燙，呼嚕呼嚕地吃起來。一連吃了七、八碗，脹著肚子發痛，但還想吃。」過黃河時，小渡口船夫聽兩人外鄉口音，最多一角渡費要到一塊，兩位西路軍求他：「老鄉，要是我們有錢，給你兩塊也行。今天我們只有五毛錢，全都給你，快把我們划過河去吧！」「不行。沒有兩塊錢，我就不划！」兩位西路軍脫下兩件羊皮襖遞過去，還是不行。一位惱了，跳上羊皮筏要自己划，船夫這才急了：「我划你們過去！我划你們過去！」一上筏子，還是不划：「先給錢吧！」一位正要掏錢，那位橫的攔住：「慌什麼，划過去給錢！」[138]哪有什麼階級友愛、工農覺悟？還不是金錢最親！

137 徐壯志、梅世雄：〈西路軍那位女團長，活著〉，載《新華每日電訊》（北京）2006年8月7日，第四版。
138 肖永銀：〈奔隴東〉，載《星火燎原》（之二），解放軍出版社（北京）1986年版，頁438～439、454～455。

十二、三年南方遊擊

　　江西紅軍主力西撤，為迷惑並拖住國軍，留下紅二十四師和八個獨立團1.6萬餘人馬，加上地方政權人員、萬餘傷病員，共三萬餘人。但對留守部隊如何堅持鬥爭、如何行動等重要問題，「最高三人團」既沒有研究，更無準備。[139]以致項英沒認識到紅軍主力乃被迫西撤，以為很快就會從湘西或湘黔邊界傳來捷報，形勢會很快改變。陳毅提出分散打遊擊，最高決策人項英卻熱衷大兵團作戰，提出口號「準備配合紅軍進行反攻」，擴充隊伍，鋪開攤子，搞大根據地，不願將得力幹部分配給地方，不願將優良裝備分配給遊擊隊。此時，國軍一時摸不清虛實，對紅軍主力轉移猜測種種，疑心共黨設圈套，北路國軍仍三里五里一進、十里八里一推的堡壘戰術，步步為營，小心翼翼試探前進，南路國軍則撤回廣東。項英又將軍事形勢封鎖甚嚴，蘇區上下不知嚴重局面，還根據以往經驗認為紅軍主力過不了一兩月就會帶著俘虜和繳獲凱旋歸來。工農劇社天天忙著排練，準備祝捷演出，唱著「勝利的號炮」。群眾披蓑衣戴斗笠看晚會，「一派升平氣象」。[140]

　　1935年1月28日，紅二十四師、獨立三團、十一團於贛縣攻擊粵軍，然牛嶺戰鬥失利，留守部隊形勢危急，國軍對「中央蘇區」加緊清剿。中共中央分局與湘贛、閩贛、閩浙贛等省聯繫已斷，中央分局如再不迅速突圍，有全軍覆沒之危險。緊急關頭，中央分局書記項英對下一步行動遲疑不決，於1月27日、30日、2月1日、4日、5日連電博古、李德、周恩來「最高三人團」，請求迅速明示行動方針。此時，貴州大山中的中共中央自顧不暇，離開江西蘇區後已三個多月「無指示、無回電」，遲遲未予答覆。

　　項英、陳毅心急如焚，再發怨電：

　　　　屢電諒達，無一指示，令人不解。
　　　　請求中央權衡決斷。

---

[139]　鐘文、鄭豔霞編著：《見證長征的外國人》，軍事科學出版社2004年版，頁61、65。
[140]　陳丕顯：〈贛南三年遊擊戰爭〉，載《中共黨史資料》第二輯，中央黨校出版社（北京）1982年版，頁12。

　　目前行動方針必須確定，是堅持現地還是轉移方向，分散遊擊及整個部署如何，均應早定，以便準備。

　　遲則情況太緊張，則愈難。

　　軍情十萬火急，形勢瞬息萬變，遠程請示，久候不決，只能說明過於集權之弊端，前敵首長不敢承擔責任自下決心。1935年2月5日晚，如同大赦般等來中央書記處給項英及中央分局的「萬萬火急」電報，同意疏散以適應遊擊戰，這邊才安排重要人物轉移。項英連接三道中央「一月指示」，最後才明確指導思想，下決心分散突圍。1935年2月中旬，于都縣南部的近萬名紅軍與地方人員，分九路突圍。1935年3月9日傍晚，于都南部上坪山區，國軍越來越近，槍彈在空中呼嘯，項英向中共中央發出最後一份電報——報告突圍情況，埋掉電臺、燒掉密碼，與陳毅率紅二十四師第七十團兩個大隊冒雨突圍，輾轉上了油山。[141]

　　1935年2月，中央分局在仁風山區突圍前，須安排好兩千餘名不能隨軍行動的重傷員。陳毅請來地方幹部和群眾，每個傷員發幾塊銀圓及一些藥品，再給接待傷員的農戶每家五斤鹽。陳毅動員老鄉：「這些受傷的戰士都是人民的子弟，你們自己的子弟不是被國民黨屠殺了，就是跟中央紅軍長征去了，家家都缺勞動力，你們現在把這些戰士抬回家，做兒子也好，做女婿也好，傷好了，就是一個好勞動力。」不到一天，兩三千傷病員便被老百姓抬走了。[142]

　　項英、陳毅率部先在「中央蘇區」堅持四個多月，開始了艱苦卓絕的三年遊擊，像野人一樣生活在山中。從仁風山區下來後，路遇哭著找來的前代英縣委書記曾紀才。他深夜去敲獨居岳母家門，儘管岳母兒女都參加紅軍，因國民黨、民團冒充紅軍夜裡敲門，開門就殺，任女婿怎麼叫門，岳母就是熬著不應。曾紀才一開始還小聲，後來大聲：「我是五鈴子，我從河東回來了。我是你女婿，我的聲音還聽不出來嗎?!不看我面上，也要看你的閨女，

141　〈項英關於請中央速達目前方針致朱德、周恩來、秦邦憲電〉（1935年2月1日）。余伯流、凌步機：《中央蘇區史》，江西人民出版社2001年版，頁1152～1156。
　　　黃宏主編：《親歷長征》，人民出版社（北京）2006年版，頁624～625。
142　宋之的：〈難忘的三年〉，載《革命回憶錄》第1輯，人民出版社（北京）1980年版，頁143。陳丕顯：《贛南三年遊擊戰爭》，載《中共黨史資料》第二輯，中央黨校出版社（北京）1982年版，頁17～19。

不看你閨女面上，也要看革命同志，開門呀！」叫了兩個鐘頭，所有哀告的
話都說盡了，一點影響都沒有。最後，一個四川口音（陳毅）：

> 好了，你不開門，我們也不怪你。這年頭，提高警惕也是對的。
> 不過，都是革命同志，你的兒子還在紅軍裡當營長，千萬別不理我
> 們。我們就在後邊山上的竹林子裡，你要是有心的，早上去跟我們打
> 一個招呼，我們決不害你。

裡邊老太太捂著被子幾乎哭死過去。次晨，老太太提了一籃飯菜找上
山。曾紀才繞到她身後，看清沒跟著國軍，才敢出來相見。晚上，項陳等人進
她家，老太太殺了兩三年的老母雞，項陳一行才算吃上多天來第一頓好飯。

國民黨對於村莊可不可靠，會想盡辦法去試驗。裝遊擊隊半夜叫門是一
招，有時裝打斷腿的遊擊隊傷員，一瘸一拐滿莊哀告：「老大娘，階級友愛
呀，行行好吧！」連語言都是紅色專用語。有被識破的，老大娘伸手抓住，
一邊罵著「活土匪死土匪」，一邊鳴鑼集眾下死命打，打完再送國軍連部。

一次，叛徒陳海詐稱中央來人，陳毅冒險下山，脫險回來，發現國軍在
搜山，抓走女炊事員，燒了窩棚砸了鍋碗。他知道項英等人就藏身附近，但
任憑他怎麼叫，人家就是不出來，叫得越緊越不出來。陳毅最後急了，想起
曾紀才叫丈母娘們的經驗，知道項英怕吃「回馬槍」，只好大叫：「我在什
麼什麼地方等你，你要轉移，千萬別把我甩了。」一直到下半夜，項英才鬼
頭鬼腦找來。[143]

隊伍打散後，項英、陳毅帶著二十餘人進入大餘與南雄交界的梅嶺。
1936年12月中旬，國軍開進梅嶺「抄剿」。這支項陳小分隊多次遇敵，被擊
斃好幾人，沖得七零八落，陳毅與項英也散失了，只能各自隱蔽。陳毅身邊
只有19歲贛南小伙聾牯。時值冬令，夜風刺骨，兩人僅穿一件薄棉絨襖，晚
上在洞裡半躺背靠背取暖，胸前各抱一團茅葉。陳毅還不敢睡，只怕呼嚕引
來潛伏在周圍的國軍。捱到第五天，陳毅發燒，腳傷也發作，聾牯除了像狗
熊一樣爬出去取點泉水，一籌莫展，看著首長難受得大口大口喘氣。炒米、

---

[143]　宋之的：〈難忘的三年〉，載《革命回憶錄》第1輯，人民出版社（北京）1980年版，頁
146～147、156、167。

紅薯都已吃完，完全斷糧了，冬天又找不到山果、野菜，六天沒吃東西了，陳毅深感絕望，寫下「遺詩」《梅嶺三章》，放在貼胸荷包。昏去醒來多少次，第八天上午，遊擊隊偵察員找到即將餓斃的他倆。原來，圍山二十多天的國軍熬扛不住了，下山撤圍，這才使陳毅、聾牯於最後關頭獲救。

因急於想與「中央」取得聯繫，陳毅多次冒險下山，數次因叛徒出賣差點被捕。一次已經被捕，趁上廁所逃跑。除了冬天，山裡有野楊梅、竹筍、芭蕉、石雞、蛇。蛇是特別美味，夜裡打著燈很容易捕捉。油炸蜜蜂也又脆又香。山裡還有山羊、野豬、豹虎，但遊擊隊害怕暴露，不敢放槍捕殺這些大型動物。[144]最觸心境的是放棄到嘴美味。1935年，湘南深山裡一支紅色遊擊隊，三月不知肉味，好不容易繳到兩條牛，用煤油桶當鍋煮好，聞到一陣陣肉香，「突然，一陣槍響，哨兵氣急喘喘地跑來報告說：『敵人上山了！』我們只好丟掉這已經到口的牛肉，向山頂轉移。」[145]

一個叛徒向國軍告密：項英眼睛近視，夜裡不能走路；陳毅腿部重傷，不便行走。國軍將這些資訊印成傳單，飛機散發，抓住項英、陳毅，賞洋五萬！此時在油山峻嶺奔突的項陳，帶著一大筆金子（經費），就纏在他倆腰間，春天來臨，鼓鼓凸凸，有人對他們指指點點。「這在當時內部不很鞏固的情況下，頗有謀財害命的危險。」見再也瞞不住，項陳索性集合隊伍說明白：「萬一我們犧牲了，屍首可以不要，錢無論如何要拿走。這是黨的錢，不能落入敵人手裡。」最後決定分給幾個可靠堅定的骨幹一起背。不過，皖南事變中，項英還是因為身上帶著軍部經費，副官劉厚總見財起意，在涇縣茂林鎮蜜蜂洞槍殺項英與副參謀長周子昆，取走他們身上的黃金。[146]

山上草深林密，便於藏身，就是搜到身邊也不易發現。一次，陳毅與警衛員突遇國軍，急伏路旁水溝蘆葦叢。國軍士兵不願認真搜，因為他在明處，真搜到了，必然他先吃「黑棗」。於是，連長喊排長、排長喊班長、班長喊士兵前往搜索，士兵虛應一下，回報「沒有」。排長急了：「什麼沒有，我看到他鑽進去的。」排長下來看見一隻鞋，一翻蘆葦，反將陳毅捂得

---

[144] 黃宏主編：《親歷長征》，人民出版社（北京）2006年版，頁492～497。

[145] 段煥競：〈堅持湘贛邊區三年〉，載《紅旗飄飄》第12集，中國青年出版社（北京）1959年版，頁115。

[146] 劉躍光等：〈記項英同志〉，載《革命回憶錄》增刊（一），人民出版社（北京）1983年版，頁195。

更嚴實，僅搜到一隻包袱——襯衫和書籍。國軍搜山久了，漸漸玩開花樣。軍官故意高喊：「哼，土匪都跑了，集合，回去！」哨子一吹，像真開拔似的。其實一個連只走了一個排。一兩小時後，不見動靜，當官跳出來罵：「呵，土匪真沉著。告訴你，這次真走了。」又吹哨子集合，果真帶著隊伍走了。但不一會兒，殺個回馬槍，又包圍上來。遊擊隊員仍穩穩不動不暴露，國軍當官的真火了：「媽的，有本事的出來幹！」機槍、迫擊炮往山上胡亂打一陣，一邊打一邊叫：「看，那裡一個，大石頭底下，出來！出來！」或者弄幾個人假冒遊擊隊：「別打了，我講，那邊還有幾個同志。」亂槍中，遊擊隊員有可能受傷，但不管傷多重，都必須咬緊牙關不出聲。

　　遊擊隊磨練出一套真功夫：「白天做飯不冒煙，夜裡燒火不透光」、「有路不走，沒路就走」、倒穿鞋走路、專走水溝。陳毅詩雲：「休玩笑，耳語聲放低，林外難免無敵探；前回咳嗽泄軍機，糾偏要心虛。」一次，陳毅在草叢中躲了三天，第一天用鹽拌吃糯米草（餵豬飼料），第二天爬到水溝喝水的力氣都沒了，第三天如果不是被找到，就嗚呼了。陳毅饑詩：

　　　　天將午，饑腸響如鼓；糧食封鎖已三月，囊中存米清可數，野菜和水煮。歎缺糧，三月肉不嘗；夏吃楊梅冬剝筍，獵取野豬遍山忙，捉蛇二更長。[147]

鄂豫皖遊擊隊順口溜：

　　　　樹木是住房，茅草蓋身上，石頭當枕頭，樹皮野草是食糧。[148]

　　遊擊隊不敢多打野豬，槍聲會暴露。陳毅等常常夜裡捉蛇捉石雞，電筒一亮，蛇就捲成一團，很好捉。石雞即山田雞，電筒一亮，它會跳到亮處來，一動不動，一捉一大簍。他們還搗蜂窩，吃蜂蛹，吃各種山果。[149]

---

[147]　陳丕顯：〈贛南三年遊擊戰爭〉，載《中共黨史資料》第二輯，中央黨校出版社（北京）1982年版，頁30、55～56、63～64、68、86～88。

[148]　李世安等：〈大別山區的三年遊擊戰和高敬亭同志〉，載《革命回憶錄》第7輯，人民出版社（北京）1982年版，頁73。

[149]　楊尚奎：〈紅色贛粵邊〉，載《紅旗飄飄》第12集，中國青年出版社1959年版，頁28。

形勢越嚴峻、局面越困難，苦不下去的人自然就越多。外有強敵，內多叛徒。南方三年遊擊，最著名的大叛徒：前紅軍代總參謀長龔楚、福建軍區三分區司令兼政委朱森。1935年春，朱森借巡視龍岩，帶通訊員到達白土，用軍事部的名義寫信給獨立八團供給處，要他們送來幾千現洋、兩支鋼筆、一塊手錶。接到東西，他帶通訊員上岩城國軍李默庵師部自首。幾天後，龍岩縣革委會主席陳倍材被朱森拉過去，也叛變了，副主席及地方工作團一個小組長逃往廈門。某通訊班長趁值夜哨，與一伙伏帶兩支長槍逃跑，幾天後托人帶話對政委方方：

> 我們的逃跑是錯誤的，但我們苦不下去了。政治委員和我們共生死、同甘苦，我們是曉得的。我們決不會去危害政治委員的，政治委員放心好了……

方方只好請人送點錢勸他回家。這位班長回家路上為土匪所殺。[150]

江西省委書記兼省軍區政委曾山（1899～1972），率領一支千餘人紅軍，1935年5月失敗，「部隊被打敗，八、九百人的隊伍，最後就剩下幾個人，有的人不幹了，有的人回家去了，但他隻身到上海，經過許多曲折，找到黨組織。組織上送他到蘇聯莫斯科列寧學院學習。」[151]

1936年正月初九，在皖西北特委領導下，舒城西南山區香爐庵成立安菜山支部，建立武裝遊擊隊，「發動群眾開展扒糧鬥爭（按：打開地主糧倉扒分給窮人）。在不到一個月的時間內，扒掉了幾十戶地主的糧食，還為皖西北獨立遊擊師籌集銀圓三萬多塊。」至抗戰爆發，安菜山遊擊隊四名創始人先後被捕殺，其中包括一名老和尚、一名姑娘，支書被捕後壓斷腿骨。[152]

國內外出現重大政治事件，陳毅都要發佈宣言，表示態度。如兩廣事變、七君子事件、華北自治等，遊擊隊都發表宣言。但宣言如何貼出去卻是大難事。辛辛苦苦抄好十來份，須派人到公路口、橋樑、鄉鎮張貼。一般要

---

[150] 方方：〈三年遊擊戰爭〉，載《紅旗飄飄》第18集，中國青年出版社1979年版，頁102、115。

[151] 曾昭試：〈戰鬥在贛水那邊──曾山同志在江西革命活動紀事〉，載《紅旗飄飄》第21集，中國青年出版社（北京）1981年版，頁209。

[152] 王進臣：〈三進安菜山〉，載《皖西革命回憶錄》，黃山書社（合肥）1984年版，頁348～349。

去好幾天，最快也要次晚回來，還要冒很大風險。至於影響，最直接的是將白軍引進山。國民黨一發現傳單，立即調動部隊進山清剿。遊擊隊裡有人譏笑：「有什麼影響？自找麻煩，只對國民黨有影響。」陳毅認為傳單對人民會有影響，「現在是有點麻煩，對將來卻有很大好處。」[153]

常年鑽山，資訊閉塞。1937年7月，閩北遊擊隊偶從一張包鹽的《新聞報》上得知「西安事變」，此後又從生活書店出版的書籍中與聞「一二・九」運動。這才明白形勢發生重大變化，意識到「黎明前的黑暗將要過去」。9月，他們在南昌找到項英，改編為新四軍三支隊第五團。[154]

方方所在的閩西遊擊隊，也是從汕頭《星華日報》得知西安事變，蔣介石被扣。那位拿來報紙的老鄉穿著蓑衣頂雨送來酒肉。遊擊隊立即沸騰了，嫌老鄉拎來的酒肉太少，立即湊份子請這位老鄉再去買肉打酒，每人都喝得醉醺醺，並立即叫來理髮員剃去方方的明志鬍鬚。不久，那位老鄉垂頭喪氣又拿來一份《星華日報》，蔣介石被放回南京，遊擊隊全體驚呆。

1937年2月，方方奉命赴延安向中央彙報工作。出山後，第一件事就是理髮，遊擊隊髮型與外面區別甚大，對比之下稀奇古怪。在汕頭等「交通」那些天，三毫錢客餐有蝦球韭白、什燴湯、青菜炒肉絲，「頗覺豐盛」。最後幾天搬到便宜一點的房間，九毫一天房租（包伙食）。好容易等來「交通」，送來的100元旅費竟是假幣，幸好兌換港幣（須從香港轉船）的伙計沒送他上警局。「交通」自掏腰包送方方至香港。久居山林的方方很不適應噪雜的都市生活，夜晚有人走動或大聲說話，習慣性警惕會使他半眠中高喊：「吵什麼?!」茶房聞聲而至，他只好掩飾說要衝茶，很擔心夢話洩密。[155]

1937年11月中旬，堅持湘贛邊山區整整三年的遊擊隊，在陳毅帶領下告別武功山、棋盤山，趕到蓮花縣神泉村集合，不足四百人，加上新擴充的兩百餘人，編成新四軍一個營。在說服南方遊擊隊下山的過程中，陳毅差點被譚餘保殺掉。消息閉塞的山區遊擊隊想不通怎麼會和死對頭的國民黨再次合作？[156]

[153]　宋之的：〈難忘的三年〉，載《革命回憶錄》第1輯，人民出版社1980年版，頁164。
[154]　黃知真：〈閩北三年〉，載《紅旗飄飄》第11集，中國青年出版社1959年版，頁137～139。
[155]　方方：〈三年遊擊戰爭〉，載《紅旗飄飄》第18集，中國青年出版社（北京）1979年版，頁131～135。
[156]　黃宏主編：《親歷長征》，人民出版社（北京）2006年版，頁492～499。

第五章

延安時期

　　就抗戰前中日戰略態勢，國共存隙，正中日本下懷。史料證明：如何使中國分裂、內亂，乃是日本侵華國策一項支持性戰略，中國哪兒出現叛亂與小朝廷，日本就千方百計支持，如支持陸榮廷、兩廣事變等。辛亥之前，日本之所以庇護康梁、支持孫中山，並非高尚的「國際主義」與幫助中國政治現代化，而是包藏卑鄙禍心的「分裂政策」，意在加強中國內耗，從而減弱對抗日本的整體國力。他們明白中國的分裂乃是日本的機會。

　　1935年華北事變後，全面抗戰迫近，大批知青投身軍政，國共兩黨都認識到「誰搶到了知識分子，誰就搶到了天下。」[1]「誰得到青年的擁護，那就是誰獲得了勝利！」[2]中共迅速作出調整，改變1928年六大以來對知識分子的關門政策，高擎抗日民主兩面大旗，以孫中山總理遺囑相號召——外爭獨立、內求民主，改共青團為「民先」（中華民族解放先鋒隊）以強調抗日，[3]批判「關門主義」，打開大門「廣招天下士，誠納四海人」，[4]電令各地大力輸送青年赴延。平津寧滬港穗漢等地左翼報刊發表許多介紹延安的文章，再三承諾「來去自由」——來則歡迎，去則歡送，再來再歡迎。冼星海得到創作出入雙自由之諾，決定赴延。[5]

---

[1]　劉家棟：《陳雲在延安》，中國方正出版社（北京）2005年版，頁28。
[2]　齊世傑：《延安內幕》，華嚴出版社（重慶）1943年版，頁13。
[3]　王力：《王力反思錄》，北星出版社（香港）2008年版，下冊，頁860。
[4]　劉家棟：《陳雲在延安》，中國方正出版社（北京）2005年版，頁84。1937年12月～1944年3月，陳雲任中組部長。
[5]　祝均宙、蕭斌如編：《薩空了文集》，上海科學技術文獻出版社2002年版，頁67～71。

一、延安一代

延安一代乃中共奪權成功最關鍵的組織依憑。胡喬木（1912～1992）：「抗日戰爭成為真正全國範圍內的大革命。」[6]邱會作：「從1942年起，各根據地就逐漸將幹部送到延安『保存培養』去了，這一決策對解放戰爭起了重大作用。」[7]

1938年9月，延安已聚集各路學生萬餘。陳雲感慨萬分：

> 天下英雄豪傑雲集延安。我記得1932年在上海開辦一個學校，訓練工人幹部，只講了六天，學生也只有六個……一萬個跟六個比一比，相差多少？[8]

陳雲秘書劉家棟（1917～2012）：

> 整個抗戰期間，約有二十萬人次的幹部在延安接受了短期訓練，僅抗大就有十萬人次。[9]

國民黨史家：「此一大量新血輸入，實為中共再起之重要憑藉。」[10]

抗大組織科長李志民：毛澤東一再指示「革命青年，來者不拒」，要求抗大招生廣告從延安一直貼到西安，每根電線杆一張。抗大新生每積百名，毛輒接見。毛意識到抗大有可能成為中共的黃埔軍校。當時，抗大教職員紛紛要求上前線，毛要他們想到自己培養的可是未來的連長、營長、團長、師長！1939年2月，魯藝美術系兩位教師申請入黨，毛特約面談。[11]民主人士到

---

[6] 胡喬木：《中國共產黨的三十年》（1951年6月），人民出版社（北京）2008年版，頁49。

[7] 《邱會作回憶錄》，新世紀出版及傳媒有限公司（香港）2011年版，上冊，頁119。

[8] 陳雲：〈論幹部政策〉（1938年9月在抗大的講演），載《陳雲文選》第一卷，人民出版社（北京）1995年版，頁112～113。

[9] 劉家棟：《陳雲在延安》，中國方正出版社（北京）2005年版，頁29。

[10] 王健民：《中國共產黨史稿》（增訂本），中文圖書供應社（香港）1974～1975年，第三編・延安時期（上），頁316。

[11] 何其芳：〈毛澤東之歌〉（1976年12月～1977年1月），載《何其芳文集》第三卷，人民

訪，毛澤東必接待。

1939年5月，抗大生劉力功不願下基層，堅持升學馬列學院或回原籍工作，不滿足要求就退黨，劉最後同意去華北，但一定要在八路軍總部。開除此人前，談話七次，竭盡挽留之力。[12]竭望人盡其才，粒珠無遺。

另有資料：抗戰之初由紅軍組建的八路軍僅3.2萬人，[13]江南新四軍（南方八省遊擊隊合編）1.03萬餘人（更準確的數據10329人，六千兩百餘支槍），[14]東北抗聯一萬人，[15]總共五萬餘人。白區力量更是微如星火。抗戰前，各省地下黨微如星火，即「白區力量幾乎損失百分之百」。

再據國民黨史料，「一‧二八」後中共擴大黨員，上海得三千；至1933年5月，因組織破獲等原因，脫離者兩千以上。[16]

四川地下黨直至1936年秋尚未恢復組織活動。[17]1934年6月～1935年2月，中共四川省委迭遭破壞：1934年7月5日省委宣傳部長殷自強被捕叛變；7月7日，省委組織部長馮伯謙偷卷中央匯款850元潛逃；7月10日，前省委書記兼組織部長史伯康被捕叛變；10月，省委書記劉道生潛逃；1935年2月，省委秘書長余若萍被捕，供出省委書記劉克諧等。自此，直至1937年12月，四川無省委機構。[18]1937年11月下旬，新任四川省地下工委書記鄒風

文學出版社（北京）1983年版，頁50。

[12] 陳雲：〈為什麼要開除劉力功的黨籍〉（1939年5月23日），原載《解放》（延安）第73期；參見《陳雲文選》第一卷，人民出版社（北京）1995年版，頁123～124。

[13] 一、李銳：《廬山會議實錄》，春秋出版社（北京）、湖南教育出版社1989年版，頁223。
二、吳法憲：紅一方面軍到達延安6000餘人，紅四方面軍在西路軍失敗後僅一萬餘，紅二方面軍約二萬餘，合計四萬餘人。《吳法憲回憶錄》，北星出版社（香港）2007年版，上冊，頁102、158。
三、王明：《中共50年》，東方出版社（北京）2003年版，頁25、27。
四、1962年1月3日毛澤東提及：「經過長征，30萬人縮小到2萬多人，到陝北以後補充了一點，還不到3萬人。」載《學習資料》（內部材料），頁1。該書無編纂者、無編印單位、無出版時間，但收錄毛澤東1962～1967年重要講話。毛資料較為籠統模糊，不如吳法憲清晰準確。

[14] 袁偉：〈國民革命軍陸軍新編第四軍沿革概況〉，載《中共黨史資料》第11輯，中共黨史資料出版社（北京）1984年版，頁328。參見《中共中央東南局》，中共黨史出版社（北京）2006年版，上卷，頁202。

[15] 逢先知主編：《毛澤東年譜（1893～1949）》（中卷），中央文獻出版社（北京）2005年版，頁107。

[16] 王健民：《中國共產黨史稿》第二編第十三章，中文圖書供應社（香港）1974～75年出版。載《黨史研究參考資料》（瀋陽）1981年第15期，頁19。

[17] 胡績偉：《青春歲月——胡績偉自述》，河南人民出版社1999年版，頁60。

[18] 〈中共四川省委員會組織史資料〉（1926～1949），載《四川黨史研究資料》1985年第1

平、副書記廖志高等六人從延安領命赴川。從羅世文處接手過來的全省黨員僅百名左右。[19]1938年1月，馮蘭瑞在重慶入黨，沒有候補期，也沒有宣誓，「沒有宣誓是因為1938年5月才成立重慶地下黨市委，還沒有準備好宣誓用的黨旗。」18歲的馮蘭瑞入黨後的第一項任務就是製作一面黨旗。[20]

1938年3月2日，中共成立《新華日報》成都推銷處，三天僅訂出四份，至4月中旬才近百份。[21]

「七・七」事變後，八路軍南京辦事處人員：

> 這個期間，從南京、蘇州、上海、杭州出獄的大約有一千多人，其中大部分轉送延安，少部分留在南京、上海、西安工作，也有一些讓他們回本地開展群眾工作。對少數自首、叛變的，就發路費讓他回家。
>
> 有些青年到解放區去，辦事處為他們開介紹信。這時八路軍的通行證，是沿途通行無阻的。[22]

1937年9月～1938年9月，中共在南方13省恢復省委，發展地下黨員至6.7萬餘。[23]截止1938年夏，南昌黨員從不足百人擴至四千；福建也發展黨員近四千；截止1939年3月，贛省黨員從一千三百餘發展到一萬八千餘。[24]

1937～1942年，延安先後創辦抗日軍政大學、陝北公學、魯迅藝術學院、馬列學院、自然科學院、中國女子大學、安吳堡戰時青年訓練班（接收未立即獲准入延左翼青年）等17所院校，面向全國招生。

1938年3月，因赴延南方知青較少，中共電示東南分局多多招收南方學生：

> 南方學生來得很少，因此，改變方法，不必舉行考試，也不必介

期，頁12。

19 廖志高：〈抗日戰爭初期重新建立四川秘密黨的主要情況（省工委時期──1937年12月至1938年11月），載《四川黨史研究資料》1984年第2期，頁2、5。

20 袁晞：《一簑煙雨任平生──馮蘭瑞傳》，氣象出版社（北京）1999年版，頁29。

21 曹孟泉：〈回憶《新華日報》成都推銷處〉（1938年2月～1939年7月），載《四川黨史研究資料》1985年第1期，頁13～16。

22 錢之光：〈我所瞭解的八路軍南京辦事處成立前後國共合作的有關情況〉，載《中共黨史資料》第16輯，中共黨史資料出版社（北京）1985年版，頁190、193。

23 胡繩主編：《中國共產黨的七十年》，中共黨史出版社（北京）1991年版，頁161。

24 《中共中央東南局》，中共黨史出版社（北京）2006年版，上卷，頁339、331。

紹信，立即通知各地黨部、左翼團體、同情者，向外放出空氣，凡純
潔能吃苦耐勞者，不拘年齡、性別、職業、學歷均可自動北來入學。
……並告以保障入學，來此不拒，一律收容，學習時間三個月至六個
月，畢業後工作可自由選擇，願回家工作者，路費酌由學校發給。[25]

延安各校一開始還收點膳費，很快一律免費，統一發放土布軍裝。抗大
生每月一元津貼，校方須為每生平均支付10.5元／月。[26]各地中共組織還盡
力開辦各種軍政幹訓班，如1938年1月浙南平陽縣山門舉辦的「抗日救亡訓
練學校」（校長粟裕）。

凡是有點學歷的人，到了新四軍先享受幹部待遇，再考慮分配工
作，擔任文化教員、文工團員或是別的適宜發揮其特長的工作。當醫
生的參軍，更受優待。記得一位姓黃的上海醫生，一到我們支隊，就
給他團級幹部的待遇。[27]

1940年10月，中宣部、中央文委〈關於各抗日根據地文化人與文化團體
的指示〉：

應該重視文化人，糾正黨內一部分同志輕視、厭惡、猜疑文化人
的落後心理。須知一個在社會上有相當地位、相當聲望、能有一藝之
長的文化人，其作品在對內對外上常常有很大的影響。應該用一切方
法在精神上、物質上保障文化人寫作的必要條件，使他們的才力能夠
充分的使用，使他們寫作和積極性能夠最大的發揮。[28]

延安一代也確實旋得任用。名校生作用十分彰顯。高幹挑選秘書絕大多

---

[25]　〈東南分局轉來延安招收南方學生指示〉（1938年3月29日），載《中共中央東南局》，
　　中央黨史出版社（北京）2006年版，下卷，頁556。
[26]　江文漢：〈延安訪問記〉，載《檔案與史學》（上海）1998年第4期，頁6。
[27]　張雲龍：〈新四軍成立初期的艱苦歲月〉，載《革命回憶錄》第11輯，人民出版社（北
　　京）1984年版，頁55。
[28]　中央檔案館編：《中共中央文件選集》第12冊，中央黨校出版社（北京）1991年版，頁496。

數為北大清華生或燕京生。名校生素質顯著。先入清華化學系、後入天津工商學院經濟系的姚依林，既利用化學知識製造土炸藥，又利用經濟學知識管理晉察冀邊區政府，擔任秘書長、財經辦副主任、工業局長。金陵大學化學系畢業生李蘇，為中共製造出黃色炸藥。輔仁大學化學系教師張珍任晉察冀兵工廠長。名校生多數迅得重用，不是充任領導秘書，便是留用中直機關或執教各校，幾無直接派往前線。

革命本身就是青年的盛大節日。1848年蒲魯東說：「讓我們革命！在人們的生活中，只有一件事是好的、有實際意義的，那就是革命。」列寧引用名言：「給我們一個革命家組織，我們就能把俄國翻轉過來。」[29]

二十來歲青年，莫斯科進修兩三年（第一批甚至不足一年），回來就是市委書記、省委書記，雖說是地下職務，終究懸著「有朝一日」。彭澤湘（1899～1970），1922年12月入莫斯科東大並入黨，1924年9月回國，派任湖北省委書記。[30]25歲就執掌一省黨務，還有比這更迅速的「一躍而上」麼？1937年以後入黨的大學生，也是一年之內至少「縣級幹部」。

縱然艱苦危險，都抵不住青年「改天換地」的革命熱情，甚至越危險越刺激，革命熱情越高漲。人人胸懷大志，清貧而歡快。1948年北大女生樂黛雲：「我喜歡念書，但更惦記著革命。」革命任何時候都比讀書更吸引青年。北大中文系1948級27名學生，至1950年僅剩五人，全都參軍參幹搞革命去了。[31]革命將未來塗抹得一片絢麗，這片絢麗沉澱在青年心中，成為磐石般的信仰支柱。他們將所有艱難困苦視為「玉成於汝」的前奏，看成對自己革命意志的考驗。

正義、英勇、浪漫、新奇、神秘⋯⋯延安青年最欣賞的詩句是：「何時平胡虜，良人罷遠征」（李白）；「願得此身長報國，何須生入玉門關」（戴叔倫）；「封侯非我意，但願海波平」（戚繼光）。美國訪客謝偉思：「他們深信他們正處在獲得勝利的高潮中。」[32]他們自信滿滿，自封「勇於

[29]   列寧：〈怎麼辦？〉，載《列寧選集》第一卷，人民出版社（北京）1972年版，頁337。

[30]   彭澤湘：〈自述〉，中國革命博物館黨史研究室：《黨史研究資料》（北京）1983年第1期，頁2。

[31]   樂黛雲：《四院・沙灘・未名湖：60年北大生涯（1948～2008）》，北京大學出版社2008年版，頁14、24。

[32]   （美）謝偉思：《在中國失掉的機會》，國際文化出版公司（北京）1989年版，頁198。

逐鹿的人」。

　　抗大校歌「人類解放、救國的責任全靠我們自己來擔承」，一輪新陽將從自己腳下冉冉升起，最燦爛的黃金世界將由自己發放入場券。他們堅信革命前途，感覺勝利在望，不像大革命一代因「反革命力量還強大」，態度上尚有相當保留。1925年入黨的謝覺哉，接家鄉胞弟來信，托兄長謀差，謝覺哉回函：「革命前途未可知，我已以身許黨，你不要來，免受牽累。」[33]

　　開闢敵後根據地，挺進國民黨政權無力伸達的遼闊淪陷區。如山西大批國民黨縣長逃跑後，薄一波利用犧盟會合法身分，抽調大批中共幹部出任空缺縣長，全省一百零五個縣，七十個縣長由中共黨員擔任。[34]有了地盤，也就有了收入。1943年，蘇南茅山專署全年財經收入兩千萬元、大米一百七十萬斤，「不僅提供了本地區的給養，而且支援了上級機關和十六旅旅部。」幹部、戰士每人每天伙食費一角五分，每月零用一元。[35]

　　「延安一代」深入農村組織動員，才有大批農民加入。農民文化低弱，絕大多數只能是跟從的參與者，起核心骨幹作用的只能是知識分子。1945年5月中共「七大」，40萬人中共幹部隊，[36]工農黨員雖占多數，但各級起核心骨幹作用的，則是來自寶塔山下的知青。1942年整風前，抗大總校與分校走出十萬畢業生，90%上了前線，「沒有多少人願意留在後方搞學院式研究或讀書。」[37]

　　據任弼時報告，四萬赴延知青81%為中小學文化程度，且多為肄業生，畢業生很少。就是大學文科畢業生，也不過只接受一點初淺古文與現代常識。留法博士陳學昭，博士論文〈中國的詞〉將《八聲甘州》譯成《入聲甘州》。[38]中央教育部副部長李維漢苦口婆心勸勉進修幹部，要他們養成閱讀習慣——每天堅持讀書五頁。[39]「小知笑話」比比皆是。中央黨校一位青年政治教員，僅「革命」兩字就講了三小時，學員越聽越糊塗，他自己也越講

33　《謝覺哉日記》，人民出版社（北京）1984年版，上冊，頁455。

34　胡繩主編：《中國共產黨的七十年》，中共黨史出版社（北京）1991年版，頁157。

35　楊洪才、范征夫：〈茅山、太滆地區的反「清鄉」鬥爭〉，載《革命回憶錄》第14輯，人民出版社1985年版，頁154。

36　劉家棟：《陳雲在延安》，中國方正出版社（北京）2005年版，頁86。

37　何方：《黨史筆記》，利文出版社（香港）2005年版，上冊，頁279。

38　陳亞男：《我的母親陳學昭》，文匯出版社（上海）2006年版，頁72。

39　李維漢：〈中央幹部教育部與延安幹部教育〉，載《中共黨史資料》第13輯，中共黨史資料出版社1985年版，頁7。

越講不清楚。另一教員批改試題「民族形式的要素」，學員回答得很完整，僅未寫「史達林說」，判零分。一學員調新區工作，自題對聯：前進革命翻天覆地，後退生產溫飽團圓；橫批：進退兩難。[40]女大陝幹班童養媳折聚英，剖白加入紅軍動機：「『共產』我沒啥產，『共妻』我也認了。」[41]新華電臺播音員將「戊戌政變」讀成「戊戌改變」。[42]就是到了文革，《人民日報》總編魯瑛（1927～2007）還將墨西哥念成「黑西哥」。[43]

旅團級幹部尚未普及中學，營連級則需普及初小，最起碼的《戰鬥條令》都讀不下來。軍隊幹部一般出身工農，沒有讀書習慣。

赴延知青多為中小知青，搞思想搞研究不行，搞熱情淺表的文學倒是正好，延安一時出了200多詩人。[44]只要在報紙上發表幾首詩，便是詩人一個。1940年，延安大詩人蕭三（1896～1983）：「在延安的青年寫的詩最多（文學刊物，例如《大眾文藝》上，75～83%是詩歌）。」[45]文藝青年聚在一起，不是談論誰誰的文章真好，就是評說誰誰的文章如何如何要不得。[46]

赴延知青以中產子弟為主。1944年6月延安大學教育處統計，該校及分校學員家庭成分中農以上84.5%，出身學生或教員77.6%。[47]抗大學生出身中產以上幾占一半，如第四期第四大隊1017名學員，工農出身561人，占55%；官僚、資本家、地富家庭194人，19%；年齡23歲以下677人，66%；24～30歲293人，29%；30歲以上47人，僅5%。[48]

---

[40] 白棟材：〈五部整風的歷史回顧〉，載《延安中央黨校的整風學習》第一集，中央黨校出版社（北京）1998年版。轉引自高浦棠、曾鹿平《延安搶救運動始末──200個親歷者記憶》，時代國際出版有限公司（香港）2008年版，頁8。

[41] 蔣巍、雪揚：《中國女子大學風雲錄》，解放軍出版社（北京）2007年版，頁155。

[42] 韋君宜：《露莎的路》。參見《韋君宜文集》第二卷，人民文學出版社（北京）2013年版，頁125。

[43] 穆欣：《辦〈光明日報〉十年自述（1957～1967）》，中共黨史出版社（北京）1994年版，頁355。

[44] 陳學昭：《延安訪問記》，廣東人民出版社2001年版，頁95。

[45] 蕭三：〈詩到難成便是才〉，原載《新詩歌》（延安）第四期，1940年。參見朱子奇、張沛編《延安晨歌》，陝西人民出版社1984年版，頁10。

[46] 韋君宜：《露莎的路》。參見《韋君宜文集》第二卷，人民文學出版社（北京）2013年版，頁23。

[47] 〈延安大學概況〉（1944年6月），延安大學教育處編印，油印單行本，延安革命紀念館存。朱鴻召：《延安文人》，廣東人民出版社2001年版，頁39。

[48] 李志民：〈抗大抗大‧越抗越大〉，載《中共黨史資料》第七輯，中共黨史資料出版社（北京）1983年版，頁53。

赴延知青大多出身不佳，甚至與漢奸惡霸、大官僚大軍閥沾親帶故。1936年天津市委婦女部長張秀岩女士，其兄張璧乃霸縣大地主大流氓、鐵桿漢奸，1945年被國民黨槍斃，張秀岩侄女張潔清即彭真妻。[49]1922年，15歲的周揚赴長沙求學，一妻二傭長住旅館，非富家子能為乎？[50]階級論大旗一揚，延安一代大多原罪感強烈，終身卑謙自牧，不忘自我改造，如出身大官僚的章文晉。[51]

二、紅色耶路撒冷

抗戰爆發後，成千上萬知青從天南海北投奔延安，最小只有十二三歲。綏德小學生白紀年（1926～，1984年陝西省委書記），1939年春步行赴延。最老則有75歲老頭。大學教授、新聞記者、工程師……各黨各派都有，甚至有愛吃大菜愛上舞場的上海小姐、有凸肚少婦，有南洋華僑。[52]16歲渝女何鳴：「聽了丁玲的演講，再看《新華日報》，當時覺得女孩子的出路，只有走革命道路。」她帶了四十塊光洋，走了兩千公里，四十天後到達寶雞，才坐上火車到西安。「八辦」同意她入抗大，她再與90多位同學走了九天，來到延安的「窯洞大學」。[53]

「這座史前穴居般的小城」頓時成為一座充滿朝氣的青年城市。中共領導人也僅入中年，延安「五老」──徐特立、吳玉章、謝覺哉、董必武、林伯渠，均出生1880年前後，主事的毛張周劉等至少「90後」。

江文漢記述：「新的市場看上去真像一所學院城，前前後後擠滿了學生。」「他們講著不同的方言，男女之間顯得很融洽，十分坦率和自然。」[54]陳學昭：「走在延安街上，自南至北，一條短短的大街，擠著無數的人，同了無數不同的面貌、不同的口音。延安是這樣的擠滿了人，簡直是水泄不

49　姚錦編著：《姚依林百夕談》，中國商業出版社（北京）1998年版，頁56、61。
50　李輝：《往事蒼老》，花城出版社（廣州）1998年版，頁412～413。
51　李慎之：〈典型頓失・遺範長存──紀念文晉公逝世一周年〉，參見《李慎之文集》，2003年自印本，下冊，頁527。
52　原景信：《陝北剪影》，新中國出版社（武漢）1938年版，頁20。
53　郭本敏、袁玉峰主編：《回望硝煙》，中央文獻出版社（北京）2007年版，頁182～183。
54　江文漢：《延安訪問記》，載《檔案與史學》（上海）1998年第4期，頁6。

通。」[55]斯諾夫人尼姆・威爾斯形容：「胳膊碰胳膊的世界」、「延安的空間肯定要比華爾街的寶貴多了」。[56]「延安是平津失陷後的一座學生城。在延安，最惹人注目的不是邊區政府，也不是八路軍，卻是陝公和抗大。」[57]

1938年的延安：

> 城門成天開著，成天有從各個方向走過來的青年，背著行李，燃燒著希望，走進這城門。學習、歌唱，過著緊張的快活的日子，然後一群一群地穿著軍服、燃燒著熱情，走散到各個方向去。[58]

一批上海知青歷時13個月，行程萬里到達延安，「割掉皮肉還有筋，打斷骨頭還有心，只要還有一口氣，爬也要爬到延安城。」許多青年走到南十里鋪，哨兵告知從這裡開始就算到了延安，有人跪地，捧土緊貼胸口：「祖國啊，就剩下這塊乾淨的土地了！」赴延知青王雲風賦詩《奔向光明》：「萬重山，難又險，仰望聖地上青天；延安路上人如潮，青年男女浪濤濤。」（1938）[59]一些青年「一進邊區就匍匐在地上親吻土地」，[60]一位川籍教師激動地伏吻泥土，興奮大喊：「啊，自由的土地，我來了，我屬於你了！」[61]1941年3月初，畫家張仃與艾青、羅烽及嚴辰夫婦歷經四十七次盤查，終於跨進「自己的土地」，見到手執紅纓槍的婦童，張仃忍不住在黃土地上打了幾個滾，高唱《國際歌》。[62]詩人侯唯動1993年還寫有「流著牛奶與蜂蜜的延河聖水」。[63]

---

[55] 陳學昭：《延安訪問記》，廣東人民出版社2001年版，頁6。

[56] （美）尼姆・威爾斯（Nym Wales）：《續西行漫記》（《Inside Red China》），陶宜、徐複譯，三聯書店（北京）1991年版，頁79。

[57] 馬駿：《抗戰中的陝北》，揚子江出版社（漢口）1937年12月28日；轉引自王健民：《中國共產黨史稿》（增訂本），中文圖書供應社（香港）1974～1975年，第三編・延安時期（上），頁309。

[58] 何其芳：〈我歌唱延安〉（1938年11月16日），原載《文藝戰線》（延安）創刊號（1939年2月）。參見《何其芳文集》第二卷，人民文學出版社（北京）1982年版，頁175、174。

[59] 王雲風主編：《延安大學校史》，陝西人民教育出版社1994年版，頁16。

[60] 趙浩生：〈周揚笑談歷史功過〉，載《七十年代》（香港）1978年9月號，頁32。

[61] 朱子奇、張沛編：《延安晨歌》，陝西人民出版社1984年版，頁1。

[62] 艾青：〈在汽笛的長鳴聲中〉，程光煒《艾青傳》，北京十月文藝出版社1999年版，頁330～331。

[63] 侯唯動：〈我所認識的高長虹同志〉，言行：《一生落寞，一生輝煌——高長虹傳》序言，百花文藝出版社（天津）1996年版，頁6。

柯仲平（1902～1964）《延安與青年》（1939）：

> 我們不怕走爛腳底板／也不怕路遇「九妖十八怪」／只怕吃不上
> 延安的小米／不能到前方抗戰／只怕取不上延安的經典／不能變成最
> 革命的青年！

赴延青年一到延安，入往招待所，等待中組部談話，然後領取介紹信去
「陝公」、「抗大」，或直接分配到某機關。清華女生韋君宜就是由青委副
書記胡喬木直接從招待所領走，進青委任《中國青年》編輯。[64]

1938年秋，留歐八年的朱光潛博士致信同學卞之琳、何其芳，表達赴延
願望。因交通阻塞，1939年初朱光潛才收到邊區教育廳長周揚的邀請函，此
時朱已執教內遷川中樂山的武漢大學，未能去延安。[65]抗戰初期，一位日本
士官學校成績第一的畢業生，國府各軍事機關爭著要他，他卻赴延當了抗大
教員，甘願每月只有五元津貼，許多同學勸他回南京當校官，月薪百餘元，
他一一拒絕。[66]

白區青年黨員如遊子歸鄉，不必再為逃避搜捕東躲西藏，不必再為衣食
奔波。原來魚有為之才，處無窮之世，如今一下子天高了地闊了，可以「自
由呼吸」，對比感強烈，通暢極了。「延安生活真痛快，在延安精神上真
痛快！」[67]何其芳（1912～1977）抵延兩月：

> 自由的空氣，寬大的空氣，快活的空氣。我走進這個城後首先就
> 嗅著、呼吸著而且滿意著這種空氣。[68]

少年何方（1922～ ）入延初感：

---

[64] 韋君宜：〈胡喬木零憶〉，載韋君宜《思痛錄》，人民文學出版社2013年版，頁292。

[65] 艾克恩編纂：《延安文藝運動紀盛》，文化藝術出版社（北京）1987年版，頁106。

[66] 沈醉：《我這三十年》，湖南人民出版社1983年版，頁252。

[67] 陳學昭：《延安訪問記》，廣東人民出版社2001年版，頁152。

[68] 何其芳：〈我歌唱延安〉（1938年11月16日），原載《文藝戰線》（延安）創刊號（1939
年2月）。參見《何其芳文集》第二卷，人民文學出版社（北京）1982年版，頁176。

我終於來到了朝思暮想的延安。那時雖是隻身一人，舉目無親，但是情緒高漲，心情愉快，比回到家裡還要興奮。[69]

二十五歲的陳荒煤（1913～1996）：

生平第一次可以不愁吃穿，每月還拿回津貼，特別是後來才知道，這是延安最高的津貼，還大吃一驚。[70]

1939年12月，胡績偉（1916～2012）由川抵延：

一個突出的印象，是呼吸到一陣陣自由的空氣。……青年人在延安不愁失業、不愁失學、不愁吃穿、不愁住宿，能敞懷議論，能放聲歌唱，這不是我們所追求的理想世界嗎？

我最初印象只是沒有失業、沒有等級制度，沒有乞丐，沒有妓女，沒有對青年、對知識分子的壓制迫害，僅僅如此。延安給我的印象，比我原來的想像還要美滿。[71]

「東方莫斯科」、「青年人的耶路撒冷」。柯仲平：

覺得延安什麼都是聖潔的，每條河水與山谷都可以寫成聖潔的詩。延安比但丁寫的天堂好得多，我要描寫比天堂高萬倍的黨。[72]

1944年5月，老外紅青馬海德（1910～1988）對美國記者說：

這兒絕對沒有職業上的妒忌。這都是由於沒有金錢的刺激，沒有特別光榮恩惠的競爭的緣故。我們所有的人一起工作，就像一個大家

---

[69]　何方：《從延安一路走來的反思》，明報出版社（香港）2007年9月初版，上冊，頁50。

[70]　陳荒煤：《冬去春來》，江蘇文藝出版社1994年版，頁186。

[71]　胡績偉：《青春歲月——胡績偉自述》，河南人民出版社1999年版，頁160、162。

[72]　王琳：《狂飆詩人‧柯仲平傳》，中國文聯出版公司（北京）1992年版，頁416。

庭中的人，滿意與失望彼此都有份兒。[73]

　　冼星海抵延安後，「他的感受是延安的窯洞暖小米香，是最理想的施展才能的地方。」[74]徐懋庸（1910〜1977）：

　　　　對延安的一切非常滿意，思想上受到了很多啟發。我觀察在延安的那些上海的熟人，絕大部分在精神面貌方面也有不同程度的變化，至少都是愉快的。[75]

1938年10月24日，于藍（1921〜 ）到達延安：

　　　　一切都是那麼簡陋，一切又都那麼熱呼呼的！履歷表格上一邊是「中華民族優秀兒女」，另一邊是「對革命無限忠誠」。一下子我的眼睛熱了起來，一切不愉快瞬間消失了，一股高尚的感情激蕩著我的熱血，我們是中華民族的優秀兒女！我們僅僅是走了一千多里路，僅僅受了一點點苦，可是，我們卻被視為祖國的優秀兒女。我感到自豪，人格受到尊重，我感到自己第一次成為真正的人！我決心迎著一切艱苦，不辱沒這優秀兒女的稱號。日後這誓言使我永遠銘記不忘，並一生努力去這樣做。……延安是世界上最艱苦的地方，但延安也是世界上最快樂的地方。我愛延安！[76]

女知青石瀾（1917〜2005）原為國民黨員：

　　　　我來延安之前，生活、工作在國民黨統治區，接受國民黨的領導，可是自從全面抗日戰爭爆發以後，他們沒有能提出一個使人信服

[73]　（美）福爾曼：《北行漫記》（Repot From Red China），解放軍文藝出版社（北京）2002年版，頁50。
[74]　艾克恩：〈毛澤東和延安文藝運動〉，張素華等編著：《說不盡的毛澤東——百位名人學者訪談錄》（下），遼寧人民出版社、中央文獻出版社（北京）1995年版，頁203。
[75]　《徐懋庸回憶錄》，人民文學出版社（北京）1982年版，頁102。
[76]　于藍：《苦樂無邊讀人生》，中央文獻出版社（北京）2001年版，頁37〜38。

的抗日救國的整體方案，我對國民黨失望了。[77]

1938年秋抵延的何方：

> 他們（按：三八式幹部）當年離開國統區、走向解放區，就是因為雖然國共都抗日，但國民黨卻專制腐敗，共產黨講求自由民主。
>
> 現在想起來還使人感興奮和懷念。特別使人留戀的還有一點，就是思想解放、敢想敢說的風氣。無論是開討論會，還是平時談話，經常會有不同意見的爭論。……一些批評和爭論在報刊上也可以經常看到，更不用說街頭的和各單位的壁報了。從國民黨地區來的知識青年，對這種自由民主空氣感到可貴是很自然的事。
>
> 整風前的延安，到處洋溢著一種自由、活潑、生動、歡樂的氣氛，真是生龍活虎，勁頭十足。自由空氣和平等精神，也許是我們這些青年學子到延安後最重要的感受。

1939年何方抗大畢業，原調他去軍委三局通訊學校，何不同意，也沒勉強，「那時還比較民主，注意徵求個人意見。」[78]

「錯誤在延安不能長成起來……延安這個名字包括著不斷的進步。所以我們成天工作著，笑著，而且歌唱著。」[79]1940年，何其芳：「我們沒有見過別的國家可以這樣的自由呼吸或者我們生來要把童話變成現實」。[80]

「有飯大家吃，有吃大家飽。」多開心多痛快！胡績偉抵延時正好趕上1940元旦會餐：

> 真是想吃多少就給多少，敞開肚皮吃肉。我似乎覺得自己已經嘗到了一點「各取所需」的味道。……到了延安，馬上就有工作，馬上

---

[77]　石瀾：《我與舒同四十年》，陝西人民出版社1997年版，頁58。

[78]　何方：《從延安一路走來的反思》，明報出版社（香港）2007年版，下冊，頁746；上冊，頁65、75、121。

[79]　何其芳：〈我歌唱延安〉（1938年11月16日），原載《文藝戰線》（延安）創刊號（1939年2月）。參見《何其芳文集》第二卷，人民文學出版社（北京）1982年版，頁178～179。

[80]　何其芳：〈論快樂〉，參見《何其芳文集》第二卷，人民文學出版社1982年版，頁232。

就不愁吃穿住。當時，對這種「鐵飯碗」的供給制，真是「山呼萬歲」！民主聖地的延安就像磁鐵石一樣，緊緊地吸引著我。[81]

陳學昭（1906～1991，後為浙江文藝界最大「右派」）：

在這時，一個人的工作是用政治教育來代替了薪金的鞭子。[82]

何方（後為張聞天秘書）：

可以爭得面紅耳赤，但並不影響同志關係。在相處中，不分年齡大小、文化高低、天南海北，都是互相尊重、平等相待。[83]

吳象（1922～　，後為萬里秘書）：

八路軍的兵稱戰鬥員，伙夫稱炊事員，馬夫稱飼養員，人人互稱同志，官兵一律平等、軍民關係融洽。人人參加了八路軍，最初一個強烈的感受，就是有了一種新型的人際關係，一種生活在革命大家庭的民主氛圍。[84]

有人調走，歡送會上常有人哭鼻子。由於流動性大，相當熟悉的朋友有可能幾年、十幾年無法聯繫。

延安流行語「我還要跟你們學習」，這種批評與自我批評，為京滬文化圈所沒有。外來文化人呼吸著延安空氣，「味道好極了！」陳學昭的感覺：

在邊區，人與人之間的關係是比中國任何地方好多了。那些人類醜惡的感情，嫉妒，彼此擠壓，是比較淡薄多了。[85]

81　胡績偉：《青春歲月─胡績偉自述》，河南人民出版社1999年版，頁159～160。
82　陳學昭：《延安訪問記》，廣東人民出版社2001年版，頁80。
83　何方：《黨史筆記》，利文出版社（香港）2005年版，下冊，頁439。
84　吳象：《好人一生不平安》，明報出版社（香港）2007年版，頁78。
85　陳學昭：《延安訪問記》，廣東人民出版社2001年版，頁26。

徐懋庸此前在上海受了周揚等人的氣，特有對比感：

> 延安的人與人的關係與上海不同，不像上海那樣，很多喊喊嗵嗵，是非難分，不易團結。[86]

1980年代，李維漢無限懷念延安時代：沒有人認為做了自我批評，就是丟人。也沒有人聽了別人的批評，就臉紅。這是多好的同志關係！[87]

文革後期，周揚出獄，馮牧等魯藝同學去中組部招待所看他，回憶起延安時代，大家非常激動，流了眼淚。馮牧（1919～1995）：「如果再回到那個時代該多好啊！」周揚：「是啊！那個時候想的都是如何革命，為了一個目標，無憂無慮。」[88]還有什麼能比親身參與改天換地更激動人心？還有什麼能比雙手托起新社會的紅太陽更富有詩意？更值得興奮自豪？

1.赤說之惑

一切因理想而昇華，延安傳唱蘇聯歌曲：「人們驕傲的稱呼是同志／它比一切尊稱都光榮／有這稱呼各處都是家庭／無分人種黑白棕黃紅。」符合青年性格的親密無間的同志關係，甚異國統區的社會氛圍，來自各大城市的文化青年，體驗斯巴達式生活，感覺新鮮強烈。

大批知青赴延，當然出於現實與理想的雙重價值取向。抗日救國，馬革裹屍，何其壯烈！從長遠看，延安乃「民主中國的模型」──鼓勵學術研究、保證言論自由、革除封建陋習、主張男女平等、高揚革命道德、宣導平等友愛，可實現人類最高理想。延安豎旗：「我們既不贊成國民黨的一黨專政，我們也決不主張共產黨的一黨包辦。」[89]一切都使赴延青年覺得來對了，黨正率領大家走在「民族復興」的大道上。崇高的道義使他們擁有巨大價值自信，這份自信又轉化為對革命信仰的堅決護衛。延安依靠抗日民主這兩面大旗獲得最強固的凝聚力。從終極價值角度，中共對自由的允諾才是大

---

[86] 徐懋庸：《徐懋庸回憶錄》，人民文學出版社（北京）1982年版，頁99。

[87] 李維漢：《回憶與研究》，中共黨史資料出版社（北京）1986年版，下冊，頁497。

[88] 陸石：〈劫後重逢〉，載《憶周揚》，內蒙古人民出版社1998年版，頁478。

[89] 《解放》週刊社論：〈論抗日根據地和各種政策〉（1941年1月15日），載《解放》週刊（延安）第124期。參見《中共黨史參考資料》（四），人民出版社1979年版，頁227。

批知青赴延的最大驅動力，如果僅僅為了抗日，他們不一定要赴延，完全可以就近參軍。一些燕京生甚至熱情洋溢地告知司徒雷登，他們如何忠誠地履行了燕京校訓——因自由為真理而服務。[90]大批知青赴延還有一個「歷史必然」的原因：想反對國民黨，只有投靠共產黨。賈植芳得知王實味事件：

> 使我對30年代被稱為中國耶路撒冷的聖地產生了疑問……但又想，這也許是個偶然性的不幸事件，或許當局也吸取了教訓，下不為例。[91]

克里姆林宮尖頂的紅星成為延安青年的聖物，蘇聯因遙遠神秘而熠熠發光，「地上天國」呵！留日生艾思奇原名李生萱，改名艾思奇——熱愛馬克思與伊里奇（列寧）。

中共建黨以來，基層組織會議多為談思想、比發言，以此體現水準能力，發言不佳者難得重用。共產主義紅色大旗，消除一切貧富差異與社會弊端，道德號召力強大呵！無形的精神遠比有形的物質更有凝聚力。毛澤東早就認識到：「主義譬如一面旗子，旗子立起了，大家才有所指望，才知所趨赴。」[92]

從人性角度，革命與激進最容易在青年內心得到喝彩，人性也往往普遍偏向激進，畢竟激進鉤掛著燦爛輝煌的理想。青春使生命熱情洋溢，改造社會的衝動特別強烈。革命永遠是青年的節日。尤其對喜新逐異的知識分子來說，要他們自覺遏制衝動，本身就是難事。2002年，美國斯坦福大學蘇源熙教授（Haun Saussy）：「（美國人文知識分子）大部分人心裡比較親左。」[93]既然以改變社會現狀為職志，人文知識分子天生偏屬左翼。

共產主義高舉公平旗幟，對資本主義展開強烈批判，在意識形態佔據道德高度，具有相當吸引力。尤其消滅剝削、計劃經濟、一切公有、人人無

---

[90] （美）約翰‧司徒雷登：《在華五十年》，北京出版社1982年版，頁70。

[91] 賈植芳：《獄裡獄外》，天地圖書有限公司（香港）2001年版，頁19。

[92] 毛澤東給羅璈階（章龍）的信（1920年11月25日），載《毛澤東早期文稿》（1912‧6～1920‧11），湖南出版社1995年版，頁554。

[93] 黃曉斌：〈知識分子如何得到麥克風——蘇源熙教授訪談〉，載《社會科學報》（上海）2002年10月3日。

私，終極消滅一切社會弊端，無比靚麗美好的人間天堂。從術語到概念，因陌生而新鮮，因新鮮而光芒四射。

乳色理想與道義光芒吸引了無數熱血青年，他們轉身再向親朋好友發出呼喚。「願將一己命，救彼蒼生起」；「兩腳踏翻塵世浪，一肩擔盡古今愁」；「願以我血濺后土，換得神州永太平」（車耀先入黨誓詞）。[94]「形同草木之脆，意逾金石之堅」。解百姓於倒懸，建新命於舊邦，如此高品質的人生價值，怎能不使青年熱血沸騰？湖畔詩人馮雪峰（1927年6月入黨）：「讓我們永遠來做（革命的）灶下婢吧！」[95]

地主之子趙紫陽（1919～2005）晚年回顧：

> 在資本主義大危機的三十年代，共產主義是很時髦的，知識分子是很嚮往的，共產主義是很吃香的。[96]

地主、資產階級家庭不僅出現「不肖子孫」，還有全家加入中共的「滿門忠烈」。河南滑縣大地主兼世代名醫聶元梓家，擁田幾百畝，兄妹七人，六位1933～1937年入黨，父母捐出土地隨軍行醫，一路跟進北京城；惟二哥從醫，亦為烈屬。[97]淮安工商地主家庭的清華生楊述，將母哥嫂弟妹五人帶入中共，母親哥嫂不僅入黨，還變賣全部細軟交了黨費。[98]國會議員、大地主家庭出身的李銳，姐弟三人，他與二姐夫婦加入中共，大姐是同情分子。北洋外交官家庭出身的王光美五兄妹先後加入中共。1925年秘密入黨的無錫大家子弟嚴樸，其妻將四個女兒（嚴慰冰等）帶入中共，「一家女八路」。張瑞芳之父早年參加孫中山政府，1928年捐軀疆場，母親廉維乃著名「八路軍老大姐」，帶張瑞芳兄妹五人加入中共。北洋官宦大家姚依林叔伯三兄弟加入中共。1940年代加入中共的國府高級人士：續范亭中將、范龍章少將、陳瑾昆司長（曾任最高法院院長）、張沖軍長。

94　胡績偉：《青春歲月──胡績偉自述》，河南人民出版社1999年版，頁60。
95　包子衍、袁紹發主編：《回憶雪峰》，中國文史出版社（北京）1986年版，頁25。
96　宗鳳鳴記述：《趙紫陽軟禁中的談話》，開放出版社（香港）2007年版，頁170。
97　聶元梓：《聶元梓回憶錄》，時代國際出版有限公司（香港）2005年版，頁18～19。
98　韋君宜：《思痛錄》，北京十月文藝出版社1998年版，頁118～119。

　　據統計，1938年底八路軍發展到15.6萬餘人，1939年發展到二十七萬人，至1940年底，發展到近四十萬人。[99]

　　彭德懷：八路軍抗戰第一年從不足三萬擴至二十五萬。[100]第二年，華北成為中共最大根據地——黨員六十萬、軍隊二十餘萬。[101]南方的新四軍，由最初的1.02萬人發展為1938年10月的2.5萬人，[102]至1939年秋，新四軍第一、二支隊已由初到蘇南的四千餘人擴至1.4萬餘，吸收了大量知青和醫務、技術人員，不少來自滬寧等大城市，提高了全軍的文化素質。[103]

　　胡喬木《中國共產黨三十年》：

　　　　到1940年抗日戰爭三周年時，中國共產黨所領導的人民抗日軍隊已由三年前的四萬多人發展到近50萬人……解放區和遊擊區人口發展到近一萬萬。共產黨員也由三年前的四萬人發展到80萬人。[104]

　　顯然，中共不僅在延安獲得喘息、休養生息，而且依靠「延安一代」獲得抗戰後向國府度長絜大比權量力的資本。

　　上海聖瑪利亞女中生、燕京歷史系畢業生龔澎（1914～1970），高才女性，八路軍渝辦新聞發言人：

　　　　我還非常膚淺，我沒有進行深刻的思索。我喜歡接觸各種事物，但一種事物也不精通。我沒有讀過多少書，但頗有成為一名宣傳家的危險，所談除應時的口號外，全然空洞無物。[105]

99　王茂潤主編：《中國人民抗日軍事政治大學史》，國防大學出版社（北京）2000年版，頁39～40。
100　《彭德懷自述》，人民出版社（北京）1981年版，頁227～229。
101　逄先知主編：《毛澤東年譜（1893～1949）》，中央文獻出版社（北京）2005年版，頁145。
102　胡繩主編：《中國共產黨的七十年》，中共黨史出版社（北京）1991年版，頁158。
103　《中共中央東南局》，中共黨史出版社（北京）2006年版，上卷，頁339。
104　胡喬木：《中國共產黨的三十年》（1951年6月），人民出版社（北京）2008年版，頁49。
105　（美）費正清（John King Fairbank）《費正清對華回憶錄》，陸惠勤等譯，知識出版社（滬版）1991年版，頁324。

　　清華哲學系才女韋君宜（1917～2002），1934年曾同時考取清華、北大、燕京，但她決定從政──

　　　　在決心入黨之後，我把讀書所得的一切都放棄了。我情願做一個學識膚淺的戰鬥者，堅信列寧、史達林、毛澤東說的一切，因為那是我所宣佈崇拜的主義。我並沒有放棄一向信仰的民主思想，仍想走自由的道路。但是共產主義信仰使我認為，世界一切美好的東西都包含在共產主義裡面了，包括自由與民主。我由此成了共產主義真理的信徒。[106]

　　出身知識世家的錢理群（1939～），父親為國府農業部常務司長（相當副部長），家中兩黨雜陳。父親、三哥是國民黨，二姐與另一哥哥是共產黨。錢先生：

　　　　歷史就是這樣：在二十年代初中期最優秀的知識分子站到國民黨那邊，三四十年代最優秀的到共產黨這邊來。[107]

　　蔣介石特賜「黃埔三期」出身的韓練成（1908～1984），中原大戰救蔣有功，蔣絕對信任的中將軍長，居然是中共的「第五縱隊」。張治中問周恩來：「這樣的人為什麼也會跟著共產黨走？」周恩來答：「這正是信仰的力量。」[108]

　　美國記者白修德1944年10月訪毛後，驚人一筆：「這個人懂得理想可以使人民扛起槍來，權力是從槍口裡噴出來的。」[109]

　　1951年7月，赴美八年的巫寧坤（1920～）選擇回國：

　　　　在西南聯大就讀的兩年裡，我受到「進步」教授和左派同學親共思想的影響。[110]

[106] 韋君宜：《思痛錄》，北京十月文藝出版社1998年版，頁3。
[107] 錢理群：《我的精神自傳》，廣西師大出版社（桂林）2007年版，頁17。
[108] 盧荻：〈潛伏：「隱形將軍」韓練成〉，載《同舟共進》（廣州）2011年第6期，頁56。
[109] （美）白修德：《中國抗戰秘聞》，河南人民出版社1988年版，頁208。
[110] 巫寧坤：《一滴淚》，遠景出版事業有限公司（香港）2002年版，頁11。

章士釗（1881～1973）多年後評析：

> 蓋當時論家好以將來之未知數翻作前提，以折服人。此在邏輯，
> 直犯倒果為因之諄。而論者不顧也。卒之此類論點，往往助長少年人
> 之朝氣，於革命里程有益。[111]

2.思想框架

赴延知青多為三門青年——校門、家門、單位門，毫無社會經驗，激情
有餘深沉不足，一心一意要革命，但並不知革命為何物，有的只是對官府的
痛恨。將殘酷的革命看成浪漫旅行。延安一代多的是聶元梓這樣的初中生，
抵延後才「知道革命理論的高深和廣博」（聶元梓語）。

進入紅色陣營前，延安一代的思想框架乃是雜貨鋪：封建傳統＋馬克思
主義＋進化論＋自由民主理論，龐亂雜陳，對西說略知之無，並無明確的體
系性認知。儘管嚮往左傾，但馬列主義對他們來說只是一團模糊星雲，一二
名詞爾，既無力從原理上懂得何以必須信奉馬列，也不知道馬列主義會把自
己帶往何處。

李銳：

> 這個群體開始接受共產黨意識形態，並沒有系統閱讀馬克思主義
> 和列寧主義典籍，更多地是閱讀左翼文學作品和進步政治書刊。[112]

三八式幹部宗鳳鳴（1920～2010）晚年說：

> 我當時的政治思想基礎還是脆弱的，對共產黨、對共產主義的理
> 解是概念性的、口號式的，是出於青年人對舊社會的厭惡與對新社會
> 的嚮往而迸發出的一種激情和渴望，並非是對共產主義有什麼更深的

---

[111] 章士釗：〈疏《黃帝魂》〉，載《辛亥革命回憶錄》（第一集），文史資料出版社（北京）1981年版，頁253。
[112] 李銳：〈李昌和「一二‧九」那代人〉，載《炎黃春秋》（北京）2008年第4期，頁2。

理解。[113]

于藍：

> 我有位堂叔悄悄講過：「蘇聯人人有書讀，人人有工作，人人有飯
> 吃。」通過韜奮先生的著作證實了堂叔講的蘇聯是令人嚮往的國家。[114]

1950年代初的北大學生對「革命後」的想像是：「山那邊呀好地方，窮
人富人都一樣⋯⋯年年不會鬧饑荒。」

1939年4月，中共在重慶開辦黨員訓練班，周恩來、董必武、吳玉章、
凱豐、鄧穎超等人講課。新黨員胡績偉（川大生）受訓感受：

> 老實說，我對當時講的抗日戰爭的形勢和抗日救國統一戰線政
> 策，是很感興趣的；而對於中共黨史、蘇共黨史以及馬克思主義的階
> 級鬥爭學說，聽得似懂非懂，興趣不大。[115]

對延安一代來說，入黨等於進入真理掌握者的行列。雖然馬列水準很
低，但轉過身去，面對芸芸百姓，已經身高萬丈，高明不止一點點，傳遞的
每一句話都是響噹噹的真理。延安一代以為掌握絕對真理，長纓在手蒼龍可
縛。這一價值自信使延安一代十分自然地熱衷於「開鬥爭會」（當然是鬥別
人），成為「專橫的啟蒙者」與「可能引起災難的樂觀主義者」。

一方面對人文社科、馬列理論略識之無，另一方面半瓶晃悠的小知小識
又使他們覺得擁有傲視俗眾的資本。粗淺狹窄的知識結構所決定的低矮器局，
使他們無法從宏觀上審視革命，本身就傾側偏斜的馬列學說，最佳接受者恰恰
正是這些中小知識分子。他們半懂不懂卻自以為是地搬弄馬列名詞，為能用幾
個高深莫測的哲學名詞而傲視他人。[116]他們根本無力深入思考這些理論命題，

[113] 宗鳳鳴：《理想・信念・追求》，環球實業（香港）公司2005年版，頁31。
[114] 于藍：《苦樂無邊讀人生》，中央文獻出版社（北京）2001年版，頁8。
[115] 胡績偉：《青春歲月——胡績偉自述》，河南人民出版社1999年版，頁108。
[116] 樂黛雲：《四院・沙灘・未名湖：60年北大生涯（1948～2008）》，北京大學出版社2008
年版，頁13～14。

更無可能通過實踐檢驗理論。青春熱血與革命熱情使延安知青熱望改變「萬惡的舊社會」、堅決捍衛「革命真理」，幼稚淺薄又使他們狂熱崇拜「導師」。何方晚年批評延安文風：「自設邏輯，把話說死，盛氣凌人，強詞奪理等。」[117]延安各種集會上，「每次講話都要高呼很長時間的口號。」[118]

　　1943年，費正清在重慶與喬冠華有一節對話。

　　　　費正清：「你似乎學了極權主義。」
　　　　喬冠華答曰：「我是一個極權主義者。」[119]

　　共產國際聯絡員兼塔斯社記者彼得・巴菲諾維奇・弗拉基米洛夫（1905～1958），1942～1945年常駐延安，他很快發現延安知青的毛病：

　　　　他們知識淺薄，尤其在政治和經濟學科方面知識淺薄，卻喜歡談論一切問題，並希望有朝一日擔任重要職務。……年輕人在延安待了多年以後，並沒學到什麼專長。說得輕點，特區培養出來的黨的幹部，基本知識的水準很低。甚至學生也不都會看鐘點，他們的算術很差。未來的黨的工作者大都沒有實踐經驗，沒有專業，而且各方面都很落後，他們有資產階級思想，一心只想支配別人。……中共幹部的文化水準離要求還很遠。談不上受過什麼基礎紮實的教育。馬克思列寧主義的原則只是在形式上被接受。這不叫教育，而是一種非常膚淺的速成的理論訓練。大部分工作人員滿足於簡單的學童式的訓練。[120]

　　趙超構（1910～1992）訪問延安後也看出：

　　　　共產黨員並非了不起的人物，倘就知識水準來說，一般共產黨員的文化教育頗使我們失望。就是共產黨本身，也並不絕對要求黨員精

---

[117]　何方：《黨史筆記》，利文出版社（香港）2005年版，下冊，頁670。
[118]　江文漢：《延安訪問記》，載《檔案與史學》（上海）1998年第4期，頁8。
[119]　（美）費正清：《五十年回憶錄》，趙複三譯。參見《中華民國史資料叢稿・譯稿・中國之行》「五十年回憶錄」第四部分，中華書局（北京）1983年7月印刷，頁84。
[120]　（蘇）彼得・弗拉基米洛夫：《延安日記》，東方出版社（北京）2004年版，頁53～54、550。

通黨義和政綱，他們所要求的是忠實服從；至於頭腦，則最好在進黨之後，由黨來負責教育。[121]

陳學昭記述：

> 青年人都忙於把時間應付一個號召又一個號召，沒有把時間用在一個有體系的有計劃的學習和工作上，而且他們經常被調來調去，很少有固定的工作，結果人人都有變成一般化的危險。[122]

工作調動頻繁，說明工作安排混亂，隨意性太大，只能不斷調整，或通過頻繁調動「培養」服從性。延安流行語：「我是革命一塊磚，哪裡需要往哪裡搬。」、「不向組織講價錢，叫幹什麼幹什麼。」

受知識修養的局限，絕大多數延安一代終身膚淺激情，缺乏理性。1991年，年近八旬的陳荒煤重回延安，站上寶塔山，心情激蕩，認定延安邏輯必將行遍全球。[123]1994年，耄耋劉白羽出版三卷本回憶錄《心靈的歷程》，仍像青年一樣通篇激情，只有文學無有歷史，更無反思。最後一節「紅色的大海」，除了喊叫還是喊叫，只有信仰只有論點，沒有論據沒有論證。七十多歲的老人還在用詩歌進行思考。[124]

延安一代普遍政治幼稚，直到老年都猶如純情少女。打倒「四人幫」後，延安女幹部沈容進駐釣魚臺宣傳口（代行中宣部職權），竟認為一切OK：

> 那時我們或多或少以為粉碎了「四人幫」就萬事大吉了。因此，對中央下達的精神深信不疑。[125]

激情燃燒，信仰沸騰，理性止處信仰生。亦算紅色信徒的托派，1980年代後期，托派運動已完全消亡，只剩下幾位托派老人，但他們蝸居斗室卻思

[121] 趙超構：《延安一月》，上海書店1992年版，頁86。
[122] 陳學昭：《延安訪問記》，廣東人民出版社2001年版，頁293。
[123] 陳荒煤：《冬去春來》，江蘇文藝出版社1994年版，頁265。
[124] 葉尚志：〈培養革命軍政幹部的搖籃〉，載《世紀》（上海）2006年第4期，頁53。
[125] 沈容：《紅色記憶》，北京十月文藝出版社2005年版，頁190。

想狂熱，認為世界仍將走向他們的設計之路，人類社會仍會遵循他們的邏輯運行，現存一切都不作數，尚未到來的明天一定會為自己的「真理」作證。不難斷定：如果托派上臺，肯定也是極左派，事情可能做得還要絕。

既以真理執掌者自居，延安一代亦以社會改造者自封。如延安作家接過蘇式稱號──「人類靈魂工程師」，意氣自雄挾持自重，作品多為「教訓文學」。評家曰：

> 文學幾乎完全成了教訓的手段，趣味的成分極少，讀小說像是容易犯錯誤的孩子在接受關於人生戒條的訓話。……不少作家對自己那種不知從何而來的「人類靈魂工程師」的身份看得很像一回事，自個的靈魂尚弄不明白，卻喜歡對讀者的靈魂動手動腳。[126]

1994年，年近八旬的劉白羽仍有這種動手動腳的強烈願望：

> 我的書桌就是我的戰場，我用信仰之火燃燒自己，燃燒別人，我將為我的信仰流盡最後一滴血液。……決定人類命運的人，首先是共產黨人。[127]

田家英在中南海是出了名的「勤於誨人」，喜歡一杯在手，縱論天下。[128]

閱讀延安一代回憶錄，除少數「兩頭真」，兩點通弊：一、容易情緒激動，惟我獨革，排斥性甚強；二、思想相對偏平，容納空間較低。他們自認為擁有絕對真理，帶著鄙夷的眼光掃視所有意見相左者。

3.沒錢參加不起革命

窮則思變，貧窮固然是革命的天然元素，但窮人一般很難「咸與革命」。1925年秋，湖北送11名團員留蘇，自行解決從漢口到上海的路費及服

---

[126]　駱玉明：《近二十年文化熱點人物述評》，復旦大學出版社（上海）2000年版，頁321。
[127]　劉白羽：《心靈的歷程》（下），中國青年出版社（北京）1994年版，頁1289。
[128]　李夢橋主編：《中國世紀名人遺囑‧遺書‧遺言‧遺作》，湖北人民出版社2000年版，頁110。

裝。貧家子弟伍修權拿不出這筆錢，靠武昌高師附小級任老師慷慨解囊四十元，才得以成行。而熬度西伯利亞寒冷的那件短大衣，由同學相贈。[129]

各地赴延知青，光憑革命熱情與青春決心到不了延安。「一二·九」入黨的李銳、范元甄沒有經濟來源，衣食住行、婚嫁病殘都需要家庭親友資助，儘管這些「職業革命家」看不起供養自己的「不革命者」。[130]成都的田家英、曾彥修因路遠，赴延各需六十塊錢路費，好不容易才湊上。八路軍西安辦事處只管開赴延介紹信，並不管路費，搭乘辦事處的卡車去延安，每位車資十四塊大洋。

西安臨潼距離延安不到八百里，仍需籌集路費。赴延知青何方：

> 那個時候參加革命是要花錢的，一路上吃的、用的、住的，一切都是自己拿錢。路費和行李要自理。⋯⋯所以那個時候去延安參加革命的窮人不多。一是大多不知道延安是怎麼回事；二是即使聽說過，一時也不容易籌到路費和準備好行李。從國民黨地區去延安，太窮的人還真參加不起這個革命呢！[131]

1937年9月下旬，上海戰事危急。朝鮮青年鄭律成（1914～1976）想去延安，苦無路費。姐夫杜君慧帶他去見李公朴，李立即拿出三十銀圓，再由宣俠父向八路軍西安辦事處主任林伯渠寫了介紹信。上海文藝界朋友為鄭律成餞行，送給他日記本、毛巾牙膏等日用品。[132]

只有黨員，組織才提供路費。1940年3月，二十歲的青年女黨員馮蘭瑞與另一位女黨員離渝赴延，八路軍渝辦的長征女紅軍廖似光（1911～2004，南方局組織部幹事），為她們各取假名，教她們如何應付盤查，「準備了一套口供以備萬一，囑咐一路上的注意事項，發給她們每人一筆路費。」與她們一路同行的是東北作家舒群，蕭軍、王德芬夫婦及他們的女兒。[133]

[129] 〈伍修權同志回憶錄〉（之一），載《中共黨史資料》第七輯，中共黨史資料出版社（北京）1982年版，頁120。

[130] 李南央：《父母昨日書》，時代國際出版有限公司（香港）2005年版，上冊，頁169。

[131] 何方：《從延安一路走來的反思》，明報出版社（香港）2007年版，上冊，頁41、45。

[132] 丁雪松：〈永恆的懷念——憶鄭律成同志〉，載《紅旗飄飄》第26集，中國青年出版社（北京）1983年版，頁97。

[133] 袁晞：《一蓑煙雨任平生——馮蘭瑞傳》，氣象出版社（北京）1999年版，頁64～66。

　　與何方同車前往延安的劉瀾波也要掏錢，但劉瀾波是東北救亡總會領導人，組織上出車費。2008年11月17日，何方先生函答筆者諮詢：

　　　　西安辦事處的車，據我瞭解，除他們自己的人員外，其他去延安的都得交錢。同我一起去的就有劉瀾波，也得照拿。不過他是東北救亡總會的領導人之一，自有幫他辦手續的人。

　　1937年11月15日謝覺哉日記：「青年欲往延安求學……（自甘肅）到延安需往返旅費百元，那裡仍要膳費、書籍費，非富豪子弟莫辦。」1938年9月1日謝日記：「要往抗大的青年多數系瞞過家庭，籌不到旅費，雖然學校方面能於西安接收，但蘭州到西安仍需二十元以上。」[134]陳企霞五弟陳適五靠朋友資助四十元，得赴延安。[135]因此，赴延知青絕大多出身不佳，均為地富、資本家、官員、教師等有產或中產家庭，無產階級家庭本身很少出讀書郎，更不可能送赴延安。

　　1938年3月，中共中央電示東南分局：

　　　　步行每日路費至多五角，四川學生多由成都步行，走卅天，路費十五元，坐車則費六十元，淮北由漢口步行，恐亦不過此數。[136]

　　1938年夏，陳荒煤上武漢八路軍辦事處，除了拿到吳奚如開給董必武的介紹信，還得到陽翰笙20元資助，這才乘火車赴西安轉延安。[137]川東黨組織為資助窮苦學生赴延，說服《萬州日報》總編，空出兩個編輯名額，工作由其他編輯頂替，騰出兩份薪水專門資助缺少路費的赴延學生，20～50元不等。[138]1941年初，艾青、張仃、羅烽三人由八路軍渝辦安排赴延，臨行前周恩來致送千元盤纏。[139]

[134]　《謝覺哉日記》，人民出版社（北京）1984年版，上冊，頁181、269。
[135]　陳恭懷：《悲愴人生──陳企霞傳》，作家出版社（北京）2008年版，頁112。
[136]　〈東南分局轉來延安招收南方學生指示〉（1938年3月29日），載《中共中央東南局》，中共黨史出版社（北京）2006年版，下卷，頁556。
[137]　陳荒煤：《冬去春來》，江蘇文藝出版社1994年版，頁177。
[138]　杜之祥：〈下川東的抗日救亡運動〉，載《四川黨史研究資料》1985年第8期，頁22。
[139]　朱鴻召：《延安文人》，廣東人民出版社2001年版，頁34。

貧苦子弟赴延一般只能步行，山西夏縣工人之女侯波拿走全家僅有的四塊銀圓，一路乞討走到延安。[140]就是有錢，西安至延安不通客車，得自背行李步行。據江文漢的數據，西安至延安約290英里，即481.18公里，962.36華里。[141] 就是有車，土石公路坑坑窪窪，路況甚差，要走三天。[142]1939年11月下旬，胡績偉搭乘軍車，走了一個多星期，才從成都到達寶雞。這位23歲川大生，第一次見到鐵路。[143]有的青年因赴延不易，改變投奔方向。[144]

三、延安經濟

陝北窮山惡水、少雨苦旱、地瘠民貧，屢有知縣不勝饑餓棄職潛逃。[145]高原性乾燥寒冷氣候，年降水量僅400～600毫米，水土流失面積67%，大多荒山禿嶺，地瘠薄收，畝均產糧約15公斤。1940年代，毛澤東對陝甘寧邊區農業提出的目標是「耕三餘一」，即爭取做到耕種三年能積蓄下夠吃一年的餘糧。[146]人畜死亡率很高，人口逐年下降；文教相當落後，文盲99%，農村方圓幾十里無一所學校，延安城裡也只有中小學各一所，學生約220人。[147]

紅軍剛入陝北，還是「打土豪經濟」。吳法憲：

> 辦法還和以往一樣，由部隊的政治機關和供給部門共同組織打土豪。抓到地主，就一批一批地罰款，從幾百到幾千不等。同時沒收地主家的布匹、糧食和鹽等物資。我們把布匹分給部隊，準備給戰士做單衣。沒收的糧食，除了留下部隊吃的以外，其餘都分給了當地的貧苦群眾。[148]

---

[140] 蔣巍、雪揚：《中國女子大學風雲錄》，解放軍出版社（北京）2007年版，頁124。

[141] 江文漢：〈延安訪問記〉，載《檔案與史學》（上海）1998年第4期，頁5。

[142] 陳荒煤：《冬去春來》，江蘇文藝出版社1994年版，頁185。

[143] 胡績偉：《青春歲月──胡績偉自述》，河南人民出版社1999年版，頁155～156。

[144] 石瀾：《我與舒同四十年》，陝西人民出版社1997年版，頁49。

[145] 王健民：《中國共產黨史稿》（增訂本），中文圖書供應社（香港）1974～75年，第三編・延安時期（上），頁255。

[146] 丁雪松：〈永恆的懷念──憶鄭律成同志〉，載《紅旗飄飄》第26集，中國青年出版社（北京）1983年版，頁103。

[147] 陳俊岐：《延安軼事》，人民文學出版社（北京）1991年版，頁264。

[148] 《吳法憲回憶錄》，北星出版社（香港）2007年版，上冊，頁140。

　　延安時期，不能再執行「一大」黨綱[149]，政策相對務實。1937年，中共明令廢止土地革命政策，不再沒收地富土地分配給貧雇農，改為減租減息。1938年9月29日～11月6日召開的中共六屆六中全會，認定蘇維埃運動脫離國情，紅軍時期不高舉三民主義而高舉蘇維埃旗幟，乃是一大損失。[150]

　　1944年7月，毛澤東數次對美國記者說：新民主義是在私有財產基礎上進行三民主義革命，中共不僅不沒收資本家財產與地主土地，相反還要加以保護──

> 　　委員長是公認的中國主席。我們一直堅守諾言，並且還要堅持下去。第一，不推翻國民黨。第二，不沒收土地。第三，我們民主選舉產生的政府，都是國民黨政府下屬的地方政府。第四，我們的軍隊都是國民黨軍事委員會管轄下的國民軍的一部分。

　　1944年8月27日，毛甚至對美軍觀察組說：為使中外對中共放心，曾擬改變黨名。毛還非常超前地表示：「中國必須工業化，在中國，這只有通過自由企業和外資援助才能做到。」1945年3月，毛澤東對美國大使館人員說：

> 　　不管是農民還是全體中國人民，都沒有為實現社會主義而作好準備。在未來的很長時間內，他們不會準備好的。必須經歷漫長的、民主管理的私人企業時期。侈談立即進入社會主義是「反革命的思想」，因為它不現實，而想實行它總會自招失敗。[151]

　　南方蘇區殺富濟貧的絕對平均主義，短期內雖能有效動員一部分貧農參

---

[149]　中共「一大」四條核心黨綱：1、推翻資本家階級政權，必須援助工人階級，直到社會階級區分消除的時候；2、直到階級鬥爭結束為止，即直到社會的階級區分消滅為止，承認無產階級專政；3、消滅資本家私有制，沒收機器、土地、廠房和半成品等生產資料；4、聯合第三國際。
　　〈中國共產黨第一次全國代表大會通過的黨綱〉（1921年7月），載《中共黨史參考資料》（一），中共中央黨校黨史教研室選編，人民出版社（北京）1979年版，頁279。
[150]　宗鳳鳴：《理想・信念・追求》，環球實業公司（香港）2005年，頁110。
[151]　（美）（謝偉思）：《在中國失掉的機會》（Lost Chance In China），國際文化出版公司（北京）1989年版，頁211、260、328。

與，但暴烈政策畢竟缺乏持續性，至多見效於一時，難以維持於長久。長征抵陝後，雖然最初還只能依靠「打土豪」維持生計。1936年2月20日～5月5日，毛澤東、彭德懷率紅軍東渡黃河，發動「東征」，既有擴張軍政影響之目的，更有「搞經濟」之內涵。當然，有時仍然不免「運用老辦法」。1940年2月，晉西北行署動員士紳富戶獻糧獻款，興縣在短時期內就獻出糧食2.8萬石、白銀五千餘兩、銀元5.7萬元。行署主任續范亭秘書段雲：

> 當然工作中有一定的缺點，比如有強迫命令，還有執行過嚴，辦法過於生硬，等等。……為晉綏地區的財政經濟打下了一點基礎。[152]

1936年4月9日晚，張學良偕王以哲、劉鼎等自洛川飛赴膚施（延安），當晚與周恩來、李克農一行會談，次晨四時結束。除了軍政協議，張學良贈送紅軍兩萬現洋，以後又送二十萬法幣。[153]1936年8月，潘漢年奉命與張學良談判，幾乎每晚都與張學良深談，無話不談。張明確告知東北軍中立，不打紅軍。邊區給養困難，張學良先資助五萬元，由上海撥款，並同意給紅軍做一部分冬衣。[154]

國共合作後，紅區得到國府資助，1941年1月皖南事變前，國民政府承認八路軍三萬人編制，每月撥餉六十八萬元，子彈八百萬粒。[155]南方新四軍，1937年10月21日，葉挺第一次從國府領取開辦費五萬元；此後每月經費至少6.5萬。閩贛各省特委最低月需一千七百元，多至三千元，長江局僅批五千元，東南局書記項英抱怨：

> 還不夠閩西和另一、二個特委經費。目前四軍自身難顧，何能幫助分局？必須先設法增加一萬元的經費才行。

[152] 段雲：〈憶偉大的革命戰士續範亭〉，載《黨史文匯》（太原）1990年第4期，頁36。
[153] 戴鏡元：〈從洛川會談到延安會談〉，載《文獻與研究》1986年第1期。參見張魁堂〈劉鼎在張學良那裡工作的時候（二）〉，載《黨的文獻》（北京）1988年第3期，頁19。
[154] 潘漢年：〈關於與張學良談判之經過——小K給東、天信〉（1936年8月19日～9月1日）。參見張魁堂：《1936年潘漢年回國之行》，載《黨的文獻》（北京）1990年第3期，頁64。
[155] 陳嘉庚《南僑回憶錄》，嶽麓書社（長沙）1998年版，頁180～181。

東南分局向上級長江局與中央的報告中，多處要求撥款。[156]1939年，葉挺夫人從家裡張羅來一筆錢，從廣東、香港購得三千六百支手槍，運抵皖南。後人難以想像的大手筆，新四軍手槍團由是成立。[157]1938年4月下旬，新四軍先遣支隊挺進敵後，葉挺見支隊司令粟裕的電臺機要員沒有武器，送上自己的的左輪手槍，還細緻交代：任何時候不得離開首長，身上必須保持乾燥火柴，以便緊急時刻燒掉密碼。[158]

范長江《塞上行》（1937年4月）：1937年2月6日，他與博古、羅瑞卿同車從西安往膚施（延安），車上「最重要的是從紫金山那裡運來的幾十萬法幣。」[159]舒湮《邊區實錄》記載1937年初：「自從統一戰線完成後，中央對第八路軍有餉額補助每月50萬元。」[160]1938年3月24日，毛對記者說：國府每月撥給八路軍幾（五）十萬元經費。[161]1940年6月初，陳嘉庚訪延，朱德向陳介紹：國民政府承認中共軍隊三萬人編制，每月撥軍政費68萬元，步槍子彈每月供800萬粒，中共則放棄共產主義實行三民主義。[162]

1937年12月3日，八路軍蘭州辦事處主任謝覺哉（1884～1971）日記：

> 中央（按：國府）發給八路軍餉械比其他部隊為優先，所以未能全部解決，大概中央亦很困難之故。[163]

1939年6月，留美碩士江文漢（1908～1984）率基督教訪問團入延：

> 中央政府對邊區政府似乎已經給予事實上的承認。我們可以從以下事實中看出這一問題：民族救濟委員會已給他們十萬元的撥款。交

---

[156]　《中共中央東南局》，中共黨史出版社（北京）2006年版，下卷，頁499、512、533、553。
[157]　熊輝：〈追隨葉挺將軍兩年〉，載《紅旗飄飄》第5集，中國青年出版社（北京）1957年版，頁207。
[158]　何風山：〈新四軍挺進江南敵後〉，載《革命回憶錄》第18輯，人民出版社1985年版，頁96。
[159]　范長江：《塞上行》，新華出版社（北京）1980年版，頁189。
[160]　舒湮：《邊區實錄》，國際書店（上海）1941年版，頁12。
[161]　逄先知主編：《毛澤東年譜（1893～1949）》（中卷），中央文獻出版社（北京）2005年版，頁17、59。
[162]　陳嘉庚《南僑回憶錄》，嶽麓書社（長沙）1998年版，頁180～181。
[163]　《謝覺哉日記》，人民出版社（北京）1984年版，上冊，頁190。

　　　　通部一個月給他們十萬元用於築路。經濟部在土地開墾的項目中也給
　　　他們以幫助。[164]

　　　這一時期在武漢、重慶搞統戰的周恩來，1937年底，武漢市長吳國楨
宴請周恩來等南開老同學，辦了一桌三等晚宴（16元）。周恩來還禮，幾天
後端出手的是由銀行分會大廚師料理的宴席（36元），當時漢口所能籌措的
最昂酒席，周恩來帶來的酒也是最好的。一位南開同學問起周的收入，周答
月薪五塊錢。同學們驚訝不已：「就這些？」再問如何付得起這桌飯錢？周
說：「由我的黨來付。」又問：「那你的皮衣呢？」周答：「也是黨提供
的。」又問：「有沒有什麼東西不是黨提供的呢？」周答：「你們知道，
我們是共產黨人，我們共用一切，我什麼也不佔有，黨提供我所需要的一
切。」[165]36元一席已是摸天價了。「黨提供一切」，也能看出此後公款消費
的漏洞，一旦「特殊材料製成者」道德有虧，漏洞很難防堵。

　　周恩來工作的另一內容就是給文化界左翼人物送錢。1941年4月底，周
恩來當面送給胡風100美金、若干法幣。1942年初，從香港避難至桂林的胡
風，中共地下黨也給了一筆生活費。三口之家的胡風，桂林生活便宜，離開
桂林時退還了部分餘款。「最近地下黨開銷很大，過境的人凡有關係的，都
要送點錢。」說明中共這一時期的經濟相對寬裕。[166]

　　赤區停止「鬧紅」後的經濟政策、土地政策，改為相對緩和的「減租
減息」，即「二五減租」──北伐時期國民黨一路實行的土地政策。1926年
10月，北伐軍進入湘鄂，為取得農民支持，國民黨中央在廣州召開各省區代
表聯席會議，制訂「二五減租」政策，列入《最近政綱》。即不論何種租佃
形式，均按原租額減去25%，簡稱「二五減租」。此外，減租後，各類地租
一般不得超過收穫量的30%，最大不得超過45%。南京政府成立後，繼續推
行「二五減租」，頒佈《佃農保護法》，規定佃農繳租不得超過所租收穫的

---

[164]　江文漢：《延安訪問記》（1939年11月17日），載《檔案與史學》（上海）1998年第4
　　　期，頁8。
[165]　吳國楨：《從上海市長到「臺灣省主席」（1946～1953）──吳國楨口述回憶》，吳修垣
　　　譯，上海人民出版社1999年版，頁253～255。
[166]　梅志：《胡風傳》，北京十月文藝出版社1998年版，頁457、475。

40%，所有苛例一律取消，佃農對所耕地有永佃權。[167]

1939年冬，各赤區相繼實行「二五減租」，既改善佃農生活又保證佃權，意在取得貧雇農及地富對中共的支持。借貸利息減至一分，晉察冀邊區的彭真：「這雖比資本主義國家的利息還重，但已比高利貸降低了。」工人名義工資增加9～30%，但因糧食漲價，「實際工資並未增加」。[168]抗戰前，晉察冀地區雇工年薪最高五十元，青工只有二十元，甚至二十元以下——

> 以現在的糧價計算，每月50元錢還困難養活一個人。因此，現在武鄉、榆社一帶雇工多改為「糧食工資」，每月中雇主給以二斗或三斗糧食，雇工認為這樣可以保險。[169]

1938年5月晉察冀赤區，彭真發表〈廣泛進行抗戰的財政動員〉：「過去邊區沒有正確的財政政策……財政的來源專靠向富有者徵收或募捐……因此才籌款極少而摩擦極多。」此時，晉察冀已停止「合理負擔」，「目前所徵收的只是數千年來群眾所視為『分所當納』的田賦！」「三月內募足救國公債二百萬。」[170]晉察冀在日寇控制的平津周圍，種植的棉花不供給日寇，赤區政府勸農民少種棉花多種糧食，日偽政權就是向農民發放棉花種籽，也沒多大用處。百姓甚至不願到日偽城鎮去趕集，竟發生日偽被迫用汽車載著百姓進城趕集，但成效並不大。聶榮致：「敵人占去了我們的城市並不能控制我們的經濟。」[171]

平均分配土地後，陝甘寧邊區人均擁地三坰（三畝／坰），每畝收糧

[167] 楊天石：〈國民黨在大陸「二五減租」的失敗〉，載《炎黃春秋》（北京）2009年第5期，頁39。
[168] 彭真：〈為把晉察冀邊區建設成模範抗日根據地而鬥爭〉，載《戰線》第41期，1940年7月30日。魏宏遠主編：《抗日戰爭時期晉察冀邊區財政經濟史資料選編》，南開大學出版社（天津）1984年版，頁280～281。
[169] 楊尚昆：《論華北抗日根據地的建立及鞏固》，救國報社1944年7月出版。魏宏遠主編：《抗日戰爭時期晉察冀邊區財政經濟史資料選編》，南開大學出版社（天津）1984年版，頁144。
[170] 彭真：〈廣泛進行抗戰的財政動員〉，原載《戰線》第5期，1938年5月5日。魏宏遠主編：《抗日戰爭時期晉察冀邊區財政經濟史資料選編》，南開大學出版社1984年版，頁2～3。
[171] 聶榮臻：〈晉察冀邊區的形勢〉（1940年2月28日）。魏宏遠主編：《抗日戰爭時期晉察冀邊區財政經濟史資料選編》，南開大學出版社（天津）1984年版，頁72。

三四十斤／年，每人每年收糧不過三四百斤，吃喝、種糧、餵牲及其它一切用度全都指著這點收成，維持生活已不容易，還得繳「救國公糧」。[172]1946年底，榆（林）橫（山）地區還有一輩子沒吃過白麵的農民，一件棉襖父傳子，兒子也已穿了18年，孩子沒褲子過冬很普遍，沒有一家不吃糠，甚至連糠都吃不上；見八路軍運去的穀草秤子很粗，很羨慕。[173]

延安時期，除了經濟政策「二五減租」，還大力墾荒、鼓勵私有經濟、改善勞資關係、注意調節稅收；政治上「三三制」、統一戰線、優待敵俘、民族平等、簡政廉政；司法制度上，嚴刑竣法，槍斃黃克功，優化獄政、保護外僑、保護私生子權益；文化教育上，興辦學校、降低文盲、劇團下鄉；生活上，官兵平等、共熬艱苦、優撫抗屬、村村挖井、興辦福利；社會面目上，反對纏足、改造二流子、鼓勵勞動、男女平等、保護婦幼；凡此等等，一時氣象。

1940年2月1日，毛澤東在延安討汪大會上宣佈邊區「十沒有」：

> 陝甘寧邊區是全國最進步的地方，這裡是民主抗日的根據地。這裡一沒有貪官污吏，二沒有土豪劣紳，三沒有賭博，四沒有娼妓，五沒有小老婆，六沒有叫花子，七沒有結黨營私之徒，八沒有萎靡不振之氣，九沒有人吃摩擦飯，十沒有人發國難財。[174]

沒有妓院、沒有茶樓、也沒有酒樓；全邊區行政幹部4558名，其中邊區級幹部僅367名，[175]機構精悍，效率高強；社會正義，個性舒張，婚戀自由，離婚也自由。「乞丐、娼妓、賭博這些社會的病態，這裡幾乎完全消滅了。」「貪汙舞弊之事更已絕跡，所以大家還是愉快的苦幹著。」[176]

1.魚大塘小

1938年秋，抗大已無力繼續擴容，延安到西安的電線杆一路張貼「抗大

---

[172]　原景信：《陝北剪影》，新中國出版社（武漢）1938年版，頁35。
[173]　《謝覺哉日記》，人民出版社（北京）1984年版，下冊，頁1029。
[174]　胡績偉：《青春歲月──胡績偉自述》，河南人民出版社1999年版，頁161。
[175]　趙超構：《延安一月》，上海書店1992年版，頁227。
[176]　舒湮：《邊區實錄》，國際書店（上海）1941年版，頁10、14。

停止招生」，但還是有許多青年徒步走來。[177]江南還有一些投奔新四軍的學生，因無介紹信，硬給攆回去。[178]1942年，延安總人口達四萬，「三萬黨政軍，一萬老百姓。」[179]

1941年，邊區政府脫產人員已是1937年9月6日成立時的五倍。[180]1942年全邊區脫產人員達到總人口的5.4%。1937年徵收公糧1.4萬石（一石150公斤），為邊區糧產量1.28%，人均負擔一升；1938年升至1.5萬石，1939年6萬石，1940年10萬石，1941年20.167萬石，占邊區糧產量13.8%，人均負擔1斗4升（合21公斤）。1941年6月鄉農有咒：「雷公打死毛澤東」。1941年6月3日，邊區政府召開縣長會議，一聲炸雷劈斷小禮堂一柱，當場劈死延川縣代縣長。一農民得訊，因對公糧負擔不滿，怒曰：「老天爺不睜眼，咋不打死毛澤東！」此農被捕。毛澤東獲知，旋令放人，並降低公糧征額。[181]

胡喬木記載：邊區1939年總人口200餘萬，脫產人員4萬多；1941年總人口縮至140餘萬，脫產人口近8萬（因增加衛戍部隊），國府1940年11月停發八路軍、新四軍糧餉，「魚大塘小」矛盾更加突出，各根據地不得不逐年增加征糧。[182]隊伍擴充建築在一而再、再而三向百姓征糧的基礎上，符合「全心全意為人民服務」的宗旨麼？1946年2月，邊區脫產人員增至七萬，謝覺哉驚呼：「邊區絕不能養這多人。」[183]

趙超構記述：1943年邊區農民糧食產量70%自養，11%交公糧，中農只有15%餘糧，「這一切可以表明農村的光景僅僅是比從前安定了一點。」1943年邊區徵收公糧18萬石，約占百姓農業收益的12%，較之古代輕徭薄賦的三十稅一，已經夠重了。公糧徵收標準具體如下：五斗起徵，地主繳納收入的25～35%、富農20～30%、中農9～20%、貧農9～12%、雇農種一點地

[177] 何其芳：〈我歌唱延安〉，載《文藝戰線》（延安）創刊號，1939年2月。參見《何其芳文集》第二卷，人民文學出版社（北京）1982年版，頁176。
[178] 〈無悔的追求——粟裕夫人楚青訪談錄〉，載《百年潮》（北京）2007年8月號，頁51。
[179] 〈中共中央關於審查幹部的決定〉（1943年8月15日），載《中共黨史參考資料》（五），人民出版社（北京）1979年版，頁150。
[180] 薛鑫良：〈久違了，延安精神〉，載《同舟共進》（廣州）2009年第10期，頁43。
[181] 李維漢：《回憶與研究》，中共黨史資料出版社（北京）1986年版，下冊，頁501、540。
胡績偉：《青春歲月——胡績偉自述》，河南人民出版社1999年版，頁235～236。
[182] 胡喬木：《胡喬木回憶毛澤東》，人民出版社（北京）1994年版，頁146。
[183] 《謝覺哉日記》，人民出版社（北京）1984年版，下冊，頁899。

的，也須繳納3～5%。[184]

　　幹部、兵員超過供餉極限，不得不精兵簡政。中央機關2.4萬人，要求減至五六千。1942年12月1日，毛澤東指令各根據地：「軍隊在抗戰期間原則上不再補兵，全軍準備在明年至後年縮小一半，由57萬準備縮至20餘萬。」[185]

　　戰爭當然最終打的是財政。根據彭德懷〈敵後抗日根據地的財政經濟建設〉（1940年9月），八路軍兵員占根據地人口2%，每一兵員按1940年生活水準，每年約需470餘元，根據地人均負擔9元，加上其他雜費，每人負擔為11元（支差等費在外）；而政府、群眾團體工作人員，「至少占全人口百分之一。」彭德懷認為堅持敵後的長期戰爭需要強大兵力鞏固根據地，不合理解決財政經濟，就無法供給戰爭，影響敵後根據地的鞏固與堅持。[186]

　　1939年1月，中共湘鄂贛特委工作報告中也談到：

> 因為經濟困難，整訓隊伍繁忙，對地方工作幹部生活，當時特委沒有注意照顧維持，引起一些幹部的不滿和消極。甚至個別負過相當重要責任的幹部，如省蘇副主席鄭濟民、團省委書記張德華，表示消極回家裡不工作，在幹部問題上給了我們一個深刻的經驗教訓，要關心幹部的生活問題。[187]

2.一時氣象

　　1938年3月的延安街頭大字標語──「歡迎商人投資」、「改善人民生活」、「實行廣泛的民主政治！」[188]各項政策和緩下來。國共合作，得到國府軍餉，各項政策和緩下來，認識到過分激烈的左傾政策行不通，無法得到群眾擁護，由革命黨調整為合作黨，內外政策也由激進趨向寬緩。如由沒收地富一切財產的土地革命政策轉為減租減息，逃跑的地主若歸來，另給土地

[184]　趙超構：《延安一月》，上海書店1992年版，頁183、219、220。
[185]　毛澤東：〈學習與時局〉，載《毛澤東選集》第三卷，人民出版社（北京）1963年版，1966年橫排本，第3～4卷合印本，頁894。
[186]　魏宏遠主編：《抗日戰爭時期晉察冀邊區財政經濟史資料選編》，南開大學出版社（天津）1984年7月第一版，頁138～139、383、425～426、325。
[187]　《中共中央東南局》，中共黨史出版社（北京）2006年版，下卷，頁650。
[188]　齊世傑：《延安內幕》，華嚴出版社（重慶）1943年版，頁4。

房屋，或從已沒收的土地中劃出一部分歸還。[189]

1940年8月，晉察冀頒佈《雙十綱領》，自由戀愛之風日盛，結婚、離婚激增。新娘以回憶戀愛經過代替坐花轎、騎毛驢。婦女還十分支持產前產後休息。地主也對《雙十綱領》很重視，徐水縣逃亡地主回來百餘戶，靈邱縣回來三十餘戶。另一縣擁地四千畝的大地主亦擬返回。代縣士紳座談會上，一位從敵佔區歸來的地主說：「今天我看到了雙十綱領，以後即便殺頭，我也不到敵區去了。」言之沉痛而落淚。盂縣一些地主提到雙十綱領就眼笑眉開。[190]

減租減息，不再徹底剝奪地富，抗戰時期各赤區經濟較之紅軍時期有了更多的初始推力——因允許求富而敢於思富致富。政治方面也立竿見影：得到知識分子與中間階層的一些支持。1944年6月，陝甘寧邊區政府秘書長李維漢在〈陝甘寧邊區建設簡述〉中：

> 以私有財產為基礎、自願為原則，培養大批勞動英雄為骨幹的多種多樣的合作方式，用它來將個體的、分散的、落後的農村經濟逐漸組織起來，這是去年以來農業及其副業生產大踏步發展的關鍵。[191]

1944年，延安有私商473戶，定邊173家。[192]承認私財、尊重自願，生產獲得發展，邊區政府嘗到甜頭。

抗戰期間，半壁江山淪陷敵手，國府財源大大減縮，僑捐、僑匯成為重要財政支柱。南洋巨富陳嘉庚（資產1200萬）積極組織華僑捐款並匯款回國。1937～1940年，南洋華僑捐款三億元。1939年，國府全年軍費開支十八億元，僑匯僑捐十一億，其中南洋僑捐僑匯八億元。按國際通例，每一元外匯現金可發行鈔票四元，華僑的十一億元可發行鈔票四十四億元，除解付十億元左右給國內僑眷與十八億軍費，尚餘十六億可供其他財政開支。1936

---

[189]　舒湮：《邊區實錄》，國際書店（上海）1941年版，頁4。

[190]　劉瀾濤：〈全國徹底的實現雙十綱領〉（1941年2月），原載《戰線》第57集，1941年4月15日。魏宏遠主編：《抗日戰爭時期晉察冀邊區財政經濟史資料選編》，南開大學出版社（天津）1984年版，頁383～384。

[191]　李維漢：《回憶與研究》，中共黨史資料出版社（北京）1986年版，下冊，頁614。

[192]　劉慶旻、劉大成：〈抗日民主政權研究〉，載《中共黨史研究》1992年第2期，頁27。

年，蔣介石五十大壽，南京政府請陳嘉庚組織南洋華僑購買飛機一架祝壽，陳嘉庚出任「購機壽蔣會」主席，一舉得款一百三十萬，可購機十架。[193]必須爭取僑領，除了政治影響，最實質的根柢還是在經濟。

3.各種經濟事件

——1938年，河北邢臺縣中共組織缺乏經費，城南鄧家莊交通聯絡站負責人，一位31歲女黨員，衣著破爛、面黃肌瘦、披頭散髮、假裝癡呆，為黨乞募經費。村裡人只知道她逃荒要飯，啃樹皮、刨野菜，前年冬天差點死在雪窩裡。但對上暗語接上關係後，她向組織交出幾塊銀元、一遝偽幣，專門解決黨組織迎來送往的經費。[194]

——1940年11月，國府停發八路軍、新四軍的軍費，延安經濟陷於困境。於是，恢復三邊（定邊、靖邊、安邊）鹽業。三縣有五處鹽池，原有鹽務機構，連年戰亂，機構垮掉，鹽業處於無政府狀態。1941年初，中共中央、中央軍委、留守兵團三家抽人成立定邊鹽務局，負責銷售。1943年國民黨要求鹽販不要上邊區進貨，提出「鹹死邊區」。僅僅半年，邊區各口岸就囤鹽十五、六萬垜，賣不出去，邊區經濟更困難了。同時，西安食鹽供應只能舍近就遠，鹽販只能上青海、寧夏運鹽，關卡多、土匪劫、風險大、成本高。陳雲、葉季壯、耿萬福等人根據西安鹽業供應現狀，決定鹽價不降反提，造成西安鹽販心理恐慌。提價20%後鹽商要求按原價購買，中共鹽務局堅持不降，鹽商精算即使提價20%也比上青海、寧夏販鹽劃得來，「到十四天頭上，便一擁而上，不到半個月時間就把存積的十五、六萬垜鹽搶購光了。邊區也因此進了不少日用百貨，使市場又有了生機。」[195]

——八路軍「渝辦」及南方局的經費一直較充裕，大部分來自外面轉帳，各大銀行都有戶頭，隨時可提取大量現鈔。由於是大戶頭，銀行總是優先辦理業務。[196]1942年，南方局撥給桂林的南方工作委員會十萬經費。5月

[193] 鞠克光：〈中國的希望在延安——1940年陳嘉庚歸國考察片斷〉，載《黨史文匯》（太原）1990年第5期，頁4。
[194] 邢東榮：〈聽獨臂團長講故事〉，載《黨史文匯》（太原）1990年第5期，頁14。
[195] 耿萬福：〈陳雲同志領導邊區經濟工作的幾個故事〉，載《紅旗飄飄》第30集，中國青年出版社（北京）1986年版，頁33～37。
[196] 賀英傑：〈在八路軍桂林辦事處和重慶中共代表團的一段經歷〉，載《革命回憶錄》第16輯，人民出版社（北京）1985年版，頁166。

26日，南工委組織部長郭潛攜妻領款，在曲江雙雙被捕，旋叛變，帶領國民黨「中統」特工到處抓人：粵北省委書記李大林夫婦、弟妹、譯電員、保姆等七人；粵北省委組織部長饒衛華、八路軍駐港辦事處主任廖承志、南委宣傳部長涂振農（也叛變）。「南委事件」致使四十餘人被捕。[197]

　　──各赤區也有雇員職權大於雇主的現象，中共中央書記處1940年不得不下文制止：

　　　　……過高增加工資，改善待遇條件過多，如要雇主供給衣服鞋襪，要同雇主吃同等伙食，工人參加會議除工資照給外，還要雇主供給飯錢，要求分得40%紅利，及監督審查盈利數目，過高規定傷亡恤金，及強調實行八小時工作制等。[198]

　　廟產是中國特有的土地佔有形式。不少廟宇有廟產，既提供和尚、尼姑、道士的生活費用，亦為維持廟宇的養護。按蘇維埃的觀點，「幾個和尚或道士則把持這些土地，剝削農民，不納田賦，不依法減租，為非作歹，無所不為，甚至有霸佔貧苦農民田產與妻室的。」赤區將廟宇田產收回，租借給無地或少地的農民，租戶須繳納租稅，留一部分給僧尼道士為生活費。只是對大喇嘛廟與回教清真寺，因涉及民族問題，「對於這些廟產，不應有所干涉，以鞏固民族團結。」赤區「反迷信」，不少教徒外逃。冀中完縣一百三十餘名基督教知青逃亡敵佔區，1941年才陸續回來八九十人。

　　那會兒就有「引進外資」、「躬迎外商」的問題。1941年8月，晉察冀邊區行政委員會總結：

　　　　歡迎外商來邊區經營商業，把商人統一戰線擴大到敵佔區去，這是繁榮我區市場的辦法……只因我們過去在貿易政策的執行上犯了錯誤，所以外商不敢進來。……今天二層市場的形成，外商不敢進來是主要

---

[197]　南方局黨史資料徵集小組南委組：〈中共南方工作委員會概況〉，載《中共黨史資料》第12輯，中共黨史資料出版社（北京）1985年版，頁118～123、129。
[198]　〈中央關於各抗日根據地勞動政策的初步指示〉（1940年12月3日），中央檔案館編：《中共中央文件選集》第12冊，中央黨校出版社（北京）1991年版，頁570。

原因，我們應該歡迎外商來邊區內部坐莊，這樣我們易於爭取主動，否則我們要找外商買貨賣貨，就要成為被動的，如何拉進外商來？[199]

四、延安生活

長征抵陝，中共中央最初落腳的保安，一座縣城連一條像樣的街道也沒有，土築城牆倒塌，幾十間破爛屋子，斜坡上一些陰暗潮濕的窰洞，沒有商店。毛澤東窰洞裡只有粗糙的一桌一凳，其他中共首腦來談話、開會，警衛員得臨時去搬圓木墩。中央局、軍委、後勤部門、紅軍大學一、二科、醫院，都擠在這裡。[200]最好的院子給了李克農的「外交部」——聯絡局兼招待所，一個空院子裡幾孔空窰洞。[201]

1936年12月16日，紅軍進入延安；1937年1月13日，中共中央由保安遷延安，全城只有兩千餘人。[202]「飯鋪只有四五家，使用著木頭挖成的碟子，彎的樹枝做成的筷子；商店沒有招牌，買錯了東西很難找到原家去換，因為它們有著同樣骯髒同樣破舊的面貌。」全城骯髒擁擠，廁所尤其原始。丁玲紀實小說《醫院中》記述了老鼠溜被邁頭的細節。平西根據地，「老鼠就在天花板上面竄來竄去啃漿糊吃。一次，隔壁房裡竟有一隻老鼠從上面掉下來，砸在正在睡覺的傅萊（Frey）大夫的臉上。」[203]

1937年1月，史沫特萊進入延安，當發現延安窰洞老鼠橫行，便給北京即將訪延的王安娜（王炳南德籍妻子）寫信，附有一張物品清單，第一樣就是捕鼠器；要求愛德格·斯諾從北京給她運送兩千付老鼠夾子，以至於斯諾買光北京所有庫存的老鼠夾子，史沫特萊在延安免費分發，毛澤東也要了一隻，然而不久她就沮喪地「發現它們正在市場上出售！」[204]

[199] 魏宏遠主編：《抗日戰爭時期晉察冀邊區財政經濟史資料選編》，南開大學1984年版，頁138～139、383、425～426、325。

[200] 賀清華：〈隨從毛主席在陝北〉，載《紅旗飄飄》第13集，中國青年出版社1959年版，頁112～113。

[201] 童小鵬：〈回憶克農同志〉，載《紅旗飄飄》第16集，中國青年出版社1961年版，頁46。

[202] 黃炎培：《延安五日記》（1945年7月），參見黃炎培：《八十年來》，文史資料出版社（北京）1982年版，頁131。李德估計中共初進延安時，「這座城市的居民還足有三千人。」奧托·布勞恩：《中國紀事（1929～1939）》，東方出版社2004年版，頁239。

[203] （英）林邁可：《八路軍抗日根據地見聞錄》，國際文化出版公司1987年版，頁54。

[204] 伯納德·湯瑪斯：《冒險的歲月——愛德格·斯諾在中國》，世界知識出版社（北京）

1936年8月，斯諾記述：

> 人們就像五千年前他們祖先那樣生活在這黃土群山裡。男人蓄髮梳辮，婦女全都裹足。他們難得洗澡。據說陝西老鄉一生只乾淨過兩次：結婚喜日他自己洗一次澡，再就是出殯那天別人幫他洗。[205]

1938年3月，《掃蕩報》記者原景信從西安赴延，一路上——

> 既少村莊，又乏人煙，荒涼得不堪入目！……種的是山坡，住的是破窯，吃的是小米。窯洞就是原始人住的「穴」，又黑又臭。……人民生活表面上雖比原始人好一些，但個個有菜色，實際上卻還不如原始人！[206]

　　1938年春，在陝北巡訪一大圈的美使館參贊：「不曾到中國旅行的人不知道中國大多數人的生活是多麼原始。」[207]1928～1933年大饑荒，陝西一省餓死數百萬，僅1928～1929年，據國際饑荒救濟委員會估計，餓死250萬人，幾占全省人口1/3，另有50萬逃移它省，數不清的人賣掉房子和土地，數千婦女兒童賣身為奴。[208]

　　陝北民謠：「端上飯碗照影影，睡在坑上望星星，身穿羊皮疊補釘。」逢年過節才宰豬殺羊吃幾頓肉，平時連豆腐都難吃到。[209]百姓穿得破破爛爛，不少十幾歲女孩沒褲子穿。[210]隴東男人大多赤裸上身，下體圍一塊破布，女人縮在坑上，腳上纏著厚厚裹腳布，身上幾乎一絲不掛，全家滿身爬虱，一家只有一條褲子，誰出門誰穿，大半年吃糠咽菜。[211]1936年7月9日，

　　　1999年版，頁199。
[205]　（美）愛德格・斯諾：《紅色中華散記》，江蘇人民出版社1991年版，頁127。
[206]　原景信：《陝北剪影》，新中國出版社（武漢）1938年版，頁5。
[207]　（美）埃文斯・福代斯・卡爾遜：《中國的雙星》，新華出版社（北京）1987年版，頁277。
[208]　（美）馬克・賽爾登：《革命中的中國：延安道路》，社會科學文獻出版社（北京）2002年版，頁14。
[209]　《于光遠自述》，大象出版社（鄭州）2005年版，頁95。
[210]　金城：《延安交際處回憶錄》，中國青年出版社（北京）1986年版，頁145。
[211]　蔣巍、雪揚：《中國女子大學風雲錄》，解放軍出版社（北京）2007年版，頁132～133。

周恩來向斯諾抱怨：「在江西和福建，大家都帶著鋪蓋卷來參加紅軍，這裡他們連雙筷子都不帶，他們真是一貧如洗。」[212]

延安衛生狀況嚇人，飯館「醉仙樓」（全城共兩家飯館），「停留在菜刀上的蒼蠅，多到好像鋪上層黑布。」[213]晉西北苛嵐農村的鍋灶貼著茅坑，剛剛出鍋的乾飯，蒼蠅奔著熱氣撲上來，農家主婦不揮不趕，繼續切菜，只一會兒，蒼蠅就嗡嗡成一片，黃飯成了黑飯。主婦招呼來吃派飯的北平女學生：「不用管它，這是老天爺賞它一口食，咱們吃飯吧！」北平女生只好閉著眼將蒼蠅叮過的飯吃下去！[214]

邊區傳染病不斷，「陝北一向是地球上僅有的幾個鼠疫仍舊流行的地方。」[215]邊區盛行求神祈藥，陝民思維停滯於中世紀，相信劉志丹「刀槍不入」。[216]1944年巫神仍有兩千，兒童死亡率60%，成人死亡率3%，絕大多數不識字，是年死七萬頭牛、20萬頭羊。[217]延安城「買縫衣服的針和生活用品都有很大困難，還得跑外地才能買到。沒有什麼工業，只有中國封建社會式的大量磨坊和賣燒餅饃的小作坊。」[218]延安有大煙館五所，[219]煙槍五百餘支，明妓暗娼幾十人。[220]

1939年1月，陝甘寧邊區主席林伯渠報告，1936年以前邊區150萬人口識字率僅1%，有些縣（如華池）則為0.5%。[221]當地笑話也是「文盲式」。民國三十餘年的晉南襄汾侯村，漢子高旦娃與別家媳婦偷情，被人家丈夫捉姦在床，赤條條綁縛在一塊門板上抬至縣府大堂。縣官升堂後喝令先穿上褲子，旦娃被判刑兩年。刑滿釋放後，旦娃在村裡大肆吹噓：「有誰在縣衙

---

[212]　（美）愛德格・斯諾：《紅色中華散記》，江蘇人民出版社1991年版，頁71。

[213]　趙超構：《延安一月》，上海書店1992年版，頁135。

[214]　韋君宜：《露莎的路》，參見《韋君宜文集》第二卷，人民文學出版社（北京）2013年版，頁13。

[215]　（美）尼姆・威爾斯：《續西行漫記》，三聯書店（北京）1991年版，頁79。

[216]　（西德）王安娜：《中國——我的第二故鄉》，三聯書店1980年版，頁117、155。

[217]　《謝覺哉日記》，人民出版社（北京）1984年版，上冊，頁703。

[218]　張漢武：《延安回憶》，載《延安文史資料》第三輯，1986年11月印，頁46。

[219]　李加斌：〈抗日戰爭時期延安少年兒童工作〉，載《延安文史資料》第二輯，1985年8月印，頁121。

[220]　張漢武：〈延安回憶〉；載《延安文史資料》第三輯，1986年11月印，頁47。

[221]　林伯渠：〈陝甘寧邊區政府對邊區第一屆參議會的工作報告〉（1939年1月）。中央教育科學研究所編：《老解放區教育資料》（二），教育科學出版社（北京）1986年版，頁4。

門大堂上一絲不掛讓縣老爺親眼看著他的毬？」[222]阿Q、陳奐生還是文學人物，高旦娃可是真人真事吶！

晉察冀平西區涿縣三坡區、房山縣龍門臺九區，農民還穿著明朝服飾，1929年才知天下已是「民國」。夏天，女人梳著龍門髻、光著上身在山裡走著。上廟會，她們帶上沉重銀環，鈴鈴響著，倚在兩個男人的胳膊上嘻嘻哈哈搖擺。他們不知祖國，也不知日本帝國主義。但他們有非常優秀的射手，有土炮、新式步槍、自動步槍，甚至機關槍。只要外人進來，他們就吹號戰鬥，「不知曾有多少人給他們活埋了。就是當八路軍鄧支隊進入平西的時候，他們都在自己村莊的四周山頭，築起工事，架起機關槍。」[223]

1.最初窘境

西安事變以前，中共僅據陝北三縣，赤區糧食罄盡，紅軍只能喝小米粥，毛澤東的吃飯都成問題。毛寫信給國府縣長，要求借洋麵十袋，交換條件是命令紅軍對此縣客氣一點，縣長沒買帳，一袋沒借。[224]1938年，毛澤民夫婦赴俄養病，滯留新疆迪化（烏魯木齊），盛世才招待的伙食不錯，餐後給幾塊糖或一個水果，毛澤民夫婦將糖塊攢起來，托幾天後從蘇聯回延安的許光達帶給毛澤東。[225]

抗戰初期，陝甘寧邊區財政仍十分困難，中共機關所在地楊家嶺——

> 二百人左右的伙食單位，吃糧不足，瓜菜也不能保證供應。毛主席和群眾同甘共苦，在一段時間裡，一天三餐只能喝小米稀粥。[226]

1937年抗大，連飯都吃不飽，8月第二期學生移駐甘泉、富縣就糧，吃完糧食後提前畢業。在這樣的條件下，絕對平均主義便是無可選擇的客觀必

---

[222] 賈植芳：《獄裡獄外——一個「胡風分子」的人生檔案》，天地圖書有限公司（香港）2001年版，頁216。

[223] 魏宏運主編：《抗日戰爭時期晉察冀邊區財政經濟史資料選編》，南開大學出版社（天津）1984年版，頁208～209。

[224] 原景信：《陝北剪影》，新中國出版社（武漢）1938年版，頁6。

[225] 錢希均：〈從嶽麓山下到西北邊陲——憶毛澤民同志〉，載《革命回憶錄》第12輯，人民出版社（北京）1984年版，頁123。

[226] 陳俊岐：《延安軼事》，人民文學出版社（北京）1991年版，頁3。

須，「義軍」領袖必須體現人格魅力。1937年4月17日，國軍將領衛立煌一行訪延，毛澤東花50多元設宴招待，幾天後收到匿名信：「有錢請國民黨軍官吃飯，但幾個月不發伙食費……」毛澤東沒有照例（凡搞到他頭上）發脾氣，親自解釋並專門佈置伙食費事宜。[227]

延安各校流傳「照鏡子」一語。抗大、陝公學生吃淨盤中菜後，會立起盤子將菜湯也倒進碗裡喝掉，謔稱「照鏡子」，甚至還產生「照鏡子標兵」。[228]

1939年，有了南京國府撥餉，延安日子好過起來。五四青年節會餐，八人一堆，圍著吃一桶燒肉、一桶醃白菜煮肉湯。[229]但仍控制人員進入邊區，幹部、家屬回延安，都得報中組部批准。[230]

此時陝北匪盜猖獗，行旅不寧。1936年2月初，博古、羅瑞卿迎接第一位國統區記者范長江訪延，車至三原：「因為等保護的部隊，恐怕路上遇到土匪，費去很多時間。」[231]

所謂「地盤」，首要意義就是以當地賦稅養兵。1939年底山西新軍事件後，為維持與閻錫山的統戰關係，中共指示八路軍與山西新軍不要越過汾離公路追擊閻的晉綏軍。「以後，黨中央派王若飛和蕭勁光到秋林同閻錫山進行了談判，達成了劃汾離公路為界的協定。即晉西南劃定為舊軍的吃糧區，晉西北劃定為新軍的吃糧區。」[232]

2.過生活關

赴延路上，「一路投宿，幾乎沒有一家客棧沒有臭蟲跳蚤蚊子。」[233]于光遠到達延安首夜大戰跳蚤，落荒逃出房間，抱被睡在場院幾根原木上。[234]

---

[227] 《邱會作回憶錄》，新世紀出版及傳媒有限公司（香港）2011年版，上冊，頁103。

[228] 蔣連穆：〈有關陳雲同志的二三事〉，載《紅旗飄飄》第30集，中國青年出版社（北京）1986年版，頁38。

[229] 蕭三：〈「窯洞城」〉，載《紅旗飄飄》第19集，中國青年出版社1980年版，頁322。

[230] 郭明秋：〈職業革命者——憶林楓同志〉，載《紅旗飄飄》第21集，中國青年出版社（北京）1981年版，頁140。

[231] 范長江：《塞上行》，新華出版社（北京）1980年版，頁192。

[232] 張稼夫：〈抗戰前夕和初期我在山西工委和省委工作的回憶〉，載山西省社科所編：《山西革命回憶錄》第一輯，山西人民出版社1983年版，頁146～147。

[233] 陳亞男：《我的母親陳學昭》，文匯出版社（上海）2006年版，頁99。

[234] 《于光遠自述》，大象出版社（鄭州）2005年版，頁77～78。

胡績偉記述了終生難忘的大戰臭蟲：

> 我一個人睡在一個舊窰洞裡，臭蟲多得可怕，一排排一串串地從各種縫隙中爬出來，結隊進攻，真是聞所未聞，見所未見，令人毛骨悚然的怪事。開初我用手指抹殺，以後用手掌抹殺，弄得滿手臭黃水，還是殺不完。好在我隨身帶了針線，趕快把自己帶來的床單縫成一個口袋，把身體裝在裡面，儘管這樣，還是輾轉反側，到天快亮時才迷糊了一小會兒。起床一看，床單上血跡斑斑。[235]

1938年2月，河南省立第一女師富家學生郝治平（1922～　　，羅瑞卿妻）到達延安第一晚，睡在新砌濕炕上，只鋪了一點草，炕並未燒，半夜凍醒，身下粘糊糊的？一摸盡是泥水。原來白天上凍，晚上熱身一暖，化了。她走了一個多月的路，腳也凍壞了，渾身痛得不能翻身，又睡這樣的新濕炕，「又疼痛又難過，一下子就想起家，想起媽媽來了。那天晚上，還真的好好哭了一場呢！」[236]

前所未見的農村廁所，也是外來學生必須過的一關。陝北、晉西北的廁所有坑沒有板，只有幾根細棍，棍上沾滿屎橛、稀糞。女學生掩鼻解褲，顫巍巍正要站上細棍，農家主婦進來一脫褲子直接坐在細棍上，白花花的屁股抵著下面矗立的屎柱，農婦一臉若無其事，一邊「辦事」一邊談笑，「結結實實」給城市女生上了一堂「廁所課」。晉綏根據地雲中山下村莊，青年婦女都光著上半身，敞懷露奶，「肥白的乳房袒露在稠人廣眾面前，毫不害羞。」[237]

惡劣的飲食、髒臭的衣服、薰蒸的廁所、床上的跳蚤，還有老粗的軍人，都因遠大的革命目標，為革命青年接受或忍受。可大多數知青很快發現難以「與工農相結合」。1990年代，延安中國女大學員——出身書香的女生李素、安陽縣長之女李逸雲、出身中農的章岩（後為遼寧省政協副主席）：

---

[235]　胡績偉：《青春歲月——胡績偉自述》，河南人民出版社1999年版，頁234。
[236]　創民：《紅色婚緣——開國將帥與夫人的婚戀紀實》，中國華僑出版社（北京）2010年版，頁86。
[237]　韋君宜：《露莎的路》。參見《韋君宜文集》第二卷，人民文學出版社（北京）2013年版，頁13、126。

　　那時做工作隊員，深入群眾真是可怕，你簡直沒法兒看。進了隴東老百姓的窯洞，男的大都裸著上身，下體只圍了一塊破布；女的縮在炕裡，腳上纏著厚厚的裹腳布，身上卻沒穿的，幾乎一絲不掛；一家男女睡一鋪大炕，爬得滿身滿頭都是蝨子。老鄉見你吃飯沒筷子，順手折一根樹枝，用嘴一吸溜，然後遞給你，你說你用不用？吃飯的粗瓷碗本來就很黑，盛飯前用髒兮兮的手或袖口一抹。吃完了也不洗碗，用嘴舔乾淨，你說下次你怎麼用吧？說實話，「深入群眾」這一關到現在也沒過。當時只好托詞說，組織有要求，不許隨便在老百姓家吃飯，才避免了這類令人尷尬的事兒。可總餓肚子也不行啊，有時只好硬著頭皮吃。（後來，她們走到哪兒都帶著吃飯家什）[238]

　　延安知青吃小米土豆、穿土布蹬草鞋，一周才能吃一次麵條或餃子。抗大學生「在延河裡洗臉，在露天吃飯。」陝公四人共用一盆洗臉水，三餐小米，四人合吃一鐵盒土豆或南瓜。黃華：「伙食很簡單：小米飯和七八個人共吃的一小盆水煮蘿蔔，偶然有一兩片土豆。」[239]「每人每天一斤糧（高粱粗小米，只能喝稀飯），二錢鹽，三錢油。」[240]

　　南方「資產階級小姐」抱怨：

　　　　過去在家時，這（按：小米）都是餵小鳥兒的。

　　　　嚼啊嚼啊，唾沫都咽乾了，怎麼也歸不攏。

　　　　到延安後半年多還是不適應，吃了小米飯大便不通，憋死了。[241]

　　南方女生，莫要說小米，就是白麵饅頭都吃不慣咧，每頓皺著眉頭才對付吃下半個。[242]女生腰間永遠掛著一個罐頭盒做的大茶缸，女生用它吃飯喝水、刷牙洗臉，甚至沖腳、洗屁股。[243]

---

[238]　蔣巍、雪揚：《中國女子大學風雲錄》，解放軍出版社（北京）2007年版，頁132～133。

[239]　黃華：《親歷與見聞──黃華回憶錄》，世界知識出版社（北京）2007年版，頁43。

[240]　黃俊耀：〈踏遍陝北山山水水的民眾劇團〉，參見艾克恩編：《延安文藝回憶錄》，中國社會科學出版社（北京）1992年版，頁231。

[241]　蔣巍、雪揚：《中國女子大學風雲錄》，解放軍出版社（北京）2007年版，頁135。

[242]　袁晞：《一蓑煙雨任平生──馮蘭瑞傳》，氣象出版社（北京）1999年版，頁67。

[243]　蔣巍、雪揚：《中國女子大學風雲錄》，解放軍出版社（北京）2007年版，頁135。

粵籍女生：

> 我們這些由祖國南端而來到北國的女青年，由於氣候、環境、飲食的巨大變化，一月三次月經來潮，舉步維艱。當時月經使用的粗草紙，把皮膚都擦破了。[244]

李銳：

> 飯是小米，非常粗糙，不是我們現在買的這種小米。菜呢？一年四季主要就是吃豆角，豆角都變黑了，還有土豆，基本上就是這兩樣東西煮成湯，上面漂著一點油。有時一個禮拜吃到一次饅頭，一、兩次肉。延安鹽是足夠的，因為邊區產井鹽，這就比江西蘇區時代要好得多，那時最大的困難是沒有鹽吃。開飯的時候，有「小鬼」，就是農村出來的十來歲的孩子給我們打飯，盛飯的缽子是用四方形的裝煤油——那時叫洋油的那種白鐵桶割成兩半做的，一頭盛小米，一頭盛菜湯。

李銳與范元甄第一次吵架——

> 就是因為我對她的嬌氣很生氣。我們到延安第一要過的就是生活關，要習慣延安的衣食住行。確實有些青年人吃不了苦跑掉了，范元甄的一個中學同學朋友就是這樣離開的。[245]

延安雖有供給，不少「資產」子女仍須家裡接濟。1941年10月，范元甄收到匯款四百元，「可以改善明（按：李銳）的生活。」

在延安，人人都穿制服，冬天發一套棉衣褲棉鞋帽，夏天只發一套單衣。襯衣襯褲一開始是不發的（後來每年發襯衣一件、短褲一條），鬧出不少笑話。田家英夏天下延河洗澡，來了一群女性洗衣，他在河裡起不來，

---
[244] 延安中國女大北京校友會編：《延水情》，中國婦女出版社（北京）1999年版，頁149～150。
[245] 李銳：〈我的延安經歷〉，載《爭鳴》（香港）2010年11月號，頁69。

那條惟一褲衩剛剛洗過曬在河灘上。[246]夏天還能下河洗澡，冬天洗澡就麻煩了。抗大二大隊一批女生幹了一周重活──茅廁起糞，塵土、糞汁、汗水浸透了頭髮衣服，有的身上長蝨子，「『多麼想洗個熱水澡啊！』但在當時，簡直是一種奢想。好不容易到了星期六，大隊部給每人發了一臉盆熱水。於是人們用這熱水先從頭髮洗起，直洗到腳，最後這盆水也就成為肥料了。」[247]1942年7月16日，從不幹重活的范元甄在家信中驚呼發現蝨子：「今天洗頭，篦下了一個大的，捉住一個半大的，怎辦呢？真要命。」[248]毛澤東對來延安的外國女性說：「只有長過蝨子的人，才真正算是中國人！」[249]延安風俗不准女性下河洗澡，怕老鄉有議論，再大膽的紅色女性，也只敢天黑後才下河洗澡。[250]

3.軍事共產主義

1940年前的延安，實行軍事共產主義，級差甚微，男女無別，官兵大致平等。斯諾前妻描繪：

> 中國的共產主義是最原始的共產主義，平分了又平分，一直分到原子。……「各盡所能──各取最低需要」。[251]

女生早晨照鏡子很麻煩，得排隊，輪到者左顧右盼不願離去，鏡子主人終於摔鏡：「咱們還是『共產』吧！」[252]

1936年7月25日，紅一軍團一師在寧夏一帶活動。進入回民區，怕引起民族矛盾，不能去打回回的土豪，經費極度困難。師部要求全軍捐出個人伙食尾子、零用錢。中央指令幹部：你們是要錢還是要兵？三團政委肖鋒（二十歲）捐出七塊現洋及細軟，該團湊集九百塊現洋、三斤金子，足夠全團一

---

[246] 李銳：〈懷念田家英〉，董邊等編《毛澤東和他的秘書田家英》，中央文獻出版社（北京）1989年版，頁141。

[247] 石瀾：《我與舒同四十年》，陝西人民出版社1997年版，頁71。

[248] 李南央編：《父母昨日書》，時代國際出版有限公司（香港）2005年版，上冊，頁259。

[249] （西德）王安娜：《中國──我的第二故鄉》，三聯書店（北京）1980年版，頁322。

[250] 袁晞：《一蓑煙雨任平生－馮蘭瑞傳》，氣象出版社（北京）1999年版，頁73。

[251] （美）尼姆·威爾斯：《續西行漫記》，三聯書店（北京）1991年版，頁75。

[252] 蔣巍、雪揚：《中國女子大學風雲錄》，解放軍出版社（北京）2007年版，頁184。

個半月生活。[253]

1941年2月初，方志純、馬明方、張子意一行二十餘人留蘇三年回國，從生活費中節約下兩百多美金，一到新疆，全交了公。[254]

據延安詩人艾青、卞之琳記述，1938年津貼標準為：士兵（班長）一元、排長二元、連長三元、營長四元、團長以上一律五元，毛澤東、朱德也是五元，邊區政府主席林伯渠四元。惟著名文化人、大學者五～十元。1938～39年抗大主任教員艾思奇、何思敬、任白戈、徐懋庸每月津貼十元。[255]王實味、陳伯達每月津貼4.5元。冼星海十五元（含女大兼課三元），魯藝音樂系教員一律十二元，助教六元。[256]發的是延安「邊幣」（白布蓋印），一元邊幣可買兩條肥皂或一條半牙膏或兩斤肉包子或十幾個雞蛋。[257]也有記述：「每人每月發一元邊幣，只能夠買一把牙刷一包牙粉，最困難時期，連這點錢也停發了。」[258]冒舒湮記載：「法院工作人員與囚犯吃的飯菜都是一鍋煮的！」[259]

安娜・路易絲・斯特朗（Anna Louise Strong，1885～1970）：

> 像賀龍這樣的師長，每月的工資為中國幣五元，朱德為六元，折合成美金連兩個美元都不到，只抵得上其他中國指揮官通常工資的一個少得可憐的零頭。[260]

1938年秋，一一五師團長楊得志尚未婚娶，呂梁山東麓汾陽老鄉替他找來一位高小畢業的俊姑娘，兩頭都願意。姑娘家要楊團長出一百塊錢彩禮，楊只能給幾百斤糧食，姑娘願意，父親不幹。一次，楊得志與吳法憲法上師部開會，吳法憲代楊得志寫了一份結婚報告。會前，楊得志試探師政委羅榮

253 肖鋒：《長征日記》，上海人民出版社1979年版，頁169～170。
254 方志純：《回憶新疆監獄的鬥爭》，人民出版社（北京）1982年版，頁4～5。
255 《徐懋庸回憶錄》，人民文學出版社（北京）1982年版，頁121。
256 冼星海：〈我學習音樂的經過〉，參見馬可《冼星海傳》，人民文學出版社1980年版，頁269。
257 黃華：《親歷與見聞——黃華回憶錄》，世界知識出版社（北京）2007年版，頁43。
258 蘇一平：《延安西北文工團的閃光足跡》（節選），艾克恩編《延安文藝回憶錄》，中國社會科學出版社（北京）1992年版，頁244。
259 舒湮：《邊區實錄》，國際書局（上海、香港）1941年版，頁46。
260 安娜・路易絲・斯特朗：〈人類的五分之一〉（1938），李壽葆、姚如璋主編《斯特朗在中國》，三聯書店（北京）1985年版，頁134。

桓：「現在有的幹部想找老婆，怎麼辦？」羅榮桓：「找什麼老婆？還早呢！連陳光師長都還沒有結婚，別人著什麼急？」楊得志趕緊過來拉吳法憲衣角：「不行不行，千萬不能把報告拿出來。連師長都還沒有老婆，我這個當團長的怎麼能跑在前面？」後來，楊升任旅長，過汾河前，想帶走姑娘，「可最後還是沒有帶成，主要還是因為拿不出那一百塊錢來。」[261]

晉察冀邊區實行薪金制，膳食、服裝、應酬均自給自備。晉察冀邊區政府主席每月生活費十八元，各縣工作人員普遍十元左右。彭真歎曰：「相當艱苦的」。[262]1941年，右眼失明的劉伯承，有段時間連左眼也看不到東西了。軍醫一檢查：「工作、學習過度勞累，上火了。買點白糖，多喝點白糖水，敗敗火就好了。」劉伯承問：「白糖多少錢一兩？」軍醫回答：「五元（冀南幣）一兩。」劉伯承：「這麼貴！白糖水不是我們喝的，不能買。多喝些白開水就行了。」[263]活動於皖北渦陽一帶的新四軍四師，從上海來的同志給師長彭雪楓帶了些白糖，彭雪楓未留給孕妻一點，四等分送給政委鄧子恢、參謀長張震、政治部主任吳芝圃、《拂曉報》一位病員。[264]

1939年，國軍士兵月餉八元。[265]閻錫山晉軍士兵月餉十一元法幣、少尉二十四元、中尉三十三元、少校九十六元。[266]胡喬木：

> 國民黨的縣長月工資為一百八十元，邊區的縣長津貼僅二元，邊區政府主席的月津貼也不過五元。他們不是做做官發財的官老爺，而是廉潔奉公的人民公僕。[267]

1944年，重慶《新華日報》：國民黨上將月薪一萬六千元法幣，中將一萬一千元，少將八千元，一等兵五十五元，二等兵五十元（僅能購三四包劣

[261] 吳法憲：《吳法憲回憶錄》，北星出版社（香港）2007年版，頁198～199。
[262] 彭真：〈論晉察冀邊區抗日根據地的政權〉（1938年10月13日），魏宏遠主編：《抗日戰爭時期晉察冀邊區財政經濟史資料選編》，南開大學出版社1984年版，頁48。
[263] 劉伯承等：《劉伯承回憶錄》，上海文藝出版社1981年版，頁210。
[264] 河南省民政廳《憶彭雪楓同志》編輯組：《憶彭雪楓同志》（續集），河南人民出版社1981年版，頁208。
[265] （美）白修德：《中國抗戰秘聞》，河南人民出版社1988年版，頁54。
[266] 蕭軍：《從臨汾到延安》，山西人民出版社1983年版，頁215。
[267] 胡喬木：《胡喬木回憶毛澤東》，人民出版社（北京）1994年版，頁133。

等香煙、火柴五六盒），高低極差320:1。[268]

　　香煙在延安是稀罕物，外面來的捲煙更稀罕。林伯渠任西安八路軍辦事處主任，美國醫生馬海德（中央軍委衛生部顧問）經常托人去問林伯渠的健康狀況，並給林老捎去藥品。一次，有人從西安回延安，林伯渠托人帶給馬海德幾包香煙，馬海德很珍惜，吸完一支便將煙頭裝在一小盒裡，積多了，剝下煙絲再卷成「大炮」吸。[269]1939年5月，毛澤東遞客香煙為「紅錫包」，已是好煙敬客了。[270]

　　1938年前後，「首長現象」並不明顯，高中級幹部基本尚能自我約束。1941年春，何方向總書記張聞天彙報工作，中午留飯——

> 他們吃的小灶和我吃的大灶懸殊並不太大。他們有兩個炒青菜，也沒肉，油水並不多。我們只有一種大鍋菜，都是煮熟的，沒油水。主食，我們完全是小米飯，他們卻每人有四個約老秤半兩的小饅頭，小米飯管飽。[271]

　　1938年春，國統區記者冒舒湮赴延採訪「總負責」張聞天，中餐上了很隆重的海帶燉肉湯、火腿、皮蛋與大米飯，張聞天坐在桌角扒完兩碗光飯，桌上的「奇異食品」（前方部隊轉送的民眾慰問品），一筷子都未陪吃，因為這是招待客人的。冒舒湮大為感動。[272]

　　中央青委領導馮文彬、胡喬木放棄小灶待遇，和青年們一起吃大灶，表示同甘共苦，女生韋君宜深為感佩。[273]星期天常在街上遇見中央領導，晚會上可以「拉」張聞天、朱德、毛澤東等人的節目，毛澤東的窯洞亦可隨時直闖。[274]

---

[268]　王健民：《中國共產黨史稿》（增訂本），中文圖書供應社（香港）1974～75年，第三編・延安時期（下），頁672。

[269]　蘇菲：〈這張老照片的背後〉，原載《新民晚報》（上海）2013年1月29日，《文摘報》（北京）2013年2月9日摘轉，第五版。

[270]　蕭三：〈「窯洞城」〉，載《紅旗飄飄》第19集，中國青年出版社1980年版，頁292。

[271]　何方：《從延安一路走來的反思》，明報出版社（香港）2007年版，上冊，頁104。

[272]　舒湮：《邊區實錄》，國際書店（上海）1941年版，頁88。

[273]　韋君宜：《思痛錄》，北京十月文藝出版社1998年版，頁5。

[274]　江英：〈姓名惹的禍〉，參見朱鴻召編選《眾說紛紜話延安》，廣東人民出版社2001年版，頁173。

1940年春，中央黨校學員開荒勞動，晚飯後朱德之子朱琦（1916～1974）上伙房門口排隊，為了能吃一塊「列寧餅乾」（小米鍋巴），因排在隊尾，眼看鍋巴快分完，他擠到前面，炊事員硬是不給。有人說：「看他是朱總司令的兒子面上，就給他一塊吧。」背著大口鍋長征的老伙夫硬是不給：「不行，誰不排隊也不行。」學員們深為讚賞。[275]

1940年5月中共「七大」籌委會（即1941年11月成立的中央辦公廳），任弼時領銜制訂待遇等級，分設大、中、小灶。高幹小灶為四菜或二菜一湯、幹部服；中層幹部中灶；一般幹部的小灶為高粱米飯或小米粥、大鍋菜、粗布服。差別仍不大。具體如下：

> 大灶：每月八次肉，每次四兩；饅頭每月四次；菜內增油四五錢；碾碎細米，米湯加豆。
>
> 中灶：飯以現在水準為准；每天三兩肉。
>
> 小灶：菜維持現在水準；每日米麵各一半，飯菜注意調劑變換。[276]

艾青中灶，縣團級待遇，妻子韋熒與孩子大灶，中灶每頓送到首長窯洞門口，如果不想吃，得原封不動拿回去，家人不能享用。[277]1942年，中直機關食堂還訂有十條〈飯廳規則〉。

1941年，延安中央黨校80%以上學員住窯洞，洞高一丈餘，長兩丈餘，洞前臨窗靠牆一長坑，能睡十幾人。文具每月發紙十張、墨水五錢、鉛筆兩支（或毛筆兩月一支）；《解放日報》一窯一份，清油燈一人一盞（煤油燈兩人一盞）。高級班（地委與旅以上幹部）中灶，午餐、晚餐一葷一素一湯；中級班大灶，小米或饅頭，一菜一湯。[278]

1944年6月，趙超構訪延：

[275]　齊速：〈在延安中央黨校一天的勞動、學習生活〉，參見朱鴻召編選：《眾說紛紜話延安》，廣東人民出版社2001年版，頁352～354、318。

[276]　朱鴻召：《延安日常生活中的歷史》，廣西師大出版社（桂林）2007年版，頁25～27。

[277]　黎辛採訪錄（1997年4月17日），參見程光瑋《艾青傳》，北京十月文藝出版社1999年版，頁332。

[278]　陳模：〈我所知道的延安中央黨校〉，載《紅色往事》第六冊，濟南出版社2012年版，頁26。

　　就我們在延安視察，一般工作人員的生活享受，雖說有小小的差
異，也只是量上的差，而不是質上的異。沒有極端的苦與樂，這件事
對於安定他們的工作精神自有很大的作用。

　　國難當頭，各地民眾均積極配合政府一致對外，並非延安一地獨得清
譽。1944年5月，趙超構赴延途中經閻錫山臨時「省治」克難坡，發現經濟
管制下的山西，工廠、供銷社全由政府控制，消滅私商，一切物資由公家掌
握；全省禁香煙，不僅不准製造香煙，也不准轉販香煙。趙對「山西新姿」
讚譽有加：

　　　　論物質的享受，這裡的確談不到；但是，在這裡，我初次見到所
　　謂「精神」這一種力量。……這裡的人物，卻沒有一個人給我一個做
　　官的印象。所有的官氣，也經抗戰抗掉了。服裝一律的是草綠布的中
　　山裝，橫腰一條皮帶，根本就和平民一樣，也無所謂「平民化」了。
　　說話談論，沒有那種「然而……不過」的官腔，年紀在三十到四十歲
　　之間，他們每天辦八小時的公事（這叫做「抗戰勞動」）。另外還要
　　幹四小時的種菜、養雞、養豬等工作（這叫做「生活勞動」）。臉孔
　　無例外地都曬成紫色的了，這就是我一向敬而遠之，而在這裡卻變得
　　朝夕親近的委員、局長們的剪影。在閻先生督導之下，山西的政治口
　　號是「幹部第一」。的確，活躍於山西政治舞臺的，只是幹部，並沒
　　有「官」。

　　在克難坡，除了閻錫山的窯洞裡有幾張椅子，其他所有官員的窯洞裡都
只有凳子。[279]

4.饞

　　「饞」是延安生活另一主旋律。一位1938年初訪延的美軍上校：

---

[279]　趙超構：《延安一月》，上海書店1992年版，頁78、29～31。

伙食是每日兩餐，只有單調的小米。……身上有錢時，他們就到
鎮上一家飯館，把錢花在八寶飯上，因為他們太缺少甜食了。[280]

中國女大生王紫菲晚年回憶：到延安後最深的感受就是饞，又身無分
文，走在延安街上，見了攤上雪花銀似的白麵饅頭，直眼暈，真想偷幾個
吃。一次，三位中國女大生逛市場，兜裡總共只有二分錢，只能買一瓶老陳
醋，在瓶上刻劃下三等份，先是很珍貴地用舌尖舔，覺得味道好極了，酸酸
甜甜香香的，就再也忍不住，小狼一般咕嘟嘟一口氣喝下自己那一份。原來
就空腹無油水，其中一位回窯洞不久就肚子劇痛，滿床打滾，嘔吐不止，從
此該女生不再沾醋。[281]

華君武（1915～2010）剛到延安，參加晚會回來，肚餓無食，將白天糊
窯洞窗紙的半碗麵粉調的漿糊當了宵夜，「時隔四十三年，似乎還回憶起那
碗漿糊的美味，當然，這並不是說經常有漿糊可做宵夜的。」[282]

抗大生何方說二兩大的饅頭，北方男生有的一頓起碼能吃十三四個，
女生也有能吃十一二個的。一次改善生活吃包子，食量頗大的盧振中（後任
武漢華中工學院副院長），二兩一個的包子連吃二十四個，然後問：「什麼
餡？」春夏吃自己種的青菜，秋冬只能吃曬乾的菜葉。開展大生產後，生活
改善較大，十天半月可會餐一次，每人分到一碗紅燒肉，撐得不少人無法爬
山回宿舍，東一個西一個仰倒路邊，還有人得靠不停跑步消食，有人則拉了
肚子。即使如此，他們還是惦著盼著會餐。香煙更是稀罕貨，開大會聽報
告，總有人搶坐第一排，為的是撿拾中央領導扔棄的煙屁股。[283]

延安文化人流傳一句笑語──「客請」，延安人太窮，得由外來客人
掏兜作東。1938年5月上旬，美國駐華使館參贊卡爾遜上校（Evaws Fordyce
Carlson，1896～1947）在延安遇上老外醫生馬海德，邀他去一家八寶飯出
名的館子吃晚飯。一路上，許多人向馬海德打招呼，馬海德便邀他們共進晚

[280] （美）埃文斯・福代斯・卡爾遜：《中國的雙星》，新華出版社（北京）1987年版，頁149。
[281] 蔣巍、雪揚：《中國女子大學風雲錄》，解放軍出版社（北京）2007年版，頁135～136。
[282] 華君武：〈魯藝美術部生活剪影〉，載《延安歲月》。參見艾克恩編：《延安文藝回憶
錄》，中國社會科學出版社（北京）1992年版，頁364。
[283] 何方：《從延安一路走來的反思》，明報出版社（香港）2007年9月初版，上冊，頁73～
74、93～95、120。

餐,「他如此大方地利用了我的好客使我發笑,他知道我手頭不緊。我們走到飯館時,後面跟隨了十幾個年輕的男女,他們笑著鬧著,完全沉浸在聚餐的快樂中。」每人點了自己要的菜,有人吃完就走,有的大講個人經歷,誰也不感到拘束,也沒想到要回報點什麼。[284]

重慶、昆明來的文化人,儘管也一個個叫窮,但比起延安人,都可算「闊佬」,被「打土豪」上館子,點不起雞鴨,至少也得有「基本動作」──炒肉片。[285]

于光遠回憶延安文化溝口的「勝利食堂」,只擺得開兩三桌,烹飪水準僅相當於如今北京街頭小飯館,但已是延安最高檔次飯店。幾十年後,于光遠還津津有味記得那裡一道延安名點「三不粘」,即油炸雞蛋羹,雞蛋、麵粉、白糖、食油炸製而成的甜食,不粘碗、不粘筷、不粘嘴。[286]

5.延安物價

1936年8月,陝甘寧邊區甘肅境內一隻雞二角錢,一頭豬一元,一頭羊三元。老鄉用禽畜換錢買食鹽、棉布、大煙。除此之外,鈔票就似乎毫無價值了。[287]

1937年4月16～17日,曾雇瞿秋白赴俄採訪的《申報》記者俞頌華(1893～1947),記載採訪膚施(延安)所見:

> 蓋愈是往北,人民的生活愈是苦。當地的人以灰色的麵條或饃饃,和以紅的辣椒醬及灰色的鹽果腹。吃不起麵的人,即以山芋或小米當飯。我們在路上常常以雞蛋充饑。那邊雞蛋尚不貴,且到處可買,一角大洋可買六枚煮熟的。……我們由西安一路來到膚施感覺到陝北頗有些「地老天荒,海枯石爛」的樣子。[288]

---

284 (美)埃文斯·福代斯·卡爾遜:《中國的雙星》,新華出版社(北京)1987年版,頁154。
285 韋君宜:《露莎的路》。參見《韋君宜文集》第二卷,人民文學出版社2013年版,頁44。
286 《于光遠自述》,大象出版社(鄭州)2005年版,頁83。
董邊等編:《毛澤東和他的秘書田家英》,中央文獻出版社(北京)1989年版,頁221。
287 (美)愛德格·斯諾:《紅色中華散記》(1936～1945),江蘇人民出版社1991年版,頁127～128。
288 俞頌華:〈從上海到西安和陝北〉,載《申報週刊》(上海)1937年第2卷第20期(1937年5月23日),頁439。

　　抗戰初期，各地物價仍廉，豬肉每斤二角，一角錢可買十來個雞蛋。[289] 冀西根據地1938年八元可買一石多米。[290]1938年4～10月，一一五師685團駐 棻汾陽東南，楊得志與吳法憲外出偵察地形，肚子餓了，找不到東西吃，楊 得志掏出一塊錢請帶路老鄉買點雞蛋，結果買來二十斤，兩人吃了幾個，剩 下的帶回給了炊事班。[291]1938年5月，河南商丘一毛錢可買10～12個雞蛋， 一隊來自陝北的土共感到「這裡很富裕」，幾個小伙子比賽吃雞蛋，「感到 很享福」。[292]

　　曾志回憶錄記述1940年漲價前的延安物價：

> 　　延安的群眾很少種菜，也不太會種菜。可是大路菜，例如蘿蔔、
> 白菜、土豆、紅棗都還容易買到，就是豬肉、雞蛋之類也並不缺，還
> 便宜。一斤豬肉就兩角錢。延安人還有個習慣，不吃「豬下水」，因
> 此豬的肝、心、肺、腸、肚就尤其價賤。[293]

　　1940年，延安物價上漲300%以上，雞蛋每枚由一分漲至三分，雞每只 由一角漲至四角。[294]1938年香煙0.1元／盒，1941年2～4元／盒，1941年底的 物價是1937年初的44.2倍。[295]1944年，陝甘寧邊幣與法幣的匯率：8.5:1；[296] 晉察冀邊幣與銀圓的匯率：18～25:1。[297]

　　像如今涉外賓館一樣，延安也內外有別，涉外物價甚高。1938年3月下 旬訪延的武漢記者原景信，入住中華旅社，一間泥炕占去一半的小屋，炕上 擠睡五六人，每晚收費四角；一盤菜三角，一碗湯三角──

> 　　如果每頓吃一個菜，一個湯，一盤麵條，幾個饅頭，差不多就須

[289]　《徐懋庸回憶錄》，人民文學出版社（北京）1982年版，頁121。

[290]　邢小群：《往事回聲》，時代國際出版有限公司（香港）2005年版，頁130。

[291]　《吳法憲回憶錄》，北星出版社（香港）2007年版，上冊，頁198、

[292]　王彬：〈八路軍山東縱隊組建前後〉，載《革命回憶錄》第15輯，人民出版社（北京） 1985年版，頁112。

[293]　曾志：《一個革命的倖存者》，廣東人民出版社1999年版，下冊，頁323。

[294]　陳嘉庚《南僑回憶錄》，嶽麓書社（長沙）1998年版，頁216。

[295]　朱鴻召：《延安日常生活中的歷史》，廣西師大出版社（桂林）2007年版，頁46。

[296]　趙超構：《延安一月》，上海書店1992年版，頁74。

[297]　姚錦編著：《姚依林百夕談》，中國商業出版社（北京）1998年版，頁91。

一塊大洋。來延安的大多是文人，文人的錢多半是絞腦汁換來，被這樣的剝削，實在有點不甘心。所以每頓飯吃完的時候，大家總愛說一句：「縣太爺的一月薪金，又被我們一頓吃光了！」但旅館老闆回報的，卻是一陣得意的微笑！

雇腳夫，八路軍每天只給三角／人，綠軍裝的國軍就得給三元／人。[298]還有一則有關物價的參照數值。延安整肅貪汙的紅線：1938年貪汙兩百元或受賄一百元者處死。[299]1940年貨幣貶值後，貪汙五百元以上槍斃。[300]

6.學校生活

入學陝北的第一課是挖窯洞，解決棲身之所，木窗木門，連根釘子都沒有，整個窯洞沒有一片金屬，玻璃更是奢侈品，只有後來美軍聯絡組的窯洞才有。上課、吃飯、開會都在室外，所幸陝北少雨。李維漢：

> 同學們說陝公的室內活動就是睡覺，確是如此。冬天，空中飄著雪花，教員頭頂雪花上課；雨天，泥濘滿地，教員赤腳上課。數九寒天吃飯，飯涼菜凍，若遇上狂風，飯菜裡還要摻雜點沙塵、草芥。課桌課椅是沒有的。學員的被子一物兩用，白天捆起來當坐凳，晚上打開睡覺。以後在露天廣場用石頭、泥塊砌一些坐墩，算是小小的改善了。[301]

魯藝情況也差不多，教員沙汀（1904～1992）：

> 沒有固定的教室，一般都頭上戴頂草帽，在露天裡上課。遇到落雨，就擠在一眼較為寬敞的窯洞裡進行學習。同學們一般只有用三塊木板做成的簡易矮凳，雙腿上則放塊較大的木板，權當書桌。[302]

[298] 原景信：《陝北剪影》，新中國出版社（漢口）1938年版，頁18～19、33。
[299] 舒湮：《邊區實錄》，國際書局（上海、香港）1941年版，頁46。
[300] 李琴：〈楊立三的經濟實踐與經濟思想〉，載《炎黃春秋》（北京）2008年第5期，頁53。
[301] 李維漢：《回憶與研究》，中共黨史資料出版社（北京）1986年版，上冊，頁411。
[302] 沙汀：〈漫憶擔任主任後二三事〉，載《文藝報》（北京）1988年4月16日。參見艾克恩

文學系學員穆青（1921～2003）：

> 我們每週只上幾次課，一般學習都在露天，冬天找塊太陽地，夏
> 天躲到陰涼地。大家一人一個小板凳，走到哪兒搬到哪兒，膝蓋就是
> 「自備」書桌。[303]

陝公、抗大的學員七八人擠睡窯洞土坑，只鋪一層茅草，擠得連翻身
都困難。女大生的臥位只有一尺半寬，起夜回來常常發現沒了位置，要拱進
去慢慢擠幾下才能「收復失地」。[304]男性炕位也不過二尺半。蜷身睡習者很
快得到糾正——直腿挺睡。早晨六點吹號起床，二十分鐘整理內務、洗漱，
全校集合點名，早飯後休息片刻就上課。上課時鴉雀無聲，認真做筆記，課
後對筆記，有時分組討論。軍事化作息時間：六點半起床、七點半早操、九
點半早飯、十點政治訓練、十二點軍事訓練、十四點一般性教育、十六點半
午飯，然後遊戲、集會、唱歌，二十一～二十二點睡覺。江文漢記述抗大生
活：清晨起床，上午三小時的課，午飯後午睡，下午大部分時間閱讀預習，
晚上經常小組討論，每週一個下午墾荒，週六下午上山揀柴。[305]

安娜・路易絲・斯特朗：

> 每一種教育進行兩個小時，往往第一小時上課，第二小時討論、
> 學習或休息。睡覺的時間相當長，這在某種程度上彌補了口糧的不
> 足。飯是小米飯或饅頭加一些蔬菜，但是一天只有兩頓。[306]

上海生嚴寄洲（1917～　），1938年10月抵延，入抗大五期。報到時，先
由一名胸綴抗大校徽的老生領到一間大草棚——「救亡室」，兩側地上鋪著厚
厚的草：「你們先在這裡住下，等編了隊再搬到隊上去。」棚裡正面懸掛毛

　　編：《延安文藝回憶錄》，中國社會科學出版社（北京）1992年版，頁79。

[303] 穆青：〈魯藝情深〉，載《人民日報》1988年5月26日。參見艾克恩編：《延安文藝回憶
錄》，中國社會科學出版社（北京）1992年版，頁139。

[304] 蔣巍、雪揚：《中國女子大學風雲錄》，解放軍出版社（北京）2007年版，頁131。

[305] 江文漢：〈延安訪問記〉，載《檔案與史學》（上海）1998年第4期，頁6～7。

[306] 安娜・路易絲・斯特朗：《人類的五分之一》（1938），李壽葆、姚如璋主編《斯特朗在
中國》，三聯書店（北京）1985年版，頁138。

朱畫像，兩側兩張字幅，一張「三大紀律八項注意」，另一張毛澤東署名的「反對自由主義」。十二人擠睡一條小土炕，「半夜三更一個人起床解完手回來就沒他的地了，這也不要緊，往人中間一躺，左晃右晃也就擠進去了。」

理髮也是集體排隊，理髮員為兩位老紅軍——

> 每個人理髮加上刮鬍子前後時間總共不到三分鐘。……回到窯洞，大家你看我、我看你，腦袋像頂了個馬桶蓋，實在有礙觀瞻。無奈，我們向老鄉借了一把剪刀，大伙互相修剪，使之稍微好看些。

嚴寄洲後任抗大二分校文工團戲劇幹事，後任120師戰鬥劇社教員、戲劇股長；1949年後，八一電影製片廠導演。

一次抗大改善伙食，區隊長宣佈中午吃白麵饅頭與豬肉燉粉條，「大家一聽高興極了，這可是天大的喜訊呀！」可幾個廣西同學吃不慣北方的麵食，扒了饅頭皮才吃。晚飯時，老紅軍炊事班長托著中午被扔掉的饅頭皮，含淚怒斥：

> 這是哪個王八羔子扔的？你們大家瞧瞧，把這麼好吃的白麵饅頭皮扔了！我們長征時候連樹皮草根都吃不上，可是你們吃饅頭還剝皮，有良心沒有？吃不了苦，就滾蛋！

全體在場學生嚇得直縮脖，幸好區隊長出來解圍，大家紛紛責怪那幾個扔饅頭皮的同學。不久，小米飯裡開始摻山藥蛋，最初吃起來還可以，可後來山藥蛋越來越多，小米越來越少。山藥蛋吃多了常常頭暈，兜裡還有幾個錢的學生便上鎮裡去買大鍋菜，當然不能吃獨食，得分給大家。[307]

延安交際處長金城（1906～1991，後任中央統戰部副部長）：

> 邊區的生活雖然經過大生產運動，比抗戰最困難時期有了很大的改善，但總的來說還是比較艱苦的。比如一般大灶雖然油、肉和菜蔬

[307] 嚴寄洲：〈回憶抗戰歲月〉，載《紅色往事》第六冊，濟南出版社2012年版，頁77～78。

比過去有了很大增加，各種粗糧也可任你吃飽，但大米白麵還是不充
裕的，往往一個星期只能吃上一兩次。[308]

對少數民族學員吃糧標準給予特別照顧，較之其他學校，延安民族學院
學員每月多發十斤白麵，兩年加發一套單衣或一件棉衣。每逢民族節日，學
院還按民族風俗改善伙食或給予其他優待。[309]

學員每月津貼一元，「只有從外面請來的教員十元，高於（校領導）一
倍以上。」[310]1938年，陝公校長成仿吾薪金五元，教員卻有高至十二元。[311]

延安各校均倉促開辦，資料、師資極度匱乏，「教材教具都極缺乏，基
本上沒有教科書，圖書資料也很少……經費困難，故一學期每人只發一支鉛
筆，墨水用藍靛泡，每人發兩張油光紙釘筆記本。」[312]1939年6月，中國女
大「400多名學生只有一隻籃球，書籍和藥品也非常缺乏。」[313]

1939年，魯迅藝術文學院圖書館占兩間窯洞，約四千冊書，文藝類占
三分之二，小說類又以蘇聯最多，六十多種。毛澤東花四十元托人從西安買
回一二百種歷史小說。1939年5月12日傍晚，蕭三如約去看毛澤東，毛還沒
起來，在床上看《宋史演義》。毛對蕭三說：「你如果要什麼書，開個條子
來，我替你去買。」[314]

「有些書往往要排隊相約，按時交換。」[315]能夠讀到的書除了《共產黨
宣言》、《聯共黨史》，便只有列寧的《論「左派幼稚病」》、《帝國主義
論》；艾思奇的《大眾哲學》、陳伯達的小冊子《讀「湖南農民運動考察報
告」》、《內戰時期的反革命與革命》、《關於十年內戰》、《評「中國之
命運」》、《中國四大家族》。「他（陳伯達）的書是當時解釋社會主義、

308 金城：《延安交際處回憶錄》，中國青年出版社（北京）1986年版，頁270。
309 米世同：〈延安民族學院簡介〉，載中國革命博物館黨史研究室：《黨史研究資料》1984
　　年第5期，頁18。
310 李志民：〈抗大抗大‧越抗越大〉（之三），載《中共黨史資料》第11輯，中共黨史資料
　　出版社（北京）1984年版，頁216。
311 舒湮：《邊區實錄》，國際書局（上海、香港）1941年版，頁25、68。
312 李維漢：《回憶與研究》，中共黨史資料出版社（北京）1986年版，上冊，頁411～412。
313 江文漢：〈延安訪問記〉，載《檔案與史學》（上海）1998年第4期，頁7。
314 蕭三：〈「窯洞城」〉，載《紅旗飄飄》第19集，中國青年出版社（北京）1980年版，頁
　　307～308、298。
315 何方：《黨史筆記》，利文出版社（香港）2005年版，上冊，頁254。

毛澤東思想、馬克思主義最好的書。」1947年12月，范元甄（1921～2008）致信丈夫李銳：「理論書及較系統的書，你到底真正讀過哪一本？你讀不下去，你僅僅只能讀些雜七雜八的東西。」[316]直到文革，李銳所知道的社會民主黨也就局限於李卜克內西與盧森堡。[317]

1944年，延安作家的精神食糧仍極匱乏。趙超構：

> 看他們的書架，除了一些幾年以前的書籍外，很少新書。交通困難，郵購不便，是主要的原因。[318]

各赤區還出現扣書籍搶教員的事。1939年，鄧小平帶了兩位馬列學院教員上前方，半途被扣，打了半年官司，八路軍總部另派人員才贖出兩名教員。延安給山東送去一二百本《聯共黨史》，山東只收到七本，途中遭層層截留。[319]1938年7月，高中生溫濟澤擔任陝北公學社科教員，村子廣場上課，一次半天（三小時），每週十一次課，須上五天半。[320]

7.大生產時期

大生產運動之前，延安物用緊缺，按說無產階級政黨理應首先保護自己的階級基礎，但這一時期的照顧重點則是理論上最看不起的「小資產階級知識分子」。1937年抗大補助教員每月二斤大米、一斤雞蛋、幾斤白麵，發給吸煙教員數包風車牌香煙。學校幹部津貼高於部隊幹部、教員優於校內行政幹部；前方營連幹部每月津貼三元，學校的隊長、指導員、參謀3.5元，教員四元，主任教員4.5元，校長五元。[321]1946年10月，王光美飛赴延安，供職軍委外事組，中辦主任楊尚昆安排她吃中灶。[322]

---

[316] 李南央編：《父母昨日書》，時代國際出版有限公司（香港）2005年版，下冊，頁181。

[317] 笑蜀：〈「總起來看我還是比較樂觀的」——李銳談社會主義與中國〉，載《炎黃春秋》（北京）2007年第2期，頁11～12。

[318] 趙超構：《延安一月》，上海書店1992年版，頁117。

[319] 朱德：〈在延安幹部學習周年總結上的講話〉，李維漢：〈中央幹部教育部與延安幹部教育〉，載《中共黨史資料》第13集，中共黨史資料出版社（北京）1985年版，頁10。

[320] 《溫濟澤自述》，中國青年出版社（北京）1999年版，頁117。

[321] 王茂潤主編：《中國人民抗日軍事政治大學史》，國防大學出版社2000年版，頁375。

[322] 黃崢：《王光美訪談錄》，中央文獻出版社（北京）2006年版，頁33。

　　陝公分校在邊區西南旬邑縣，相對富裕，教員每天可吃一頓白麵，幾位青年教員覺悟很高，請求不要對教員特殊待遇。教務長說服他們：這是黨對知識分子的政策，能供應的白麵只有這麼一點，只好給少數人吃，只能向最重要最有用的人傾斜。中央研究院特級研究員與毛朱博洛一樣吃小灶，燈油也不加限制。[323]王實味住兩孔窯洞，穿細布衣服；中央研究院所有學員都吃細糧，不吃玉米土豆，兩人一孔窯洞，一人一床一桌一椅。[324]

　　延安紙筆十分緊張，每人每月僅供應五張，作家特別優待，領取紙筆不加限制。[325]1940年1月，入黨四個月的范文瀾（1893～1969）抵達延安，應張聞天之邀主持馬列學院中國歷史研究室，主編《中國通史簡編》。范妻乃舊式家庭婦女（文盲），初到延安感覺處處不便，又惦著家裡東西，常常暗自落淚。張聞天夫婦常去看望，派服務員照料他們生活，每人每月發津貼4.5元，政治局委員也只有五元。范文瀾感覺最困難的還是缺書，張聞天便佈置地下黨將范文瀾的書從家裡運到延安，共五六十箱，絕大部分為線裝書。范文瀾十分感動。[326]

　　最艱苦的1940～41年，棉衣發不下來，凡有破棉衣的，發一塊布自己補一下洞，湊合著穿；1941年夏吃了幾個月的煮黑豆和包穀豆；學習用品，每人每月發半根鉛筆，得用鐵皮夾上寫字，寫盡為止；紙張只發幾張土麻紙，最好的時候每月兩張油光紙；三個月發一枚蘸水筆尖，墨水自製調配；三人合用一盞小油馬燈，每晚只有二錢蓖麻油。這還是「中央」很重視的學制正規的自然科學院──

　　　　對科技人員是很優待的。教師們吃小灶一天有半斤白麵，每年發套新棉衣。我們學生發的鉛筆、紙等，在陝北公學是沒有的；我們住的木板床幾個人鋪一條毯子，沒有被子的人可發給一床小被子，在陝北公學也是沒有的；一周還能吃兩次肉，一次饅頭，我在陝北公學

[323]　溫濟澤：《溫濟澤自述》，中國青年出版社（北京）1999年版，頁117～118、124。
[324]　石瀾：《我與舒同四十年》，陝西人民出版社1997年版，頁82。
[325]　黃炎培：《延安五日記》（1945年7月）。參見黃炎培《八十年來》，文史資料出版社（北京）1982年版，頁131。
[326]　《劉英自述》，人民出版社（北京）2005年版，頁125、127。

時，幾個月都吃不上一次饅頭。[327]

1939年冬，三五九旅從晉察冀邊區調回延安，每名戰士身上裹著一匹布。有坐騎的幹部，除了自背一匹，牲口馱五六匹，寧可少背乾糧，也要多帶回布。此時，陝甘寧邊區已發生布荒。1940年，三五九旅每人還能發一套棉衣、兩件單衣、四條毛巾。1941年減為兩年發一套棉衣、每年一套單衣、兩條毛巾。衣服越少，壞得越快，戰士們的兩個膝蓋都是大補釘，雙肩也是兩大塊破洞。口袋破了，索性撕下來補窟窿。[328]

1940年1月，三五九旅一部開進南泥灣屯墾。旅部號召：一人一羊，二人一豬，十人一牛。三五個月後，山下砌起一排排豬圈、牛棚、雞舍。[329]郭蘭英唱的〈南泥灣〉：「到處是莊稼，遍地是牛羊。」多少有點影。是年，三五九旅供給部創辦紡織廠，至1942年已擁有108臺織布機，保證了全旅萬餘人的穿衣、被子、毛巾，與「難民紡織廠」、「邊區紡織廠」成為邊區三大紡織廠。1941年，三五九旅大光紡織廠實得紅利390萬元邊幣，1942年10月增至800萬元。關向應病倒後，醫院想為他買一件毛巾睡衣，跑遍延安都買不到，大光紡織廠得知後特意織了兩件毛巾睡衣，又厚實又軟和。[330]

1942年，延安開始響起嗡嗡的紡車聲。各機關、團體、學校，人人都在紡羊毛，王家坪總部也不例外。朱德發動總部警衛員上南泥灣拉回木料，再借來一架紡車，照樣畫葫蘆，模仿做了幾架紡車。頭兩天，朱德與大家紡的線比繩子還粗，「別說打毛衣，連個地毯都織不起來！」唉聲歎氣，悲觀失望。朱德鼓勵大家堅持，一周多後，大家才慢慢學會，每人日均能紡半斤六兩，品質還不錯。一個多月後，總部每人都完成自己的份額。[331]

[327] 林偉：〈憶自然科學院發展中的一些情況〉，選自《延安自然科學院史料》，中共黨史資料出版社（北京）、北京工業學院出版社1986年版。參見朱鴻召編選《眾說紛紜話延安》，廣東人民出版社2001年版，頁169。

[328] 劉韻秋：〈白手成家——記三五九旅大光紡織廠〉，載《紅旗飄飄》第15集，中國青年出版社（北京）1961年版，頁135。

[329] 顏德明：〈陝北好江南——史家岔屯墾記〉，載《紅旗飄飄》第15集，中國青年出版社1961年版，頁126。

[330] 劉韻秋：〈白手成家——記三五九旅大光紡織廠〉，載《紅旗飄飄》第15集，中國青年出版社1961年版，頁140～141。

[331] 李樹槐：〈跟隨朱總司令〉，載《紅旗飄飄》第11集，中國青年出版社1959年版，頁77～78。

　　1943年，延安所有食堂、會議室、禮堂都成了紡線車間，到處發出嗡嗡吱吱的響聲。周恩來、任弼時成了「紡線英雄」。[332]

　　延安經濟最困難的1941～43年，機關比部隊的伙食標準要低。最高規格宴請「四菜一湯」。[333]1938年3月，甘泉縣長與勤雜工一律每天1.4斤小米，三分菜錢，一年兩套軍裝，每月一元津貼。縣政府每月經費僅二十四元。[334]

　　1940年前後，140萬人口的陝甘寧邊區要供給八萬中共人員；各部隊、機關只能自給五分之一，五分之四需邊區百姓負擔。[335]1944年，毛澤東：

> 三年以前大家的伙食不好，病人也很多，據說魯藝上課有一半人打瞌睡。大概是小米裡頭維他命不夠，所以要打瞌睡。[336]

晉察冀根據地因生活艱苦，戰鬥力受損。姚依林（1917～1994）：

> 到1942年，就看清楚了敵我在體力上的差異：我們穿草鞋、布鞋、輕裝爬山比不上日本人穿大軍靴、背重物爬山爬得快。山地遊擊戰爭的大問題是生活問題，它影響了戰鬥力。

晉察冀，「吃上一次豬肉一定是過節！」全體歡騰，手舞足蹈。〈紅纓槍〉唱詞「拿起紅纓槍，去打小東洋」改編為「拿起洋磁缸，去舀豬肉湯！」[337]

　　淮南蘇皖邊區的新四軍二師，1943年大生產總產值四個億。師長羅炳輝招待外賓的兩桌菜，重慶十萬塊都吃不到，羅炳輝卻只花了十塊錢。因為除了黃瓜片上面的白糖花了十塊錢，雞鴨蛋均為他與警衛員種植、飼養，一個大子不花。[338]

---

[332] 蔣秦峰：〈周副主席戰鬥在陝北〉，載《紅旗飄飄》第17集，中國青年出版社（北京）1979年版，頁75～77。

[333] 陳俊岐：《延安軼事》，人民文學出版社（北京）1991年版，頁98、13。

[334] 原景信：《陝北剪影》，新中國出版社（武漢）1938年5月初版，頁13。

[335] 逄先知主編：《毛澤東年譜（1893～1949）》，中央文獻出版社2005年版，頁319。

[336] 中共中央文獻研究室編：《毛澤東文集》第三卷，人民出版社（北京）1996年版，頁107。

[337] 姚錦編著：《姚依林百夕談》，中國商業出版社（北京）1998年版，頁89～90。

[338] 史芬：〈羅炳輝將軍生平〉，載《紅旗飄飄》第5集，中國青年出版社1957年版，頁257。

情況已相當好轉的1945年，延安機關學校人員伙食標準：

　　　　每人每天糧食1.3斤、菜一斤；每人每月豬肉一斤、青油一斤、石炭30斤（炊事用煤）。[339]

8.政治第一

　　建黨初期，中共便已「政治第一」。紅軍時期，具體表現之一：政治委員擁有「最後決定權」，即「黨指揮槍」。1928年湘鄂西，賀龍與鄧中夏就攻打津市、澧州發生爭論，軍長、師長根據紅一、三軍團已撤出長沙，認為應撤回蘇區，鄧中夏則使用政治委員「最後決定權」堅持攻打，結果失敗，還損失了一位參謀長。[340]在黨內，意見分歧時，「書記最後決定」。[341]

　　紅色意識形態籠罩延安，滲透這裡的一切。「政治第一」的價值取向，成為最強烈的氣場，外客很容易感受到。趙超構描述：

　　　　剝奪了精神的餘裕和生活的趣味……在什麼東西都帶著新民主主義氣息的情形之下，這種娛樂也無時不給人以緊張之感。[342]

　　1937年赴延的高原（曾就讀哈爾濱法政大學），1938年夏在武漢批評蕭紅離開蕭軍，用的全是政治語彙，蕭紅十分反感：「你從延安回來了，學會了政治術語就開始訓人了，我不聽！」[343]學會政治術語，蕭紅一口就叼住延安特色。

　　赴延知青的專業選擇很能說明他們的價值排序。抗大級別最高（教職員多為長征高幹），其次是陝北公學（也是軍政專業），再次才是魯迅藝術學院。知青擇校序列：「不進抗大，就進陝公；不進陝公，就進魯藝；不學軍事，就學政治，不學政治，就學文學。」知青們熱衷軍政、藝術，急於直接

[339]　陳俊岐：《延安軼事》，人民文學出版社（北京）1991年版，頁164。
[340]　賀龍：〈回憶紅二方面軍〉，載《近代史研究》（北京）1981年第1期，頁13。
[341]　戴鏡元：〈長征途中同張國燾錯誤路線的鬥爭〉，載《紅旗飄飄》第18集，中國青年出版社（北京）1979年版，頁65。
[342]　趙超構：《延安一月》，上海書店1992年版，頁92、84。
[343]　秋石：《兩個倔強的靈魂》，作家出版社（北京）2000年版，頁325。

「短平快」作用於社會，對學術技術興趣不大。陳學昭：「在這裡，政治高於一切，許多男女青年都歡喜學政治。」[344]

毛澤東：「在延安，首長才吃得開，許多科學家、文學家都被人看不起。」[345]這一價值氛圍的形成始於1920年代留蘇生──

> 旅莫支部中當時造成一種氣氛，彷彿說：我們來莫斯科是要學習革命，不是要學習學問的。我們要做革命家，不要做學院派。支部領導並不明白地反對文學，卻鄙視文學青年，以為這些人不能成為好同志。

留蘇生鄭超麟（1901～1998）：「（當時）我們並不希望中國歷史出現一個文學家瞿秋白，哪怕他能寫出像《子夜》那樣的小說，也是一種損失。」[346]

數代紅色士林座右銘：首先是革命家，然後才是××家。政治成為萬能上帝，政治成了解決一切弊端的通靈寶玉，政治生命高於一切。延安一代最看重組織承認度與革命參與權。

1944年10月，美國《時代》雜誌青年記者白修德採訪延安：

> 在延安，政治是至高無上的。延安，置於其他一切事情之上的，是一座生產思想的工廠。
>
> 他（指毛澤東）不是在同蔣介石競選，他是在同孔夫子競選。他要把兩千年來的觀念連根拔掉，再換上他自己的那一套。[347]

政治第一的特徵表現為延安「三多」──主義多、唱歌多、開會多。「為開會而開會」（謝覺哉語）。除了工作商討會、學習討論會、生活檢討會、同志交心會……大型集會也很多，各種慶祝紀念、表民意、聽報

---

[344]　陳學昭：《延安訪問記》，廣東人民出版社2001年版，頁77。

[345]　中共中央文獻研究室編：《毛澤東文集》第二卷，人民出版社（北京）1993年版，頁374。

[346]　《鄭超麟回憶錄》（下卷），東方出版社（北京）2004年版，頁339、343。

[347]　（美）白修德：《中國抗戰秘聞》，河南人民出版社1988年版，頁198、208。

告、大遊行等。尤其五月，從五一勞動節、五三濟南慘案紀念日、五四青年節、五五馬克思生日……直到五卅紀念日。陳學昭：「延安的會非常多，我想或許要算在我國是一個會最多的地方，可以與歐洲那些大都會相比並。」[348]

延安知青大部分時間須用於各種會議。中共高層更是一開數月，西北局高幹會議從1942年10月19日開至次年1月14日，陝甘寧邊區縣團級以上黨員幹部300多人參加，中央黨校一、二部學員旁聽。[349]1944年5月21日召開的中共六屆七中會全，竟開了11個月。1943年7月17日，彭雪楓信中向妻子抱怨：「民兵會議尚須四五天才能閉幕。每天開會真是累人！」[350]

1937年初一度加入國民黨的石瀾：

> 我認為國民黨是鬆散的組織，我當了幾個月的國民黨員，卻沒有開過一次會議，沒有人向我提出什麼做黨員的要求。[351]

國民黨不開會，既說明國民黨管理鬆懈，也說明其他一些東西。

就是搞戀愛追女生，男生也是對著心儀對象高談政治闊論革命，談起馬列主義與時事政論，一般都能一談一晚上，還不讓你產生「他在追你」的猜想。更有革命性的是：這兒的男生稱女生為「兄」，不知出於男女平等，還是哄女生高興？跟任何地方的男女青年一樣，談論誰誰跟誰誰的戀愛情節，都是永不枯竭的談資。不過，在延安搞對象，除了政治第一（男方必須黨員），還是政治第一，第三條才是瞅著「順眼」，延安不講究學歷、門第，更不在乎金錢。延安婚戀的另一大特點：閃婚閃戀，絕少「持久戰」。此外，延安婚戀還有一項空前絕後的「共產主義內容」——情書公開，揀挑幾句出來，以充同志之間談資。[352]

---

[348] 陳學昭：《延安訪問記》，廣東人民出版社2001年版，頁134。
[349] 張秀山：《我的八十五年——從西北到東北》，中共黨史出版社（北京）2007年版，頁135。
[350] 林穎：《彭雪楓家書》，文物出版社（北京）1985年版，頁101。
[351] 石瀾：《我與舒同四十年》，陝西人民出版社1997年版，頁61。
[352] 韋君宜：《露莎的路》。參見《韋君宜文集》第二卷，人民文學出版社2013年版，頁17～20、23～24。

政治第一還有一項相當實用的現實功能。南方三年遊擊戰時期，皖西紅二十八軍一位青年戰士：「我們過的是半饑半飽的日子，到了深夜，覺著又冷又餓，疲乏不堪。但人總是要用精神去戰勝物質困難的。」在必須艱苦奮鬥的時刻，不得不「政治第一」呵！[353]

抗戰一起，一切靠後，軍政優先。赴延青年當然視從政為最緊要的「愛國」，躁躁然「起而行之」。所有延安青年都以「職業革命家」自居自豪，所有延安士子必須是政治家、半政治家或業餘政治家，都想成為政治人物，都想成為決定社會決定別人命運的權力型人物。

中國女大校長王明慷慨激昂地對女學生發表演講：「你們要好好聽課，將來革命成功了，你們都是中國的女縣長！」一群文化程度很低的女孩立刻有一種「天降大任於斯人」的感覺。[354]延安青年普遍擁有接管全中國的政治衝動。十六歲的何方已在抗大與教師討論共產主義社會的主要矛盾。[355]

陳學昭《延安訪問記》：

> 有些政治工作者，好似不十分看得起技術人員，再則自己以為自己是政治工作人員，政治問題再沒有人能比得上他那樣認識清楚。在他看起來，科學的技術人員不過像一個木匠，或手工業者——木匠或手工業者是一個群眾，而科學的技術人員好像不是一個群眾，是一種很奇怪的東西。
>
> 外面來的醫生，就是技術好也沒有用處，因為他們不認清政治，不懂得政治，要動搖。
>
> 有些工作特別能迅速地得到人們的認識，哪幾種呢？會說話、會唱、會演戲，末了，恐怕要算就是會寫。說這裡是文化人的天堂，一點也不算過分。若以他們所享受的榮譽來比技術人員，技術人員當然是趕不上的。[356]

---

[353] 李正清：〈紅二十八軍被服廠〉，載《皖西革命回憶錄》，黃山書社（合肥）1984年版，頁127。
[354] 蔣巍、雪揚：《中國女子大學風雲錄》，解放軍出版社（北京）2007年版，頁147。
[355] 何方：《從延安一路走來的反思》，明報出版社（香港）2007年版，上冊，頁65。
[356] 陳學昭：《延安訪問記》，廣東人民出版社2001年版，頁96、98、86。

高爾基名言：「哪裡政治太多，哪裡就沒有文化的位置。」[357]沒了文化的位置，等於沒了人情人性的位置。重慶中共代表團一名女記者，成都人，一口流利英語。一次回家，未經組織允許上舞廳跳舞，被成都報紙炒了一把，「事後，代表團就把這個記者送回延安了。」[358]

政治第一使中共只關心政治目標，不關心實際效果與目標本身的正確性。從共產國際到中共基層，只要求「態度」不要求「思想」，只要求「服從」無所謂「認識」，服從就是黨性，就是最高政治。陳企霞（1913～1988）晚年歎曰：「如果不是愛抗上，我五個部長也當上了。」[359]

非直接從事政工的延安人也絕對嚮往政治，血液充滿紅色細胞，既為自己的獻身精神所感動，也為崇高理想所驕傲。延安一代大多終身保持政治熱情。晚年王若水對二十世紀末青年轉向物質追求，不再像他們當年那樣激情澎湃關注國家命運，深表憂慮，甚至跌足捶胸，認定精神墮落。[360]

赤區最看重的還是政治術語與新鮮事物，階級翻身啦、男女平等啦、地主與農民的關係啦、資本家與工人可以一齊開會啦、出現女縣長、女助理員、女村長啦……[361]連菜名也出現「統一戰線」——豬羊雞鴨拼盤。[362]

延安知青一窩蜂湧向軍政，價值單一、整體失衡。「政治第一」貶低了學術與文化的獨立價值，貶低了知識分子的獨立價值，社會失去必要制衡。延安一代幾無一人從仕途折返學界。就是有一點學術成果亦經不住歲月檢驗。更無一人成為引領風騷的一代宗師。延安一代只有一團星雲般朦朧的泛泛理想，無論對目標的正確性、途徑的合理性，絕大多數延安一代終身均無深入性思考。

[357] （俄）高爾基：《不合時宜的思想》，作家出版社（北京）1998年版，頁275。

[358] 賀英傑：〈在八路軍桂林辦事處和重慶中共代表團的一段經歷〉，載《革命回憶錄》第16輯，人民出版社（北京）1985年版，頁165。

[359] 秦晚晴：〈最後的日子——懷念公公陳企霞〉，載《文匯月刊》（上海）1988年10月號，頁65。

[360] 李南央：〈我們仍生活在毛澤東時代〉，載《開放》（香港）2003年12月號，頁47。

[361] 彭真：《為把晉察冀邊區建設成模範抗日根據地而鬥爭》，原載《戰線》第41期，1940年7月30日。魏宏遠主編：《抗日戰爭時期晉察冀邊區財政經濟史資料選編》，南開大學出版社（天津）1984年版，頁281。

[362] 覃恩忠：〈馮達飛二三事〉，載《革命回憶錄》第14輯，人民出版社1985年版，頁94。

9.標準化

　　平均主義與一切由公家提供的供給制（「連婦女衛生紙都由公家供給」）[363]，隱伏「存在決定意識」的重大暗疾——失去個人私密空間、喪失單獨思考時間、必須與朝夕相處的集體保持高度一致。搶救運動中——

> 　　幾乎完全失去人身自由，處處受到監視，班與班之間不能說話，熟人朋友見了面不許打招呼，大小便也得請假，娛樂活動也必須全部參加。總之，任何時候都不容許一個人單獨活動。[364]

　　群體共振效應使每一成員很難不跟著走，不僅必須跟著走才能獲得生活資料，而且只有跟著走才能得到「社會承認」。這種「萬眾一心」的群體共振，正是高層希望得到的政治凝聚力。

　　集體生活也在悄悄擠壓私人空間，幾乎每一分鐘都在一起，看待與判別各種事物的標準易趨統一，很容易形成「集體意志」。軍事共產主義均給制也是「標準化」的底座。一、促使集團成員心理認同，大家都一樣，吃睡都一樣，行為還能不一樣嗎？無形中只能跟著走；二、保證了鐵的紀律，個人必須服從組織的經濟基礎。一旦離開組織，不僅失去政治生命，一併失去飯碗；三、有效維護首長權威。我是首長，你是部屬，我的物質待遇都與你一樣了，你還不應該聽我的嗎？四、有效防堵異思異見。大家什麼都一樣，你怎麼可以出格？思想上自覺「革命」——自滅異議。整風之前，頻繁集會已使延安人的思想不斷趨同。

　　陳學昭：

> 　　這裡最大的優點是大家集中與團結在一個集團的領導之下。……
> 譬如在一個民眾大會上，儘管發言的人很多，但決不會意見紛雜，或

---

[363] 黃炎培：《延安五日記》（1945年7月）。參見黃炎培《八十年來》，文史資料出版社（北京）1982年版，頁130。

[364] 高浦棠、曾鹿平《延安搶救運動始末——200個親歷者記憶》，時代國際出版有限公司（香港）2008年版，頁178。

者完全不同，甚至相反。[365]

　　如對革命貢獻大小乃最高價值標準，職位、待遇、評價都與之相匹配，延安人的閒聊也不出此範圍。生活在這種的氛圍裡，平時感覺不到它有什麼不對，但若一旦產生個人追求，便會立即感到它的強大掣肘。1941年，延安已出現很大變化，此前盛行的許多活動，如遍地歌聲、集會遊行、大小報告、紀念會、聯歡會、一起逛街等，減少甚至消失了。等級制、保密制、警衛制、宣傳教育方面的管理等，明顯加強。[366]

　　整風以後，再三強調集體主義，延安生活進入「標準化」。1944年6～7月，滬上報人趙超構訪延四十三天，撰有《延安一月》，內有一節「標準化生活」，撮精選錄：

　　　　除了生活標準化，延安人的思想也是標準化的。我在延安就有這麼一個確定的經驗，以同一的問題，問過二三十個人，從知識分子到工人，他們的答語，幾乎是一致的。不管你所問的是關於希特勒和東條，還是生活問題、政治問題，他們所答覆的內容，總是「差不多」。在有些問題上，他們的思想，不僅標準化，而且定型了。說主義，一定是新民主主義第一，這不算奇。可怪的是，他們對於國內外人物的評判，也幾乎一模一樣，有如化學公式那麼準確。也不僅限於公眾問題，就是他們的私生活態度，也免不了定型的觀念，甚至如戀愛問題，也似乎有一種開會議決過的戀愛觀，作為青年男女的指導標準。……這種標準化的精神生活，依我們想像，是乏味的。但在另一方面，也給予他們的工作人員以精神上的安定，而發生了意志集中行動統一的力量。和延安人士接觸多了，天天傾聽他們的理論，慢慢地使人感覺某種氣氛缺乏。什麼氣氛呢？現在才想起來，缺乏「學院氣」。…… 他們口口聲聲以群眾為第一，少數服從多數，即有少數的「精神貴族」，恐怕也免不了向群眾低頭。…… 因為摒棄了學院派的學說，延安青年幹部所賴以求知的途徑，只有向經驗探索。雖然

[365] 陳學昭：《延安訪問記》，廣東人民出版社2001年版，頁242。
[366] 何方：《從延安一路走來的反思》，明報出版社（香港）2007年版，上冊，頁102～103。

他們還保留著「馬恩列史」的學習，但也可以說他們的理論水準，將以馬恩列史的理論為最高的界線。這結果，免不了要形成褊狹的思想，並且大大地限制了知識的發展。

　　戀愛與結婚差不多是標準化。……自然少不了一個「正確健全」的適用於邊區男女同志間的「戀愛觀」。標準的戀愛觀，自有標準的戀愛方式，決不像我們這裡有「柏拉圖式」、「至上主義」、「唯物主義」、「靈肉一致」等等的千變萬化。另外一點標準化，依我個人的私見，覺得在「增強黨性」「削弱個性」的政策之下，延安人的思想、態度、品性、趣味、生活似乎都定型了。個性的差別是愈來愈狹小。甲同志與乙同志之間，A女士與B女士之間，實在看不出有多大的分歧，再加上擇偶的標準又是一致的，除了考慮一下年齡身貌之外，還有什麼條件值得推敲呢？嫁給甲先生，或者嫁給乙先生，似乎不會有什麼不同的結果，這在擇偶上的確省了許多麻煩，不像我們的擇偶，要從無數不同型的個性中選出自己所喜歡的對象來。

　　據我看來，共產黨黨員，除了他的黨員身份以外，就很少有他個人的身份。假如世界上有所謂純粹的政治的動物，那大概就是共產黨員了。再詳細地說，共產黨的最大本領，在乎組織。黨員的最大義務，也就是服從組織。……一般政治組織所要求的只不過是個人的一部分自由之讓與；共產黨所要求於黨員的，則是貢獻百分之九十以上的自由。……增加黨性的意義，即是減弱個性，要求黨員拋棄更多更多的個人自由。……在如此嚴格要求之下，共產黨員還能保留多少的個人自由，是可以想見的。由於黨性，同志愛必然超過對於黨外人的友誼；由於黨性，個人的行為必須服從黨的支配；由於黨性，個人的認識與思想必須以黨策為依歸；由於黨性，決不容許黨員的「個人主義」、「英雄主義」、「獨立主義」、「分散主義」、「宗派主義」。[367]

　　趙超構還記述了延安人一致承認大家的思想的確差不多，原因是認識一致、對「我黨」政策的理解一致。趙超構挖掘形成這種「一致」的原因：

由於邊區和大後方的隔膜，思想文化的交換陷於中斷，就延安看來，簡直是在閉關狀態之中，許多延安人都向我們申訴過書籍雜誌進口之困難，這使得他們的認識不得不局限於邊區以內所能供給的資料之中。[368]

資訊來源單一，乃是「一致」之因，報人趙超構憑藉職業敏感一戳中的。1942年初，《解放日報》改版，「由不完全的黨報變成完全的黨報」，「凡有轉載，須經毛主席親筆批示。」[369]

共產國際駐延安聯絡員的記錄：

> 我經常聽到一套套標準的答話，而聽不到一句生活的語言。不同的人，在表情上都是一個模樣，這給人一種不愉快的感覺。……對毛的讚揚帶有神秘主義色彩，是一種不健康的吹捧。這種危險做法，使黨員沒有主見，思想超不出毛澤東指示的範圍，使黨喪失能動性，這在大會上（按：中共「七大」）已有表現。結果，毛主席一個人的「一貫正確的創造奇跡的頭腦」，代替了千百萬人的頭腦。
>
> 很難指望黨的幹部和一般黨員會有首創精神了。當局實行的是死記硬背和教條主義的一套。
>
> 一篇講話中間，引馬克思主義學說創始人的著作引得越多，提他們的名字提得越多，那麼這樣的講話儘管內容空洞，也都越被看重。[370]

延安的人際稱呼也因革命化而標準化，夫妻改「愛人」、同事改「同志」、官長改「首長」。老鄉不能認了。陳學昭《延安訪問記》一處寫到同鄉，馬上加一括弧（封建的口吻！）。這種淺表化形式化的改動，徒新鮮一時耳。這些革命稱謂今天已悉遭「二次革命」，舊稱復辟。夫妻再稱「愛人」，自己都叫不出口呢。畢竟，革命稱謂有欠精確，易引混淆，遠不如

[368] 趙超構：《延安一月》，上海書店1992年版，頁79。

[369] 舒群：〈棗園約稿宴〉，原載《新觀察》（北京）1982年第14期。朱鴻召編選《眾說紛紜話延安》，廣東人民出版社2001年版，頁299。

[370] （蘇）彼得·弗拉基米洛夫：《延安日記》，呂文鏡等譯，東方出版社（北京）2004年版，頁541、111、489。

「丈夫」、「太太」、「妻子」甚至「老公」「老婆」上口順耳。

伴隨標準化的自然是「規格整一」，容異度大大降低。寫出《黃河大合唱》的冼星海，只要問他一下「為什麼非要吃雞才能作曲？」「思想根源何在？」就夠他喝一壺了。標準化的身後矗立著思想方式與運用邏輯的同一性，一路越走越偏，直至文革，連自殺都得有「馬列依據」。1967年1月4日，江青主持批判陶鑄大會，要陳伯達發表倒陶講話，即「一個常委打倒另一個常委」。陳伯達對周恩來說江青逼得他活不下去，他查書了，共產主義者可以自殺，馬克思女婿拉法格自殺後列寧參加悼念，因此可以自殺。[371]

由於認定執掌真理，自己也奉獻了一切，也就看不得那些還不願徹底奉獻的「落後分子」，看到誰活得稍微自由一點就渾身不自在，看到誰還保留一點自我就痛不欲生，是自己未盡到責任，革命將因此失敗。他們只要求別人尊重自己的選擇權，否定別人的選擇權。

10.根據地醫療

紅軍時期，傷病員救治就一直是老大難。大別山鄂豫皖根據地，掛了彩一般只能先取出子彈，再找點窩瓜瓢子糊上。負了重傷，常常得不到治療，只能靠傷病員硬挺，不少傷員就這麼死去。[372]

1933年初，毛澤東動員傅連暲將長汀基督教福音醫院遷至瑞金，「中央蘇區」才有第一所醫院──中央紅色醫院，第一位中醫是上海來的鄧穎超母親。因條件有限，第四次「反圍剿」，紅軍總政治部主任王稼祥受重傷，彈片入腹，傷口化膿，傅連暲只能保守療法，排膿去毒、打針消炎、增強營養，直至長征後赴蘇聯取出彈片，傷口才痊癒。[373]

南方三年遊擊戰爭期間，鄂豫皖邊區高敬亭（1908～1939）領導的紅二十八軍的「醫院」，只能用鹽水、茶葉水洗傷口，用南瓜瓢子糊傷口，豬油、食油代替凡士林做藥撚子，派人上白區去搞藥品得冒生命危險。對醫務人員更視為「寶中之寶」。由於整整三年處於遊擊狀態，醫院幾乎沒住過房

[371] 穆欣：〈關於「中央文革小組」的一些情況〉，載《中共黨史資料》（北京）第69輯。王力：《王力反思錄》，北星出版社（香港）2008年版，上冊，頁144。
[372] 許世友：《我在紅軍的十年》，戰士出版社（北京）1983年版，頁5。
[373] 傅連暲：〈中央紅色醫院的成立〉，載《紅旗飄飄》第11集，中國青年出版社（北京）1959年版，頁15～16。

子，全在山洞或簡易茅棚裡。傷病員常打趣：「這是什麼後方醫院呀，一沒房子、二沒病床，比我們前方還流動，倒不如說這是無後方遊擊醫院。」傷病員編出順口溜：「高山密林是我們房，山溝草地是我們床；野果野菜是我們糧，紅軍醫官不怕苦，快快治好我們傷，勝利一定屬我方。」開刀取子彈與碎骨常常無麻藥，傷員得熬痛半小時，只能依靠精神去戰勝物質了。

後為中共開國中將、浙江省軍區司令林維先（1912～1985），毛澤東呼為「遊擊專家」，1935年任紅二十八軍特務營長，負重傷後與其他兩名重傷員留在堡壘戶養傷。山下國軍有據點，老鄉王大哥天天一早將三名傷員一個個背上山，放在山洞和樹林中隱藏，天黑後再一個個背下山。二十天後，傷員基本痊癒，臨行前留下十塊養傷錢，王大哥說什麼都不收。[374]

皖西特委領導下的「山林醫院」，幾個彩號棚因白天做飯，炊煙暴露目標，受了損失。吃苦頭後，所有彩號棚都在天亮前做好一天飯菜與開水，先後養護了近百名傷病員。[375]

抗戰爆發時，全國總共只有六千合格醫生，只有三分之一在前線。王安娜（王炳南德國妻子）的野戰醫院，「大多數只不過是骯髒的洞穴、衣衫襤褸的傷病員，大都只睡在木板上或泥地上。連瘧疾蔓延地區不可缺少的蚊帳也沒有。[376]

1938年6月上旬，諾爾曼‧白求恩向「保衛中國同盟」遞交醫療報告，詳細記述了陝西東北部黃河西岸賀家川小村八路軍戰地醫院實況。撮濃簡列：

> 傷病員一百八十人，分住村中二十五家，有的相距數里。沒有手術室，僅有一露天包紮所。二名醫生、十八名護士。沒有合格醫生，亦無醫科學生，醫生缺乏外科原理知識，如消毒、防腐等基本知識，包紮傷口主要用紗布填塞流膿瘻管（這當然是錯誤的）。傷口化膿而接受外科治療的傷患占42.2%。
>
> 醫護人員毫無使用夾板固定概念，致使大部分膝、肘、腕、手指

---

[374]　汪浩：〈山林遊擊醫院〉，載《皖西革命回憶錄》，黃山書社（合肥）1984年版，頁134～140。

[375]　郝光生：《活躍的農民小組》，載《皖西革命回憶錄》，黃山書社1984年版，頁213。

[376]　（西德）王安娜：《中國──我的第二故鄉》，三聯書店1980年版，頁211～212。

等關節致殘。

沒有床上用的便盆便壺、沒有床單、枕頭，僅有五十床供重傷患使用的棉被。沒有來蘇兒水，肥皂也幾乎沒有，只有公用的擦手毛巾。沒有二氯化物和酒精，只有少量紅汞。沒有沖洗液、膠皮管、灌腸器、膠皮墊、手套，只有24把鑷子、六根探針、五磅紗布和脫脂棉、十支嗎啡針劑。

食物不充足，幾乎沒有肉，亦無蛋、奶。傷病員的血紅蛋白平均只有65～70%。飲食全是軟食，缺乏維生素，很多傷病員患有慢性營養不良。

重傷患平均療程需要一年以上，已無可能重返部隊，僅10%可望痊癒並能謀生，10%雖能痊癒但喪失就業能力，10%將終身殘廢，其餘70%將患慢性敗血症在半年或一年內死亡。

能走動的傷患，10%在半年或一年內歸隊，10%有望一年內痊癒且還能謀生，70%將終身殘廢並喪失工作能力，10%可能在半年或一年內死亡。

白求恩希望在西北開設兩所永久性後方醫院，他向「保衛中國同盟」要錢，每月至少需要五萬元（1666英磅或8333美元），這還不包括傷病員津貼（一人一天一角伙食費）。[377]

1936年秋，劉英大病一場，高燒不止，整個身子骨像散了架，幾個醫生都來看，說是流行性感冒，但沒藥，急得直搓手，只能寄希望於「千萬不要併發肺炎」。劉英進了隔離窯洞，一時昏睡一時清醒，每天只喝一點小米粥湯，完全靠「素質」去挺。丈夫張聞天乾著急，每天早晚兩次對著窗戶紙上的小窟窿問候一下，說幾句安慰話。張發了津貼，全交警衛員買雞蛋做湯給她吃。政治局委員五元津貼，周恩來有病、王稼祥養傷，津貼加一倍。五元不是光洋而是「蘇票」，大約可買兩隻雞。劉英問警衛員：聞天五元津貼都給了我，他吃什麼？警衛員眼淚汪汪：「就吃『紅鍋炒白菜』。」挺了二十多天，劉英慢慢恢復。福建龍岩籍郭滴人（1907～1936），1926年6月入黨

---

[377] 〈白求恩的報告〉，黃燕民譯，載《諾爾曼·白求恩紀念冊》，國民革命軍第十八集團軍政治部、衛生部出版，1940年。《黨史研究資料》1983年第8期轉載，頁27～29。

的集美師範生，閩西特委書記、閩粵贛省委宣傳部長，長征後陝北省委組織部長，像劉英一樣發高燒，沒挺過來，年僅29歲。[378]

1946年5月底，政治局候委、120師政委關向應（1902～1946）在延安病重，肋膜化膿，高燒不退，一口水也咽不下去，不能說話，汗珠泉湧，打一針青黴素已是高級待遇。開刀後，疼痛萬分，無法入睡，得靠「特殊材料製成」的意志堅持了：

> 我如果不是共產黨員的話，早就會用自殺來結束這種痛苦。但是我還要作最後的掙扎，熬過了這個苦痛，我還要為黨工作十年至二十年。[379]

鄧穎超在南方局機關抱著孩子那張照片，背後有一段故事。1942年中共南方局組織部幹部榮高棠的女兒病得不行了，榮打了一個小木匣放在救亡室乒乓桌上，只等一斷氣就盛出去埋——

> 被鄧大姐看見，她非叫帶孩子去看不行，於是我就抱著孩子進城到寬仁醫院去看，打了一支鹽水針，她又活了，現在她還在，名叫樂妹。[380]

同一時期，1940年出生於延安的陳企霞之子陳延安得肺炎，危在旦夕，必須一針青黴素才能救命。這份動用青黴素的報告得由朱德簽字。[381]

抗戰勝利後，東北野戰軍徵召醫務人員入伍。當時東北醫護人員主要是日本人，入伍的日本人達八千餘。這批醫護骨幹組成一所所野戰醫院，多次戰役中功不可沒。華北軍區參照東北經驗，也徵召日本醫護人員入伍。[382]

[378] 《劉英自述》，人民出版社（北京）2005年版，頁106～107。
[379] 南新宙整理：〈關向應同志故事片斷〉，載《紅旗飄飄》第5集，中國青年出版社（北京）1957年版，頁273。
[380] 〈榮高棠同志的講話〉（1982年10月25日），載《四川黨史研究資料》1983年第1期，頁33。
[381] 陳延安：〈永遠的根基〉，載《北京日報》1991年7月8日。
[382] 劉統：〈建國初陳光、沙飛事件的反思〉，載《同舟共進》（廣州）2008年第11期。

五、延安婚戀

紅色青年的「戀愛熱」來自莫斯科，為吸引青年參加革命，蘇共「十分尊重」青年特性，鼓勵甚至慫恿戀愛，安排工作時會專門照顧情侶。「革命＋戀愛」，青年最喜愛的兩樣東西，革命隊伍因此人氣漸旺。甚至楊之華在寫給中共中央的〈叛徒顧順章叛變的經過和教訓〉（1938年11月28日），都將顧順章的好色稱為「生活浪漫」。[383]一對對革命夫婦以迥然有別於庸夫庸婦自傲，以走出告別「終老牖下」人生軌跡自得。[384]

延安婚戀屬於標本式的「革命＋戀愛」，個體性愛與社會改造緊密結合，微觀行為綁縛於宏觀價值，雅稱「一根扁擔挑兩頭」──一頭挑著未來道德、一頭挑著過去觀念，俗稱「同志＋性」。[385]

三大方面紅軍長征抵陝，女性甚少。紅一方面軍瑞金出來僅三十名女性，且多為高層頭目之妻。紅二十五軍七名女性，紅二方面軍二十餘名女性，紅四方面軍則約三千名。紅四方面軍有張琴秋領導的婦女獨立團，後隨西路軍出征，大多失散於河西走廊。紅軍男女比例真正「狼多肉少」，女性「資源性缺乏」。兩性戀愛，女性佔據絕對「地利」，高高在上發佈判決──或「恩准」或「辭退」。

大批知青聚延，婚戀很快成為「問題」。此時，無論性別比例還是擁擠的居住條件，都決定只能實行晚戀晚婚。1937年9月黃克功事件以前，延安執行清教徒式的禁欲政策。抗大專門發了通知，規定學習期間不准談戀愛不准結婚──全心全意撲在黨的事業上。但蘇聯帶回來的戀愛神聖與京滬的愛情自由，又不可能全盤禁絕。抗大一位領導便與一位女生結了婚，毛澤東知道後很火，要撤此人的職。抗大政治部主任莫文驊（1910～2000）向毛求情，請求「收回成命」。[386]

---

[383] 杜寧（楊之華）：〈叛徒顧順章叛變的經過和教訓〉，載《黨的文獻》（北京）1991年第3期，頁21。

[384] 王一飛：〈給妻子陸緩雯的信〉，載《紅旗飄飄》第31集，中國青年出版社1990年版，頁81。

[385] 楊尚昆：〈中直學委會對大會討論的總結〉（1945年1月31日）。參見李南央編：《父母昨日書》，時代國際出版有限公司（香港）2005年版，上冊，頁377。

[386] 莫文驊：〈毛主席關懷我們辦抗大〉，載《紅色往事》第六冊，濟南出版社2012年版，頁22。

　　黃克功死刑宣判大會上，張聞天結語中有「不談戀愛自然是最好。」[387]
毛澤東專門到抗大作報告〈革命與戀愛問題〉，規定三原則——革命的原
則、不妨礙工作學習的原則、自願的原則。[388]雖解「不准戀愛」之禁，仍須
「一切行動聽指揮」，戀愛可以自由，結婚必須批准，打胎則需要組織部介
紹信。高崗在批准范元甄刮宮時說：「讓她刮吧，是個可以做工作的女同
志。」范很感激：「刮子宮一次兩次，黨一句話沒說地批准了兩次。」[389]

　　海倫・斯諾是最早訪問延安的老外之一，撰有《延安四個月》（1937）：
「清教主義、禁欲主義以及斯巴達主義的哲學，主宰著延安的一切。」[390]低
欲無私的清教徒氛圍是延安的基本色調，亦合紅色意識形態主旋律，「個
人問題」終究與革命大目標有衝突——顧家難顧國、顧卿難顧黨，卿卿我
我自然不能「全心全意為人民」，個人問題再大也是小事。「當兵就是當
和尚」。1941年春，三五九旅屯墾南泥灣，[391]毛澤東、朱德鼓勵抓緊時間結
婚。這一時期，三五九旅400多人結婚，每年生育百餘孩子。[392]

　　此時「鬧紅」已十餘年，青年步入中年，再不解決「個人問題」不太
人道。於是，制訂出允婚門檻「二八五七團」——二十八歲、五年黨齡或七
年工齡、縣團級幹部。達不到這三項條件，識相點，往後退退。1946年，張
家口華北聯大文學系女生田賜，未婚先孕，羞吐真相又凸肚日隆，投井自
殺。[393]1947～48年冀中赤區，發現搞不正當男女關係，動輒拉出遊街。

　　　　農村政治鬥爭也開始有了戰爭的火藥味兒。特別是大村，拉人遊
　　街的事兒，強迫人坦白的事兒，以及對犯了錯誤和有毛病的人開展大
　　會鬥爭的事兒，動不動就折騰一回。[394]

---

[387]　舒湮：《戰鬥中的陝北》，文緣出版社（上海）、譯書圖書部1939年3月30日，頁41。
[388]　莫文驊：《莫文驊回憶錄》，解放軍出版社（北京）1996年版，頁352。
[389]　李南央編：《父母昨日書》，時代國際出版有限公司（香港）2005年版，上冊，頁219；
　　　下冊，頁234。
[390]　朱鴻召編選：《眾說紛紜話延安》，廣東人民出版社2001年版，頁481。
[391]　南泥灣：延安城東南九十里處。原為回民聚居地，1866年西北回民大暴動，1869年左宗棠
　　　進剿，南泥灣一帶遂成荒地。
[392]　（美）福爾曼：《北行漫記》，陶岱譯，解放軍文藝出版社（北京）2002年版，頁47。
[393]　陳恭懷：《悲愴人生——陳企霞傳》，作家出版社（北京）2008年版，頁178。
[394]　浩然：《我的人生——浩然口述自傳》，華藝出版社（北京）2000年版，頁136。

　　延安時期，相對穩定，組織上鼓勵官兵積極解決「個人問題」。幹部們當然想找有點氣質的姑娘，容易理解「革命」，最好愛人＋同志。而要「有氣質」，自然得上點學、讀點書。米脂乃陝北首富縣，該縣地富女兒絕大多數上學，「該地成為紅軍幹部選妻的重點。軍內稱米脂縣為『丈人縣』。」[395]因為，「土包子」老紅軍在延安娶城市女生有難度，娶陝北米脂、綏德的中學女生，兩頭正好，成功率極高。[396]

1.黃克功、吉司恭事件

　　黃克功（1911～1937），1927年參加革命，1930年參軍，同年入黨；二渡赤水及婁山關戰鬥中立大功，抗大隊長。「他自恃年輕有為，立過戰功，比較驕橫」。劉茜（1921～1937），太原友仁中學女生，該校「民先」負責人，赴延後入抗大黃克功任隊長的第十五隊。兩人短期接觸，通信往來，漸涉戀愛。1937年9月，陝北公學成立，第十五隊撥歸陝公。不久，黃克功調回抗大，要求結婚，劉茜拒絕，黃拔佩槍擊斃劉茜。審訊時，黃克功辯稱：「劉氏狼心毒惡，玩弄革命軍人」，「損功名譽，當時則氣憤填胸，乃拔手槍予擊之，一槍未擊斃，故加一槍。」邊區高等法院院長雷經天向毛澤東求情，毛未允。抗大副校長羅瑞卿也找毛求情，被毛狠狠訓了一頓。[397]

　　2010年，經辦黃克功案的延安保安處副處長兼偵察部長陳復生，回憶錄中指說劉茜乃晉軍旅長之女，赴延前男友為晉軍連長，後之所以冷淡黃克功，乃那位晉軍連長來了，並受其影響，黃克功約她河邊散步，劉茜罵中共為「土匪」，黃憤而「手刃」。陳復生認為「打死一個反動女學生，最多就是判刑五年」，絕沒想到毛澤東堅持死刑。[398]陳復生乃黃克功密友，意在為黃克功翻案。劉茜的「反動言論」出自黃克功，難脫避罪之嫌。劉茜罵中共「土匪」，自己又投奔「匪窩」，邏輯難通。如果「鎮壓反革命」，黃克功

---

[395]　周錫瑞：〈「封建堡壘」中的革命：陝西米脂楊家溝〉，原載馮崇義等主編《華北抗日根據地與社會生態》，頁9～10。轉引自岳謙厚、郝東升：〈抗戰時期中共領導下的米脂地主經濟〉，載《中共黨史研究》（北京）2009年第6期，頁83。

[396]　韋君宜：《露莎的路》。參見《韋君宜文集》第二卷，人民文學出版社2013年版，頁54。

[397]　朱鴻召：《延安日常生活中的歷史（1937～1947）》，廣西師範大學出版社（桂林）2007年版，頁277～290。

[398]　陳復生：《九死復生──一個百歲老紅軍的口述史》，中央文獻出版社（北京）2010年版，頁147～150。

為什麼不走組織程式？「手刃」又後為什麼不自首？收錄此說，聊備參考。

　　吉司恭在西安冒充抗大政治部主任，幾個女青年要上延安入抗大，吉司恭自稱正好前來招生。幾個女生以為遇到救星，被他哄騙姦污。吉司恭不久入學陝公。幾位女生到延安入抗大，見到正牌政治部主任莫文驊，還以為政治部主任換了人。一個週末，她們在延河邊散步，無意中發現西安那個「政治部主任」，檢舉揭發了他。經法院公審，槍斃了吉司恭。[399]

　　赤區嚴刑峻法。1937年春「擬規定凡侵佔滿二百元以上或賄賂滿一百元以上者一律處死。」[400]1938年8月15日公佈〈陝甘寧邊區懲治貪汙暫行條例〉：貪汙百元以下，一年以下徒刑；貪汙三百元以下，一年以上三年以下徒刑；三百元以上五百元以下，三年以上五年以下徒刑；五百元以上，五年以上徒刑或死刑。[401]其他赤區，貪汙五百元以上，均處死刑。[402]

　　赤區並無長期打算的底氣，最高徒刑為五年，超過五年就是死刑。[403]

2.毛澤東婚事

　　賀子珍18歲在永新偶遇毛澤東，一見傾心，跟毛上了井岡山。1937年11月，賀子珍負氣離開延安。1938年11月20日，毛與江青結婚，鳳凰山窯洞裡外四桌，幾個普通菜，一盆大米飯，無酒無葷，客人站著吃飯。毛沒出來，江青出來轉了轉，打打招呼。客人自打飯，吃完就走，也不辭行。[404]

　　劉英評說賀子珍：

> 　　她文化素養確實低些，連著生孩子，也沒有養成讀書的習慣，脾氣也不大好，常常干擾毛主席，有時爭吵起來賀子珍還忍不住動手。所以在他們的婚姻上，我覺得兩人確實不大般配。

[399] 莫文驊：〈毛主席關懷我們辦抗大〉，載《紅色往事》第六冊，濟南出版社2012年版，頁22～23。

[400] 舒湮：《邊區實錄》，國際書局（上海、香港）1941年版，頁46。

[401] 朱鴻召：《延安日常生活中的歷史》，廣西師大出版社（桂林）2007年版，頁24。

[402] 鄧小平：〈太行區的經濟建設〉（1943年7月2日），載《中共黨史參考資料》（五），人民出版社（北京）1979年版，頁101。

[403] 陳復生：《九死復生——一個百歲老紅軍的口述史》，中央文獻出版社（北京）2010年版，頁175。

[404] 《莫文驊回憶錄》，解放軍出版社（北京）1996年版，頁353。

　　賀子珍與劉英同時赴蘇養病，毛澤東囑劉英政治上幫助賀子珍提高，要賀多讀點書。毛澤東此時無意與賀離異，有心言歸於好。1939年3月下旬，劉英回國，去看毛澤東，江青成了毛澤東窯洞裡的人，殷勤接待。劉英向毛說了賀子珍赴蘇後的情況：痛失愛子，悲傷欲絕，精神上沒安慰，哪有心緒學習？「你交給我的任務沒有完成好。」

　　言談中，劉英見毛不時表現出對江青滿意的神色，隨口說：「你身邊確實需要有人照顧。你同賀子珍也實在合不來。」毛澤東一聽，興奮起來，大腿一拍，連聲說：「劉英同志，你才是真正理解我的人啊！這事不少老同志反對哩，你要給我做解釋、做宣傳！」毛江婚事遭黨內集體反對，來了一位支持者，毛大喜過望。

　　劉英回家後，向張聞天說了此事。張聞天連忙說：

　　　　你可不要管，江青的事你不要管！許多老同志有意見，不是反對
　　毛主席同賀子珍離婚，而是不贊成他同江青結婚。

　　毛江正式結婚前，黨內高層議論紛紛。北方局的王世英正在中央黨校學習，致信中央，說江青在上海出了不少桃色緋聞，與毛澤東結婚甚不合適，信尾簽名一大串。也有人打電報、寫信來勸阻。幾位中央領導向「總負責」張聞天反映，希望張聞天進勸。張聞天很為難，也瞭解毛澤東個性，感覺不便干預此類私事，但又認為大家的意見很有道理，領導人的婚姻確實不能等閒視之。考慮再三，張聞天綜合各種意見，以個人名義給毛寫了一封信，委婉勸阻。大意：你同賀子珍合不來離婚，大家沒意見，再結婚也是應該的；但是否同江青結合，望你考慮；江青在上海是演員，影響較大；你倆結婚，對黨對你都不太好。信讓警衛員送過去，毛澤東讀後大怒，當場扯信，邊撕邊說：「我明天就結婚，誰管得著?!」次日，毛澤東在供銷社擺酒兩桌，客人有羅瑞卿、楊尚昆、莫文驊等，未邀請張聞天。

　　上述細節，1984年美國記者採訪劉英，問及此事，劉英還以「江青鑽了一個空子」搪塞過去。此後，她發現報刊上有關這一截說得與事實相去甚

遠,「所以把我知道的此事經過記錄下來,以免以訛傳訛。」[405]

其實,江青到延安後,追求的第一人並不是毛澤東,而追求毛澤東的也不止江青一個。毛江結婚後,中組部長陳雲找江青談過一次話:「毛主席人家有老婆,並未離婚,你要注意啦。」毛打電話給陳雲:「你這個組織部長竟然管到我家裡的事情來了。」賀龍回延安去看毛澤東,見江青從窯洞裡出來:「毛主席,這是個什麼人啊?」毛答:「嗨!你這個問題問得很怪。」賀龍:「主席家裡出來一個我們都不認得的人,我們為什麼不可以問啦?」幾天後,毛澤東再次請客,將江青正式介紹給「尚不認識她」的黨內高幹。楊尚昆前後兩次婚宴都吃到了。

那個政治局對毛江婚姻的「約法三章」——江青只負責毛生活、二十年內禁止任職,純屬訛傳。陳雲、楊尚昆明確否定。楊尚昆證實張聞天以「總負責」名義寫了那封勸阻信——

> 後來他們兩個關係就越來越僵了。以後毛對洛甫(張聞天俄名)的態度就不是與人為善的態度,而是諷刺挖苦。[406]

城鎮女性的到來,中共高幹層掀起一陣離婚再婚熱。除了毛澤東離賀娶江,美籍醫生馬海德向韓素音揶揄:「劉少奇曾四次離婚,五次再婚,但是每次都是完全合法。」[407]工農幹部與小知識分子甚吃癟,1942年10月19日,毛澤東在大會上批評某婦因愛人當了驢馬隊指導員,就不愛了。[408]

3.賀龍婚事

賀龍(1896～1969),1910年娶家鄉貧女徐月姑,沒幾年病逝。1920年,賀龍再娶土家姑娘向元姑,據說賀龍未參加婚禮,由未出嫁的小妹賀絨姑抱著大公雞,與新娘拜了天地。1927年12月,周恩來派人將向元姑接到上海。1928年,賀龍奉命回鄉搞武裝,向元姑回到桑植,次年病逝。賀龍在澧

---

[405] 《劉英自述》,人民出版社(北京)2005年版,頁122～124。

[406] 閻長貴:〈從藍蘋到「文革」中的江青——兼論創立「江青學」〉,載《領導者》(香港)2013年特刊,頁14～15。

[407] (英)韓素音:《周恩來與他的世紀》,中央文獻出版社(北京)1992年版,頁259。

[408] 李南央編:《父母昨日書》,時代國際出版有限公司(香港)2005年版,上冊,頁298。

州鎮守使任上，曾娶藝女胡琴仙。1928年賀龍回鄉，胡琴仙留滬，旋被捕，抗戰爆發才出獄回鄉，晚年定居成都。

在湘鄂西，賀龍與蕭克分別娶了一對學生姐妹。賀龍娶了湘西第一女紅軍蹇先任（1909～2004），蕭克娶了其妹蹇先佛。賀龍追蹇先任：「蹇教員，我要向你學文化。」蹇以為賀龍開玩笑，賀龍滿臉認真：「你一定要收下我這個學生啵，而且要單獨給我講課。」第一次上課，蹇先任先讓賀龍念一段文字，估計他大約認得五六百字，便制訂學習計畫，每天教他十五個字，賀龍十分用心，進步很快。

炎夏之夜，蹇先任乘完涼剛要回房，賀龍派來媒人，說他雖然結過婚，卻從來不曾戀愛，見到蹇後，不知不覺愛上她。蹇先任毫無思想準備，她對賀龍除了尊敬並無別意。她對媒人說：「我只是個一般幹部，而他是赫赫有名的紅軍將領，我們彼此之間距離太大，無法共同生活。再說他已經結過婚了，我是不會嫁給他的。」不久，賀龍當面求婚，又遭婉拒。

賀龍十分癡心，一次前敵委員會上，再次向蹇公開求婚，並要大家當場做蹇工作。蹇先任抵擋不住攻勢，只好答應。1929年9月，20歲的蹇先任嫁33歲的賀龍。1930年，蹇先任生下頭胎女，不幸夭折。1935年11月6日，賀龍打了勝仗，蹇先任生二胎女賀捷生。王震賀電：「祝賀賀副主席生了一門迫擊炮。」賀捷生出生二十天就隨父母長征，最年幼的小紅軍。後夫妻失和，抗戰中期賀龍與蹇先任離婚，蹇留蘇；1949年後，蹇歷任縣委書記、武漢市紀委副書記、輕工業部幹部司副司長、中組部副秘書長。

1938年，天津女生薛明（1916～2011）投奔延安。第一次見面，賀龍便向薛明發出邀請：「我那兒有一個會做天津包子的廚師，今後你可以到我那兒去玩玩，看看這個天津包子像不像。」此後，雖然組織撮合，薛明一直沒動心。她對賀龍真正動心是一次大雨。那天，薛明被派往賀龍駐地彙報學習整風文件心得，彙報結束後賀龍送薛明回住處。恰逢大雨，天黑路滑，薛明一隻腳陷進泥沼，賀龍回頭拉她。她一抬頭，一個大閃電，賀龍穿著長筒皮靴，白襯衣紮進灰褲，腿長步大，雖然年紀較大，還是很帥。就這麼一瞬間，「雨夜送行」迅速在西北局傳為佳話。1942年8月，賀龍娶了比他小20歲的薛明。賀龍與薛明的婚戀可謂延安「愛情範本」——上司看中、主動追求、組織撮合、婚後秘書。

賀薛之戀還有具體記述。有一陣，西北局組織部長陳正人天天要延安縣委組織部長薛明前來彙報工作，正彙報著，賀龍挑簾進來，薛明一陣臉紅，明知有「戲」，又不知如何處置，說話都不順了。後來，連雞毛蒜皮的小事都彙報完了，陳正人就是不讓薛明走，哭笑不得地說：「你是真糊塗還裝糊塗？老賀他是一肚子感情說不出來呀！」幾天後，彭真找到薛明，單刀直入：「嗨，老賀喜歡你、看中你了，你考慮了沒有？」薛明聲音很小：「沒考慮。」「沒考慮？我不信！天天這麼多人陪你，你不考慮？」又來了幾位老同志。薛明孤立站在眾人之中，又羞又急：「不行，我們歲數差好多。」彭真笑了：「愛情不在歲數大小。」

賀龍只好親自上陣：「你怎麼想的？」「我現在工作，不考慮。」「什麼時候考慮？」「工作做出成績以後。」賀龍忽地起身，拿起搪瓷缸、提壺倒水，「咚」一聲放到薛明面前：「喝水，喝了水再談。」薛明雙手捧缸，呷了一大口。賀龍再問：「說具體點，再過幾年呢？」「再過三五年吧。」「好，你有事業心，我支持你，我就等你三五年！」薛明感動了：「還是別等了，三五年，情況沒準就變了，說不定我跟別人結婚了。」最後，賀龍用「工農結合」說服薛明：「我家種地，你家做工，咱們工農結合，不是很好嗎？」不過，賀捷生始終不能原諒父親娶薛明，文革中寫大字報批判賀龍。[409]

4.粟裕之戀

1939年春，皖南新四軍軍部教導總隊，二支隊副司令粟裕來挑學員，以補充機關。見一秀氣女生平心靜氣在練毛筆字。教導總隊負責人向粟容推薦這位揚州女生楚青（1923～　）。三十二歲的黃埔生粟裕從未談過對象，對嬌小可人的楚青一見鍾情，認定楚青不僅應該成為部下，還應成為愛人。

1939年底，楚青從教導總隊結業，分配到江南指揮部機要科任速記員，與粟裕共住一祠堂，粟裕住邊上小閣樓，楚青等幾個女兵住樓下。粟裕工作很忙，經常熬夜，警衛員買了餅乾放在粟裕床後竹筒內。一天，楚青等人吃光竹筒內餅乾，並放入紙條：「小老鼠偷吃了」。次日，粟裕看到楚青等人，笑了：「歡迎小老鼠再次光臨。」幾個女兵笑著紅臉跑開了。

[409] 創民：《紅色婚緣——開國將帥與夫人的婚戀紀實》，中國華僑出版社（北京）2010年版，頁39～41。

　　過了一段時間，粟裕給楚青寫了一封信。楚青一看信封，臉色大變，看也不看就撕掉了。粟裕沒想到會是這一結果，不免失望，但他尊重對方：「愛情首先是情感。詹永珠（按：楚青原名）不願意同我談戀愛，我無法責怪她，因為她有在愛情上選擇的自由。」

　　兩人天天見面，粟裕裝作若無其事。楚青漸漸安心，暗暗觀察粟裕。此後一年，粟裕未有任何「軍事行動」──不再向楚青提「交朋友」，只是默默關心她的工作學習，交談內容都是形勢啊、政治啦、工作呀。終於，粟裕忍不住將楚青約到溪邊，再次示愛。楚青冷冷回答：「我沒有這個想法。」粟裕：「那你能不能考慮考慮？」楚青：「首長，我很欽佩你的為人和才華，可我剛參加工作，暫時還不想談戀愛。況且國難當頭，我更不願過早地考慮個人的生活小事。」粟裕：「楚青同志，你說得對，我們應該努力去爭取抗戰的勝利，我佩服你的報國之志！但我認為，作為一個革命者，關鍵是應該處理好革命與愛情的關係，而不是像苦行僧般地抹煞男女之間的情誼。」楚青點點頭，粟裕又說：「這樣吧，我請你考慮一下，最好我倆能交個朋友，以後互相學習，互相幫助，這和革命並沒有矛盾。」楚青則明確拒絕：「我不能考慮。」愛情之舟擱淺，粟裕在失戀中未失大將風度。

　　以粟裕當時「價位」，不愁找不到姑娘，為他張羅介紹的也不少。但他就是吃定楚青，成了新四軍內「公開的秘密」。陳毅對粟裕開玩笑：「我給你想個辦法，哪天日本鬼子來了，你把她一夾，夾著她就跑。」

　　1940年10月，粟裕取得黃橋之戰勝利，終於使楚青的愛情天平向粟裕傾斜。一天傍晚，粟裕再次向楚青表白：「你放心好了，我會尊重你的意見，尊重你的人格的。現在，我再一次鄭重地向你──求愛！」楚青羞澀地低下頭，嘴唇動了動，但沒說什麼。粟裕：「我只希望你知道，我是真心愛你的，我始終等待著你的理解和接受。如果你暫時還不能接受我的愛，我可以等，等一年、兩年、三年……」楚青羞澀的眼睛裡滿盈激動：「那，你要等好久呢！」粟裕：「如果真是這樣，我就繼續等，再等一個三年，兩個三年、三個三年，一直等到你答應為止！」楚青熱淚盈眶，深情地看了粟裕一眼：「那……那我現在就答應你。」兩雙手緊緊握在一起。1941年12月26日，江蘇如東石莊，新四軍一師司令部，34歲粟裕在苦追三年後，終得迎娶

18歲的楚青。[410]

5.挑大的嫁

　　延安男女性別比例嚴重失衡。1938年前30:1，1941年18:1，[411] 1944年4月8:1。[412]男性選擇標準一路放低：

> 一是女的、二是大腳、三是識字就好。男的身分是一落千丈，女的身價是直線上升。……男找女的，幾乎到了饑不擇食的地步。[413]

　　女生延河洗腳，對岸男同胞列隊傻看，女生擠眼直笑：「瞧，咱們的『尾巴』又來了！」時間一長，女生將常來河邊的男人呼為「河防司令」，內中還有後來的「開國元勳」（差不多每位將帥的求愛都有趣聞）。抗聯出身的留蘇女生黎俠，每天清晨都能在窯洞窗口發現幾封求愛信。哈爾濱姑娘郭霽雲「回頭率」極高，許多男性以各種方式求愛。南方姑娘鐘路遭南洋華僑及廣東男士「圍追堵截」，窯洞門縫、衣服口袋塞滿字條，人稱「被圍困的女八路」，被逼無奈，她只好公開與張力克（後任瀋陽市委副書記）的戀情，1941年早早結婚。[414]老幹部的求愛信，一般只有幾句，但都有關鍵內容——「我愛你！」[415]因文化程度低，有的工農幹部只能抄別人情書。1946年，長征老幹部陳復生抄人家大學生的情書，追到小20歲的沈桂明（承德高小女生）。[416]

　　1938年，十六歲的何鳴剛入抗大，便成為很多人的追求對象。抗大隊長兼教員聶鳳智（1914～1992，中將）最終勝出，因為他不久兼任衛生所長，與女護士何鳴有更多的「正當接觸」。聶鳳智表白語：「我是黨員，你也是黨員，雙方都是共產黨員，也都沒有傳染病，雙方自願在一起，誰都不強迫誰。」鄂

---

[410] 郭本敏、袁玉峰主編：《回望硝煙》，中央文獻出版社（北京）2007年版，頁175～180。

[411] 王實味：〈野百合花〉，原載《解放日報》（延安）1942年3月13日、23日。

[412] 朱鴻召：《延安文人》，廣東人民出版社2001年版，頁88。

[413] 趙雲升、王紅暉主編：《元帥夫人傳》，中共黨史出版社（北京）2003年版，頁140。

[414] 蔣巍、雪揚：《中國女子大學風雲錄》，解放軍出版社（北京）2007年版，頁184～187。

[415] 《李逸民回憶錄》，湖南人民出版社1986年版，頁97。

[416] 陳復生：《九死復生——一個百歲老紅軍的口述史》，中央文獻出版社（北京）2010年版，頁195-197。

人聶鳳智15歲參軍，聞戰則喜，身上11個槍眼，負傷八次。何鳴：「他打仗勇敢，這一條就招人喜歡。」1940年元旦，26歲的聶鳳智與18歲的何鳴在晉察冀結婚，抗大教育長羅瑞卿主婚，吃了大白菜豆腐，「搞得還蠻熱鬧」。[417]

　　1940年底，抗大畢業女生郝治平入北方局黨校學習，18歲的她收到雪片般情書，一位求愛者竟為他寫了整整一本情詩，她都一笑了之，婉言拒絕，直到收到八路軍野戰政治部主任羅瑞卿簽名「洛水清」的情書。

　　1943年初秋，中央黨校一部軍事隊長王樹聲（1905～1974，大將），看上延安中央門診部的「一枝花」──22歲女醫生楊炬。王樹聲求治腳上一小裂口，問人家哪兒人、多大年紀？最後結結巴巴：「就、就是這兒裂了口……唔，楊、楊醫生……我、我對你的印象，很、很……好！」小楊醫生「刷」一下紅了臉，扭頭進了隔壁房間。這位湖北南漳書香女生無法接受這個「多麼不順眼的大老粗」。最後組織出面，中央衛生處長傅連暲當「月老」，論據之一：「對於樹聲同志，就連我們的周副主席都沒少操心呢。」批評楊炬「別再那麼小資產階級氣」，小楊醫生受此重擊，在「人人都讚揚王樹聲，為什麼不能與他談談」的邏輯下，向傅處長點了頭。

　　1939年，晉東南抗大總校幹部科長傅崇碧（1916～2003，少將），也是由組織「介紹」給河南信陽籍女護士黎虹。黎虹的想法是：在家聽父母，出門聽組織；組織說好，就好，讓認識，就認識吧。[418]

　　一位四十多歲的江西老紅軍娶一城市女生。老紅軍乃八路軍某旅政治部民運部長，上前線後，收到女學生情書，最後一句：「我給你一個親愛的吻。」部長持信找到捎信人：「她給我捎了東西，東西在哪裡？」捎信人一臉茫然：「她沒有捎東西啊？」部長指著信：「這不是給我一個親愛的物？這個物在哪裡？」這則笑話很快成為「老紅軍」與「女學生」的經典段子，迅速傳開。有關工農老幹部與城市女生談戀愛的另一經典段子：兩人在延河邊散步，女生說天上月亮好圓好有詩意，老紅軍則說：這月亮不就跟圓燒餅一樣麼？這些「段子」都上了中央青委壁報──「輕騎隊」。[419] 1940年後，

[417] 郭本敏、袁玉峰主編：《回望硝煙》，中央文獻出版社（北京）2007年版，頁182～184。

[418] 創民：《紅色婚緣──開國將帥與夫人的婚戀紀實》，中國華僑出版社（北京）2010年版，頁83～85、24～28、55。

[419] 韋君宜：《露莎的路》，參見《韋君宜文集》第二卷，人民文學出版社（北京）2013年版，頁14～15、47。

中央青委聚集了各地青運幹部，除了為首的馮文彬、胡喬木，還有于光遠、童大林，王若望，李銳、范元甄夫婦、黃華夫婦，韓天石夫婦，葉方夫婦，馮蘭瑞、楊述、許立群等。[420]

週六下午，延安女大門口十分熱鬧，會客室擠滿「男生」，女大生譺稱：「禮拜六，四郎探母了！」週六是規定團圓日，亦稱「陣地戰」，其他日子相聚，呼為「遊擊戰」。延安新歌謠：「女大窯洞方丈高！抗大學生夠不著……延水河邊一對一對真不少，西北旅舍遊擊戰爭逞英豪……」一般人對性欲還得掖掖藏藏，惟毛澤東敢於直言。一位抗大生寫信問毛為什麼與賀子珍離婚而與藍蘋結婚？是否符合毛自己提出的三原則？毛回信：「同賀子珍同志是為了意見不合，同藍蘋同志是為了解決性欲……」[421]

其他赤區，也沒有夫妻專房，只照顧兩口子一個「禮拜六之夜」，只在禮拜六晚上為夫妻專門騰房。[422]

「資源」嚴重匱乏，女青年拒婚幾乎不可能。丁玲〈「三八節」有感〉：「女同志的結婚永遠使人注意，而不會使人滿意的。」若是嫁了工農幹部，受到知識分子幹部嘲諷：「一個科長也嫁了麼？」若嫁了知識分子，工農幹部也有意見：「他媽的，瞧不起我們老幹部，說是土包子，要不是我們土包子，你想來延安吃小米！」[423] 還有「組織分配」。1937年9月，24歲長征女性王定國（1913～　）從失散的西路軍回到八路軍蘭州辦事處，[424]安排給54歲的謝覺哉，告訴她這是一項莊嚴神聖的革命任務，王定國爽快應答：「保證完成任務！」打起背包走上夫人崗位。鄧小平與卓琳的婚戀，乃鄧從前線回延安，一眼相中這位北平大學女生，留下一句「請幫忙做做工作」，組織一出面，卓琳雖嫌其矮，還是嫁了。[425]1937年，王震娶了東北籍的北平大學化學系女生。[426]1945年，26歲的朱明嫁給59歲的林伯渠。

---

[420]　袁晞：《一蓑煙雨任平生——馮蘭瑞傳》，氣象出版社（北京）1999年版，頁69、72。

[421]　齊世傑：《延安內幕》，華嚴出版社（重慶）1943年版，頁17、15。

[422]　韋君宜：《露莎的路》，參見《韋君宜文集》第二卷，人民文學出版社（北京）2013年版，頁27。

[423]　丁玲：〈「三八節」有感〉，原載《解放日報》（延安），1942年3月9日。

[424]　王定國：〈奮鬥終生——憶謝覺哉同志的晚年生活〉，載《紅旗飄飄》第21集，中國青年出版社（北京）1981年版，頁152。

[425]　蔣巍、雪揚：《中國女子大學風雲錄》，解放軍出版社（北京）2007年版，頁188～189。

[426]　（美）福爾曼：《北行漫記》，解放軍文藝出版社（北京）2002年版，頁47。

　　赴延女知青大多來自城鎮，形貌氣質較佳，擇偶餘地很大，行情熱俏，自我感覺「多麼的稀有和矜貴」。她們定譜「王明的口才，博古的理論」，[427]非大官、大知識分子不嫁。挑「大」的嫁，乃延安女性的宿命。雖然她們一腦門子婦女解放、獨立平等，一些姑娘還拉起「不嫁首長」的大旗，如女大生郭霽雲拒絕了劉少奇，[428]一抗大女生拒絕校長林彪的當面求愛。具體細節：林彪看上某女生，介紹人帶女生到林彪處，旋即離開。女生並不知情，靜等校長說事，林彪一開口就是「我們結婚吧？」女生楞住了，等明白校長在求愛，推門哭出：「我不幹！我不幹！」[429]

　　但紅色女生的絕大多數最終還是只能以「革命價值」為價值，以職級高低為高低，以嫁給長征老幹部為榮。[430]出了專用詞「長征路線」——專嫁長征紅軍，赴延女知青會拉著南方老紅軍講長征故事，據說女知青會主動拋繡球。所謂「老紅軍」，不過二三十歲。1937年夏，抗大一期生、老紅軍陳復生（26歲）就收到一位高中畢業女生的「進攻信」，陳復生才讀過幾天私塾，感覺學歷過低，「很知趣地逃跑了。」[431]

　　海倫‧斯諾記載：「彭德懷的清教徒氣質，這種態度很自然使婦女們對他發生了興趣，她們發現他非常迷人。有位女戰士曾設法引誘他，遭到了他的拒絕。」[432]還有一位外國女記者當面向彭德懷示愛，彭表示榮幸後予以拒絕。真正堅持「平等」的紅色女生，終屬少數，何況組織向她們一再灌輸：嫁給革命老幹部，不僅本身就是革命行為，而且是對革命的一份貢獻。

　　嫁給大幹部，城市女生內心亦存矛盾，既有「紅色託辭」也有「高級顧慮」。林穎：

　　　　有雪楓同志做我的終身伴侶，對我的黨性鍛煉，對我的政治思想
　　　和文化水準的提高，都會有很大說明。但另一方面，我又擔心和一位

[427]　陳企霞：〈丘比特之箭〉（長詩），參見陳恭懷：《悲愴人生——陳企霞傳》，作家出版社（北京）2008年版，頁127。

[428]　蔣巍、雪揚：《中國女子大學風雲錄》，解放軍出版社（北京）2007年版，頁340。

[429]　莫文驊：《莫文驊回憶錄》，解放軍出版社（北京）1996年版，頁349～350。

[430]　陳學昭：《延安訪問記》，廣東人民出版社2001年版，頁191。

[431]　陳復生：《九死復生——一個百歲老紅軍的口述史》，中央文獻出版社（北京）2010年版，頁148、196。

[432]　（美）海倫‧斯諾：《我在中國的歲月》，中國新聞出版社（陝西）1986年版，頁284。

負責同志結婚，會影響我個人的發展，並害怕人們對首長妻子的過分挑剔。因此，內心十分矛盾。

　　為追求女生，有的知識分子幹部放低身姿，彭雪楓情書署名：「聽從你的囑咐的軍人」，希望妻子經常來信（最好長信），發下一個月15元保健費，全送給妻子買雞蛋。不過，有時也會在信中吵架，指說對方「歪曲歷史事實」。[433]

　　人多之處，愛情亦多。陳學昭：「愛情！愛情！『前方正酣熱於炮火，後方一切還照舊繼續著，人們戀愛、嫉妒、相擠……』」[434]延安婚戀花絮多多，自由戀愛、組織分配、歷盡坎坷、第三者插足、愛上老外，三姐妹嫁三兄弟的「三劉嫁三王」，各有各的戲，各有各的故事。延安和平醫院王抗博醫生，與張看護生下一孩，王醫生不肯負責，張看護自殺於醫院。「在延安，像這樣的事是很平常的。」[435]一些封閉環境中長大的女孩，很少接觸異性，抵延後，一下子就倒在第一個敢於擁抱她的男人懷裡。延安屢鬧愛情風波，整風前結離婚率都相當高。革命並未改變男尊女卑的國色。丁玲：「離婚大約多半都是男子提出的，假如是女人，那一定有更不道德的事，那完全該女人受詛咒。」[436]也還有伙夫們強姦並殺死女人的刑案。[437]

　　女性資源緊缺，男性之間的爭鬥自然就會加劇。蕭軍與蕭紅分手後與丁玲談過戀愛，蕭軍後與女演員王德芬（1920～　，榆中縣長之女）訂婚，輾轉赴延。抵延後，大概王德芬又與蕭三粘粘扯扯。一次邊區文協開會，蕭軍、蕭三、艾思奇、吳伯簫等十來人出席，蕭軍（1907～1988）抽出匕首，往桌上一插：「蕭三，我要宰了你！」大家面面相覷。老實人艾思奇慢慢說了一句：「蕭軍，你有什麼意見，可以說啊，不能那麼野蠻。」蕭軍才把匕首收起來。[438]

[433]　林穎：《彭雪楓家書》，文物出版社（北京）1985年版，頁1、35、98～99、101。
[434]　陳學昭：《延安訪問記》，廣東人民出版社2001年版，頁224。
[435]　齊世傑：《延安內幕》，華嚴出版社（重慶）1943年版，頁14。
[436]　丁玲：〈「三八節」有感〉，原載《解放日報》（延安）1942年3月9日。
[437]　李南央編：《父母昨日書》，時代國際出版有限公司（香港）2005年版，上冊，頁239。
[438]　黎辛口述，馬馳等整理：〈「文藝座談會主要圍繞兩個人」〉，載《社會科學報》（上海）2012年3月15日，第八版。

6.組織指婚

組織高於一切，組織管頭管腳管老婆。團級以上幹部，不僅生活待遇優先（如儘量保證每週半隻雞），婚姻方面也一樣，得到首長特別關注。如毛澤東關心過彭德懷，劉伯承關心過皮定鈞。一有機會，首長都積極當紅娘。女方基本出自宣傳隊、醫院，有的甚至是大小姨子或什麼親戚。1941年，晉察冀軍區三分區政委王平（1907～1998，上將），將19歲的小姨子介紹給政治部主任王宗槐（1915～1998，中將）。前一年，聶榮臻帶著王宗槐上楊成武一分區檢查工作，走到易縣嶺東村，王宗槐突患傷寒，只能送後方醫院。臨別前，聶榮臻送上幾盒「維他司保命」，再囑咐軍區衛生部長葉青山：「如果他死了，屍體運到阜平城南莊入殯。要是能救過來，趁他住院治療，在你手下給他找個對象。他不小了，該解決婚姻問題了。」葉部長物色了好幾個，一個都沒成，王平介紹的小姨子，一下子就出了「成果」。[439]

1937年7月，延安保安處副延長陳復生寫信老戰友、延安衛戍司令楊至誠（1903～1967，上將），內容很簡單，關鍵的只有一句話：「青年的切實問題請你幫助解決」。楊至誠心領神會，立即從紅四方面軍婦女營（均為川女）撥調來四個年輕姑娘，陳副處長相中17歲薛排長（13歲參軍的貧農女），其餘三個亂點鴛鴦譜分配給手下三個科長，很快成婚。薛排長糾結掙扎了37天，也嫁了。[440]

組織出面一般都能搞定。一位氣質淑雅的美女，高個寬額，被首長看上，美女死活不從，首長的相貌實在無法恭維。美女所在醫院政委受組織委託做工作，她只好同意，後抱怨：「我是鮮花插在牛糞上。」[441]

組織亂點鴛鴦譜，老幹部窗前選美，24小時之內結婚等「革命愛情」，一路「演出」不斷。一些新四軍高幹利用工作接觸或集體廣播操，直選城市女生，陳毅、粟裕、彭雪楓……都是這樣抱回佳偶。八路軍的聶鳳智、向守

[439] 創民：《紅色婚緣——開國將帥與夫人的婚戀紀實》，中國華僑出版社（北京）2010年版，頁113、225、4、6。
[440] 陳復生：《九死復生——一個百歲老紅軍的口述史》，中央文獻出版社（北京）2010年版，頁161-162。
[441] 王瑗瑗：《司令爸爸·司機爸爸》，解放軍文藝出版社（北京）2010年版，頁40～41。

志（1988年上將），也是這一時期從女生中得偶。[442]他們轉過身用同樣方法為部下解決「個人問題」。「紅妃」張寧（1949～　　，林立果未婚妻）之父張富華（1911～1957，追授少將），1929年參加紅軍，膠東軍區某團政治部主任。女兵連晨操，軍區司令許世友窗前問張：「你看上哪一個？」張指著一高個美女：「我要那匹大洋馬！」此女就是張寧母親，膠東文登縣侯家集方圓百里出名的大美人。次日，組織談話，三言兩語，好事就算定下了。第三天晚上，17歲的「大洋馬」背著行軍包進了張主任屋子。一桌花生紅棗、一瓶土燒酒，就算禮成。

> 媽媽為逃避包辦婚姻投奔革命，成了共產黨員後，卻又由「組織包辦」嫁給了比他大16歲的我爸爸。這種事在戰爭年代不稀奇，許多當年在戰爭第一線拼命的指戰員，他們的夫人有許多是在與我媽媽大同小異的情況下與丈夫結合的。這叫「革命感情」。[443]

　　一位千辛萬苦投奔革命的浙大女生，經「組織介紹」嫁給一位出身佃農的老幹部。最初，革命熱情很高的女生服從組織決定，沒計較老幹部的文化，週六回到老幹部窯洞，往往一宿無話。日子一久，女生漸漸厭煩，但在組織不斷教育下壓抑著。一次，她邀丈夫月下散步，老幹部說：「月亮有什麼好，圓圓的活像一個燒餅。白天幹了那麼多的工作，晚上在外面亂走有什麼意思？」浙大女生哭腫雙眼，悄然離家，留詩：「嫁得郎君不解情，竟將明月比燒餅；從今不盼禮拜六，春宵枉自值千金。」從此不歸，組織再也無法說服女生。官司打到毛澤東處，毛寫詩回應女生，替老幹部辯護：「春花秋月枉多情，天上人間兩畫餅；寒來花月不能衣，饑時一餅勝千金。」[444]這段小資女生與工農丈夫的「文化差異」，成為一則「延安經典」。

　　紅小鬼陳丕顯（1916～1995）在皖南新四軍部工作，二十來歲，常有人介紹對象，不少青年女性也對這位「紅軍老幹部」有好感，但項英、陳毅不同意，陳丕顯無法「繼續」。項陳首長後替他選了一位軍部女機要，由曾山

[442]　郭本敏、袁玉峰主編：《回望硝煙》，中央文獻出版社（北京）2007年版，頁170～198。
[443]　張寧：《紅妃自傳》，內蒙古文化出版社（呼和浩特）1998年版，頁4～5。
[444]　劉紹唐：《紅色中國的叛徒》，中央文物供應社（臺北）1956年版，頁81～82。

批准，1940年2月13日「奉令成婚」。[445]

　　延安報紙曾刊出一幅著名漫畫〈新娜拉出走〉，諷刺一些青年女性為爭取獨立自由離家出走，平津滬漢寧穗等城讀書時期，高唱新女性歌曲：「不做戀愛夢，我們要自重」[446]。一到延安，卻很快淪為大幹部附庸。在社會價值高度一元化（官本位）的延安，延安女性婚戀選擇的價值多元化實為無本之木。1937年12月3日謝覺哉日記：「小資產階級的戀愛神聖觀，應該打倒。因為它一妨礙工作，二自找苦吃。」[447]

　　各級首長多娶城市女生，一些女生提出反對「首長路線」，襄樊女生林穎（1920～　）乃倡議人之一，一時名噪「小延安」──河南確山竹溝（新四軍四師駐地）。但林穎收到師長兼政委彭雪楓第一封情書，二十天後便破了「金身」，「下嫁」給這位1925年入團、1926年轉黨的老紅軍。老紅軍萬海峰（1920～　，1988上將），1943年10月得娶上海護校女生趙政。[448]

　　歷經五四好不容易爭取來的婚戀自由權，就那麼「高尚」地交出去了──黨員結婚離婚必須經組織批准。馮蘭瑞欲與前夫離婚，1943年春遞上報告，因搶救運動，一切停擱，1944年才批准。[449]32歲的團長高自如申請與29歲的鮑侃結婚，彭真不批，理由是八路軍團長不能與非黨員結婚；1947年4月鮑侃入黨，獲得與愛人結婚的「先決條件」，可高自如已於1946年春在華北犧牲。[450]許多戀人因一方出身不佳受到組織勸止，甚至批判，鬧出一幕幕自殺悲劇。1948年冀察熱遼赤區《群眾日報》電報員韓志新，因與地主女兒戀愛，被斥「包庇地主」、「接受賄賂」，韓志新十分緊張，當晚用步槍自殺。[451]

　　如未經組織批准而戀愛（更不用說結婚），可是犯了大忌。不過，未婚先孕的「先行交易」，仍是免不了的風景。14歲赴延的夏沙，17歲與文工團

---

[445]　陳小津：《我的「文革」歲月》，中央文獻出版社（北京）2009年版，頁233～234。

[446]　韋君宜：《露莎的路》。參見《韋君宜文集》第二卷，人民文學出版社2013年版，頁45。

[447]　《謝覺哉日記》，人民出版社（北京）1984年版，上冊，頁189。

[448]　郭本敏、袁玉峰主編：《回望硝煙》，中央文獻出版社（北京）2007年版，頁193～195、170～173。

[449]　馮蘭瑞：〈「真話」中的謊言〉，載《開放》（香港）2006年11月號，頁83。

[450]　蔣巍、雪揚：《中國女子大學風雲錄》，解放軍出版社（北京）2007年版，頁232～233。

[451]　李冰封：《並非家務事》，原載《書屋》（長沙）2001年第6期。參見李南央編著：《我有這樣一個母親》，開放雜誌出版社（香港）2003年版，頁177。

同事戀愛，18歲懷孕，找到副政委張際春坦白，請求處分。張際春給了「無限期延長入黨預備期」。整風搶救運動中，「生活問題」與「政治問題」使夏沙成了抗大總校重點批鬥對象，她在大會上誠懇檢討「資產階級生活作風」。[452]新四軍畫家陳亞軍，與鹽城中學女生談戀愛，開大會狠批一場。[453]

只有極個別「反面教材」體現革命時期的「自由」，胡績偉就突破傳統娶了嫡親堂姐，且未婚生女。[454]

對革命女性來說，婚戀終究是一椿麻煩事兒。中共黨內聲名赫赫的錢瑛大姐（1903～1973），1949年後首任監察部長，1928年在上海嫁全國海員工會秘書長譚壽林（1896～1931），1931年譚在滬被捕，5月30日被殺南京雨花臺，錢瑛此後堅持「投身革命即為家」，終身獨守。[455]

7.延安美女、臨時夫人

延安三大女明星──江青、蘇菲、李麗蓮。蘇菲1939年10月來延安，入魯藝，1940年嫁美國醫學博士馬海德。文革時，馬海德定性「特嫌」，蘇菲亦受衝擊，抄家關押。李麗蓮身材頎長、俏麗動人，1937年8月與江青一起抵延，嫁李德。1939年8月，李德奉命回莫斯科述職，夫婦從此分離。1965年4月，李麗蓮病逝北京。

還有著名的「延安三美」、「四大美女」。「延安三美」是劉志蘭、浦安修、葉群。頭號美女劉志蘭，1939年嫁左權，左權犧牲後六年，31歲的劉志蘭重組家庭，1992年離世。「四大美女」則為江青、葉群、范元甄、孫維世。范元甄享壽最長，2008年去世。其他三大美女，結局都不佳。「四大美女」版本不一，一說有拒絕劉少奇的郭霽雲。

延安還有「臨時夫人」。兩位蘇聯聯絡員與日共領導人岡野進（野阪參三，1892～1993），分別擁有臨時夫人，他們向中共提出要找「臨時夫人」，聲明回國時不帶走，中共便挑選說合。

野阪參三，日本慶應大學畢業生，1919年7月赴英考察工運，1920年

---

[452]　朱鴻召：《延安日常生活中的歷史》，廣西師大出版社（桂林）2007年版，頁244。
[453]　黃仁柯：《魯藝人──紅色藝術家們》，中央黨校出版社（北京）2001年版，頁68。
[454]　《青春歲月──胡績偉自述》，河南人民出版社1999年版，頁343～354。
[455]　〈榮高棠同志的講話〉（1982年10月25日），載《四川黨史研究資料》1983年第1期，頁37。

加入英共，1921年被驅逐，1922年回國與片山潛等創建日共。1928年3月被捕，1930年3月出獄，1931年1月任日共中委，同年2月任莫斯科第三國際日共代表；1940年4月抵延安，1946年1月回國，4月任眾議員；1955年日共第一書記，1956年7月參議員，連續四次當選；1977年辭去參議員，1982年辭去日共主席，任名譽主席。1992年因共產國際時期告密陷害山本懸藏一事曝光，日共十九屆八中全會開除其黨籍。其延安臨時夫人為總政敵工部24歲的莊濤。野阪參三回國後，莊濤嫁黃興之子黃乃，旋離婚。[456]

兩位蘇聯人回國時，臨時夫人結束任務，臨時丈夫各留下一筆錢。三八式女幹部沈容（1922～2004）一直不解：

> 我從來認為戀愛、結婚是神聖的、自由的，怎麼可以由組織分配，而且還是臨時的？真是不可思議。這兩位女士都不懂俄文，真不知道他們的夫婦生活是怎麼過的。共產黨一直宣傳民主自由，反對封建，怎麼會答應蘇聯人的這種無理要求？[457]

中共對幹部中十分普遍的一夫二妻現象，相當寬容。1948年太岳區薄書年有妻有子，參加中共後又與閻姓女子結婚，髮妻攜子找來，組織令薄與閻離婚，薄懷怨，殺閻與寢友黃氏（副專員之妻），閻死黃殘，僅判薄15年徒刑。自己也有「抗戰夫人」的謝覺哉：「一人二妻，革命幹部中頗多有，因戰爭關係，原妻阻隔不能集合，不能以重婚罪責人。一旦相遇，只要他們自己不發生齟齬，旁人何必多管閒事。必離其一，必有一方失所。」[458]

另一位娶中國姑娘的老外為李敦白（Sidney Rittenberg，1921～），美國南卡羅萊納州望族之後，1942年入伍，派學中文。1945年9月昆明中文專員，11月調上海美軍陸軍總部；1946年赴延，李先念、王震介紹，經五大書記批准入黨，首位美籍中共黨員；在延安追過孫維世，後娶電臺播音員魏琳。1949年1月，李敦白受斯特朗間諜案牽連，蘇聯要求中共逮捕李敦白，

---

[456] 宗道一：〈日共主席野阪參三的延安戀情〉，載《同舟共進》（廣州）2010年第2期，頁55～57。參見李南央編：《父母昨日書》，時代國際出版有限公司（香港）2005年版，下冊，頁258、517。

[457] 沈容：《紅色記憶》，北京十月文藝出版社2005年版，頁97。

[458] 《謝覺哉日記》，人民出版社（北京）1984年版，下冊，頁1264。

1955年4月獲釋，此時魏琳已離婚，李敦白出獄後再娶一北京女性。1968年2月再度入獄秦城。1977年11月獲釋，1980年3月攜妻小回美國。[459]

8.同志式愛情

延安生活帶著十分強烈的泛政治化，婚戀上接受的誡律也是政治訓令：

> 在這偉大的時代中，個人是微不足道的一件事！⋯⋯革命的同志男女問題，首先要遵從組織決定。我們對一個「愛人」的要求，也正像對任何同志的要求一樣，脫離不了「階級尺度」。必須有堅定不移的「立場」，正確的「觀點」和良好的「作風」。男的對女的，女的對男的，也沒有什麼兩樣。所以正確的戀愛觀，必須是以一定的思想水準與政治認識為基礎的！他所謂的「立場」是指「無產階級立場」；「觀點」是指「勞動觀點」（亦即所謂為工農兵服務的觀點），良好的「作風」是指反對「自由主義作風」的意思。[460]

1941年4月14日，34歲的彭雪楓給未婚妻林穎的第二封情書：

> 花前月下卿卿我我，這究竟是小資產階級的呀！無產階級先鋒隊則不然，這首先建立在政治上、工作上、性情上和品格上，自然同樣也有花前月下，然而已經不是卿卿我我了，而是花前談心、月下互勉，為了工作、為了事業、為了雙方的前途！⋯⋯這種愛才是最正當最偉大、最神聖的！同時也必能是最堅持的、最永久的。[461]

1941年12月，川妹子丁雪松抗大、女大的同學差不多都結婚了，她也有一位心儀的追求者——朝鮮人鄭律成。鄭律成總是默默將丁窰洞臨窗的桌子收拾得十分整齊，沾有印泥的圖章也擦拭乾淨，窗臺再擺上幾支野花，桌頭

[459] 李寒鷗：〈第一個加入中共的美國人〉，原載《羊城晚報》（廣州）2012年8月5日，《文摘報》（北京）2012年8月11日摘轉，第5版。
[460] 劉紹唐：《紅色中國的叛徒》，中央文物供應社（臺北）1956年版，頁80。
[461] 林穎：《彭雪楓家書》，文物出版社（北京）1985年版，頁4～5。

擺上《安娜・卡列尼娜》、《茶花女》，留一紙條：「送給小鬼女軍官。」
最後才是曲終人出的落款：鄭律成。交談後，鄭律成告訴丁雪松：見她十分
嚴肅、不苟言笑，不敢接近，只能先送野花、書籍試探。但鄭律成此時「特
嫌」纏身，好不容易盼到前方回延安的八路軍團長武亭（朝鮮人），澄清了
鄭的「特嫌」，丁雪松仍不敢結婚。她上中組部正式諮詢可否與鄭結婚？明
確答覆：「不予干涉，由你們自己決定。」她才放心成婚。[462]

　　未經組織同意是絕對不行的。1943年，13歲參軍的粟裕參謀萬海峰
（1920～　，1988年上將）與20歲的趙政結婚，申請報告：「我倆意相合，
要求結婚，決不妨礙工作，希首長批准。此呈。」新四軍一旅黨委批復（相
當結婚證書）：

> 　　黨為了愛護久經戰鬥的老同志，批准你們結婚。希望在黨的領導
> 之下，更加強黨的觀念，一切服從黨的利益為要。[463]

　　1942年12月結婚的田家英（20歲）、董邊（26歲）夫婦，每天五點起
床──

> 　　天麻麻亮，就拿著報紙，帶上地圖，上山讀報，把蘇軍佔領的地
> 方用紅筆劃上圈，一周分析一次形勢。我們每天都要閱讀國民黨統治
> 區的大量報刊，研究形勢動態。

　　這種政治興趣是終身的。25歲的李銳與21歲的妻子相約：「兩人關係以
政治為主，時刻關心到政治。」夫婦幸福度取決於「進步速度」──組織信
任與提拔速率。1950年4月5日，范元甄家書：

> 　　我十年來對你感情要求之強烈，從來是伴隨著政治的……如果雙
> 方不進步，是不可能有美滿的關係的。我有時決心要離婚就確是這樣

───────────

[462]　丁雪松：〈永恆的懷念──憶鄭律成同志〉，載《紅旗飄飄》第26集，中國青年出版社
　　　（北京）1983年版，頁92、100～101。
[463]　郭本敏、袁玉峰主編：《回望硝煙》，中央文獻出版社（北京）2007年版，頁170～173。

想。[464]

趙超構：

> 被極力誇張的「同志愛」對於延安女性的戀愛與結婚一定也有重
> 要的影響。既然同志愛應該高於一切愛，那麼戀愛結婚也應該以同志
> 為第一條件了。個人愛憎的選擇也只能在同志之間運用了。這正如舊
> 式婚姻以門第為第一條件，難道不會損傷到個人的戀愛自由麼？

延安女性的婚戀也是政治標準第一。男性黨員可以娶非黨女性，女黨員
則一定要嫁黨員丈夫。趙超構驚呼：「女黨員嫁給非共產黨的男人，可以說
絕對沒有。」延安女性的革命性還體現在努力男性化。趙超構有一次說C女
士：「你們簡直不像女人！」C女士竟如此反問：「我們為什麼一定要像女
人？」

趙超構對延安女性還有幾段深刻描述：

> 共產黨員中，最可以作為代表的類型的，不是那些出了名的模範
> 黨員，而是「女同志」們，從那些「女同志」身上，我們最可以看出
> 一種政治環境，怎樣改換了一個人的氣質品性。所有這些「女同志」
> 都在極力克服自己的女兒態。聽她們討論黨國大事，侃侃而談，旁若
> 無人，比我們男人還要認真。
>
> 政治生活粉碎了她們愛美的本能，作為女性特徵的羞澀嬌柔之
> 態，也被工作上的交際來往沖淡了。因此，原始母性中心時代女性所
> 有的粗糙面目，便逐漸在她們身上復活了。而我們也可以從她們身上
> 直感到思想宣傳對於一個人的氣質具有何等深刻的意義！[465]

延安婚戀浪漫指數很低，不像城裡「男生追女生，又看電影又溜冰」。

[464]　李南央編：《父母昨日書》，時代國際出版有限公司（香港）2005年版，上冊，頁272；
下冊，頁180、256。
[465]　趙超構：《延安一月》，上海書店1992年版，頁170、90~91。

延安沒有條件，除了「三天一封信，七天一訪問」，唯一浪漫之事就是週末舞會。打穀場上，油燈底下，一把胡琴伴奏，穿著草鞋跳舞。婚禮更是革命化。1939年初秋，前方不少高幹陸續回延安，準備出席「七大」。鄧小平與卓琳、孔原與許敏同時舉行婚禮，楊家嶺窯洞前擺了一長溜宴席，非常熱鬧，相互勸酒。留蘇生孔原在連連進攻下喝醉，昏睡一晚。鄧小平卻一杯杯與人「乾」，神態自若，原來大多是白開水。[466]

1941年，羅瑞卿（1906～1978）任八路軍野戰軍政治部主任，駐山西太行山桐峪農村，與19歲姑娘郝治平結婚，一頓小麥麵燒餅就算婚宴了。飯後，羅長子（1.82米）照例上球場，羅的抗大隊與賀龍的晉西北隊，兩支「勁敵」天天傍晚打比賽。[467]

1942年9月1日，長征老幹部舒同（1905～1998，後任山東第一書記）與女知青石瀾結婚，中央黨校校長彭真主婚，婚宴「粗麵饅頭，番茄炒洋芋片，並以開水當酒。」[468]這還算好的，有麵有菜，辦了婚席。大多數只能吃到花生米，俗稱「花生米婚禮」。新婚夫婦可沒洞房，十幾孔窯洞專門闢為「青年宿舍」，窯內只有一張床，被褥自帶，不開飯，一天五角房租。週六，小倆口背著被褥來住一晚，次日各回單位。[469]

家如夜月圓時少，人似流雲散處多。婚後三天，各自歸崗，見上一面都不容易，甚至互相不知死活。生活供給制、組織軍事化，延安人人有單位，夫妻在各自機關工作，每週見面一次，同一機關也各按各的待遇吃飯。

郭小川與吳玉章乾女兒杜蕙結婚時，窯洞掛上吳老嵌名對聯：「杜林深植蕙，小水匯為川。」很高雅的賀禮了，半個世紀後還被婚禮參加者清晰憶及。[470]

1939年10月，經陳賡撮合，41歲的彭德懷與21歲中組部幹事浦安修結婚，幾位紅三軍團老戰友參加婚禮。滕代遠拿出一個月津貼──五元，燉了一盆豬肉、買了花生、紅棗，很熱鬧很上檔次的婚禮了。

1944年6月，29歲的王宗槐與22歲醫校生王景明結婚，窯洞太小，賀客無處落坐，連杯茶水都招待不起。三五成群的賀客只能送上賀詩賀聯，或笑

[466]　《劉英自述》，人民出版社（北京）2005年版，頁140～141。
[467]　趙長安等著：《老革命家的戀愛、婚姻和家庭生活》，工人出版社（北京）1985年版，頁292。
[468]　石瀾：《我與舒同四十年》，陝西人民出版社1997年版，頁90。
[469]　《莫文驊回憶錄》，解放軍出版社（北京）1996年版，頁353。
[470]　袁晞：《一蓑煙雨任平生──馮蘭瑞傳》，氣象出版社（北京）1999年版，頁73。

著送上幾句祝辭，表表心意，馬上旋出去，要給後面的賀客倒地方。送來賀詩贈詞的共65位：鄧穎超、錢瑛、帥孟奇、李伯釗、陳賡、陳再道、王樹聲、羅瑞卿、粟裕、陳錫聯、宋時輪、王盛榮、郭化若、劉瀾波、蔡樹藩、曹里懷、聶鶴亭、何柱成……

　　還有一種「強迫式婚禮」。1944年中秋，楊炬上中央黨校一部軍事隊看戀人王樹聲，王樹聲拉她到幾個同事家轉了一圈，然後上聯防司令部去看賀龍司令、徐向前副司令。兩位老總熱心接待，徐向前拿出一副新撲克，四人就打起來。打了一陣，楊炬說該走了，兩位老總哈哈大笑：「不走啦，這牌一打就走不成嘍！」徐向前：「你們的婚事今天就辦了吧，我的房間讓出來，給你們做新房。」陳賡愛鬧，站上窯洞大喊：「王樹聲結婚嘍，大家快去看啊，快去吃喜糖啊！」已經懵了的楊炬，穿著下鄉的列寧裝，掉了兩顆扣子，一枚別針對付著。陳錫聯、陳再道、譚震林、王近山趕來慶賀，兩位老總指揮辦席，邵式平、徐深吉張羅對聯，七嘴八舌竟整出一幅絕妙對聯：

　　上聯：調皮遇厲害；下聯：花好見月圓；橫批：革命伴侶。「調皮」是王樹聲稱楊炬，「厲害」是楊炬回敬王樹聲，妙嵌入聯，很有點藝術性。[471]

　　延安婚戀除了幾個規定動作——男方偷偷看上女方、組織出面介紹、女方初拒終納、簡單婚禮，「談戀愛」的內容也很有時代特色——節奏鮮明的「三部曲」：一、男方介紹身世與紅色履歷；二、女方簡述身世與參加革命過程；三、雙方的人生理想與對革命的認識。1941年，胡耀邦與李昭在延河邊「約愛三章」：先是革命同志，然後才是生活伴侶；成家以後，不忘為共產主義奮鬥；要經得住各種考驗，同舟共濟始終不渝。革命使理想近在眼前，紅色情侶對未來的期待值甚高，既有抗日民族大義，又有民主建國政治前途，就精神幸福指數，延安一代那會兒相當高。

　　其他革命青年的婚戀也相當紅色相當浪漫。1939年夏，一對出身南京中央大學的黨員情侶，姑娘劉惠馨向情哥哥馬識途表達：

　　　　我將永遠等著你。禾哥，我永遠是屬於你的。我的感情，我的身體，我的一切都永遠屬於你，除非我在戰場上……只有死亡才能把我

471　創民：《紅色婚緣——開國將帥與夫人的婚戀紀實》，中國華僑出版社（北京）2010年
　　版，頁116、3～4、34～35。

們分離。如果我在戰場上倒下了，我只希望勝利後，你來到我的墳頭，向我獻一束花，並且告訴我：我們終於勝利了。

1939年底，這對紅色情侶經組織批准結婚，兩位同志操辦一席小型婚宴，無其他賀客。次日新人共寫一詩〈我們結婚了〉：

　　我們結婚了／在一間陰濕的破屋裡／桐油燈代替喜燭在輝映

　　我們找到了主婚的人／卻不是我們的父親和母親／而是我們生死相許的「愛情」

　　我們也找到了證婚的人／可不是親戚或社會名人／而是我們遭遇的「艱辛」

　　我們也找到介紹人／可不是說得天花亂墜的媒人／而是我們矢志不渝的「革命」

　　我們不必登報要求社會的公認／也不用領取立此存照的的結婚證／這個社會和法律我們根本不承認

　　我們不請自來的頭一個客人／在房檐上跳著的小麻雀／為我們奏起了歡快的結婚進行曲

　　我們不請自來的又一個客人／在視窗上忙著的小蜘蛛／為我們編織了一幅漂亮的窗簾

　　我們相互發誓／雙手按著革命經典／「我們永遠不會離婚

　　除非誰做了可恥的逃兵／我們永遠不會分離／直到我們該永遠分離的時刻」[472]

9.麻煩的孩子

延安夫婦還有一檔最麻煩的事──孩子。高幹有服務員給帶，或進保育院，一般幹部的孩子很難進保育院，也沒錢雇保姆。「女同志懷了孕，理智些的人就打胎。」[473]年輕夫婦李銳、范元甄，一邊是炮火連天的內戰與繁忙

---

[472]　馬識途：《風雨人生》，參見《馬識途文集》第九集（上），四川文藝出版社2005年版，頁210、244～245。

[473]　李銳：〈我的延安經歷〉，載《爭鳴》（香港）2010年11月號，頁69。

的工作，一邊是麻煩日增的大肚子與哭聲不斷的新生兒，不知吵了多少嘴、傷了多少情。1947年7月29日，范元甄家書：

> 我什麼也不能做，整日抱著，心似火燒。思前想後，只想把他勒死。我帶他已至毫無樂趣的地步了。[474]

1938年3月，羅榮桓第一個男孩「北屯」出生延安，羅妻林月琴剛結束抗大學習，組織分配她任西安「八辦」機要秘書，林月琴毫不猶豫將嬰兒送給老鄉撫養。10月，羅榮桓回延安參加六屆六中全會，去看過孩子，「北屯」最終因營養不良夭折。[475]1939年7月，抗大與陝公遷往前線，徐懋庸、劉蘊文夫婦隨行，新生一子，送給瓦窯堡居民。「解放後去信探問，當地政府覆信，說已因患天花死了。」[476] 1940年，山東魯南山區，聶鳳智親手接生長女，兩天後因突圍不得不「疏散」孩子。其妻何鳴進莊碰到一位大娘，就將孩子給了大娘，既沒留姓，也沒說孩子多大。何鳴一邊走一邊哭，聶鳳智勸道：「孩子不是你自己送出去嗎？你哭什麼？」1949年後也沒找回來。[477]1943年春，石瀾生子，一個月後，「上級卻通知我，要我把嬰兒送給別人，而且聯繫好了，送給王家坪附近的一戶農民」，因為石瀾有「特嫌」，要接受審查。[478]戰爭年代棄嬰尚可理解，延安時期再保留這一「革命傳統」，體現「革命高於人權」的價值邏輯，不祥呵！

1943年初，1935年曾任天津市委書記的林楓，其妻郭明秋在山西興縣120師部見到老熟人劉少奇，她抱著四個月的女嬰，都要哭了：「少奇同志，你又創建了一個根據地，可是我又抱了一個小孩。」這句抱怨，紅色女性最經典的「革命遺憾」。[479]

還有一種選擇就是結紮，永絕「禍根」。1939年3月，33歲的中央首長王稼祥（1906～1974）娶24歲來延長沙富家女朱仲麗（1915～2014），畢業

[474] 李南央編：《父母昨日書》，時代國際出版有限公司（香港）2005年版，下冊，頁140。
[475] 一凡編著：《延安麗人》，中國社會出版社（北京）1999年版，頁250～251。
[476] 《徐懋庸回憶錄》，人民文學出版社（北京）1982年版，頁117。
[477] 郭本敏、袁玉峰主編：《回望硝煙》，中央文獻出版社（北京）2007年版，頁185。
[478] 石瀾：《我與舒同四十年》，陝西人民出版社1997年版，頁93～97。
[479] 郭明秋：〈永存的記憶〉，載《紅旗飄飄》第20集，中國青年出版社1980年版，頁88～89。

于東南醫學院的朱仲麗，曾入南京中央醫院（專為國民黨中委、部長一級服務）任外科、婦產科見習醫生，知道闌尾與輸卵管相近。一次，因患急性闌尾炎在延安醫院開刀，在徵求王稼祥同意後，順便做了結紮：「我這一輩子不想懷孩子了。」[480]

10.政治第一的苦澀

　　紅色青年既然享受到革命的浪漫，也就不得不一起品嘗政治的苦澀。摻雜政治的婚姻，自然也隨著政治跌宕起伏。1933年5月，鄧小平在江西作為「羅明路線」頭面人物遭黨內批判，上山開荒，蔡暢派危秀英去看這位留法老同學，鄧小平讓危秀英帶話給蔡暢：「告訴蔡大姐，我在這裡勞動，任務很重，吃不飽飯，肚子好餓。」李富春、蔡暢夫婦找出兩分錢，加上危秀英的兩分，上街買了兩分錢豬頭肉，另兩分錢買了大蒜、辣椒，蔡暢炒了一盆乾糧，禾草捂著，另炒三個菜，外加一壺酒，叫危秀英再跑七里路去請鄧小平來吃，特別交代：一、十二點半以後到，下午兩點前離開，這段時間別人看不到；二、不要與危同行，保持一定距離，以免人家向中央告發他們與鄧劃不清界限；三、直接到她住處，千萬不要走省委前門，免得有人反映上去說不清。鄧小平來後，危秀英在後門放哨，吃頓飯像搞地下工作一樣。鄧幾個月沒吃肉喝酒了，胃口好極了，走時再帶了一罐豬肉炒大蒜、炒魚乾。[481]

　　鄧小平一生「三伏三起」，此為「第一伏」。結婚不到兩年的金維映，此時離去，翌年轉嫁李維漢。[482]進入「火紅的1950年代」，紅色革命者的婚戀幸福度達到最高峰值。但政治第一的婚戀也隨著一場場政治運動顛簸跌宕，最初的幸福度與此後的痛苦度恰成正比，不少「延安家庭」因政治而崩裂。最著名紅色離婚有：浦安修與彭德懷、陳璉與袁永熙、石瀾與舒同、草明與歐陽山、范元甄與李銳，郭霽雲晚年還鬧離婚。[483]

　　浦安修（1918～1991）出生北京，1938年4月赴延，嫁彭德懷，1959年

[480] 朱良：〈難忘朱仲麗大姐〉，載《檔案春秋》（上海）2014年第7期，頁44～45。
[481] 徐壯志、梅世雄：〈危秀英：主席帶我走長征〉，載《文學報》（上海）2004年12月24日。摘自黃國柱：《我的長征──尋訪健在老紅軍》，解放軍文藝出版社（北京）2005年版。
[482] 黃宏主編：《親歷長征》，人民出版社（北京）2006年版，頁362。
[483] 丹丹：〈「送爛桔子」朋友的信〉，載李南央編著《我有這樣一個母親》，開放雜誌出版社（香港）2003年版，頁162。
蔣巍、雪揚：《中國女子大學風雲錄》，解放軍出版社（北京）2007年版，頁340。

北師大黨委副書記。盧山會議後，浦安修精神崩潰、經常痛哭，離了「組織」，她已不知如何生活。1962年，浦安修向北師大黨委遞交離婚報告。北師大黨委無權審批，上轉北京市委，萬里大驚：「思想上劃清界限就行了嘛，不一定要離婚麼！」市委第二書記劉仁轉給第一書記彭真，彭真認為彭德懷為政治局委員，再轉中央，中辦主任楊尚昆轉給總書記鄧小平，鄧批示：「這是家務事，黨無權干涉。」周恩來批示：「離婚要徵求彭德懷的意見。這樣的問題，就由法院去管……」總之，組織對浦安修的離婚報告未置可否，浦也未上法院，但兩人從此分居。文革後，彭德懷平反，追悼會準備期間，彭家堅決反對浦安修以「夫人」身分出席。最後，中共中央以離婚報告未批准，鄧小平定調：「彭德懷夫人就是浦安修」。[484]

　　紅色女性大多有點叛逆性格，脾氣較躁，要求細苛，容易吵架。舒同與石瀾結婚40年，夫妻關係一直十分緊張。石瀾：「我常常把工作中的緊張氣氛帶到家庭中來，因此與丈夫不斷發生齟齬和爭吵。」舒同向子女訴苦：「在社會上緊張工作，回到家庭裡面也是緊張，這樣的家庭，還不如沒有。」1982年，舒同震怒石瀾的揭發，堅決離婚。石瀾在〈離婚通知書〉上悔批八字——「獲罪於天，無所禱也」。[485]此時，事情已難以挽回。

　　李銳、范元甄也是一對著名的延安夫婦。李南央評母：「她這輩子過得太不愉快，太不快活。」范元甄自評：「我與李某有過二十年的夫妻生活，那是一個有缺點的共產黨（真心革命而入黨的）和一個假革命之間的一場階級鬥爭。」[486]1950年的李銳，對夫妻生活退守「只要不吵架，只要有性生活」。范元甄甚至咒罵婆婆：「死，也沒什麼，只解放了許多人。」陳雲聽說李銳因土改向地主母親下跪，竟擲評：「這種母親還要她作什麼？」1959年盧山會議後，李銳白天在機關挨鬥，晚上家裡還有老婆的一場批鬥。為革命而結合、為黨籍而離婚，在延安一代十分普遍。1960年范元甄離婚不久，去看周恩來夫婦，吃飯時陳毅說：「老夫老妻離什麼婚呵?!」周恩來正色：「嗯，這是大是大非呵！」范因周恩來的理解頓感釋然。[487]

[484] 創民：《紅色婚緣——開國將帥與夫人的婚戀紀實》，中國華僑出版社（北京）2010年版，頁120～130。

[485] 石瀾：《我與舒同四十年》，陝西人民出版社1997年版，頁252。

[486] 李南央：〈她終於解脫！〉，載《開放》（香港）2008年3月號，頁70、68。

[487] 李南央編：《父母昨日書》，時代國際出版有限公司（香港）2005年版，下冊，頁256、

　　另一對著名紅色夫婦是中央研究院文藝研究室主任歐陽山與粵籍女作家草明，1931年相識於《廣州文藝》，共同參加上海左聯活動，又聚首延安，還都是作家，仍然離了婚。[488]離婚的延安夫婦還有艾青與韋嫈。

　　抗戰結束前，曾志要與陶鑄離婚──

> 　　從延安出來後，我正式向組織上打了離婚報告，我忍受不了他的大男子主義。陶鑄表示尊重我的選擇。因日本投降，時局突然發生變化，也就顧不上再扯這些個人的事了。到東北我們大家散多聚少，感情上一直未能真正修復，這給陶鑄心上留下暗傷。

　　這對紅色高幹差點分手。就是面臨「全國勝利」這樣的大好局面，夫妻也一直吵架。1966年底，陶鑄臨打倒前，曾志見丈夫處境那麼艱難：「我和你的個性都太強，兩人生活在一起，總要為一些事情爭論不休，有時甚至吵得很凶，但是從今天起，我再也不同您爭論了。」[489]大概直到此時，曾志才認識到夫婦和睦比其他東西都重要，包括以前認為必須大聲捍衛的觀點。

　　文革期間，黃永勝一到北京工作，其妻項輝芳就向葉群寫告狀信，指控黃永勝喜新厭舊、用情不專。她沒想到自己的信成了葉群俘虜黃永勝的王牌。1980年11月20日，開審林彪、四人幫集團。次日，項輝芳彙報思想：擁護公審林江集團、擁護公審黃永勝；她不是黃永勝家屬，再次提出與黃離婚。此前1978年6月，項輝芳已被中央專案組定性「林彪死黨」，開除黨籍軍籍，送安徽監督勞動。黃永勝被判決後，項輝芳還是立即辦了離婚。[490]

　　「政治第一」使紅色一代終身生活在鬥爭思維之中，紅色一代仇恨遠遠大於溫情。他們很少給予溫情，溫情連著「資產階級」呵，仇恨則體現「無產階級感情」與「階級覺悟」。1950～1970年代的中國，家庭親情幾無價值，夫妻之間的政治離異、子女與父母之間的政治反目，天經地義，受到鼓勵。1961年底，范元甄與李銳離婚，李銳一時無房，范竟將李的枕被從三

272、270、59。

[488]　袁晞：《一蓑煙雨任平生──馮蘭瑞傳》，氣象出版社（北京）1999年版，頁73。

[489]　曾志：《一個革命的倖存者》，廣東人民出版社1999年版，下冊，頁398、443。

[490]　水煮百年：《林彪下屬夫人們的命運》，原載《廉政瞭望》（成都）2014年第9期。《文摘報》（北京）2014年5月10日摘轉，第5版。

樓窗口扔出。1994年耶誕節，李南央從美國攜女探母，范元甄連聲咒罵李銳「一貫反黨，與黨不是一條心。」李南央感歎：「人怎麼會活得只有恨，而且這麼刻骨地恨？」[491]

　　紅色女性的家庭生活之所以不幸與充滿火藥味，乃是她們本身就是一隻火藥桶，認為這個世界充滿階級鬥爭，必須時時保持鬥爭警覺，而且越有警惕性便越革命，越革命自然越接近真理。這種將革命當真理，以鬥為貴的人生哲學，使革命女性成為「紅色野玫瑰」，誰愛她誰被螫，成為她們的第一革命對象。因為，這些革命女性認為，既然要革人家的命，首先就得革自家的命，丈夫就是第一對象。丈夫都「革」不好，還能去「革」人家嗎？當然，按說第一個應「革」的是自己，但自己徹底通紅，一切獻給黨，還需要革嗎？再說，革自己的命，到底……

　　紅色夫婦容易吵架，最後悔的是剛吵完架，男方執行任務犧牲了，女方此時盡念叨對方的好處，肝腸寸斷。1947年4月上旬，東北遼吉一地委書記呂明仁過遼河，搶救落水警衛員淹死，剛與他吵完架的妻子丁修，性格倔強、脾氣較大，經常發火，呂明仁總是笑眯眯遷就。接到噩耗，丁修邊哭邊悔。[492]

11.三則情事

　　跟所有時代的婚戀一樣，都是人們一生之「最憶」。

　　「紅衣少女」戈揚（1916～2009）與司馬璐（1919～　），均出身江蘇海安富家。戈揚1937年畢業於鎮江師範，參加戰地救亡，《貴州日報》記者，1941年入黨，赴延安後在鄧穎超手下工作；歷任新四軍新華支社主任、新華分社社長、《解放日報》駐京辦事處主任，《新觀察》主編，1957年劃右；「六四」後定居美國。司馬璐僅上兩年私塾、三年小學，1937年入黨並赴延。司馬璐追求過戈揚，「可是，那時追求戈揚的人太多了，我怎麼排隊都輪不到。」1941年司馬璐派遣浙西，不久脫黨，1944年組建「中國人民黨」，1948年在滬組建「和平民主同盟」，1950年赴港，主辦《展望》雜誌；1952年在香港出版轟動一時的《鬥爭十八年》，成為知名反共人士。2002年9月13日，83歲的司馬璐和86歲的戈揚在美再續舊緣，曼哈頓移民局

[491]　李南央編著：《我有這樣一個母親》，開放雜誌出版社（香港）2003年版，頁22、18。
[492]　曾志：《百戰歸來認此身》，人民文學出版社（北京）2011年版，頁288。

法庭舉行婚禮，發表很別致〈結婚宣言〉。學者周策縱（1916〜2007）賀
語：「找遍古今中外，也找不到你們的樣。」

另一則情事主角為韋君宜與李昌夫人馮蘭瑞（1920〜　）。馮蘭瑞，貴
陽人，1937年在重慶參加革命，1938年1月入黨，1940年春赴延；後任中國
社科院馬列所黨委書記。2006年11月，耄耋之年的馮蘭瑞在港刊發表〈「真
話」中的謊言〉，指戳韋君宜「演說真事」的自傳體小說《露莎的路》與回
憶錄《思痛錄》在「關鍵細節」上編織謊言，揣著明白裝糊塗，自稱「束身
自愛」，實質百般粉飾當年「第三者」插足──拆散馮蘭瑞與魏東明的婚
姻。魏東明，浙江紹興人，清華外語系肄業生，參加「一二‧九」，1936年
入黨，1940年赴延；歷任中宣部幹事、中央黨校教師、中央研究院文藝研究
室研究員，出席延安文藝座談會，抗戰後東北大學教師，1949年後南昌大學
黨委書記、湖南大學副校長，湖南省文聯主席。

魏東明（1915〜1982）原名楊戊生，韋君宜清華同學，在校期間狠追
「小魏」（韋君宜原名魏蓁一），為她改姓更名，自稱「老魏」。大小魏
一時墜愛，但很快告吹。老魏能說會道，得陶行知賞識，1938年得聘重慶北
碚育才學校文學組主任。不久，與前來育才「避風」的黔籍女教師馮蘭瑞結
婚，結婚啟事刊載《新華日報》。紅色青年時興「登報結婚」。不久，魏東
明接韋君宜延安來信，內有賀詩：

> 忽聞喜訊傳青鳥，遙想錦江春正好；題詩彩筆待妝臺，畫就新人
> 雙黛小；每憶舊事笑還顰，但掬誠心敬賀君；迢遞關山尊重寄，欲將
> 故誼抵千金。

1940年春，魏馮夫婦先後「撤退」赴延。是年春，「小魏」韋君宜在延
安嫁蘇展，青委書記陳雲主婚，同時結婚的還有三對青年。不到一年，韋君
宜與蘇展離婚，從晉西北調回延安，執教澤東青年幹部學校。

一天，韋君宜直闖馮蘭瑞窯洞，對馮說：老魏與她是清華同學、初戀
情人，現在還愛她。馮反駁：不對，老魏愛的是自己，不然怎麼會與自己結
婚？韋辯解：老魏更愛的是她，他們應當結合，馮應離開老魏。二十歲的馮
蘭瑞沒有處理此類「事變」的經驗，只覺深受欺負，面對年長三歲的韋君宜

滔滔不絕的說辭，除了哭泣，說不出話來。韋見談不下去，起身走人。

馮想了一夜，既然老魏另有所愛，自己戀棧不捨也不會有什麼好結果，無奈有孕在身……次日，小馮對老魏講了此事，要他明確表態。魏東明答曰：「她胡說，你不要理她。」對馮百般安慰。馮蘭瑞晚年：

> 我其實也沒有別的辦法，只好權當著沒有這回事，硬把它壓在心底。情緒低落，健康每況益下，待產的嬰兒也因此受到影響。

幾個月後，小馮分娩一女，第三天老魏小魏雙雙前來探視——

> 兩人滿面春風，小魏穿著時髦，更是得意非凡。我不禁尋思她此來是探病，還是特為顯示她的成功和我的失敗？當面我儘量克制，兩人走後我心力交瘁，旋即休克。

這段時間，韋君宜大白天跑到中宣部老魏窯洞，用藏紅花墮胎。馮蘭瑞為新生女有父親，致信老領導中央青委宣傳部長蔣南翔，向組織求助。蔣南翔與老魏也是清華老同事、好朋友，出面調停，老辦法——調開第三者。韋君宜由是調往綏德。馮蘭瑞晚年仍惑：「奇怪韋君宜何以那麼勇敢？」（指韋愛有婦之夫）

韋君宜調綏德後，很快與楊述結婚（1941年）。老魏從此對小馮大不滿，責怪馮「破壞了他同小魏的關係，跟我大吵大鬧。從此撕破臉皮，家庭破裂。」1944年春，因無力照看三歲小女，馮蘭瑞只能帶著她上第七支部——「媽媽支部」，孩子集中照顧，媽媽們輪流，致使傳染上患百日咳，不幸夭折，「給我留下最為難以癒合的唯一傷痛。」

馮還揭發韋君宜1940年剛嫁蘇展不久，赴晉西北路過綏德便與楊述「關係不正常」，還載入日記，不慎讓蘇展看到，提出離婚。於是，韋回延安後「旋即致力與魏東明的婚外情」。馮質問：「結婚、離婚、婚外戀、統統放到一起，前後左右不過五六年工夫，如此的感情變化是否稍嫌頻繁、高速？」[493]

---

[493]　馮蘭瑞：〈「真話」中的謊言〉，載《開放》（香港）2006年11月號，頁80～83。參見袁晞：《一蓑煙雨任平生——馮蘭瑞傳》，氣象出版社（北京）1999年版，頁60～61。

看來，韋君宜曾是「第三者」，但這段青春風流並不能遮掩其晚年《思痛錄》的光輝，反而「生動說明」誰都有生澀青春。紅色革命者這方面的故事也不會少。

1946年7月，與「大魏」離異的馮蘭瑞在張家口再嫁李昌。戀愛期間，李昌為冀晉縱隊政治部主任，警衛員形影不離。李昌來看馮蘭瑞，警衛員就在門外站崗。婚後，馮蘭瑞調冀晉縱隊任教育科長兼隨營學校政治教員，仍長期分離，每次聽到門外馬蹄，忍不住會想是不是丈夫回來？每每失望，真切體會「誤幾回，天際識歸舟」。[494]

葉群（1917～1971），1935年入黨，1941年延安中國女大幹部科長，與宋×（有人指說即宋平）產生感情，她向正在熱戀中的郭小川、杜惠傾訴苦悶：不忍去奪好友陳××（有人指說宋妻陳舜堯）的丈夫，但她實在愛宋，內心十分矛盾。葉群不止一次向郭杜說：「我也知道不對，只是控制不住感情。」郭小川想將葉群介紹給叢一平（1917～1998），叢一平後任西安市委宣傳部長、西安師範學院黨委書記。整風前夕，林彪追葉群，頭一天兩人談崩了，次日葉群在女大校門口遇見郭小川，大罵林彪，說林彪品質很壞，可不久就和林彪結婚了。郭小川對葉群的「突然改變」十分不滿。[495]

還有一件當年鬧得延安滿城風雨的三角戀。主角一女二男，日後聲名赫赫。

1943年4月1日，李銳被「搶救」，關進保安處，1944年6月才被放出，旋與范元甄離婚。因為，范元甄也遭搶救，並與審查她的鄧力群（已婚）「發生了不該發生的關係」。1945年6月，李銳、范元甄複婚。蔡暢做了范的工作，李銳則因同情范「無人理睬」的尷尬處境，原諒了她的出軌。但幾位朋友則勸阻李銳與范複婚。黃興遺腹子黃乃（1917～2004，後任中國盲啞協會副主席）：「李子是酸的，吃不得。」劉祖春（1914～2001，後任中宣部副部長）：「你們二人的人品和思想差異太大，你們不是一種人。」1945年1月31日，「大內總管」中辦主任楊尚昆在中直大會上對鄧范婚外情有一篇總結。複婚時，范元甄用工整小楷謄抄〈總結〉，遞交李銳，以示沉重道

---

[494]　袁晞：〈一蓑煙雨任平生──馮蘭瑞傳〉，氣象出版社（北京）1999年版，頁88、91。
[495]　郭曉惠等編著：《檢討書──詩人郭小川在政治運動中的另類文字》，中國工人出版社（北京）2001年版，頁257。

歉與承諾今後。楊尚昆這篇總結全文太長，只能撮精錄述——

> 五天會議中，兩人的發言對於問題的政治性都強調不夠，與我們對問題的認識有差別。……既然要決心改變社會，誰道古今中外這些壞現象就不能在自己身上消滅嗎？……一根扁擔挑兩頭是不正常的現象。作為一個政治戰士，如果不能改變這一點，就是遷就落後，迎合落後。
>
> ……一個被黨審查而捕走了，一個負責審查他的老婆。這點要特別強調指出。……覺得自己（按：指鄧力群）在黨內有股子，就要向黨換得一個老婆。……兩人之間，一個覺得黨的信任經過另一個體現出來的，另一個以為黨的幫助全系於此一人。還講一講能力問題。他究竟有沒有能力？什麼性質的能力？能力是有的，是搬動教條、概念的能力，是與群眾運動脫離的，表現於整理材料，在概念上兜圈子，解決實際問題的能力還沒見過。不踏實、脫離群眾，浮在上面、說空話的時候多，經常有些教條在內。
>
> ……從這次事情的責任說來，雙方是一樣的。之所以特別著重責備了一方，是因為他在這件事上犯了政治上、思想上的錯誤。……[496]

12.王近山婚戀傳奇

中將王近山（1915～1978），湖北紅安許家田村人，15歲參加紅軍，20歲師長，歷任129師團長、二野六縱司令、三兵團副司令、善打硬仗惡仗，活捉康澤、黃維。2005年熱播大陸的電視連續劇《亮劍》主角李雲龍，原型之一即王近山，其真實情感生活比電視劇還要曲折生猛。

1938年3月中旬，王近山負傷，入129師醫院。一同住院的陳錫聯與王近山同鄉同齡、同年入伍，十分要好，恨不能穿一條褲子，後譽「二野兩朵花」。陳錫聯悄悄告訴王近山：醫院裡有個漂亮小護士。23歲的王近山早就看上小韓護士了，小韓對他也有點意思。4月，王近山騎著大紅馬，拉上韓護士就走了。婚後，共育八子女。為示愛意，韓秀蘭改名韓岫岩（1921～2007），每

---

[496] 李南央編：《父母昨日書》，時代國際出版有限公司（香港）2005年版，上冊，頁376～379。

個字都帶上「山」。韓岫岩很潑辣，懷孕時竟吃掉縱隊政委的一隻雞腿。

三兵團時期，王近山為嬌妻製作一輛膠皮軲轆平板車，活像娶親大花轎，跟著丈夫轉戰南北。一次劉伯承見了，一皺眉：「誰在裡面呀？」韓岫岩一撩布簾子跳下來：「劉司令好！」參謀告訴劉伯承是王近山夫人，劉揮揮手：「走吧，走吧。」三兵團迅速傳開一句順口溜：「劉伯承一隻眼，就是看不見韓岫岩！」韓岫岩深愛丈夫，卻猶如刺蝟，不斷刺得他遍體鱗傷。

1953年韓岫岩又生一女，正值「抗美援朝」，取名「援援」。朝鮮戰場上，王近山與司機朱鐵民（1917～2004）結交生死，朱妻無生育能力，王近山許諾：「我回國後所生的第一個孩子，無論是男是女都送給你！」當王近山向妻子述說這一承諾，韓岫岩大發雷霆：

> 誰讓你自作主張把我們的孩子送人啦？她是你的骨血，是我身上掉下來的一塊肉，怎能說給人就給人了呢？……我們家裡那麼好的條件，又不是養不活她，憑什麼把她給一個司機呀？

王近山咬著牙，一聲不吭。可王司令一諾千金，援援兩歲時，他抱給司機：「孩子給你了，可以讓她跟你姓朱，我每月給你四十元錢做她的生活費。」兩家住一個大院。韓岫岩從此植恨深深，不停爭吵，發誓不再生育，又吃又用麝香，聽說此物可避孕。夫妻個性都很強，互不相讓，脾氣暴躁的王近山常在家裡劈裡啪啦摔東西。

朝鮮回來，王近山任北京軍區副司令、公安部副部長，喜歡跳舞。韓岫岩原是最佳舞伴，但她上了北京醫學院，學業壓力大，沒時間再陪舞，又不放心丈夫跟別的女人跳，接來延安「抗小」生、醫學院畢業的胞妹韓秀榮（1936～　），由她陪舞。活潑開朗的小姨子給王近山帶來快樂，談笑甚歡，週末出雙入對。姐姐漸漸起疑：「一男一女摟摟抱抱的在一起，不跳出毛病才怪呢？」

王近山七次負傷，腿和胳膊都骨折過，皮鞋特製，一邊要比另一邊高七八厘米。韓岫岩諷刺：「別看他腿瘸，一跳舞就不瘸了。」越來越不信任王近山，不論他去上班、開會，嚴加盤問，三天一小吵、五天一大吵，有時還拿孩子與其他家人當出氣筒。

韓岫岩時任海軍醫院副院長，使用了當時最典型的做法：發動親友聲討、尋求組織幫助，從北京軍區直至中央，驚動毛澤東，毛指定劉少奇處理。女兒評母：「媽媽的性格就是這樣，解決問題的方法總是走極端，那個年代的人大概都喜歡把矛盾擴大化。」劉少奇派人做王近山工作，王近山一聽自己的「作風問題」捅到中央，小姨子也被婦聯帶走，被深深激怒，打了離婚報告，「我王近山好馬不吃回頭草，離婚我鐵定了。」

1964年，小姨韓秀榮發落至呼和浩特醫院，檔案裡有一尺厚的「生活作風問題」，明令不能再回北京，不能在京津等地工作，離王近山越遠越好，只能去最艱苦的地方！韓秀榮致信王近山，要求回家拿一下衣服，石沉大海。1962年，她嫁《內蒙日報》一位領導，生育一雙兒女，終於入黨，評上主任醫師。丈夫1980年代病逝，她單撐家庭，2004年找了老伴，再婚後回京。2007年韓岫岩去世，韓秀榮參加「遺體告別」，與娘家人闊別50年！

小姨的離去不僅沒緩和夫妻矛盾，反而迅速激化。王近山見韓岫岩如此對待親妹，堅決離婚。韓岫岩更不服氣，希望組織施壓，用最激烈最強硬的手法去征服王近山，迫使丈夫回心轉意，屈服於她。

王近山如後退一步，職務、地位都能保住。「瘋子將軍」不能容忍韓岫岩如此傷他，一紙「離婚訴狀」遞至法院，送上中央，全軍譁然。趕上中央正在煞「換老婆風」，處分一個個「陳世美」。王近山位高名重，儘管有最高法院院長謝覺哉護著，還是有人要求重判，林彪作了批示。

老戰友、中央領導紛紛找王近山談話，暗示堅持離婚，「後果嚴重」，不離婚哪怕維持現狀也行！王近山斬釘截鐵：「我王近山明人不做暗事，離婚我鐵定了，組織愛咋辦就咋辦！」1964年初，王近山和韓岫岩離婚，11月中央處分下達：撤銷職務（公安部副部長）、降為大校、開除黨籍、保留軍籍，轉業河南黃泛區農場副場長。得名「不愛江山愛美人」。王近山沒申辯，上農場報到。韓岫岩帶著除王援援之外七個子女，搬到王府井帥府園一棟高幹樓，王近山每月寄兩百八十元撫養費，每個孩子四十元。

王近山堅決離婚，韓岫岩恨之入骨，但王近山遭如此處分，她也沒「解恨」的快感。看著王近山寂寥離去，她難掩蒼涼失落之感。孩子們都覺得母親嘴上沒說，心裡還在盼望與父親重歸於好。

王近山準備出發，組織上找女勤務黃慎榮（1955年進王家）談話，說

首長戰爭年代立過大功、帶傷十幾處，大便都蹲不下去，一人在農場生活有困難，希望她能跟去。黃慎榮思想鬥爭激烈，年紀輕輕，還沒嫁人，到農場去陪一個犯錯誤幹部，生活條件又差，看不到前途！她拿不定主意，徵求家人意見，家裡老老少少七嘴八舌，父母心疼她去農場受苦。一位「較有遠見的」的親戚：「首長雖說犯了錯誤、降了職，但即便是降了三級，他現在也還是個大校呵！你跟著他，將來總有出頭之日的！」黃慎榮念及老首長平日對她不錯，鼓足勇氣服從組織安排，跟著王近山下放河南農場。

王近山十分感動：「我這麼大年紀了，你跟我去吃苦，幹嘛呢？」「首長，只要你不嫌棄我，我就跟你一輩子，照顧你一輩子。」「我是個犯錯誤的人，你才二十歲⋯⋯」王近山和黃慎榮在河南結婚，生下一女一子。這頭剛結婚，黃慎榮通縣老家便傳開了：「黃家丫頭攀上高枝，嫁了前北京軍區副司令！」後又傳黃家兄弟都當了兵，父母也上大城市享福去了。

王近山在農場負責千畝果園的種植、銷售，小黃在幼稚園工作，住一間不足三十平米的破爛小屋。王近山每天上班要走幾公里，一年吃不上一次肉。一次過年，好不容易燉上三斤肉，王近山聞到肉味，要求嘗嘗，三嘗兩嘗就全到肚子裡去了。開飯時只見肉湯不見肉，王近山居然還奇怪：「肉呢？」一直跟著他的炊事員（其二弟），悶著頭不敢吭聲。

韓岫岩聽到王近山與黃慎榮結婚，臉「刷」一下白了：「怎麼會這樣？怎麼會這樣？」韓岫岩此時不過四十，完全可以「梅開二度」，但她始終未再婚。

1968年底，老部下肖永銀（南京軍區參謀長）建議王近山致函毛澤東，承認「錯誤」，懇請回部隊工作。王近山將信交給許世友。許世友趁「九大」空隙遞信給毛：「戰爭年代有幾個人很會打仗，官越做越小，現在日子不好過，建議主席過問一下。」

「誰？」毛澤東問。

許世友：「一個是王近山，一個是周志堅。他們雖然有錯，但處理太重，應該恢復工作。」

毛澤東：「行啊，請恩來同志處理一下，不過，放虎歸山，你們哪個軍區要他們？」

「王近山，我要！」許世友自告奮勇。

　　不久，中央軍委調王近山任江蘇省生產建設兵團副參謀長，恢復黨籍與六級待遇（副兵團級）。一個月後，南京火車站，鄭州開來的硬座車廂走出一對身穿褪色軍裝的鄉下夫婦，三位老部下月臺迎候。二十七軍軍長尤太忠、十二軍軍長李德生、軍區裝甲兵司令肖永銀，「啪」一個敬禮，上前接過他手中的舊皮箱：「老首長，你還是這脾氣，連臥鋪票也不買。看，還有孩子呢，累壞了吧！」

　　稍後，王近山調任命南京軍區副參謀長。

　　王近山「出山」，韓岫岩高興得像小孩子過年，對女兒們說：「你爸爸『解放』了，在南京軍區當副參謀長。他讓你們都去南京當兵哪！」很快，王援援等三姐妹陸續入南京軍區。王援援在合肥軍級醫院當女兵。調檔案時，韓岫岩將王援援的名字從「朱元」改回來，而且改成「援援」，以示永遠是王家孩子。養父朱鐵民十分寬容，表示理解。

　　1974年初，王近山身體不適，旋大吐血，打開腹腔，竟是賁門癌。韓岫岩聞訊心急如焚，打電話給王近山老警衛，含含糊糊表達想前往南京探望。這位老警衛正告：「你不能來！首長說了，他就是死也不願意再見到你！你來是不是想讓他早點死？」韓岫岩很傷心，費盡心思調到上海411海軍醫院，為了能離王近山近一點，張羅著尋醫問藥，但沒人搭理她。韓岫岩只得硬來南京，托肖永銀副司令幫她見王近山。

　　南京軍區大禮堂演出，王近山帶著黃慎榮準備入座，一幹部悄悄告訴：「韓岫岩也來了！」王近山甚為震驚，調頭而去。回家後久久不能平靜，犯了心臟病，女兒趕緊遞水送藥，王近山痛苦萬分：「幸虧我今天沒見著，否則，當著那麼多人的面，我當時就會昏過去了！」得知是肖永銀的安排，從此對這位老戰友「另眼相看」，肖非常後悔，「好心沒辦成好事」。

　　王近山病情日益嚴重，術後腸子又破了，造成腸漏。1978年5月10日，將星隕落，葉劍英、鄧小平、劉伯承、徐向前、許世友、李德生、陳錫聯等送來花圈，鄧小平審定悼詞，充分肯定其一生，中共中央軍委補發軍區顧問任命。韓岫岩悲痛欲絕，非常想參加追悼會，卻被告知遵照遺願不許參加，韓岫岩一度精神恍惚，整日以淚洗面。王近山骨灰葬北京八寶山，為能經常去陪王近山「說話」，韓岫岩再調回北京海軍總醫院。

　　韓岫岩晚年性情大變，一向好強的她開始原諒別人的過失，成為慈母，

很難想像當年竟會鬧得那樣慘烈。1986年韓岫岩離休，經常向子女絮叨自己跟王近山的點點滴滴，再三後悔當時的固執，不承認跟王近山離婚，客廳裡一直掛著王近山神采奕奕的將軍彩照與自己同一尺寸的彩照。每年除夕，做上一桌飯菜，點香祭供王近山大照片，擺上專用碗筷、酒杯，跟照片說上一陣悄悄話，然後才開始吃年夜飯。

　　一次，正和子女天南海北聊著天，忽然說：「不跟你們說了，我該給你爸爸做飯去了。」有一陣，她鬧著非要回湖北紅安王近山老家，死也要死在王近山家鄉。後聽說王家列了祖宗牌位，她說自己是王近山明媒正娶的老婆，要長子去安排她在王家的牌位。長子被纏得沒辦法，只好敷衍說已給她排了位，這才安靜下來。韓岫岩晚年嚴重風濕雙腿癱瘓，腦組織大面積壞死，癡呆症嚴重，加上腎功能衰竭，經常進出醫院。

　　2007年6月，韓病情惡化，但掙扎著要上八寶山為王近山掃墓。下了車，情緒特別好，不讓子女攙扶，走到骨灰盒前獻上鮮花，輕撫盒蓋：「近山，近山，我最親密的朋友，我馬上來陪你了。」[497]

13.南京夜話

　　1994年，南京電臺「今夜不設防」欄目收到一封如泣如訴的長信，一位離休女幹部傾吐自己四十四年辛酸情史：

> 　　她出生文化家庭，少女時代有一位才貌雙全的戀人——留日清華生。參加革命後，她向組織坦白有一位出身不太好的男友。組織嚴肅告知：「資產階級與無產階級是不能調和的！」她大哭一場，只好將組織的意見信告戀人。不久，文工團的上級領導、某部長為她作媒，一位參加長征的正團幹部，大她14歲，已有一孩。她說：「我不找對象。」部長：「不行！」再曰：「那我轉業復員。」「也不行！」組織一次次找她談話，要她服從安排。她只得成為老紅軍的第三任妻子。

---
[497]　王瑗瑗：《司令爸爸‧司機爸爸》，解放軍文藝出版社（北京）2010年版。

　　這位老紅軍農民出身，剛開始學文化，她只敬佩他身上的傷疤，忍受不了「戰鬥英雄」的暴躁性格——動輒「老子槍斃你！」一次將她從樓上打到樓下，左腿骨折。她第二年就要求離婚，組織科長批評她：「他對革命有貢獻，對待革命功臣應該熱愛。你的小資世界觀沒有改造好。不准離婚！你和他離了婚，他怎麼辦？誰跟他呢？」

　　長期憂鬱，她患了嚴重的神經官能症。她多次提出離婚並向他下跪，他就是不同意。1960年，她鼓起勇氣向法院遞交離婚訴狀，法院轉給單位，領導找她談話：「不准離婚！要好好照顧老同志。」她只得含淚維持死亡婚姻，一日三餐敲碗通知開飯。每晚等老頭看完《新聞聯播》與天氣預報，踱步回房，她再上客廳看自己喜歡的歌舞戲曲或電視連續劇。年年歲歲，一出長長的默劇。

　　改革開放後，55歲那年她第五次上司法機關提出離婚，還是不准。組織上說：「人都老了，不怕人笑話？將就著過吧。照顧好老同志是你的任務！」她哭訴蒼天：「這是為什麼？」

　　長信播出後，感動了無數聽眾。此時，她還在醫院陪侍78歲的臨終丈夫，餵飯擦身、端屎端尿。老頭臨終前一遍遍問：「我死了以後，你還找不找老頭？」她不忍心傷害臨終者，咬咬牙：「我跟孫女過，你放心走吧。」老紅軍放心走了。當她得到黃宗英與80歲馮亦代的黃昏戀，再三感歎：「我沒有這樣的膽量。」[498]

1978年，兩位曾長期蹲獄的章詒和與聶紺弩有一段對話：

章詒和：她（同獄女囚，因精神病惡攻毛，被斃）犯罪的起因是被一
　　　　個首長搞了以後，甩了，從此對共產黨懷恨在心。

聶紺弩：這樣經歷的女同志，在建國初期是不罕見的。即使有些年輕
　　　　女同志被組織安排給了某首長做老婆，多數也不幸福。[499]

---

[498]　越牛：〈誰能告訴我……——一位離休女幹部的辛酸情愛史〉，原載《家庭》（廣州）1994年第4期。《文摘報》（北京）1999年4月10日摘轉。

[499]　章詒和：《最後的貴族》，牛津大學出版社（香港）2004年版，頁272。

六、文藝生活

　　江西蘇區、長征中紅色文藝效用顯著，中共高層對文藝逐漸重視。1936
年7月28日保安，負責宣傳鼓動的中宣部副部長吳亮平和向斯諾介紹：

　　　　每個紅軍師中都有一個由十個人或更多的人組成的鼓動宣傳組，
　　並在團或小一級的單位中設有一名代表。這些人負責劇團，用話劇、
　　歌劇、唱歌、跳舞等形式來擴大宣傳。每個軍都有自己的劇團。即使
　　在排裡，也有政治指導員兼管鼓動宣傳工作，他還負責在戰士中組織
　　娛樂和競賽活動。[500]

愛德格・斯諾敏感評述：

　　　　在共產主義運動中，沒有比紅軍劇社更有力的宣傳武器了，也沒
　　有更巧妙的武器了。由於不斷地改換節目，幾乎每天變更活報劇，許
　　多軍事、政治、經濟、社會上的新問題就都成了演戲的材料。農民是
　　不易輕信的，許多懷疑和問題就都用他們所容易理解的幽默方式加以
　　解答。紅軍佔領一個地方以後，往往是紅軍劇社消除了人民的疑慮，
　　使他們對紅軍綱領有個基本的瞭解，大量傳播革命思想，進行反宣
　　傳，爭取人民的信任。例如，在最近紅軍東征山西時，成百上千的農
　　民聽說隨軍來了紅軍劇社，都成群結隊來看他們演出，自願接受用農
　　民喜聞樂見的形式的戲劇進行的宣傳。[501]

　　1936年11月22日，「中國文藝協會」在陝北保安召開成立大會。這座僅
為一土寨的縣城，人口不到四百，找不到一處能坐下幾百人的大房子，只能
在一處場院舉行。主席臺上放了一把水壺、幾隻瓷碗，泥地上幾條長木板，

---

[500]　（美）愛德格・斯諾：《紅色中國雜記（1936～1945）》，黨英凡譯，群眾出版社（北
京）1983年版，頁61。
[501]　愛德格・斯諾：《西行漫記》，三聯書店（北京）1979年版，頁99。

便是代表席。首長、來賓席講究一些，幾條長板凳。李伯釗、丁玲主持，洛甫、博古、徐特立、林伯渠等人早早來了。會議正要開始，毛澤東叼著香煙匆匆趕來，天亮才合眼，躺了一會兒就趕來報到，但帶來一個好消息：剛在山城堡消滅白軍兩個旅，還用步槍打下一架飛機。場院裡滿滿騰騰，連窯洞石階上都坐滿人。李伯釗、丁玲等十六人被推舉為理事。

　　會議結束，照例進行「餘興」。大家一致歡迎李伯釗先來幾個節目。李伯釗在掌聲中先唱了幾支歌，既不是大家熟悉的蘇聯歌曲，也不是紅軍歌曲，而是新鮮的康藏民歌。長征途中，李伯釗向藏民學了康藏情歌。丁玲的節目是昆曲，毛澤東則講了一個笑話，氣氛十分熱烈。[502]

　　抗戰爆發後，來了大批知青，青年紮堆，沒有一點文藝生活是不行的。青年精力旺盛，空閒多多，加上革命與浪漫，文藝需求旺熾，延安出現歌詠熱、文藝熱、大戲熱，一時眾芳競放，以至於後來需要召開「延安文藝座談會」統一認識。

　　文藝劇團對動員民眾績效顯著。劇團一到，常常使當地參軍人數驟增、交公糧積極性迅速提高，各項工作開展順利。隴東分區專員馬錫五：「你們演一次戲，比我們做半年群眾工作的教育效果都大。」[503]文藝工作之所以在中共地位甚高，根須當然還是在於其對中共的功效。

　　延安最有名的當屬抗大的歌聲。每天早晨，延水河畔、寶塔山下，都能聽到抗大學員高亢嘹亮的歌聲。每次集會，各隊相互拉歌，《大路歌》、《畢業歌》響徹雲霄。凱豐作詞、呂驥作曲的《抗大校歌》，特有感召力。[504]1939年5月5日，延安中組部大禮堂舉行紀念馬克思誕辰及「馬列學院」成立周年晚會，會前有人拉毛澤東的歌，「他久久穩坐不動，會眾也就沒辦法。」晚會主菜是塞克編導的三幕話劇，主要演員為莫斯科回來的孫維世。[505]

　　1938年4月，抗大五大隊文藝晚會節目「王先生上抗大」（化用葉淺予漫畫人物），內有一段臺詞「主義多」：

502　一凡編著：《延安麗人》，中國社會出版社（北京）1999年版，頁203～204。
503　張季夫等：〈「只為人民利益」──回憶一個紅軍劇團〉，載《紅旗飄飄》第26集，中國青年出版社（北京）1983年版，頁137。
504　莫文驊：〈毛主席關懷我們辦抗大〉，載《紅色往事》第六冊，濟南出版社2012年版，頁23。
505　蕭三：〈「窯洞城」〉，載《紅旗飄飄》第19集，中國青年出版社（北京）1980年版，頁297。

抗大的正牌主義叫做馬列主義；衣服不整、動作隨便的叫自由主義；一個月發一塊錢津貼，抽八角錢煙、喝兩角錢酒的叫享樂主義；看書上課感覺悶了，找個異性同學到外面逛逛，這叫揩油主義；有時小米飯不夠吃，趁機去把區隊長的飯偷來兩盅，這叫機會主義；八路軍來募捐，明明有錢，卻拿五分郵票來擋塞，這叫關門主義。[506]

沒到延安的南開生黃仁宇也知道延安「主義多」：

他們還有一大堆的「主義」。在延安，人人每個月領兩元的零用錢，如果把錢花在買煙草上，就是享樂主義。如果說了個不該說的笑話，就是犬儒主義。和女生在外頭散個步，就是浪漫主義。一馬當先是機會主義。看不相干的小說是逃避主義。拒絕討論私事或敏感的事，當然就是個人主義或孤立主義，這是最糟的。毛主席又增加了「形式主義、主觀主義及門戶主義」，全都不是好事。[507]

朱德從紅四方面軍回來，延安舉行盛大歡迎晚會，抗大趕排文藝節目，羅瑞卿、張愛萍、宋裕如等自編自演。原安排高個子耿飆演蔣介石，耿飆不幹，只好由個子也較高的羅瑞卿出任，演得還挺像。宋裕如扮小腳老太婆，一拐一拐出場，全場觀眾笑翻。朱德喜歡打籃球，他違規帶球跑，裁判不吹哨。見男生讓著他，他便找女生打球，女生一點不讓，推撞、蓋帽，管他叫「老外婆」。 朱德還是個戲迷，每次演出幾乎必到，尤愛喜劇，高聲大笑。[508]抗大自建網球場，斯諾、馬海德都來打過球。

魯藝開學後，週六都要舉行「自由晚會」，師生長幼歡樂一堂。既有排練的最新創作，也有臨時即興表演。一次，學員齊聲沖李伯釗發喊：「赤色明星來一個！赤色明星來一個！」李伯釗剛站出來，又有人喊：「歡迎她跳一個《烏克蘭舞》！」全場響起有節奏的掌聲與歡呼：「我們要看《烏克蘭

[506]　原景信：《陝北剪影》，新中國出版社（武漢）1938年5月初版，頁40。
[507]　黃仁宇：《黃河青山：黃仁宇回憶錄》，張逸安譯，九州出版社（北京）2007年版，頁3。
[508]　（西德）王安娜：《中國──我的第二故鄉》，李良健、李希賢校譯，三聯書店（北京）1980年版，頁137。

舞》！我們要看《烏克蘭舞》！」往常，李伯釗不待掌聲，早就跳開了，今天卻緊掖肥大列寧裝，不好意思地笑著，就是不上臺。學員以為她不肯跳，更起勁地鼓掌。李伯釗十分抱歉地對近處的魯藝訓育長徐以新（留蘇同學）咬了一句耳朵，徐以新馬上站起來對大家笑著說：「我們的赤色明星要請大家諒解一下，她今天跳不了《烏克蘭舞》，因為她現在正由『資本主義時代』向『帝國主義時代』過渡，一跳就要『總崩潰』了！」大家再朝李伯釗一看，這才發現她已懷孕，全場笑得更歡了，李伯釗也大笑起來。最後，李伯釗唱了一支康藏民歌。徐以新跳了一曲滿場飛的蘇聯集體農莊舞。[509]

放電影是舉城轟動的大項目。1938年秋，周恩來從蘇聯帶回俄版《列寧在十月》，放映地點新建的八路軍大禮堂，人山人海，周恩來配音直譯。一些魯藝生：「這是我們這些年輕人有生以來所看到的第一部高品質的革命影片。」[510]1940年3月26日，周恩來再度從蘇聯療傷歸來，次日楊家嶺集會歡迎，會後放映從莫斯科帶回的新片《大戰張高峰》——蘇聯紅軍痛擊日本關東軍。放映機是一部蘇制老式手搖設備，周恩來大聲宣佈：怕同志們對我的傷還不放心，今晚我要自己用手搖放映機，用事實證明我的手恢復的程度。[511]

1942年延安文藝座談會前，「歌囀玉堂春，舞回金蓮步。」1943年以後，楊家嶺大禮堂經常舉辦舞會，民樂伴著陝北鑼鼓，毛澤東常去跳舞，但只會走一般的三步四步，說是「踏著音樂走路」。張聞天的業餘時間是與劉英下圍棋、種西紅柿、草莓等。[512]週六，很多單位舉辦舞會，最初不會跳的生客到青澀「下海」，再到逢舞必跳的熟手。陳毅總結四階段：「一邊站，試試看，滿頭汗，死了算。」赴延前從未跳過交際舞的馮蘭瑞，從最初的邊上看看、聽聽音樂，到踮著腳尖下場，最後「舞藝」不錯。抗戰勝利後，隨著延安知青分赴各地，也將舞會帶到各赤區。[513]

據斯諾記述，1939年9月下旬他再次到訪陝北赤區，在延安逗留約十天：

[509] 莫耶：〈延安魯藝生活散記〉，載《紅旗飄飄》第23集，中國青年出版社1981年版，頁89～90。參見一凡編著：《延安麗人》，中國社會出版社（北京）1999年版，頁208～209。

[510] 莫耶：《延安魯藝生活散記》，載《紅旗飄飄》第23集，中國青年出版社（北京）1981年版，頁91。

[511] 中共中央文獻研究室編：《周恩來傳》，中央文獻出版社（北京）1998年版，頁572～574。

[512] 《劉英自述》，人民出版社（北京）2005年版，頁142。

[513] 袁晞：《一蓑煙雨任平生——馮蘭瑞傳》，氣象出版社（北京）1999年版，頁73、87。

　　我幾次見到毛。有時順便去走訪他，同他一起喝茶或打撲克。他也學會了打橋牌；我與他和他的妻子一道打到凌晨一點；連續幾個晚上我們輪換地打橋牌和撲克。[514]

1943年，重慶一份雜誌：

　　自從藍蘋小姐，這位以前的電影明星和毛主席結婚以後，……（赤區）沉悶單調的生活發生了很大的變化。……資產階級的舞蹈、封建主義的地方戲、好萊塢的愛情歌曲，一下都湧進了延安。[515]

1943年春節，魯藝秧歌隊在延安慰問演出。王大化、李波的《擁軍花鼓》，在一空曠山坡下開演，觀眾兩三萬──

　　安靜得像空場子一樣。他們的歌聲，字字清晰地傳入觀眾耳鼓，比室內演出的效果都強。從此以後，「豬啊、羊啊，送到哪裡去？送給咱英勇的八路軍」的歌聲，就響遍了延安。[516]

1939～1940年，李伯釗的劇團就至少創作了約三十個新劇目，李伯釗一人就寫了五六個劇本──《紫坊村》、《軍民合作》、《村長》、《母親》、《爭取最後勝利》。[517]各赤區都出現劇團或自樂班。1942年6月，晉察冀邊區劇協第三次代表大會，該區村劇團3277個，其中約五百個很活躍。[518]新四軍鹽阜區，據1944年各縣文教科統計，農村劇團440個。[519]

　　既然重視文藝的政治鼓動力，紅色文藝勢必一直強調題材的直接針對

---

[514]　（美）愛德格‧斯諾：《紅色中國雜記（1936～1945）》，黨英凡譯，群眾出版社（北京）1983年版，頁86。

[515]　一凡編著：《延安麗人》，中國社會出版社（北京）1999年版，頁41。

[516]　馬可：《延安魯藝生活雜書》，載《紅旗飄飄》第15集，中國青年出版社（北京）1961年版，頁151。

[517]　一凡編著：《延安麗人》，中國社會出版社（北京）1999年版，頁41、214。

[518]　《中國人民解放軍文藝史料選編》（抗日戰爭時期）第2冊，解放軍出版社（北京）1988年版，頁79。

[519]　《中國人民解放軍文藝史料選編》（抗日戰爭時期）第4冊，解放軍出版社（北京）1988年版，頁151。

性，要求「貼近生活」，選材大多直接來自生活。如《送郎當紅軍》、《一隻破草鞋》等，還有大型劇目《白毛女》、《同志，你走錯了路》，均有生活之本。1939年3月29日，一批渤海區幹部南下魯中受訓，走到太河鎮，遭國軍秦啟榮部襲擊，「由於受統一戰線工作中右傾錯誤的影響……不敢果斷地還擊，害怕影響統一戰線，而無原則忍讓，結果使團級幹部以下四百同志慘遭殺害。」姚仲明以「太河事件」為藍本，寫了話劇《同志，你走錯了路》，在各紅區上演，以糾正「一切經過統一戰線、一切服從統一戰線」的右傾偏差。用文藝宣傳政策，成為紅色文藝的一條「寶貴經驗」。[520]

1943年秋，「搶救運動」結束，因運動將大多數人搞得灰溜溜，中央黨校決定搞中秋狂歡，要讓大家將心中鬱悶徹底掃盡。馮蘭瑞所在支部演活報劇，馮飾配角。俱樂部排練平劇《打漁殺家》，諶曼麗、金紫光分任主角。蕭軍夫婦演了《寶蓮燈》中的「二堂舍子」，拉馮蘭瑞飾秋兒，再全體一曲《黃河大合唱》。中央黨校（中央研究院已併入，為黨校三部）組織秧歌隊上南泥灣勞軍，某晚回來過延河「跳凳」（踩著石頭過河），秧歌隊長艾青突發詩興，仰頭念詩「天上的星星……」，一句未完，滑入河中，所幸枯水期，河水不深，引嘲一片。[521]

1944年，晉綏赤區舉行有獎徵文，甲等獎兩名（獎金各3000元）、乙等四名（獎金各2000元）、丙等六名（獎金各1000元）。評獎標準：政治第一、普及第二、藝術水準第三。《抗戰日報》發表社論祝賀。[522]

詩歌因創作便捷、傳誦迅速、鼓舞力強，成為赤區文藝排頭兵。晉察冀邊區出現街頭詩、岩壁詩、槍桿詩、壁報詩、詩傳單，也有長卷詩、敘事詩、格律詩、歌謠體。晉察冀赤區詩歌最早出現於1937年底創刊的《抗敵報》，詩人為鄧拓、舒同、孫毅等十餘人。1938年底，延安文協「戰歌社」柯仲平、林山等，與西戰團「戰地社」詩人田間、邵子南共同發起街頭詩運動，並將街頭詩帶到晉察冀。一冊街頭詩集《糧食》，兩月就在晉察冀售出七千本。當時重慶、昆明，一本詩集充其量印刷兩千冊。1941年初，晉察冀

---

[520] 王彬：〈八路軍山東縱隊組建前後〉，載《革命回憶錄》第15輯，人民出版社（北京）1985年版，頁129～130。

[521] 袁晞：《一蓑煙雨任平生——馮蘭瑞傳》，氣象出版社（北京）1999年版，頁82～83。

[522] 靳希光：〈中國共產黨在抗日戰爭時期的文藝宣傳工作〉，載《中共黨史研究》（北京）1992年第5期，頁40。

赤區領導人呂正操、程子華、黃敬發起《冀中一日》徵文活動，要求以5月27日所見所聞為內容，應徵稿件九萬件。《冀中一日》由王林、孫犁主編，選出233篇35萬字，1942年分四輯出版。[523]

冼星海在延安

1938年9月底，經周恩來介紹，武漢八路軍辦事處向冼星海遞上延安魯迅藝術學院沙可夫院長的聘書，以及全系師生集體簽名的附信，誠聘冼星海赴延任教（魯藝音樂系主任）。正在猶豫不決，此時已有傳言：

> 聽說什麼都好，就是沒有自由。
> 一切聽組織分配，不准有個人志願。
> 進去了就不能出來，還必須參加共產黨。[524]

兩封延安催電又至，冼星海問明提供自由創作環境及自由出入，10月初攜新婚妻子錢韻玲（著名經濟學家錢亦石之女）赴延，11月3日抵達。1939年5月15日遞交入黨申請書，6月14日入黨。

1938年11月～1940年5月，冼星海（1905～1945）音樂創作巔峰期，寫出〈黃河大合唱〉、〈生產大合唱〉、〈「九‧一八」大合唱〉等大型聲樂套曲在內的百餘首作品。不過，音樂家冼星海拙於言辭，內心激情似火，外表近於木訥。到延安後，入住窯洞倒還沒什麼，吃小米卻「沒有味道，粗糙，還雜著殼，我吃一碗就吃不下了。以後吃了很久才吃慣。」畢竟留法六年，如此簡單粗糙的生活，一時難以適應。同時，他的思維定勢與生活習慣，亦與周邊環境不時發生衝突，尤其對開會不甚習慣，認為白耽誤時間。而且，全延安沒有一架鋼琴，只有「輕武器」——提琴、手風琴及中式器樂。有時，因無處發洩，竟將隔壁人家飛來的小雞打得滿屋亂飛。他負氣地對人說：「保證我吃雞，否則一行旋律也寫不出。」此語一出，冼星海躋身「延安四怪」。其餘三怪為：獨來獨往的作家蕭軍（1907～1988）、譯家王

---

[523] 周巍峙：〈晉察冀邊區抗日根據地文藝工作回顧〉，載《紅色往事》第六冊，濟南出版社2012年版，頁110～111、114。

[524] 馬可：《冼星海傳》，人民文學出版社（北京）1980年版，頁243。

實味（1906～1947）、長髮披肩的藝術家塞克（1906～1988）。

但他很快被「改造」過來，不僅吃出了小米的香，還慢慢習慣了開會、聽報告，甚至有點愛上政治學習。他致信田漢：「已徹底擯棄了『為藝術而藝術』。」1940年3月21日，他給一位友人寫了一封長信，冼星海十分珍貴的一份自傳，後以〈我學習音樂的經過〉為名發表（學生馬可所撰《冼星海傳》重要附錄）。據信可知，冼星海在延安受到優待，每月津貼15元（含女大兼課津貼三元），其他藝術教員一律12元，助教6元。[525]冼星海的優待級別已是最高規格了。不過，藝術創造需要燃燒熱情，熱情燃燒離不開充沛體力，沒有一定物質基礎難以保持。「冼星海吃雞」並非小資情調發作，而是「工作需要」。從結果來看，「吃雞」較之《黃河大合唱》，有可比性麼？延安物質條件太差，「吃雞」方成一怪。

1939年2月18日除夕之夜，冼星海來到西北旅社一孔寬敞窯洞，聆聽詩人光未然新作《黃河大合唱》。這首大型組詩來自詩人兩渡黃河及在黃河兩岸行軍打仗的親身感受。400多行詩句，26歲的詩人一氣從頭朗誦到尾，全窯洞聽眾的心脈隨著抑揚頓挫的詩句跳動。聽完最後一句「向著全世界勞動的人民，發出戰鬥的警號」，一片寂靜。頃刻，掌聲爆響。冼星海坐在門邊椅上，霍然起身大步上前，一把抓過詩稿：「我有把握把它譜好！我一定及時為你們趕出來！」得到熱烈掌聲。

冼星海沒先動筆，用了近一月時間向光未然等詳盡瞭解搶渡黃河的情形以及船工號子，默默醞釀。1939年3月26日到3月31日，六天六夜，冼星海不間斷地完成《黃河大合唱》譜曲，一共八首，包括合唱、齊唱、獨唱、對唱、輪唱。此時，延安吃雞不易，退而求其次，要求吃糖，冼喜愛甜食。他要求光未然為「配曲」買兩斤白糖。一切齊備，冼星海盤腿於炕前，他一邊撮糖入嘴，一邊從超長煙桿（拔去筆尖的毛竹筆竿）吐出騰騰煙霧，錢韻玲在旁熬煮「土咖啡」（黃豆粉拌紅糖）。就這樣，誕生了這首激昂狂野又婉轉抒情的時代樂章。音樂界認為二十世紀中國音樂能夠傳世的只有「兩首曲子一首歌」：小提琴協奏曲《梁祝》、二胡獨奏曲《二泉映月》，一首歌《黃河大合唱》。

---

[525]　《徐懋庸回憶錄》，人民文學出版社（北京）1982年版，頁121。

《黃河大合唱》音樂上中西結合，鋪入晉陝民歌及古曲《滿江紅》音型，氣勢雄偉佈局龐大，音樂與內容渾然一體，用山呼海嘯的黃河怒濤表現中華民族磅礴洶湧的抗戰力量。「從歌聲中可以聽出一個民族的命運。」更重要的是它所依託的抗戰背景，奔騰出中華民族雄厚偉力與必勝信心。

1939年4月13日，《黃河大合唱》在陝公禮堂首演，觀眾上千。冼星海親自指導，光未然親任朗誦，演出非常成功，轟動延安。5月11日，毛澤東也聽了〈黃河大合唱〉，連聲稱好，單獨邀見冼星海。當毛得知冼星海用壞不少蘸水筆，特贈一支派克鋼筆與一瓶派克墨水（老外送毛的稀罕貨）。李富春設法解決了冼星海的吃糖，留守兵團司令蕭勁光專撥一孔窯洞，配備專人照顧冼星海生活，並送來一筐蠟燭，供他夜間創作。

「風在吼！馬在叫！黃河在咆哮」到處傳唱。冼星海被各單位請去教唱和指揮《黃河大合唱》，忙得回不了家，不久被任命魯藝音樂系主任。《黃河大合唱》一直作為延安各種晚會保留節目，專門招待國共將領、民間團體及外國賓客，如國民黨元老張繼、僑領陳嘉庚、作家老舍茅盾、美國軍事考察團、馬歇爾將軍等。

1940年5月，冼星海與袁牧之等人奉命攜帶延安首部大型紀錄片《延安與八路軍》赴莫斯科，完成影片後期製作，同時接洽購買蘇聯電影設備，毛澤東請飯送行，11月到達莫斯科。1941年6月22日蘇德戰爭爆發，不懂俄文的冼星海無法為戰爭效力，想回國。但此時新疆盛世才已轉變政治態度，中共人員無法由新疆返國。 1941年9月，冼星海一行離開莫斯科，到達蒙古，準備回國。但受阻於國境線，只得流浪在烏蘭巴托。1942年12月9日，他輾轉至阿拉木圖，化名「黃訓」（赴蘇後用名），取得「政治居留權」。在阿拉木圖，冼星海結識了哈薩克音樂界朋友，擺脫居無定所、食不果腹的窘境。這時，他不僅肺部有結核，而且還有肝腫、腹膜炎和心臟病，每天在醫院抽出好幾立升腹水。二戰快結束時，冼星海被送至莫斯科。重病中的冼星海，走投無路，去找莫斯科外文出版社的李立三。李立三十分熱情將冼星海接到家中住下。

此時的莫斯科，實行配給制，食品供應相當奇缺，李立三的住房也很困難。更要命的是：李立三在蘇聯大肅反中被捕下獄，雖然1939年11月獲釋，但停止黨籍，成為無國籍遊民。原來居住的共產國際宿舍，早被別人佔用，

只得擠住岳母家中。岳母家也只有30平米一間屋子，拉一幅白簾相隔，一邊李莎（李妻）嫂侄，一邊李立三夫婦和岳母，1943年又添女兒英娜。本已擁擠不堪，再接入冼星海夫婦，難上加難。李立三將床鋪讓給病中的冼星海夫婦，自己睡地鋪。李立三夫婦不僅幫助冼星海聯繫治病，更要為冼夫婦的食品來源日夜操勞奔走。

一個多月後，總算得到史達林批示，冼星海入住克里姆林宮醫院。由於所患嚴重血癌，沉屙積疾，醫生回天無力。四個多月後，1945年10月30日，冼星海病逝，年僅四十，骨灰安葬於莫斯科近郊公墓。[526]

七、整風・搶救

1941年1月29日，張聞天離開楊家嶺赴農村調查，為毛澤東「讓席」，毛開始部署整風。1943年3月，毛擁有黨內「最後決定權」。 1943年5～6月，搶救運動使延安一代首次領教「紅色凜冽」。他們並不知道南方蘇區肅反就相當厲害了。敵情嚴重，內部肅反的氛圍就不可能松下來。說來不信，連博古都受康生所派秘書監視。[527]八路軍內的黨組織都是秘密的，組織生活都得「地下」。1941年9月中旬晚飯後，駐紮晉察冀赤區的八路軍營地，班副葛振林剛想出去溜彎，班長馬保林過來，拇指在他腰上使勁一戳，葛振林點頭示意，一聲不響跟著出村。「原來，當時黨還不公開，這樣戳一下就算作開黨的會議的通知。」這兩位不久便是「狼牙山五壯士」。[528]黨團組織保密，乃江西紅軍時期的「傳統」，除了黨代表、政委公開黨員身分，連共青團員都對外不公開。[529]

1941年夏起，延安很受歡迎的《共產黨人》（張聞天主編）、《解放》、《中國青年》、《中國婦女》、《中國工人》、《八路軍軍政雜誌》

[526]　資料來源：馬可：《冼星海傳》，人民文學出版社1980年2月第一版。
　　　　秦啟明：《冼星海》，長江文藝出版社1980年6月第一版。
[527]　李銳：〈我的延安經歷〉，載《爭鳴》（香港）2010年12月號，頁61。
[528]　葛振林：〈狼牙山跳崖記〉，載《紅旗飄飄》第2集，中國青年出版社（北京）1957年版，頁43。
[529]　陳復生：《九死復生——一個百歲老紅軍的口述史》，中央文獻出版社（北京）2010年版，頁37、40。

及所有文學刊物陸續停刊。[530]1934年10月長征前的贛閩中央蘇區，前後出現67種報刊。[531]1941年延安能夠看到上海報紙與湖南民營的《力報》，[532]延安報刊也有六十餘種。整風後，1943年延安只剩下三種報紙──中共中央機關報《解放日報》、面向俗眾的《邊區群眾報》（西北局機關週報，常用字僅四百，發行量萬餘）[533]、僅供中高級幹部的《參考消息》；其他所有出版物均須經中宣部審查。[534]級別化《參考消息》的出現，標誌性地說明延安對資訊開始控制。《解放日報》不僅是唯一資訊來源，還提供「標準」思想觀點。這一重大拐點的出現，十分典型地說明「延安雛型」的內質。

整風後期，毛澤東將《解放日報》改造為「完全黨報」。《解放日報》在整風高潮階段，報導了中央黨校與延安大學各有一對學員自殺。1942年9月5日，新華社、《解放日報》編委會上，陸定一（1906～1996）傳達了毛澤東的批評：

> 有些消息如黨校學生自殺是不應該登的。報紙仍未和中央息息相關，雖然總的路線是對的。報紙不能有獨立性，自由主義在報社內不能存在。以後凡有重要問題，小至消息大至社論，均須與中央商量。[535]

整風對延安一代影響甚巨，浸染一生。李銳揭示延安整風的政治功效：

> 一大批知識分子，包括高層的思想改造好了，這是毛澤東從整風和搶救運動中獲得的大收穫。這以後在文藝界、思想理論界就有了一批無條件地忠實於他的人。這些人從延安一路出來，成為毛澤東1949年之後推行左的那一套的中堅力量。他們對整風、搶救時整人的那一

---

[530]　曾彥修口述、李晉西整理：〈我認識的胡喬木〉，載《炎黃春秋》（北京）2010年第8期，頁38。

[531]　余伯流、凌步機：《中央蘇區史》，江西人民出版社2001年版，頁812～824。

[532]　李南央編：《父母昨日書》，時代國際出版有限公司2005年版，上冊，頁229、236。

[533]　胡績偉：《青春歲月──胡績偉自述》，河南人民出版社1999年版，頁181、175。

[534]　朱鴻召：〈唯讀《解放日報》〉，載《上海文學》2004年第2期，頁78、83～84。

[535]　新聞研究所中國報刊史研究室：〈延安《解放日報史》大綱（徵求意見稿）〉，載《新聞研究資料》第17輯，中國社會科學出版社（北京）1983年版，頁18。

套很熟悉,從心裡接受了個人的行動、思想都要絕對服從毛澤東。沒有這批人,毛的意願不會那樣暢通無阻的。這些人到死都服從於毛澤東所說的話、所作的事,一切都是從「保護毛」出發,是真正的凡是派。而一直待在白區,沒有經歷過延安整風的黨的幹部,1949年後受到了很大的冷落,多半不被重用。[536]

1942年6月,丁玲在整風大會上發言,堪稱這一價值轉向的「經典」:

……自己開始有點恍然大悟,我把過去很多想不通的問題,漸漸都想明白了,大有回頭是岸的感覺。回溯過去的所有的煩悶、所有的努力、所有的顧慮和錯誤,就像唐三藏站在到達天界的河邊看到自己的軀殼隨水流去的感覺,一種翻然而悟、憬然而懼的感覺。我知道,這最多也不過是正確認識的開端,我應該牢牢拿住這鑰匙一步一步腳踏實地的走下去。前邊還有九九八十一難在等著呢。[537]

1944年,趙超構訪延感慨:「把一個穿西裝革履的知識幹部改造到高高興興坐到簡陋的紡車上去。」[538]

整風之後,延安知青的革命熱情劃然有別,勞動熱情普遍不高了,沒了此前滿山歌聲的熱乎勁。何方在杜甫川勞動,幾乎聽不到說話聲,休息時一些人看小說,一些人倒頭睡覺,再也沒有集體唱歌,領導號召也無人響應。偶而聽到唱歌,那也是站在山頭唱自己喜歡的歌或借歌洩憤。「搶救運動」後,延安知青「深受教育」,大大覺悟,紛紛不寫日記。20歲的何方從此告別日記。[539]

整風~搶救運動對延安一代心理影響甚巨,有的伴隨終身。蔣南翔時任中共青委主任,他的〈關於搶救運動的意見書〉(1945年3月):

---

[536] 李銳:〈我的延安經歷〉(三),載《爭鳴》(香港)2011年8月號,頁63。
[537] 佟冬:〈漫憶中央研究院的整風運動〉,載溫濟澤等編:《延安中央研究院回憶錄》,中國社會科學出版社、湖南人民出版社1984年版,頁140。
[538] 趙超構:《延安一月》,上海書店1992年版,頁243。
[539] 何方:《從延安一路走來的反思》,明報出版社(香港)2007年版,上冊,頁95、117。

搶救運動後，我在延安和隴東曾接觸了不少抗戰前平津知識分子
和抗戰後的大後方知識分子同志，有很多人都明顯或不明顯地流露出
一種灰暗的心情，革命的銳氣、青年的進取心，大大降落了。甚至有
少數同志消沉失望，到了喪失信心的程度。[540]

胡喬木：

從整風以後，實際上很少有什麼創造性的研究，要研究就要是毛
主席說過的，沒有說過的，沒有人敢研究。……實際上以後黨的理論
水準越來越低，對馬克思主義的知識越來越低。[541]

何方：

其他就更可想而知了。這都勢必導致全民族的思想貧乏和文化落
後，嚴重影響國家和現代化和國民素質的提高。

對知識分子的這些看法和態度，根源都在延安整風。延安整風對
知識分子的思想改造還有一個副作用，就是抑制了知識分子的長處而
助長了他們的短處……一些堅持實事求是不說違心話的人，往往被視
為態度不好，即使最後作平反結論也要給留點尾巴。那種在思想批判
和肅反搶救中能夠衝鋒陷陣、按照領導意圖辦事的人，就成為運動中
的骨幹，即使搞得過火甚至違法亂紀，也不予追究，還會得到重用。[542]

1945年5月謝覺哉日記：「自從反教條，有人不敢講書本子了。」[543]馬
列經典讀得最多的留蘇生，集體吃癟。張聞天、王明、博古、王稼祥等人成
了必須好好反思的「教條主義」，權威不再。毛劉周朱讀的馬列經典原本就
不多。儘管劉少奇十分用功，何方說劉：「篤信史達林的理論和政策，讀馬

---

[540]　何方：《黨史筆記》，利文出版社（香港）2005年版，下冊，頁429。
[541]　《胡喬木談中共黨史》，人民出版社（北京）1999年版，頁131。
[542]　何方：《黨史筆記》，利文出版社（香港）2005年版，上冊，頁256、258～259。
[543]　《謝覺哉日記》，人民出版社（北京）1984年版，下冊，頁791。

恩著作不多。」[544]「延安整風使不少人覺得讀書無用。」[545]皖南根據地出現反智傾向，詩人辛勞因讀《紅樓夢》遭到嘲笑批評。[546]

毛澤東很快發現整風還是整肅高幹的一條絕佳途徑。不僅1943年7月將周恩來從重慶召回延安做了一星期檢討，劉伯承一度停發文件，山東分局書記朱瑞因與羅榮桓發生爭論，1943年9月調回延安「學習」近兩年。[547]

領袖與群眾的關係上，整風以後消失了此前的「親密無間」——

> 這除了整風搶救造成的緊張空氣外，還由於任弼時出任中央秘書長以後就從蘇聯搬來了一套包括政治和生活待遇上的等級制度、領導幹部的警衛制度等規矩。從此，除開會外，在街上已再碰不到中央領導人，更不用說隨便談話和請簽名題字和拉唱歌之類以前常見的事了。[548]

今天的青年中共黨員也許不信，整風時期，金光閃閃的馬列主義都不香了，原先搶都搶不到的馬列書籍竟被拋出窯洞，論斤賣了廢紙。何方：

> 整風一開始，馬克思主義就不香了。整風期間不只是不學馬克思主義理論，過去學過的，特別是搞理論工作的還紛紛檢討，似乎沒學過理論的人倒還乾淨些，起碼不用檢討……甚至有些老幹部，如時任中辦副主任的王首道，為了表示和教條主義決絕，竟將一些馬列著作扔到了窯洞門外……原來人們感到很缺的馬列著作，有些人又感到無用而多餘，於是就拿到南門外新市場當廢紙論斤賣了。
>
> 馬列主義被說成「教條」，課程被取消，有關書籍（那裡翻譯出版的還真不少）也是人們避之惟恐不及，自然不會去讀了。一切書本知識被挖苦得狗糞不如，似乎知道得越少越好，當然沒有人再去「言

---

[544] 何方：《黨史筆記》，利文出版社（香港）2005年版，下冊，頁534。

[545] 何方：《從延安一路走來的反思》，明報出版社（香港）2007年版，上冊，頁219。

[546] 王元化：《清園近思錄》，中國社會科學出版社（北京）1998年版，頁211。

[547] 高華：〈歷史漩渦中的朱瑞〉，原載《炎黃春秋》（北京）2000年第8期。參見高華《革命年代》，廣東人民出版社2010年版，頁219。

[548] 何方：《黨史筆記》，利文出版社（北京）2005年版，上冊，頁290。

必稱希臘」了。至於什麼是實際知識，怎樣去學，恐怕提倡者自己也
說不清楚。因此兩三年搶救運動期間學習的，就只是那二十多篇有關
文件，還有某些中央決定、臨時指定的什麼文章和陳伯達的〈評《中
國之命運》〉、康生的〈搶救失足者〉、《解放日報》某篇社論等，
聯繫實際就是思想鬥爭和反特搶救。[549]

　　趙超構訪延，發現在打倒「洋教條」的口號下，竟走向「土教條」。
延安思想界認為「一個大學生學習英美式的經濟學，不若精通邊區的合作社
和驟馬大店。」當他向延安幹部提出這一判認的局限，對方答：「看情形，
我們現在不需要洋教條，所以要打倒它，等我們需要的時候，不妨把它請回
來。」趙評曰：「這句話是最簡明地表露了共產黨的所有政策，是依著客觀
的需要而定的。」

　　整風後，個人與自由墜為黑色罪詞。1956年中共八大選舉，胡耀邦名
列中委候選名單，十分不安，覺得自己太年輕、資歷尚淺，不能位列許多老
資格候委之前，鼓足勇氣提出「退居候委」，遭到制止：「不要談個人問
題」。[550]個人主義、資產階級自由化，今天仍未翻身正名。「個人」、「自
由」至今仍無合法性。

　　「王實味事件」具有示範效應。延安一代既然是「中華民族的優秀兒
女」，智商不低，他們很快對延安形勢作出「正確判斷」。胡績偉：

　　　　我聽了毛的文藝座談會講話以後，在開展批判問題上是存在懷疑
　　的。認為毛的講話，時而這樣，時而又那樣，給我的印象是：最好不
　　要批評，好意的批評很容易變成惡意的攻擊，甚至會招來大禍。[551]

　　可失去自我批評，等於失去自我修正的可能，也違背了恩格斯教導：

　　　　工人運動本身怎麼能避免批評，想要禁止爭論呢？難道我們要求

[549]　何方：《黨史筆記》，利文出版社（香港）2005年版，上冊，頁283；下冊，頁442。
[550]　陳小津：《我的「文革」歲月》，中央文獻出版社（北京）2009年版，頁478。
[551]　胡績偉：《青春歲月——胡績偉自述》，河南人民出版社1999年版，頁248。

別人給自己以言論自由，僅僅是為了在我們自己隊伍中又消滅言論自由嗎？[552]

由於必須批評別人，延安人際關係迅速惡化。1942年9月23日，范元甄日記：

> 人真是醜惡的東西，彼此要譏諷、仇視……同志間的無限的熱愛，在咱們這群人裡還差得遠哩。[553]

「七大」代表對南方蘇區肅反政策極為「憤怒」，點名批評政治保衛局負責人鄧發，但不允許透露外界。延安一代渾然不知。李銳：「延安整風和『搶救運動』時，這個群體才第一次面臨『黨文化』的嚴厲改造。」[554]搶救運動是延安一代首次經歷的「大風大浪」，也是他們一生中第一次接受「革命的錯誤」，不得不複雜起來。

整風、搶救運動乃紅色邏輯的延續。李銳晚年剖析：

> 對中國舊社會的各個階層、各階層的人到底如何看待？共產黨從蘇區到延安都存在著根本性的錯誤，這個錯誤是延安整風、搶救運動很重要的思想基礎。[555]

搶救運動第一項：遞交個人自傳與赴延經過。結果80%赴延知青被認定國民黨特務。[556]《解放日報》與新華社一百幾十號人，挖出70%的「特務」。[557]僅僅十餘天，延安一地就揪出1400餘名特務，[558]包括「見過列寧」的柯慶施。

葉劍英之妻危拱之，大革命時期留蘇生、紅一方面軍長征三十女傑之

[552] 《馬恩選集》（第四卷），人民出版社（北京）1972年版，頁471。
[553] 李南央編：《父母昨日書》，時代國際出版有限公司（香港）2005年版，上冊，頁284。
[554] 李銳：〈李昌和「一二‧九」那代人〉，載《炎黃春秋》（北京）2008年第4期，頁3。
[555] 李銳：〈我的延安經歷〉（三），載《爭鳴》（香港）2011年第6期，頁67。
[556] 李銳：《毛澤東的早年與晚年》，貴州人民出版社1992年版，頁125。
[557] 《溫濟澤自述》，中國青年出版社（北京）1999年版，頁161。
[558] 高文謙：《晚年周恩來》，明鏡出版社（香港）2003年版，頁81。

一，時任河南省委組織部長。但河南整個黨組織被打成「紅旗黨」，她的黨員身分都遭懷疑，徹底絕望，「坦白動員會」後勒脖自殺，被救後落下精神病，亂罵領導亂談戀愛，嚷嚷要脫黨，經常跑到男宿舍與男友睡在一起，還說：「我命不要了，黨籍不要了，還怕什麼？我願怎樣就怎樣！」[559]

甘肅、四川等省黨組織也被打成「紅旗黨」，成都市委書記張宣，八天八夜沒讓睡覺。[560]培養情報幹部的西北公學，副校長李逸民：「我們學校五百多人，只剩下二十來人沒有被『搶救』。」[561]延安一地自殺身亡者五六十人，[562]胡績偉主編的《邊區群眾報》，「在報社四五十個外來知識分子幹部中，沒有被當做特務來鬥爭的，只有我和譚吐兩個人。」[563]

1936年8月由團轉黨的黔人鄭代巠（1915～1943），全國學聯主席、南方局青委委員、沈鈞儒等人發起的「憲政促進會」籌委之一，被捕後越獄逃出。但硬不相信他能越獄，說國民黨監獄看管那麼嚴密，不可能越獄，只可能是叛變。陳代巠不堪承受「逼、供、信」，自殺了。1988年，一名國民黨大特務回憶錄中提及陳代巠確系越獄，這才最後「洗冤」。[564]

曾志，隨朱德上井岡山的湘南暴動老紅軍，1926年15歲入黨，黃洋界保衛戰參加者，賀子珍好友，與毛澤東相當熟悉，只因一段白區工作經歷，小組會上交代了五六天個人履歷：

> 等我交代完了就讓我休息了幾天，他們則對我的報告進行研究分析，提出疑點和問題。一星期後，轉入小組內的面對面責問，人問我答，許多事情都要反復詢問……大約又是一個星期，他們沒有從我身上「突破」什麼，於是認定我屬於頑固不化分子。小組便集中火力對我實行逼供，仍無進展，又擴大為全支部都來逼供，還是車輪戰，白天黑夜不讓休息，每天都要搞到下半夜兩三點，有時則要通宵……全

[559]　曾志：《一個革命的倖存者》，廣東人民出版社1999年版，頁333～334。
[560]　高浦棠、曾鹿平《延安搶救運動始末──200個親歷者記憶》，時代國際出版有限公司（香港）2008年版，頁298、307。
[561]　《李逸民回憶錄》，湖南人民出版社1986年版，頁116～117。
[562]　劉少奇1949年在天津的一次講話。朱鴻召：《延安文人》，廣東人民出版社2001年版，頁176、182（注26）。
[563]　胡績偉：《青春歲月──胡績偉自述》，河南人民出版社1999年版，頁227。
[564]　袁晞：《一蓑煙雨任平生──馮蘭瑞傳》，氣象出版社（北京）1999年版，頁47～48、78。

支部對我的車輪戰沒有取得他們希望的東西，又請了其他支部的精兵強將來助戰，結果仍是一無所獲。對我的車輪戰整整進行了兩個星期。

審查人員還不時敲頭揪發踢腿，逼曾志承認是特務。其夫陶鑄在南京國民黨獄中表現堅強，也遭搶救，打成叛徒，氣得暴跳如雷直罵娘。

大革命時期入黨的女黨員宋維靜（1910～2002），參加廣州暴動，亦遭搶救，「有人拉著她的頭髮在地上拖來拖去，把她一個人關在崗樓那樣沒有窗子的四面木頭房，只能容一張小床，時間長達四個月之久。」[565]

昨天還是戰友，今天已成敵特。推推揉揉是輕的，一周不讓睡覺的車輪大戰也還算文明，吐痰於臉、繩拴兩指吊起來那才叫懷羞終身、留憶深刻。1943年8月8日，「搶救」進入高潮，毛澤東在中央黨校說特務如麻：行政學院除一人以外，教職員全是特務，學生過半數也是特務；軍委三局通訊學校一共200多人，挖出170個「特務」；中央黨校已經挖出250個特務，但估計不止此數，恐怕得有350人。除了康生、彭真、李克農這些搶救運動積極分子，劉少奇分管的民委（尤其中央婦委），大部分幹部被打特務，包括凱豐、鄧潔之妻。1943年10月，毛澤東在高層會議上說邊區已抓特務七千，但恐怕有一萬，各根據合計有十萬特務大兵。[566]

1943年底，知識分子多成「特務」，各機構無法運轉。邊區四萬餘幹部、學生肅出「特務」1.5萬餘人。[567]電訊部門挖出千餘特務，許多通訊工具無人掌握，延安與各赤區各省的聯繫不通了。[568]綏德師範開了九天控訴大會，挖出230名「特務」，占全校人數73%，都是十幾歲的孩子。[569]後來還擴大到小學生，最小的據說只有六歲。[570]1944年初，綏德縣向延安推薦「坦白

[565] 曾志：《一個革命的倖存者》，廣東人民出版社1999年版，下冊，頁335～336、512。

[566] 何方：《從延安一路走來的反思》，明報出版社（香港）2007年版，上冊，頁115～116、121、124、126。

[567] 胡喬木：〈整風運動：1943年「九月會議」前後〉，參見《胡喬木回憶毛澤東》，人民出版社（北京）1994年版，頁280。

[568] 《李逸民回憶錄》，湖南人民出版社1986年版，頁118。

[569] 王素園：〈陝甘寧邊區「搶救運動」始末〉，原載《解放日報》（延安）1943年9月22日，載《中共黨史資料》第37輯。參見何方：《黨史筆記》，利文出版社（香港）2005年版，下冊，頁529。

[570] 師哲：〈我所知道的康生〉，載《炎黃春秋》（北京）1992年第5期。杜導正、廖蓋隆《政壇高層動態》，南海出版公司（海口）1998年版，頁176。

運動先進典型報告團」，團內有一位十二三歲小女生，坦白受國民黨特務機關派遣，專搞引誘腐蝕幹部的「美人計」。[571]

邊區行政學院成為准監獄，入住「學員」最多時達三千餘人──

> 學員的食宿都非常差，生病不能參加勞動就開會鬥爭，直鬥到生命垂危，送到醫院才算了事。有孩子的母親被審查後，孩子餓得直哭，也不讓給孩子餵奶，病了不讓送孩子去醫院，有些就這樣活活地餓死、病死……

該院滇籍教師左啟先，經常收到國統區匯款，打成「特嫌」，整得死去活來，最後一絲不掛跑出屋。豫籍趙一峰，邊區建設廳工程師，整瘋後常常跑進廁所掏吃大糞。1944年甄別平反，仍有百餘「犯人」羈押保安處。黨史專家：「這些人絕大多數是被冤枉的。」[572]1947年3月胡宗南進攻延安，這批「犯人」轉押至黃河邊，成為累贅，經康生批准，秘密處死，王實味就在此時遇難。一同處決的還有四位投奔中共的白俄。湖南岳陽老地下黨員楊樂如，不但送學生赴延，自己也來了，當特務被抓，亦於此時被康生處死。[573]這批冤案1980年代才平反。

延安肅反邏輯與文革完全一樣：一、沾包式。向外國教師學過外語即是「義大利特務」；二、懷疑式。女青年愛打扮，「長得那麼漂亮，她不當特務誰當特務？」（康生語）三、推導式。戀人們用方言交流，「你說自己沒問題，但為什麼總用廣東話同你愛人說悄悄話？」四、捕風式。知青散步聊天，談談雲彩月亮，便是成立反革命組織「月亮社」、「烏雲社」、「太陽社」。[574]

嫁了高幹的女青年，更是重點懷疑對象──國民黨的「美人計」，利用姿色表現進步，嫁給高幹為竊取情報。[575]甚至出現這樣的肅反邏輯──

[571] 金城：《延安交際處回憶錄》，中國青年出版社（北京）1986年版，頁178。
[572] 高浦棠、曾鹿平《延安搶救運動始末──200個親歷者記憶》，時代國際出版有限公司（香港）2008年版，頁171、178～179、392。
[573] 李銳：〈我的延安經歷‧整風和搶救運動〉，載《爭鳴》2011年5月號，頁58～59。
[574] 馮建輝：《命運與使命：中國知識分子問題世紀回眸》，華文出版社（北京）2006年版，頁112。
[575] 石瀾：《我與舒同四十年》，陝西人民出版社1997年版，頁94。

「女同志到延安都是有問題的」。貴陽縣長之女、俏麗的諶曼麗（1922～1945），重壓之下，上臺做「典型報告」，編謊說後娘怎麼教她勾引男人，如何當上特務，云云。[576]諶曼麗十六歲參加戰地服務團離家赴武漢，其父不放心，託付給覺悟社老友周恩來。由是，諶曼麗成為周恩來乾女兒。1942年元旦，諶曼麗嫁中央研究院陳振球，1944年離婚，再嫁金紫光。1945年10月31日夜，諶曼麗死於山體滑坡。陳振球1945年娶郭霽雲。

1940年3月赴延的老同盟會員之子彭爾寧，入自然科學院學農，壁報上畫了一朵彩色向日葵，比喻人心向黨，康生咬定這朵向日葵是「心向日本帝國主義」，彭爾寧來自淪陷區與閻錫山二戰區，指為雙料特務──日特兼國特。[577]思維狹窄、難容異見、疑神疑鬼、發動群眾、褫奪被批判者辯護權……「文革」這些青萍之末都能從延安整風處找到最初的對應。

一位陝北老粗幹部，沒上過學也沒出過延安，更沒見過火車，硬指一位關內女知青是特務，根據：「這個女的說自己是窮苦農民家孩子，怎麼還有錢坐火車到西安？」抗聯出身的留蘇女生黎俠一聽火了：「這算什麼狗屁根據？我家窮，我還是坐飛機從蘇聯回來的呢。」兩人拍桌對罵，老粗氣急敗壞：「告訴你黎俠，你要不是從蘇聯回來的，我早把你整成特務了。我跟你打賭，那個女青年要不是特務，你把我卵子割下來！」女知青被繩拴腳趾倒吊房梁，打得皮開肉綻鮮血淋淋，餓了只給鹹菜，渴了不給水。老粗說：「餓了好忍，渴了不好忍。」女青年挺不住，只得承認「特務」，接著被逼檢舉「同黨」，終至發瘋。後該案平反，接到通知書，黎俠跑到食堂抄起大菜刀，闖進老粗窯洞：「媽拉個巴子，當初你打賭說那女的要不是特務，你就讓我割你的卵子嘛！」老粗連聲告饒，竄出門滿山遍野豕突狂逃，黎俠追不上，一屁股跌坐山坡放聲痛哭。[578]

各根據地來的「七大」代表也半數「有問題」，二十多位受審查。老地下黨員易季光遭皮帶抽打，血跡遍體，胳膊被咬去一塊肉。一次吊起四肢各一趾，「高高懸在窯洞的梁上再用皮帶抽，真是慘不忍睹。」[579]

---

[576] 袁晞：《一蓑煙雨任平生──馮蘭瑞傳》，氣象出版社（北京）1999年版，頁77～78。

[577] 金城：《延安交際處回憶錄》，中國青年出版社（北京）1986年版，頁180。

[578] 蔣巍、雪揚：《中國女子大學風雲錄》，解放軍出版社（北京）2007年版，頁173～174。

[579] 曾志：《一個革命的倖存者》，廣東人民出版社1999年版，下冊，頁340。

1944年初，任弼時問毛澤東：「七大」還開不開？難道和特務一起開黨代會？這才將黨代表中的「搶救」停下來。[580]中共11～12屆政治局候委、副總理陳慕華（1921～2011），1938年赴延女青年，也遭「搶救」，因叔叔是蔣介石的軍長，周恩來干預後才作罷。[581]

1943年春接任抗大校長的徐向前：

> 更可笑的是所謂「照相」。開大會時，他們把人一批一批地叫到臺上站立，讓大家給他們「照相」。如果面不改色，便證明沒有問題；否則即是嫌疑分子、審查對象。他們大搞「逼供信」、「車輪戰」，搞出特務分子、嫌疑分子602人，占全校排以上幹部總數的57.2%。幹部隊伍共有496人，特務和嫌疑分子竟有373人，占75%以上。真是駭人聽聞！」[582]

韋君宜：

> 我們多年相知的一些朋友都被打進去了。四川省委書記鄒風平被迫自殺。魯藝有一位藝術家全家自焚。除了「四川偽黨」還有個「河南偽黨」。除到處開會鬥爭和關押人外，還公然辦了一個報紙，叫《實話報》，上面專門登載這一些謊話。有一個和我同路來延安的河南女孩子叫李諾，被公佈在這張報上，簡直把她說成了特務兼妓女。……好幾對夫妻，都因為這次運動而離異。他們都是青年時代在革命隊伍裡相戀的好伴侶，可是到了這個時候，一方「聽黨的話」，相信對方是特務，而且一口咬定對方是特務，自然就把對方的心給傷害了。由此造成的傷痕，比對方移情他人還難彌合。[583]

---

580 師哲：〈我所經歷的延安「搶救運動」〉，載《中華英烈》（北京）1989年第4期。師哲《峰與谷——師哲回憶錄》，紅旗出版社（北京）1992年版，頁3～4。
581 （英）韓素音：《周恩來與他的世紀》，中央文獻出版社（北京）1992年版，頁239。
582 徐向前：〈抗大整風與白雀園肅反〉，節選自徐向前《歷史的回顧》，解放軍出版社（北京）1988年版。朱鴻召編選《眾說紛紜話延安》，廣東人民出版社2001年版，頁152。
583 韋君宜：《思痛錄》，北京十月文藝出版社1998年版，頁15。

一對新婚夫婦，丈夫彙報工作半夜回來，妻子還在燈下等他，丈夫不但不理會妻子的濃濃愛意，反而懷疑她有問題，硬揪住她到李克農處交代，弄得李克農啼笑皆非。[584]

邊區師範生呼延忠說了一句「賣瓜的不說瓜不甜，共產黨還能說共產黨不好？」罪證鐵板釘釘，想拔也拔不出來，批鬥時要求如廁，被指搗亂，硬是不准，「直讓那股熱流從肚子裡順著大腿流到地下。」[585]南開女中學生吳英在延安行政學院關禁閉，上廁所要排隊去，她對韋君宜說：「我那時想起來就埋怨你，你不該帶我到這裡來，早知這樣，我也決不會來。」國民黨專員之女丁汾，被「搶救」成特務，平反大會上臺哭泣：「我真後悔當時為什麼要背叛我的家庭出來革命！我真應該跟著我的父親跑的。當時我就想過，如果能再見到我的父親，我就要對他說：把這些冤枉我的人都殺掉吧。」[586]

搶救運動一起，「人們不得自由出入，不得會見親友和熟人，連處在不同機關的夫妻也不能團聚。單位之間的來往和聚會（如過去經常舉行的討論會、聯歡會，各種學習和文體活動）完全停止，路上行人也大為減少。……集中了『三萬黨政軍』的延安，被弄得空氣緊張，人人自危。」「整風前可稱作『延安時期』的那種生動活潑局面在搶救運動開始後就完全結束了，此後再也沒有恢復起來。」[587]

最惡劣的是必須通過揭發別人才能證明自己紅色。胡績偉：「抓不到這個數額，單位負責人就是『右傾』，就是包庇敵人，甚至本人也成了特務。有些人為了保全自己，也就不顧一切地大搞逼供信，形成處處有特務的局面。各單位負責人紛紛向上報『成績』，以誣陷同志來向上邀功受賞。」[588]有時，屋裡正在「搶救」審訊，窗外走過專案組成員，被整肅者努努嘴，那人立即停職交代，從「運動積極分子」落為「專政對象」。[589]1950～1970年代，一句「他在延安坐過牢的」，會成為政敵的一發槍彈。

中國人後來熟悉之至的文革口號——敵人不投降，就叫他滅亡！即出

584　《李逸民回憶錄》，湖南人民出版社1986年版，頁117。

585　高浦棠、曾鹿平：《延安搶救運動始末——200個親歷者記憶》，時代國際出版有限公司（香港）2008年版，頁114。

586　韋君宜：《思痛錄》，北京十月文藝出版社1998年版，頁16。

587　何方：《黨史筆記》，利文出版社（香港）2005年版，下冊，頁441、443。

588　胡績偉：《青春歲月——胡績偉自述》，河南人民出版社1999年版，頁226。

589　何方：《從延安一路走來的反思》，明報出版社（香港）2007年版，下冊，頁502～503。

自搶救運動。[590]有些卑劣者根本不信奉馬列，但並不妨礙他們運用馬列主義達到個人目的——或垂涎對方職位或報復洩憤。1950年，李銳認識到：「搞『左』的人，往往動機不純。」

一位解放牌老幹部晚年說：

> 我從自己的受難，也從別人的痛苦遭遇中，對左傾的表現進行了一些觀察。據我多年觀察，凡在政治運動中表現得特別「左」的人，幾乎沒有一個是為了革命的。講要革命什麼的，大半都是打著這幌子，弄一些把戲而已。且左傾的表現，純屬於思想方法的成份有一些，但也不多，絕大部分是為了「謀私」，……在左傾思想占領導地位時，有些人想利用這個機會，儘量使自己表現得「左」一些，表現得「革命」一些，把別人踩下去，好讓自己爬上去，攫取官位、攫取權力。……以此作為晉升的快捷方式。[591]

由於得到「培訓」，延安一代在此後的歷次政治運動中，大多運作自如，較難「跌倒」。後人指出：

> 說到底，批判者的批判大都包藏著一種個人的動機、個人的目的。從表面上看他們是在捍衛一種社會價值，而實際上是對自己個人利益、社會地位、未來命運的維護。這一點，在那些來自解放區的作家、掛著各種政治牌牌的作家身上，看得特別清楚。[592]

半個世紀後，中國人才意識到：不講人性、剿私滅欲，嚴重扭擰正常人性，成為1950年代以後諸多社會惡弊源頭之一。

信仰高於一切，信仰代替理性，以宗教態度處理現實問題，藐視歷史，

---

[590] 張宣：《鳳凰驚夢——延安搶救運動親歷記》，原載《紅岩春秋》（重慶）2000年第4期。高浦棠、曾鹿平《延安搶救運動始末——200個親歷者記憶》，時代國際出版有限公司（北京）2008年版，頁195。

[591] 李冰封：《並非家務事》，原載《書屋》（長沙）2001年第6期；李南央編著：《我有這樣一個母親》，開放雜誌出版社（香港）2003年版，頁176、182～183。

[592] 張景超：《文化批判的背反與人格》，黑龍江人民出版社2001年版，頁154。

看不起一切歷史人物，否決一切不同聲音，視多元寬容為小資產階級動搖性。革命原是社會改革的手段，但這會兒革命成了一切，一切為了革命，手段翻成目的。革命成為延安一代的終身主旋律。在革命面前，一切人性人權都微不足道，必須毫不猶豫放棄，甚至包括生命。否則，就是對革命不誠、對黨不忠。1930年代地下黨時期，就有「不但以入獄為榮，甚至以就義為樂」。[593]似乎誰不願上斷頭臺，誰就是狗熊或叛徒。可一切都奉獻完了，還有什麼人權還有什麼自由需要捍衛？民主還有什麼理由成為必要？既然個體生命本身就無價值！

韋君宜晚年悔悟：

> 我原以為自己參加革命多年便是功，那麼別人未參加革命便是罪。如此看歷史，如此看世界，究竟功歟罪歟？[594]

抗戰初期，國民黨確實派了一些特務打入延安，人家當然也會搞對手的情報，但很快被挖出。[595]其時，延安「一片紅」，混入的國民黨特務很難潛伏下來。國民黨軍統西北區長張嚴佛：

> 1937年我到西安後，也千方百計圖謀派遣特務打入邊區，建立潛伏組織。……我在西安三年之中，從來沒有放鬆過這麼一個妄想：無論如何必須在陝甘寧邊區範圍內，建立潛伏特務組織。我覺得從正面派特務打進邊區的可能性極少，汪克毅失敗回來後，我又想到可以利用行商小販做工具，試圖打入邊區的辦法……試搞了幾次，都因為根本無法進到邊區去，而邊區的商人更是堅定地跟著共產黨走，不肯上特務的圈套，累試都失敗了。[596]

---

[593] 王凡西：《雙山回憶錄》，東方出版社（北京）2004年版，頁41。
[594] 韋君宜：《思痛錄》，北京十月文藝出版社1998年版，頁107。
[595] 陳復生：《九死復生——一個百歲老紅軍的口述史》，中央文獻出版社（北京）2010年版，頁162～164。
[596] 張嚴佛：〈抗戰前後軍統特務在西北的活動〉，載《文史資料選輯》第64輯，中華書局（北京）1979年版，頁101～104。

　　軍統對情報的要求僅僅是想弄點「延安見聞」，都不可得。

　　無事生非、自找煩惱的疑敵症──瞧，敵人就坐在我們身邊呢！演化成「從思想上發現敵人」。後寫出影片劇本《八女投江》、《趙一曼》的顏一煙（1912～1997），其父偽滿駐日大使，她遭到當然「搶救」，她交出一對金鐲與其他金銀物品，何其芳仍說「交出金子不如交出心」。[597]

　　歷經文革，延安一代終於有人領悟：「整個說來，文化大革命運動是延安整風審幹運動的翻版。」[598]搶救運動創立的「工作方法」也得到全套繼承。大會轟、個別逼、車輪戰、逼供信、軟硬兼施、威脅利誘，全搬全抄。吳國楨一針見血：「共產黨卻相信並公開提倡：只要目的正確，可以不擇手段。」[599]

　　李普（1918～2010）晚年認為自己之所以能夠保持知識分子的原汁原味，全靠沒去延安，而是重慶幹部。只有歷經延安整風「洗禮」與搶救運動「磨練」，才知道黨內整肅的厲害，才會夾起尾巴做人。[600]

八、外客眼中的延安

　　西安事變前後，陝北中共除了強調「抗日」，就是「民主」。 赴延知青大多是民主青年，認為在延安可得到「民主、自由、平等」。中共也很清楚赴延青年與全國民眾的普遍心理，高舉高打抗戰與民主兩張大牌。1936年2月上旬，范長江採訪陝北赤區，中宣部長博古、抗大教育長羅瑞卿親往西安迎接。毛澤東在窯洞對范說：共產黨的要求是希望中國走上憲政民主之路，以民主求統一求和平；和平統一之後始可言抗日，為實現民主政治，共產黨當可放棄土地革命、蘇維埃和紅軍的名義；中國將來當然會成為資產階級的民主政治。[601]

　　1937年5月，毛澤東在中共全國代表會議上多次提及民主：

597　高浦棠、曾鹿平《延安搶救運動始末──200個親歷者記憶》，時代國際出版有限公司（香港）2008年版，頁117～118。
598　李普：〈哀李炳泉之死〉，載《炎黃春秋》（北京）2009年第7期，頁50。
599　吳國楨：《夜來臨》，吳修垣譯，香港中文大學出版社2009年版，頁108。
600　楊繼繩：〈李普今年八十八〉，載《炎黃春秋》（北京）2006年第9期，頁52。
601　范長江：《塞上行》，新華出版社（北京）1980年版，頁199。

　　爭取民主是目前發展階段中革命任務的中心一環。看不清民主任
務的重要性，降低對於爭取民主的努力，我們將不能達到真正的堅實
的抗日民族統一戰線的建立。

　　爭取政治上的民主自由，則為保證抗戰勝利的中心一環。

　　對於抗日任務，民主也是新階段中最本質的東西，為民主即是為
抗日。抗日與民主互為條件……民主是抗日的保證，抗日能給予民主
運動發展以有利條件。[602]

1939年6月，毛接見基督教青年會訪問團：

　　共產黨一貫堅持宗教自由的原則，強迫人不要信仰宗教猶如強迫
人信仰宗教一樣錯誤。[603]

1942年5月，毛在高層會議上：

　　和我們合作的知識分子不但是抗日的，而且是有民主思想的、傾
向於民主的。沒有民主思想，他們根本就不會來。[604]

　　當時紅區都叫××抗日民主根據地。赤區報刊天天呼民主喚自由，堅稱
「共產黨反對國民黨的一黨專政並不要建立共產黨的一黨專政。」此時入黨
的大學生謝韜：「共產黨在報刊上公開發表的政治主張，使我們感受到強大
的親和力與吸引力，促使我們下定決心成為共產黨人。」[605]

　　既然強烈反對國民黨的言禁，自己這裡也就不便設禁，這是最起碼的邏
輯，否則知青們就不會跑過來、待得住。整風前在延安辦刊，只須征得單位
同意，再向中宣部或張聞天、毛澤東報告一聲，幾無不允，經費通常為募集

[602]　《毛澤東選集》第一卷，人民出版社（北京）1952年版（1966年橫排本），第1～2合印
　　　　本，頁235～236、252。

[603]　江文漢：〈延安訪問記〉，載《檔案與史學》（上海）1998年第4期，頁11。

[604]　中共中央文獻研究室編：《毛澤東文集》第二卷，人民出版社（北京）1993年版，頁424。

[605]　謝韜：《我們從哪裡來，到哪裡去？》，燕淩等編著《紅岩兒女》第三部，中國文化出
　　　　版社（香港）2008年版，頁7～8。

或設立專項基金，或從單位經費中劃撥。[606]

　　早期中外記者對延安的採訪報導多傳遞正面資訊。最早進入的美國記者斯諾、國統區記者冒舒湮（1914～1999，明末四公子冒辟疆後人），認定中共正在致力民主政治。1938年初，漢口《抗戰三日刊》連載冒舒湮《邊區實錄》：「總之，邊區的行政制度是要向著『使早達到憲政時期』這一目標前進！」「他（朱德）認為中共絕無陰謀赤化中國的野心。……共產黨雖然聲明不放棄馬克斯列寧主義，然而這並非說就是主張階級鬥爭。……改善政治機構的主要目的是為了抗日，而非奪取政權。」他相信毛澤東說的「共求三民主義的實現」，相信張聞天所說「往日的分裂招致目前的外患……親密的合作，共同建立新的民主共和國。」認為中共對內贊同民主政治、對外從事抗戰，「放棄蘇維埃而無遺憾」，連士兵都會說：「我們非放棄各種形式的蘇維埃權力不可。日本的侵略已強使國民黨恢復了革命的傾向，所以我們能夠和它合作了。」[607]

　　1939年6月，毛澤東對北美客人宣講中共與三民主義的一致性：

> 　　中國也將試行過去從未享受過的西方式的民主。當前中國大體上還是一個封建主義國家，因為沒有議會，也沒有普選。公民的權利得不到保護。希望將來人民對政府的事務有發言權，言論、結社和宗教信仰將有完全的自由，通信也不用任何手段干預。這就是孫中山先生第二個主義，所謂的民主。中國取得勝利後，希望資本家重辦廠，普遍的勞動者和農民的生活有所改善，工農業有很大發展。人人有工作，生活過得好，沒有土匪，沒有內戰，這是孫中山先生的第三個主義。

　　毛向客人聲明：雖然中共認為共產主義是歷史進程的必然結果，一定會實現，但只有在中國完成資本主義民主以後才能實現，而且國共兩黨繼續目前的合作，新的社會制度便可能通過不流血的投票方式實現。任何人都不得把新的社會制度強加給中國人民，但隨著生產力的提高，人們會逐漸認識到

---

[606]　朱鴻召：〈唯讀《解放日報》〉，載《上海文學》2004年第2期，頁80。

[607]　舒湮：《邊區實錄》，國際書店（上海）1941年4月合版，附錄《延安行》，頁7、71～72、82、6～7。

一個新社會制度的需要，因此會自然而然實現社會主義。[608]毛澤東這番退讓性的「新民主主義論」，乃是比任何武力都有力的「政彈」，使全國乃至全世界都認為中共很大程度上已告別赤色綱領與激進政策。

1938年4月，美國駐華參贊埃文斯・福代斯・卡爾遜（Evaws・Fordyce・Carlson，1896～1947），去了一趟陝北華北紅色根據地，向蔣介石彙報：「我相信八路軍的領導人對蔣委員長是忠誠的」，並向蔣描繪中共在敵後實行代議制政府所採取的步驟。他對中國人的整體判斷竟是：「中國人基本上是個人主義者」、「這個國家的民主意識是很強烈的」，他稱延安：「中國自由主義的源頭」，評價毛澤東「他提供了中國現代的自由思想的基礎」，「這是一位謙虛的和善的寂寞的天才，在黑沉沉的夜裡在這裡奮鬥著，為他的人民尋求和平的公正的生活。」認為國共兩黨政綱完全相同：「共產黨和國民黨都贊成孫中山博士晚年制定的民族目標。概括起來就是三民主義即民族、民權和民生，只是在達到目標的方法上有些差別。」[609]

1941年3～4月，美國作家海明威（Ernest Hemingway，1899～1961）攜夫人一路考察韶關、重慶、昆明等地，與中共方面接觸僅周恩來一人，交談時間也不長，海明威回國後向華盛頓彙報：戰後共產黨人一定會接管中國，因為那個國家最優秀的人是共產黨人。[610]其他訪延美國人也說：「在邊區逗留的全部時間中，沒有聽到經濟貪汙或男女關係方面的醜聞。」一位美國人與朱德共進午餐，朱德呼添小米飯，炊事員卻端來白菜，告訴總司令：他當天的糧食定量已吃完。[611]

臺灣名士丘逢甲之子丘琮（1894～1976），1938年2～4月以廣東中山大學教授身分訪延，盤桓二月餘，發表觀感：

> 你們從上到下，各機關各部門辦事效率極高……上級沒有官僚架子，下級敢於負責辦事，公務從未互相推諉，與國民黨的腐朽的衙門

608　江文漢：〈延安訪問記〉，載《檔案與史學》（上海）1998年第4期，頁10。
609　（美）埃文斯・福代斯・卡爾遜：《中國的雙星》，新華出版社（北京）1987年版，頁117、53、120、138、153、271。
610　孫聞浪：〈1941年：海明威肩負使命到中國〉，載《文史春秋》（南寧）2004年第11期，頁15。
611　（美）費正清：《五十年回憶錄》，趙複三譯。參見《中華民國史資料叢稿・譯稿・中國之行》「五十年回憶錄」第四部分，中華書局（北京）1983年7月印刷，頁79。

> 作風真是迴然不同啊！……延安諸公，謙恭下士。喜聞摘過，邦納善言。彬彬有若古賢之理想境，殊出外界意表。[612]

1940年5月31日～6月8日，南洋僑領陳嘉庚訪延，對邊區風氣、治安極為滿意，回重慶後發表演講：「生活比前較好，至公務員如貪汙五十元者革職，五百元者槍斃。縣長則為民選，公務員等每日工作七小時，加二小時學黨義。」[613]「中國的希望在延安。」[614]斷言：「國民黨蔣政府必敗，延安共產黨必勝。」[615]整個抗戰時期，延安得到華僑及各路愛國人士資助8899340元，僅1938年10月～1939年2月，經香港轉來的僑捐就有50萬元，宋慶齡從菲律賓匯來六千元；1938年總共得僑捐近200萬元；1940年550萬元。[616]

延安初期，中共在邊區禁止纏足、發展基礎教育。1937年初，早期黨員王炳南德籍妻子王安娜（1909～1990）訪延：「我注意一下，在延安地區有些地方，纏足的女孩子已不多見了。」[617]抗戰後期，延安通過「改造二流子運動」及努力消滅乞丐，美國《巴爾的摩太陽報》記者M‧武道（Mauvice Votaw）在《我從陝北回來》中盛讚：「老百姓生活進步」。[618]1944年6～7月，報人趙超構（1910～1992）訪延43天，首日感受：「第一天延安給我們的印象是粗糙、幼稚，然而頗為剛健的農業都市。」[619]

中共為向外界表明先進性與改造社會的能力，對邊區確實作了一番努力。當時延安只有四名警察，[620]依靠嚴密的基層組織與路條制，「小股土匪不易存在，社會秩序已趨安定。」[621]1944年7月，延安開展「十一運動」：

---

[612] 金城：《延安交際處回憶錄》，中國青年出版社（北京）1986年版，頁20、24。
[613] 陳嘉庚《南僑回憶錄》，嶽麓書社（長沙）1998年版，頁216。
[614] 金城：《延安交際處回憶錄》，中國青年出版社（北京）1986年版，頁148。
[615] 胡愈之：〈南洋雜憶〉，楊里昂主編；《學術名人自述》，花城出版社（廣州）1998年版，頁243。
[616] 延安王家坪大型「延安革命紀念館」提供的展覽資料，攝於2011年5月27日。
[617] （西德）王安娜：《中國──我的第二故鄉》，李良健、李希賢校譯，三聯書店（北京）1980年版，頁157。
[618] 原載《大美晚報》（重慶），《解放日報》（延安）1944年11月13日轉譯。參見《延安文萃》，北京出版社1984年版，下冊，頁821。
[619] 趙超構：《延安一月》，上海書店1992年11月第1版，頁59。
[620] J‧L：〈延安市的特點〉，原載《新華日報》（重慶）1945年4月1日。參見《延安文萃》，北京出版社1984年版，下冊，頁849。
[621] 原景信：《陝北剪影》，新中國出版社（武漢）1938年5月初版，頁33。

　　一、每戶有一年餘糧；二、每村一架織布機；三、每區一個鐵匠
鋪，每鄉一個鐵匠爐；四、每鄉一所民辦學校或夜校、一個識字組和
讀報組、一塊黑板報、一個秧歌隊；五、每人識一千字；六、每區一
個衛生合作社，每鄉一個醫生，每村一個接生員；七、每鄉一個義
倉；八、每鄉一副貨郎擔；九、每戶一牛一豬；十、每戶種一百棵
樹；十一、每村一眼水井，每戶有一處廁所。[622]

　　「十一」當然只是遠期願景，尤其每戶一年餘糧、每人識字一千、每
鄉一個醫生、每村一個接生員、每戶一處廁所，七十年後都「同志仍須努
力」。1945年7月黃炎培訪延觀感：「政府好像對每一個老百姓的生命和他
的生活是負責的」；「中共今天的局面，是從艱苦中得來的。他們是從被壓
迫裡奮鬥出來的。他們是進步的，他們在轉變。他們現在望著『不擾民』的
目標上盡力做去。」回渝後，黃炎培撰寫「一看就感覺到共產黨完全為人民
服務」的小冊子《延安歸來》，並違反書報檢查制度徑直印刷，表示：我不
是替誰宣傳，乃受「良心的使命」。《延安歸來》初版兩萬冊，幾天之內搶
購一光，添印十幾萬冊，暢銷一時。[623]《延安歸來》薄薄74頁，國共決戰前
夕所起作用，實難估量。黃炎培後為中共政務院副總理、人大副委員長。

　　1944年7月、1945年3月，美國中印緬戰區司令政治顧問、美軍觀察組成
員約翰・謝偉思在延安分別與毛周數次長談。1944年9月3日，他給美國政府
的政情報告中：

　　如果承認存在國民黨崩潰——主要由於它自己的不妥協態度——
的可能性，我們必須考慮中國什麼力量會起而代之。現在看來，最強
大的力量肯定是共產黨，而且在不要很長時間之後，它就會統一全中
國。即使共產黨沒有機會上升到控制地位，我們必須預期，由於它顯
示的活力和它贏得的人民支持，它將是中國有影響的黨，並且是在必

[622] 《謝覺哉日記》，人民出版社（北京）1984年版，上冊，頁693。
[623] 黃炎培：〈延安歸來〉、〈延安五日記〉（1945年7月）；黃大能：〈憶念吾父黃炎培〉
（1981年3月）。參見黃炎培《八十年來》，文史資料出版社（北京）1982年版，頁128、
139、100、163。

　　將代之而產生的民主體制中的一個重要因素。

　　他竭力建議美國政府與中共合作，認為向中共提供援助有助於早日打敗日本，因為中共有一種生氣勃勃的氣象與力量、一種和敵人交戰的願望，這在國民黨中難以見到。他判斷：「中國正在迅速走向內戰，而共產黨人肯定是勝利者。」（1945年2月）[624]

　　美軍觀察組長包瑞德對延安的軍民關係讚不絕口：

　　　　共產黨軍隊則幾乎總是能得到當地居民的合作和支持，當地居民總是找到好機會獲得關於敵軍的重要情報，並且很願意把情報報告給共產黨軍隊。[625]

　　1944年10月，雷伊·盧登等美軍人員前往華北執行觀察任務：

　　　　在華北，老百姓支持共產黨的證據比比皆是，而且顯而易見，使人不能再相信這是為欺騙外國來訪者而設置的舞臺。一個統轄著這樣廣泛的地區，而且全是由中國人掌管的政府，能得到民眾的積極支援，使民眾參與發展工作，這在中國現代史上還是第一次。

　　1944年11月，另一觀察組員大衛斯報告：

　　　　蔣介石的封建的中國是不能同中國北部的充滿生氣的現代的人民政府長期共存的，共產黨一定會在中國紮根。中國的命運不決定於蔣介石，而決定於他們。[626]

　　1944年，費正清記錄下美國人對延安的感覺：

---

[624]　（美）謝偉思：《在中國失掉的機會》，國際文化出版公司（北京）1989年版，頁273、6。
[625]　（美）D·包瑞德：《美軍觀察組在延安》，解放軍出版社（北京）1984年版，頁53。
[626]　金城：《延安交際處回憶錄》，中國青年出版社（北京）1986年版，頁196。

陝甘寧邊區首府延安變成了一個政治上的世外桃源，僅有幾位從那兒回來的訪問者，講起那裡的景象時，都帶著極為興奮的神情，就像剛嘗過天降甘露一般。[627]

1980年代，費正清：

當時，延安中國共產黨的蓬勃朝氣和並非做作的平均主義，並非由於愛德格‧斯諾所著《西行漫記》一書而出名。所有到過延安的人——林邁可、美國領事雷‧盧登，醫護人員等都證實這幅圖畫的真實性。於是，延安那遙遠的地方就日益令人嚮往。[628]

為了把各方面工作搞上去，中共此時必須小心謹慎。物質的貧困也使各級幹部的人性弱點客觀上被遏止——原本就沒什麼可貪可占。文化思想方面雖然日漸收縮束窄，價值觀念漸漸左傾，鋪設下種種日後走向極左的理論邏輯，但各種左傾思潮整體上還控制在意識形態領域，尚未全面鋪展於軍政經濟等各項實際工作。意識形態的絕對化極左化尚蹲縮暗處，其弊其謬未彰未顯。正面的改革性與正義性還佔據主導地位，各級幹部絕大多數持守理想，道德自律，保持著新興革命黨的蓬勃朝氣，故而「延安氣象一時新」，處於「其興也勃」的上升期。

中外訪客的一片讚譽，中共收益極大，一篇頌文抵得上一個「武裝到牙齒」的滿員師，深刻影響國統區的人心向背，尤其是知識分子對中共的向心力，親共自然一轉身便是反「國」。

也有一些反面「不同聲音」，嗅到一些氣味。1937年初，國民黨行政院考察團訪延半月，團長王德圃返寧後說：延安黨政軍民關係很團結，行政效能高，但經濟文化落後，人民生活十分貧苦，機關幹部遊擊習氣很深。[629]

1938年3月，《掃蕩報》記者原景信針對邊區甘泉縣長的指名選舉：

---

[627] （美）費正清《費正清對華回憶錄》，知識出版社（北京）1991年版，頁313。
[628] （美）費正清：《五十年回憶錄》，參見《中華民國史資料叢稿‧譯稿‧中國之行》「五十年回憶錄」第四部分，中華書局（北京）1983年印刷，頁80。
[629] 金城：《延安交際處回憶錄》，中國青年出版社（北京）1986年版，頁12。

　　共產黨提出候選名單，名單上是兩個人……民眾要普遍參加競選，競選的限度卻是兩個人中間選出一個……朋友，這就是共產黨誇耀的民主嗎？這就是共產黨所說的普選嗎？這和指定、包辦，又有多少差別呢？

原景信還記述邊區的自由：

　　在邊區行動須有身分證明、通行證、護照，似乎算不得自由。居住須經邊區政府許可，指定房屋或窯洞，當然也說不上是自由。結社須受共產黨領導，不得與共產主義的宗旨相違背（國民黨的黨部除外），否則也許要被認作托匪組織或漢奸組織……可見結社也不自由。思想自由當然更談不到，不僅與共產主義相違反的主義（三民主義現在除外）和理論，說出來要被打擊得體無完膚不能立足，甚至和共產黨共產主義不相融洽的書籍報章都不允許看。他們並不是公開的禁止，而是嚴密的統制。在邊區政治中心文化中心的延安，我費了很大力氣，沒有找到一份全國銷量最多的《掃蕩報》。……新華日報近來常發表文章，說武漢、開封等地查禁刊物，妨礙思想自由，其實若和邊區比較起來，似乎還是武漢開封自由得多。因為至少《新華日報》、《解放》在武漢開封還可以買到。那麼言論自由怎麼樣呢？我感覺連自我批判都受壓制。[630]

　　1939年9月，西山會議派核心人物張繼（1882～1947）訪延日記：「我對延安甚為嫌惡。」[631]1938年1月5～25日，梁漱溟（1893～1988）首訪延安，想實地考察「多年對內鬥爭的共產黨，一旦放棄對內鬥爭，可謂轉變甚大；但此轉變是否靠得住呢？」三周下來，梁漱溟雖稱讚延安的學習風氣，地主、富農多已回來，整體上表示欣賞，但仍有一些精細深刻的觀察：

　　學校……內容組織，課程科目，教學方法，生活上各種安排，值

630　原景信：《陝北剪影》，新中國出版社（武漢）1938年版，頁12、37～39。
631　金城：《延安交際處回憶錄》，中國青年出版社（北京）1986年版，頁127。

得欣賞之點甚多。自然其中鹵莽滅裂，膚淺可笑者亦正不少。這是大膽創造時，所不能免，不足深怪。

……還有一面，即其轉變雖不假，卻亦不深。因為他們的頭腦思想沒有變。他們仍以階級眼光來看中國社會，以階級鬥爭來解決中國問題。換句話說，根本上沒有變。似乎只有環境事實要他變，他自己情緒亦在變，而根本認識上所變甚少。[632]

趙超構也有敏銳記錄：

在邊區時從無機會使我們解放開來大笑一場。我們看到的延安人大都是正正經經的臉孔，鄭重的表情，要人之中，除了毛澤東先生時有幽默的語調，周恩來先生頗善談天之外，其餘的人就很少能說一兩個笑話來調換空氣的。

人總是人，在長期的緊張生活中，總免不了感到枯寂單調。就這點說，我覺得這樣的延安生活是不能給人以滿足的。

共產黨的這種「新民主」辦法，一言蔽之是「放棄權力的外貌控住權力的本質」，雖說三三制容許三分之二的黨外人士參加，然而「黨外人士」並不就等於「反對黨」。這是很明白的：「各黨各派」在邊區還是有名無實的。……共產黨倘要加強三三制的民主性，還必須進一步，在事實上容許各黨各派有組織、宣傳、公開競爭的自由，由各黨派的組織來選舉他們的代表，而不必出於共產黨的恩賜。[633]

1946年底，中間人士對中共有兩大懷疑：一、紅區是否有言論自由？二、是否有法治？謝覺哉承認：「兩點懷疑不是全沒根據。」1948年6月1日謝日記：「十年實行的結果，沒有那一解放區真是三三制的，證明政策不適合。雖好也不能行。」[634]

---

[632] 梁漱溟：〈訪問延安〉（1941年9月），參見朱鴻召編選：《眾說紛紜話延安》，廣東人民出版社2001年版，頁352～354、357。

[633] 趙超構：《延安一月》，上海書店1992年版，頁84～85、230。

[634] 《謝覺哉日記》，人民出版社（北京）1984年版，下冊，頁1031、1208。

趙超構還感受到延安對魯迅的內外有別：

> 延安文藝界並非不尊崇魯迅。我見到他們的作家，談起魯迅都是
> 很尊敬的；然而在目前的延安卻用不到魯迅的武器。魯迅的雜文，好
> 像利刃、好像炸彈，用作對付「敵人」的武器，自然非常有效；可
> 是，如果對自己人玩起這個武器來，卻是非常危險的。這一種觀點，
> 毛澤東先生在文藝談話中似乎也曾提到過。這就決定了延安文壇對魯
> 迅的態度，不免有點「敬而遠之」。……我們實在看不到魯迅精神在
> 延安有多大的權威。他的辛辣的諷刺，他的博識的雜文，並沒有在延
> 安留下種子來。惟一的理由，就是目前的邊區只需要積極的善意的文
> 藝，不需要魯迅式的諷刺與暴露。要是需要的話，那也只有在對「敵
> 人」鬥爭的時候。

趙超構看到延安社會的深層次內涵：

> 延安文藝政策的特色，是多數主義、功利主義、通俗第一，一切
> 被認為「小資產階級性的作品」，儘管寫得好，這裡是不需要。
> 延安是最缺乏學院氣的，這個，在延安大學又得到了證明。延大
> 的整個方針，或者也是邊區的整個教育方針，是排斥人文主義，著重
> 經驗主義，貶低理論水準，偏重實用技術；他們決不諱言功利，一切
> 陶冶性情、發展個性的學科，在他們看來不過是「資產階級」的閒情
> 逸致，……邊區的農業需要不到歐美高度工業化的理論學科……凡是
> 依我們的標準認為是缺點的地方，在他們自己看來都是優點。我們認
> 為這種教育限制了個性，他們倒覺得唯有如此，才能為群眾服務。我
> 們認為它太功利化，他們卻以為這是「學用一致」。我們認為理論水
> 準太低，他們的答覆則是「實事求是」。
> 從小處看，他們頗有計劃，從大處看，他們是抓住一樣算一樣，
> 並沒有標準的形式。[635]

---

[635]　趙超構：《延安一月》，上海書店1992年版，頁115、81、138、150〜151、157。

　　歷史證明趙超構提拎出延安顛倒社會價值序列這一關鍵性錯碼，「凡是依我們的標準認為是缺點的地方，在他們自己看來都是優點」，與外面世界的價值逆向，恰恰是意味深長的極左根鬚。

　　儲安平（1909～1966？）未到過延安，但1947年寫下：

　　　　我們從來沒有聽見共產黨批評史達林或蘇聯，從來沒有看到左派的報紙批評毛澤東或延安，難道史達林和毛澤東都是聖中之聖，竟無可以批評之處？難道莫斯科和延安都是天堂上的天堂，一切都圓滿得一無可以評論的地方？[636]

　　1945年7月初，左舜生、傅斯年等六位國民參政員訪延五日。7月4日，毛澤東特邀左舜生、章伯鈞「竟日之談」，毛曰：「蔣先生總以為天無二日、民無二主，我就不信邪，偏要出兩個太陽給他看看！」[637]「我這幾條破槍，既可同日本人打，也就可以同美國人打，第一步我要把赫爾利趕走了再說。」左舜生回渝後發表一系列很有預見的觀感。[638]

　　親共的謝偉思也有一段預言般描述：「有時過度熱心的狂熱和以高壓推動的生產運動，加上缺乏經驗，會造成某些混亂和一些產品的品質低劣。……產品由於品質過於低劣而毫無用處。」1944年7月28日，謝偉思給美國政府的報告中：「沒有對黨的領導人的批評，沒有政治閒談。」[639]

　　對延安負面資訊的放射幅度遠不如正面資訊，反面報導幾乎沒有引起國統區知識界的關注。弱勢的反對黨，天然被同情，一句「反共誣衊」便使「反面意見」光芒頓暗。費正清：「在我們中間，誰也不想支持共產主義。我們所希望的僅僅是容許反對黨在正常情況下存在，來替代目前的一黨專政。」[640]

---

[636] 儲安平：〈中國的政局〉，原載《觀察》（上海）週刊第二卷第二期，1947年3月8日。蔡尚思主編《中國現代思想史資料簡編》第五卷，浙江人民出版社1983年版，頁34～35。

[637] 左舜生：〈見聞雜記〉，轉引自王健民：《中國共產黨史稿》（增訂本），中文圖書供應社（香港）1974～75年，第三編・延安時期（上），頁120。

[638] 錢鋼：《舊聞記者》，上海書店出版社2008年版，頁100～101。

[639] （美）謝偉思：《在中國失掉的機會》，國際文化出版公司（北京）1989年版，頁190、183。

[640] （美）費正清：《費正清對華回憶錄》，知識出版社（北京）1991年版，頁329。

美國羅斯福私人代表、駐華大使赫爾利（Patrick Jay Hurley，1883～
1963），1944年8月～1945年11月調停國共，認為國共並不存在原則分歧。
1945年2月，調停已徹底陷入困境，他仍向華盛頓彙報：

> 　　兩個基本事實正在出現：1、共產黨人事實上不是共產黨人，他
> 們正在為民主原則而奮鬥；2、國民黨的一黨、一人的個人政府實際
> 上並不是法西斯，它正在為民主原則而奮鬥。

謝偉思認為中共是中國最理性最優美的政黨：

> 　　他們能夠增進國家財富、提高生活水準，但同時通過民主管理辦
> 法避開強大的私人壟斷組織弊端，而這類弊端在純資本主義國家裡卻
> 不斷引起問題。……中國共產黨的目標在於最終實現社會主義，但它
> 希望不通過暴力革命，而是通過長期的、有秩序的民主過程和受控制
> 的經濟發展來達到目的。……共產黨成了一個追求有秩序地民主成長
> 的、走向社會主義的政黨──舉例說，如像在英國正在實現的那樣
> ──而不是一個煽動立即的、暴力革命的政黨。它變成了這樣一個政
> 黨，不是尋求及早壟斷政權，而是追求它認為是中國的長遠利益的政
> 黨。[641]

最終，美國政界（如副總統華萊士）普遍流行下列意見：

> 　　中共只是一群土地改革者，有原則性、紀律性，熱衷於民主，並
> 樂意打日本人，組織得比蔣介石的腐敗政府和軍隊好得多。當對日戰
> 爭進行時，美國應該為未能充分武裝並利用中共軍隊去打擊共同敵人
> 而感到羞愧。戰爭結束後，也許對中國來說，最好是由共產黨來取代
> 國民黨政府。無論如何，同進步的中共聯合起來迫使國民黨政府自由
> 化，對中國和蔣介石是一件有利的事情。

---

[641]　（美）謝偉思：《在中國失掉的機會》，國際文化出版公司（北京）1989年版，頁286、
　　222～223。

這些外電外評對國民黨是摧毀性的，起著中共「槍桿子」不可能起到的巨力。李慎之：

> 上海租界上英文的《密勒氏評論報》、中文的《大美晚報》都起了不小的為共產黨宣傳的作用。一直到抗戰時期中外記者團訪問延安，美國記者如福爾曼，中國記者如趙超構都對延安備致讚美，也都是我們這樣的左派學生向其他同學進行啟蒙的材料。[642]

九、稿費·花絮

延安稿酬至少從1936年6月就出現了。抗日劇社乃江西紅軍長征途中組建的演出團體，直屬紅一方面軍政治部，社長危拱之。1936年6月3日，劇社在《紅色中華》報上發佈「徵求劇本啟事」：

> 凡是經過審查後，有小部分修改尚可表演的各種劇作品，一律給以酬報：一、話劇、歌劇，一般每齣大洋貳元；二、活報每個五角；三、歌及土調每個兩角；四、倘有特別出色，表演有很大成功而受看者稱許的，給以特等酬報；五、雙簧及滑稽的短小作品與活報大洋貳角。

1936年8月，紅二、四方面軍還在長征途中，為「在全國和外國舉行擴大紅軍影響的宣傳，募捐抗日經費」，中共中央決定出版《長征記》。8月5日，毛澤東、楊尚昆聯名向紅一方面軍各部發出徵稿電報與信函，希望積極撰稿，展示長征實況。徵稿信曰：「來稿請於九月五日以前寄到總政治部。備有薄酬，聊致謝意。」1936年10月28日，紅軍總政治部發佈〈《紅軍故事》徵文啟事〉：

> 為著供給紅軍部隊的課外教育材料，為著宣傳紅軍的戰鬥歷史，

特決定編輯《紅軍故事》叢書。每稿至多不超過二千字……來稿採用後，酌致現金或物質報酬。

1937年5月10日，毛澤東、朱德聯名發出《中央軍委關於徵集紅軍歷史材料的通知》，以紀念「八一」十周年。為編好軍史材料，組建了11人的強大編委會——徐夢秋、張愛萍、陸定一、丁玲、吳奚如、舒同、甘泗淇、傅鐘、黃鎮、肖克、鄧小平等。[643]通知明確說：「一切創作稿件和紀念品，送來經採用後，均給以五角至二十元的現金酬報。」此書後由徐夢秋、成仿吾、丁玲編成，1942年11月出版。

1940年4月15日，隸屬中華全國文藝界抗敵協會延安分會的《大眾文藝》創刊，毛澤東題寫刊名，蕭三主編，第一期刊登稿約：「來稿一經登載，酌致薄酬。」1940年8月1日，中共西北局宣傳部的邊區大眾讀物社創刊《大眾習作》，毛澤東題寫刊名，致信社長周文，對該刊讚賞有加。創刊號「約稿」：「寄來的稿子，凡是登載出來的，每一千字送稿費一元。」

1941年5月16日，中共中央機關報《解放日報》在延安創刊，博古任社長，毛澤東題寫報名與發刊詞，「創刊號」報眼刊出「本報啟事」（二）：

本報竭誠歡迎一切政治、譯著、文藝作品、詩歌、小說……等等之稿件。一經揭載，當奉薄酬。

1941年9月，延安業餘雜技團登報徵集魔術、武術、雙簧、大鼓、相聲等稿件，說：「來稿經採用者，致以每千字三至五元稿費。未經採用，但本團認為有保留與研究價值者，亦致稿酬，餘稿一律退還。」這則啟事的特別之處有二：一是以千字為計酬單位，同時照顧到稿件品質；二是留下的稿件也給一些稿費，比較合理。

延安作曲者協會與音協，1942年4月發起「聶耳創作獎」，為當時較高有獎征曲活動。合唱：甲等九十元，乙等六十元，丙等四十元；齊唱與獨唱，甲等七十元，乙等五十元，丙等三十元（得獎作品之歌詞另致稿酬）。

---

[643]　柏桐：〈朱德為部屬朱雲卿寫傳〉，載《黨的文獻》（北京）1991年第3期，頁19。

1941年前錢物稿酬並存，之後多為現金稿費，但「物酬」並未絕跡。在物資極端匱乏的延安，「物」為生活所必須，同樣珍貴。「物酬」包括毛巾、肥皂、筆記本、紙張、鉛筆等。這些物品當時奇缺，公家所發根本不夠用。文化人每月按規定、分級別供給幾張紙，領取時嚴格登記，一張紙當做兩張用（兩面寫字）。能用上新毛巾和肥皂，屬於「上檔次」了。所以，寫稿得到「物酬」，很自豪、很驕傲的大事。還有的物酬為贈送書刊，以刊為酬。1940年9月創刊的《歌曲月刊》稿約：「來稿發表後，以本刊一冊為酬，版權歸作者所有，但本刊有選編權。」一年後該刊改為《歌曲半月刊》，仍是「來稿選用者，可以本刊為酬」。該刊約為2～5角／冊。[644]

　　延安早期油印刊物基本無稿費，以贈送一份當期刊物為酬。後來的鉛印報刊才支付稿酬。1941年物價飛漲前，稿酬標準大體為1元／千字。也有鉛印刊物不給稿酬的，如《文藝突擊》。[645]1939年初，毛澤東委託邊區教育廳長周揚參與《陝甘寧邊區實錄》編纂：「備有稿酬（每千字一元五角）」。[646]1941年9月10日，毛澤東在中央政治局擴大會議上說：「對研究實際問題的文章，要多給稿費。能使馬克思主義中國化的教員，才算好教員，要多給津貼。」[647]明顯表示出政治價值對稿酬的調節。

　　還有一種特殊稿酬。1943年魯藝秧歌劇《兄妹開荒》紅透延安，中央黨校炊事員給演員送來兩雙襪子、兩條毛巾、兩塊洗衣皂，「這些東西在當時是非常珍貴的，這是由於炊事員工作的特殊需要專門發給他們的，他們捨不得用，送給我們。面對這些東西，我們感動得都哭了。就是在演出中，也常有老鄉端出米酒送給我們，這一切給了我們極大鼓舞。」[648]

　　1942年整風後，延安作家可馳騁之地十分狹促，文藝作品只有一家去處──《解放日報》第四版綜合副刊，稿費二升小米／千字。這點「稿費」相

---

[644]　孫國林：〈延安時期的稿費制度〉，載《中華讀書報》（北京）2007年10月17日，第19版。
[645]　朱鴻召：《延安日常生活中的歷史（1937～1947）》，廣西師大出版社（桂林）2007年版，頁22～23。
[646]　毛澤東致周揚信（1939年1月22日），載《毛澤東書信選集》，人民出版社（北京）1983年版，頁138。
[647]　毛澤東：〈反對主觀主義和宗派主義〉（1941年9月10日），載《毛澤東文集》第二卷，人民出版社（北京）1993年版，頁374。
[648]　李波：〈黃土高坡鬧秧歌〉，原載《新文學史料》（北京）1985年第2期；參見《延安文藝回憶錄》，中國社會科學出版社（北京）1992年版，頁209。

對延安作家當時供給制收入，不無小補。《解放日報》印數七千餘份，延安影響最大的媒體。[649]

一般作者得到稿費，多買些書刊或生活必需品。文化人的稿費多是主動與人共享，或是被朋友們「共產」，獨自享用的情況極少。這幾乎成了一種特有的「延安風氣」或約定俗成的「規矩」，如「小氣」會受到人們非議。延安作家卞之琳（1910～2000）回憶：「誰要是從郵局接到重慶、香港以至上海孤島匯來的一筆稿費，就招呼朋友，三三五五，一分而光。」

《一個中國革命者的私人紀錄》詳細記述蕭三夫婦、蕭軍夫婦，用稿費在餐館消費的生動場面。它說：「蕭軍那時有點錢，點菜花樣多，醬牛肉、滷雞、滷肝、叉燒肉樣樣都點一些，喝了白酒，剩下的菜，統統打包帶走」；「蕭三一家剛來勝利食堂，多吃西餐……慢慢地他們一家改吃中餐，點一份炒肉絲，簡簡單單，吃飽為止。蕭夫人（俄羅斯人）很會點菜：糖醋里脊、青椒肉絲如此等等。」周立波、陳學昭、曾克，張季純、鐘敬文、馬可等都談到過當年延安「一人得稿費，大家去消費」的愉快經歷。[650]

1941年，魯藝文學系學員穆青（1921～2003），幾篇通訊發表於延安、重慶──

> 這在同學中引起了反響，一來那時很少有人在報刊上發表作品；二來能收到10元、20元的稿費，這對每月僅發二元津貼費，只能吃到南瓜、土豆的同學們來說無疑是個福音。因此，不管每次是誰收到稿費，大家便歡呼雀躍，到橋兒溝街上買些熱燒餅和一碗碗羊雜碎，飽餐一頓。

穆青有了文名，學校動員他上《解放日報》，魯藝各級領導動員談心。「當時我們都不願當記者，一心想努力成為一名作家。」最後，由副院長周揚約至延河邊，從組織紀律性說到愛倫堡──當記者並不妨礙當作家，「沿著河岸走了幾十個來回，終於被他說服了。」1942年8月30日，穆青與同學張鐵夫一起來到《解放日報》，「從此，我便結束了令人留戀的魯藝文學系

[649]　趙超構：《延安一月》，上海書店1992年版，頁166。

[650]　孫國林：〈延安時期的稿費制度〉，載《中華讀書報》（北京）2007年10月17日，第19版。

的學習，走上了新聞工作崗位，直到今天，整整四十五年。」[651]

1945年8月田家英收到一點稿費，邀請陸石上延安北門外小飯館，要了一盆回鍋肉、一個「三不粘」、兩碟小菜、兩碗陝北黃米酒。39年後陸石（1920～1998，中國文聯秘書長）仍感慨：「這在當時，已是很豐盛的午餐了。」[652]

毛澤東和其他領導人得到稿費，大都把「外快」用於贊助公益或個人應酬。1940年「延安各界紀念五四青年節籌委會」發起有獎徵文，歷時一年多，征得作品一百五十篇。第二年6月9日評選結束，毛澤東捐贈三百元為獎金，周恩來、王稼祥各捐兩百元，吳玉章捐一百元，董必武捐五十元。

毛澤東用《論持久戰》的稿費請許多人「嘬」，並組織延安哲學研究會。[653]1939年初，延安民眾劇團經濟拮据，毛澤東、李富春各捐一百元，賀龍送來二十元。柯仲平一宣佈消息，全團歡騰，買了一頭馱驢、一盞汽燈、一些化妝顏料，服裝則向群眾臨時借用，老百姓大多把演出當真人真事。延安首長的錢主要來自稿費。1940年，毛澤東再送給劇團三百元（據說是《論持久戰》稿費），周恩來、董必武、博古也各給劇團送了五十元，陳雲捐了一臺照相機，劇團大大「闊」了一把。[654]

博古也經常捐稿費給新華社、《解放日報》俱樂部做文娛經費，俱樂部每週六組織舞會、娛樂晚會，多少要用點錢。[655]當時延安只有一輛自行車，主人是羅瑞卿。據說羅用《八路軍的政治工作》稿費所購。[656]

1939年6月下旬，延安舉行歡迎周恩來、博古從重慶歸來的晚會，一把「大提琴」是一把胡琴固定在一隻空「美孚」汽油筒上。[657]

1946年，美國作家貝爾登慕名訪問趙樹理（1906～1970），在晉冀魯

[651] 穆青：〈魯藝情深〉，原載《人民日報》（北京）1988年5月26日；載《延安文藝回憶錄》，中國社會科學出版社（北京）1992年版，頁139～140。
[652] 陸石：〈我心匪石〉，董邊等編：《毛澤東和他的秘書田家英》，中央文獻出版社（北京）1989年版，頁221。
[653] 《徐懋庸回憶錄》，人民文學出版社（北京）1982年版，頁108。
[654] 黃俊耀：〈踏遍陝北山山水水的民眾劇團〉，原載《戲曲研究》（北京）第21期；參見艾克恩編《延安文藝回憶錄》，中國社會科學出版社（北京）1992年版，頁233、235。
[655] 《溫濟澤自述》，中國青年出版社（北京）1999年版，頁410。
[656] 何方：《從延安一路走來的反思》，明報出版社（香港）2007年版，上冊，頁84。
[657] 江文漢：〈1939年江文漢延安訪問記〉（1939年11月17日），載《檔案與史學》（上海）1998年第4期，頁11。

豫中央局見到這位農民作家。此時，趙樹理作品行銷中外名揚歐亞。貝爾登問：「你的書銷行這樣廣，得到的稿費和版稅一定非常多吧？」趙樹理回答：「不，我並不計報酬，我們實行的是供給制。」貝爾登大大激動起來：「嘿，他們剝削了你！如果在我們美國，你早就成了富翁！」趙樹理笑了：「我們兩國的社會制度不同，要求作家的標準便不同。寫作，這就是我為黨的事業工作、為工農群眾服務的戰鬥崗位！」美國作家的眼睛瞪得更大了。中共一直將貝爾登的驚訝視為可笑，認為資產階級作家無法理解無產階級革命作家的胸懷。只是趙樹理的「寬闊胸懷」並未能催成他所嚮往的人間天堂，反倒成為1980年代改革開放來自價值觀念的阻力。

　　雖然延安文化陣地局促單一，稿費總量低薄，物質刺激力量不強，但正面效應則是萬目爭睹，一文既出，聲名鵲起，社會關注度極高。1944年，郭沫若的《甲申三百年祭》在延安翻版四萬冊，一星期銷光。[658]

有意味的花絮

　　——1938年，要求集中、限制自由的「政治第一」已佔上風。是年3月，蕭軍初到延安，毛澤東、張聞天、張國燾、康生等宴請蕭軍、丁玲、徐懋庸、何思敬等文化人。席間，蕭軍直言不同意延安「為政治服務」的文藝政策，認為這會降低文藝水準。康生在長篇發言中對紅色文藝政策作了詳細闡述，不指名地批評了蕭軍，蕭軍聽不下去，中途退席。[659]

　　——1940年，中共高層討論新文化方向，張聞天提出「民族的、民主的、科學的、大眾的」，毛澤東隨後發言，刪去「民主的」。[660]毛澤東後來明確表示：「民主這個東西，有時看來似乎是目的，實際上，只是一種手段。」[661]

　　——1941年，晉察冀赤區四年來農村各階層升降：雇農50%以上升至貧農、中農、富農；貧農近30%上升中農、富農；中農2.33%上升為富農，9.67%下降為貧農；富農34.92%降為中農、8.1%降為貧農，2.53%升地主；地主近40%降為富農、中農、貧農。農村殖富勢頭明顯受挫。[662]

[658]　趙超構：《延安一月》，上海書店1992年版，頁166。
[659]　《徐懋庸回憶錄》，人民文學出版社（北京）1982年版，頁99。
[660]　何方：《黨史筆記》，利文出版社（香港）2005年版，上冊，頁89。
[661]　《毛澤東選集》第五卷，人民出版社（北京）1977年版，頁368。
[662]　張蘇：〈邊區經濟發展現狀與我們的經濟政策〉（1941年8月6日），載魏宏遠主編：《抗日戰

──1942年初，《解放日報》副刊發表馬加小說《間隔》，寫一位游擊隊長出身的老幹部追求城市女生，但他簡單粗魯的愛使女生很害怕，兩人之間隔膜深深。這篇來自生活的作品，遭中共高層批評，認為貶低了老幹部。丁玲也認為馬加不同情這位游擊隊長，沒有寫好。[663]

──經濟上的緊張會影響情緒。艾青、田間、凌子風、歐陽山、孔厥、袁靜、張仃等延安文化人，多為中灶（營團級）待遇、伙食一般、津貼很少，一上市場明顯感覺缺錢，無法購買書籍字畫與邀友聚餐，自然經常表示不滿、鬧鬧情緒發發牢騷說說怪話。艾青、孔厥便因此犯「小資產階級自由主義與個人主義」錯誤，遭到「修理」。[664]若脫離延安經濟體制以求自由，也行不通。整風後期，蕭軍妻子懷孕八月，中組部招待所蔡主任堅持必須本人下山就餐，不同意蕭遞送，而蔡本人卻由小鬼送至山上窯洞，蕭軍大怒。1943年12月上旬，蕭軍「自我放逐」──不要公家供養，攜家前往延安縣川口區劉莊，勞動墾荒，過著幾近穴居的原始生活。三個月後，胡喬木由縣委書記陪著找來，勸他回城，蕭軍思慮再三，全家返城，回入體制。[665]

──何方：「關於自由討論，整風後即為輿論一律所代替，連黨代表大會的發言都要事先經過審查批准。」整風所開先例還有：領袖萬歲、以健在者命名思想體系、完全以對領袖的態度劃線、不按黨章辦事（如定期的會議制度）。[666]

──1943年搶救運動，綏德抗大分校一位副校長在會上公佈他的批鬥原則：「別人說反對逼供信，我們就來個信供逼。我們先『信』，『供』給你聽，你不承認，我們就『逼』！」這位副校長後在文革中全家慘死。韋君宜：「我不知道他曾否回想過1943年他自己說的這些話！[667]

──1945年中共「七大」，陸定一莊重告誡各地代表：過多的黨內民主是有害的。[668]胡喬木經常教誨剛來延安的李慎之：「共產黨員不要好爭論。

爭時期晉察冀邊區財政經濟史資料選編》，南開大學（天津）1984年7月第一版，頁414～415。
[663]　丁玲：〈延安文藝座談會的前前後後〉，載《新文學史料》（北京）1982年第2期。載《我親歷的文壇往事・憶大事》，人民文學出版社（北京）2004年版，頁188。
[664]　陳明遠：《知識分子與人民幣時代》，文匯出版社（上海）2006年版，頁45。
[665]　王德芬：〈蕭軍在延安〉，載《新文學史料》（北京）1987年第4期，頁110～113。
[666]　何方：《黨史筆記》，利文出版社（香港）2005年版，上冊，頁294、103。
[667]　韋君宜：《思痛錄》，人民文學出版社（北京）2013年版，頁19。
[668]　（蘇）彼得・弗拉基米洛夫：《延安日記》，東方出版社（北京）2004年版，頁477。

你的意見那樣多，毛主席怎麼能從心所欲地進行指揮？」[669]

——1947年8月，陝北某村一戶中農的成分剛「升」富農，小學就不收他家小孩了。[670]

——1943年4月，九名武裝交通隊員夜宿某村，三人一組分住三處，日偽軍突然包圍村莊，其中一組跑不出村莊，一人鑽進院裡柴堆，一人鑽進茅房糞坑，最後一個在堡壘戶大娘安排下，臉上塗上煙黑，與其兒媳搭一條被子躺下裝病。敵人進屋，大娘應付自如，兒媳緊張得渾身發抖。大娘說兒子得了霍亂，敵人看看是那麼回事，捂著鼻子走了。兒媳驚魂未定，起身上茅房小便，糞坑裡那名隊員不知敵人已走，還沒出來，一聲叫喚，嚇得兒媳口吐白沫昏厥。[671]

——經濟問題仍是不少黨員堅持「職業革命」的最大障礙。1938年秋，重慶女黨員周健家庭拮据，必須就業，只得到歌樂山一家兒童保育院任教，告別「職業革命家」。介紹周健入黨的馮蘭瑞：「『職業革命家』很是光榮，也是無奈。『職業革命家』也是人，也要吃飯，生活誰來供應？」馮蘭瑞家庭條件尚可，才堅持下來，零用錢則支援組織——購買傳單所需蠟紙、油墨、紙張。[672]

——延安時期鄉長之下，往往再派一文書，「名義是助手，實際是鄉長的智囊，因為民選的鄉長大都是農民出身的非知識分子。」[673]文盲讀不了文件，也辦不了什麼事，必須要有知識分子從旁輔佐。文化程度太低，還往往誤事。一次反掃蕩，部隊轉移，空室清野，抗大八期一司務長寫條請村幹部將公糧埋起來，但將「埋」寫成「賣」，村幹部遵令賣了糧食。反掃蕩後，隊伍返回駐地，司務長向村幹部要公糧，村幹部出示條子，才知鬧了誤會。還有個抗大八期黨員寫日記，不會寫的字按規定可劃○代替：「我○了個毛○去○○，毛○○了，我把他○了。」教員不解，原來是：「我牽了個毛驢去馱肉，毛驢死了，我把他殺了。」[674]

[669] 李慎之：〈回歸五四‧學習民主〉，載《書屋》（長沙）2001年第5期，頁17。

[670] 《謝覺哉日記》，人民出版社（北京）1984年版，下冊，頁1139。

[671] 雷聲：〈地下交通線舖在老百姓心裡〉，載《黨史文匯》（太原）1990年第2期，頁52。

[672] 馮蘭瑞：《別有人間行路難》，時代國際出版社有限公司（北京）2005年版，頁362、376。

[673] 趙超構：《延安一月》，上海書店1992年版，頁223。

[674] 李志民：〈抗大抗大‧越抗越大〉，中共中央黨史資料徵集委員會、中共中央黨史研究室編：《中共黨史資料》第七輯，中共黨史資料出版社（北京）1983年版，頁140。

——一次，一頭狼竟轉悠到馮文彬窯洞邊，被人撞見，一齊喊打，才將它嚇跑。晚上出門要帶火柴。萬一遇狼，劃一根火柴能救命，狼一見火就不敢靠近。老鄉告誡青年：走在路上，萬一突然雙爪搭肩，千萬不可回頭，一回頭便正好被狼一口咬住喉嚨！搶救運動期間，馮蘭瑞負責外調，天天外出，回來很晚，提心吊膽。每次天黑不見她回來，所在支部就要派青壯男性拎著大棒去接。[675]

——延安一代繼承革命者一大特徵：改名。尤其地下黨員，怕牽連家人，多改名換姓。1925年渝女李承萱赴滬入上海大學，改名李伯釗。俞啟威改名黃敬。彭修道改名彭雪楓。赴延青年改名，既「護親」亦寓辭舊迎新，以示「更生」。川大中文系畢業生蔡天心（1915~1983，後為東北文聯秘書長），原名蔡捷，改名「天心」，取意杜枚「碧海青天夜夜心」。其妻江帆，寓意「江上送征帆」，很有韻致。江青（1915~1991）原名李雲鶴，1937年8月抵延，10月連姓帶名改為江青，出自唐進士錢起「曲終人不見，江上數峰青」。粟裕大將之妻楚青，原名詹永珠，參加新四軍後改名。粟裕寫了一二十個姓，讓她挑，她認為王李什麼的太多，看到「楚」字覺得上口，選為姓。正在追求她的粟裕笑了：「小詹啊，你上當了，我的家鄉湖南屬楚國，你就是我們家鄉的人了。」葉群原名葉宜敬，赴延後改名葉群，既合紅色崇「群」，亦化自「群者宜敬」。安徽省立女一中李桂英（1918~1994），1939年在延安嫁胡喬木，胡喬木為其改名谷羽，出自《詩經·小雅·伐木》「出自幽谷，遷於喬木」，寓意這位皖籍天長姑娘「遷至喬木」。[676]江青文革得勢，好替人改名，「出處」可在延安呵！

十、延安陰影

人浮於事、鋪張浪費、貪汙特權、小偷小摸、麻將熱等陰影，當然也出現了。甚至還出現高幹巨貪。平型關戰鬥前，一一五師參謀長周昆，奉命赴洛陽國民政府第一戰區領取全師首次軍餉三萬銀圓。周昆見利忘義，卷款私

---

[675] 袁晞：《一蓑煙雨任平生——馮蘭瑞傳》，氣象出版社（北京）1999年版，頁81～82。

[676] 胡木英口述、周海濱整理：〈我的父親胡喬木〉，載《同舟共進》（廣州）2014年第5期，頁42。

逃，從此隱身，莫知去向。[677]

1938年5月，山東縱隊四支隊參謀長溜號。[678]士兵因生活艱苦，動搖逃跑的，自然也不少。[679]

1937年10月～1939年4月的冀中：

> 一般村莊經常擺著大批辦公人員，多的五六十人，少的二三十人吃著伙飯，專門侍候籌辦糧秣、催差斂款。然而此來彼往接二連三，還是應接不暇。受著幾千年封建壓迫的人民，一向懼怕軍隊，固然無可奈何的拿不起也要拿，即富有的也感到負擔無窮，發生憂慮。

1938年，晉察冀赤區成立不久，某縣稅務局長（某頭頭親屬），在任十天全部稅收不過三百元，竟從中貪汙二百元。事發後，大會檢討，具結悔過，全部退贓，事情就算過去了。還有浪費，彭德懷1940年在報告中抱怨：「浪費人力物力，不愛惜根據地的現象，也有相當普遍的存在。」[680]

一些高幹的生活相當特殊，特權已然存在，只是較隱性。如按延安物價，哈德門牌香煙3～4角／盒，毛澤東每月抽煙就得百多塊錢，毛當然付不起，得由公家供給。一位知青私下抱怨：「毛主席不納黨費，洛甫吃大前門香煙的錢是那裡來的？」[681]1938年3月，張國燾天天喝得醉醺醺，帶著四個衛士招搖過市，找何思敬下圍棋。[682]

1936年2月，范長江採訪報導：

> 紅軍士兵的生活，仍然比官長要苦些，不過和旁的軍隊，程度有差別，將來軍費充足後，相差的程度怎樣，還待事實的表現。[683]

[677] 《吳法憲回憶錄》，北星出版社（香港）2007年版，上冊，頁185。
[678] 王彬：〈八路軍山東縱隊組建前後〉，載《革命回憶錄》第15輯，人民出版社（北京）1985年版，頁112。
[679] 李兆炳：〈在八路軍留守兵團的五年〉，載《革命回憶錄》第13輯，人民出版社（北京）1984年版，頁157～158。
[680] 魏宏遠主編：《抗日戰爭時期晉察冀邊區財政經濟史資料選編》，南開大學（天津）出版社1984年版，頁679、48、327。
[681] 原景信：《陝北剪影》，新中國出版社（武漢）1938年版，頁15、42。
[682] 《徐懋庸回憶錄》，人民文學出版社（北京）1982年版，頁102。
[683] 范長江：《塞上行》，新華出版社（北京）1980年版，頁193。

　　1938年2月1日，八路軍總部發出〈整軍訓令〉，要求遏制貪汙腐化及幹部逃亡現象；怕影響不佳，「此項訓令文字發到團級為止。」[684]

　　1939年2月22日謝覺哉日記：「『賜保命』、『鹿茸精』因不花錢得到，打了近百針而進步很慢，氣體日衰奈何。」延安商店主任因貪汙被撤職。至於挪用公款、胡亂罰款、白吃白喝，就更普遍了。[685] 1943年，新四軍的彭雪楓也注射了「鹿茸精」。[686]

　　1944年10月，美國記者白修德訪延：

　　　　但我又注意到在奢侈品中並不體現完全的平均主義。以牛奶為例：只供給醫院裡的病號和傷員，此外牛奶還供應高級官員的家庭和孩子。我提出了這個問題：誰家的孩子可得到牛奶供給？這一下子把他們窘住了。[687]

師哲（1905～1998）揭發康生夫婦：

　　　　他們工作和生活的一切方面都由秘書來承擔，包括給他們洗腳、洗澡在內。他除了伙食標準同中央負責同志看齊外，還有自己的特殊要求。諸如：襪子非狗頭牌的不穿；地毯是從中亞帶回來的；衣服（特別是大衣和外衣）要穿莫斯科工廠生產的；辦公桌上少不了各種乾果──花生米、核桃仁、扁桃仁、柿餅等。儘管如此，他仍不斷向他所領導的社會部訴苦，以求得格外「照顧」。

　　　　延安是革命聖地，是艱苦奮鬥的同義語，竟存在著康生這樣的角落，能相信嗎？但這是千真萬確的事實！他有時享受咖啡，有時飲酒，雖不常飲，但酒量很可觀……他由於不得志而以酒澆愁，他把米大夫請到他的住處，搬出珍藏多年的法國、英國名酒，折騰了整整一個下午，二人醉成爛泥。

---

[684]　〈總司令部與野戰政治部關於整軍訓令〉（1938年2月1日），載《中共中央文件選集》，中共中央黨校出版社（北京）1991年版，第11冊，頁419。

[685]　《謝覺哉日記》，人民出版社（北京）1984年版，上冊，頁285；下冊，頁987。

[686]　林穎：《彭雪楓家書》，文物出版社（北京）1985年版，頁97。

[687]　（美）白修德：《中國抗戰秘聞》，河南人民出版社1988年版，頁188。

　　康生共有五個秘書──機要秘書、政治秘書、行政秘書、業務秘書、生活秘書。[688]

　　青年俱樂部等各單位許多人日夜打麻將、推牌九、玩撲克。李銳對無法克制打牌欲而多次自責，延安也有麻將熱。[689]

　　「很多青年在這裡染上了偷竊習慣。在學校裡、公家的機關商店裡、私人的鋪子裡，常常發生著『被竊』的新聞。」延安市政府主席劉振明甚至吞沒抗屬米糧。[690]邊區政府教育廳長柳某，稍有閒暇便與黨外人士打麻將，將孩子丟甩給妻子，革命意志明顯鬆懈。[691]

　　敏感的陳學昭也嗅到：

　　　　延安有一種極奇怪的空氣，不止抗大如此。在外邊，我從前也這樣想，延安總是充滿了拋聲名、棄地位，純粹為著抗戰，無條件地來到邊區學習或工作的人；哪知道延安的空氣並不如此，有些人，他們對於真正拋棄一切而來的青年或別種人，常常表示極大的驚奇，有時也會天真地問：「你既然本來有飯吃的，何必到延安來呢？」我也推究不出為什麼有這個空氣。[692]

　　1940年初，邊區已出現不少只要百姓納糧不管百姓死活的鄉縣官吏。[693]邊區百姓的役務也很重，一般每月支差五天，最厲害的一月支差二十八天。[694]1944年2月24日謝覺哉日記：「延安報告有人民搬家（按：離開邊區），原因之一為負擔重：一種是丈量土地時將土地等級和產量定得高了，使負擔重；一種是交公糧後沒得吃，所交公糧之數幾乎和全年收入粗糧相等。如白玉賓全家四口人，收入粗糧五大石，須出公糧四石六斗六升。」

[688]　師哲：《峰與谷──師哲回憶錄》，紅旗出版社（北京）1992年版，頁226。
[689]　李南央編：《父母昨日書》，時代國際出版有限公司（香港）2005年版，上冊，頁264、339。
[690]　齊世傑：《延安內幕》，華嚴出版社（重慶）1943年版，頁13、22。
[691]　蔣巍、雪揚：《中國女子大學風雲錄》，解放軍出版社（北京）2007年版，頁283。
[692]　陳學昭：《延安訪問記》，廣東人民出版社2001年版，頁65。
[693]　梅劍主編：《延安秘事》，紅旗出版社（北京）1996年版，下冊，頁678。
[694]　宋劭文：〈關於邊區財政經濟政策若干問題的答覆〉（1942年2月2日北嶽區各縣士紳參觀團懇談會上的報告），原載《邊政導報》第四卷第4～5期合刊，1942年1月29日。參見魏宏遠主編：《抗日戰爭時期晉察冀邊區財政經濟史資料選編》，南開大學出版社（天津）1984年版，頁452。

1944年10月9日謝日記：「延安市一年來死224人，生183人，損失人口41人，多危險！」1944年10月11日謝日記：志丹縣三區四鄉最不講衛生人畜同住，1943年出生率5.8%，死亡率8.1%；1944年上半年出生率3%，死亡率14%。[695]

　　1941年夏，清澗縣農婦伍蘭花之夫耕地被雷劈死，伍大罵：「世道不好，共產黨黑暗，毛澤東領導官僚橫行……」社會部逮捕該婦，押至延安，保衛部門擬判死刑，報請邊區高等法院公審槍斃。毛澤東慮及民意，嚴屬批評社會部，親見伍蘭花。伍哭訴：1935年南方紅軍來後，分到五畝地，頭幾年還好……這幾年變了，不行了，幹部只管多收公糧，誰不交就罵誰，有的話罵得實在難聽呵！咱溝畔二十戶人家，至少五家交不起公糧，數咱最苦最難；現在丈夫死了，家裡頂樑柱沒了，咱可怎麼活呀！[696]

　　1941年11月，南方新四軍為執行中共中央打破「平均主義」的規定，旅以上幹部每天增菜金四毛，從原來的兩毛增至六毛。每餐大米飯、白麵饃，有時還有餃子，兩菜一湯。四師師長彭雪楓對「小廚房」之稱很彆扭，一度禁喊，但其他師都執行中央規定了，「四師則又何必與眾不同呢？」[697]

　　1942年3月12日，羅烽在《解放日報》發表雜文：

　　　　在荒涼的山坑裡住久了的人，應該知道那樣雲霧不單盛產於重慶，這裡也時常出現。[698]

　　1942年4月4日，蕭軍寫於延安窯洞：

　　　　年來，和一些革命的同志接觸得更多一些，我卻感到這同志之愛的酒也越來越稀薄了！雖然我明白這原因，但這卻阻止不了我心情上的悲愴。

　　　　近來竟常常接到一些不相識的同志們底信，信裡面大致是述說自

[695] 《謝覺哉日記》，人民出版社（北京）1984年版，上冊，頁579～580、694～695。
[696] 薛鑫良：〈久違了，延安精神〉，載《同舟共進》（廣州）2009年第10期，頁42。
[697] 林穎：《彭雪楓家書》，文物出版社（北京）1985年版，頁29。
[698] 羅烽：〈還是雜文的時代〉，載《解放日報》（延安）1942年3月11日。劉增傑等編：《抗日戰爭時期延安及各抗日民主根據地文學運動資料》上冊，山西人民出版社1983年版，頁118。

己的痛苦和牢騷。不滿意環境，不滿意人，不滿意工作……甚至對革命也感到倦怠了……[699]

中央青委大型壁報《青騎隊》，蕭平雜文〈龍生龍，鳳生鳳〉，抨擊延安高幹及子女享用鮮奶，此文被國民黨刊物《良心話》雜誌轉載，以證明延安的「等級」、「腐敗」和「一團糟」。另一篇闖禍雜文是〈論離婚〉，作者是少數民族幹部，批評延安某些高幹喜新厭舊頻繁換偶。《輕騎隊》壁報被定性為「小資產階級言論」，被迫停刊。

邊區政府主席張國燾後指出更宏觀的陰影：

他（指毛澤東）並不瞭解政府機能的範圍和內容，實際上只想使邊區政府能在某些方面裝點門面（這也許是毛氏不能很好統治一個國家的基本原因之一）。毛澤東等中共要人在這個問題上有許多錯誤觀點，大別之為下例各點：
一、他們忽略了許多歷史教訓乃至列寧的遺訓，不將政府機構看作最重要的和最有效能的工具，或者換句話說，只有奪取政權的抱負，沒有好好運用政府機能的知識。
二、他們太重視黨的權力，而又不瞭解黨與政府的正確關係，因而黨部對政府工作干涉太多。
三、由於革命實行中養成了許多粗糙的革命觀念、遊擊思想、不合理的平等觀念等，無法深刻認識法律和制度等的重要性。[700]

得承認，中共最高叛徒張國燾這幾點評析相當到位，1949年後毛共政府一系列塌天大禍均源於這些「延安陰影」的放大。

1944年6月，中外記者團在洛川見到七位逃兵，「他們都伸出有繭有泡的手掌來，解釋他們逃走的理由是『太苦』。」毛澤東批評：

[699] 蕭軍：〈還同志之「愛」與「耐」〉，載《解放日報》（延安）1942年4月8日。劉增傑等編：《抗日戰爭時期延安及各抗日民主根據地文學運動資料》上冊，山西人民出版社1983年版，頁121。
[700] 張國燾：《我的回憶》，東方出版社（北京）1998年版，第三冊，頁396～397。

一部分幹部之間發生了貪汙賭博等極端惡劣的現象。有個別的幹部是被物質所誘惑，因而不願忠實於共產主義的神聖事業，完全腐化了。所有這些弊端，在一部分軍隊與一部分機關學校的幹部中，都是或多或少地發生的。

120師幾名被追回的逃兵訴說逃跑原因：「我們當兵已多年，還沒有老婆。」另一原因是他們病了，未得到照料。[701]

趙超構也嗅出：

> 在延安談檢查制度是無意義之事，因為你們只有一家報紙，出版機關也只有一家解放社，你們的稿子只能向一個地方送，那麼，解放社和《解放日報》的主編就可以全權處理你們的稿子了。
>
> 在延安，形式上的檢查制度是沒有，替代它的是作者自動的慎重和同伴的批評。我知道延安人所說的批評的意義，就是用多數人的意見來控制少數人……延安有一種批評的空氣，時在干涉作家的寫作。[702]

整風後，胡績偉的疑惑更深入具體：

> 把延安看得不好是小資產階級，看得太好，也是小資產階級，那麼把延安看成什麼樣才是無產階級呢？整風運動就是要弄清楚「無產階級和小資產階級的區別」。當時，我沒有弄清楚究竟區別在哪裡。在七大前後的文件中，對這點講得更多，但右了、左了都是小資產階級、資產階級，只有不左不右才是無產階級，我還是弄不清楚這是為什麼。[703]

[701] 文伯〈陝北之行〉，原載《中央日報》（重慶）1944年7月29日～8月7日。轉引自王健民：《中國共產黨史稿》（增訂本），中文圖書供應社（香港）1974～75年，第三編・延安時期（上），頁334、339～340。
[702] 趙超構：《延安一月》，上海書店1992年版，頁84～86。
[703] 胡績偉：《青春歲月——胡績偉自述》，河南人民出版社1999年版，頁137、248。

對階級論的這一疑惑，正是「階級分析」最致命的軟肋。引「階級」入思想，實在無法操作掌握——如何才能做到無產階級的「不左不右」？惟史達林、毛澤東才能做到，並非他們才是「真正的無產階級」，而是因為只有他們「免檢」，不受任何質疑，並能決定別人言論的階級屬性。

最隱蔽也是最實質性的延安陰影則是侵犯人權。除了藐視人權侵犯私權、無有法度，還公然侮辱人格。如犯人得穿左紅右黑的對襟囚衣，頭髮中間「開馬路」。前保安處副處長陳復生（1929年參加紅軍），僅僅因為與康生吵翻（動手要打），不審不判關押6年11個月。[704]

1.一樁是是非非的延安生意

1942年9月，延安自然科學院（北京工業學院前身）因種種原委未組織夏季燒炭。中秋將臨，隆冬已近，學院無錢買炭，於是發動群眾，動員全校師生停課一周外出「搞生產」——搞錢以購越冬木炭。

學校教員大多為來自國統區的青年知識分子，大學部與預科二十歲左右的學員總共六七十人，補習班學員占大多數，年齡14歲上下，且多為女生。除了組織一批學員上被服廠打工，生產搞錢的門路並不多。

醫訓班學生、緬甸歸僑馬興惠（1916～　）1938年底赴延，最初服務於百里外的甘谷驛第二兵站醫院，決定上那兒想想辦法。臨行前，向校總務科借了一條扁擔、兩隻草編籠子，再向新市場貿易公司借了六萬法幣（此時延安物價亦隨全國一起上漲），加上自己的兩萬元，離開延安南門外杜甫川學校，上路了。途經鹽站，突然決定買上鹽帶去，或許能賺點錢。他用八萬元法幣買了一百斤鹽。百步無輕擔，何況百斤之擔，走出不遠就大汗淋漓，接著疲勞饑餓，最後簡直邁不動步，走一小段就得卸擔歇息。日出走到黃昏，好不容易到達甘谷驛兵站醫院。

老熟人熱情接待，可馬興惠關心的是鹽價，得到的卻是一盆從頭淋到腳的涼水：「這裡的鹽比延安還賤，你要賣給誰去？」不僅一天的拼搏付之東流，還要蝕本！醫院裡的人議論紛紛，非常同情，最後總算以原價留給醫院，保住老本。醫院上下，從首長、醫生到護士、炊事員七嘴八舌勸他休息

---

[704]　陳復生：《九死復生——一個百歲老紅軍的口述史》，中央文獻出版社（北京）2010年版，頁176-177。

幾天，回延安另想辦法「搞收入」，只有個別人建議他再往前趕一站，上延川縣軋軋苗頭。馬興惠不甘心空手而回，接受了這一建議。

次日清晨，大睡通宵的馬興惠醒來後，四肢疼痛，掙扎爬起，吃過早飯後沒精打埰地向延川走去。沒多遠，一中年男子挑著重擔走來，樣子比自己昨天還狼狠。兩人交會，漢子停擔，喘著粗氣哭著央求：「同志，你在幹什麼？能不能幫我把這擔鮮葡萄賣給醫院？」馬興惠回答：「八路軍的醫院，誰能有錢吃得起葡萄啊?!」但此人像抓住稻草，讓馬興惠坐下，傾訴其苦。

原來，他是離此三十里延長縣的農民，家在延河邊，院中有兩株葡萄樹，沒捨得上當地集市，想等中秋節挑到延安賣個好價錢。今天八月十四，夫婦清晨即起，小心翼翼剪下葡萄，就在夫妻倆抬著馱筐往驢背上放時，不小心碰著驢屁股，驢子受驚跑了，夫婦放下馱筐追驢，不見驢影。於是，由老婆央鄰尋驢，由他揣幾個饃饃挑擔上路，生怕葡萄爛掉。他說這挑擔子足有一百二十多斤，自己從未挑過這麼重的東西走長路，看看太陽，估摸已走了四小時，才走了三十里，已是苦不堪言，可距離延安還有百里之遙，實在挑不動了，也惦著驢子跑丟，又擔心這擔葡萄賣不出去爛掉，苦苦哀求眼前的八路替他想想辦法。最後說：「不行，我情願不要葡萄了，也得回去找驢子。你能不能把這些葡萄買下？」

馬興惠：「八路軍沒錢，買不起這麼多。」

農民說：「這也沒過秤，集上沒貨也沒個價，你到醫院裡去看看，借著多少錢都行。」

馬興惠：「借不著的，我昨晚送了一擔鹽來，醫院裡許多人費了好大勁才湊給我八萬塊。都給了你，我今兒一天的飯錢也沒有了。」

農民一聽他有八萬元，高興了，追著說：「好同志，多少就八萬元吧！我還有幾個幹饃，你帶去路上吃。」

馬興惠：「這東西值多少錢我也不懂，看你急成這個樣子，我就幫個忙，要下試試吧。」

於是，兩人換了筐擔，「八路」馬興惠再次負擔上路，當然是回頭向延安。為了趕中秋市場，也怕葡萄爛，他沒進兵站醫院，直接趕路。這挑葡萄加上筐，足有一百三十斤，比昨天的百斤鹽擔重得多。也是一開始還行，越走越重，及至中午，太陽當頭，大汗淋漓，實在走不動了。幸運在延河邊，找

個陰涼處，睡了一大覺。醒來就延河水啃完那幾個乾饃，檢查一下葡萄筐，捨不得吃整串葡萄，只吃了碰掉的幾粒，哇！真甜！咬牙挑起擔再上路。

上午走了四十里，下午體力更差，每約走二里就得歇擔大喘一陣，走十里則要「大休」一陣。「大休」之時，他趴在路邊，給自己「充電」──掏出隨身日記本掙扎著寫一段，用得最多的詞兒是「堅持」、「拼搏」之類，最起作用也是最後一句：「堅決完成學校任務！」

終於，馬興惠頑強到達杜甫川，肚子餓癟、汗已出盡、力已衰竭、渾身發抖。此時，天已烏黑，窯洞燈光多數已滅。幸好一位同學外出歸校，替他挑擔上山回宿舍。不過一里多山路，這位同學歇擔數次，馬興惠：「而我實在沒有本事再客氣地說一聲『讓我挑吧』！」

學校晚飯時間早過，馬興惠只得空著肚皮一頭倒下，立即昏睡過去。第二天醒來已是上午，宿舍空空蕩蕩，同學們都外出了，早飯已過。馬興惠餓著肚子咬牙忍痛挑擔上街，勉強挨到新市場溝口，喘息未定，一位穿著地方制服的中年男子走過來：「你這葡萄是賣的嗎？」馬興惠點頭。「多少錢一斤？」馬興惠：「沒價，多少錢都它，獨一份！」來人親切地說：「好好說，我都要了！」馬興惠：「你看值多少？這是我從兩百里外的延川縣擔來的。」他悄悄多說了一些里程。

中年男子：「這東西確實沒價，延安多年都沒見過了。我是邊區交際處的，來了外面客人（可能國民黨方面客人），咱們商量作個價，好不？」

馬興惠也老實交底：「好吧！我是杜甫川自然科學院的學生，幹這事是領導動員搞生產，為買過冬木炭的。」

對方：「時下一斤豬肉2.7萬元，這一斤算兩斤肉錢，怎麼樣？」

這麼高的價，大大出於預料，馬興惠有點懵了，卻故作鎮靜：「太少，幾百里路擔來，你雇個毛驢，也得給來回四天的運費！」

對方：「那就一斤給你六萬元，再貴我也不敢買了。」

馬興惠見好就收：「你是給公家買的，我是給公家賣的，我們是給公家辦的事，同意你說的了。」

那人轉身向商店借來一杆大秤，果然一百三十餘斤，兩個筐算十斤，按一百二十斤成交，馬興惠挑到交際處。開收據時，那人說：「你太辛苦了，又給送到門上，條子就寫七百三十萬元（即多給十萬）吧！」然後，領出七

八捆嶄新法幣付給馬興惠。

這一趟買賣淨賺九十一倍還多，短短一天，八萬成了七百三十萬！出了交際處大門，馬興惠高興得忘乎所以，臨近中午，兩頓沒吃了，路過新市場，決定好好犒勞一下自己，買了一斤粘糕、一大碗羊雜碎湯（公家人一般都吃不起這兩大件），美餐一頓。回到學校，放心鬆體納頭再睡，又是一晝夜！醒來時，同學們又都外出了。馬興惠獨自在鋪上思量，雖說大大超額完成任務，但還有五天時間，似乎還可「發展成果」。四下無人，只能大主意自己拿，擔上筐又上路了。

畢竟二十來歲的青年，兩頓飽飯加上勝利喜悅，渾身是勁。肩腿還有點疼，已不在話下，行走如飛，當天就過了甘谷驛、翻過雁門關山，趕到石頭河時，已是農村入睡時刻。他叫開騾馬店投宿，次日黎明上路，下半晌趕到延川縣拐昴村趙老二家，1939年他收傷兵時住過。老房東說你上次給老侯家閨女治過病，如今她招了個綏德養老女婿，開了油坊，榨磨香油、做些綠豆粉絲。那閨女總說忘不了你的救命之恩咧，明早我就去叫她來看你。

第二天上午，老侯一家男女老少五口人來了，一陣親熱後，打問這次來意，馬興惠實話相告「搞生產」，老侯便說那拿些咱家的油和粉絲。四十斤小磨香油、四十斤打好捆的綠豆粉絲，說這些是他們家感謝馬醫生的救命之恩。馬興惠說八路軍有紀律，再說送這麼大的禮也不敢收，至少得給成本價，這都已是極大支持了。最後，硬塞給八十萬，老侯勉強收下。

他挑著八十斤擔子上路，比前兩次的擔子輕鬆多了。兩百里路，不到兩天就到了。進延安時，太陽還在西山頂上。他挑擔徑直走進邊區交際處，找到那位買葡萄的同志：「我是個醫生，兩年前救活了這家病得快死的獨生女，這是他家為感恩而送我的『搞生產』，我象徵性地硬丟下八十萬原料錢，你看看作個價留下吧。」

此人是交際處專搞物品的大內行，一看便說：「這兩樣東西都是延安的高檔缺貨，多年都見不到了，且品質特別好。邊區乾旱，不種芝麻，芝麻都是從河東運來，香油貴賤買不到哩！這樣吧，油每斤給你按四斤肉錢算，粉絲作油的半價，斤量就你說的數算帳。我不能拿公款送禮，但也不能虧坑什麼人，尤其像你這樣好的大學生。」如此這般，馬興惠又捧著650萬元出門。

650萬＋730萬＝1380萬！扣除本錢、伙食費、路上所丟同學的鋼筆（賠

款十萬），馬興惠上繳1300萬元──五頭大肥豬之價，據說這次全校「搞生產」總收入亦未達此數。

然而，好心沒好報。正當馬興惠慶倖斬獲時，校內傳出閒言碎語，說他的錢來路不正！怎麼就他一人能耐？短短一周能搞這麼多錢？馬興惠便在正式上交錢款時給院長徐特立寫了「情況彙報」，簡述自己「搞生產」過程，信和錢款一併由黨支部轉呈。

馬興惠所在支委正式開會討論馬興惠「搞了大錢」的問題，有人認為「方向」不對。支委在上繳錢款與馬興惠給徐老的信時，附上支委的這一討論意見。學校領導層也有議論，馬興惠的班主任與總務科長將他叫到辦公室核實情況，「我自然感到壓力，勝利的喜悅被一掃而光。」

這邊正「核實情況」，那邊徐特立捏著馬興惠的信來了，班主任還未彙報完畢，徐老就搖手打斷他：

> 我派去邊區交際處的同志回來了，情況和這信上寫的完全一致，人家十分誇讚學校和這個學生，感謝給他們解決了招待貴賓的困難。而我們自己有些人則說長道短，全校學工人員，在這次生產中，誰曾爬山走過幾百里路？誰曾出過那麼大的力，流過那多麼大的汗？誰曾上交這麼多的錢？這是為公還是為私？是好事還是壞事？難道還不清楚嗎?!古人都主張「是是非非」，我們共產黨人更要是非分明，要用馬列主義的立場、觀點、方法來觀察和處理問題。

馬興惠站在一旁，感動得熱淚直流，徐老用衣袖替他擦拭。「我趕緊躲過，並且深深一鞠躬之後離開了。」[705]

這則資料出自馬興惠五十多年後的回憶〈徐老斷是非〉，當事人在乎的還是五十年前的「是非」。筆者感慨甚烈，分述如下：

一、當年延安自然科學院之所以會發生這場「方向」之爭，根柢還是對商業對資產階級的鄙視，對「暴利」難以接受。質疑者看來，這不是「投機倒把」麼？「搞買賣」能等於「搞生產」麼？不靠自身生

---

[705] 馬興惠：〈徐老斷是非〉，賈芝主編《延河兒女──延安青年的成才之路》，人民出版社（北京）1999年版，頁150～157。

產得來的「利潤」，除了剝削，豈有它哉?!可見，當時延安思想界已對商業有了本質上的謬見。「方向」之爭實為此後全國禁商之先徵。徐特立能斷一事之是非，卻無力阻止「方向」之是非。

二、農民賤賣葡萄、老鄉低送油粉、交際處感謝購得稀罕貨，掙了大錢的馬興惠除了大苦大累，也是瞎貓碰死耗，撞大運撞出來的「利潤」。於鄉農於學校於交際處，三方各得其利，皆大歡喜，何以會有「方向」問題？「方向」哪來的？根據何在？符合誰人利益？還不是根據教條、根據那些來自書本上的名詞──「剝削」、「投機倒把」？2009年8月24日，中共全國人大常委會從法典中摘去「投機倒把」。[706] 六十七年才從集體認識上邁出這一小步，不易呵！

三、就算馬興惠「搞生產」手段有問題，但他將利潤全部上繳，按說也能證明「無私」，不說撈好得表揚，至少不應受懷疑吃批評吧？吃了大苦、賺了大錢，竟要流大淚，好人傷身又傷心，說明延安邏輯已出了問題，只是當時延安人難以發現。而且，五十年後的馬興惠，憶文中也不明白悖謬何在。這些都說明赤左思潮嚴重擰歪了人們的判斷力，連常識都弄不清楚了。徐老為小馬的辯護，僅僅根據「無私」，而非認識到「手段」本身其實也沒問題。這是後來會出現「投機倒把」一詞的價值基礎。

四、延安當時物流極其不暢，生意太好做了，百里之遙，商利至少五倍。一個學生，手持八萬，不過六天，來往兩趟，獲利162.5倍，今日商人羨慕煞！自然再次證明：要想富，走商路。只要趕上了，真正空手套白狼。後來，全國無商，無商不活，鄉農倒是不被剝削，但他們栽種出來的農副產品也無法變現，不能上市場去賣，割資本主義尾巴呵！日子越過越窮，權衡利弊，當然寧可「受剝削」也要賣出去。這不是最簡單的道理麼？要求商人不計個人利益不計成本，幾個人受得了？更不用說長年堅持了？何況運輸銷售都要成

---

[706] 據報導，是日全國人大常委會對《中華人民共和國計量法》等四部法律中刪去「投機倒把罪」，「以適應社會主義市場經濟和社會發展要求」。原載《解放日報》（上海）2009年8月25日，〈「投機倒把」將成歷史名詞〉。《文摘報》（北京）2009年8月25日摘轉，第一版。

本，虧本生意誰做得起？要求商人無利，不也是對商人的剝削麼？

而沒了商人，各地之間如何互通有無？如何物流其暢？

馬興惠好心無好報的這則延安故事，凝聚了十分典型的延安風味，可咂出許多來自革命源頭的滋味。

2.日常生活中的陰影

陳學昭一到延安就感受到：

> 因為人人有工作，雖然多或少、重或輕是有分別的，但飯是吃得一樣的，何必多花費自己的氣力呢？我想也有人這樣想的。生活如果太有保障，人們是容易變成懶惰的。

> 今日邊區在工作上所存在的最大的缺點，就是一切辦事機構太不科學化。我這句話說得太老實，太不客氣了。……這裡缺乏行政人員，就是說缺少官，這怕是一個事實。……說到事務與管理這部分工作的缺陷，實在碰到了這個基本的缺點：太不科學化。為什麼我說這是一個基本的缺點呢？譬如一個人要領兩斤炭，照理這個事情他可同總務科講，或同事務科講，或同管理科（可講的人太多了，反而沒有一個人負專責）講，結果他統統都講過了，兩斤炭總是不來，總沒有地方可去領。最後，他大膽地去信請求部長。這兩斤炭也要鬧到部長的辦公桌上，那麼這些總務科、事務科可是做什麼的呢？……我可以說，好些機關裡的收發都是不大負責的，信件的遲到與失落是常事。

還有可怕的毫無時間觀念的農民習氣。1943年11月，陳學昭：

> 一般同志對於時間的概念還是很淡薄，不重視時間，不遵守時間，不抓緊時間，也就是浪費時間。開一次會，要是有幾十個人的話，等待開會的時間往往可以和開會本身的時間占得差不多，就是說：兩小時的會，要等待兩小時。聽一個報告也是如此。[707]

---

[707]　陳學昭：《延安訪問記》，廣東人民出版社2001年版，頁17、87、82～83、88～89、249。

1940年3月，初到延安的范元甄在私信中頻頻洩怨：

> 想想看，這一向的生活夠多沒意思呵！
>
> 我們的孩子是優秀的，他們比那些烏龜王八蛋的種子總值得寶貴一些吧。
>
> 孤寂之感時常襲我！的確，這兒的生活以及人與人之間的關係是決不比青年之間的。
>
> 今天早晨剛吃一碗飯，就沒有飯了。我當時真想發脾氣！……不禁對這種生活深深感慨。反正誰也不關心誰，以後咱們就實行搶。

范元甄日記：

> 現在的環境裡，的確找不出青年相處中的那些熱情了。……在同班的女同學中，是不可能找到一個這樣的朋友的。

1941～42年，范元甄再三向李銳訴怨：

> 坐在這個山溝裡，慢條斯理，搞不出東西的。……應該記得結婚以前的許多「幻想」，不要讓延安生活的「庸俗」麻木了我們。
>
> 我對於在這環境裡能培養出專家，已經沒有信心。
>
> 我是決不能在此地待下去了的。三次高潮（按：反共高潮）過去以後也許可以出去了吧？[708]

1941年7月下旬，蕭軍向毛澤東辭行，準備赴渝。蕭軍向毛談了延安的陰暗面及宗派主義、行幫作風等，建議中共制定文藝政策。毛挽留蕭軍，託蕭軍收集文藝界各方面意見。[709]這次會談成為「延安文藝座談會」的起因。蕭軍萬萬想不到，自己的建議會成為新版「作法自斃」，催生出《延安文藝

---

[708] 李南央編：《父母昨日書》，時代國際出版有限公司（北京）2005年版，上冊，頁202～203、212、235、260、207、236～237、24、251。

[709] 逄先知主編：《毛澤東年譜（1893～1949）》，中央文獻出版社（北京）2005年版，頁315。

座談會上的講話》，成為日後打壓他的理論來源。

最實質的陰影是士紳的態度。延安交際處長金城：

> （陝北綏德、米脂的）開明士紳、地主、商人、高級知識分子的
> 中間和右翼，抗戰以來在國共兩黨之間，多數採取的是兩面搖擺態
> 度，但是屁股還是坐在蔣介石一邊。他們對我們的減租政策有抵觸，
> 對交公糧的態度也不積極。表面上擁護統一戰線，實際上若即若離。
> 那裡他們最典型的做法是將女兒、孫女送到延安抗大、陝公學習，而
> 把兒子、孫子送到西安去讀書。[710]

送女兒、孫女上免費的延安，送兒子、孫子上繳費的西安，騎牆兩跨，
政治傾向一目了然。這一深有意味的「兩邊送」，說明這一階層的政治態
度。當時並不承認鄉村士紳是「先進生產力」，而是從「奪其財激其恨」的
邏輯看待他們這一政治表態，斥其頑固，責其懷私。好像人家被共了產還應
遞笑臉。李鼎銘（1881～1947，邊區政府副主席）這樣的「開明紳士」，對
紅軍時期「從肉體上消滅地主的做法，仍持有疑慮。」[711]事實上，1936年1
月，為支援紅軍抗日，赤源縣地主馮漢源捐出元寶兩錠、現洋二百。延安商
人捐出步槍五百餘支、手榴彈多枚。[712]

3.延安文藝界的是是非非

1941年6月17～19日，創刊不久的《解放日報》連載周揚長文〈文學與
生活漫談〉，五位「文抗」作家（蕭軍、艾青、舒群、白朗、羅烽）寫了篇
幅相等的商榷文章（八千餘字），遭《解放日報》退稿。個性強烈的蕭軍隨
即向毛澤東辭行，抱怨黨報不許反批評，太不公平不民主！他擬再返重慶，
這已是他二度來延。蕭軍有一定知名度，為「民主」離去，有損邊區顏面，
毛澤東數函約晤，竭力挽留。「蕭軍請行」不僅說明其個人的民主敏感，也
說明延安出現價值拐點。

---

[710] 金城：《延安交際處回憶錄》，中國青年出版社（北京）1986年版，頁155。

[711] 張秀山：《我的八十五年》，中共黨史出版社（北京）2007年版，頁124。

[712] 《紅色中華》（瓦窯堡）第250期，1936年1月16日。

　　延安囿於社會條件與自身文化結構，側重「集中」與「統一」也是一種歷史必然，七嘴八舌的民主到底耗時麻煩，事事開會亦不可能。理論上叫喊民主，實際操作中還是不期而然的首長決定。井岡山時期，紅四軍就有一種代表性意見：「有些同志認為黨代表是『家長制』，民主了半天，最後還是黨代表說了算，主張實行『自下而上的民主』。」[713]康生說了一句大實話：「民主集中制，集中是主要的，民主不過是一個形容詞而已。」[714]思想言論是行為的先導，控制言論乃是「集中」的前提。控制言論最高明最有效的途徑便是關口前移——控制思想。清朝臥碑：「生員上書言時政者照違詔論罪」。也是不讓多說。不讓說，自然也就想得少了，甚或不想了。

　　延安文藝座談會前，1942年3月11日，艾青在《解放日報》撰文：「作家並不是百靈鳥，也不是專門唱歌娛樂人的歌妓……他們用生命去擁護民主政治的理由之一，就是因為民主政治能保障他們的藝術創作的獨立的精神。因為只有給藝術創作以自由獨立的精神，藝術才能對社會改革的事業起推動的作用。」[715]延安文藝座談會後，1942年6月16日，艾青在鬥爭王實味會上發言，一上來就是：「王實味不僅是我們思想上的敵人，同時也是我們政治上的敵人。」「在這神聖的革命時代，藝術家必須追隨在偉大的政治家一起，好完成共同的事業，並肩作戰。今天，藝術家必須從屬於政治。」

　　1942年4月26日《解放日報》陶鑄文章：「要儘量減少目前黨內不必要的民主，與克服黨政軍不協調的現象，把工作領導更集中的建立起來。」6月1日《解放日報》范文瀾文章：「集中是無條件的，民主（指選舉的民主主義）卻依據於每一時期的具體條件、時間與地點，有極大的伸縮。」[716]民主固有的「麻煩」使延安一代不甚耐煩，不知不覺朝著簡便易行的「集中」傾斜。現實功利使延安一代士林在民主這一重大關隘退卻失守，埋下重大隱患。

---

[713] 余伯流、凌步機：《中央蘇區史》，江西人民出版社2001年版，頁112。

[714] 李慎之：〈革命壓倒民主——《歷史的先聲》序〉，笑蜀編：《歷史的先聲》，香港博思出版集團2002年5月初版，頁17。

[715] 艾青：〈瞭解作家，尊重作家〉，原載《解放日報》（延安）1942年3月11日。劉增傑等編《抗日戰爭時期延安及各抗日民主根據地文學運動資料》上冊，山西人民出版社（太原）1983年版，頁116～117。

[716] 中國社科院新聞研究所、中國報刊史研究室編：《延安文萃》，北京出版社1984年版，上冊，頁35～36。

　　文藝界派系也在延安形成。周揚的「魯藝」與丁玲的「文抗」，鴻溝日深，成為日後紅色文藝界最大派系。李一氓（1903～1990）晚年多次說：

> 中國文藝界的不團結，周揚、夏衍一幫人有重大責任。他們把派性從三十年代的上海帶到抗戰時的延安（分為以周揚為首的魯藝派和以丁玲、艾青、蕭軍等代表的文抗派）、重慶。建國後他們又處於全國文藝和文化界的領導地位，就使這種派系鬥爭一直延續下來。例如馮雪峰被打右派，就只是因為夏衍提出上海灘三十年代的老賬。[717]

　　「右派」（或曰「思想有問題者」），首先產生於延安文藝隊伍：王實味、蕭軍、丁玲、吳奚如、潘芳、宗錚、王里、成全。這條裂縫基本上開裂於思想認識，而非人事權爭，意味深長。思想認識上的分歧上升至政治層面，認識問題政治解決，形成極左「典型模式」。

　　整風後，延安文藝鬥爭性第一，使得延安紅色文士渾身充滿鬥爭細胞，鬥完別人鬥自己，一生都在你死我活的鬥爭氛圍中度過。

　　1946年初，文壇老編輯趙景深（1902～1985）總結抗戰時期文藝：「要指出哪一本是劃時代的偉大作品，或抗戰期間有什麼大著作，幾乎使我回答不出來。」[718]趙景深的這一評價當然也包括延安文學。

4.其他陰影：

　　──1937年10月，八路軍129師騎兵團挺進敵後，「存在嚴重的不良傾向，有所謂『三大合法』，即貪汙合法、腐化合法、上級調人調槍調不動合法。」1939年4月，師部對騎兵團的「三大合法」進行專項整頓。[719]

　　──1940年7月，邊區師範廁所發現粉筆「反標」：這是高崗的飯館。[720]

[717] 何方：《黨史筆記》，利文出版社（香港）2005年版，下冊，頁581。
[718] 趙景深：〈文藝的離去和歸來〉（民國三十五年新年），參見趙景深《文壇憶舊》，上海北新書局1948年4月初版，上海書店1983年版，頁151。
[719] 況玉純：〈129師的鐵騎〉，載《革命回憶錄》第15輯，人民出版社（北京）1985年版，頁156。
[720] 高浦棠、曾鹿平《延安搶救運動始末──200個親歷者記憶》，時代國際出版有限公司（香港）2008年版，頁108～109。

　　——延安魯迅小學某高幹之子與同學爭吵：「我爸爸是高幹，有兩個戰士給他當警衛員，我回家給爸爸講，要他把你槍斃了……」[721]

　　——延安酒販摻假做手腳，除了摻水，還摻加易致頭暈的鴿糞，使酒客以為酒濃；或加石灰，使人感到酒烈。[722]

　　——老幹部再演「喜新厭舊」故事，蹬掉原配，另娶新歡（來延女生）。也有城市女生為了「革命」，甩掉原戀原夫，轉嫁地位較高的老革命。全城議論紛紛這些「洋包子」、「土包子」的故事。[723]

　　——難以適從的「左」與「右」。各級幹部甚擔心「左傾」、「右傾」的批評，連毛澤民都感覺很難說話。1942年9月，毛澤民在迪化軟禁期間對方志純抱怨：剛到新疆，認為如此為盛世才抬轎子、吹喇叭不妥，「可是人家說我們『左』傾，是『破壞統一戰線』。後來形勢嚴重時，我提出為保存有生力量和準備對付盛世才的陰謀，是不是可以先撤退一部分領導和幹部，可是人家又說我『怕死』，是『右傾』。我還怎麼說話呢？」[724]

　　——1941年1月3日，冀中17團全殲來犯敵軍，擊斃日軍兩百餘、偽軍七十餘，俘虜日軍七名、偽軍十七名，繳獲平射炮一門（炮彈68發）、重機槍三挺、輕機槍七挺、長短槍110餘支，各種子彈12300餘發，戰馬30餘匹。17團傷亡百餘人。軍區發給該團資金三千元，派來劇社慰問演出。[725]1947年大年初一，359旅一營在林海雪原中消滅謝文東「股匪」，除嘉獎全營、三連一班記集體三等功、一班長記大功，三連每人補發三元加餐費。[726]看來共產黨人並非真正「特殊材料」，僅僅榮譽獎勵還是不夠的。

　　——各根據地人民得熬受日寇蹂躪。1943年《邊區行政委員會工作報告》，北嶽區僅一年就有十萬百姓遭受日寇的慘殺、毒打、被捕、姦污。殺

[721]　白松年：〈我對延安魯迅小學的片斷回憶〉，載《延安文史資料》第一輯，1984年9月印，頁106。
[722]　華君武：〈魯藝美術部生活剪影〉，載《延安歲月》。艾克恩編《延安文藝回憶錄》，中國社會科學出版社（北京）1992年版，頁366。
[723]　韋君宜：《露莎的路》，參見《韋君宜文集》第二卷，人民文學出版社（北京）2013年版，頁47~48。
[724]　方志純：〈回憶新疆監獄的鬥爭〉，人民出版社（北京）1982年版，頁33。
[725]　吳西：〈冀中常勝團〉，載《革命回憶錄》第17輯，人民出版社（北京）1985年版，頁82~83。
[726]　楊君全：〈謝文東股匪剿滅記〉，載《革命回憶錄》第17輯，人民出版社（北京）1985年版，頁111。

人有刺殺、鍘、斬、活埋、剖心挖眼、活剝皮、餵洋狗、打活靶、點火燈、燒滾水、灌死豬、放毒氣、掛電杆。對婦女，除了輪姦，還有割乳、塞陰，甚至強迫子淫母、父姦女。1940年除夕，豐潤縣潘家峪全村一千三百餘口被殺。1941年6月，冀中定縣北坦村再以毒氣慘殺婦孺老幼八百餘人。[727]

　　——毛澤東頭腦裡的陰影。丁玲錄下一則意味深長的延安早期細節，結合毛氏寫於這一時期的《沁園春‧雪》（1936），帝王尾影畢露矣。

　　　　在延安的時候，我經常到毛主席住處去。……有一次，毛主席突然問我：「丁玲，你看現在咱們的延安，像不像一個偏安的小朝廷？」我知道他是在開玩笑，就回答他：「我看不像，沒有文武百官嘛！」「這還不簡單呀！」毛主席馬上把毛筆和紙推到我面前，說：「來，你先開個名單，再由我來封文武百官就是了。」我沒有開名單，只是報人名。反正是開玩笑嘛。毛主席一邊寫名字，一邊在這些人的名字下面寫官職。這個是御史大夫，那個是吏部尚書、兵部尚書什麼的，還有丞相、太傅，等等。弄完了這個，他突然又對我說：「丁玲，現在文武百官有了，既然是個朝廷，那就無論大小，都得有三宮六院呀！來來，你再報些名字，我來封賜就是了。」一聽這個，我馬上站起來說：「這我可不敢！要是讓賀子珍大姐知道，她肯定會打我的。」

　　　　另外一次也是我去毛主席處，他懷裡正抱著一個男孩，我們正聊著，小孩突然撒了一泡尿，把毛主席的衣服弄濕了一大片。這時候毛主席不但沒有生氣，反而高興地對我說：「丁玲，你說說，這是不是太子尿呢？」說完，仍然抱著孩子，用一隻手把紙鋪開，竟填起太子尿的詞來了。[728]

---

[727]　魏宏遠主編：《抗日戰爭時期晉察冀邊區財政經濟史資料選編》，南開大學出版社（天津）1984年版，頁483。

[728]　楊桂欣：〈丁玲就是丁玲〉，載《炎黃春秋》（北京）1993年第7期。參見高華：《革命年代》，廣東人民出版社2010年版，頁259～260。

5.不易覺察的「無私」

　　最隱蔽最兇險的陰影是「無私」。由於「無私」具有巨大道德光環，且為吸引一代精英奔赴延安最耀眼的塔光，迷惑性極強。可也恰恰正是這道強勁燦爛的光芒攜帶著最不易覺察的致命暗弊，成為最初的價值偏誤。因為，「無私」理直氣壯地要求投奔者「思想改造」——你們來自洶洶私欲的舊社會，從有私到無私必須經過一番改造。延安一代失去捍衛自身權利的邏輯依據，一提就俗，一路走至文革的「狠鬥私字一閃念」。

　　舉著似乎無比高尚的道德旗幟，以「革命的名義」挖走人權地基。私念一閃，就得「自覺革命」。滅欲如此，社會成員還有什麼權利？還需要什麼權利？1974年9月24日，江青陪菲律賓總統馬科斯夫人去小靳莊，車隊在路上撞死一人，總統夫人要求趕快停車，江青拒絕停車，疾馳而去。[729]人道主義意識方面，江青還不如資本主義國家總統夫人。

　　從核心價值上，烏托邦就是致力營建無私社會，這一價值指向完全違背人類天性——不可能也不必消除自私本性。承認自私天性並不妨礙同時兼愛他人，營造公私雙贏的社會制度才是現代化難度所在。理想的社會制度只能適度恰分地抑私揚公，無必要也不可能完全鬥私滅欲。因為，從最根本的價值邏輯上，無私即無公，公只是私的集合體，否定了私也就一併否定了公。很簡單，沒了私的公，還有什麼實質性的價值內涵？而且，按照無私原則，當你「無私」地去幫助另一人，等於助長那人的自私。既然你的奉獻僅滿足那人一己之需，而那人的需求又本無價值，那麼你的這份奉獻還有什麼價值？再說了，那人也應「無私」地拒絕別人奉獻，大家都應無私。如此延伸下去，邏輯還通嗎？都無私了，「公」還有什麼？還能有什麼？個人私權實乃一切集體價值之基石，基石一抽，大廈晃搖矣！

　　個人權益不僅是人類一切制度設計必須考慮的價值起點，也是每一社會成員努力奮鬥的動力源泉。人人都忙著奉獻、忙著「為別人」，留下的「自己」誰來照看？人們首先照顧好自己，然後再去兼愛，難道不是最佳價值順序麼？救援者自己不能成為需援對象，這不是最淺顯的道理麼？

---

[729]　《胡喬木談中共黨史》，人民出版社（北京）1999年版，頁218。

挑戰人類本性，強行要求時刻掂著集體與別人，類同愚蠢地向風車作戰，當然只能得到歷史的嘲笑。延安燈塔上熠熠閃光的「無私」，隱伏著重大價值偏移，乃是日後烏托邦實驗的歪斜起點。1957年公社化以後，出售農副產品、養雞養鴨、努力掙錢都成了萬惡的「走資本主義道路」，原本似乎絕對偏袒工農的階級論，竟也成了綁縛工農的繩索，令「最高貴」的工農驚恐莫名，不知所以。

古希臘哲人普羅泰戈拉名言：「人是萬物的尺度」，而人的一切行為皆源自欲望。個人需求乃人類社會發展的第一動力，滿足每一社會成員的欲望，乃人類社會發展的最高理想。否定了欲望的初始價值，事實上等於否定了人本身，否定了人存在的一切意義，滅欲等於滅掉社會發展的初始動力，抽走「萬物尺度」的價值基座。這種以抽象集體價值否定具體個人價值的「紅色價值論」，完全顛覆了社會理性價值序列，致使數代中國人生活在歪斜的價值邏輯中——活著就是為了壓抑欲望。這當然是真正哲學意義上的「反動之極」。

延安一代終其一生，包括李慎之、李銳這樣最高級別的反思者，無一人認識到「無私」的偏差，認識不到「無私」所包涵的重大價值偏差，認識不到「無私」對人類一切經驗的徹底背叛，更認識不到對「無私」的狂熱追求，實為哲學能力之貧弱與文化水準之低下。

無私無欲，旗幟豔亮，然調門一高，其實難副，勢必催生虛偽。此後全社會的虛偽氛圍，正是在這種主客觀差距中逐漸形成。何方：

> 延安整風培植了一種說真話吃虧和說假話佔便宜的規矩和風氣，建國後隨著個人崇拜（亦即獨斷專行）的迅速發展，這種風氣也就愈刮愈烈，從農業合作化和大躍進，說假話在某種程度上可說已變成主流作風。[730]

延安一代很快學會用響亮口號包裝自私目的，被訓練培養成「對善惡都無動於衷」。投奔「自由延安」的知青漸漸習慣於「黨紀約束」，開始自覺

---

[730] 何方：《黨史筆記》，利文出版社（香港）2005年版，下冊，頁570。

訓練表裡不一的能力。時日一長，陰影裡待得久了，自己也成為陰影的一部分，說真話反而不自然了。

從價值邏輯角度，整風以革命與抗戰的名義，讓集權、暴力等明顯有違旗幟徽號的東西一一走出，收繳自由、鏟滅個性，革命高於主義，功利大於原則，通俗壓倒高雅、普及凌駕提高……已露出種種「大事不好」的苗頭。整風雖然獲得武裝鬥爭所需要的集權，贏得戰爭，但也是違背初始原則的起點。整風開始後，連理想主義、民主平等都與自由主義、個人英雄主義、資產階級思想、封建主義捆綁在一起，成了批判對象，只要求青年們換上集體主義與埋頭苦幹的服從精神。[731]

2013年1月新版《思痛錄》（人民文學出版社），李銳題詩：

> 露沙之路向延安，大砭溝頭去又還；搶救過關多少劫，追求民主自由難。

赴延清華女生韋君宜，1976年寫作《思痛錄》；1991年托友人帶書稿出境，譯成英文保存；1998年在北京出刪節本；2000年在香港出繁體版，2013年在北京再出完整版。《思痛錄》37年的歷程說明中國大陸回歸歷史理性的艱難腳印。[732]

---

[731] 金城：《延安交際處回憶錄》，中國青年出版社（北京）1986年版，頁158。
[732] 〈《思痛錄》寫作及出版大事記〉，載韋君宜《思痛錄》，人民文學出版社（北京）2013年版，頁337。

第六章

抗戰以後

　　「整風」、「搶救」過後，延安有一段政治輕鬆的時光。加上抗戰勝利在望，中共號召延安青年每人都要掌握一門專業技術，以迎接勝利後的國家建設。此時中共高層不僅沒想到會跟著內戰，也絕沒想到幸福來得太突然——那麼快就「取得全國勝利」。

　　日寇投降，萬眾歡騰，金秋作伴好還鄉，誰都沒想到還會打三年內戰。馮蘭瑞和許多青年一樣，期待著奔赴祖國各地，恢復建設，大展宏圖：

　　　　那是一段激情滿懷的日子，人們內心的旋律就像抗戰初期常唱的：「按著你的創傷，挺起你的胸膛，爭取我們民族的自由解放！」[1]

一、進入東北

　　日本投降後，150萬蘇軍控制東北。中共迅速抽調兩萬幹部進入東北，[2]再從山東調往東北十萬部隊，出關後幾個月就擴至三十餘萬，許多是「反正」偽軍。[3]還有四千從事醫務技術兵種的日俘，從東北一直跟到華南。中共黨史專家高華（1954～2011）：「共產黨在用人之際，沒有教條主義，只要有用，都吸收。」[4]對日俘「生活上優待、人格上尊重、工作上嚴格要求、思想上盡力幫助」。1945年9月，共軍接收本溪奉集堡機場林保毅部

[1]　袁晞：《一蓑煙雨任平生——馮蘭瑞傳》，氣象出版社（北京）1999年版，頁84。

[2]　郭明秋：〈職業革命者——憶林楓同志〉，載《紅旗飄飄》第21集，中國青年出版社（北京）1981年版，頁147。

[3]　〈黃克誠致中央電〉（1946年5月24日），載《遼沈戰役》（上），人民出版社（北京）1988年版，頁199～200。

[4]　高華：《革命年代》，廣東人民出版社2012年6月第二版，頁355。

隊，日本空軍一支三百多人的飛行部隊，林保毅本名林彌一郎。該部裝備齊全、飛行技術良好，成為中共東北航校的「家底」。東北共軍參謀長伍修權在瀋陽召見林保毅及幾位主要軍官，要求他們為航校出力，臨別解下佩槍，送給林保毅：「這是長征以來一直隨身攜帶的手槍，送給你作個紀念吧！」林保毅等日俘感激涕零，為培訓共軍飛行員出了大力，1956年才回國。[5]對日俘都如此懷柔，這一時期東北形勢發展很快。

蘇軍佔領東北後，將工廠設備、武器槍械等重要物資運回國，只剩下軍用衣褲、棉布棉紗、毛皮靴帽等，仍由蘇軍守衛著。剛出關的中共，一窮二白，什麼都要。彭真要求幹部們設法從倉庫裡搞出這些物資，說是蘇聯士兵愛喝酒，可投其所好送他們煙酒，換回倉庫裡的軍用物資。有的蘇軍士兵開著汽車請中共幹部看倉庫，要什麼就拿什麼。曾志：「我們用這批從倉庫搞出來的槍支彈藥，加上發動群眾自己找來的武器，很快就組織起了一支工人武裝訓練隊。」

林彪率部出關時，將好武器都留在原赤區，以為到了錦州就可「鳥槍換炮」，領到日軍槍械。不料錦州換槍的計畫沒實現，有的戰士只有手榴彈沒步槍，硬用手榴彈、炸藥包、爆破筒打了出關後第一仗——1946年2月中旬的秀水河子之戰，殲滅國民黨軍五個營（一千六百餘人），從國軍手裡「換」了一些美式槍支。高崗警衛員睡在床上被殺，案子始終未破。[6]

1945年10月初，新四軍三師3.5萬餘人，分別從蘇北鹽阜、淮海地區出發，步行約兩月進入東北。在關內，一路有根據地，需要多少糧菜油及飼料，先遣隊找到村公所報個數就行了。一出關，軍需供給一切得自己解決。何況150萬蘇軍運走大量牛羊馬、大豆及各種物資。至1945年底，中共先後開到東北的部隊及幹部約13萬，國民黨軍隊也開來八個正規軍，30萬人。吳法憲：「這麼多的人要吃要喝，很快的，一些村子就空了。」三師一路行軍，天氣越來越冷，但部隊還穿著秋裝，凍傷手腳，減員嚴重。11月26日，黃克誠給延安「中央」的電報：

---

[5]　黃乃一：〈老航校誕生前後〉，載《中共黨史資料》第13輯，中共黨史資料出版社（北京）1985年版，頁160、158、165。

[6]　曾志：《百戰歸來認此身》，人民文學出版社（北京）2011年版，頁274、288、280～281、312。

　　　部隊五十多天行軍，極疲勞，因自華中沿途動員均說坐火車、汽車及到東北換裝備等樂觀心理出發，現遇到極為困難之情況，無黨、無群眾、無政權、無糧食、無經費、無醫藥、無衣服鞋襪等，部隊士氣受到極大影響。[7]

　　天氣冷，沒條件洗澡，幾乎人人生虱。南方人不懂防凍，一旦受凍，不知搓雪回暖，張羅熱水敷洗，一洗掉層皮，肌肉壞死甚或致殘。包括為防槍拴上凍，擦槍時少用油，用毛巾包槍機，都得「實踐而後知」。[8]

　　剛進東北，長白山地區一縣長，只知人參進補，一斤人參煮了一隻雞，吃得口鼻流血，幾乎送命。[9]

　　1946年秋，東北各軍區物資依然匱乏。邱會作時任赤峰地委書記兼軍分區政委，派騎兵上公路「收繳」國民黨運輸車，第一天就得到一車冬裝（近千套）。「後來，我們就經常派部隊活動於敵後的運輸線上，所需的物資幾乎都可以從敵人手中得到，敵人是我們的運輸隊。」1946年底，不少熱河貧民極度困難，吃糠吃草。烏丹縣一貧戶，三代五口人，邱會作等人叫了半天門，媳婦光著全身，用高粱稈子做的鍋蓋遮住下身來開門。進屋後，嚇了一跳，四個大人小孩只見腦袋不見身子，原來他們都沒衣服穿，用草灰掩住身子取暖，全家唯一的破棉衣棉褲，男人穿著勞動去了。邱會作等三人脫下內衣內褲留給他們，再留下幾十斤糧食。[10]東北地區，全家人合穿一條褲子相當普遍，誰出門誰穿褲子，沒事披著麻袋片偎在坑上。數九寒天，零下二十多度的凜冽北風中，還能看見不少孩子一絲不掛站在路口。南方來的新四軍三師，只得將好不容易帶到東北的衣服，分揀出一些給那些光屁股孩子。[11]

　　1947年夏季攻勢，動員農民參加破路，挖取的枕木、鋼軌歸其所有，參加的百姓日益踴躍，一夜能破壞鐵路三十餘里。

7　《吳法憲回憶錄》，北星出版社（香港）2007年版，上冊，頁343、345。
8　楊君全：〈謝文東股匪剿滅記〉，載《革命回憶錄》第17輯，人民出版社（北京）1985年版，頁104～105。
9　何方：《從延安一路走來的反思──何方自述》，明報出版社（香港）2007年9月初版，上冊，頁201。
10　《邱會作回憶錄》，新世紀出版及傳媒有限公司（香港）2011年版，上冊，頁148～150。
11　《吳法憲回憶錄》，北星出版社（香港）2007年版，上冊，頁343。

　　1948年11月2日，遼瀋戰役結束。瀋陽居民買不到糧食，只能吃豆渣、麥麩，初冬季節了，也缺乏燃料燒飯取暖，又饑又寒。陳雲緊急調動大批糧食、煤炭，按職工原有標準發放大米（四十至兩百公斤不等），迅速穩定了全城情緒。1949年1月5日，召開全市公營工廠工代會，陳雲請代表們在附近飯館吃飯，四菜一湯，「代表們吃得很開心，……大家生活很苦，吃一頓魚肉不容易。」[12]

　　重慶工委書記劉定國（1918～1951）被捕叛變，錢瑛的中共上海分局被迫轉移香港。川康特委副書記馬識途赴港彙報工作、接受思想整風二十餘天，臨行前錢瑛請他上九龍海味館吃鮑魚。鮑魚貴得出奇，錢瑛也沒吃過，一再夾給即將返回「敵人心臟」的馬識途。「我自然理解她的這份情，便不客氣地大嚼起來。她看著我大口大口地吃，很高興。」餐畢在街邊告別，錢瑛緊緊握手千叮萬囑，馬識途只說了一句：「大姐，你可以相信我。」[13]

　　1947年7月，劉鄧大軍千里躍進大別山，幾個月無後方作戰，物資供應十分困難，傷病員無處安置，山地穿鞋又特別費，最麻煩的是冬天快到了，棉衣還沒著落。華北後方運不上來，新區又做不了，劉鄧首長號召自己動手做。「讓咱們這些拿槍桿子的人來縫棉衣，其『艱巨性』可說不亞於完成作戰任務。從彈棉花、染布、剪裁、開領口直到最後縫成，好不簡單！有的人愁得晚上睡不安，有的人被針扎得手上流血。」經過20來天的努力，全軍總算穿上棉衣。[14]

二、保持艱苦

　　從戰爭轉為和平，環境轉變很大，大多數赤幹都還保持「戰爭習慣」，堅守艱苦奮鬥理念。1946年，羅榮桓赴莫斯科開刀──切除右腎，妻子林月琴陪護。其時，蘇聯衛國戰爭剛結束，物質條件尚緊，「留蘇」的紅二代處於「半饑餓」。羅榮桓享受蘇共中央委員待遇，又是病人，每天供應白麵

[12]　曾志：《百戰歸來認此身》，人民文學出版社（北京）2011年版，頁289～290、312～313。
[13]　馬識途：《風雨人生》，參見《馬識途文集》第九集（下），四川文藝出版社2005年版，頁560。
[14]　唐平鑄：〈轉戰江淮河漢──劉鄧大軍南征記〉，載《紅旗飄飄》第13集，中國青年出版社（北京）1959年版，頁252。

包、雞蛋牛奶、方糖黃油。他省下這些東西，提供給留蘇的「紅二代」打牙祭。如毛澤東次子毛岸青、張太雷兒子張大保、朱德女兒朱敏、李富春女兒李特特、林伯渠女兒林莉莉；劉少奇兒女劉允彬、劉愛琴；蔡和森兒女蔡博、蔡轉轉。羅榮恒出國前，發給一些金子以備急用。1947年6月，羅榮桓夫婦回國前，將一直沒用的金子劃出一小部分，給了「紅二代」作為生活補貼。為保管使用好這筆錢，「紅二代」選出朱敏、蔡轉轉、李特特為負責人。羅榮恒、林月琴囑咐他們要保持父輩艱苦奮鬥作風……[15]

有的艱苦也叫實在沒辦法。1946年秋，西滿軍區野戰醫院，地委女幹部小田做流產手術，「醫生在泡有來蘇水的盆裡洗了手，而那盆水早已是一盆黑乎乎的污水了，就這麼馬馬虎虎地把孩子刮掉了。」

1947年秋，遼吉地區爆發鼠疫，發病後幾天就死人。通遼縣就死了幾千人，全東北如臨世界末日。到後來，竟恐懼到不敢抬埋死人，任由屍體腐爛。

> 奈曼有一個小村子，得病的人很多，附近的人就把村子團團圍住，不准他們出村，還在村子周圍挖了一道人爬不上來的深溝，誰想過溝就開槍打誰，最後又向村子的屋頂上扔了許多著火的柴草，硬是把這個村子連房帶人燒光了。

幸好蘇聯來了一個醫療隊，打了疫苗，才減輕死亡的威脅。民間則用生鴉片化水，竹簽蘸水扎肌肉，生鴉片水扎進去，黃水慢慢流出來，等黃水流乾，病就好了。[16]

長期轉輾征戰，中共幹部的身體狀況都不太好。像陳雲這樣「先天不足、後天失調」，無論戰爭年代的生活條件，還是1949年至文革的政治環境，壓力大、工時長、精神繃，1979年發現直腸癌、1984年帕金森氏症，還能活到90歲，除了1950年代戒煙，還得依賴夫人的營養調理與高幹特級護理。[17]

1947年秋，中共中央所在地西柏坡，董必武妻何蓮芝負責領導層的小灶伙食。劉少奇、朱德、董必武及外地趕來的張友漁等，吃飯時圍著一張木桌

---

[15] 一凡編著：《延安麗人》，中國社會出版社（北京）1999年版，頁258～264。

[16] 曾志：《百戰歸來認此身》，人民文學出版社（北京）2011年版，頁287、296。

[17] 葉永烈：〈陳雲夫人「細說」陳雲〉，載《深圳特區報》2013年6月14日。

站著吃，邊吃邊談笑。飯菜內容：差不多天天小米飯，加點黃豆，有時吃黑饅頭；菜肴，多數白菜，肉很少，有時有雞蛋。[18]

1949年入城之初，頒發《入城守則》、《約法八章》約束各部，規定不准進私宅、不准買東西、不准逛大街、更不准進影院戲院、不准接受饋贈。5月3日，追擊進入杭州的三野23軍68師203團5連，十多天沒吃上油，也不敢進店購油。「我們跟軍首長入城那天，忙了一晝夜，只吃了一頓飯，眼看著店鋪裡滿放著各種美味食品和各色香煙，連想買的念頭都不曾有過。」官兵思想負擔較重，生怕犯紀律出問題。許多學生要求訪問部隊、搞聯歡座談，以及浙江大學女生要求下連為戰士洗衣，均被婉拒。會師大會上，浙江醫學院學生代表：「同學們老碰釘子都傷心了，我們的部隊對我們太冷淡了！」軍政治部這才於5月13日發出《關於接待學生組織和工人訪問的教育提綱》，部隊才開始接待群眾訪問。5月20日，該部奉命緊急北調，參加上海之役。[19]

在香港的南方局機關，不分職務高低，食宿除外，每人每月一律八元港幣津貼（相當香港當時千字稿費），抽煙者再發點普通香煙。內地學員離港前，每人給買一條被單、一條毯子、一件絨線汗衣、一隻口杯，沒有鋼筆者再配一支普通鋼筆。[20]

三、農村基層

1947年冀東根據地擴軍，浩然年僅15歲，已是王吉素村兒童團長兼糧秣委員，他記述那次完成參軍名額攤派任務：「讓青壯年放下鋤頭、離開熱炕頭去當兵，難於上青天！」但區民運助理莊嚴宣告：你們村裡不報上參軍的人數，就別回家。於是，浩然所在村的幾個村幹部挖空心思把村裡壯小伙兒數了一遍，沒有一個會報名參軍，便想起那個老實巴交莊稼漢金鳳林。此人小光棍一個，就等著媒人盼著成親，他趁人家男人不在，跳進院子去糾纏

[18] 張友漁：〈在少奇同志領導下工作〉，載《革命回憶錄》第2輯，人民出版社（北京）1980年版，頁23～34。
[19] 張雲龍：〈渡江戰役紀事〉，載《革命回憶錄》第9輯，人民出版社（北京）1983年版，頁198～200。
[20] 黃友凡：〈從赴港學習到隨軍入川〉，載《革命回憶錄》第5輯，人民出版社（北京）1982年版，頁185。

小媳婦，本該拉出遊街。「可是，像金鳳林這樣的一個老實巴交的莊稼漢，一個等著媒人盼著成親的小光棍兒，要是把他拉到會場上，逼著他把調戲婦女的事兒當眾一抖落，親口一坦白，眾人再起哄，數叨他一遍，往後他咋在王吉素待？還咋在人前露面？還咋成家立業？那不就算完蛋了嗎？」瞅准金鳳林的心理，報上此人之名，民運助理才讓幾位村幹部回家。金鳳林聽了，低頭說：「給我家兩石棒子，給我做一身新棉衣，再給我一支鋼筆。你們答應我，我就豁出去了。」

就是當脫產幹部，農村青年幹部也不願意。1949年初，打下天津不久，浩然入幹部訓練班，號召學員報名脫產，「而我一心想在家過日子，做個有正氣的莊稼人。同伴給我出主意，讓我裝病，躲過動員脫產這一關，反正北平馬上就要解放了，天下從此太平了，還脫產幹啥呢？」經動員，浩然「我想……等把西邊、南邊那大半個中國都解放了，再回家種地過日子，這樣才對得起黨，也對得起良心，也算盡了忠心。想到這兒，我一咬牙兒說，要這樣，我脫產，幹幾年。」浩然回家對老婆說已經脫產，妻子一聽就傷心而無聲地哭了，抹著眼淚說，你那麼積極，我早知道會有這一天。「妻子的淚水溶化著我那顆原先就並不十分堅定的心，現在它又變得脆弱和不穩固了……春節過後，我被分配到萬里長城黃崖關附近山區開展工作，一天到晚想主意，怎麼既不丟面子，又不挨處分就從革命隊伍中逃離出去，回家守著房子、土地和妻子過日子。」後來農村幹部想都想不來的「脫產」，最初竟送都送不出去。

1950年代初，薊縣農村工作：

> 每一天就是跟在別的工作人員後邊召集很難召集的會議，宣講別人不愛聽自己也不太懂的文件材料，登記表格，統計數字。其餘的事只有到農民家吃派飯，回住處睡覺，第二天再周而復始，還是老一套。[21]

抗戰勝利後，香港時局相對穩定，文化人的日子比較好過。秦牧在香港當了三年作家，每月500～600港幣稿費，香港每月伙食費約五十元。但他拋

---

[21]　浩然：《我的人生——浩然口述自傳》，華藝出版社（北京）2000年版，頁136～137、143～144、151。

棄舒適生活，進入廣東惠陽赤區，「除了極其粗糙的伙食外，每月只拿相當於港幣二元的津貼費，我離別了小家庭，和戰士、革命群眾生活在一起。我不再在窗明幾淨的環境裡寫文章，而是不斷在荒山僻野間行軍。」[22]

四、腐敗跟來了

勝利了，日子稍微好過一點，腐敗跟著來了。1946年8月6日，謝覺哉在西北局會議上批評：上面鋪張浪費，下面貪汙腐化，絕大多數都是老幹部。[23]

東北野戰軍八縱政委邱會作批評下屬23師：

> 不少幹部思想腐爛了。貪汙現象一般幹部都有，高級幹部也有，甚至首長的警衛員都有。貪汙的手段主要是做生產賺錢，做生意可謂是「群眾」性的了。有的高級幹部的老婆也經營大煙……買鋼筆一個人買兩三枝。有的人買兩三件大衣……有的部隊私自種大煙，有的部隊毆打稅務機關的工作人員。據政治部的統計，去年一個冬天就打過四百多個老百姓……打罵戰士的現象尤其嚴重，竟還有連長（王××）割士兵耳朵的犯罪行為。……在你們師裡最感興趣談論最多的是什麼呢？大煙、老婆、地位。

23師師長張德發老婆長期做大煙生意，小孩搖籃裡就搜出九斤煙土。張德發師長職務被撤。[24] 1947年，東北望三奎地區一區長欺壓百姓、強姦婦女，民憤極大，予以槍決。[25]

1947年8月，松江省委書記兼省軍區政策張秀山（1911～1996）：「我們的幹部大多是來自根據地和農村，很多人沒有見過這種場面（按：東方小巴黎哈爾濱的燈紅酒綠），除了參加工作隊下鄉去的同志，留在哈爾濱工作的，其中少數人，經不起誘惑，受不住考驗，不同程度地腐化起來。」東北

[22]　秦牧：〈在生命的長河中〉，載《當我年輕的時候》，天津人民出版社1982年版，頁70。
[23]　《謝覺哉日記》，人民出版社（北京）1984年版，下冊，頁956。
[24]　《邱會作回憶錄》，新世紀出版及傳媒有限公司（香港）2011年版，上冊，頁160～161。
[25]　《李逸民回憶錄》，湖南人民出版社1986年版，頁149。

大區一級機關貪汙100萬元（舊幣）以上者約占全部工作人員的15～30%，其中黨員約占10%左右（其中一些是科級以上與抗戰牌）。東北某省查出貪汙1000萬元（舊幣）黨員貪汙分子529人，其中科級以上13%，抗戰勝利以前入黨者28.9%。因效率低下造成的浪費更嚴重，據1952年任東北局第二副書記的張秀山所述：「估計等於七年（按：1945～1952）工業的全部投資，即三萬億元（舊幣），合五百萬噸糧食。浪費如此嚴重，使國家工業化積累資本必成空話。」[26]

1947年夏挺進大別山的劉鄧大軍，一批人在打土豪與作戰時搜俘虜腰包，發了洋財。劉鄧提出三條處理原則：一、既往不咎；二、今後嚴格；三、交出貪汙果實。「這樣做的結果，挽救了一些犯錯誤的同志，使他們立即改正錯誤，走到正確的道路上來。」[27]

1948年底，中共冀熱遼分局幹部會議：「大家意見一致，下面幹部普遍貪汙嚴重，必須拋開他們。」[28]1947年底，熱河一支「高幹隊（縣支幹部）99人，都有嚴重貪腐。」[29]

民諺：翻身就忘共產黨，當官蔑視老百姓。在農村，除舊迎新並不容易。1946年9月23日謝覺哉日記：「『耍觀念』（耍私情）最多的表現為分配負擔不公，分配放款、放花等不公，其次是解決民間爭執的偏向。『耍觀念』不是受人賄買，而是對自己的弟兄、家族、朋友、親戚、本村及私愛的人有偏。要求農民擺脫這些，本非易事。」[30]湘東平江，一位二十年前農會會長、時任農協書記，分到土地與果實，住上地主的高大樓房，脫口就是一句：「這一下可給我過過地主癮啦。」[31]

經濟當然仍是軍事要素。徐蚌會戰第三階段，杜聿明二十萬大軍被圍永城地區，無後勤供應，共軍則有山東民工的「小推車」，有吃有喝。共軍每

26　張秀山：《我的八十五年──從西北到東北》，中共黨史出版社（北京）2007年版，頁208、285。

27　唐平鑄：〈轉戰江淮河漢──劉鄧大軍南征記〉，載《紅旗飄飄》第13集，中國青年出版社（北京）1959年版，頁252～253。

28　李南央編：《父母昨日書》，時代國際出版有限公司（香港）2005年版，下冊，頁185。

29　李南央編：《李銳日記》，溪流出版社（美國，Fellows Press of America）2008年5月初版，頁156。

30　《謝覺哉日記》，人民出版社（北京）1984年版，下冊，頁987。

31　王西彥：《湘東老蘇區雜記》，新文藝出版社（上海）1953年版，頁8。

晚送大米飯、饅饅到陣地前，第二天早上喊話。一開始，蔣軍不敢過來吃，怕這邊打槍。後來見共軍真的不放槍，就來了，漸漸發展到每天早晨來搶飯吃，越來越多，從政治上被瓦解了不少。[32]不少蔣軍說：等你們衝鋒時，我們朝天放槍。

三大戰役結束後，南下大軍思想「活躍」起來。此前軍隊思想問題主要是「生死」，現在則主要為「前途」，最突出的是婚姻、家庭問題，一些幹部要求回家探親。做政治思想工作時，講大道理無法解決具體問題。幹部普遍說：「打仗的時候，我們從來不考慮個人問題，死了就一切都解決了。現在給我一點很少的時間去處理一下家庭問題，總算合理的吧！」平津戰役前後，准許少數幹部回家，絕大多數按時歸隊，也有一些「一去不回」。1949年2～3月間，以華北籍為主（多於2/3）四野官兵，千餘人開小差。[33]

1949年9月17日，南京召開黨支書及排以上黨員幹部大會（亦稱四千人大會），「二野」政委及華東局第一書記鄧小平做長篇報告，內有——

> 軍隊同志中有貪汙的、有腐化的，一個個來看水準並不高，謙虛一點，其中還有該槍斃的。[34]

五、土改・支前

東北土改前有一段時間搞「清匪反霸」。開始時，分糧無人要，分衣無人拿，分飯有人吃，送衣到戶則立即穿上。赤峰某工作組進溝，抓一地主及兩匪頭，窮人白天見了工作組做個揖就走，什麼話都不說，晚上則接二連三主動找來，但也只做個殺頭的手勢就走。等工作組貼出佈告，開大會公審三人，當眾處決，窮人熱情才起來。[35]

土改時，動員農民「起來」很不容易。農民十分為難地對土改工作隊說：

32　楚青整理：〈粟裕談淮海戰役〉，載《黨的文獻》（北京）1989年第6期，頁10。
33　《邱會作回憶錄》，新世紀出版及傳媒有限公司（香港）2011年版，上冊，頁193～196。
34　鄧小平：〈論《忠誠與老實》〉，載南京市委編印：《南京通訊》1949年第四期，頁18。
　　參見沙尚之主編：《沙文漢、陳修良自存文檔目錄》，寧波市鄞州區圖書館項目組2013年
　　編印，頁262。第三分冊，流水編號3-0838。
35　《邱會作回憶錄》，新世紀出版及傳媒有限公司（香港）2011年版，上冊，頁151。

「東家養活了我們這麼多年，一直對我們不薄。鬥地主分田產恐怕不合適，我們於心不忍啊！」土改工作隊當然嘲笑農民的不覺悟，用階級學說啟發他們：你們搞錯了，不是地主養活你們，而是你們養活地主，你們祖祖輩輩受窮，不是命不好，而是被地主剝削壓迫了。後人評曰：「共產黨的幹部把極為深奧的馬克思主義原理用最樸素和最具煽動性的語言表達了出來。」[36]

參加南昌暴動的李逸民（後任總政文化部長，少將）帶著五十多人土改工作組進入東北蘭西縣：「只要一通知鬥地主，群眾馬上就來了，老頭老太太都拿著棍子、剪子，婦女拿著結了冰疙瘩的烏拉草鞋，地主一拉上來，群眾一邊訴苦，一邊就打開了，怎麼也制止不住，一會兒就把人打死了。」[37]

1947年春，康生到晉西臨縣郝家坡蹲點搞土改。該村地主劉佑銘，1936年紅軍東渡時就被打了土豪，此後「四大動員」、減租減息、各項負擔，都是重點對象，此時已經破產，地賣光了，老婆孩子也沒了，一人住在一眼破窯洞裡。但康生仍指此人為「化形地主」，要他的浮財底財。陳伯達參加興縣後木欄杆村土改後，寫了一份《後木欄杆調查報告》，發到晉綏分局各土改工作隊，提出要查三代。一位土改幹部在後木欄杆村跑到野外墓地查看墓碑，以此為據劃成分。如此這般，「這麼一查，好些黨員、幹部、民兵的成分，雖然早已下降為貧農，或者本來就是中農，土改中卻被當成地主，挨了鬥爭。……這樣將土改的打擊面擴大化到異常嚴重的程度了。後木欄杆村在劃成分前只有兩戶地主，占總戶數52戶的不到4%，劃成分後把剝削階級劃成21戶，占到總戶數的40%。」

康生、陳伯達當時就相當左了，甚至將小學都取消了。吊打現象出現後，康生不僅不制止，反而慫恿：「群眾發動起來了，有義憤嘛，打幾下也可以嘛。不久，打人之風便盛行起來，捆綁吊打一齊上，傷害了許多幹部黨員和中農，也打死一些好黨員、好幹部和積極分子，晉西北臨時參議會副議長劉少白挨批鬥、著名民主人士孫良臣被打死，在群眾中造成十分惡劣的影響。」《晉綏日報》甚至發表了針對工商業者與地下工作者的評論〈過河必須拆橋〉，即用完人家就該「拆橋」。晉綏分局一個勁反右，黨內高幹林

[36] 周大偉：〈從侯寶林的「革命理論」談起〉，載《領導者》（香港）2012年12月號，頁167。
[37] 《李逸民回憶錄》，湖南人民出版社1986年版，頁148。

楓、張稼夫受批判。[38]

　　山東土改在康生主持下，很左很暴烈。因此，後來國民黨的「還鄉團」報復也很厲害。東北土改在陳雲主持下，比較溫和，但也刮過一陣「掃堂子」風，即挖地主底產，實行精光政策，然後掃地出門。因本村「掃堂子」不方便，發明出村屯之間交換著「掃」，甲村到乙村，乙村再到甲村。大隊人馬坐著雪橇、趕著大車，浩浩蕩蕩到鄰村地主富農家，挖地三尺，風捲殘雲，見什麼拿什麼，殺豬宰羊，幾十上百人大吃大喝。「地主、富農掃光了，只要有點錢的也『掃』，挖不出底產或底產較少的，就把人抓走，日夜審問，往死裡打。記得有個晚上一下子就打死了九個人，縣委書記都制止不住。」

　　曾志晚年反思：

> 　　這種「掃堂子」的做法，極大地消耗和浪費了有限的社會財富，破壞了農村生產力。實際上老實的貧雇農並沒有得到多少好處，吃得滿嘴流油，搶金奪銀的大多是那些遊手好閒的「勇敢分子」。而且剝奪了地主、富農的起碼生存條件並把人打得頭破血流、遍體鱗傷，也是脫離群眾的。長此以往，原來熱心於土改的貧雇農就可能轉向消極、觀望，甚至轉向可憐和同情地主，真所謂過猶不及。所以「掃堂子」是十分有害的，也是行不通的。[39]

　　土改時期，有些地方的貧下中農將地富婦女作為「勝利果實」分配，命令不准婦女出村，所有寡婦一定得嫁給貧雇農光棍。[40] 1947年9月，興縣胡家溝甚至提出「群眾要怎麼辦就怎麼辦」、「群眾審查黨員」，將區組織部長劉初生劃為「候補敵人」，「這樣的例子多得很」。[41]

　　白介夫先生乃1947年東北長白縣委宣傳部長，寫有〈長白山地區土改運動日記〉，內載：

---

[38]　張稼夫：〈庚申憶逝（之二）〉，載《中共黨史資料》第8輯，中共黨史資料出版社（北京）1983年版，頁259～264。

[39]　曾志：《百戰歸來認此身》，人民文學出版社（北京）2011年版，頁297。

[40]　黃傳會：〈「婚姻法」的故事〉，載《文匯報》（上海）2004年10月6日，「新書摘」欄。

[41]　張稼夫：〈庚申憶逝（之二）〉，載《中共黨史資料》第8輯，中共黨史資料出版社（北京）1983年版，頁262。

　　　　農民們是自私的，一進院子先找自己分得的東西，總願意把自己
　　的先搬上車去，一個破釘子也願意渾水摸魚拿去才稱心，有好幾次把
　　應留的東西搬出來，搬上大車，以後又給抬下來⋯⋯可以看到貧苦農
　　民的忠厚與自私、保守與貪婪。[42]

　　1947年，延安中國女大生鄧壽雨（1921～），時任黑龍江依安縣郊區區委
書記兼區長，起一位地主浮財時（挖出三大缸銀元、300多根金條），「那天
晚上非常緊張，為避免老百姓一哄而上，把錢財搶了，鄧壽雨把縣大隊調來
負責安全。取出錢財後立即讓縣銀行接收。」「鬥了地主老財，接著就給老
百姓開倉放糧，分田分地分騾子分馬，老百姓跳著腳喊『共產黨萬歲！』」
　　鄧壽雨還記述：

　　　　土改初期我們的政策比較左，東北窮苦百姓鬥起地主來特別激
　　烈。吊起來打的，點天燈燒死的，逼得一些地主富農，甚至還有中農
　　跳河跳井上吊自殺了⋯⋯⋯⋯（一位地主不肯交浮財）開始農會不講
　　政策，又打又鬥，還把貓塞進他的褲襠裡抓咬。[43]

　　陳學昭參加山西臨縣土改。鬥爭大會上，一後生拉開地主婆兩臂，剝光
其上衣，再與人抬起光著上身的地主婆，將她在煤渣上拉來劃去，堅硬的煤
渣生生劃割著她的皮肉。[44]
　　東北土改還發生一起深有意味的黨內大辯論。1947年底，鄉村鬥爭地主
的任務基本結束，農民將目標轉向城市，要分掉地主在城裡開辦的工商業，
也稱「挖浮財」。此時正當全國土地會議之後，「充分滿足貧雇農要求」成
為動員口號。東北很多地方農民進城，將地富的私人工商業都分了。這股風
刮到合江、佳木斯地區，甚至幾百里外寶清縣農民也派了三百輛大車準備進
城拉「浮財」。佳木斯市委很為難，壓力很大──不讓農民進城，怕被說階

[42]　白若莉：〈長白山地區土改運動紀實──白介夫日記摘錄〉，載《炎黃春秋》（北京）
　　　2008年第1期，頁61。
[43]　蔣巍、雪揚：《中國女子大學風雲錄》，解放軍出版社（北京）2007年版，頁329。
[44]　陳亞男：《我的母親陳學昭》，文匯出版社（上海）2006年版，頁143。

級立場問題，讓農民進城，工商業就垮了，而合江私人工商業主要是為農村服務的小型修理、加工、油坊、麵粉廠，還有修理槍炮、供應部隊服裝的工廠，整個佳木斯大大小小商戶不超過千家，這些工商業對國計民生十分需要。如果農民進城，很快就會搞光工商業，城鄉人民生活都會發生困難，支前任務也難以完成。因此，合江省委書記張聞天感覺保護工商業是一個大問題，召集七八個縣委書記開了兩三天的會，專題討論放不放農民進城，爭論焦點：土改是消滅封建主義還是資本主義？一種觀點認為光在農村分浮財，不能充分滿足貧雇農的要求，地富在城裡兼營工商業，本身就是剝削農民得來財產，應該歸還貧雇農。張聞天認為民主革命的任務是消滅封建主義，地富在城裡的工商業屬於資本主義性質，不能動。張聞天下令：不准農民隨便進城、堅決保護工商業。

東北甚至有人提出「放手就是政策，運動就是一切」，有的縣區一夜抓捕幾十人，絕大多數是上中農，分了他們的農具與浮財。張聞天連夜要下面幹部進城彙報情況，次日在《合江日報》發表糾正性社論〈必須團結中農〉。後來，陝北新華社也專門作了廣播。[45]張聞天的東北土改糾左，實為中共在實踐過程中的「應激性反應」，也是「階級路線」、「均財」政策在貫徹過程中發現「後果嚴重」，屬於理論接受實踐的檢驗性糾正。

再舉一例。佳木斯理髮工會原定四六分紅，資方得六，工人得四。土改後先改對半開，再改倒四六。一家奎記理髮館，共雇四名工人，日均收入500元，按倒四六，資方得兩百元，但每天開支：工人飯錢一百元，電費、肥皂、報費、稅收等三十九元，實得六十一元，還不如工人每天七十五元。老闆無利可圖，關門不幹了。「以致造成1947年春節時，傷病員到處找不到理髮的，後來由市工會出高價請了一批理髮的，才解決了這一難題。」[46]

1950年，南方開始土改，仍明確提出「防止和平土改」，「鬥爭大會和遊街槍斃到處都是，一片暴風驟雨。」[47]史家估計土改中三到五百萬中小地

[45] 雪浪：〈張聞天在東北〉，載《革命回憶錄》第10輯，人民出版社（北京）1983年版，頁24～27。
[46] 張如屏：〈張聞天同志在佳木斯〉，載《革命回憶錄》第11輯，人民出版社（北京）1984年版，頁191～192。
[47] 林雪：〈「雙槍老太婆」在建國後〉，載《炎黃春秋》（北京）2008年第4期，頁8。

主喪生，大多被活活打死。[48]

為排除「親情幹擾」，土改、鎮反中特別規定：禁止領導幹部袒護親屬，即便親屬要被處決，亦不得求情說項。[49]

1950年代初，鄧力群協助王震在新疆實施極左政策，逼迫阿訇吃豬肉，激起民變，引怒毛澤東，鄧力群受了處分。[50]

1949年底～1951年底，毛澤東倡導數十萬知識分子下鄉參加土改，不少知識分子與工農幹部在對待地主富農的態度上出現分歧，「由於華東土改工作團的幹部們以老革命自居，對知識分子缺乏尊重，雙方的矛盾也時有發生。」也不免鬧出戀愛風波。土改工作團一位工農幹部因糾纏復旦新聞系女生，遭到知識分子小組長嚴肅批評，此人因羞開槍自殺。上級竟要追究小組長責任，說他逼死工農幹部。幸好小組長查出此人成分乃小商人而非工農，事情才不了了之。復旦方面十分贊許小組長對女生的保護，畢業時將他留校任教。[51]

土改中，農民因文化程度低，毀壞不少文物。1947年東北土改時，前清就從山東移家來遼寧西豐的蒲松齡後人浦文珊，小地主，抄出的書籍堆在院子裡準備焚燒。縣委劉伯濤巡視至此，發現其中有一套《聊齋志異》半部原稿，還是蒲松齡手跡！搶救下來，交給東北文物保管委員會。被搶救出來的半部手稿，比流行刻本多出23篇，此後出版的《聊齋志異拾遺》、《聊齋志異選編》，均出於此。[52]

犧牲與支前

三年國共內戰，國家犧牲重大。1948年9月16日至24日，「三大戰役序幕」的濟南戰役（周恩來語），八晝夜攻堅激戰，圍殲國民黨守軍10.4萬餘人（「起義」兩萬），共軍傷亡2.6萬餘人，僅南郊四里山，就埋三千餘「烈士」。1948年10月中旬東北塔山阻擊戰，激戰六晝夜，共軍一百三十人的滿員連隊，回來僅剩五六人、十餘人，警衛連回來就剩七人，某團「差不

---

[48] 黃仁宇：〈黃河青山：黃仁宇回憶錄〉，張逸安譯，三聯書店（北京）2001年版，頁240。

[49] 陳小津：《我的「文革」歲月》，中央文獻出版社（北京）2009年版，頁256。

[50] 李南央編：《父母昨日書》，時代國際出版有限公司（香港）2005年版，下冊，頁495。

[51] 吳中傑：《復旦往事》，廣西師大出版社（桂林）2005年版，頁6。

[52] 郭明秋：〈職業革命者——憶林楓同志〉，載《紅旗飄飄》第21集，中國青年出版社（北京）1981年版，頁150。

多一天一個連，上去一個連打一天，也就打得差不多了，打光了再換一個連。」整個四縱沒有一個完整連。塔山阻擊戰林彪「四野」傷亡3774人，國民黨6549人。錦州城北一公里處配水池，衝鋒的戰士一排排倒下去。炊事員做了160多人的飯，送上去才三兩人來吃，炊事員捧頭大哭。

1949年的上海，六百萬人口，兩萬多家工廠，工業總產值占全國1/2，商店六萬餘家，貿易額也占全國近1/2。國民黨守軍八個軍25個師二十萬人，周圍滬郊四千餘座碉堡，萬餘野戰工事，加上各種障礙物，湯恩伯稱「東方馬其諾防線」。上海各企業商戶湊了十萬塊銀元給湯恩伯，要求不要在蘇州河以南打，不要把市區打爛了。上海戰役，共軍傷亡3.17萬，連以上幹部犧牲433人。15.3萬餘國軍傷亡、被俘，湯恩伯率部五萬餘人從海上逃脫。

三年內戰，「支前」是一大內容。1947年5月13日，孟良崮戰役打響，蒙陰縣只有150餘人的小山村——煙莊，在又是村長又是婦救會長的「六姐妹」帶領下，為共軍煎餅15萬斤、準備馬料三萬斤、洗軍衣八千多件、做軍鞋五百多雙。「三野」司令兼政委陳毅在煙莊停留一周，特意召集會議表彰六位婦女，起名「六姐妹」。

1980～1990年代，歷任總參謀長、國防部長、中央軍委副主席的遲浩田上將（1929～　），一次在沂蒙山區負傷，正值七月炎夏，連天陰雨，傷口發炎，生蛆了，老鄉用鹽水洗傷口，再用掃帚刷下蛆來。十七歲的他覺得自己活不成了，一位老大姐擠出奶餵他，「甦醒過來，哎呀！這個心情難以表達。」沂蒙山幾乎村村都有「紅嫂」，一個鄉就有「紅嫂」120多位。著名的「乳汁救傷員」紅嫂原型、沂南縣馬牧池村明德英，還是聾啞人。其他「紅嫂」還有誓死保存機密文件的王換于、日寇懸賞30銀圓買人頭的侍振玉、扮乞丐進炮樓探情報的孫玉蘭、為讓未婚夫安心抱大公雞拜天地的李鳳蘭、還有為動員參軍喊出「誰第一個報名就嫁給誰」的梁懷玉。

1949年後，山東沂蒙山民政部門統計：僅孟良崮一役，受傷、立功的沂蒙百姓就達11.7萬多人。[53]

---

[53] 郭本敏、袁玉峰主編：《回望硝煙》，中央文獻出版社（北京）2007年版，頁81、89～91、95、107、154～159、143～144、161～162、166。

六、知識分子與工農幹部的矛盾

1928年中共「六大」確定工農化政策後，黨內就十分講究家庭出身了。1930年初莫斯科中山大學「清黨」，就貫徹階級路線：家庭出身地主或資產階級者，責難甚多，開除黨籍的概率很大。相反，工農出身者雖然表現不好，足夠開除，仍不予處理。如反支部局的吳福海，與博古在走廊上爭論不休，打了博古一拳，清黨時被劃「流氓無產階級分子」，開除黨籍，上述至聯共中央，因他是油漆工人，免予開除。[54]中央蘇區一位大老粗，「就是因為他本人是產業工人出身，一下子就擔任了軍政委，很快又任了方志敏同志領導的抗日先遣隊政委。事實證明這種僅憑出身來選拔幹部的做法是不正確的……使革命事業受到不少損失。」[55]

農民「安土重遷」，不願離家。1938年6月21日回鄉的國民參政會參政員吳玉章（1878～1966），在家鄉擺席招待四鄰農民，「有些農民請求我為他們要回募去當兵的子弟，我力勸他們要為國出力，就是犧牲也是光榮。」[56]1938年7月6日打響的冀東抗日大暴動，參加暴動的農民過不了兩天就要回家看看，早上剛歸隊，下午家人來找便又回去了。暴動親歷者姚依林說：「這個部隊不能遠走，遠走就往回跑，最遠拉到潮河邊上，要過河，整連整連地往回跑。連長跑到營長那兒，說一聲：『咱們走！』就一齊跑回家去了！」知識分子的「覺悟」此時得到體現。暴動隊伍中300多名小學教師黨員，他們迅速當上連長、指導員、團長。[57]

抗戰牌老幹部宗鳳鳴在回憶錄中記述知識分子與工農幹部的矛盾：

> 那時各機關對一個大學生爭著要，非常「歡迎」，對幹部則由於文化低，多是冷眼相待。而這些幹部都曾是從戰爭中走過來的，又各

[54] 陳修良：《莫斯科中山大學裡的鬥爭》，載《革命回憶錄》增刊（一），人民出版社（北京）1983年版，頁63、66。
[55] 陳復生：《九死復生──一個百歲老紅軍的口述史》，中央文獻出版社（北京）2010年版，頁41。
[56] 吳玉章：〈吳玉章略傳〉，載《中共黨史資料》第11輯，中共中央黨史資料徵集委員會編，中共黨史資料出版社（北京）1984年版，頁56。
[57] 姚錦編著：《姚依林百夕談》，中國商業出版社（北京）1998年版，頁71、68。

自做過某一方面的領導，自以為有功，現在卻不被重視，有的還要由舊人員領導，很不服氣。[58]

一位工農出身的區長暴露「活思想」：

> 我是一個農民出身的幹部，一貫的就不愛學習，害怕學習，對學習一點信心也沒有。自己過去常是這樣想：我學習頂啥用呢？過去一個字不識還不是做了十多年革命工作？我認為革命工作就只是憑槍頭子、膽頭子、腿杆子哩，有了這些東西就能做好工作，打勝仗……因此，我一聽到別人叫我學習，就眉頭一皺，不高興和不信服地想：在實際工作上，在動員工作上咱比比呀！再說吧，我已是四十多歲的人了，沒有文化也不要緊，我再也不想上升了，實際上咱也負不了大的工作，一沒文化，二少理論，知識分子又那麼多，人家會講會寫，年輕，進步快，有一套。咱呢，是吃不開了。況且工作又日漸複雜困難了，什麼工作動手就是宣傳、調查、報告，咱又幹不來這些玩藝。

這位工農區長寧肯下廚房燒伙也不願學習，大家都笑他：「老區長，真頑強，怕學習，下廚房。」[59]

1942年，毛澤東演講中有關知識分子的幾段話在延安傳開了（十年後正式發表時刪去）：

> 許多所謂知識分子，其實是比較地最無知識的，工農分子的知識有時倒比他們多一點。
>
> 煮飯做菜真正是一門藝術。書本上的知識呢？如果只是讀死書，那麼只要你認得三五千字，學會了翻字典，手中又有一本什麼書，公

[58] 宗鳳鳴：《理想・信念・追求》，環球實業（香港）公司2005年版，頁115。
[59] 邵雲山口述、黎民執筆：〈我在整風學習中〉，原載《解放日報》（延安）1943年11月16日。參見中國社科院新聞研究所、中國報刊史研究室編：《延安文萃》，北京出版社1984年版，上冊，頁162～163。

家又給你小米吃，你就可以搖頭擺腦地讀起來。書是不會走路的，也可以隨便把它們打開或者關起，這是世界上最容易辦的事情，這比大師傅煮飯容易得多，比他殺豬更容易。你要捉豬，豬會跑（笑聲）；殺它，它會叫（笑聲）。一本書擺在桌子上既不會跑，又不會叫（笑聲），隨你怎樣擺佈都可以。世界上哪有這樣容易的事呀！[60]

不過，審幹（搶救運動）中，工農幹部出盡洋相。曾志評價審查她的工農幹部，「有的同志長期在軍隊裡工作，過於缺乏社會常識，比如硬說火車只能跑平原，不能盤山行駛，比如硬不承認世上還有什麼名片，一定要我承認名片就是特務證，等等。解釋、辯白不通，只能一笑了之。」[61]1938年4月，一批延安幹部派赴山東，「許多抗大畢業的長征幹部和陝甘寧邊區的幹部，連火車都是第一次見到。」[62]

1945年4月23日中共召開「七大」，許多未當上代表的工農幹部大鬧。有人寫信給華中代表團長陳毅，指責陳毅看不起工農幹部，喜歡知識分子，要陳毅回憶上井岡山時，與朱毛一起下山接你的、殺豬歡迎你的是誰？後來在你指揮下流血的又是誰？難道我們這些人都沒用了嗎？你常說知識分子是革命的，沒有知識分子革命就不能成功，這些話就算對，那麼你為什麼不說工農幹部也是革命的，沒有工農幹部革命也是不能成功的？一位參加平江暴動的老三軍團工農幹部沒當上代表，致信彭德懷：我下決心去討飯，要丟丟共產黨的臉。我跟著你從平江暴動出來，現在連個「七大」代表都當不上，沒有前途了。彭德懷將此人大罵一頓，再苦口婆心做工作，才將這位要去討飯的工農幹部教育過來。紅四方面軍的工農幹部也向劉伯承抱怨，要求退黨，五位聯名致信朱德，說參加革命十多年，除了一身傷疤，一無所有，現在要求回家種田，臨走要求發一副棺材錢。[63]

1949年，中共300萬黨員，70%來自農村，屬於半文盲，僅11%受過教

[60] 王若水：《整風壓倒啟蒙：「五四精神」和「黨文化」的碰撞》，原載《當代中國研究》（美·普林斯頓）2001年第4期。何清漣主編：《20世紀後半葉歷史解密》，博大出版社（美國）2004年版，頁6～7。
[61] 曾志：《一個革命的倖存者》，廣東人民出版社1999年版，下冊，頁336。
[62] 王彬：〈八路軍山東縱隊組建前後〉，載《革命回憶錄》第15輯，人民出版社（北京）1985年4月第一版，頁110～1111。
[63] 《邱會作回憶錄》，新世紀出版及傳媒有限公司（香港）2011年版，頁136～137。

育，而這11%中，僅1%大學生。[64] 1949年，中共只有72萬合格人才充任各級職崗，國民黨時期官吏總數200萬，缺口達2/3。[65] 共軍渡江前，平津組建「南下工作團」，招募大量學生，發動已加入的學生動員親友參加。該團某隊第一堂理論大課，「所謂的第一課，就是企圖叫我們已有的四千多人（平津兩地）普遍地展開『動員工作』……每個人能夠回到原在的機關、回到學校、回到家庭、回到親友群中去『動員』幾個人來……雖然有人把家裡的老媽子、守寡多年的嫂嫂、尚未成年的弟弟妹妹，以及目不識丁的芳鄰（這時目不識丁已不在限制之內了），都『動員』來了。但據說還不足『上級』要求的半數。」[66]

知識分子幹部與軍隊工農幹部很快發生「文化衝突」。1949年派往蘇州「革大」講課的教員，學員評論：

> 在（蘇州）革大政研院的學習，就是聽大報告。華東的幾位部長，黨校的教員作報告、講政策之類，自然不必要求有多少學理性；講哲學、馬克思主義唯物史觀的大課，也實在不怎麼的，連一些基本概念都讓人弄不清。學員們不免有怨言。朝陽法學院的孟雲橋教授，是「劍橋」出身，也頗懂馬克思主義理論，說起來就搖頭，說不如找幾個有水準的朋友互相切磋有好處。實在說，確是白白浪費了四五個月時間。[67]

1936年入黨的清華生黃秋耘（1918～2001）：「建國初期，老解放區來的幹部，對來自白區的幹部都是看低幾分的，認為這些白區來的幹部沒有多少鬥爭經驗，也沒有出生入死。」[68] 赤區出來的幹部多工農軍事幹部，白區地下黨幹部則多為知識分子。

薄一波（1908～2007）晚年說：「掌權的某些工農幹部不信任甚至排

[64] 韓素音：《周恩來與他的世紀》，王弄笙等譯，中央文獻出版社（北京）1992年版，頁327。
[65] （美）費正清（John King Fairbank）、麥克法誇爾（Roderick MacFarquhar）主編，王建朗等譯：《劍橋中華人民共和國史（1949～1965）》，上海人民出版社1990年版，頁76。
[66] 劉紹唐：《紅色中國的叛徒》，中央文物供應社（臺北）1956年版，頁27～28。
[67] 何滿子：《跋涉者——何滿子口述自傳》，北京大學出版社1999年版，頁69。
[68] 黃偉經：〈文學路上六十年——老作家黃秋耘訪談錄〉，原載《新文學史料》（北京）1998年第1期。參見《我親歷的文壇往事·憶大事》，人民文學出版社2004年版，頁525。

擠知識分子，是普遍的現象。」[69]天津某設計院一位高工：「我對院裡的一些工農幹部看不順眼。……他們根本不是搞我們這行的，調進來幹什麼呀，就搞政工，搞人事，可有職有權，專管人。有個人事幹部給我開張證明信，一行裡好幾個錯別字。」[70]1950年代初，水電總局局長李銳一句：「老幹部要認真學習知識文化，否則就不要老狗擋道，老老實實讓人家知識分子來幹事。」[71]不知得罪了多少工農幹部，成為他「思想反動」的鐵證。

這一輕視知識的思潮深刻滲透全國。1950年代末，共軍總後勤部流傳這樣的觀點：「總後是管油鹽醬醋的，土包子比洋包子管得好。」「總後除了看病需要點技術之外，還有什麼科技?!」「在後勤提倡發展科技就是『矮子蹬板凳，自己提高自己』。」邱會作想提拔一些青年幹部，老幹部就說「打擊排斥老幹部」，提拔一些知識分子，便問你依靠什麼人管後勤？教授也未必會做飯，大老粗反而是內行。「發展科技的問題，在總後領導層內長期思想不統一」。[72]文革一起，沿用「延安經驗」——老粗管老細，進駐文化部的新任部長為放牛娃出身的蕭望東中將、貧農子弟顏金生少將。[73]人民文學出版社「科長以上的人都失去了領導資格。當領導的一個是汽車司機高×，還有炊事員張××，清掃工高×。」[74]

1981年，陝北紅軍張秀山在全國農墾廳局長會議上說：「我們黨的絕大多數人是小生產者出身的，這也是我們黨內存在不正之風的一個社會根源。」[75]

1949年，不少老紅軍雖是吃中灶的營團級幹部，「他們所擔負的工作可能很低微，有的只是養養馬管管伙食，或者是當個跑跑街買買零碎東西的庶務。我們『組織部』部長的男保姆，就是吃中灶的『長征』農民之一。」[76]

少數中共高幹能保持「無產階級氣節」。多病之身的徐向前，生活上一向低調，配發兩部車，主動退回一輛。軍委三座門招待所須購地毯，他與夫

[69] 薄一波：《若干重大決策與事件的回顧》，中央黨校出版社（北京）1993年版，下卷，頁1010。

[70] 馮驥才：《一百個人的十年》（首卷），江蘇文藝出版社1991年版，頁105。

[71] 李南央：《我有這樣一個母親》，開放雜誌出版社（香港）2003年版，頁44。

[72] 《邱會作回憶錄》，新世紀出版及傳媒有限公司（香港）2011年版，上冊，頁300。

[73] 唐瑜：《二流堂紀事》，安徽文藝出版社1997年版，頁31。

[74] 韋君宜：《思痛錄》，北京十月文藝出版社1998年版，頁99。

[75] 張秀山：《我的八十五年——從西北到東北》，中共黨史出版社（北京）2007年版，頁350。

[76] 劉紹唐：《紅色中國的叛徒》，中央文物供應社（臺北）1956年12月第五版，頁205。

人將家中的新地毯卷了送過去。[77]

對於中共黨內工農「打敗」知識分子，馬識途認為根子在於治國策略上發生原則性錯歧，即如何利用資本主義積極因素上發生原則性分歧：

> 這樣，革命知識分子就與小農意識、封建意識深厚而又居於支配地位的那些人發生矛盾了。那些人為了鞏固自己手中的權力，非要「改造」、打擊這些知識分子不可。本來，進城之後更應改造的是農民意識、封建意識，這些沒有改造，反而用這些意識「改造」知識分子，怎能不出麻煩？……超越階段，造成的損失太大了。搞出個充滿農民意識、封建意識的社會，弄成個事事高度集中、專制盛行的國家，知識分子不能接受，挨整是跑不脫的。……幾十年來，各地各級仍然有大大小小的「皇帝」壓在人民頭上，不少鄉村裡，至今還有。[78]

七、各式事件

——1947年3月，胡宗南進攻延安，廖承志、范長江率領新華社撤退，炊事員將飼養的大肥豬也趕著帶著——不能留給胡宗南！可大肥豬跟不上人的行軍速度，只能一路走一路宰，天天改善伙食。這麼多年想吃都吃不肉，沒幾天就由饞到怕。[79] 延安撤退時，嗜書如命的徐特立（1877～1967）只「輕裝」衣物，捨不得放棄一本書，他剪去書頁空白的天地兩頭，打捆馬馱，自己寧可步行。負責行軍的何長工不同意，七旬翁徐特立急了：「長工，你要是燒我的書，我就和你拼了！」董必武出面調解，將徐書分給每個戰士一本帶走，這才解決「僵局」。這次轉移走了個把月，從延安走到晉察冀，每天行程三十公里以上，書總算帶到新駐地。[80]

——戴季英（1906～1997），湖北黃安人，20歲入團，武漢學生領袖，

[77] 創民：《紅色婚緣——開國將帥與夫人的婚戀紀實》，中國華僑出版社（北京）2010年版，頁141。
[78] 燕凌等編著：《紅岩兒女》（第三部·下），真相出版社（香港）2012年8月新版，頁703。
[79] 韋君宜：《思痛錄·露莎的路》，文化藝術出版社（北京）2003年版，頁352。
[80] 《憶董老》（第一輯），湖北人民出版社1980年版，頁33。

1927年2月入黨，黃麻暴動總指揮部成員。1932年紅四方面軍第25軍政委，1939年新四軍江北指揮部政委兼政治部主任，1945年中原軍區一縱政委。1949年後開封市委書記。他認為自己在挺進河南時立有大功，應該出任河南省委第一把手。1952年2月22日，《人民日報》刊登《中共河南省委關於開除戴季英黨籍的決定》，在肯定戴季英功勞的同時，指出他四條錯誤：

（一）政治上嚴重的無組織無紀律行為和反黨的活動。

（二）組織上嚴重的宗派活動與家長制統治。

（三）思想意識上嚴重的自私自利的個人主義思想和唯我獨尊的權位思想。

（四）壓制民主，抵抗反貪汙、反浪費、反官僚主義運動。

此後，這位老幹部「隱居」河南省委家屬大院。[81]戴季英的「自大」事件，根須當然深植1949年以前。

──1948年初秋，韋君宜四妹夫婦投奔赤區，還未到平山縣夾峪村，在石家莊招待所就被主管新華社及廣播電臺的廖承志攔截，因為四妹夫黃雲是搞無線電技術的，要他們上電臺工作，主管機務。廖承志佈置下去：「儘量優待」。可窮山溝裡實在沒什麼可優待，電臺人員只能不斷給他倆打開水。韋君宜四妹受寵若驚：「喝也喝不完哪！真正抱歉，只好洗了腳了。」開國大典，黃雲為天安門廣場負責轉播的工程師。[82]

──許廣平的經濟也很緊，1949年參觀東北，發現「東北人民政府」出了《魯迅全集》，提出要抽版稅，李富春批給她二億元東北幣。[83]

──1949年，紅四方面軍將領王近山，多年未回老家。趁部隊整休，他安排兩名警衛員到湖南黃安縣接出老爸，讓他看看從未見過面的大孫子，也上大城市享享福，一輩子沒出過門的老爺子喜不自禁。蚌埠火車站，兩個警衛員麻痺大意，未守在老人身邊，老爺子從未見過火車，不知道其威力，結

81　夏明星等：〈戴季英的是非功過〉，原載《揚子晚報》（南京）2010年5月30日，《文摘報》（北京）2010年6月8日摘轉，第八版。

82　韋君宜：《思痛錄》，人民文學出版社（北京）2013年版，頁224、226。

83　《李逸民回憶錄》，湖南人民出版社1986年版，頁164。

果因離火車太近被氣浪捲入車輪。[84]

　　——特色鮮烈的組織生活。1949年4月1日，南方局機關在錢瑛帶領下與「民主人士」同僱一條掛葡萄牙國旗的香港商船，開往赤區煙臺，走了六天六夜。在船上，南方局二十來位地下黨幹部，編為一個支部，書記馬識途。「每天上下午都以黨小組為單位進行學習，還召開過支部大會，發揚民主，開展批評與自我批評，解決旅途中個別同志反映出來的思想作風問題。」一位船員見一群青年互相批評很好奇，側坐旁聽，引起一場虛驚——「有情況！」[85]

　　——進城之初，土包子共軍出了不少洋相，如把地毯當被子、抽水馬桶裡洗臉、電燈泡煮飯……[86]一位住進洋房的炊事員，到處找不到水，好不容易在馬桶裡找到一小池水，倒米入內淘洗，但怎麼也撈不起米，一陣手忙腳亂，碰上開關，「哇」地一聲，米全被沖走。[87]進了臨沂縣城，農村兵沒見過電燈，將燈泡排放在地上，用槍托砸著「叭叭」取樂；天主教堂一架很大的管風琴，被一群不知何物的士兵拆散。華東軍區只得派員向幹部、戰士宣講「入城政策」、「入城紀律」，講解電話、電燈、煤氣、自來水、抽水馬桶的用法。[88]

　　——入城土共看不慣城裡婦女裝扮，流行這樣一條描述城市婦女順口溜：

　　　　頭髮是火燒的——燙髮。
　　　　胳膊是摸魚的——旗袍和短袖衫。
　　　　腿是過河的——小腿外露。
　　　　鞋是跌人的——高跟皮鞋。[89]

　　——1949年8月14日，上海槍斃了25歲民警歐震。此人原供職國民黨上海南匯警察局，後任杜聿明部連長，徐蚌會戰被捕釋放，報考中共濟南警

84　王瑗瑗：《司令爸爸‧司機爸爸》，解放軍文藝出版社（北京）2010年版，頁4。
85　黃友凡：〈從赴港學習到隨軍入川〉，載《革命回憶錄》第5輯，人民出版社（北京）1982年版，頁186。
86　劉紹唐：《紅色中國的叛徒》，中央文物供應社（臺北）1956年12月第五版，頁114。
87　何方：《從延安一路走來的反思》，明報出版社（香港）2007年版，上冊，頁153。
88　石瀾：《我與舒同四十年》，陝西人民出版社1997年版，頁122。
89　陳修良撰述、唐寶林編著：《拒絕奴性——中共秘密南京市委書記 陳修良傳》，香港中和出版有限公司2012年版，頁260。

校，結業後分配至剛易手的上海公安局。國民黨空軍司令部第21電臺臺長畢曉輝倉促逃臺，留下兩位太太。歐震奉命上門收繳槍支，看上二姨太朱氏，收了人家四塊銀元賄賂，還租屋姦占朱氏。事發後，經華東局社會部副部長、上海市公安局長李士英呈報，上海市長陳毅批准，槍斃歐震，打響上海反腐第一槍。[90]

——文化人當官比大老粗強得多。當代詞家胡雲翼（1906～1965），1927年畢業武昌師大，先後任教湖南、江蘇中學，入中華書局、商務印書館任編輯，標準文人一個。抗戰勝利後，胡雲翼任嘉興縣長。一次縣府考慮不周，急於推行黃包車改革，引起黃包車夫不滿，圍攻縣府，砸毀門窗。不少人主張調軍警鎮壓，胡雲翼力排眾議，進行反省：「用三輪車代替黃包車本是好事，但沒有安排好黃包車夫做事，造成失業，我們有一定責任，對他們不能鎮壓。」他主動去解決問題，平息事態。1946年爆發內戰，胡雲翼辭職以示不滿，次年返滬。1949年後，胡雲翼先後任教上海南洋模範中學、上海師範學院，致力中國古典文學整理研究。[91]

——教會受到較大衝擊，貴州盤縣瑞士傳教士薄復禮記載：

> 　城市中的乞丐也活躍起來了，他們穿上新衣服當起偵探來。他們可以告發任何人，諸如吃什麼、說什麼、到那兒去過。當他們為了自己的目的而效力時，本身又被揭發，因為他的努力是毫無價值的東西。恐怖的陰影籠罩著這座城市，由於告發者受到鼓勵，造成了人人自危，相互間不敢信任，怕被出賣。有不少人送入牢房，有不少人自殺身亡。幾乎每天都有這種消息傳來。有幾個姑娘，小的十來歲，大的二十來歲，在兩個星期內自殺了。其中還有我們教堂主人的女兒，她是我們學校的老師，大概還受過洗禮。在我們舉行宗教儀式時，隊伍裡也有間諜、偵探。[92]

90　李動：〈新上海懲腐第一槍〉，原載《檔案春秋》（上海）2013年第6期。《文摘報》（北京）2013年7月16日摘轉，第八版。

91　胡舜英：《湖南才子胡雲翼——憶胞兄生平》，http://www.gdjyw.com/gdfc/gdws/19.htm

92　薄復禮：《一個外國傳教士眼中的長征》，昆侖出版社（北京）2006年版，頁199～200。

——進城不久開展的「三反」運動，還沿續延安搶救運動那一套做法。曾志記述：

> 工業部系統「三反」工作，同其他部門大同小異，搞極左的那一套，採取延安整風「搶救運動」那種方式，比如開群眾大會、點名批判、搞逼供信、吊打關押、威脅利誘、車輪戰術等，無所不用其極，天天開群眾大會，夜夜開小會，被鬥的人暈頭轉向，精神受刺激，身體被拖垮。而參加批鬥的同志也疲憊不堪，頗有怨言，搞得人心惶惶。我參加了幾場「打老虎」的大會，都是大轟大嗡，不重調查，不實事求是。我們宿舍在工業部大樓，有時半夜三更聽到樓下的辦公室內「打老虎」，猶如鬼哭狼嚎，我實在聽不下去，跑下樓嚴厲制止。[93]

——孩子們的「比爸爸」開始升級，從「官大官小」進至你爸爸坐吉普車，我爸爸坐紅旗牌。[94]

陳光事件

陳光（1905～1954），1927年加入中共，1928年初參加湘南暴動，隨朱德、陳毅上井岡山，歷任連長、支隊長、團長、少共國際師長、代理軍團長。五次反圍剿，十次負傷。長征中，率紅二師為前鋒，強渡烏江、飛奪瀘定、取婁山關、闖臘子口，親率突擊隊攀上絕壁。抗戰期間，一一五師旅長、代師長、山東軍區司令，戰功卓著。抗戰勝利後調東北，1949年4月，「四野」副參謀長。

1945年中共「七大」，他認為憑資歷與戰功，應入中委。毛澤東出於照顧各山頭，要嫡系紅一軍團幹部忍讓，僅林彪進中委。陳光不服，公開表達強烈反對，毛專函撫慰。

1949年3月27日～4月5日，「四野」在北平召開高幹會議，傳達七屆二

93　曾志：《百戰歸來認此身》，人民文學出版社（北京）2011年版，頁317。
94　羅瑞卿：〈給女兒玉華的兩封信〉，載《紅旗飄飄》第24集，中國青年出版社（北京）1981年版，頁105。

中全會精神。林彪作了〈論團結〉的報告，重點批評驕傲自滿，要求加強集體領導，內有「個人英雄主義，只看到個人的作用很大，而沒有看到上下級和同級的作用，目空一切，只裝著一個我，只看到自己的鼻子……」林彪點了陳光的名，作為驕傲的典型。東北時期，陳光就與林彪多次衝突，性情剛烈的陳光認為林彪挾私報復，立即起身離開會場。此後，陳光情緒一度低落。1950年1月，他被任命廣東軍區副司令兼廣州警備區司令。

此時，家鄉湖南宜章一些戚友找上門，其中還有與海南島國民黨軍界人物有聯繫，陳光想通過他們對海南島國民黨部隊進行策反。同時，他違反幹部政策和有關規定，將老家親戚、知青招來廣州辦起訓練班，還派遣一些人去香港活動，做生意。陳光這些舉動均未征得上司葉劍英同意，隱蔽工作的紀律也不許可，葉劍英找他談話。起初，兩人握手問候，氣氛融洽，後來爭吵起來，甚至拍了桌子，不歡而散。廣東軍區黨委生活會上，大家批評陳光，陳光再次發脾氣。

1950年4月，華南分局上報對陳光的處分：撤銷職務、開除黨籍。中紀委指示：一、承認錯誤，決心改正，繼續工作；二、堅持錯誤，則屬自絕於黨和人民。要求華南分局鄭重轉述上述意見。陳光認為決議上的錯誤與事實有較大出入，處分極不公正，認為是林彪加害，拒絕接受處分。其實，林彪此前已赴京養病。多次勸說無效，1951年2月，中南局決議開除陳光黨籍。考慮陳光性格暴躁，為防意外，宣佈決定時對他採取監視居住，10月轉至武漢，多次談話，均不合作不認錯。1954年6月7日，陳光在羈押地堆板凳被褥自焚。1988年，是案平反。[95]

陳光事件，當時以傲功、腐化案處理。其實是紅色生活在新形勢的一種「轉型」，高幹人際關係、紅色邏輯均在悄悄發生轉化，陳光未能適應，率先被祭刀。這起中共建政初期的大案，事關「偉光正」形象，長期保密，久久未向社會公佈。

據《李作鵬回憶錄》透露誘捕陳光細節。1950年7月中旬，由「南天王」葉劍英（華南分局書記、廣東省主席、廣東軍區司令、廣州市委書記兼市長）召集15兵團司令鄧華、政委賴傳珠、參謀長李作鵬至家開會，宣佈陳

---

[95]　劉統：〈建國初陳光、沙飛事件的反思〉，載《同舟共進》（廣州）2008年第11期。
　　　吳東峰：〈往事如煙李作鵬〉，載《同舟共進》2010年第9期，頁52。

光有嚴重政治問題，中央決定將他控制起來，罪狀為四：

（一）通敵，與香澳國民黨特務混在一起，情報資敵。
（二）反對領導，對廣東軍政領導人不滿。
（三）可能外逃，據說最近擬赴香港，國民黨特務有可能將他弄到
　　　臺灣。
（四）家中私藏大量武器。

　　李作鵬聞如霹靂，他知道陳光對職務安排不滿、經常發牢騷，但斷不至
於通敵叛逃。葉劍英之所以讓李作鵬參加核心會議，乃是看中他與陳光私交
甚密，要他設法引陳光外出遊玩，調虎離山，由鄧華、賴傳珠負責收繳其家
裡武器，完成人員「換防」，再向他宣佈「審查」。
　　李作鵬違心執行命令，參與對老上級的誘捕。1950年7月23日中午，他
與陳光乘船從郊外荔枝灣回來，各自回家，李作鵬一轉身去了與陳光家不遠
的賴傳珠家，可清晰觀察到陳宅。不久，即聽陳光發瘋似地大吵大罵：

　　　我陳光打了幾十年反動派難道是罪？
　　　我陳光什麼時候對敵鬥爭動搖過？
　　　我陳光有什麼事情對不起黨？對不起革命？
　　　你葉劍英有什麼了不起？你在我們軍隊戰史上沒有一寸戰功，你
　　指揮過哪一次重要戰役？

　　成功誘捕陳光，葉劍英特召李作鵬去家裡誇讚一番：「你今天為黨立了
一次大功，我們交給你的任務完成得很好，解決了一個棘手的問題，我們很
高興。」
　　此時，陳光還想請李作鵬上京找羅榮桓，然後找毛澤東申述。葉劍英讓
李作鵬轉告陳光：「黨中央和毛主席同意我們對他的處理。」當然，所謂通
敵、藏槍，都是葉劍英為整倒陳光安上去的「莫須有」。[96]

96　《李作鵬回憶錄》，北星出版社（香港）2011年4月第一版，下冊，頁452～459。

　　陳光，一介武夫，不諳複雜的人際關係，恃功自傲，1949年後第一個沉沒於內訌的中共高幹，白白為黨出生入死22年。

八、離婚潮

　　1950年2月25日，朱德說「解放軍」共有五百萬，[97]相當一部分農民因穿上軍裝而改變身分，有的年紀輕輕就成了大英雄大功臣，成為「最可愛的人」。就是復員轉業，也今非昔比，社會地位大大不同了。這批農籍軍人進城後，不少頂不住「糖衣炮彈」，加上城裡女生、文工團員美女愛英雄，一批軍幹紛紛蹬掉鄉裡原配，另娶地富女兒與城裡資產小姐，號稱「婚姻革命」。1953年，僅法院受理離婚案即達117萬件。[98]親歷者浩然詳述這一時段的「鳥槍換炮」：

> 　　邪氣是由那些吃上公糧、穿上幹部服和軍裝的農民們給攪和起來的。當初他們在村子裡幹莊稼活的時候，又窮又苦，很害怕打一輩子光棍兒，千方百計地娶上個老婆，就心滿意足地哄著老婆給他生孩子，跟他過日子。後來共產黨在農村掀起革命浪潮，出自各種不同的動機他們靠近革命，最終被捲進革命隊伍裡。隨大流跟大幫地挨到勝利時期，他們竟然撈到一個以前做夢都沒想到過的官職。地位變化，眼界開闊，接觸到年輕美貌又有文化的女人，腦袋裡滋生起喜新厭舊的毛病，就混水摸魚、乘風而上，紛紛起來帶頭「實踐」新婚姻法，生著法子編造諸般理由跟仍留在農村種地、帶孩子、養老人的媳婦打離婚。由於他們的行為，形成一種時興的社會風氣：凡是脫產在外邊搞工作的男人，如若不跟農村裡的媳婦鬧離婚，就被視為落後、保守、封建腦瓜，就沒臉見人，就在同志中間抬不起頭來。
>
> 　　我們的老縣長，年近半百，很追時髦。他在貫徹新婚姻法的工作中，在縣直機關起帶頭作用，跟鄉下那位與他同甘共苦患難幾十年的

---

[97]　朱德：〈在全國財政會議上的講話〉，載《黨的文獻》（北京）1988年第3期，頁31。
[98]　黃傳會《天下婚姻──共和國三部婚姻法紀事》，文匯出版社（上海）2004年版，頁99、103、211。

老伴離婚之後，馬不停蹄地跟一個比他兒子還小若干歲的女青年幹部配成新夫妻。此事在薊縣傳為新聞，傳為「佳話」，轟動一時，風光一時。有這麼一位領導做表率，縣直機關的男人們，不論年歲大小，不論原來的配偶與之感情如何，幾乎都比賽似地搶先進、追時興，吵吵嚷嚷跟鄉下的媳婦鬧離婚。

……縣委書記彭宏同志指責我思想「封建落後」，不捨得跟一個沒文化、梳著小纂的農民媳婦打離婚的事兒。[99]

但倒過來婦女要求離婚，進行「婚姻革命」，事情就麻煩多了。1950年，湖北襄陽縣劉家村婦女呂春芝，因要求離婚遭丈夫與鄉幹部吊打，鄉婦女主席大罵不要臉，給全鄉人抹灰，強迫她答應：一、不准離婚，三年內不得走娘家；二、不准與娘家村裡人說話；三、大小便要向丈夫、婆婆請假；四、離村要向婦代會報告。違反任何一條，將給予跪在鍘刀上喝三碗大糞的處罰，還要開大會鬥爭她。不久，受驚的呂春芝發瘋出走。一些要求離婚的婦女說：離婚要過三關——丈夫、婆婆、幹部，幹部關最難過。雲南一司法幹部將要求離婚的婦女扣押入獄，慫恿丈夫去強姦。[100]

1952年，重慶發生「李民案件」。李民原軍隊幹部，抗戰期間結婚並育有兩個孩子。南下時到貴州出任縣長，又在當地結婚，犯了「重婚罪」。其原配帶上孩子向最高法院西南分院告狀，在院長張曙時主持下，不以「對革命有功」而寬縱，判其兩年徒刑。李民不服，加上一些高幹支持其翻案，但最高法院複議後，維持原判。[101]

1950年代初，董必武的姐夫來京探親，事先沒打招呼，董必武沒安排接站，姐夫叫了一輛三輪車到城北小石橋胡同，下車後沒付錢徑直走進董府。三輪車夫找進門，對董妻何芝蓮說：「這個老頭自稱是董必武副總理的姐夫，不付錢就走了。」何芝蓮連聲道歉，立即付錢給三輪車夫。董必武回家後，大怒：「你這種做法恰恰說明了共產黨領導人的家屬和國民黨的家屬一

99　浩然：《我的人生》，鄭實采寫，華藝出版社（北京）2000年版，頁96、167。
100　黃傳會《天下婚姻》，文匯出版社（上海）2004年版，頁57～58。
101　喬毅民、闞孔璧：〈在革命道路上永不停步的戰士——記張曙時〉，載《四川黨史研究資料》1983年第6～8期合刊，頁89～90。

個樣兒的，這叫我能不生氣？」[102]一些根深蒂固的社會潛規則，能一下子消除麼？

九、難回家

勝利了，江山打下來了，但老紅軍一個個不敢回家。

傅崇碧少將（1916～2003），四川通江縣人，1934年隨紅四方面軍長征，一生再也沒回鄉。1960年代初，傅到重慶見到老戰友黃新庭（成都軍區司令），提出想回鄉看看。黃新庭安排好汽車、醫生。次日，黃司令突然勸阻：「傅軍長，你還是不回去的好。聽說你要回去，通江縣政府門口等你的人排成了隊。他們問你要人啊！」通江先後三萬人參加紅軍，傅崇碧1933年任四川儀隴縣少共書記、通江縣委書記，許多人是他送上前線，其中一次在家鄉動員數百青年參加紅軍。[103]如今只有他自己「衣錦榮歸」，而其他參軍的鄉親們……

1979年8月，廖漢生中將（1911～2006），長征離鄉44年後首次回老家湘西桑植：

> 很想回家，但回家以後那些親戚朋友，臨走的時候他交代了的，那麼你回去以後這些人沒有，怎麼說法？不是我不願意回家，看看那些鄉親，而是答覆不了他們的兒子哪裡去了，她們的丈夫哪裡去了。因為受人交代了的，怎麼解決？怎麼答覆？不知道。所以我四十幾年才回家。[104]

直至1990年代，老紅軍都不敢回鄉。大別山孝昌縣小悟鄉，五千多人參加紅軍，三千多人犧牲，十人成為「開國將軍」。1994年，該鄉農民仍居1930年代破舊黑屋，30%以上孩童繳不起學費失學。[105]走出去的老紅軍不會

---

[102] 董良翬：〈憶我的爸爸董必武〉，花城出版社（廣州）1982年版，頁141～142。

[103] 創民：《紅色婚緣──開國將帥與夫人的婚戀紀實》，中國華僑出版社（北京）2010年版，頁68。

[104] 郭本敏、袁玉峰主編：《回望硝煙》，中央文獻出版社（北京）2007年版，頁53。

[105] 賈芝主編：《延河兒女》，人民出版社（北京）1999年版，頁495。

不問：折騰這麼大一場革命，意義呢？價值呢？中共不讓說，但中國人會不想嗎？後人會不問嗎？史家會不書嗎？

十、林彪回鄉

1927年春節前夕，林彪隨北伐軍入武漢，突接家信，父親病入膏肓，要他火速回家。除夕之夜，林彪奔回黃岡回龍鎮林家大灣，才知騙他回家成婚。雖然十分惱火，但在父母苦苦哀求下，不得已，只能與等了他十幾年的汪姑娘舉行婚禮。汪姑娘大他三歲，林彪八歲那年父母為他找的童養媳。當夜，汪姑娘進入夢鄉，林彪睡意全無，他看了一眼熟睡中的汪氏，悄悄走出房門，向父母房間深深一拜，連夜離開林家大灣。回部隊後，林彪給父母和汪氏寫信，要汪氏莫誤青春另找人家，父母大罵，但又無可奈何。汪氏哭了好幾天，當眾發誓，永不再嫁。

此後，任憑父母親友如何勸說，汪姑娘對提親一概拒絕，始終守在林家侍奉公婆老小。1949年後，林彪已是響噹噹的大人物，汪氏不願沾林彪的光，執意搬回娘家，獨守空房，以做鞋維持生活。

1959年初秋，林彪到武漢參加中央工作會議。會議結束，他突然回到老家，向公社書記問起汪氏：「她現在到了哪裡？生活得還可以嗎？」公社書記：「汪奶奶已經56歲了，身子骨倒還挺硬朗。她家裡已沒什麼人了，現在她自己靠賣鞋為生，生活一般。」林彪不動聲色讓秘書拿出3000元，讓公社書記轉交汪氏，一再囑咐：「如果她問誰給的錢，就說是黨給的吧。」林彪走後，公社書記將3000元錢交給汪氏：「汪奶奶，這是政府給你的生活補助費。」

汪氏大驚，三千塊相當她十多年賣鞋收入。她覺察到什麼，可又不敢相信，難道他真的回來了？她問書記：「這錢到底是誰給的？」書記哄她說：「汪奶奶，別犯猜疑了，這錢的確是政府給您的。」汪氏固執地搖搖頭：「你若不說實話，這錢我就不收。」因有林彪的囑咐，公社書記哪敢說實話？最後，不得已，書記要汪氏對天發誓，嚴守祕密，他才把錢的來歷告訴她。汪氏發毒誓：「要是亂講，遭天打雷轟！」書記悄悄告訴她真相。汪氏昏花老眼裡頓時滾出淚珠：「真是嗎？真是他，他還沒忘了我？」

　　汪氏把錢鎖進箱底，依然靠賣鞋為生。不過，她的鞋再也不用發愁賣不出去了。供銷社奉命十天上門收購一次，有多少要多少，價格比市場上高一倍。不久，汪氏獲得「光榮革命老人卡」，每月有一筆政府補助。這些當然都是林彪安排的。

　　1967年，汪氏病逝，結束寂寞淒涼一生。清理汪氏遺物時，3000元仍在箱底，包得嚴嚴實實。在場者無不落淚。[106]

　　國共易柄，江山易色。當中國人迎來鎮反肅反、反右反右傾、三年大饑荒、十年文革、六四坦克等「中國特色社會主義」，1946年加入中共的金陵大學畢業生謝韜（中國人民大學副校長），2006年4月對這場「鐘山風雨起蒼黃」的大革命有一段深刻反思：

> 　　建立共產主義的說教表現了共產黨人對發展先進生產力、改善人民生活的無能。把實現不了的許諾推向遙遠的未來，用所謂「長遠利益」否定「當前利益」，用未來共產主義天堂的幸福生活安撫人民，叫人民忍受現實的饑餓、貧窮的苦難，是空想社會主義欺騙人民的把戲。這一切都應該收場了。
>
> 　　我們的制度不能阻止把五十多萬知識分子打成右派，不能阻止公社化和大躍進的瘋狂發動，當法西斯式的文化大革命廢止憲法，停止議會活動的時候，我們的制度沒有任何反抗。說這個制度在保障民主、保障人權、保衛憲法尊嚴方面，形同擺設，是假民主、真專制，難道不符合事實嗎！[107]

　　2008年，1947年入黨、畢業於中央大學外文系的穆廣仁（新華社副總編）反思：

> 　　在上個世紀四十年代投身中國革命的我們這一代人……既不知道史達林的暴政，也從未料到中共解放後一段時間實施的「左禍」。在

[106] 史宗義：《林彪的婚姻與愛情》，載《文史月刊》（太原）2009年第8期。
[107] 謝韜：〈只有民主社會主義才能救中國〉（序言），辛子陵：《紅太陽的隕落——千秋功罪毛澤東》，書作坊（香港）2008年6月二版，上卷，頁xxviii～xxix、xxx～xxxi。

我所接觸到的那個同時代人當中，極少對他們當時的追求有所悔的
……這就是我所以為奧斯特洛夫斯基的警語深為感動的原因：「我們
所建成的，與我們為之奮鬥的完全兩樣！」[108]

　　那麼，為什麼會發生這一切想不到呢？除了毛澤東個人因素之外，更深
層次的原因呢？先後就讀中央大學、西南聯大的高才生馬識途、中央大學畢
業生穆廣仁、復旦生何燕淩無力回答，甚至有可能不願回答，因為這已接近
這批「兩頭真」的反思底線──赤色革命的正義性、中國共運的價值性、馬
列主義的合理性……一開始就錯了？哎唷，天都塌了喂！折騰這麼一大圈，
撐「國」立「共」，最後還是繞回來，紅色專政比白色恐怖還厲害、更升
級，這？這！這……

---

[108]　穆廣仁：〈奧斯特洛夫斯基：「我們所建成的，與我們為之奮鬥的完全兩樣！」〉，載
　　　《炎黃春秋》（北京）2008年第2期，頁29。

跋

　　拙著乃本人研究二十世紀中國史的一脈分支。我們「50後」大陸人文學子似乎只能「把一切獻給黨」，一輩子都生活在「紅旗下」，只能先研究「紅旗」了。中國的事兒，畢竟只有中國人最有興趣，也最有責任。

　　拙著緣起大陸一家出版社的約稿。2012年春，該出版社要我申報選題。當時正全身心投入《烏托邦的幻滅──延安一代士林》，加之必須慮及的「主旋律」，便申報了既符合「主旋律」又「填補空白」的《紅色生活史》，旋得俯允，2012年10月訂約。由於此前有一定積累，發表了一系列相關文章，2013年春節過後不久，便提交初稿。可這家大陸出版社的審稿一再延宕（因更換主編等），直至2014年4月，我同意刪削五萬餘字「精華」後，至今仍未給予最後確訊。2013年底，臺灣秀威公司與我簽約繁體版，2014年4月便發來清樣。看來，「自由」不僅為人性之需，也出速度出效率呵！

　　希望拙著有助於讀者從鮮活細節處瞭解中共革命，具體感受紅色歷史進程的真切脈跳。觀點千歧，史實終一；塵埃聚丘，涓滴成河。拙著儘量列示具體事實，相信更有說服力證明力。

　　多少得感謝「社會主義優越性」，大陸雖然沒有言論自由，但「大鍋飯」下的閒散慵懶卻有資本主義缺乏的空閒。利用大陸教職的大塊悠然，本人緊著在「自留地」裡大幹快上，出版十本拙著（四本集子），發表80餘篇論文、800餘篇散雜文及各式評論，九篇中短篇小說。當然，既然堅持自己的價值標準，說了犯忌諱的真話，寫了「不該寫」的文章，發表在「不該發表」的港美刊物，代價是申請不到課題、論文發不上「國家級」刊物（不少須靠各種形式「版面費」），12年的教授只能以最低的四級教授退休。饒是如此，還得感謝中共的進步，畢竟「無產階級專政」威力大減，我可「安全」在境外發表一點「不同意見」。

　　非常感謝臺灣秀威公司對我的賞識，感謝蔡登山主編、林世玲編輯對我的鼓勵，感謝廖妘甄責編的協助。

　　2013級碩士生苟藍芳、黨婧、林藝輝，協助查找資料，一併致謝。

2014-5-4

Do歷史11　PC0403

紅色生活史
——革命歲月那些事（1921-1949）

作　　者／裴毅然
責任編輯／廖妘甄
圖文排版／楊家齊
封面設計／陳佩蓉

出版策劃／獨立作家
發 行 人／宋政坤
法律顧問／毛國樑　律師
製作發行／秀威資訊科技股份有限公司
　　　　　地址：114 台北市內湖區瑞光路76巷65號1樓
　　　　　電話：+886-2-2796-3638　傳真：+886-2-2796-1377
　　　　　服務信箱：service@showwe.com.tw
展售門市／國家書店【松江門市】
　　　　　地址：104 台北市中山區松江路209號1樓
　　　　　電話：+886-2-2518-0207　傳真：+886-2-2518-0778
網路訂購／秀威網路書店：https://store.showwe.tw
　　　　　國家網路書店：https://www.govbooks.com.tw

出版日期／2015年1月　BOD一版　定價／650元

|獨立|作家|
Independent Author

寫自己的故事，唱自己的歌

紅色生活史：革命歲月那些事(1921-1949) / 裴毅然著 -- 一版. --
臺北市：獨立作家, 2015.01
　面；　公分. -- (Do歷史；PC0403)
BOD版
ISBN 978-986-5729-22-6 (平裝)

1. 中國共產黨　2. 歷史

576.25　　　　　　　　　　　　　　　　103011489

國家圖書館出版品預行編目

讀 者 回 函 卡

感謝您購買本書，為提升服務品質，請填妥以下資料，將讀者回函卡直接寄回或傳真本公司，收到您的寶貴意見後，我們會收藏記錄及檢討，謝謝！
如您需要了解本公司最新出版書目、購書優惠或企劃活動，歡迎您上網查詢或下載相關資料：http:// www.showwe.com.tw

您購買的書名：_____

出生日期：_____年_____月_____日

學歷：□高中 (含) 以下　　□大專　　□研究所 (含) 以上

職業：□製造業　□金融業　□資訊業　□軍警　□傳播業　□自由業
　　　□服務業　□公務員　□教職　　□學生　□家管　　□其它_____

購書地點：□網路書店　□實體書店　□書展　□郵購　□贈閱　□其他

您從何得知本書的消息？

　□網路書店　□實體書店　□網路搜尋　□電子報　□書訊　□雜誌
　□傳播媒體　□親友推薦　□網站推薦　□部落格　□其他_____

您對本書的評價：(請填代號　1.非常滿意　2.滿意　3.尚可　4.再改進)

　封面設計____　版面編排____　內容____　文／譯筆____　價格____

讀完書後您覺得：

　□很有收穫　□有收穫　□收穫不多　□沒收穫

對我們的建議：_____

_____

_____

_____

11466
台北市內湖區瑞光路 76 巷 65 號 1 樓
獨立作家讀者服務部　　　收

....

（請沿線對折寄回，謝謝！）

姓　　名：＿＿＿＿＿＿＿＿＿　年齡：＿＿＿＿　性別：□女　□男

郵遞區號：□□□□□

地　　址：＿＿＿＿＿＿＿＿＿＿＿＿＿＿＿＿＿＿

聯絡電話：(日)＿＿＿＿＿＿＿＿＿　(夜)＿＿＿＿＿＿＿＿＿

E-mail：＿＿＿＿＿＿＿＿＿＿＿＿＿＿＿＿＿